同济法学先哲文存

范 扬 集

范 扬 著
苏苗罕 编

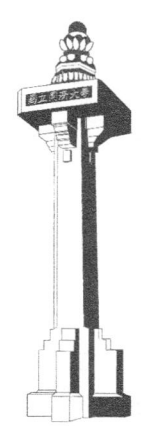

商务印书馆
The Commercial Press

同济法学先哲文存编委会

顾　　问：吕培明　吴广明　雷星晖
策　　划：吴为民
主　　编：蒋惠岭
执 行 主 编：徐　钢　陈　颐
编委会成员：（按姓氏笔画排序）

刘志坚　严桂珍　吴为民　陈　颐　金泽刚
夏　凌　徐　钢　高旭军　黄丽勤　曹伊清
蒋晓伟　蒋惠岭

行政法學組主任范楊教授

(1899—1962)

总　序

同济大学的法科教育,可溯至1914年11月同济大学接收青岛特别高等专门学堂法政科9名学生。1945年9月13日,南京国民政府教育部训令同济大学:"兹为积极培植法律人才,该校自本学年度起成立法学院,并先设法律学系开始招生,仰迅筹办具报,此令。"同月,同济大学发布增设法学院并先添设法律学系布告,筹办法学院,并于当年12月正式开学。

自清末修律以来,近代中国法制变革以日本(清末)、德国(南京国民政府时期)为宗。但在法律教育领域,介绍德国法学者独付阙如。同济大学之外国语文向以德文为主,教育部训令同济大学增设法学院,应是基于上述考量。故此,同济大学法学院之课程及一切设施参照德国法律教育制度,是近代中国法律教育史上唯一一所以德国法为特色的法学院。

同济大学法学院能在近代中国法律教育史上留有一席之地,除了德国法特色外,与法学院在短时期内汇聚了一批国内名家,有莫大的关联。法学院首任院长胡元义教授为南京国民政府教育部第一届部聘教授(第一届部聘教授中唯一的法科教授),民法造诣深厚;继任院长徐道隣教授为德国柏林大学法学博士、一代法学大家;代理院长薛祀光教授为中山大学法学院创始院长,精研债法;代理院长张企泰教授为法国巴黎大学博士,并曾任德国波恩大学及柏林大学法学院研究员。范扬、余群宗、吴岐、俞叔平、顾福漕、刘笃、钱实甫、萧作梁、何远岫、叶叔良、左仍彦、陈盛清、谢怀栻、丘日庆、余鑫如、林诚毅、胡继纯、曹茂良、朱伯康诸教授皆学养深厚、术有专攻、著述不辍,堪称一时之盛。

值此学习贯彻习近平法治思想,开启法治中国建设新征程之际,同济大学法学院奉"同舟共济"之校训,怀"继往"之心,全面整理同济法学先哲著述,纪念同济法学先哲;秉"开来"之愿,勇担"立时代潮头,育法治英才,发思想先声"的历史使命。"同济法学先哲文存"的编辑出版,为同济大学法学院"四分之三世纪再出发"构筑了历史底色,也为全面推进"新法科"建设提供了丰富的先哲智慧。

同济法学先哲,执教同济之先,大抵皆曾掌各名校教席有著誉者;1949年院系调整后,虽散落各方,亦皆曾为新中国法制、法学与法律教育的创建著有功勋。"同济法学先哲文存"的编辑出版,非仅以存同济法学院一院之学,亦拟为中国法学涵化百廿年传统、再创新章略尽绵薄之力。

谨此为序。

"同济法学先哲文存"编委会
二〇二〇年十二月

凡　例

一、"同济法学先哲文存"收录近代同济法学先哲所著,成就斐然、泽被学林的法学文存。入选作品以名作为主,或选录名篇合集。

二、入选著作内容、编次一仍其旧,率以原刊或作者修订、校阅本为底本,参校他本,正其讹误。前人引书,时有省略更改,倘不失原意,则不以原书文字改动引文;如确需校改,则出脚注说明版本依据,以"编者注"或"校者注"形式说明。

三、作者自有其文字风格,各时代均有其语言习惯,可不按现行用法、写法及表现手法改动原文;原书专名(人名、地名、术语)及译名与今不统一者,亦不作改动。如确系作者笔误、排印舛误、数据计算与外文拼写错误等,则予径改。

四、原书为直排繁体,除个别特殊情况,均改作横排简体。原书无标点或仅有简单断句者,增加新式标点;专名号从略。

五、原书篇后注原则上移作脚注,双行夹注改为单行夹注。文献著录则从其原貌,稍加统一。

六、原书因年代久远而字迹模糊或纸页残缺者,据所缺字数用"□"表示;字数难以确定者,则用"(下缺)"表示。

目 录

行政法总论 ·· 1

警察行政法 ·· 337

继承法要义 ·· 553

论文 ·· 747

 怎样研究行政法？ ······································ 748

 法治主义与行政 ·· 754

 各国宪法中之行政权 ···································· 759

 评新《行政执行法》 ······································ 778

 改进行政救济制度之我见 ································ 789

 行政上侵权行为之二重损害赔偿责任问题 ·················· 801

 《河川法》述评 ·· 823

 道路法制论略 ·· 836

 施工制度 ·· 869

编后记 ·· 876

行政法总论

序　言

一　本书底稿为余多年教授生涯中所编讲义之一种，凡我多数相知，一见自能明了，似无待于赘述。唯行政法学成立之日尚浅，各国学者所著，系统极不一致，著者所采见地，尚有数点，应先述明。

二　行政法学为法学之一分科，当以就法律的现象及以法学的方法组织而成立者，较为合于理想。著者于方法论一端，不敢谓有深造，但平时亦颇注意，尤其近时发达之纯粹法学学说，觉其颇有可采之处。唯为便利读者了解起见，关于法制原理，不得不加说明，立法上未完备之处，亦不得不略抒所见，所以完全采取此种见地，亦觉以为未可。但行政法学与行政学或政策学，究有分际，彼此不容侵袭；应属行政学详细讨论之点，则著者不得不认为非法学的问题，而勉力避之矣。

三　研究行政法，初学之士大抵对于行政组织一端，特有兴味。盖肢体分明，而后各种活动始能判断其所由来。于此一端，原未可出于轻忽。但法学中所研究，与行政学中迥不相同，须注重于各机关之法律上性质、地位，及其对内对外之关系。故近时外国新出著作，于此部分，其说明类多简略。著者本亦不欲过于详述，乃脱稿后觉其在全书中所占篇幅，已属不少。此固因我国行政组织庞大复杂所致，而亦为便利读者明了整个组织之系统耳。第我国中央及地方之行政组织，无日不在推移改变之中，在理论上欲求一确定之观念，一时殊不易得。以后所有变更，尚希读者随时自留意焉。

四　国家行政（狭义的）与自治行政，各有区别，殆为学界共认。然自治行政与国家行政组织，在著书中应否连接一起说明，学说犹未一致。若以两者间之关系言，固以连接一起较妥，而以自治行政之特殊性言，则亦未尝不可分离说明。著者于此问题，原无特别成见。只以我国自治制度犹未确定，且各项主要自治法规，正在大批改订之中，对于目前暂行制度及其实施状况，殊不欲为摄影式之写照。盖今日所行者，不数月后又多变为法制史上之陈迹矣。故本书关于自治行政一章，姑置通论与沿革二节于篇末，以为将来重版时留一续笔余地。唯普通习法政者读此二节之后，对于将来新颁自治法规，吾知其亦有相当之理解矣。

五　行政作用及行政救济二章，纯系法律问题，且为行政法学中心问题，兹为便于读者研究起见，特不厌求详，剖析论述，俾其得一明确观念。

六　本书自初稿完成，已经修改多次，但反复修改，实无穷期，殆非就各项大小问题，逐一为文讨论，不能快意。奈目前时间有限，且续出之《行政法各论》两册，亦待整理蒇事。故决将总论之稿先行付梓。海内贤达暨法学界诸先辈，尚乞有以教之。

民国二四年三月二十八日范扬识于广州石牌

目　次

第一章　行政法之基本观念
　第一节　行政
　　第一款　行政之观念
　　第二款　行政之种类
　第二节　行政法
　　第一款　行政法之观念
　　第二款　行政法之法源
　第三节　行政法学
　　第一款　行政法学之观念
　　第二款　行政法学与行政学

第二章　行政法之基本法则
　第一节　法治行政主义
　　第一款　概说
　　第二款　行政权之界限
　　第三款　羁束裁量与自由裁量
　第二节　行政上之法律关系
　　第一款　概说
　　第二款　公法关系与私法关系之区别
　　第三款　公法关系之主体

第四款　公法关系之种类

　　第五款　公法关系之内容

　　　第一项　概说

　　　第二项　公权之观念

　　　第三项　公权与反射利益

　　　第四项　公权之种类

　　　第五项　公的义务之种类

　　第六款　公法关系之变动

第三章　行政组织

　第一节　概说

　第二节　国家行政组织通论

　　第一款　行政机关

　　　第一项　行政机关之观念

　　　第二项　行政机关之性质

　　　第三项　行政机关之种类

　　　第四项　行政机关之构成员

　　第二款　行政官署

　　　第一项　行政官署之观念

　　　第二项　行政官署之种类

　　　第三项　行政官署之组织

　　　第四项　行政官署之权限

　　　第五项　官署权限之代行

　　　第六项　官署权限之争议

　　第三款　委任行政

第四款　行政监督

　第一项　行政监督之观念

　第二项　监督机关

　第三项　监督方法

第三节　国家行政组织梗概

　第一款　中央行政组织

　　第一项　沿革

　　第二项　现行中央行政组织

　第二款　地方行政组织

　　第一项　沿革

　　第二项　现行地方行政组织

第四节　官吏

　第一款　官吏之观念

　第二款　官吏之种类

　第三款　官吏关系之成立

　　第一项　任官行为之性质

　　第二项　任官行为之形式

　　第三项　任官之要件

　第四款　官吏之地位

　　第一项　官吏之权利

　　第二项　官吏之义务

　　第三项　官吏之权能

　第五款　官吏之责任

　　第一项　概说

　　第二项　惩戒责任

第三项　刑事责任
　　第四项　民事责任
　第六款　官吏关系之变更及消灭
第五节　营造物及公物
　第一款　概说
　第二款　营造物
　　第一项　营造物之观念
　　第二项　营造物之成立及废止
　　第三项　营造物之管理
　　第四项　营造物关系之性质
　　第五项　营造物之利用
　　　第一目　利用关系之成立及终止
　　　第二目　利用关系之效果
　第三款　公物
　　第一项　公物之观念
　　第二项　公物之性质
　　第三项　公物之成立及消灭
　　第四项　公物之管理
　　第五项　公物之使用
　　　第一目　概说
　　　第二目　普通使用
　　　第三目　特别使用

第四章　行政作用
　第一节　概说

第二节　行政行为之观念
第三节　行政行为之种类
第四节　行政命令
　第一款　行政规章
　　第一项　概说
　　第二项　行政规章之种类
　　第三项　行政规章之根据及限制
　　第四项　行政规章之成立公布及施行
　　第五项　行政规章之效力
　　第六项　行政规章之废止及消灭
　第二款　行政规程
第五节　狭义的行政行为
　第一款　单方行为
　　第一项　概说
　　第二项　行政处分
　　　第一目　行政处分之种类
　　　第二目　行政处分之内容
　　　第三目　行政处分之附款
　　　第四目　行政处分之成立告知及受领
　　　第五目　行政处分之效力
　　　第六目　行政处分之无效及撤消
　　　第七目　行政处分之废止及消灭
　　第三项　准行政行为
　第二款　双方行为及合同行为
　　第一项　行政上之强制执行

　　　　第一目　概说

　　　　第二目　行为及不行为义务之强制

　　　　第三目　给付义务之强制

　　　第二项　行政上之处罚

第五章　行政救济

　第一节　概说

　第二节　诉愿

　　第一款　诉愿之观念

　　第二款　诉愿之事项

　　第三款　诉愿人

　　第四款　诉愿机关

　　第五款　诉愿之提起

　　第六款　诉愿之审理及决定

　第三节　行政诉讼

　　第一款　行政诉讼之观念

　　第二款　行政诉讼之性质

　　第三款　行政诉讼之事项

　　　第一项　一般事项

　　　第二项　附带请求事项

　　第四款　行政审判之机关

　　第五款　行政诉讼当事人

　　第六款　行政诉讼之程序

　　　第一项　行政诉讼之提起

　　　　第一目　起诉之要件

第二目　起诉之效果

　　第二项　行政诉讼之审理

　　第三项　行政诉讼之判决

　　第四项　行政诉讼之再审

第四节　行政上之损害赔偿

第六章　自治行政

第一节　通论

　　第一款　自治之观念

　　第二款　自治团体之性质

　　第三款　自治团体之种类

　　第四款　自治团体之组织

　　第五款　自治团体之权能

　　第六款　自治之监督

第二节　沿革

附　行政法主要参考书目

第一章　行政法之基本观念

第一节　行　政

第一款　行政之观念

第一　概说

凡依国家统治权所发之行动,皆为统治权之作用。国家之统治作用,颇多不同之分类,在我国现时采行制度之下,得分立法、司法、考试、监察及行政五种。简言之,立法为制定法规之作用,司法为维持法规之作用,考试为检定公务员资格之作用,监察为纠劾公务员非法之作用,而行政乃包括司法考试监察以外,而行于法规下之一切统治作用。唯此五种作用,不仅依性质以区别,且由各别机关而行使。自原则上言之,立法作用属于立法机关,司法作用属于司法机关,考试作用属于考试机关,监察作用属于监察机关,而行政作用则属于行政机关。如是将统治权之作用,分为五种,使各机关于某程度独立而行之思想,即称五权分立主义。

五权分立主义,为孙中山所首创。即在其"五权宪法"中,将政府所有之统治作用,分为五种,名为治权,分属于五种机关,使各司其事而独立。此五权分立之思想,即参合中国固有之三权,与欧西流入之三权,相陶冶而成。按孙氏之意,不特欧美各国,采行三权分立制度,即我国君主时代,亦尝采行之。中国三权,为考试权、弹劾权及君权;而立法、司法、行政三种作用,统属于君权之下。外国三权,为立法、司法、行政;而考试隶属行政,弹劾则操之议会。然无论中外三权,要皆有偏失之嫌。盖以君主一人而兼掌立法、司法、行政,固有流于绝对专制,危害人民自由之弊,而以立法机关兼掌弹劾,行政机关兼掌考试,则无以救议会政治与选才制度之穷。故孙氏为补偏救弊,求一善良制度,乃考核中外得失,融会贯通,而创成此五权分立主义。

我国自入训政时期,设立五院,试行五权之治,形式上固已采行五权分立主义。然权力分立,决非绝对不相系属。五种统治作用,只原则上分隶于五种机关行使而已。凡原则必豫期有例外存在,如性质上明为立法或司法作用,法律有时使属行政机关行使;而性质上显系行政作用,有时亦使属于立法或司法等机关兼行。是乃因于政治上之理由,而为便宜之分配。详细理由,姑不申述。

因各种统治机关权限之分配,非出于理论之结果,故立法司法行政等观念,除其固有之意义,即实质上之意义外,尚有依所行机关种类而生之他种意义,即形式上之意义。兹就此二意义之行政,分述如次。

第二 实质上之行政(materielle Verwaltung)

自实质上言,行政者,乃国家统治作用中,除司法考试监察之外,而行于法规下之一切作用也。[①] 兹更析述如次:

[①] 实质上之行政,学者大都仅下以消极的定义。盖以行政作用,与立法司法不同,门类繁多,内容复杂,不易简括说明,亦以其他各种作用,在沿革上,乃由广义之行政中,分离独立也。近世公法学者耶里内克(Jellinek)之定义曰:"行政者,包含立法司法以外之一切国家作用也。"拉庞德(Laband)曰:"行政,国家之活动也。制定法规或宣判法规之场合,(转下页)

（一）行政者，除司法考试监察以外，而行于法规下之一切作用也

国家统治作用，自理论上分类，只能别为立法与执行两种。盖无论在三权或五权分立之下，其分类皆非出于同一标准，而仅为便宜之区别。若依性质而言，则其作用不外为制定法规与执行法规二者。除创造法规之作用外，其余皆为执行法规之作用。此执行法规之作用，即与广义之行政相当，于三权分立之下，更依目的别为司法与狭义之行政，司法为适用法规，审判讼案之作用；狭义之行政，为达其他国家目的之作用。而于五权分立之下，复从狭义之行政中，分出考试与监察之二作用，考试初属行政，可无容疑，而监察之非属纯粹立法或司法，亦甚明显。是于狭义之行政中，除去考试与监察以后所剩之部分，即为现时所求实质上之行政矣。故实质意义上之行政，乃自广义之行政中，除去司法考试及监察以外之一切作用也。

（二）行政者，依法规所行之作用也

法规之为物，乃有拘束国家人民效力之意思的规范，除不文法外，其成文法之制定，恒属于制定法规之行为。行政非制定法规，乃于既定法规之下，为达国家目的而行之作用也。国家行政在法规范围内所行之场合，可分如下三种。一曰依法执行。法规若有明确规定，仅须行政机关依法执行，即能发生效果。如纳税义务，本为税法所明定，其现实义务，仅须行政

（接上页）不得称为行政。"该阿尔格梅也（G. Meyer）曰："行政者，对于实在事件，为谋国家利益，所行之作用也。其非发布一般法则，而为处理实在事件，可与立法区别；不以法规之维持为目的，而以增进利益为目的，可与司法区别。"萨尔卫（Sarwey）曰："行政者，乃于立法司法之外，为实现公益，所继续而行之作用也。"其他学者所下类似定义，不遑枚举，要皆大同小异，间或参以积极的分子而已（按 Verwaltung 或 administration 一语，本有为达一定目的，管理种种事务之意）。公法学者中，对行政下以积极之定义者，以凯尔生（Kelsen）一派，为最著名。意谓行政不过为宪法之间接执行一种，而以其执行机关，有指挥系统之构成，为特征。但其所谓宪法之间接执行，根据似嫌虚悬，吾人未敢苟同。

行为,命纳一定金额,即能发生。二曰法规授权。法规有时仅定作用根据,依其根据而为一定之处置时,则于一定限界内,任诸行政行为自由决定。如警察官署,根据法规,禁止不正营业,或为其停止制限之际,法规但定其作用之根据,而于一定之限界内,授处分权于警察官署。于此场合,警察官署,得于授权之范围内,以自由判断而定具体的规律。但其规律非行政上所新创,而为法规所预期,仍与立法行为不同。三曰受法限制。凡与人民之权利义务无直接之影响者,行政作用,以得自由为原则。如国家敷设铁道,设立学校等作用。非属立法事项,得由行政自由活动。然就此等作用,立法上亦定有国家应遵循之准则,而行政即须受其限制。总之,行政作用,不能破坏既定之法规,亦不能给与法规不认许之新权利,或命以新义务;而常于法规之下,或依法执行,或依法授权,及于其所限制之范围内而行动。

(三) 行政者,国家之作用也

凡人格者莫不为达自己目的,处理种种事务。行政作用,即国家为达自己目的,而处理其事务之行为也。国家之目的,虽因时代不同,而现代国家,要以自存、治安、法政及文化四种,为最主要。国家为达此等目的,乃为各种事务之施行与管理。其事务即称公共事务(oeffentliches wirkungskreis)或简称公务(service public)。[①] 公务之大部分即属行政。

---

① 公务观念,首为法国学者所阐明。鉴于晚近社会变迁之结果,且有以为公法或行政法之中心观念(Duguit, Manuel de droit Constitutionel 3e ed. , p. 71 et suiv. 1; Les transformation du droit public chap. Ⅱ; Jeze, Les principes généraux au droit adminiatratif. 3e éd. p. l.)。但其语义素欠明确,未能视为定论。盖 service public 一语,至少含有三种广狭不同之意义。法国学界通说,宁以公务为达公共目的所为之非权力的设施,自手段上言之,殆与公企业或营造物行政,即德语之 oeffentliche Anstalt 相当。于此意义,在行政法学中,其观念与警察行政相对待。其次,用为几与行政相同之意义,即指行政事项(matieresadministrative)而言。最近有少数学者,鉴于公企业之发达与社会倚存(Interdépendance Sociale)之关系,乃以公务为依社会连带原则所施行之一切国家事务。但于此观念中,国家所行之一切公共事务,皆得包括在内,固不仅行政事务一种已耳。

国家为行政事务之施行时,或运用权力时,亦为种种非权力之设施,就中为达文化目的所为各种作用,即不以权力之行使为本质。最近因文化发达之结果,属于此部门之行政事务,且有逐渐增加,以至凌驾其他一切行政作用而上之趋势。然则行政上之处理事务,与私法人或私人之处理行为,实无本质之差异。唯行政作用为国家作用一种,其与私人行动不同,全在其作用之出于国家与否,如系国家作用,则有行政性质,得与私人行为区别。

第三　形式上之行政（formalle Verwaltung）

自形式上言,行政者,乃属于国家行政机关及自治团体权限内之作用也。析言之如次：

（一）行政以属于行政机关之权限为原则

凡采行权力分立主义之国家,各种统治作用,原则上均依各别之机关而行使,已如上述。在我国五权分立之下,立法作用,属于立法院；司法作用,属于司法院及其所属机关；考试作用,属于考试院；监察作用,属于监察院；而行政作用,则属于各种行政机关。行政机关,自广义言之,包含国家行政机关与自治团体二者。盖国家之行政权,除由国家行使外,更分授一部于自治团体,使之掌管。故行政作用,原则上即属于国家行政机关及自治团体之权限。

（二）行政一部属于国家行政机关之权限

处理国家行政作用之机关,为国家之行政机关。现时我国,以国民政府、行政院、省政府、市县政府等,为最主要。此等机关,本为国家之直接行政而设立,而为最本质之行政机关。然国家行政,除由国家自身之机关执行外,又委托其事务之一部于他团体或私人,使执行之。此等国家行政之受任者，虽非以国家机关而特别设立或选任，而于受托事务之范围内，亦有国家行政机关之性质。故形式上之行政，一部属于各种国家行政机关之权限。

（三）行政一部又属于自治团体之权限

行政作用，除由国家之行政机关执行外，更就其事务一部，授权于自治团体，认为其自己之目的而处理之。此时自治团体所有之作用，虽非直接为国家自身所行，而导源于国家，本有国家事务之性质，亦为行政作用之一种。顾自治团体所有之作用，亦不以实质上之行政为限；为达自治目的，于某程度，依法律亦得制定法规，调解讼案，而与国家同为实质上之立法司法等作用。然形式上之立法司法，专指属于国家立法司法机关所行之作用而言。自治团体既为行政机关之一种，凡属其事务而行之作用，不问性质如何，于形式上皆得称为行政。故形式上之行政，一部又属于自治团体之权限。

第四　二意义之异同

综上以观，形式上之行政与实质上之行政，其范围不能尽同。形式上之行政，既包含立法司法等他种国家作用，而实质上之行政，则一部属于他种机关之权限。

第一，形式上之行政，因包括行政机关权限所属之一切作用，除实质上之行政外，兼及他种作用之一部。其包含实质上之考试与监察与否，法制犹未确定，姑不详述。其兼及立法及司法作用之一部，则甚明显。先就立法而言，立法权虽以由立法院行使为原则，而性质上原属立法行为，于特定场合及特定事件，亦属行政机关行使。如法律认许行政机关，发布之职权命令及委任命令等，即为行政机关之立法。次就司法言之，实质上之司法作用，属于行政机关之权限者，其例尤多。如于刑之宣告，对违警犯，警察官署，得为即决处分；对财政犯，财政官署，得为通告处分。其于民事事项，如关于工业所有权、矿业权、渔业权之非讼事件，行政机关，亦有其管辖权。故实质上之立法司法作用，其一部属于形式上行政之范围。

次之，实质上之行政作用，亦有属于他种机关之权限。如国家岁出入预算之确定，本系行政作用，而属于立法机关。又如下级司法官吏之任命监督，及司法法院之总务事务，本为行政作用，而属于司法机关。

第二款　行政之种类

形式上之行政①，可自内容上与形式上，分类如次。

第一　内容上之分类

行政作用，可依法规内容，分为组织、警察、保育、法政、财政、军政、外政及刑政八种。②

（一）组织（Organisationsverwaltung）

凡法人皆为组织体，必须有机关之组织，而后始有其活动。故不论国家或自治团体，皆须具有一定组织。唯国家与国内团体不同，国内团体，处于国家支配之下，因国家之承认，而始享有人格。是其组织之法则，恒为国家所决定。独国家不属于他人支配，而有自主独立之地位，其一切组织，得以自己意思定之。故国家所有之组织权，又称为自主组织

---

① 行政法学中，通常专论形式意义之行政，本书原则亦然。
② 美浓部达吉著，《行政法撮要》，上卷，第一章第一节。

权(Selbstorganisationsrecht)。国家依此权利,得自定政体,制定组织法规,设立机关,并选任一切吏员。国家组织权之作用,除属于最高统治机关及立法司法等机关之权限外,皆属于行政机关之权限。行政机关所属之组织作用,以依法律制定组织规程,及任免官吏,为最主要。至于自治团体,亦为处于国家下之团体一种,其组织法则,首为国家所定,只于国法所认许之范围内,得自定规则而施行之。

(二) 警察(Polizei)

国家为谋生存发达,必须扫除一切障碍,以维持一般社会之秩序。国家为维持社会秩序,有时得对人民行使命令强制之权力,是即为警察权。本于警察之作用,即为警察。国家为维持安宁秩序,原不以警察之作用为限,他如法政、军政及司法中之刑罚,亦以保持国内安宁秩序为目的。唯警察作用,以命令强制而行,在手段上,得与他种作用相区别。警察作用,因依命令强制而行,为国家统治权之主要作用,于现时我国国法中,为国家所专属,自治团体不得有之。

(三) 保育(Kulturpflege)

现代国家,不仅以消极的维持治安,为已达其目的,必更进一步,以积极的开发社会文化,增进社会公益,为其主要任务之一,是为文化目的。国家为达此种目的,乃于交通、运输、农林、工商、矿业、水产,以至教育、学术、宗教、感化、风俗、卫生等,精神上物质上之一切方面,或自为大企业家,经营各种不适于私人自由经营及私人不能举办之事业;或保护奖励民间事业,以开发文化上种种要素,增进社会福利。并为此而科人民以负担。国家所有此种作用,即为保育。保育作用之本质,与警察不同,不在权力行使,而在各种事业之经营管理。故保育作用,不必为国家所独占,除国家自身外,自治团体亦得有之。又私人因国家之特许亦得有其权利。就中自治团体,于国家所容认之范围内,所得经营之公共事业,种类尤多。①

（四）法政（Justizverwaltung）

国家为维持治安,又须就社会各人相互间之关系,为法律之规定,并维持其规律。规律各人相互间之法规,即为私法。国家为保持私法关系中秩序,所干预之作用,是为民事行政或法政。法政作用,自程序上言之,不外民事诉讼与非诉讼事件两种。其作用,原则上属于司法机关之权限。但关于非讼事件之一部,为行政官署所管辖。故法政作用,于某限度,亦为形式上之行政。法政权亦权力作用一种,在我国为国家所保留,其他团体不得有之。

（五）军政（Kriegsverwaltung）

国家为保持国际上之地位及国内之和平,不得不有强固之军队。国家为维持管理军队,及为此目的而科人民以兵役及其他负担之作用,是为军政。军政作用,可大别为二;其一,维持管理之作用,与人民无何直接关系;其二,科人民以负担之作用,得对人民,直接行使权力。

（六）财政（Finanzverwaltung）

国家为自身之利益,及各种事务之经营,又不得不有充实之财力。国家为维持管理财力,及为取得财源而科人民以负担之作用,是为财政。

----

① 关于行政作用之实质的分类,学者恒先区为内政、外政、财政、军政各种,然后将内容包括极广之内务行政,更依其目的,分为保持公共秩序之警察行政,与增进人民福利之助长行政。如此分类方法,于德国学者间,几已成为公定方式。如该呵格梅也、拉庞德、刘宁（Loening）、柴德尔（Seydel）、胥尔采（Schulze）等,咸遵循之。日本学者,如穗积、织田、市村、副岛等,亦皆采此传统方法。但彼辈普通所采取之分类法,乃政治学或国家学上之方法,并非法律学上方法,至少乃与法律学无关涉之观察法耳。法国学者裴退露迷（Berthelemy）等,自始已依其法律上性质分类。德国学者至呵督梅也（Otto Mayer）,因受裴氏等之影响,始将从来之分类方法,加以修正,即依法律上性质而区分。日本学界中采此方法者,以美浓部达吉为最著。依法律上性质分类,则曩时所称之内务行政或内政,约可分为**警察、保育及法政**三种。

自治团体,为达其目的,亦需必要之经费,因之亦有财政之作用。财政作用,亦可分而为二:其一,管理作用,即为收入支出及财产之管理;其二,权力作用,即课征租税,及为其附随作用,而命令强制人民之作用。

(七)外政(Fremdegeschaeftsverwaltung)

国家存于列国之间,应与各国构成国际社会,保持自己地位。故国家不特对内统治人民,保全公共福利,且须与列国交涉,主张国际地位,保护侨民利益,确保世界和平,及贡献文化于人类全体。国家为遂行此种任务之作用,是为外政。外务行政,首为国际法所规律,应让国际法学中研究。唯与国内公法,亦非绝无关系,如外务行政机关之组织及其权能,常为国内法所规定。故外政于某限度,亦属于行政法之范围。

(八)刑政(Kriminalverwaltung)

国家为达治安目的,除警察及法政外,尚有赖于刑政之作用。所谓刑政,乃禁遏侵害社会法益之行为,及将其行为人摒除于社会之外,或仅加以惩罚,以使改善于将来之制裁的作用。此种制裁的作用,即为刑罚,科处刑罚之国家权力,即刑罚权。所谓刑政作用,实指刑罚权作用之全部而言。唯刑政作用,原则上属于司法范围,为刑法、刑事诉讼法及监狱法中所研究,于此毋庸详述。

第二　形式上之分类

行政作用,自外形上,可别为国家行政与自治行政两种。①

---

① 国家行政又称官治行政(obligkeitliche Verwaltung),以与自治行政相对待。但官治行政与自治行政,首依行政吏员选任制度不同而区别。即以具有一定资格,原则上不定在职期限,而为政府任命之官吏所行者,谓之官治行政;以具相当资格要件,原则上附以短期期限,而为人民选出之吏员所行者,谓之自治行政。但此种分类,于我国训政时期中,大抵尚可适用,而至官吏民选时期,则将失其价值矣。

（一）国家行政

行政权除由国家自身行使外更授其一部于自治团体，任其自治，已如前述。故行政主体，亦有国家与自治团体两种。国家之行政作用，由国家之行政机关而行。其由国家原有之行政机关，如国民政府、行政院及其直接间接所属之机关而行者，谓之国家直接行政。非由国家原有之机关行使，乃委托他团体或个人而行者，谓之委任行政。所谓国家行政，即合此两者而言。

（二）自治行政

自治团体，依国家法律之授权，为达其目的所行之一切作用，谓之自治行政。现行法上之自治团体，有地方团体及公共合作两种。关于自治团体之本质，容待于后论之。

第二节　行政法

第一款　行政法之观念

行政法（Verwaltungsrecht, droit administratif, administrative law）者，乃规律行政权之组织及其作用之法也，析述之如下：

（一）行政法，公法也

罗马法系之法学观念中，向依法之性质，设有公法与私法之区别，而实际法制中，亦于此前提之下，而略有此二类法规存在。但其区别标准，学说颇不一致，或以一为权力关系之法，一为对等关系之法；或以一为保护公益之法，一为保护私益之法。然公法与私法之间，决非此等标准所可区别。公法关系中之对等关系，正有逐渐增加之势，而私法中保护公益之规定，自昔固已存在。要之，公私法与公私生活相对应，公生活即国家及自治团体之生活，私生活即个人及私团体之生活。以公法为公生活之法，私法为私生活之法，实为至当。申言之，所谓公法，即规律国家、自治团体及其构成分子生活之法，私法即规律个人或私团体生活之法也。行政法为法律行政权主体之国家及自治团体之组织及其作用之法，故亦为公法一种。

然公法与私法之区别，实际上是否判然存在，殊属疑问。如自治团体中之公共合作，其所有之特权甚少，几不能与私法人相区别。而私法立足于公法之上，其基本法则，概为公法所规定，挽近因社会立法之发达，且有公法化之倾向。故公私法之区别，实际上本不明白，今后因社会情形之变迁，或者竟以变更乃至消灭，亦未可知。唯现时一般法制，犹未脱此窠臼，在理论上，仍不妨设此区别耳。①

公法与私法之性质与原理，亦非有绝对之差别。现代法治国中，国家与人民间之关系，与专制时代不同，非单纯之权力服从关系，乃为法规所规律之权利义务关系。于此性质上，实与私人相互间之法律关系无异。以是公法上之原理与私法上之原理，相类似者颇多；而公法学中之

---

① 分法为公法与私法之思想，发端于罗马法学。降至中世，因罗马法学之复兴，蔓布于欧洲大陆诸国，洎乎现代乃传入于我国。未受罗马法学影响之国家，如英美法，继受罗马法以前之日耳曼法，及我国之固有法中，皆不见其有区别痕迹。盖其区别不外出于罗马法学者之分析技能，亦以实际上无截然之限界，在理论上无强为区别之必要也。

公私法之区别，事实上既非判然存在，而学理上亦嫌缺少价值。以是近今学者，乃有出而否认之者(Franz Weyr, Zum Problem eines einheitlichen Rechtssystems Archiv f. oeff. R. Bd. 26; Hans Kelsen, Zur Lehre von oeffentlichen Rechtsgesehaeft, Archiv Bd. 31)。然他面因公法审判之独立与发达，为分别其管辖计，实际上殊有其区别之必要。如英国向为普通法一法之国，理论上亦素无公私法之区别，而最近因公法审判之发达，学者中亦有自实质上以求其区别矣。

种种观念,得与私法学共通者,亦复不少。故在行政法学之研究中,亦不可偏重于公私法之区别。须知公法于某限度,须受与私法共通之原理支配;于某限度,则受与私法不同之原理支配也。

(二)行政法,关于行政权之法也

行政法为公法一种,乃关于行政权之组织及其作用之法,以行政权为其中心观念。在此点上,行政法一面可与宪法相区别,他面可与立法司法等法相区别。

国内公法,自国家全般观察,有规律国家全体组织及其作用之根本法,是为宪法。自各种权力观察,则有规律行政权之组织及其作用之行政法,[1]规律立法权司法权之组织及其作用之立法法与司法法,及规律考试权监察权之考试法与监察法。

先以行政法与宪法相较而论,宪法为有关国家组织及其作用之根本法,以国家为中心观念[2]。而行政法为有关行政权之组织及其作用之法,以行政权为中心观念,行政权之作用,为国家统治权作用一种,两者非属平等对立。故行政法与宪法,亦非互相并峙,而前者成立于后者基础之上,即后者为国家全般之根本法则,前者为关于行政权之细别法则。[3] 次之,以行政法与立法司法等法相较,立法司法等法,为有关立法

---

[1] 宪法等法与行政法不同,有形式上与实质上之两意义。形式上之宪法,即指以文书规定之宪法法典而言。而行政法以无数法令存在,各国皆未有统一包括之法典,因无所谓形式上之意义。

[2] 宪法以国家为中心观念,故亦称为国家法或国法(Staatsrecht)。但国法之意义甚杂,在广义上,与国内法相当。其次,指公法之一部,包含宪法与行政法。及最近行政法由国法中分歧独立,始与宪法同其意义。

[3] 宪法与行政法之分际颇不明白。学者有自理论上说明,以宪法为规律国家统治组织之法,行政法为规律其作用之法。然组织与作用,两者相待而成,非可各各分离。故谓宪法为国家全般之根本法,行政法为关于行政权之细别法则,虽属寻常见解,却甚浅显明白。

司法等权之组织及其作用之法,以立法司法等权为中心观念,与以行政权为中心观念之行政法,各异其趣。

(三)行政法,包含行政组织法与实质的行政法两部[①]

行政组织法,所以规定行政权应由何等机关行使,其中定有国家机关或自治团体之设置、组织及权限等各项。因之行政组织,亦可别为国家行政组织与自治组织二者。但国家行政组织,有广狭不同之意义,自广义言,则行政首长,亦得包括在内,然关于行政首长问题,属于宪法学中研究;行政法学中所谓国家行政组织,通常仅指行政首长之下,分任行政事务之各种机关而已。

实质的行政法,为有关行政作用之法,易言之,即有关公务施行之法也。国家及自治团体,一面虽为行政权主体,而同时于目的范围内,有施行其事务之义务。其权利义务,概为法律所规定,行政主体,仅能于法规之范围内而活动。实质的行政法,即规律其活动之法也。至于行政权主体与其客体间之关系,为行政法关系(verwaltungsrechtliche Verhältnis),或即称公法关系。公法关系虽与私法关系,多少异其性质,殊其原理,而同为法律所规律之关系,已如前述。实质的行政法,为行政法中最主要部分,如警察法规、租税法规及其他有关行政作用之法规皆属之。

[①] 行政法又得分行政实体法与行政程序法二部。曩时学说,多指有关行政争讼程序之法,为程序法。因之遂以行政法中,仅诉愿法及行政诉讼法等,为程序法,其他皆实体法。然所谓程序,严格的言之,乃指为达一定目的,所为多数法律的行为或事实的动作之连续而言。故程序法,于行政法各部门中,均含有之,固不仅以行政争诉法一部为限。

第二款　行政法之法源

行政法规，不论何国，均非如民刑等法，有包括统一之法典。[①] 通常只就含有行政法性质之无数法规，抉别汇类，总称为行政法而已。故行政法规，以种种形式存在。欲知其存在形式若何，即为法源(Rechtsquelle)问题。行政法之法源，与其他国法同，可别为成文法、习惯法及理法三种。

第一　成文法

由国家或自治团体以文书制定者，为成文法或制定法。成文法中得为现行行政法之法源者，计有《约法》、法律、命令、条约及自治法规等各种。

（一）《约法》

《训政时期约法》，为二十年五月召集之国民会议所制定，其有临时宪法性质，甚为明显。然其规定，除为实质上之宪法法源外，同时含有关涉行政之法规。如关于行政机关之组织、权限，以及人民自由权利之规定，乃与行政组织及其作用，极有关系之法规。故《约法》于某限度，亦得为行政法之法源。至将来有正式宪法颁布，则宪法中此类规定，为彼时

[①] 查各国发行之行政法令集刊中，仅法国有所谓行政法典(Code administratif)，但亦不过汇集大革命前后之行政法令，依年代编纂而成。与普通民刑法典自始计划，以有统一之整个法典编纂而成者，异其性质。

我国自唐代《六典》以降，独有编纂行政法典之举，明清两朝，沿承其例，亦编有所谓《会典》。然编纂后历时未久，其内容之大部分，即与实际情形不符，随须以命令或判决，以补充或变更之。因于《会典》之外，更须定期编辑《会典事例》。我国旧有行政法典，其编纂方式，与现代各国之所谓法典，大异其趣，自无待论。然行政法典，不易整个编成，于此亦可见矣。

行政法之基本法则,固不待赘。

(二)法律及命令

(甲)国民革命前之法令

所谓法令,即指形式上之法律与命令(规章)而言。民元以来,法律由国会制定,大总统公布。命令径由大总统发布,或由大总统委任各级行政官署发布之,计分教令、国务院令、部令、省令、道令、县令及警察厅令等。此等法令,至国民革命后,当然不能继续有效。唯国民政府成立之初,一应法令,待用孔急,在未制新者颁行以前,凡以前施行之各种法令,不问立法程序、命令形式以及名称如何,止要视有行政法之性质者,除与国民党党纲主义,或国民政府法令抵触各条外,一律暂准援用(民国十六年八月十二日国民政府《暂准援用从前施行之各种实体法诉讼法及其他一切法令令》)。

(乙)国民革命后之法令

国民政府所发布之法令,于行政有关者,当然为其后最主要之行政法法源。兹之法令,亦即法律与命令。依立法院整理现行法规之标准规定,所谓法律,以次之三类属之:(1)十七年三月一日《立法程序》公布前,经大元帅府(十二年二月二十一日起)或国民政府公布,涉及国家各机关之组织,或人民权利义务之关系者;(2)十七年三月一日《立法程序》公布后,至十七年十二月五日立法院成立止,经中央政治会议议决,由国民政府以法之名义公布者;(3)立法院成立以后,由立法院以法之名义议决,经国民政府公布者(参照《立法程序》及《法规制定标准法》)。至于命令,或径由国民政府发布,或由各级行政官署发布之,计有国民政府令、行政院令、各部会令、省令、市令、县令、首都警察厅令、省会公安局令等。命令不得与法律抵触,否则无效。同属命令,依所发之机关而异其效力,凡下级机关所发者,不得与上级所发者相抵触。

（三）条约

国际条约，凡其内容有关本国人民，或国内条约国人民之权利义务者，既经公布，亦有国内法之效力。而条约中定有行政法之性质者，直接得为行政法之法源。

盖国际条约，虽系成立于国际间之双方行为，而其内容不特拘束国家，亦且拘束国内人民。其中固亦有如非战公约等，性质上仅能拘束国家，于人民直接无何关系者。而如通商航海等条约等，直接定有国内人民之权利义务，人民亦须受其拘束。此等条约，既为法律上有效之国家意思，即不另具法令形式，亦本有国内法之效力。唯条约虽已成立于国际之间，且经立法机关之同意，犹未发生效力。盖法规必须经过公布，始能实现其拘束力，是为近世国法上既经确定之原则。故条约亦与法令同，须公布实施国内以后，始得拘束国内人民。

既经公布施行之条约，于行政有关者，亦得为行政法之法源。如关税条约、通商条约、工业所有权条约及万国邮政电报条约等，即其主要者也。条约在法之秩序中，本与法律同其地位，但法律不能变更条约，条约则能变更法律。

（四）自治法规

成文法规，除由国家制定外，地方自治团体亦得制定之。盖地方自治团体依法律赋有自治立法权（Autonomie），于自治权（Selbstregierungsrecht）之范围内，得制定施行于其地域内之法规。如依现行《县组织法》规定，乡镇所得制定之自治公约，即其显例（《县组织法》第九条）。唯自治权为国家所授与，自治立法，只能于国家法令之下有效，不得与之抵触。

第二　习惯法

非出于国家或自治团体制定，仅以事实上之习惯，而得有法之效力者,为习惯法。现代国家,因成文法发达之结果,法规之大部分,以制定法而存在。然法终非单为国家或团体之命令,法之成立,不仅以出于国家或团体之意思者为限。此不特昔时之法律状态如是,即今日亦然。唯所谓习惯,又不以通行于人民之间者为限。他如行政习惯、审判判例,亦属其内,不问何者,均因事实上长久惯行,而得有法之效力,故得概称为习惯法。

(一)行政习惯法

行政机关所为实际事务之处理,以先例而尊重之,而得有法之效力者,为行政习惯法,亦称行政先例法。行政习惯之得为法之根据,与审判上之判例同。盖行政与司法,同为法规下所行之作用,关于法规之解释适用,两者初无异致。唯行政法之区域,其适用法规,不在审判,而首在于行政事务之执行。故行政机关之内部及外部习惯,较诸判例,尤有重大价值。

(二)法院判例法

法院判例,因多回重复,得法之认识,而有法之效力者,为判例法。法院于本质上仅能适用法律,不能制定法规,其判例仅能拘束各该事件,不有其他效力。然实际上对于既经确定之判决,苟无特别之反对理由,则该法院或其他法院,嗣后对于同样事件,通常必为同样之判决。长此以行,其判例乃生法之效力于社会之间,而人民亦于同样事件必为同样判决之豫期下,而各自约束其行动。如此其判例,纵无法律上之拘束力,而事实上之拘束力,固已存在。故法院判例,因反复援用之结果,亦得有法之效力也。

司法法院之判例、例外亦得为行政法之法源。盖实质上属于行政之事件,形式上有以民事诉讼而处理之。又于民刑诉讼中,法院于某限度,有决定先决问题(Incedenter,Vorfrage)之权。对于行政事项,有时亦得自行先决定之(《民诉》第一七八条)。如在官吏损害赔偿事件,民事法官,得独立决定其官吏之违反职务与否。于此场合,其先决问题之决定,仅为判定主要问题之理由,以无何等之确定力为原则,而其决定则不免有事实上之拘束力,因而于某限度,亦得为行政法之法源。

唯行政法院与普通法院分离设立之国家,属于行政法上之诉讼事件,原则属于行政法院审判。我国近于司法院内,设有独立之行政法院,则于行政法之范围,其判例法之数量,将来势必增大。

(三) 民间习惯法

民间相沿成习之事实,因发生社会之确信心,而得有法之效力者,为民间习惯法。民间习惯之得为法之根据,即因事实上之习惯,通行悠久之结果。此种习惯法,通常多为民商法之法源。而于行政法之领域,各地方民间多年惯行之事实,而得有法之效力者,亦颇不少。其关于人民之义务者,如维持管理公路公水之义务是。其关于人民之权利者,如占用公共河川之水力,因多年不受国家禁止,而取得之公物占用权是。唯现今法律状态,习惯法仅得为制定法之补充,而不有变更制定法之效力。①

第三 理法

非为立法者所制定,亦不因事实上之习惯而成立,乃出于人类之推理心,而得有法之效力者,为理法或条理。如人类之正义意识、事物之自然条理、社会生活之必需条件及立国之主义原则等,凡国法上不得不承认之思想,犹之既成事实,有支配人心之力,亦得支配社会人心。故于成文法及习惯法外,理法亦得独立为国法之法源。若成文法不完备,而习

---

① 行政法院判字第二一号判决。

惯法上又无一定之事项,其法为何？须赖理法以为补充。尤其行政法无统一包括之法典,只因随时需要,就各事项而制定法令。其贯通全部之总则规定,成文法至不完备,多待理法以补充之。

第三节　行政法学

第一款　行政法学之观念

行政法学(Verwaltungsrechtslehr, Science du droit administratif, Science of administrative law)者,以行政法之原理,为研究对象之科学也。

（一）行政法学,以行政法之原理,为研究之对象

行政法学,以行政法为研究之对象。关于行政法之研究,学界向有二大倾向：其一,抄袭成法,略加整理,为其研究使命之全部者,是为成法主义。其二,以现行法令为基础,以概括之理论,而说明其法理,其体裁似与成法无何关系者,是为"攀达登(Pandekten)"主义。于现代行政法学之发达程度,除呵督梅也等学者外,属于后者,尚在少数。但只抄摘现行法令,编集自然成立之观念与判断,即为已尽研究之能事,未免有悖科学之本旨。吾人应取之态度,虽不能离现行法甚远,过事分析,纯理结构,而自讲学的见地言之,终须将成法为理论之说明,使行政法学构成为研究行政法原理之科学也。

（二）行政法学,分总论与各论二部

行政法之研究,初期只依各种行政作用,分别各种法规,而论述各该范围之法理。其分类既非出于法律上之方法,而归类尤嫌困难,其法至

不完善。学者乃觉有另设总论（Allgemeine Teil）之必要[①]，于是将行政法学，分为二大部分，以研究行政法全体共通之法理者，为行政法总论，研究行政法各特殊区域之法理者，为行政法各论（Besondere Teil）。行政法总论中所应论述事项，约为如下各种：

（甲）基本法则

（乙）行政组织

（丙）行政作用

（丁）行政救济

（戊）自治行政

行政法各论之研究范围甚广，在行政法规发达之国家，即就各个重要法令，亦可设为独立一科研究。故其研究材料之多，远非他种法学可比。唯其多数法令，得依法律上性质，别为几个区域，就各区域之法规，探究其原理而说明之。其区域可分为五：

（甲）警察

（乙）保育

（丙）法政

（丁）军政

（戊）财政

第二款　行政法学与行政学

行政法学之成为独立科学，尚无悠久之历史，英美等国，固无论矣，

[①] 提倡设立行政法总论者，以奥国法学家乌尔拔利希（Ulbrich, Oeff, Rechte, S. 71）及培那栖克（Bernatzik Rechtskraft, Vorrede, S. 12）等为最著名。

即研究比较发达之大陆诸国,亦仅数十寒暑。欧洲大陆诸国中,法国有裴退露迷、呵柳(Hauriou)等学者,自始即将行政法学,组织为比较纯正之法律学。德国则初无行政法学自身独立之科学,其科学乃从他种学问脱胎而来。其间经过历史,颇有注意价值,兹为特笔述之。

在德国为行政法学之先驱科学,一面为警察国(Polizeistaat)时代之警察学(Polzeiwissenschaft)或官房学(Kameralistik)。他面为旧时帝国时代及联邦时代之国法学。当时之所谓警察学或官房学,仅为支配技术之研究,以对将来为官吏者,授以内务上财务上之必要智识,为主要目的。盖在警察国时代,除出于支配者大权作用之无数命令或训令外,尚无真正之行政法存在,而与现代行政法相当之部分,犹未归入法律学之领域。故当时关于行政问题之研究,乃偏重于技术与政策。其学问与其说明法规原理,毋宁以利害得失而考究治术问题;与其谓为行政法学,毋宁为行政学(Verwaltungslehre, Science de l'administration, science of administration)。

自十九世纪由警察国而入于法治国(Rechtsstaat)时代,行政上始有法律之规定,而于学问之研究中,亦始有其新对象产生。如是已有发达可能之行政法学,初期乃表现为德意志各分支国之国法学,如莫尔(Mohl)之《唯丁堡国法学》,即其最著者也。其次以格奈斯脱(Gneist)之《英国行政法》,及斯泰因之《行政学》[①],堪称当时之杰作。尤以斯泰因之《行政学》,对行政法学,开辟一新纪元。然此著作,因产生于警察国时代与法治国时代之分歧点上,其内容既非纯粹之行政学,亦非纯粹之行政法学,实两相混合而未分化。终以时代推移关系,其初意欲从哲学上构成之行政理论,非发达为行政学,而蜕化为行政法学,即其所建立行政

---

① Stein, Die Verwaltungslehre, 1865 – 68.

学之巨大殿堂,颓废之后,于同一基础之上,落成行政法学之新建筑矣。盖德国自一八七一年帝国成立以降,关于行政组织之制定法,类见陆续发布。从此学者忙煞于法文之注释,不暇研究行政技术。而行政学中历史的政治学的分子,乃为法律学夺去其地位。至一八八〇年时代,德国行政法学之发达,既甚显著,遂以成为独立之学问。厥后输入日本,更为美浓部教授所大成。

至英国向为一法之国,不问公私法之关系,概受普通法(common law)支配,其国民自由财产之受行政侵害,亦归司法法院审判之。又不特英国为然,其他如美国等英法系国家,亦大都如是。故英美人之观念中,素无所谓行政法(droit administratif, Verwaltungsrecht)存在。挽近名法学家,如戴雪(Dicey)者,初年亦极言英国无行政法。然英美等国,虽形式上无公私法之区别,而实质上与他国行政法相当部分,固已存在无疑。故自大陆诸国行政法学发达以后,间亦有以比较方法研究之者。茌乎最近,因行政机关兼理行政审判之增加,与特种行政审判机关之添设,更有促进其研究之可能。而关于行政法之专著,遂见渐次发达,有使其独特之行政法学,确立而不可摇动之势焉。但其历史甚短,诚不过属于最近之事耳。[①]

英美二国,因行政法学之体系,向不完备之故,其行政学之研究,未为行政法学之方法与对象所牵混,而得以政治学之延长而发展。反之,大陆法系诸国,随法治主义之实现,其行政法学,虽已发达隆盛,而行政学之研究,一时乃致衰颓不振。唯近时学界,一面因法学之纯化,他面因实业经营学之刺激,对于国家或自治团体之行政,亦渐有离开法学见地,研究其制度之运用及其社会的效果矣。故自兹以往,行政学与行政法

---

① Freund, "Historical Survey", in The Growth of American Administrative Law, pp. 9–14.

学,将有分道扬镳、并驾齐驱之势。但行政法学与行政学,究有区别,行政法学,以行政法为研究对象,所以说明法律原理,而属于法律学之范围。行政学则以社会事实为研究对象,所以说明支配行政之因果法则,而属于政治学之范围。两者既各异其研究对象与所属统系,在讲学上自应厘然区别之。

第二章 行政法之基本法则

第一节 法治行政主义

第一款 概 说

凡立宪统治国家，必以法治主义，为根本原则之一。法治主义，除制限人民自由、规律人民权利义务之事项，为立法权所保留外，其余一切统治作用，概于法规之下行之。故不特司法等权，须受法规拘束，即行政权亦须受其羁绊。然考各国成例，司法法之发达，恒早于行政法；先有依法审判，而后始有依法行政（gesetzmäßige Verwaltung）。此不特欧西大陆诸国为然，即近今我国，亦有同一倾向。

欧西各国法治行政[①]之演进，可分三大时代以说明之：一封建时代，二警察国时代，三法治国时代。封建时代，国家行政，极为简单，以外交、军政及财政，为行政事务之总体。至于内务行政，虽非全不存在，而其范围极狭，如增进人民福利之文化行政，几未为国家事业而经营。在此时期，关于个人相互间之关系，虽已继受罗马法中之私法秩序，而国家与人民间之关系，犹未能因袭罗马法中之国家全能思想。试举德国之例而

---

① 法治主义亦称法治行政主义。

言,当时德国与人民构成关系者,非为国家自身,厥为各地领主(Landesherr)。领主既分皇帝之权力,复科人民以种种负担,乃渐次取得各种特权。其各个特权,名曰高权(Hoheitsrecht)。领主高权之范围,依当时之思想,得及于公共之必要事项。只以一面须受帝国法院之监督,人民对于领主,得为诉讼或控诉;他面则受人民既得权(jus quaesitum wohlerworbene Rechte droit aquit)之对抗,不得侵害人民"以正当权原而取得之权利"而已。然有此种保障之人民权利,及法律秩序,旋即为领主所破坏,除对蕞尔么小之领主外,几已失其存在效果。故于此时代,实无行政法之存在,即有之,亦不过全从民法思想,蝉蜕而来之几种规律已耳。

封建制度崩坏以后,其次发现者,为警察国时代。至此时代,集权思想,逐渐发达。向为领主所有之权力,寝假集中于国家,融合而成国家之权力。其时国家之公的权力,由君主自身或其所属官吏行使,除对司法方面外,可谓为绝对无限①。故当时存于国家与人民间之公法,以关系民刑诉讼之司法法,为最主要。如法院独立之原则,于此已渐得有力。而行政方面之法律秩序,则大异其趣。当时国家既已集中权力,适以传自法国之警察权(Jus Politiae, La Police)思想,作理论上之根据,以为"确立国家制度之良好状态"(Die Herstellung des "guten Zustandes des Staatswesens"),得对人民发必要之处分命令。而其处分命令之必要与否,及应取若何手段,得以便宜裁断(Konvenienz)而决定之。在此时代,固亦有多数命令或规则,以拘束行政,然仅为服务命令,而无规章性质。其命令虽得拘束官吏,与人民并无直接关系,须经官吏执行,始能发生效果。是故当此时代,关于民刑诉讼,虽有司法法之存在,而行政方面,对

---

① 警察国亦称绝对国。

于人民拘束官署之秩序,实未成立。人民之自由财产,除对国库①得以私法上之人格者为诉讼外,几无他种确实保障方法。

警察国时代,国家因有强大权力,对于人民生活,干涉无所不至,结果流于绝对专制,不能达到国家生活目的,自此乃产生所谓法治国时代矣。如上所述,在警察国时代,司法秩序,虽已相当确立,而行政则尚未受乎法之拘束,得以绝对权力,侵害人民权利自由。此种专制行政,毕竟发生反对运动。当时朝野人士,提倡行政亦须受法拘束。其经过情况,尤以法国为最显著。彼时法国之最高法院(Parlement),对于官吏违法行为,职权上得为损害赔偿或刑罚之宣告,而国王则常袒护官吏,妨碍其判决之执行。于是法院与国王之间,不绝有权力上之争执。终以法院主张,较国王及行政官为正当。当时一般国民舆论,不期然而咸同情于法院。以为其间冲突,由于法院秉公执法,而行政独逍遥法外所致。欲谋解决,则唯一方法,须使行政,亦与法院同样服从法律。除此实际上之要求外,尚有学理上之鼓吹。如赞成卢梭之民约说者,谓人民最高权力之行使,即在法律之制定。其所制定之法律,不特拘束法官,抑且拘束行政官吏及国家元首。以故此等机关,亦应依共同意思之指示(Selon la direction de la volonté générale),而行使一切作用。同时,讨论权力分立说者,以为制定法规以外唯一之真正权力,为法律上之执行权。执行权更别为司法与行政而行动。司法既已依法执行,行政亦当模范司法而行。卒因学理上之鼓吹,与实际运动之结果,国王与法院之争,乃归胜利

---

① 当时领主得到高权,不受帝国法院监督,法律上为补救其缺陷起见,乃另唱国库说(Fiskustheorie),以国库为财产权主体而代表国家,与私人同受财产法之支配。至是人民权利受官权处分之侵害时,乃得向法院请求国库赔偿。而国家在法律上乃为两个主体,除为原来之国家外,并为私法上之法人。此国库说,盖即所以调和当时之国家全能思想与法律秩序之冲突也。

于法院。自是纵不能使行政于外形上服从司法,而实质上则已服从司法所有之思想。法院之判决,为法律所拘束,而判决之执行,又为判决所拘束,将此拘束之方式,适用于行政事务之执行,[①]即当时法国新行政法所有之根本思想也。他如德国。亦与法国取同一步调,以提倡学说与立法之手段,使行政亦服从于法律,而力求法治主义之实现焉。

　　法治主义之发展过程,大略已如上述。然欲求法治主义之完全实现,不单以思想上之克服为毕事,而尤有待于各种制度之完成。

　　欲期法治主义之实现,第一,须有宪法之保障。盖纵使行政应受法律拘束之原则,为一般所承认。若其法律仍可由行政首长或官吏,自由制定变更,则法律拘束行政,仍不能达其目的。欲使法律拘束行政之原则,发生实效,首宜在宪法上,限制行政机关之立法权,使限制人民自由,规律人民权利义务之事项,概为立法权所保留。故各国成文宪法,咸以人民自由财产之限制,属于立法事项。宪法上所设此种规定,其用意一面固亦在限制立法权,使不致为法律所移动,而他面尤在限制司法与行政,使政府或官署对于人民自由权利之侵害,须遵法律之规定,不得以独断之命令或处分出之。

　　然仅有宪法之保障,犹未足以称完全之法治国。盖法治国与宪法国,非完全同一之观念,前者当有比后者更进一步之制度。即法治国中,尚须"宪法内部之完成",以最适当之成语言之,须"将国家行动之道程及界限,以及人民自由之范围,皆以法规精密规定并制限之",[②]务使国家

[①] 司法系依法律而判决,依判决而执行。行政既同受法律拘束,亦应适用法律,而规律其事务。唯行政与司法不同,于多数场合,不为审判判决,而以行政行为(acte administratif)出之。法国自实行权力分立以后,行政行为之观念,乃与司法判决相对待,而为行政与司法并立上所不可缺之要素。而自是无论在行政法之适用上或研究上,此观念遂占于重要之地位矣。

[②] Stahl, Rechts und Staatslehre, S. 13ff.

行政，皆有法规可据，对于人民权利自由之限制，受法规之拘束。如是其法规愈完备，法治精神，亦愈臻于美善之境。故法治国家尚应多制法律，或以命令多制法规，以拘束行政。

法治国家，又不仅以有多数行政法规之存在，为已满足。因徒有法规之制定，犹未能保证行政官署之不任意违法也。于官署违反法规，侵害人民自由财产之场合，更非有适当之救济方法不可。唯行政上之违法行为，殊不能专赖同种类之行政官署，即可得到适当之救济。因行政机关与司法机关不同，非有独立不偏之地位也。故欲维持行政法规，必须如通常之司法制度，设定诉讼方法，以审判行政事件。关于行政诉讼之制度，学界曾有种种学说，或者主张行政上权利侵害之审判，即并于普通之民事法院行之；或者主张于普通法院之外，另设分离独立之审判机关，使精通行政法规或具有行政经验者，专司其事。现今多数国家，概设有独立之行政审判机关，以掌行政诉讼。我国现制，则于司法院中，设有行政法院，虽同隶属于司法权系统之下，而仍采取与普通法院分离独立之原则。总之，设有维持行政法规之方法，始得保其正当之适用。而行政具有此种司法之形体(Justizfaermlichkeit der Verwaltung)，法治制度，始得以告完成。[1]

此法治主义之思想，以尊重个人之权利自由为生命，本为十九世纪文明之产物，在今日社会国或文化国(Kulturstaat)时代，以谋社会全体之利益为前提，关于个人主义之思想，已生重大之变革。第一，现代国家，其使命已不专在个人权利自由之保护，及权力行为之限制，而以开发社会文化、增进人民福利，为最重要之任务。第二，现代国家为顾全社会

---

[1] O. Mayer, D. Verwaltungsrecht, 3 A. Bd., IS. 25ff; Wolzendorf, Polizeigedanke des modernen Staat, 1918, S. 9ff.

利益之计,对于个人之权利,已加以若干之限制,非复如旧时之自然法说,视个人权利为绝对不可侵矣。唯在今日,凡国家行为,应受法规拘束,个人权利,仍须尊重之一点,依然保持同一之方针。故个人主义之思想,虽应加以修正,而法治主义,固与现代精神不相背戾也。①

第二款　行政权之界限

在昔专制时代,行政权之发动,几不受乎法规拘束,只须事实可能,得以任意出之。而在法治时代,其权力常受法之拘束,非与法规符合,不得行使。是行政权应受法之拘束,实为法治主义发达之结果,而亦为法治主义之中心思想。盖国家应受法之拘束,虽不以行政权之发动为限,而如上所述,就中乃对行政权之行使而言也。

行政权应受法之拘束,亦称依法行政。但非谓行政行为之一切动机,概须本于法规。法规固得为行政行为之动机,而行政作用,有时亦出于政治经济之考虑。故所谓依法行政者,乃于法规之下而行,或于法规范围内而活动也。今日法治国中,行政权须于法规之范围内而活动,因之不能不有一定之界限。

原法治主义成立之基础,有二大根本思想:其一,对于一切人格者,须以同一标准而处理。"法律之前,万人平等",是为法律平等之思想。其二,对于人民权利自由之限制,须有法律之根据。非依法律,不得任意侵害,是为依法限制之思想。法治主义,既成立于此二大思想之上,行政权所有之界限,亦可本此以种种原则而表示之。②

---

① 范扬著,《行政与法治主义》(《国立中央大学法学院季刊》,第二卷第一期)。
② 美浓部达吉著,《日本行政法总论》,大正八年版,四二面以下。

（一）行政权之作用，不得与法规相抵触

法规一面规定人民之权利义务，同时又规定国家之权利义务，有拘束国家与人民双方之效力。故行政权之行使，必须遵守法规，不得任意违反。所谓法规，系指法令、条约及习惯法等，存于各种形式者而言，已如前述。唯命令不以上级机关所发者为限，即本机关所发之命令，亦不得以行政处分，任意抵触。若认前此所发之命令为不妥，则须以正当程序变更之，否则非为法律所许。

（二）非有法规根据，不得侵害人民权利，或使人民负担义务

以行政作用侵害人民权利，或使人民负担义务，必须有法规之根据。盖在法治国家，人民对于国家所有之权利义务，概由国法所规定。除国法所认许外，即以国家之权力，亦不得轻易变更之。如《约法》中所设关于人民权利义务之规定（《训政时期约法》第二章），即所以表示此原则也。唯《约法》规定，未能列举无遗，不过例示其特别显著者数种而已。推《约法》本意，原欲保障人民自由财产之一般的安全，非依法律不得侵害。故行政机关，除权限上所有之立法作用外，必须有法律或至少有命令及习惯法之根据，始得制限人民之自由财产，或使负担其他义务。

以行政行为，为人民设定权利或免除义务之后，依同一原则，行政权自身亦须受其拘束，非有法规根据，不得任意撤消之。盖既经设定权利或免除义务，复为任意撤消，亦不外侵害人民之权利或命以新之义务也。

（三）非有法规根据，不得为特定人设定权利，或为特定人免除法规所科之义务

法规既有拘束国家人民双方之效力，则行政机关，必须严正遵守，除法规上有特别根据外，不得抛弃其部分之执行。故第一，行政机关，非有

法规根据,不得为特定人设定特权。良以各人之权利,唯为法规所认许,始得享有,而法规应对万人平等适用,即以行政机关之自由判断,亦不得为例外之设定。若非有法规根据,对特定人赋以超过一般限度之权利,则为违法之行为。第二,非有法规根据,亦不得对特定人免除法规所命之义务。因法规使一般人民所负之义务,行政机关,必须命其履行。若抛弃其履行之请求,即不啻拒绝法规之执行。故非有法规根据,而对特定人免除义务,亦属违法。

依同一理由,非有法规根据,对特定人命以与一般人不同之义务,亦为法所不许。

(四)法规任行政权以自由判断之场合,其判断亦须合于法规

行政权之一切作用,须受法规拘束,已如前述。如法规有详密规定,则仅须依法执行,不必再加自由判断。唯法规规定,决难将行政作用之一切准则,纤悉具备,无所遗漏。而在诸多场合,于某范围内,任行政机关以自由判断,临时取决,自认以为适当之处置(裁量行政)。

然法规即任行政机关以自由判断之场合,其所得自由活动之范围,亦非漫无限制。若超出法规所有一定之界限,则为违法之行为。关于此,尚待区别羁束裁量与自由裁量而分述之。

第三款　羁束裁量与自由裁量

(一)羁束裁量

行政机关须受法规拘束而行之一切作用,皆为羁束行政(gebundes Verwaltung)。在依法执行场合,常受法规羁束,不有若何判断自由,其

为羁束行政,固无论矣。然法规即许行政机关自由判断之场合,亦有羁束行政存在。盖法规规定,有时外形上似任行政机关自由判断,而实际上仍有一定之不文法存在,以拘束行政。此时行政机关,须依不文法处理,仅于具体特定场合,何者为法,有自由认定之权能而已。于此场合,其自由判断,另称羁束裁量(gebundes Ermessen)或法规裁量①。

就中以行政权之作用,侵害人民权利,或命人民负担义务之场合,概须受法规之拘束,而为羁束行政。盖依国法上原则,人民之自由财产,非有法规根据,不得加以侵害或限制。若成文法之规定不能详密,则须依不文法,视其有无侵害之必要,以为决定,若全无正当理由出之,则非法律所容许。故此时其自由认定之范围,仅为有无侵害之客观的必要,及其侵害之程度而已。兹请举例言之:依《约法》规定,人民之财产所有权,非因公益上之必要,不得侵害。(《约法》第十七条及第十八条)故行政机关,欲以处分而侵害之,乃非有公益上之必要,及其侵害之正当理由不可。此不特于所有权为然,即其他一切权利,亦莫不皆然。又依《行政执行法》规定,官署为代执行场合,得向义务人征收所需之一切费用,而于义务人不肯完纳时,得扣押拍卖其财产以充之。但得扣押拍卖之财产,不得不以充作一切费用所必要之程度为限。若超过其程度,如对百圆之费用,而拍卖千圆之财产,则为科人民以过度之负担,而为违法侵害他人之权利矣。他如禁止营业、解散法人、课赋租税、科处惩罚等等,若法规明文无一定之标准,亦同样不得听诸行政权擅断,而常受不文法之拘束。

要之,上述各种场合,法规规定,似皆任行政机关之自由判断,实则尚有不文法存在,以拘束其行为。此时行政机关,应考察何者为法规所

---

① 羁束裁量,所以决定何者为法规所要求,为关于法律问题之裁量,故亦名法规裁量(Ermessen der Rechtsmaessigkeil)。

要求,以为决断。若其判断错误,概为违法行为。

(二) 自由裁量

成文法之规定,既明认行政机关自由判断,而拘束行政权之不文法,亦不存在,行政机关,于此得以自认为适当者,而裁断之。此之自由判断,即称自由裁量(freies Ermessen)或便宜裁量。于此场合,行政机关,不受何等法规拘束,只须考虑何者适乎公益,而以便宜出之。[①]

以行政权为人民设定权利,或授与利益之场合,原则属于行政机关自由裁量。盖人民除成文法有特别规定外,原则上不有要求国家给与权利或利益之权利,而国家亦无非给与不可之义务。故行政机关,为特定人设定新之权利或法律关系,及授与利益之行为,皆可由其适宜裁断,而不受任何法规拘束。例如高等考试及格之人,虽有被任为高等官之资格,然仅有其资格而已,并无要求任命之权利。职是之故,对于有资格者孰先任命,属行政权自由裁量,不能以违反官吏志愿者希望之理由,而视为违法。以任命官吏,不外设定新之法律关系之行为也。又依法律规定,对某种民间事业,得给与补助金之场合,其果给与与否,亦属自由裁量,即不给与,不能指为违法。他如公有水面填平之许可、占用或使用河川之许可以及渔业者权利之许与等,皆为设定新权利之行为,对于人民之请求,无必须予以准许之拘束。

此外,于人民之权利义务,直接不生影响之行为倘法规无特别制限,亦以属于行政机关自由裁量为原则。盖此种行为,不致有毁损人民权利之虞,不妨完全任诸行政机关自由判断也。如道路公用之开始或废止,及参议员选举日期之决定等,虽能发生法律上之重大效果,而不过为指

[①] 自由裁量,所以决定何者适于公益(即是否合乎行政上之目的),为关于便宜问题之裁量,故亦名为便宜裁量(Ermessen der zweckmacssigkeit)。

定目的物，或适用法律时日场所之行为，不致直接左右人民之权利义务，亦可属于自由裁量。

自由裁量，固亦有其不可逾越之界限，而于其界限内，则尽有判断之自由。即其裁量而有错误，仅为公益上之不当，而非对于人民违法。①

第二节　行政上之法律关系

第一款　概　说

凡社会与其构成分子间，或各分子相互间之关系，皆为人类社会生活关系。人类社会生活关系中，为法律所规律者，乃为法律关系（Rechtsverhaeltnis, raport de droit, legal relation）。盖人类社会之生活关系，未必为法律所规律，而为道德宗教或习惯等规范所规律者，亦颇不鲜。尤其原始社会，为法律所规律者，殆居少数。及因社会进步，法制完备，向为他种规范所支配之生活关系，渐为法律所支配。法律所规律之范围，因以次第扩大。现代法治国中，社会生活关系，泰半已为法律所规律。故其大部分，乃属法律关系矣。

法律有公法与私法之别，法律关系亦同有公法关系与私法关系之分。一般而言，由公法所规律之生活关系，为公法关系，由私法所规律之生活关系，为私法关系。而公法关系中，为行政法所规律者，为行政法关

---

① Laun, Der freies Ermessen in Rechtssprechung und Verwaltung; Stier-Somlo, Der freies Ermessen; Tezner, Zur Lehre von dem freien Ermessen der Verwaltungsbehoerden als Grund der Unzustaendigkeit der Verwaltungsgerichte.

系，或称行政上之法律关系。行政上之法律关系，既为公法关系一种，则关于一般公法关系之原则，均可共通适用之。

公法为有关国家或自治团体生活之法。公法关系，从其内面观察，自以此等统治团体与其所属人格者间之关系，为最普通。在昔专制或封建时代，统治团体与所属人格者间之关系，大率为事实上之习惯所支配。一方保有几近无限之统治力，他方处于绝对服从地位。故其间所有关系，仅为事实上之权力关系，而非法律所规律之关系。现代国家，因法治制度之发达，社会生活，大半为法律所规律。如国家虽为统治权主体，对人民得为命令强制，而人民有服从之义务，但其命令强制，须有法律根据；即其命令服从，非事实上之权力服从，而为法律所支配之权利义务。故其间所生关系，已为法律关系，固不待赘。

唯现代国家，以开发文化为主要目的，其与所属人格者间之关系，又未必尽为法律上之权力关系。盖现代国家，除以警察权、财政权等权力，支配人民之外，更自为大企业家，经业公共事业。及为其他种种非权力之设施。凡关此等设施事项，国家与人民间之关系。决不能一以权力者与服从者之关系视之。至自治团体，得行使权力之范围甚狭，其主要任务，不在行使权力，而在各种事业之管理经营。是在此等不以权力行使为本质之作用中，统治团体之于人民，几处并立地位，而与人民构成对等关系。

总之，公法关系，其性质既非事实习惯上之关系，亦非全为权力关系，乃以权利义务为内容之法律关系耳。

第二款　公法关系与私法关系之区别

公法关系，非全为权力关系，而部分的系对等关系，既如上述。其属权力关系部分,因与私人间之关系,全然异其性质,其为公法关系,所不待论。然属对等关系之部分,则与私人间之关系相类似,欲与私法关系区别,殊非易事。

自理论上言,吾人固能主张公私法既有区别标准,公私法之关系,自得依其标准判别,使诸种法律关系,依其性质,而各有所归属。然在实际之生活现象中,其以单一之法律关系而存在者,殊属少数。征诸一般情形,恒以多数之法律关系,错综存在,其有多数法律关系综错存在之场合,有为公法关系,有为私法关系。故欲观察某一范围之生活现象全体,则不能直断其为公法关系或私法关系之谁属矣。

例如国家或自治团体之经营公企业,或为公物管理等等,一面以公益为目的,不能与私人之行为同视;而他面不以权力支配人民,其属经济上作用部分,颇与私人间之关系相类似。凡属此范围之统治作用,于某程度,与私人间之关系同,须受私法支配;而于某程度,因公益上必要,则又排除私法适用,而受特定公法规定之支配。此种公私法交互适用之范围,名为公私法混合适用之区域(terrain mixte, gemischte Rechtsverhaeltnisse),或称公私法之中间区域。

然属此中间区域之特定关系,究为公法关系或私法关系,不特学理上有判别之欲求,即实际上亦有同样必要。盖我国亦犹大陆法系诸国,采行政法院与普通法院分离独立主义。凡私法关系之争讼,以属司法法院管辖为原则,而公法关系之争讼,则除诉愿外,以行政诉讼之方式,归诸行政法院审判。故欲明某特定法律关系之审判管辖,非先知其为公法或私法之所属不可。①

属于中间区域之特定法律关系,其究为公法或私法,可依下述五项

---

① 美浓部达吉著,《行政裁判法》,第一章第三节。

原则,而判别之。

(一)以私经济之作用为内容之法律关系,原则为私法关系

国家或自治团体之受私法支配,以处于与私人相互间同样之关系为限。其处于与私人间同样之关系,则为直接与公益无涉之纯然经济关系。故属此范围之统治作用,乃私经济之作用,[1]原则上应为私法所支配。如经济的劳务之给付、经济损害之赔偿及经济的价格之得丧等,单以经济为内容之法律关系,即以国家为当事人之一,除有特别规定或公益上必要,须与私人间关系异其处理外,应受私法法规之适用。[2]

(二)纯属经济关系,而法律特别规定,应准公法关系而处理者,则应视为公法关系

如上已述,统治团体与所属人格者间之关系,其纯以经济为内容者,如无特别规定,概受私法支配。然此仍以无特别规定为条件。若法律上认为有特别处理必要,而定为公法关系者,则不问其内容为私经济与否,自不得不以公法关系而论。如就其争执,得为声明异议、诉愿及行政诉讼之场合,乃法律定为公法关系之最明了者。盖法律承认得取此等手段,即表示应取此等手段争讼,不得为民事诉讼也。此外,国家或自治团体对人民所有之金钱债权,如手续费等,于其不肯纳付时,法律规定得依强制执行而征收者,亦即明示其金钱债权,为公法上之权利,而不得为民事诉讼之标的。

(三)直接共诸公众使用之土地物件,通常不得为私法上交易之标的

直接供诸公众使用之土地物件,如道路、河川、海滨、公园等所谓公

---

[1] O. Mayer, a. a. O. S. 116.
[2] 行政法院判字第一〇号判决。

用物，在民法上为不融通物，若成立私法行为于其上，则有妨碍公众使用之目的。故共用物通常不得为私权行为之标的。从而对其使用所得征收之费用（使用费），亦非有私法之性质。

（四）公共合作与社员间之关系，其法律上性质，与私法人与社员间之关系相似，除法律有明定外，一般为私法关系

公共合作虽为公法人，而其目的上所经营之事业，与私法人之事业，无大差异，其所赋有之公法上特权，亦不若地方团体之显著。故其与社员之关系，与私法人对社员之关系相类似，如对于社员所科之违约金、过怠金、使用费及手续费等，除有特别规定外，一般的应与私法关系，同其处理。

（五）在私人间之关系中，国家公权主体之私人，亦为公法关系之主体，非属纯然经济性质之场合，不得以私法关系处理之

私人赋有国家公权，其例甚多。而多数情形，仅为私经济作用之关系，一般的属于私法关系。如受公企业特许人之业务，其业务上之法律关系，实与普通私人之营业无异。但非属经济关系之场合，如私立大学授与学位，惩戒学生等，则不得作私法关系而处理之。

总之，公法与私法之界限，不明白之区域，其关系之性质，首宜依法规所定而区别。法律无规定场合，应视其有无与私人间关系异其处理之公益上必要，而判别之。

第三款　公法关系之主体

凡公法上有人格者，皆得为公法关系之主体。公法上之人格，即公法能力。而公法能力，即得有公法上权利义务之能力。故有此种能力

者,皆得为公法关系之主体。

公法上得有权利能力者,为团体或个人。今日法律观念,凡人类皆得为法律关系之主体,是个人与其出生同时,即有公法能力。凡团体有法律上之人格者,称为法人,不论公法人或私法人,自其成立即有公法能力。故公法关系之主体,不外为个人之人民与团体之法人。

公法关系,为公生活中所有之法律关系。国内公法上关系,可依其主体,区为下列五种:一、国家与人民之关系,二、国家与自治团体之关系,三、自治团体相互间之关系,四、自治团体与所属个人之关系,五、私人相互间之关系。国家与人民间之法律关系,原则为公法关系。自治团体,以有国家事务性质之作用为目的,其法律上地位与国家相似;其与国家,他自治团体,及所属个人之关系,原则亦为公法关系。唯自治团体之公权,为国家所赋与,其得为公法关系之主体,仅以国家所承认之范围为限。至私人相互间之关系,当以私法关系为原则。然私人通常虽为行政客体,而国家有时亦授以国家原有之公权,使之对他私人,为公权之主体。此时其私人相互间之法律关系,亦有公法性质。

第四款　公法关系之种类

公法关系,可由种种见地分类,兹以范围、性质及根据为标准,分类述之如下。[①]

[①] 公法关系,此外又得别为:(1)对世的关系与对人的关系,前者即当事人一方对多数不特定人或一般公众之关系,后者即特定当事人相互间之关系。(2)对立的关系与鼎立的关系,前者由双方当事人构成,并无第三人加入其间;后者则于两当事人外,尚有第三人,如审判官者,加入在内,即由三方当事人共构成之。但此等区别,非行政法中所特有,而行政法中,亦无特别重要意义,此处姑不详述。

（一）依于范围之分类

公法关系，依其范围，可别为包括的关系与各个的关系。包括的关系，即本于各主体所有之一定地位，存于其各主体间之法律关系，如国家与官吏之关系是。各个关系，即就各个事实，存于各主体间之法律关系，如官吏对于国家请求俸给之关系是。

（二）依于性质之分类

公法关系，依其性质，可别为权力关系与对等关系。权力关系，或称命令关系，即关系主体之一方，得命他方服从其意思，于不肯遵从时，乃得为强制执行之关系。此时其命令强制之意思力，即不外为权力，故称权力关系。对等关系，或称要求关系，乃关系主权之一方，得任凭己意，以应他方要求之关系。在此种关系中，双方既各处于对等地位，一方纵不应他方要求，他方亦不得滥用己力，以实现之。

（三）依于根据之分类

公法关系，依其根据，可别为一般统治关系与特别权力关系。一般统治关系即国家本于统治权主体之地位，对人民所有之关系。国家对于领土内一切人民，及领土外之本国侨民，于国法及国际法之范围内，有包括的支配权。本于此支配权，对人民有种种之权利，而与人民构成包括的统治关系。又自治团体，本其为一般自治权主体之地位，对于所属个人，亦有类似之关系。特别权力关系（besondere Gewaltverhaeltnis），非依据一般统治权，乃生于特别之法律原因。在此种关系中，其主体一方，于一定范围内，得对他方为无定量之命令强制，而他方则有服从之义务。如是因特别之法律原因，而处于特别权力关系者，即有其特殊之地位。如人民处于特别权力关系，须比一般人民，多负特别之服从义务，其服从义务，即以加重。故由人民方面观之，亦可称为特别服从关系

(besondere subjektionsverhaeltnis)。①

人民与国家间,构成特别权力关系之场合,以下列各种,为最主要:(1) 公法上之勤务关系,如官吏及士兵对于国家之关系是,此时国家有公法上使用主之地位。(2) 补助国家事业之关系,如受公企业之特许者及律师对于国家之关系是,此时国家有事业授与者之地位。(3) 特别保护之关系,如受国家补助之营业对于国家之关系是,此时国家有保护者之地位。(4) 利用营造物之关系,如国立学校学生及国立病院入院者对于国家之关系是,此时国家有营造物管理者之地位。(5) 特别监视关系,如在监囚人及假释出狱人对于国家之关系是,此时国家有监视者之地位。

特别权力关系之发生原因及其范围,或为法规所定,或依当事人之行为定之。依法规所定发生之场合,如被征士兵、囚人及假释出狱人等对于国家之关系是。其关系既因法律之效力而生,其权力服从之范围,亦依法律决定之。依当事人行为设定之场合,则因行为不同,尚有所区别。如官吏之任命及学生之入学,因本人之自由意志而成立。其本人之同意,即其权力之根据;故其权力范围,除法律有规定外,只于其所同意之限度而存在。此外如公企业之特许及特种营业之保护等,因人民之请求,经国家之许与而成立,其权力范围,原则上依法规定之。

特别权力关系,又得成立于自治团体与所属人民之间,如地方团体之吏员对于团体之关系,即属其例。至公共合作与社员之关系,则全体为特别权力关系。因公共合作对社员所有之权力,非有一般统治权之性质,而为特别之权利也。②

---

① Laband Staatsrecht, 1. S. 433; Paul Khan, Das Gewaltverhaeltnis im oeffentlichen Recht, 1912.
② 公共合作对社员所有权利之总体,亦称社团权,但公法上之社团权,与私法上之社团权异其性质,私法人与社员之间,不生特别权力关系,参照 Ileimshehner Mitgliedschaft und Ausschliessung S. 23 ff。

第五款　公法关系之内容

第一项　概说

　　法律关系之内容，自主观的方面观之，乃其主体意思之所趋。其主体意思之趋向，由法律所规定者，即于一定情形，得为意思之活动，或须为意思之活动。故公法关系之内容，亦不外其主体即人格者得为意思之活动，或应为意思之活动。

　　人格者在法律上得为意思活动之场合，可分为二：其一，为某目的而得主张其意思者，此时其得为之意思活动，即为权利；其二，为某目的不得主张其意思者，此时其得为之意思活动，乃为权能。

　　人格者在法律上应为意思活动之场合，亦分为二：其一，应受他人之主张者，此时其应为之意思活动，谓之义务；其二，不受他人之主张者，此时其应为之意思活动，谓之责务。

　　是故法律关系之内容，即不外权利、义务、权能及责务各种；就中以权利与义务，为最主要。公法关系中之权利，名为公权，与公权相对待之义务，名为公的义务。就此二者，请为申述于次。

第二项　公权之观念

　　公权亦为权利一种，欲明公权之意义，须先探求权利之性质。简言之，权利云者，乃法律上得主张利益之意思力也。析言之如下：

　　（一）权利者，法律上之存在物也

　　权利为法律关系之内容，自必为法律所创设，非先法律而存在。俗语中虽亦有所谓法律外之权利，如道德上之权利者。然其与法律上之权利不同,甚为显白。其究得称权利与否,固出于命名者之自由。而即名之为权利,亦不过对相对人履行义务之期望而已,非真为法律所保障也。故法律上之权利,与法律外之权利,有判然之区别。又学说中亦有以权利,为先法律而存在者,如自然法说谓人权为天赋;邓伯希(Denburg)以权利为个人对于社会上生活物质,所有之部分。然讵知自由及财货等物,虽为权利之基础,并非权利之本体;只因法律之担保,乃得为权利之标的物而已。故权利之标的物,虽属自然产生,而权利本身,则法律上之产物也。

(二) 权利以利益为目的

权利为法律所认许之意思活动,已如前述。然人格者之意思活动,恒有一定之目的。法律上人格者意思活动之目的,即为利益。故利益实为权利之目的。耶林格谓权利为法律所保护之利益,[1]盖即此意。夫所谓利益,为对于适合人类目的之事物,所估定之价值,而有主观之性质。然法律上所认之利益,乃指客观的利益而言。[2] 盖某事物对于人类所有之价值,有由个人估计、有依平均推算,而法律所承认者,乃其平均之价值也。法律承认人类利益,自己观察人生实际,务使个人主观之利益与法益(Rechtsinteresse),趋于一致,然主观与客观之不能完全吻合,仍为势所难免。故法律所承认之利益,自主观观之,有时不但非为利益,甚或对权利人反生不利益之结果[3]。顾实际上纵有此种情形存在,终不能谓权利之目的非利益。良以法益一字,系指客观的利益而言也。

(三) 权利得主张利益之意思力也

法律所承认之意思,视其得主张与否,而有区别。凡承认人格者得为

---

[1] Jehring, Geist des raemichen Recht, 3A. Ⅲ, S. 31. ff.
[2] Jellinek, System der Subjektiven oeffenllichen Rechte, 4A. S. 42.
[3] 如债务过多之遗产继承是。

主张之场合,始有权利之存在。盖外界之事物,须为人类所欲求,始属利益之领域,成为意思之目的,始为法律所保护。是人类之意思,实为外界事物成为利益之要件,而法律为保护人类之利益,尤非承认及保护人类之意思不可。故意思之主张,实为实现权利之手段。黑格尔谓权利为法律所承认之意思力,或意思之支配,[1]亦即此意。唯法律所承认之利益,未必尽得为意思之主张。盖法律有时仅为公共利益,而保护多数之人,此时个人虽得为意思活动,而独不能主张其意思。故唯以人格者之意思,为其利益之存在及范围之标准,且得主张其意思之场合,始有权利之存在耳。[2]

要之,权利为得主张之意思力,而其意思之主张,乃以利益为目的。故意思与利益,实为权利观念中之要素。公法关系中之权利,自亦同此性质。就公法为最显著之团体法[3],团体与其所属个人,有共通之利害关系。一般而言,国家之利益,同时即为国民之利益;国民之利益,同时亦即国家之利益。故国家之权利,不特为国家之利益而存在,同时亦为国民之利益存在。又国民之权利,不特为个人之利益而存在,同时亦为国家之利益存在。以故权利之观念,一般虽以利益——尤其是权利人自

---

[1] Hegal, Rechtsphilosophie, 1821, S. 34.
[2] 法律上所谓意思,虽以心理学上之观念为基础,但未必完全相同,有时因法律规定之结果,使他人之意思,归属于本人,如以机关之意思,为团体意思,及法定代理人之意思,为无意思能力人之意思是。又法律上之意思,不以现在所有之意思为限,即将来容许实现之意思,亦属有效。如幼年及精神病者,虽不能自由为意思之活动,而得豫期其自由活动。故无意思能力人,即无法律上代理人存在之场合,亦不能不视为意思之主体也。
[3] 团体法与个人法之区别,与公私法之区别相类似,但各异其标准与范围,凡人类除以个人而存在外,并构成国家及他团体,而为其一分子。国家及他团体,亦与个人同,有两重之资格。因此等团体,一面虽由多数人所组织而成,他面更组织他大团体,而为其一分子也。故无论个人或团体,均营社会的与个人的两重生活。凡关系团体生活之法,为团体法,关系个人生活之法,为个人法。但团体法与个人法之区别,与公私法之区别,其范围殊不尽同。现代公法,如宪法、行政法、刑法及诉讼法等,虽皆为团体法,而不过为团体法之一部,私法虽以个人法为最主要部分,而关系私法人之团体法,亦有包含在内。

己之利益为要素,而于公权,则有特别之意义,须加限制以解释之。

第三项　公权与反射利益

公法关系之内容,不外为权利义务权能及责务各种,已如前述。内中权利与权能二者,最易混同,兹为特别比较说明之。

公法规定,有时为保护个人之一定利益,认其得为意思主张,以请求国家之行动。此时,其个人对于国家之关系中,因有一定利益与意思之两要素,得有一定权利。但公法间亦规定国家应对人民为一定行动,使人民受某种利益,而不认其得为主张。此时因不具备意思之要素,不认其有权利。此际其单纯之受益,乃出于法律规定之结果,易言之,即出于法律规定之反射作用(Reflexwirkung),故亦名反射利益[1]。

公法规定,自其对于人类利益之关系言之,公法原则上为公共利益而存在,然公共利益未必与个人利益之总和相一致,因之公法规定,未必同时即为个人之目的而存在。只于满足个人利益,同时即所以满足公益之场合,其规定始认个人为有权利。[2] 若仅因公益上之目的,使个人得依据法规而享受利益,则不成为权利。故个人得依法律而享受之一切利益,未必尽为权利之目的。[3]

某法律关系之内容,究为权利,抑为反射利益,可依形式上与实质上之二标准,而判别之。第一,在形式上,只须视其法规规定是否为权利之设定,即可明白。凡对个人之请求,因法律之拒绝或事物之性质,而不保护者,纵或授个人以利益,亦不过为反射利益。反之,对于个人之请求,法律必予以保护者,其请求乃得为权利。此二种形式,在立法上并不冲

---

[1] 反射利益,亦称为反射权(Reflexrecht),但其性质既非权利,称谓殊欠正确。
[2] Jellinek, a. a. O. S. 69.
[3] Fleiner, Institutionen des deutschen Verwaltungsrechts, S. 162.

突。盖国家对于人民为某种行为，使之单为法规实施，抑为个人权利之设定，原属立法上之自由。唯立法上，为使人民对于国家行为之请求，能适合于行政设备之能力及社会情形之变迁计，每应予官署以自由判断之余地。于此场合，殊不宜为人民设定权利耳。①

第二，在实质上，须视法规默认个人有权利与否，而决定之。但其默示承认之场合，易言之，即缺乏形式上标准之场合，判断甚为困难，只能视其对于国家之行为，得为自己利益而请求与否，以决定之耳。

总之，凡法规单为公益，规定国家应为某种行为，而人民不得为自己利益而请求之场合，其人民得享受之利益，皆为权能或反射利益。兹更举例以说明之：

（一）国家以一定公共设备，供诸一般人民使用之场合，其使用原则非属权利，而为反射利益。如国家开设道路，人民仅得为事实上之使用，而无使用其公物之权利。

（二）法律规定应对人民公开执行某种国家行为之场合，人民虽得与闻其行为，而非即有其权利。如法律上有审判公开之规定，人民仅得据此出入法庭以旁听，并无请求入场旁听之权利。若已听众盈庭，不堪拥挤，则其法律上目的已达，其他人民，无论在法律上或事实上，均不许再为入场之请求矣。

（三）专为公益，认许个人唤起国家行为之场合，亦为单纯之反射利益。如依《刑事诉讼法》规定，私人得为犯罪之告发或告诉，而检察官应为犯罪搜查之处置。此时其告诉或告发，仅为引起职权行为之原因，非为权利之行使。

（四）单为公益，救济个人之场合，亦为反射利益。如依国家立法，

---

① Fleiner, S. 165-6; Jellinek, S. 71 ff.

个人虽得为救济之请求,亦仅为法律之反射,非有要求之权利。

上列各种场合,国家机关,虽须依法律所定,为公益任许人民通行道路、出入法庭、搜查犯人,以及救济贫病,而其反面,人民并无请求之权利。故此时国家所为一定行为,终非对于人民履行其义务。

第四项 公权之种类

私权之享有,近代国法中,以各人平等为原则,而公权之享有,则各各权利能力之范围,颇有不同。就中国家与人民二者,常立于不对等之地位,国家有一般之支配权,而人民处于被支配之地位。国家之权利,首依其支配权而生,而人民之权利,乃因国家之承认而存在。故国家与人民之公权,亦不能同其种类。公权之种类,既因主体不同。兹可以主体为准,分为国家之公权、自治团体之公权及人民之公权三种,再依各种见地,而分类说明之。

第一 国家之公权

国家所有之公权,依国内外法之不同,得分为对外国所有之公权与对国内人民及团体所有之公权。其在国内法上所有之公权,更可依其目的及内容,分类如下:

(一)依于目的之分类

国家之公权,第一,可依目的,分为组织权、警察权、财政权、法政权、军政权、刑罚权及保育权等各种。

(二)依于内容之分类

国家公权,第二,可依内容,分为形成权、强制权及公物权三种。

(甲)形成权

形成权为设定变更或消灭法律关系并能力之权利。形成权

(konstitutiv Recht，Gestaltungsrecht)之观念，近时在私法学上，亦为一般所承认，但其主要区域，非私法而为公法。形成作用，以组织权、法政权、警察权、保育权及财政权之作用而行者，种类甚多，此处姑不详述。

（乙）强制权

强制权为以实力拘束身体自由、侵入或搜索住宅及扣押或处分物件之权利。私法上除紧急防卫或避难之场合外，不许为自力之强制，因无与此相当之权利。公法上之强制作用，种类颇多，就中以属于警察权、财政权，及法政权之作用者，为最主要。

（丙）公物权

物权为附随于物体之权利。其观念本发达于私法中，而公法中亦认有之。即其内容专为私法所支配者，为私法上之物权；专为公法所支配者，为公法上之物权；一部分为私法所支配，而一部分为公法所支配者，为公私法性质混合之物权。公法上之物权，或因财政权之效果而生，如作租税担保而认有之留置权是。或为军政及保育之利益而认有，如道路并其他公物之管理权，及公用地役权是。

第二　自治团体之公权

自治团体，一面与国家同，为以遂行公务为目的之团体，而居于行政主体之地位；而他面与一般私人同。服从于国家统治权之支配，有与人民相似之地位。故自治团体所有之公权，即可依其地位而分述之。

（一）对人民所有之公权

自治团体，对于所属人民，于某范围，享有国家之公权。① 唯其权利能力之范围，为法律所规定。依其种类不同，大有广狭之别。如法政权及军

---

① 自治团体所有之国家的公权，又名传来的国家公权，以与国家固有的公权相对待。

政权等,近代为国家所专属,自治团体不得享有之。警察权在我国亦属国家所专有。通常认为自治团体之权利者,以组织权、财政权、公企业权及公物权,为最主要。此外以或种团体为限,尚有某范围之自治立法权。

（二）对国家或上级自治团体所有之公权

自治团体,对于国家或上级自治团体,有与一般私人类似之权利。第一,有某程度之自由权,即于法令所定之范围内,得不受国家或上级自治团体之指挥,而纯以自己之意思,处理其一定之事务。第二,有请求国家行为之权利,如就私法上或公法上之法律关系,与个人或他法人有所争执时,得向法院请求为民事或行政诉讼之审判。此外,又有参政权,以参与上级自治团体之组织。如县农会或县商会等,得为省农会或省商会联合会之会员,而参与其组织。

第三　人民之公权

（一）对于国家所有之公权

人民于国家生活中所有之地位,可分四种:一曰被动的地位。人民于此地位上,完全服从国家支配,不得为任何之主张。二曰消极的地位。于此地位上,在某范围内,得为独立自由,而不服从于国家权力之支配。三曰积极的地位。于此地位上,得为自己利益,而请求国家之行为或给付。四曰主动的地位,于此地位上,得构成国家机关,而参与国家之公务。① 要

---

① 人民所有四种地位,从历史上观之,有按级升进之趋势。在昔绝对专制时期,人民处于被动地位(passiver Status, status subjectionis),完全服从国家,几不认有人格。其次,处于消极的地位(negativer Status, status, libertatis),认有相对的人格,得有某程度之独立自由。嗣又不以消极的地位为满足,更进于积极的地位(positiver Status, status civitas),得向国家要求积极的行为。最后乃跻于主动的地位(aktiver Status, status der aktiver Zivitaet),得参与国家意思之构成,或为国家权力之总揽者(Jellinek, a. a. O. S. 51ff; Berthélemy, Les droits subjectifs des administratés)。

之，人民于第一种地位上，仅为义务主体，不得主张若何权利。而自第二种地位以下，得随其地位而有各种权利。故人民之公权，即可依其地位，分为自由权、行为请求权及参政权三种。

（甲）自由权

自由权（Freiheitsrecht, droit de liberté, right of liberty）或名消极的公权，为要求国家不作为之权利。盖各人在法律之范围内，得安全保持其生命财产，而有从其所欲，以为精神上身体上各种活动之自由。如身体之自由、居住迁徙之自由、信教之自由、通信秘密之自由、结社集会之自由、言论出版之自由、财产所有之自由等是。① 对于此等自由，国家仅能依法律所定，加以限制，不得违法而侵害之。故自由权之内容，实为对于国家违法侵害之制止，或非法权限之否认。

然关于自由权之存在，学者尚有反对之论说，以为宪法或法律中关于人民自由之规定，纯为制限国家立法，非授人民以权利。通常所谓自由权者，实缺乏其内容。② 骤视之，此说似亦有一面之理由，庸讵知宪法中关于自由权之规定，一面固在制限立法，同时亦所以宣示人民之自由权。人民之自由财产，非依法规，不得侵害，此法治主义之原则，即以各个权利而表现。至自由权之内容，如上已述，不在积极的为一定之行为，亦不与个人以前此所不有之新能力。个人之自由居住迁徙、出版集会，以至饮食散步、睡眠谈笑等，恰似自由权内容者，实为个人之天然自由，而非为法律所赋与。自由权之真正内容，在天然自由不受违法之拘束，即不受违法之命令强制。

---

① 此等自由或不可侵权，亦称自由财产（liberté et propriété）。
② 耶里内克及呵督梅也等学者，因受格尔巴（Gerber）之影响，以自由权为反射权。该呵尔格梅也既认自由权为权利，复谓宪法中关于自由之规定，仅所以宣示一般立法主义，并非设定权利。

又人民所有之自由，殊不以宪法中所明定之数种为限。宪法中关于人民自由之规定，乃纯然出于历史上之理由。大体只就向受国家压制之方面，特为明文规定，以示除去其压制。至于其他各方面之自由，则视为早经确定之原则，已无待于明文之规定矣。

（乙）行为请求权

行为请求权（Handlungsanspruchsrecht, Droit de la conduite réclamation, right of conduct claim），或名积极的公权。为请求国家行为或给付之权利。国家除为一般利益之保护外，并承认个人得为自己利益，而要求国家之行为既如前述。此时其个人所有之权利，即为行为请求权。行为请求权，常以积极给与特定人以利益为目的，故又名积极的公权。

积极的公权之内容，犹私法中之债权，种类颇多，或为请求金钱之给付，或请求给付以外之行为。自其对于司法权与行政权之作用者而言，可分对于司法机关之权利与对于行政机关之权利。对于司法机关之权利，以起诉权（Kragrecht）为最主要。起诉权又分诉权与行政诉讼权二种，前者为私权争讼时所行使，后者为权利受违法处分侵害时所行使，而两者均为请求认定法律事实及法律关系之权利，易言之，即为请求审判之权利。此外，尚有请求强制执行之权利，及请求公证或登记之权利等多种。

其次，对于行政机关之权利，如具法定条件时，请求许可或特许之权利、请求特定法律事实或法律关系之确认或公证之权利、请求文书阅览或其缮本交付之权利及请求撤消违法行为之权利等是。此外尚有诉愿权（Beschwerdetrecht）与请愿权（Petitionsrecht）二种。前者系个人之权利或利益受违法或不当处分之侵害时，请求上级机关，以监督权作用，而为撤消或变更之权利。后者系为个人或公共利益，请求改废现行制度，设立新制,撤消既为之行为,及为未为之行为之权利。唯国家对于人民之请愿,只有受理之义务,其听许与否?完全属于公益裁量。

(丙)参政权

参政权(politiches Recht, droit politique, political right)或名主动的公权,乃构成国家机关,而参与公务之权利。其直接依法律规定而生者,如选举权等是。唯参政权一面虽以人民为国民一分子,对于国家事务之如何执行,有直接之利害关系,使之参与公务,为其本人之利益而认有,而他面,其权利亦为国家之公益而存在,甚为明显。故参政权一面虽为人民之权利,同时亦有为人民义务之性质。

(二)对于自治团体所有之公权

人民对于自治团体,于某范围内,亦有不受团体权力侵害之自由、请求团体行为及参与团体公务之权利,与对于国家之场合同。

唯是上述国家,自治团体,及人民所有之公权,皆为存于一般统治关系中之权利。此外因特别之法律原因,尚有存于特别权力关系中之各种公权。如人民依特别之行为,就于特别地位而为官吏或其他公务员时,对国家或自治团体所有之权利,即经济上之权利或地位上之权利等,即属其例。关于特别关系中之权利,姑待于各关系节中,再详述之。

第五项 公的义务之种类

公的义务,与公权同,亦可依其主体,大别为国家之义务、自治团体之义务及个人之义务。

国家之义务,亦分对他国所负国际法上之义务,与对国内人民所负国内法上之义务。其对本国人民所负之义务,以依国法,执行司法与行政之义务,为最主要。其次,自治团体之义务,最主要者,以依国家法令,及自治法规,执行一定事务之义务属之。

至人民对于国家所负之义务,其属于一般统治关系者,为一般之服从义务。其种类即可依国家公权之种别而分述之。第一,人民对于国家之组织权,有参政义务,及承认组织法上所定之国家机关,而服从其权限之义务。对于警察权,有警察义务。对财政权,有纳税义务。对军政权,有兵役义务及其他军事负担之义务。对保育权,有公之负担。第二,对强制权,有忍受之义务;对形成权,有遵从之义务;对公物权,有不可侵及物上负担之义务。其属于特别权力关系者,有特别之服从义务。如官吏士兵,对于国家之服从义务,即属其例。至人民对于自治团体之义务,亦可准此类推,兹不细述。

第六款　公法关系之变动

人类之生活关系,既为法律所规律,则从其生活关系所生之效果,自为法律所保障。为法律所保障之效果,即为法律效果,为公法所保障之效果,为公法效果。发生法律效果之原因,为法律原因或法律要件(juristischer Tatbestand);发生公法效果之原因,为公法原因或公法要件。

法律效果,以法律关系之变动而表现。法律关系之变动,自内容上观之,即为权利义务权能及责务之发生消灭及变更。故公法关系之变动,亦不外为公权及公的义务等之变动。

发生法律效果之要件,可别为种种要素。其各种要素,即为法律事实(juristische Tatsache)。法律事实,或以一种单独而成法律要件,或以多种,依种种方式结合而成法律要件。故某法律关系中发生特定法律效果之一切事项,皆不外为法律事实。法律事实,因其出于人之行为与否,可分自然的事实与人为的行为。自然事实或称事件(Ereignisse),即时之经过，人之生死，果实之长成，及器物之破坏等是。人为的行为，通称法律的行为(Rechtshandlung)。视其效果之发生，是否注重一定之精神作用，又可别为事实的行为与精神的行为。精神的行为，注重其行为中之一定精神的作用，而附以法律效果；事实的行为，但注重其行为对外界所生之一定现象，而附以法律效果。精神的行为依其以意思表示为要素与否，又别为法律行为与准法律行为。前者以意思表示为构成要素，依其要素而发生法律效果，后者乃因他种精神作用（观念表示），直接依法律而发生法律效果。行政上之法律的行为，为行政法学中主要研究事项之一部，且待行政作用章中，再详述之。

因公法要件而生公法效果，即为公法关系之变动。关于公法关系之变动，可分如下各场合述之。

（一）公法关系之发生

公法关系之发生，即一公法关系，与新关系主体之结合，换言之，即新主体对于权利义务等之取得。通常分原始的发生与继受的发生二种。前者非基于他公法关系而发生，而为其单独所发生，换言之，即不基于他人之权利义务而取得，而为单独取得。如因任命而取得官吏身分，因土地所有而负担纳税义务是。后者乃本于他人之公法关系而发生，换言之，即本于前主所有权利义务而取得。公法关系之继受的发生，即为公法关系之移转，可待稍后一并论述之。

（二）公法关系之消灭

公法关系之消灭，乃公法关系，与其主体之分离，换言之，即主体对于权利义务之丧失。可分绝对消灭与相对消灭二种。前者为公法关系本身之消灭，换言之，即为权利义务之消灭。后者为公法关系之移转，亦即权利义务之继受取得，亦待后述。

公法关系之绝对消灭，其出于自然的事实者，如主体之死亡、标的物之消失及除斥期间之经过等是。其本于行政行为或私人之公法行为者，如公权之剥夺、公权设定处分之撤消、义务之免除及公权之抛弃等是。

公权以不得抛弃为原则。如国家或自治团体之公权，有行使之权限者，同时有行使之义务，除法律所容许外，行政机关不得任意抛弃之。至于个人之公权，得分可抛弃者与不可抛弃者二种。个人之公权中，其一面为权利而同时为义务者，其权利不单为私人之利益存在，亦且为公益所必要，私人不得任意抛弃。① 又附随于个人一身而不可分离之公权，如自由权等，私人亦不得任意抛弃。此外其弃权为法律所不禁，或仅为私人经济利益而认有者，概得任意抛弃之。

但所谓不得抛弃，非其权利必须行使之谓。苟法律非以其行使为必要，则其权利之各个效果，得不行使。盖权利之不行使，非权利之抛弃。抛弃所以使其权利消灭，既消灭之权利，不得任意使之复活。而仅系事实上之不行使，犹不致使其权利消灭。故即不行使，亦无妨于其权利之存在。如俸给请求权，虽不得整个抛弃，而特定各个俸给金额请求权，得不行使之。

（三）公法关系之变更

公法关系之变更，乃公法关系之内容，不失同一性，而仅变更其容态之谓。可分主观的变更与客观的变更二种。客观的变更，为内容之变更，换言之，即权利义务客体之变更。又可分为数量的变更与性质的变更，前者如国家对于个人应纳税额一部之减免，及对罪人之减刑是；后者如命个人以拆除房屋之义务，于其不肯履行时，乃代为执行，而向义务人征收所需之费用是。

---

① Esmein, Élément du droit constitutionel, 5e éd. 1909, p. 252; Triepel, Wahlrecht und Wahlpflicht, 1910.

至于主观的变更，即其主体之变更，亦即公法关系之移转。公法关系可否移转，正待研究。通常则以不得移转为原则。因公法关系每以其主体为构成要素之一，主体变更，其关系亦失去同一性。如非依法律不得制限之个人自由，性质上不得移让于他人；又个人参与国家机关组织之参政权，除法律所认许之本人外，他人不得行使之。但公法关系，并非绝对不得让与或继承，至少为法律所认许之场合，得移转之。因公法关系之内容，亦有以金钱给付为标的，或其他财产价格为主要性质者。此种权利义务，犹之私法上之权利义务，即使其主体变更，亦不致失去同一性。故此等法律关系，实不妨移转于他人。法律上当然得移转之场合，即继承等是。如缴纳国税及延纳处分费之义务，得移转于后继人。

第三章　行政组织

第一节　概　说

国家统治组织，得依权力如何分配，别为种种形体。国家权力分配之方法，自其对于国内地域团体观察，有中央集权与地方分权之二反对趋向。① 凡统治权为国家所集中，不认国内有地域团体，为统治主体而存在者，为极端的中央集权。反之，承认国家之下，有地域团体存在，且其权力极大，几不受乎国家之羁束者，为极端的地方分权。但此二种权

---

① 中央集权与地方分权之二观念，内容本无一定。有时用以表示一种思想或社会运动，此处则指国家权力分配而言。凡统治权为国家所统一，不认国内有统治团体存在，或即认有存在，而其权力甚小者，皆为中央集权。反之，认国内有统治团体存在，且其权力颇大或极大者，皆为地方分权。于此意义，此二观念，正与法国学者所称之 centralisation et décentralisation politique(gouvernementale)相当，或可名为政治上或统治上之中央集权或地方分权。

此外，就中央与地方行政官署权限之分配，亦有中央集权与地方分权之区别。凡中央官署对于地方官署之官吏，就其行动，得有严格之统治权，即指挥命令权者，为中央集权，非然者，为地方分权。于此意义，其二观念，适与法国学者所称之 centralisation et décentralisation administrative 相当，或可名为行政上之中央集权及地方分权，(un nouneau débat surlarépublique, et la décentralisation édit épar C. Bellet)统治上之中央集权及地方分权，与行政上之中央集权及地方分权，其所指之内容各有不同，已如上述。前者，受统治权分配之团体，得为统治主体，而有独立人格。后者，其地方行政官署纵不受乎中央官署统制，得行使其权限，亦仅为国家行政机关，而不有行政权主体之地位。

力分配方法,仅为歧趋两极之观念,在实际上,其例甚少。实际制度,乃常存于二者之间,于某限度各具二者要素。或则权力比较集中,偏于中央集权;或则权力比较分散,偏于地方分权。此外又得折中两者,平分权力于中央与地方之间,不偏于中央集权或地方分权,是为均权。

　　统治权力之分配,若过偏于中央集权或地方分权,则有畸轻畸重,得此失彼之虞。故自立法政策上言,当以均权制度,为最适当分配方法。我国采用均权制度,党纲既列专条,《约法》复加规定,可勿再论。唯同在均权主义之下,其所采行之地方制,又容有不同之形式。我国今后之地方制,纯为统一制(Unitarismus)下之地方自治制乎? 抑于普通地方自治团体之外,更有联邦制(Foederalismus)之邦或州之存在乎?① 是则不无疑义。就此问题,可与统一制及联邦制问题,同样处理。关于两者异同,此处不遑深论。只就我国制度言之,我国除中央与地方之权力,采均权制外,各省人民并得自定宪法、自举省长(《对内政策》第二条),凡此各点,颇与联邦制相似。然联邦式之联省自治,早为《第一次全国代表大会宣言》所摈斥,而《约法》亦明定:"中华民国,永为统一共和国(第三条)。"则我国政体,为统一制而非联邦制,甚属明白。以吾观之,我所采政体,确为统一制度。只就统治权之分配,与普通统一则必集权之例不同,独采均权主义,不偏于中央集权或地方分权,自此点言,可称均权统一主义。

---

① 耶里内克尝就地方分权,别为自治行政的分权(Dezentralisation durch Selbstverwaltung)与行政的分权(administrative Dezentralisation)二种。以授行政权于自治团体,使之自治者,为自治行政的分权,分配行政权于地方行政官署,使之主管者,为行政的分权(Jellinek, Allgemein Staatslehr, 3A. S. 627ff.)。其区别方式,颇与上述统治上之地方分权与行政上之地方分权类似,然统治上之地方分权,殊不以行于自治团体之场合为限,他如行于联邦国各邦之分权,亦不失为地方分权一种。故其区分似嫌过狭,未能将各种场合,包含在内。关于此,凯尔生等,亦既道破之矣(Kelsen, Staatslehre S. 163ff.)

在均权统一主义之下,国家之统治权,除某范围为国家自身所行使外,更于国家之下,设立地方团体,授以某范围之统治权,使之自治。其分授于自治团体之权力,就中以行政权为最显著。故行政权由国家自身行使外,更由自治团体行使之,行政权既由国家与自治团体分别行使,则行政组织,亦可区为国家行政组织与自治行政组织,而分述之。本章所论,姑以国家行政组织为限。

第二节　国家行政组织通论

第一款　行政机关

第一项　行政机关之观念

法人为组织体,须有一定组织,而后始能活动。国家为法人一种,当亦须有一定组织。国家之统治组织,自其内面观察,可以析为多数单位。其各个单位,即为国家机关(Staatsorgan, organe de l'État, organ of state)。国家机关,可依其所行作用,别为立法机关、司法机关及行政机关(Verwaltungsorgan, organe administrative, administrative organ)等各种。行政机关既同为国家机关,则欲明其意义,应先就国家机关而略述之。

法律上所谓机关云者,乃法人之构成部分,所以表现其一切行为者也。盖团体在法律上既有法人资格,势非有所以作成其意思及为其意思之执行不可。为法人担任意思之作成及为其他行为之任者,即法人之机关是也。然实际上存在之意思主体,舍普通之个人外,无他物可以代替。故欲构成法人机关,尤非以个人居于机关之地位,使之供给意思及其他行为不可。故构成国家之机关者,亦犹是居其地位,为国家供给意思,及其他行为之个人耳。

然居于国家机关之地位者,虽为普通之个人,而个人之心理上一切意思及生活上一切行动,未必尽为国家之行为也。盖法律上既非以国家为天然之有机体,能以五官作用,决定意欲及为各种努力;亦非以居于其地位之个人整个为国家机关,以其行为皆为国家行为。法律上国家机关行为之得为国家行为者,乃以国法所承认之范围为限。故构成机关个人之行为,仅于国法所承认之限度,归属(zurechnen)于国家。凯尔生曰:"唯能归属于国家,始为国家所意欲。非一切之意欲,皆能归属于国家。"①此言得之矣。

国家机关所包括之意义,颇有广狭之别。在狭义上,仅指代表国家,作成意思之意思机关(Willensorgan, organe de volonté, organ of will)而言。如司法官署及行政官署等是。在广义上,则除作成国家之意思者外,凡参与其意思之作成及为其意思之执行者,皆得包括在内。行政机关,亦同有广狭不同之意义。本章所述,乃就广义而言。

第二项　行政机关之性质

国家机关,既为国家之构成部分,用以表现国家之人格,则国家人格虽由机关表现,而机关一己,乃无独立人格可言。故学者通说,谓机关不有人格,不得为法律关系之主体。行政机关,为国家机关一种,自亦同此性质。然通俗用语,每谓司法法院,有审判民刑诉讼之权利;行政机关,有处理行政事务之权利,一若以国家机关,为权利之主体者。而学者中亦有以国家机关为有人格,而称之为机关人格者。此等主张,要皆非为

---

① Kelsen, Hauptproblene, S. 106ff.

正确见解，兹为特笔论之。

第一，国家机关所能表现国家行为之范围，实为机关之权限，而非其自身所有之权利。权限与权利不同，权限虽亦系得为某范围行为之能力，而与权利相似。然依权限所为之行为，乃为国家目的而发动，并不含有为机关自身目的而行之素质，是其与权利各异，固属明甚。故机关之权限，非机关之权利，乃国家之权利，借机关以行使耳。

第二，国家行为，虽由国家机关表现，而个人于机关地位上所表现之行为，则不认为个人之行为，而认为国家之行为。盖机关与国家之间，犹耳目手足之于个人，耳目手足非因其一己而存在，乃因个人而存在，且为个人各尽其职司，以相活动。故机关与国家之间，并无两个人格之存在，申言之，即构成机关之个人，非以固有之人格，代表他种人格者之国家，只国家之人格，因机关而表现耳。

第三项　行政机关之种类

第一　依于权能之分类

行政机关依其所有权能，可以别为如下各种：

（一）行政首长

行政首长，本亦行政机关一种，因属宪法学中研究，于行政法学中，通常颇少论及之。但我国现时，究以何者为行政首长，不易明白，殊有一言附述之必要焉。

考诸各国成例，咸以国家元首为行政首长，或为单独制之组织，置一人大总统或君主，如英美法日等是；或为合议制之组织，置人民委员会或联邦行政委员会，如苏俄瑞士等是。我国制度，依党义有"行政就是大总统"一语，将来似应采单独制者，而就《训政时期约法》及《修正国民政府组织法》观之，则现时犹采合议制，即于行政院之上，置国民政府，以国民政府委员会，行使国家元首之职权，其不便以会议开会决议执行者，则径由国民政府主席一人单独执行之。故我国现时之行政首长，既非专属国府委员会，亦非专属国府主席，实由国府委员会与国府主席二者各分任之。①

（二）行政官署

行政官署，乃隶属于行政首长之下，就一定之行政事务，有决定并表示国家意思于外部之权限之机关也。行政官署，与他种行政机关不同，得决定并表示国家意思于外部，为国内最重要之意思机关一种。关于行政官署之观念，尚待稍后论之。

（三）咨询机关

咨询机关（Ratfragensorgon, organe consultative, consultative organ），乃对行政首长或行政官署，以陈述意见，为其任务之机关也。其组织恒为合议制，或以官吏构成，或以选自民间之委员构成，或混合此二种人员而构成之。其意见或仅受咨询时，始行陈述，或不待咨询，亦得陈述之。咨询机关所提出或议决之意见，仅为供诸官署决定意思之参考，不有直接得为国家意思之效力。而官署对于咨询机关之陈述，除法令有规定者外，采纳与否，得依其意思之自由。唯实际上，既经咨询机关翔实审议之事项，官署殆常整个采取之耳。

（四）营造物或公企业机关

营造物或公企业（oeffentliche Anstalt, établissement public, public establishment, od. oeffentliche Unternehmungen, entreprises

---

① 《修正国民政府组织法》第十九条规定："行政院为国民政府最高行政机关。"其所谓行政机关，另有意义。

publiques，public enterprises)机关，乃管理国家营造物或公企业，并实施其事业之机关也。营造物或公企业机关中，有管理权者，于其管理权之范围内，亦有决定并表示国家意思之权能，从而亦有官署地位。如国立大学校长、铁路管理局长等，即属其例。关于营造物问题，拟俟另节论之。

（五）补助机关

补助机关(Scheideorgan，organe auxiliaire，auxiliary organ)，乃隶属于行政官署之下，补助其官署行为之机关也。补助机关，非如行政官署，有法律上意思之决定权；仅对官署意思之决定，为准备调查之行为，或承官署之命令，从事各种事务而已。唯补助机关，依法令规定或官署委任，得代行官署之权限，而于代理权之范围内，亦有官署地位。

（六）执行机关

执行机关（Vollziehungsorgan，organ de l'exécution，organ of execution)，乃依法令或行政官署之所命，事实上为国家意思执行之机关也。执行机关，以对人民使用实力，当诸强制执行之任，为其特色，如警士、宪兵及征收吏员等，即属其例。执行机关，因官署之委任，亦有法律上之决定权，从而于某范围内，亦有官署地位。

第二　依于组织之分类

（一）单独制机关与合成制机关

行政机关，依其构成人数不同，可别为单独制机关（einfaches Organ)与合成制机关（jusammengesetzes Organ)。前者即以单独一人构成，后者以二以上之人构成之。

（二）独裁制机关与合议制机关

合成机关，视其构成员间地位平等与否，又可别为独裁制机关

(bureaukratisches Organ)与合议制机关(Kollegial-organ)。前者其构成员中一人,有优越之地位,唯其一人之意思,有为机关意思之效力。后者其构成员间,地位相互平等,其机关意思,须由多数表决或其他方法决定之。

第四项　行政机关之构成员

国家人格,依机关而表现,机关行为,由个人所供给,既如前述。然机关行为,虽不外为个人之行为,而国家机关与构成其机关之个人,究有区别。机关本体,为法人组织之单位,构成机关之个人,则为机关之构成员[①]。此二观念,实际每易混同,而学理上实有区别之必要,兹胪举下列各点,以比较说明之。

第一,国家机关,为国家组织之部分,其设立为法规所规定,法规苟未修正,机关决不变动,而机关之构成员则否,如其个人死亡或更调,则与机关独立无关。

第二,国家机关之构成员,仅居于国家机关之地位时,其行为始归属于国家,否则不能视为国家行为而有效,如官吏滥用职权场合,自不能以国家之行为目之。

第三,国家机关之构成员,仍保有独立之人格,得与国家之间,构成法律关系。如官吏与国家间所有之权利义务,即其关系之内容。而国家机关则否,对于国家,无独立存在之地位。

国家机关,与其构成员不同,已如上述。行政机关之构成员,通常即为官吏。然行政机关,未必尽为官吏构成。除对国家服无定量勤务之官

[①] 凯尔生等所称之机关担当者(orgontraeger),佐佐木惣一所称之机关体,要同为机关之构成员。

吏外，尚有因公法上委任，而从事于特定之事务者，及因私法上契约，而担任国家之事务者，种类不一而足，兹依次述之如下。

（一）官吏

官吏（Staatsbeamte，Fonctionaire，state official）者，乃因特别选任，对国家负有忠实的服无定量勤务之义务者也。行政机关之构成员，以官吏为最重要。关于官吏观念，亦拟另节述之。

（二）仅受特定事务之委任者

仅受特定事务之委任者，虽与官吏同为国家之所选任，与国家间，有公法上关系，而非如官吏，奉其一身，对国家负有包括的勤务义务，只就所受委任之特定事务，负其服务义务而已。因之其对于国家所有之关系，亦与官吏不同，非如官吏有领受恤金之权利、服从服务命令之义务，及被付惩戒之责任。其最主要之例，即以非官吏中选任之各种特设委员会之委员属之。

（三）依民法上契约担任一定之职务者

仅任学问技艺或机械性质之事务，而无对外行使国权之职务者，亦不必如官吏，奉其一身，为国家尽其忠实义务。故此种职务，通常即以民法上契约，担任勤务义务之人充之。如国立大学教授、外籍顾问，及官厅雇用之书记、事务员、勤工听差等，即属其例。此等人员，与国家间所有之关系，与私人相互间之关系无异，除有特别规定外，得以民法规律之。

第二款 行政官署

第一项 行政官署之观念

行政官署（Staatsbehoerden，autorité administrative，administrative

authorities or magistracy)者,乃属于行政首长之下,就一定行政事务,有决定并表示国家意思于外部之权限之机关也。析述之如下。

(一)行政官署国家之机关也

国家机关,为国家之组织部分,非有法律上人格,已如前述。行政官署,为国家机关一种,当亦同其性质。但就行政官署一种,学者中复有自其对内关系观察,主张认有完全人格或不完全之人格,为较便利者。然实际上不以官署为法人,既无何等不便,而法律上之人格者,或为法人或自然人,而不容有似是而非之中间存在,夫复何苦为此离奇之论说哉?

(二)行政官署隶属于行政首长之下

行政官署,概于行政首长之下,划分上下阶级,构成隶属关系(Subordination)。故行政官署,或直接属于行政首长之下,受其监督,或间接属于行政首长之下,受其监督。不问何者,要皆受其节制,以统一国家之意思,此之一点,乃行政官署,与他种官署不同之特质也。

(三)行政官署,就一定之行政事务,有其权限

国家行政事务,至形复杂,不论巨细,势不能单由行政首长,躬亲行之。故必于行政首长之下,置多数之行政官署,使之分掌各种事务。而其事务之分配,则各限有一定范围,以免互相重复与侵越。行政官署所能代表国家,处理一定事务之范围,即为行政官署之权限。行政官署有一定之权限,乃与他种行政机关,不同之特点。盖他种行政机关,虽亦同能处理国家行政事务,而能独立以其作用归属于国家者,则除行政首长外,唯有行政官署而已。故他种行政机关之作用范围,虽得称为机关权能(Organbefugnis),独不能称为权限(Kompetenz)。

(四)行政官署,有决定国家意思,及表示之于外部之权限

行政官署,为国家之意思机关,得决定国家意思,并表示之于外部,

在此点上，亦与他种行政机关不同。盖行政机关，虽有多种，而未必尽有决定国家意思，及与外部交涉之权，且大部分不有此种权限，其所有任务，仅在内部，为官署意思作成之准备，及为他种事务之执行而已。如行政院各部部长，虽为行政官署，而次长、司长及科长、科员等，仅为补助机关。又县政府县长，虽为行政官署，而秘书、科长科员等，亦为补助机关。此外如教育官、技术官等，仅负学术上之任务，而无法律上行为之权限者，亦概非有行政官署性质。

行政官署之观念，既如上述。故从严格解释，官署一语，系指法律上有国家意思之决定权者而言。如独裁制官署，仅指长官个人，而不及于其他。然实际上有时用于广义，以之包括长官及其辅佐官全部而言，如称某院、某部或某厅，为一官署是。如此称谓，于理自属未妥。唯官署所属事务，其长官有统辖之责。广义官署名义所为行为，解释上亦得视为长官行为而有效耳。

第二项　行政官署之种类

行政官署，可由种种见地分类，兹择其最普通者数种，分述如下。

（一）依于组织之分类

行政官署依其组织，可别为单独制、独裁制及合议制三种。单独制与独裁制官署，俱以一人构成，其意思之决定，即以其一人之意思为准，从而其责任亦即集中于一人。合议制官署，通常以三以上之人构成，其意思由全体合议议决，其责任亦由全体分任之。关于官署组织，尚待次项再申论之。

（二）依于管区之分类

行政官署，依其管辖区域，可别为中央官署（Zentralbehoerden, autorités centrales, central authorities）与地方官署（Lokalbehoerden, autorités locales，local authorities）。中央官署其权限得及全国，无何地域制限。但其实际职权之行使，不必遍及国内各地，因其事务关系，仅及于一特殊范围者，亦不失为中央官署。如外交部长，其主管事务，以涉外关系，为最主要。但其职权，初不以国内一地方为限。故不问其实际所处理之事务范围如何，亦得称为中央官署。地方官署，其管辖区域，苟非特别扩张，则以一特定之地方为限。地方官署，又有在内地方官署与在外地方官署之别。后者如领事官是。

（三）依于职权广狭之分类

行政官署，依其职权广狭不同，可别为普通官署（Generalbehoerden，autorités générales，general authorities）与特别官署（ausnahmebehoerden，autorités spéciales，special authorities）。前者在一区域之内，就一般事务，有其权限。有疑义时，可以从广解释之。后者在一区域之内，仅就特种事务，有其权限。有疑义时，则须从狭解释之。前者如省政府及县长等是。后者如统税局长、电政管理局长及铁路管理局长等是。

（四）依于设立性质之分类

行政官署，依其设立性质，可别为本质官署与例外官署。前者以国家官署设立，自始即为行政官署。凡为国家直接行政而设立之官署，概属于此。后者非以国家机关设立，只因国家事务之委任，偶有国家行政官署之性质。如区乡镇长，本非国家机关，特因国家行政事务之委任，例外得有行政官署之地位耳。

第三项　行政官署之组织

行政官署，特别是合成制之行政官署，有独裁制与合议制之别，既如上述。独裁制官署，其意思之决定权，属于长官一人，其一人之意思，即有国家意思之效力。如行政院各部部长及县政府县长等，即属其例。合议制官署,其意思之决定权,属于多数之人,其多数人之意思,以多数表决或其他方法统一之,始成国家意思,如行政院各委员会及省政府委员会是。

行政官署,以执行法律为其主要任务,与议会及司法官署不同,其组织以独裁制为原则。盖独裁制之组织,权责统一、措置敏活,最合于行政官署之要求也。至其机关任务,首在依法审判或征集多方意见者,则可例外采合议制,俾其保持公平独立,或融合关系各方面之意见。

我国自国民政府成立以后,稍反常态,即普通行政官署,亦每采合议制之组织。若但求工作之质,而不求其量,用意未始不可赞许。然合议制之不适于普通行政官署,有如上述。揆诸将来情势,自非改为独裁制,使合于自然之要求不可。

但上述二种制度之间,犹可想像有中间组织之存在,即于合议制上,加以种种程度之独裁制彩色,或于独裁制上,多少加以合议制之要素是也。就实际制度观之,我国现时之行政院院长及市县长,本皆为独裁制官署,而行政院及市县政府中,更有行政院会议①,及市县政会议之合议制机关,以一定事项,应经其议决,其性质似有决定国家意思之权限者。但若谓为完全之行政官署,又非所宜。以吾观之,此等合议机关,不能谓为独立官署,只于正式官署意思决定之过程中,以某等事项为限,必须经过其议决之程序而已。故其制度之设立,仅欲对于官署之意思决定,加以一种制限,以济独裁制之短耳。

第四项　行政官署之权限

权限(Kompetenz compétence,competency)为官署所能代表国家,

---

① 旧制有以国务员所构成之国务会议,有行政官署之地位,然现时之行政院,则与内阁制下之内阁不同,只行政院会议所议决之事项,尚留旧制之形迹耳。

处理事务之范围,已略如前述。盖国家行政事务,至为繁赜,决非任何单一机关,所能处理无余。故必于行政首长之下,设置多数官署,使之分任各种事务。而官署于限定事务之范围内,乃得代表国家,决定国家思想,而其意思在法律上有为国家意思之效力。故官署之权限,即不外官署所能代表国家,而行国家作用之范围也。权限之观念,依观察不同,尚有各殊之称谓。自其为国权作用之主观方面观之,是为官署职权①;自国权作用对象之客观方面观之,则为官署管辖(Zustaendigkeit)。

一官署之权限,为国家法令所规定,其性质外为代表国家事权之范围,内为官署行动之界限。故官署之权限,在法律上,发生积极的与消极的两效果。自积极的方面言之,官署于权限内所为行为,有为国家行为之效力。苟未经有效撤消或废止,其行为不因其官署裁撤、人员更动,或其权限之消灭移转,而当然受何等之影响。自消极的方面言之,官署人员于权限外所为行为,不能视为国家行为而有效。职是之故,一官署所有权限,他官署人员不得侵犯僭越。此不特下级官署对于上级官署为然,即上级官署对于下级官署,苟无特别法令规定,亦同样不得侵越之。

各行政官署所有之权限,得以下述标准之一二种,而决定之。

(一) 事务之种类

行政官署之权限,一面可依事务之种类而决定之(分职制)。盖行政

---

① 与权限名词似有关联,而不可苟为混同者,厥为职务(Amtsgeschaeft, Fonction, Function)之观念。或谓官署权限,自其为权利之方面观之,即为职权,自其为义务之方面观之,则为职务。然权限非官署所有之权利,已如前述,其以官署职权同时为职务之一点,实因混同官署之构成员与官署本体所致。盖职务为负有官职者所有之义务,系指机关构成员之义务而言。而权限则为官署得行使国家事务之能力,乃就机关本身之权能而言,前者存于机关构成员与国家间之关系中,后者则存于国家机关与人民之关系中。故机关构成员,单纯违反职务之场合,其个人虽应受惩戒之处分,而其行为对人民非为违法,人民不得提起行政诉讼,唯违反职务而同时违反权限之场合,人民始得提起之耳。

官署,通常必就限定种类之事务,有管辖权。是为官署之实质的权限(competentia ratione materiae, sachliche Kompetenz, compétence materielle, material competency)。如行政院各部及各委员会,即依内政、财政、教育、实业、侨务、劳工等事务之种类而分设,而各部会长,则仅于其所辖种类事务之范围内,有其权限。各部会长之下,在各省更有民政、财政、教育、建设各厅;各厅之下,在各县又有公安、财务、教育、建设各局。如是各依所辖事务种类,丝联绳贯,递相维系,而构成行政官署之统系焉。①

(二)土地之区域

行政官署之权限,一而可依土地之区域而决定之(分地制)。盖官署之权限,有时有地域上之限制,仅于所限定之区域内,得行使之,是为官署之地域的权限。(competentia ratione loci, ortliche Kompetenz, competence territoriale, local competency)。行政官署权限所及之地域,谓之行政官署之管辖区域,或国家行政之区域(Verwaltungsbezirk, district administrative, administrative district)。如省政府委员会或县长等,即自其管辖区域而指称者也。

(三)人之范围

行政官署之权限,有时可依其权力所及之人而决定之。盖官署之权限,有时并非以一定种类之事务及一定之区域,所能定其管辖,而仅能以其权力所及之一定之人,以定其权限,是为官署之人的权限,(competentia ratione peson, personliche Kompetenz, compétence personelle, personal competency),如国立大学校长,只能对于该大学之教职员及学生,行使职

---

① 我国现行行政组织,除行政院省政府及市县政府之系统外,更有部会、厅及局之系统,于组织上本不合理,因之于权限分配上亦欠明白(参照雷震拟,《现行组织改革刍议》)。但此系行政学中问题,此处姑不详述。

权；军队之司令官，仅能对于所属军人及军佐，有其权限而已。

（四）行为之形式

行政官署之权限，有时更可依行为之形式而决定之，是为官署之形式的权限，如各种专司审查裁决之委员会，仅有裁决权，而不能为其他形式之行为者属之。①

第五项　官署权限之代行

行政官署之权限，当以该官署自身行使为原则。但因实际之必要，有时亦得由他机关代行使之。官署权限代行之场合，可分三种，即代理、委任及委托是。但其观念与私法上之所谓代理或委任，殊有不同。私法上之代理或委任，存于有人格者相互之间，其代理人或受任人与被代理人或委任人间，恒有法律关系存在。而行政法上所谓代理或委任则否，因存于无独立人格之机关相互间，并不发生法律关系。

第一　代理

官署权限之代理（Behoerdenvertretung, représentation official, official representation），即官署所属权限之一部或全部，使他机关代行，与其自身行使发生同一效果者之谓也。凡一官署官吏，有事故或旷缺而未有继任者时，法令每许其他机关，暂时代理，以行权限。此时有其代理资格之机关，依耶里内克之说，谓之复格机关（potenziertes Organ）。代理行政，与原官

---

① 官署为国家意思机关，以有法律上之决定权，为其观念之要素，已如前述。唯其法律上决定权或国家意思之决定权，必须兼及国家之命令权与否，学界曾有议论。德国学者颂尔（Zorn）氏，曾积极以之为官署观念之要素，力持其说，始终不移。而拉庞德，初时虽为同样主张，其后乃放弃之。至近今学者通说，则以官署观念，决不以命令权为要素，即仅为私法上之行为者，亦不失为官署。故仅为行政上审查裁决之行为者，亦可为一行政官署。

署所为行为,有同一效果,在此一点,与私法上之代理无异。

官署代理,依其发生根据不同,可以别为法定代理、指定代理及授权代理三种。

(一) 法定代理

法定代理(gesetzliche Vertretung, représentation légale, legal representation),即于一定情形,直接依法规所定而行之代理。此种代理,依法规而当然发生,如依《修正国民政府组织法》二二条规定,行政院长有事故不能执行职务时,由副院长代理之场合是。此时其代理权之范围,得及于官署权限之全部。被代理者既无指挥监督之权,而代理行为上之责任,亦由代理者自负之。

(二) 指定代理

指定代理(bestimmte Vertretung, représentation désignée, designated representation),即依职权或官署呈请,由行政首长或他官署指定而行之代理。如行政院各部部长,有事故或旷缺而未有继任者时,由国民政府依职权或依行政院长若该部长之呈请,指定政务次长代理之例是。此时其代理权之范围及代理上之责任,与法定代理同。

(三) 授权代理

授权代理(freiwillige Vertretung, représentation volontaire, voluntary representation),即行政官署,就其权限一部,授与于其补助机关,而使之代理之谓。依法令规定,行政官署每得任意使其高级属员,临时代理其权限。又即无法令明定场合,如事务性质,无须必由该官署亲自执行者,亦得使其属官,临时代理之。凡授权代理场合,其代理权,常以一部为限;其范围即于授权时指定之,且代理人此时仍于原官署监督之下,行其权限。故在此场合,其代理者选任之当否,及对代理者之监督如何,被代理者依然须负相当责任。

第二　委任

官署权限之委任,即上级官署,就其所属权限一部,委任于下级官署行使之谓。委任与代理不同,为官署权限一部之移转,受委任之官署,得以自己之事务而处理之,其间并无代理关系存在。又委任必行于上级官署与下级官署之间,与代理之行于官署与其属官之间者不同。

委任既为官署权限之变更,唯法令有规定时,始得为之。盖官署权限,为法令所规定,欲变更之,自非有同等以上之法令不可也。我国民初时代所发各官制中,例有明文规定,以上级官署对于下级官署,得为权限委任。现行各机关组织法中,虽无若是明确规定,而法律上似亦容许权限之委任者(参照《修正省政府组织法》第五条第六款,《市组织法》第八条第二四款)。要之,得为权限委任场合,受委任官署,须依其委任而执行之。

第三　委托

官署权限之委托,即一官署就其所属事务一部,委托他对等官署行使之谓。委托与委任不同,一行于对等官署之间,而一行于上下级官署之间。故在委任场合,下级官署必须受其委任,不得拒绝;而委托则否,该委托之正当与否,他官署得有审查决定之权。权限委托,亦仅于法令有规定场合,始得行之。

第六项　官署权限之争议

凡官署莫不依法令所定,有一定之权限,而某事项属于自己权限与否,得以自己认定而决定之。然法令规定,未必明确而无疑义。因之就其规定解释,每起管辖争议。尤其在分职制(即依事务之种类而定其权限者)或分地制(即依土地之区域而定其权限)之二官署间,最易发生争议,或各主张某事项应归其管辖,或互相推诿,主张非其权限所属。凡此场合,概为权限争议。其各主张属于自己权限者,谓之积极的权限争议;其各主张不属于自己权限者,谓之消极的权限争议。

权限争议,自广义言之,包括生于同一系统之官署间与生于不同一系统之官署间二者。后者另名权限冲突(Kompetenzkonflikt, conflit d'attribution),如行政官署与司法官署间之权限争议是。前者另名主管争议(Kompetenzstreit, conflit de juridiction),即行政官署相互间之权限争议是。兹所述,当以后者为限。

行政官署之权限争议,其起于行政院各部或各委员之间者,依《修正国民政府组织法》第二四条第六款规定,由行政院会议决定之。起于省政府各厅之间者,依《修正省政府组织法》第十九条规定,由省政府呈请行政院裁决之。起于市政府各局之间者,依《市组织法》第二十五条第六款规定,由市政府会议决定之。至起于他种行政官署之间者,法令无一般规定,自法理上言之,如两者间有共同直接之上级行政官署者,应由上级官署决定之。因其上级官署,对于两者均有监督之权限,当然得以其监督权而决定之也。如两者间并无共同直接之上级官署者,应由各该上级官署协议决定,协议不成,则最后诉之于行政院,由行政院会议决定之。

第三款　委任行政

国家行政事务,除由国家自身之机关执行外,更委任其一部于他团体或私人,使为国家代行,是为委任行政(Auftragsverwaltung, administration de mandat, administration of mandate)。委任行政之受任者,于受任事务之范围内,亦得为国家机关而执行国家事务。但其本身乃为他种目的存在,只于原有目的之外,有时受国家事务之委任而已。委任行政,系委任于他有独立人格之团体或个人,自与前述之权限委任不同。又委任行政,系以国家事务委任于他人,通常必依法规,或本于法规之行政行为为之。

委任行政,以委任于乡镇公所者,为最显著(《乡镇自治施行法》第三〇条第二〇款)。盖国家对于区乡镇之行政,不设特别之官署,通常即委任于乡镇之自治机关办理之。而实际上乡镇公所为国家而执行之事务,有较本职上原有事务,尤形繁重之概焉。此外私团体或个人受国家行政之委任者,亦间有之。总之,委任行政机关,亦为国家行政组织中之一单位,兹为略述如下。

(一) 自治团体

自治团体,本为独立行政主体,有其固有目的,因是有其固有事务。然于固有事务范围之外,每受国家委以行政事务,使其办理。如市县政府委任于乡镇或农会商会办理之行政,即属其例。委任自治团体办理之事务,即称委任事务。其详尚待自治行政章中述之。

(二) 私法人或个人

私法人或个人受行政事务之委任者,其例较少。仅以受国库出纳事务委任之私立银行,及受通行税征收委任之商办轮船或汽车公司等例属之。唯私法人或个人,既受国家行政事务之委任,于某范围内,对国家乃有依命执行之义务。

第四款　行政监督

第一项　行政监督之观念

国家行为,由多数机关所表现,其多数机关又由多数人员所构成,既如前文所述。故国家为保持人格之统一,及督促其事务之进行起见,对于多数机关人员,乃非加以干涉不可。国家为此目的而为之干涉,是为监督国家之监督作用,其为行政上目的,且以行政行为而行者,即为行政监督。故行政监督（Aufsicht ueber die Verwaltung, surveillance sur l'administration, inspect of the administration）者，实不外国家为行政上目的，以行政行为，对行政机关之构成员，所加之监督作用也。就此定义，更为析述如下：

（一）行政监督，为国家行政上之目的，而行之监督作用也

监督一语，自广义解释，乃欲他人行为合于自己目的，对其行为不断加以注意，必要时且加干涉之谓。由是言之，指挥一语，实得包含在内。因指挥一语，亦不外指示他人，使之合于自己目的而行动也。在实际用例中，有时单称监督，有时指挥监督并用，在语义上原各有所区别。但除法令特有表示，或职权范围特有限制外，概可以广义监督解释，其间并无何等之差别也。监督必为某种目的而行，其为自治行政上之目的而行者，为自治监督，为国家行政上之目的而行者，为行政监督。故行政监督，在目的上，得与自治监督区别。

（二）行政监督，以行政行为而为之监督作用也

国家对于行政机关人员，所为之监督，依其形式，可以别为五种：一曰立法监督，由立法机关，以立法行为为之，如立法院关于预算案之审议是。二曰司法监督，由司法机关，以审判行为为之，如行政法院或司法法院所为之行政审判或民刑审判是。三曰考试监督，由考试机关，以考铨行为为之，如考试院对于行政官吏资格能力之检定甄别是。四曰监察监督，由监察机关以弹劾行为行之，如监察院对于行政官吏之弹劾是。五曰行政监督，由行政机关以行政行为行之，即次项所述之监视或训示是也。前之四者，虽同为国家对于行政机关人员之监督，而于行为之形式上，各与行政监督不同。其各种之学理，或属于宪法学中研究，或属于司法法学之范围。兹所论，以行政行为之监督为限。

（三）行政监督，对于行政机关之构成员所加之监督作用也

行政监督之主体，即属国家，而国家之一切作用，皆由机关行使。故

行政监督,亦不外由机关行之。施行监督作用之机关,即称监督机关。受其监督之客体,则行政机关之构成员,而非行政机关本体。行政机关,在法律上为国家自身之一部,以国家自身而监督自身,殊非法律上之正当观念。正确言之,行政监督,乃监督行政机关人员,使之尽其机关任务之谓。通俗用语上所谓行政机关之监督,须以此之意义解释之。

第二项 监督机关

行使监督权之机关,即为监督机关,已如上述。监督机关,不以官署为限;即补助机关亦得为之。孰为监督机关,须依法规视其所监督之人员决定,大抵可分二种:一为对于官吏有勤务之请求权者,即其所属之长官是。一为不有勤务请求权,仅就特种事务,行使其监督权者,即其他特别之监督机关是。由特别监督机关所为之监督,称曰旁系监督(Aufsicht in scitenlinie);由所属长官所为之监督,称曰直系监督(Aufsicht in gerarder Linie)。直系监督,其监督者,必为被监督者之职务上长官。原则得下职务命令。而旁系监督,只依法规所定,就特定事务,得为监督而已。

直系监督机关之间,设有上下级之区别。凡对一机关人员,得有监督权者,为上级机关,其被监督人员所构成者,为下级机关。如行政院各部,就其主管事务,得监督各地方行政长官,乃为上级机关;其各地方行政长官所构成者,则为下级机关。其上下级之关系,名为行政阶级(Verwaltungsklasse)。各种行政机关,统于行政首长之下,以第一级第二级,以至最下级之区别,组成整个之行政系统(Verwaltungtlinie)。

第三项 监督方法

监督方法,依各机关事务之种类及性质,各有不同。只从实质上言之,可以别为监视、训示及撤消停止三种。

（一）监视

监视以视察员吏行动之现状为目的，如派员检阅事务实际、定期或临时征集文书报告等是。监视得以明了吏员行为是否合乎法规，适于公益，及有无怠慢逾越等情弊，以作他种监督作用之参考。故监视仅有消极的效果，只是引起他种监督作用之动机而已。唯监视既足引起他种积极监督之动机，实为他种监督之要件。即无法令特别规定，亦得依监督权当然为之。

（二）训示

训示以指挥吏员行动之方针为目的，或依长官之职权而发、或依吏员之请求而发，前者称为训令，后者称为指令；或以一般抽象之法则而发、或就特定之事件而发，前者即为处务规则，后者即为职务命令。凡受训示之人，概为构成机关吏员，而非机关本体，已如上述。然吏员殊不以现在构成某机关者为限，即将来构成某机关者，亦得接受训示。

（三）撤消或停止

撤消或停止，以撤消或停止官署行为之效力为目的。凡上级官署之长官，对于下级官署之命令或处分，认为违法或不当时，得使下级官署之吏员，以其自己之处置，撤消或停止之。而下级官署之吏员，接受其命令时，应以其官署之处置，为撤消或停止之作用。撤消所以使既成立之行为，溯及既往，失其效力；停止则仅使自停止日起，失其效力，其详尚待次章论述。要之，撤消或停止，得依上级官署之监督权当然而为，毋待法律明文规定，然其权力须受一般原则之限制，如既有确定力之行为，则上级官署已不得更动之矣。

上述三种监督方法，为通常监督方法，除此之外，尚有所谓特别监督。特别监督，非监督作用之性质上，当然所有之作用，乃越普通监督作用范围，而干涉被监督吏员之行为。故其监督仅法令有特别规定场合，始得为之。如监督官署之长官,依法令规定,得径撤消或停止下级官署所发之命令或处分,及代执行下级官署之权限,即其最主要之例。

监督官署之长官,对于官署命令之撤消或停止,通常只能使被监督吏员,以其自己处置为之,已如上述。盖监督官署之监督权,原则上仅能对于被监督之吏员,与以影响,而被监督官署与第三人间之关系,非其当然所得干预也。故监督官署,直接撤消或停止被监督机关之行为,势非有特别法令之根据不可。现行《行政院各部组织法》规定:"各部就其主管事务,对于各地方最高级行政长官之命令或处分,认为有违背法令,或逾越权限者,得请由行政院院长,提请国务会议(即行政院会议)议决后,停止或撤消之。"《省政府组织法》第三条规定:"省政府对于所属各机关之命令或处分,认为违背法令、逾越权限,或其他不当情形时,得停止或撤消之。"此等明文,即所以规定其特别监督之根据也。

上级官署之监督权,以不包含代执行权为原则。因法律上属于下级官署权限之事务,唯其下级官署,始得执行之也。故监督官署,代庖下级官署之权限,亦唯法令有特别规定时,始得为之。

第三节　国家行政组织梗概

第一款　中央行政组织

第一项　沿革

自民国成立以来,中央行政组织,几经变更,兹以国民革命为界限,划分两个时期而说明之。

第一　自民国成立至国民革命稍前时期

辛亥革命起义之初，即有各省代表，会于武昌，议决《临时政府组织大纲》二十一条，作为临时宪法；旋因革命势力进展，设临时政府于南京，选孙中山为临时大总统，中华民国乃告成立。其时行政组织，采总统制，以临时大总统，为行政首长，大总统下，设陆军、海军、司法、外交、财政、内务、教育、实业、交通九部，为第一级中央行政官署（《临时政府组织大纲》第十条）。元年三月，《临时约法》公布，四月迁都北京，自此中央行政组织，原则改内阁制，只国务员之任命，须经国会同意一点，尚仿美制而已。此时行政官制，除《约法》有规定外，概以命令定之。如《国务院官制》《各部官制通则》《各部官制》等，即其主要者也。依此等官制规定，当时中央行政官署，可以分述如次：(1) 国务院，国务院由国务总理与各部总长，以国务员之资格组成（《临时约法》第四三条，《国务院官制》第一条及第二条），本为协议国务，辅佐总统，而代负其责任之合议机关。然他面得决定国家意思，及表示之于外部，亦有行政官署地位。唯自其所有权限观察，国务院殊非主要中央官署。因中央之主要行政事务，原则上已分配于行政各部，其不属于行政各部主管者，则先由国务总理辖之，仅不属于国务总理管辖事务，最后乃属于国务院而已（《国务院官制》第九条）。(2) 国务总理。国务总理为国务员之首领，于国务院中，概括全院，保持行政统一（《国务院官制》第三条），其地位颇为重要。然法律上，与他国务员之间，非有上下级之关系，与各部总长，同为行政官署，以不属各部主管之某范围事务为限，属其管辖。其所属机关，有法制局、铨叙局、印铸局、蒙藏事务局、临时稽勋局、法典编纂局及审计处等。(3) 各部总长。各部总长，一面为国务院一分子，以当辅佐总统之任，他面为独裁制之中央官署，分任中央行政事务之一部。依当时官制规定，计设内政、外交、财政、陆军、海军、司法、教育、农林、工商及交通十部。各部主要职权,约为如下各种:(a) 关于主管事务之范围内,一切国家行为之立案及准备;(b) 就其主管事务,对于下级官署之指挥监督;(c) 所属官吏之指挥监督;(d) 就其主管事务,发布部令。至于各部补助机关,实际不能一律,只依各部官制通则,通常设次长一人、参事二人至四人、司长各司一人、秘书四人、佥事八人以下,此外并置主事技术官等。各司为办事便利起见,又各分为数科,各置科长科员等,其分科规则,概由总长定之。

至民国二年之末,各部官制,略经修正,并农林工商二部,为农商一部,管理农林、水产、牧畜、工商及矿之事务。其他各部之司及员额,亦略有变更。唯时袁世凯为大总统,以《临时约法》于己束缚过甚,要求国会,增修《约法》,扩大总统权限。国会以正在起草宪法,未之容纳。袁氏因解散国会,另召集所谓《约法》会议,制定《新约法》,于三年四月二十九日公布。此《新约法》,除极度扩充国家元首之特权外,凡官制官规之制定,及国务员并外交大使之任用,皆规定由总统自决,无须参议院同意。于是设政事堂,以代国务院,置国务卿一人,以为赞襄,各部总长,均对总统直接负责。但袁氏野心,犹未餍足,同年十二月,改总统为终身职;四年十二月,又改总统为洪宪皇帝。颁发《勋爵条例》,一复帝制之旧。嗣因各地军民,反对甚烈,五年三月,帝制覆灭,六月六日,袁氏身死。翌日,黎元洪以副总统就大总统职,先后下令,恢复元年《约法》,召集国会,改定官制。此时中央行政组织,系折合元年及三年时代之诸官制而成。即依五年《政府组织令》《国务会议规则》《政府直属官制》,及三年各部官制等所定,设国务总理、国务院、各部总长,及国务总理直属之法制局、铨叙局、印铸局、统计局、全国水利局、币制局,及侨工事务局等。

六年春夏之际,欧战方殷,段内阁主张参战,于是武人干政,政变迭起。先之以内阁与议会之冲突,继之以黎氏之被迫散解国会,终之以张勋之复辟,及黎氏之下野。至同年七月,冯国璋继任总统,段琪瑞仍为国务总理,下令召集新国会。七年九月,新国会因安福系之操纵,改选徐世昌为大总统。但至此为止,中央官制,犹无变更。

当国会再度遭解散时,民党议员,集居上海,力谋恢复。及冯段当国,下令召集新国会,民党首领孙文,以北京新政府,承认国会非法解散,破坏《约法》,乃倡言护法,率留沪议员,南下广州。于六年八月,组织非常会议,制定《军政府组织大纲》,筹设军政府,并由非常会议,选出大元帅一人,元帅三人。以大元帅为国家行政首长,下设外交、内政、财政、陆军、海军、交通六部,各置总长一人,由非常会议选出,咨请大元帅特任之。军政府又设都督若干人,以各省督军,赞助军政府者充之,九月一日,完全组织成立。至七年五月,非常会议,复修正《军政府组织大纲》,撤消大元帅制,改设政务总裁七人,以合议制,总揽国政。下设政务院,内分行政各部,赞襄总裁,管理各种行政事务,并对国会负责。自是西南政局渐固,非常会议,亦旋改称正式国会。直至十一年止,与北方政府,构成对立形势。

一面北方政府,武人争政,十年直皖一役,段阁倒溃。十一年奉直又战,直系战胜,曹锟吴佩孚,入掌政权。恢复法统,迎黎元洪复总统职。旋又召集旧国会,宣言取消广州之护法政府。其间西南政府,亦经几度变革。九年冬,孙文曾再召集非常会议,改组军政府,自任大总统职。至十一年六月,旧国会恢复,护法告终,乃撤消总统,仍称为大元帅。然北方旧国会召集后,议员徒受贿买,虽经制定《宪法》,选举总统,而因各方反对,终无成效。

迨十二年奉直再战,冯玉祥倒戈,曹吴下野,各省拥段琪瑞主政。段氏于十三年十一月入京,另组织临时执行政府,以临时执政,总揽军民诸政,对外代表国家,下设行政九部,由各部总长,合组国务会议,以执政为其主席。此国务会议,实并国会内阁之权力而兼有之。临时执政府成立，段氏复召集善后会议，十四年四月，组织临时参政院，辅佐临时执政，议决重要提案。同年十二月，又改执政府为内阁，除由执政总揽政务、发布命令、统率海陆军外，其下增设国务院，置国务总理，一切政治责任，概由国务院负之。未几张作霖率师入关，自称为安国军总司令。十六年三月，组织军政府，以大元帅于军政时期，行使统治权，下设国务院，由总理暨十部总长组织之。十七年春，南京国民政府，大举北伐，五月党军入京，其军政府遂告消灭。

第二　自国民政府成立至最近时期

孙中山以开创民国伟人，遭受军阀压迫，转辗奔于国内外，继续革命，最后决定以广州为根据地，组织政府，进行北伐，略如上述。溯自十一年改称为大元帅后，孙氏决将国民党改组，于十二年十月，召集改组会议，十三年一月二四日，于广州开第一次全国代表大会，组织第一届中央执行委员会。自此厉行以党治国，设政治委员会，办理党务及政治；设军事委员会，主持军务，均以总理或大元帅为最后之决定。十四年三月十二日，总理逝世，遗嘱同志，继续努力革命。十四年，中国国民党，遂以蒋介石为总司令，同年七月出兵，至十七年，统一全国。中国行政组织，于此乃起根本变革。先是中国国民党，于第一次全国代表大会，规定最小限度之政纲时。曾通过组织国民政府之议案。十四年六月，由政治委员会议决，改称革命政府为国民政府。同年七月一日，正式成立国民政府于广州。依当时之《国民政府组织法》规定，国民政府采委员制，以若干委员组织，其中并推一人为主席，五人为常务委员，受中国国民党之指导监督，掌理全国政务。国府委员会下，先设军事、外交、财政三部，有添部之必要时，得再添设之。各部部长，即由国府委员兼任，分掌各种中央行政事务。其间北伐军着着进展，粤中央党部及国民政府，皆随军事胜利，次第北迁，先抵南昌，次莅武汉。十六年三月，于武汉修正《国民政府组织法》，扩大组织，添设交通、司法、教育、劳工、实业及卫生等部，各部组织，各以组织法规定；至军事，则另设军事委员会以管理之。十七年二月，二届四中全会，在南京开会，修正《国民政府组织法》。改劳工实业二部，为农矿工商二部，废教育部，以大学院掌管教育行政；并新设建设、军事、蒙藏、侨务等委员会。各部及各委员会，均为中央行政官署，直隶于国民政府，而受其指挥监督。要之，至此为止，国民政府之行政组织，与前北京时代，迥然不同。行政首长，改独裁制之大总统为国民政府委员会，其委员由中国国民党中央执行委员会选任，恰与苏俄之人民委员会相似；行政各部部长，由委员兼充，亦与苏俄之人民委员之兼为各部部长者同。唯苏俄之人民委员，除主席外，皆各兼一部长之职，而国民政府委员，则尽有不兼部长者耳。

十七年中国国民党既以兵力扫除军阀，统一全国之后，乃由军政时期而入于训政时期。同年九月，二届五中全会，乃决议改定政府组织，建立五院规模，试行五权之治。《修正国民政府组织法》及各院组织法，即于同年十月先后公布。依新法规定，行政首长，原则为委员制之国务会议，其不便以会议行使之职权，则由国民政府主席担任之。国民政府之下，设行政、立法、司法、考试、监察五院，各设正副院长，全由国府委员兼任。至各院内部组织，则颇有不同。就中行政一院，除于院内设行政院会议，及秘书政务两处外，分设内政、外交、军政、财政、农矿、工商、教育、交通、铁道、卫生十部，及建设、蒙藏、侨务、禁烟等委员会。直隶于行政院院长，分掌各种行政事务。至向属于行政系统之司法部，则已改为司法行政部，而隶属于司法院矣。

自是以还，中央行政组织，暂无多大变动，只行政各部及其内部组织，时有裁添而已。初添设海军一部，即以军政部之海军署，扩充独立。

十九年十一月,三届四中全会议决,改称前此之国务会议为国民政府会议,改称行政院会议为国务会议,并农矿工商二部,为实业部;裁撤卫生部,改设卫生署于内政部。嗣又改隶建设委员会于国民政府。二十年五月,《训政时期临时约法》公布,国民政府之组织,随亦修正,但行政组织,犹仍其旧。同年十二月,四届一中全会,对于国府组织,又加修改,改国民政府会议为国民政府委员会,改国务会议为行政院会议;并改国民政府主席及委员、各院正副院长,一律由中国国民党中央执行委员会选任。国民政府主席为国家元首,不负实际政治责任。院长不兼国民政府委员,直接对于中央执行委员会负责,实行所谓责任院长制。凡国民政府之命令处分,以及关于军事动员之命令,除由国民政府主席署名外,须经关系院长部长副署,始生效力。此外,关于行政组织,变更甚少,仅将原属司法院之司法行政部,划归于行政院。但至二三年十月,此部又已改隶于司法院矣。至于各部内部司署之变更,兹不详记。总之,自十七年以后,中央行政组织,已渐脱去苏俄人民委员会之臭味,一依《建国大纲》之精神,循序演进,浸具训政时期之楷模矣。

第二项　现行中央行政组织

现行中央官制,概以法律制定,以《国民政府组织法》《行政院组织法》,行政院各部及各委员会组织法等,为最主要,兹依现行法规定,分述各级中央行政组织如下。

(一)行政院

行政院名辞,在国法上包括行政院院长、行政院会议及其补助机关全体,就中以院长为其官署,唯为调节独裁,统一政策起见,关于特定事项,须经行政院会议议决。行政院院长,与旧时内阁制下之国务总理不同,与各部会长,既无连带责任,亦不与各部会长,立于同等地位,分任行政事务一部；乃处于各部会长之上，而为全国最高行政官署。关于一般行政事务，得依法律发布院令；对于一般人民，得为行政处分及其他行政行为。此外，并得指挥监督内部职员及所属机关。至行政院会议，由行政院院长、副院长及各部会长组织，凡提出于立法际之法律案、预算案、大赦案、宣战案、媾和案、条约案，并其他重要国际事项；荐任以上行政官吏之任免；各部会间不能解决之事项；及其他依法律或院长认为应付议决之事项，均应经其议决。

行政院内，设秘书政务两处，为院长之补助机关。秘书处设处长一人，秘书科员各若干人，掌理文书收发分配、文件撰拟翻译、委任职员任免、各会计庶务等事项。政务处设处长一人，参事科员各若干人，掌理关于行政院会议事项；应提出于国民政府委员会，或国民政府委员会发交本院之议决事项；应提出于立法院及立法院咨送本院事项；及撰拟命令等事项。

（二）行政院各部

（甲）各部

行政院各部，包括各部部长及其补助机关全体，为第二级中央行政机关，分掌各种行政事务。各部主管事务如下：(1) 内政部"管理全国内务行政事务"。(2) 外交部"管理国际交涉，及关于在外侨民、居留外人、中外商业之一切事务"。(3) 军政部"管理全国陆空军行政事务"。(4) 海军部"管理全国海军行政事务"。(5) 财政部"管理全国财务行政事务"。(6) 实业部"管理全国实业行政事务"。(7) 教育部"管理全国学术及教育行政事务"。(8) 交通部"管理经营全国电政、邮政、航政，除法律别有规定外，并监督民营交通事业"。(9) 铁道部"规划、建设、管理全国国有铁道、国道，及监督省有民有铁道"。各部事务，如有主管不明，而涉于两部以上之权限者，由行政院会议定其管辖，如有须与他部往返交涉者，则与他部协议之后，决定办理之。

各部以独裁制之部长，为其长官，部长对于部务，有综理之责。其职权可以分述如下：(1)就其主管事务，得依法律发布命令，即所谓部令。(2)对于一般人民，得为行政处分及其他行为。所谓行政处分及其他行为，当指部令以外之一切行为而言。唯实际上直接对于人民而为之作用，只以特种事项为限，一般行为，概由各地方行政官署直接为之。(3)就其主管事务，对于各地方行政长官，得为指挥监督。依各部组织法规定，有谓："对于各地方最高级行政长官……有指挥监督之责。"然实际上，属其监督之各地方行政长官，乃省政府各厅厅长以下之各级长官而已。省政府委员会，直辖于行政院院长，不属于其监督。故所谓"各地方最高级行政长官"，仅能作省政府各厅厅长等各地方行政长官解之。(4)对于所属官吏，及其他职员，得为身分上之监督。就其进退奖惩，得以专断，或提出行政院会议议决后行之。

各部部长之下，设有多数补助机关。其种类各部不同，唯次长、司长、参事、秘书，及科长科员等，各部皆共通有之。此外顾问及专门人材，遇必要时，乃聘用之。次长各部二人，一为政务次长，一为常务次长。内政、军政、海军、财政、实业等部，于各司外，更有厅、署、处之组织，各置厅署处长，其地位略与司长同，只军政部中，司为厅署之细分。又内政、实业等部，为办理技术事务，并得置技监、技正及技士。内政部为考察各地方内政成绩，得置视察。教育部为视察及指导全国教育，得置督学。各部所设司厅署处，大体如下。

(1) 内政部设卫生署，及总务、民政、统计、土地、警政、礼俗六司。

(2) 外交部设总务、国际、亚洲、欧美、情报五司。

(3) 军政部设总务厅、陆军、军需、航空兵工四署，及审查处。

(4) 海军部设总务、军衡、军务、舰政、军学、军械、海政七司，及经理处。

（5）财政部设关务、盐务二署，总务、赋税、公债、钱币、国库、会计六司，及烟酒税、印花税，及卷烟统税三处。

（6）实业部设林垦署，及总务、农业、工业、商业、渔牧、矿业、劳工七司。

（7）教育部设总务、高等教育、普通教育、社会教育、蒙藏教育五司。

（8）交通部设总务、电政、邮政、航政四司。

（9）铁道部设总务、业务、财务、工务四司。

各部补助机关，辅助部长之方式有二，其一，辅佐部长所管事务之全部者，是为全部补助。全部补助机关，即次长是。次长襄理部长，处理部务，监督所属职员。其二，辅佐部长所属限定种类之事务者，是为局部补助。局部补助机关，又得依事务种类，区别为二：一总务机关，二特务机关。总务事务，与人民直接无涉，首在各部事务之整理，其事项为法规所定。特种事务，乃总务以外之事务，其各种事项，亦为法规所定。补助总务机关，在军政部为总务厅，其他各部为总务司。补助特务机关，即各署处及司是。各厅署处及司，通常更就其事务，细分为若干项目，分设各科以补助之。

各部辅佐官，除次长外，皆为局部补助机关职员。各司厅署处之长，掌理各该司厅署处事务，监督所属职员，其中署长一种，对外并有官署地位。参事掌审议立案，及其他临时交办事项；秘书掌机要及其他长官交办事项；科长科员，承长官之命，分掌各科事务。

（乙）各部附属机关

各部部长之下，更有各种所属机关，论其性质，有仅为部长之咨询机关者，如各专门委员会是。有为第三级以下之中央官署者，如各部直辖学校及局厂等是。兹举其主要者各种如下。

（1）内政部有编审委员会、财务委员会、电影检查委员会（与教育部合办)、警官高等学校、北平地产清理处、北平坛庙管理处、华北水利委员会、太湖流域水利委员会、北平古物陈列所等。

（2）外交部有条约委员会、外交讨论委员会、驻沪办事处、特派员办事处、视察专员办事处、国际联合会代表办事处、驻外各大公使馆、各总领事、领事、副领事馆等。

（3）军政部有营产整理委员会、兵工专门委员会、各军牧场、各军械局、各军械库、军用电话局、军用无线电台管理局、中央陆军防疫处、各后方医院、各陆军医院、军医学校、兽医学校、残废军人教养院、各飞机场管理所、各航空站、首都航空工厂、军需学校、各被服厂、粮秣厂、北平制呢厂、武昌制革厂、工程处、各地区军需局、各地营房保管处、各兵工厂、兵工材料厂、兵工专门学校、火药厂、上海炼钢厂、理化研究所、各要塞司令部等。

（4）海军部有各舰队司令部、各要港司令部、各地造船厂、各地海军学校、海军航空处、海军编译处、海军测量局、海道巡防处、海军军械处、海军执法处、海军交通处、海军军医处、引港传习所等。

（5）财政部有国定税则委员会、税务整理委员会、会计委员会、各海关、各盐运使、各榷运局、盐务稽核所各省区统税局、北平官产总管处、各造币厂、各省印花烟酒税局等。

（6）实业部有专门委员会、诉愿审理委员会、中央农事推广委员会（与教育部合办)、渔业改进委员会、工业标准委员会、奖励工业技术审查委员会、国营基本工业工厂设计委员会、水力委员会、技师审查委员会、国营钢铁厂筹备委员会、商约研究委员会、国货审查委员会、会计师资格审查委员会、工厂检查委员会、劳工卫生委员会、劳工教育设计委员会（与教育部合办)、农产物检验所、中央农业实验所、农产种子交换所、各地种畜场、棉业试验场、中央蚕丝试验场、林业试验场、中央模范林区管理局、祁门茶业试验场、中央工业试验所、商标局、各地商品检验局、国际贸易局、全国度量衡局、驻外商务专员、国货陈列馆、地质调查所、各矿务监督处、海洋渔业管理局、护渔办事处等。

（7）教育部有大学课程及设备标准起草委员会、小学课程及设备标准编订委员会、中小学训育标准编订委员会、职业教育设计委员会、民众教育委员会、国语统一筹备委员会、注音符号推行委员会、体育委员会、华侨教育设计委员会、古物保管委员会、国立编译馆、各国立大学、各国立学院、国立图书馆、国立博物院筹备处、国立中央图书馆筹备处、国立教育馆筹设处、南京古物保存所、留日学生监督处等。

（8）交通部有国际电信交涉委员会、法规委员会、职工事务委员会、购料委员会、船舶检查委员会、各电报局、各省电政管理局、各电话局、各长途电话管理处、国际电信局、电信机械制造厂、各无线电总台、邮政总局、邮政储金汇业总局、各航政局、吴淞商船学校、扬子江水道整理委员会、国营招商局、东方大港筹备委员会、北方大港筹备委员会等。

（9）铁道部有购料委员会、铁道技术标准审查委员会、统一铁道会计委员会、购料管款委员会、铁道技术员资格审查委员会、职工教育委员会、联运处、货物负责运输委员会、留美学生监督处、交通大学、各铁路管理局、各工程局、铁路医院、路警管理局等。

（三）行政院各委员会

行政院各委员会，包括各该委员会及其补助机关全体而言。其地位与各部并，但为例外组织，仅掌特定行政事务而已。依《行政院组织法》规定，行政院设蒙藏、侨务、禁烟，及劳工四委员会，但劳工委员会迄未组织成立。各委员会主管事务如下：(1)蒙藏委员会"掌理蒙藏行政，及蒙藏各种兴革事项"，(2)禁烟委员会"监督理全国禁烟事宜"，(3)侨务委员会"于不与驻外使领馆及各院部权限相抵触之限度，掌理关于本国在外侨民移殖保育一切事务"。

各委员会,以合议制处理事务,与各部部长同为第二级中央行政官署,就其主管事务,得依法律发布命令,对于一般人民得为行政行为,并得指挥监督内部职员,及其所属机关。各委员会及其补助机关之组织,约略如次:(1)蒙藏委员会,由国民政府任命之委员十五人至二十一人,及委员长副委员长组织;委员会下,设总务、蒙事、藏事三处,各置处长一人、科长科员若干人。(2)侨务委员会,由国民政府任命,委员若干人及委员长副委员长组织,委员会下,分设侨务管理及侨民教育二处,各置处长一人、科长科员若干人。(3)禁烟委员会,由内政、军政、外交、交通、财政、铁道、司法行政等部部长,及国民政府任命之委员九人至十三人组织,就中指定委员长及副委员长各一人;委员会下,设总务查验二处,各置处长一人、科长科员若干人。

各委员会下,除上述之补助机关外,尚有少数之附属机关,且亦有第三级以下中央行政官署之性质者,因非主要组织,兹不列述。

中央行政组织,除上述行政院及各部各委员会等主干机关外,尚有各种特设机关,或直隶于国民政府,或隶属于行政院。其直隶于国民政府者,如军事委员会、参谋本部、训练总监部、军事参议院、国立中央研究院、建设委员会、全国经济委员会、导淮委员会、广东治河委员会、黄河水利委员会、西京筹备委员会、总理陵园管理委员会、内外债整理委员会、北平故宫博物馆、指导整理北平市文化委员会、政务官惩戒委员会等是。其隶属于行政院者,如全国财政委员会、农村复兴委员会、赈务委员会、盐政改革委员会、中央古物保管委员会、管理英国退还庚款董事委员会、驻平政务整理委员会、蒙古地方自治指导长官公署、西陲宣化使公署等是。关于此等机关组织,姑不详述。

国民政府行政系统图

- 国民政府
  - 文官处
  - 参军处
  - 主计处
  - 政务官惩戒委员会
  - 行政院
    - 内政部
    - 外交部
    - 军政部
    - 海军部
    - 财政部
    - 实业部
    - 教育部
    - 交通部
    - 铁道部
    - 蒙藏委员会
    - 侨务委员会
    - 赈务委员会
    - 全国财政委员会
    - 农村复兴委员会
    - 政治改革委员会
    - 中英庚款董事会
    - 古物保管委员会
    - 盐务整理委员会
    - 各省市政府
    - 蒙古地方自治指导长官公署
    - 威海卫管理公署
  - 立法院
  - 司法院
    - 司法行政部
    - 最高法院
    - 行政法院
    - 中央公务员惩戒委员会
  - 考试院
    - 考选委员会
    - 铨叙部
  - 监察院
    - 审计部
    - 各区监察使
  - 军事委员会
    - 参谋本部
    - 训练总监部
    - 军事参议院
    - 国立中央研究院
    - 建设委员会
    - 导淮委员会
    - 广东治河委员会
    - 黄河水利委员会
    - 西京筹备委员会
    - 总理陵园管理委员会
    - 全国经济委员会

第二款　地方行政组织

第一项　沿革

第一　自民国成立至国民政府成立时期

民国成立以来,地方行政从未为中央所统一。初以各省都督,兼为行政长官。省内行政区域,改前清三级制为一级制,或称为府,或称为县,或袭用州厅名称,概置知事,为其长官。至二年一月八日,乃以教令公布《划一现行各地行政官厅组织令》,统一地方组织。依此教令,除蒙藏青海等特别区域及顺天府外,地方行政区域,分省、道、县三级。各级组织如下:(1)省为上级地方行政区域,设省行政公署,以民政长为其长官,掌理省之行政事务,监督所属机关,并依各部总长之临时委任,管理各部所属事务。民政长下,设司长、秘书、科长、科员、技正,及技士等辅佐官。科长技正以上,皆由大总统任命,科员技士,得由民政长自委任之。司分为四,即内务、财政、教育及实业是。(2)道为中级地方行政区域,设道行政公署,置观察使,为其长官,办理各该道之行政事务,及省行政长官之委任事项。观察使下,设科长、科员、技正,及技士等辅佐官。科长技正,由观察使按级呈请国务总理,荐请大总统任命,科员技士,由省民政长委任之。科分为四,名目与省公署之司同。(3)县为下级地方行政区域,设县公署,以知事为其长官。知事由民政长荐请大总统任命,管理县行政事务,及省道行政长官之委任事项。县知事下,亦设科长科员及技士等辅佐官,概由民政长委任,科之设置,视其事务繁简定之。此外又以顺天府为首都所在,设为特别行政区域,以府尹为长官,其职权与省之民政长同,其补助机关,则与道行政公署相似。至蒙藏青海以及其他边远地方,则因特别情形,未行军民分治,即以原有之都统、将军及办事长官等,兼任各该地方行政长官。

至民国三年,上述之地方行政组织,又经变更。地方行政区域,全国改设二十二行省、五特别区,其内分设九十七道,一千七百九十一县。自此以后,道县之数,续有增加,而机关组织,除民五改巡按使为省长外,暂无变更。其组织大略如下:(1)省为上级地方行政区域,初以巡按使为其长官,后改称省长。省长有管理省内一般行政事务之责,对于一般行政事务,得发省令;必要时得请求兵力,以济所辖巡防警备等队之不足;对于所属官吏及机关,得为监督;此外并得兼理财政及司法行政等事务。省长之下,设政务厅,置厅长一人,襄助省长,办理事务。厅内又依事务繁简,分设总务、内务、教育、实业各科,各置科长科员等。各科名称,后改用顺数。称第一第二乃至第四各科。省内为处理特种行政事务,又设特种行政官署,即财政厅、教育厅、实业厅、外交特派员、省电报局、邮务局等是。此等特种官署,原则上隶属中央行政各部,受其指挥监督,唯为实际便宜计,亦得依官制规定或各部部长之委任,使各地方长官管辖之。(2)道为中级地方行政区域,以道尹为其长官。道尹有执行道内一般行政事务之责,就其主管事务,得发道令;对于道内巡防警备各队,得为节制调遣,必要时并得呈由省长转请,或直接请求兵力;对于所属官吏及县知事,有监督权。依官制规定或省长委任,亦得监督财政及司法行政等事务。道尹之辅佐官,其职掌与员额,详由省长核定后决定之。(3)县为下级地方行政区域,以知事为其长官。知事得依法令,执行县内一般行政事务,就其主管事务,得发县令;并得调遣警备队,请求兵力,及监督所属机关。知事之辅佐官,其职掌员额,详由道尹转详省长核定之。县城以外重要地点,经省长呈准后,得设县佐,于县知事监督之下,执行该地行政事务。除上述各省区外，又改前此之顺天府为京兆，设京兆尹为长官，其职员与辅佐人员，与省长同。至热河、绥远、察哈尔三特别区域，各置都统署，以为其长官，管辖区域内军民事务。都统之下，置参谋长一、参谋二，及副官书记等；此外，并设军务总务二处，各置处长一人及雇员若干人；其兼理司法之区，又设审判长一、审理员二及学习审判员书记官等。在川藏交界地方，已设县治之二十三县，则设川边镇守使一员，管理该地军民各政。又在甘边设宁夏护军使，及甘边宁海镇守使，管辖西套蒙古二旗及青海全部。其他西藏蒙古各地，除承认其原有之自治组织外，另以办事长官长之。

第二　自国民政府成立至最近时期

自国民革命军兴，各省先后入于党治之下，地方行政组织，亦起甚大变革。初于民国十四年七月，国民政府成立于广州时，即颁布《省政府组织法》，先以广东一省改组，同时另设广州市政厅，以委员会管理之，是为国民政府改革地方政制之始。嗣因革命军进展，各省市县行政组织，亦经先后改革。迨国民政府统一全国，改热河等三特区及川边甘边青海为六行省，全国得二十八省。省分为县，依二十一年内政部统计，全国凡一千九百三十二县，边省地方，尚另有设治局区二十六，及土司之治区若干（道之一级，西南各省，自护法政府成立，即已裁撤，其他各省，则与革命军进展，同时废止）。市设于首都或政治经济上重要都市，其地位或与省同级，或与县并立，不入于省县行政区域。依最近统计，前者其数有五，后者十有三焉。此外蒙古西藏及自英国收回之威海卫三处，仍设为特别区，其组织亦与省县不同。兹分述各行政区组织之沿革如次：

（1）省之行政组织，自有《省政府组织法》颁布以来，即改省长制为委员制。省政府委员会，为省普通行政官署，依中国国民党党义及中央法令,综理全省行政事务。委员会下,设秘书处,为其补助机关。此外,又设各行政厅,执行特种行政事务。初为军事、民政、财政、教育、建设、工商、农矿七厅。十六七年,中央设立大学院时代,有少数省份,曾试行大学区制,废教育厅,以省大学,兼理教育行政事务。至十八年,仍废此制,恢复省教育厅,同时改军事厅为保安处。其间并有若干省份,置司法厅,至十八年,亦已裁废。至于农矿工商二厅,因设置之省甚少。迨二十年,乃改置实业厅,及其他专管机关;其未增设实业厅者,则以其所属事务,由建设厅合理之。唯省府采委员制,委员会下分设各厅,厅长由委员兼任,组织庞大,职责不明,财力浪费,处务迟缓,中央因鉴于此,年来有改委员制为省长制之拟议。最近有若干省奉令实行合署办公,将一切文件,均由省府名义行之,各厅处主管事项,由各厅处长副署,以节经费,而增效能,实即为将来改行省长制之初步也。(2)县之行政组织,初无划一规定,例设独裁制之县长,为其行政长官,综理县内行政事务。县长之下,分设数科,并依旧制,留有警察局所及教育局。至十八年九月,国民政府,乃制定《县组织法》,分期施行全国,经十九年六月一度修正,行迄今兹。唯自二一年以来,各省更有县政建设实验区制施行,即各省为改进地方人民生活,得设县政建设实验区。其范围在原则上以县为单位,但必要时得扩充为数县。其地区之选择及计划大纲,均由省府会议决定之,其详姑俟后述。(3)设治局为县治过渡组织,边省地方,凡一区域未能组织一县公署或县政府者,例先筹设设治局,以管理之。二十年六月二日,国民政府乃颁《设治局条例》,以厘订其制度。土司向为武职,于甘肃云贵诸省,尚有此制。四川广西云南等省,更有土官一种,但经历年改土归流,其数已属甚少。(4)市初分普通市与特别市二种:(a)凡中华民国首都,人口百万以上,或有其他特别情形之都市,依国民政府之特许,得建为特别市。特别市政府,直隶于国民政府,设独裁制之市长,综理市内行政事务,市长之下,设秘书参事等补助机关,及财政工务等局,分掌各种事务。(b)凡人口满二十万之都市,依省政府之呈请,暨国民政府之特许,得建为市。普通市政府,直隶于省政府,其组织与特别市略同。至十九年五月,《市组织法》,亦经修正,废特别市名称,概称为市,或直隶于行政院(直属市)或直属于省政府(省属市),其组织与前尚无大异。(5)蒙古分内外蒙古二部,内蒙古主要部分,已改建为行省。第其固有组织,与内地迥殊,实行以军治民之制,凡人民达一定年龄,皆编入于旗下,分隶佐领参领为一旗,以"扎萨克(执政之意)"或总管率之。合若干旗为一盟或一部,置盟长或副盟长,以总其成。盟长公推,旗长则为世袭。二十年十月十二日,国民政府,以该地原有组织为基础,颁有《蒙古盟部旗组织法》,以确定其制度,并其与中央之关系。至二二年冬,当地一部官民,怵于外敌侵略,觉有团结必要,要求组织自治政府。嗣经彼此派员往复磋商,决定自治原则。二三年二月二日,中央政治会议,通过《解决蒙古地方自治问题办法原则》八项。三月七日,国民政府,更依上项原则,公布《蒙古地方自治政务委员会暂行组织条例》,及《蒙古地方自治指导长官公署暂行条例》,并于同日施行。于是蒙古地方,除省县政府外,更有他一系统之行政组织矣。(6)西藏分前藏后藏阿里三部,亦为逊清藩属,清廷派有驻藏大臣,掌握政治、军事及财政上之大权。藏政府之四葛布伦及蕃目皆由驻藏大臣及达赖会同任命。自达赖六世至十二世,数百年间,政教制度,殆无变化。及辛亥革命之际,达赖第十三世宣布独立,驱逐驻藏军队。自是大权独揽,政教合而为一。入民国后,中央虽有派遣驻藏办事长官之举,但终未得入藏,行使职权。如是在半独立状态,垂二十年。然西藏由逊清惨淡经营,入于中国版图,已二百余年,其为中国领土,绝无疑义。民初以来,中原变乱频仍,无力保护,而达赖慑于帝国主义侵略之野心,其眷念祖国,内向之心,未之或忘。观于十九年尼泊尔称兵犯藏,达赖曾电中央乞援;国民政府成立,达赖派有代表,常川驻京,与中央接洽。而中央亦设有专管机关,如蒙藏委员会者,以统制之。二二年之末,达赖十三世圆寂,西藏政教,顿失重心,后藏班禅大师,已决定由中央扶助,回藏主持一切,而西藏之行政组织与系统,自此或可告确定乎?(7)威海卫在山东半岛北岸东端,为渤海之锁钥。清光绪二十四年,为英人强迫租借。及华府会议,我代表提请收回,英方承诺。十九年四月,经国民政府与英订成威海卫协定,大部接收。目前暂设为特别行政区,制定《威海卫管理公署条例》,置专员以管理之。

自十九年以后,各省政府为督察地方行政,续有行政督察专员之设。二十一年八月六日,行政院因公布《行政督察专员暂行条例》,以期划一政制。依该《条例》规定,省政府在离省会过远地方,因有特种事件发生(如剿匪清乡等等),得指定某等县为特种区域,临时设置监督专员,于不抵触中央法令范围内,辅助省政府,督察该区域地方行政。其专员由省政府就本督察区域各县长中,指定一人兼任之;得于原领县政府内,附设办事处,置秘书一人、事务员一人、书记二人,助理文件,及应行一切事宜。但本项专员,对于本督察区域内各县市政府地方行政,虽有随时考察及督促指导之责,而非常设机关,于其所办事件办全之后,应撤废之。

第二项　现行地方行政组织

(一)一般地方行政组织

现行行政区域,一般分省市县及其他与县同等区域之二级,即以省为上级,省属市及县为下级,直属市自为一级,各设一级或二级以上之行政官署。至于市县及与县同等区域以内,则以自治区为行政区,自治机关为行政机关。关于自治组织,尚待后述。兹就现行各级地方行政组织,分述如次。

（甲）省

省政府,在国法上,含义甚广,包括省政府委员会、省政府主席、省政府各厅及其他所属机关全体。然省政府各厅,为省地方第二级行政官署,应与省政府委员会区别。故省政府名称,有时用于狭义,仅指省政府委员会及省政府主席言之。兹依《修正省政府组织法》规定,就狭义之省政府及各厅,分别说明如下。

（1）省政府

狭义之省政府,得依《国民政府建国大纲》及中央法令,综理全省行政事务。于不抵触中央法令之范围内,得发省令,及为行政处分等行为;对于所属各机关之命令处分,认为有违背法令、逾越权限,或其他不当情形时,得停止或撤消之。此省政府,为省地方第一级行政机关,详言之,亦包括省政府委员会、省政府主席及其补助机关。省政府原则上以合议制之委员会,为行政官署,只就特定事项,授主席以单独处分权,以补合议制之短。省政府委员会,以国民政府任命委员九人至十三人组织,下列事务,必须经其决议:(1)关于制定省令,及停止或撤消下级机关之命令或处分事项;(2)关于增加或变更人民负担事项;(3)关于地方行政区域之确定及变更事项;(4)关于全省预算决算事项;(5)关于处分全省公款,筹划全省公营业事项;(6)关于执行国民政府委托事项;(7)关于地方自治监督事项;(8)关于省行政施设或变更事项;(9)关于咨调省内国军,及督促所属军警团防,绥靖地方事项;(10)关于省政府所属全省官吏任免事项;(11)其他省政府委员会认为应付议决事项。此外,不适于委员会议决执行,或时间上不能待于议决执行之事项,则由省政府主席单独执行之。主席职权如下:(1)召集省政府委员会,于会议时为主席;

(2) 代表省政府,执行委员会之议决;(3) 代表省政府,监督全省行政机关人员职务之执行;(4) 处理省政府日常及紧急事务。省政府委员会,除例会外,有委员三人以上之提议,或主席认为必要时,应召集临时会。主席因事故不能执行职务时,由省府委员互推一人,暂行代理日常事务,其期间以一月为限。

省政府下,设秘书处,为其补助机关,置秘书长一人,秘书一人至三人;并分科办事,各置科长一人,科员四人至十二人。秘书长承省政府主席之命,综理秘书处事务;秘书科长,各承长官之命,办理各种事务。

(2) 省政府各厅

省政府通常设民政、财政、教育、建设四厅,于必要时,并得增设实业厅及其他专管机关,分掌特种事务。各厅主管事务如下:(1) 民政厅掌理(a) 关于县市行政官吏之提请任免事项;(b) 关于县市所属地方自治及其经费事项;(c) 关于警察及保卫事项;(d) 关于卫生行政事项;(e) 关于选举事项;(f) 关于赈灾及社会救济事项;(g) 关于劳资及佃农之争议事项;(h) 关于礼俗宗教事项;(i) 关于禁烟事项;(j) 关于各种土地测丈、征收,及其他土地行政事项。(2) 财政厅掌理(a) 关于省税及省公债事项;(b) 关于省政府预算决算编制事项;(c) 关于省库收支事项;(d) 关于省公产管理事项;(e) 其他省财政事项。(3) 教育厅掌理(a) 关于各级学校事项;(b) 关于社会教育事项;(c) 关于教育及学术团体事项;(d) 关于图书馆、博物馆、公共体育场等事项;(e) 关于其他教育行政事项。(4) 建设厅掌理(a) 关于公路铁路之建设事项;(b) 关于河工及其他航海工程事项;(c) 关于不属土地行政之测丈事项;(d) 其他建设行政事项。(5) 实业厅掌理(a) 关于农林、蚕桑、渔牧、矿业之计划、管理、及监督、保护、奖进事项;(b) 关于整理耕地及奖进事项;(c) 关于农田水利整治事项;(d) 关于农业经济改良事项;(e) 关于防除植物病虫害,及保护益鸟益虫事项；(f)关于工商业之保护监督事项；(g)关于工厂商埠事项；(h)关于商品之陈列及检查事项；(i)关于度量衡之检查及推行事项；(j)关于工商会,及其他农业、工业、商业、渔业、矿业各团体事项；(k)关于其他实业行政事项。

各厅各置厅长一人,由行政院就省政府委员中,提呈国民政府任命,综理各该厅之事务。厅长就其主管事务,于不抵触中央法令或省政府委员会议决之范围内,得发厅令,及为行政处分等行为;对于所属职员及所辖机关,得为指挥监督。厅长之下,设秘书一人至三人,承各该长官之命,办理事务。视其事务繁简,并得酌量分科办事,各设科长一人,科员若干人,各承长官之命,分掌各种事务。又因事务必要,得酌设技正、技士及视察员,其名额由各该厅长提出省政府会议定之。

至省政府或省政府各厅所属专管机关,视其必要与否,以定设置,其种类各省不同,兹不详述。

（乙）县

县之行政区域,依现有之区域。其区域如废置或变更时,由省政府咨内政部,呈行政院,请国民政府核准公布之。县设县政府,在国法上,县政府包括县长、县长之补助机关及其他各局全体。然亦用于狭义,仅指县长及其补助机关,而不及于各局。兹依《县组织法》规定,就狭义之县政府及县政府各局,分述如下。

（1）县政府

狭义之县政府,为县地方第一级行政机关,按区域大小、事务繁简、户口及财赋多寡,分为三等,由省政府编定,咨内政部,呈请行政院,请国民政府核准公布之。各于省政府指挥监督之下,处理全县行政,监督地方自治事务;于不抵触中央及省之法令范围内,得发布县令,及为行政处分等行为。县政府设县长一人,由民政厅厅长提出合格人员二人至三人,经省政府委员会议决任用,任期三年,成绩优长者得连任(参照《修正县长任用法》)。其筹备自治之县,已达《建国大纲》第八条规定之程度者,经中央查明合格后,其县长应由民选。县长综理县政,监督所属职员及机关。县长之下,设秘书一人;依事务繁简,并设一科或二科,各置科长一人,科员二人至四人,其设科多寡及科员额数,由省政府定之,并报内政部备案。秘书科长,由县长呈请民政厅委任,科员由县长委任,并报民政厅备案。此外,并得添用事务员及雇员,均由县长雇用之。又得设置警察,办理催缴、送达、侦缉、调查事项;其名额由民政厅核定之。

县政府并设县政会议,以一定事项为限,必须经其审议。县政会议,以县长、秘书、科长及各局局长组织,开会时以县长为主席。下列事项,应经其审议:(1)县预算决算事项;(2)县公债事项;(3)县公产处分事项;(4)县公营事业之经营管理事项。县长认为有必要时,并得以其他事项,提交县政会议审议。

(2)县政府各局

县政府下,设公安、财政、建设、教育各局,为县地方第二级行政机关,分掌各种事务。各局主管事务如下:(1)公安局掌理户籍、警卫、消防、防疫、卫生,救灾及保护森林渔猎等事项。(2)财政局掌理缴税、募债、管理公产及其他财政事项。(3)建设局掌理土地、农矿、森林、水利、道路、桥梁、工程、劳工、公营业等事项及其他公共事业。(4)教育局掌理学校、图书馆、博物馆、公共体育场、公园等事项及其他文化社会事业。各局如有缩小范围之必要时,得呈请省政府改局为科,附设于县政府内;必要时,并得呈请省政府设置卫生局、土地局、社会局、粮食管理局,专理卫生、土地、社会及调节粮食。又县公安事项,得于各区,设立公安分局处理之。

各局各设局长一人,由县长就考试合格人员中遴选,呈请省政府核准委任。各区公安分局局长,其选任与各局长同。各局详细组织及权限,除法令别有规定外,由省政府定之,并咨内政部备案。

此外,各省为改进地方人民生活,得设立县政建设实验区,其范围在原则上以县为单位,但必要时亦得扩充为数县。选定实验区,以有下列条件之一者为合格:(1)该区情形可代表该省一般情形者,(2)交通便利地位适中者,(3)从前办理自治较有成绩者,(4)地方有领导人才且能出力赞助者,(5)实验场有相当设备者。其区之选择及计划大纲,由省府会议决定之。

实验区之权限如下:(1)依法令属于县者,(2)虽非县之事权而有实验之性质者,(3)上级政府特别交办者。此外应事实之需要得制定各种单行法规,对于省或中央之法令之执行,有碍难时,得斟酌变更,但须呈转中央核准备案。实验区内县政府亦比一般县政府权限尤大,必要时得设县政建设委员会,集合专家,负调查事实、订定策划、训练人才及实地实验之责任,其委员及县政府之组织办法,由省府订定,咨内政部核准备案。实验区之行政范围在一县者,由县长负责,在两县以上者,由各该县长负责,于必要时得另组区公署,其组织以区内县政府机关改组或扩充,由省府拟咨内政部转呈行政院核准备案。区公署设区长官一人,总揽区内一切行政事务。

又区内之县,应在其他各县之先,依法成立人民代表机关,实行监督财政、审核法规,以树立民治基础。其自治事业已达《建国大纲》第八条规定之程度者,是为自治完成之县。凡实验区与省之权限,及国家之行政权,与地方自治权,均应明白划分,其办法另详。

(丙)设治区

设治区,为与县同等之行政区域,凡各省未设县治地方,得依《设治局组织条例》,暂置设治局,至相当时期,则改为县治。其区域之废置及划定，应由省政府拟具图说，咨请内政部，呈由行政院，转请国民政府核准公布之。设治局亦有官署性质，依省政府之指挥监督，处理本管区域内行政事务；于不抵触中央及省之法令范围内，得发局令。局设局长一人，荐任待遇，由民政厅提出有荐任职公务员资格之人，经省政府议决委用，并转报内政部备案。但有特别情形时，就具备以下各款资格之人员委用：(1) 中华民国人民，年满三十岁以上；(2) 中等以上学校毕业，或办理行政事务三年以上；(3) 明了党义；(4) 熟悉当地情形。局佐理人员，其人数及委用办法，由民政厅拟具，呈请省政府核准，并报内政部备案。至雇用人员，则由局长酌用之。

（丁）市

市有二种之别，(1) 人民聚居地方，(a) 首都，(b) 人口在百万以上，(c) 在政治经济上有特别情形者，皆得设市，而直隶于行政院；但有(b) (c)两种情形之一，而为省政府所在地者，应隶属于省政府。(2) 人民聚居地方，(a) 人口在三十万以上，(b) 人口在二十万以上，其所收入营业牌照费土地税，每年合计占该地总收入二分之一以上者，皆得设市，而直辖于省政府。前者其区域之划定及变更，由行政院呈请国民政府决定；后者其区域之划定及变更，由省政府呈请行政院，转请国民政府决定之。但二者地位，虽各悬殊，而其组织，则属相似，兹可并述如下。

市设市政府，于广义上，市政府包括市长、市长之补助机关及市政府各局全体。然亦用于狭义，并不包含各局。兹依《市组织法》规定，分别说明于次。

(1) 市政府

狭义之市政府，为市地方第一级行政机关。依法令掌理本市行政事务，监督所属机关，及自治团体；于不抵触法令之范围内，得发市令，及为行政处分等行为。市政府设市长一人，隶属行政院之市，市长简任；隶属于省政府之市，市长简任或荐任。市长综理市政，为市行政官署。市长之下，设秘书处，掌理文牍、庶务及其他不属于各局或各科掌理事项。市长简任之市，置秘书长一人；市长荐任之市，置秘书一人。此外，设参事二人，掌理法规之撰拟审查事项。市政府各局，得改设为科，设于市政府内。各科及秘书处之职员名额，除法律有规定外，得另以市政府组织规则规定，呈由上级机关核定之。因事务必要，并得聘用专门技术人员，及酌用雇员。

市政府亦设市政会议，以一定事项为限，须经其议决后行之。市政会议，以市长、参事、局长或科长组织；至市参议会成立后，并由市参议会互选代三人至五人出席。会议每月开会一次，由市长召集，开会时即以市长为主席。应经市政会议议决之事项如下：(1) 关于秘书处及各局或各科办事细则事项；(2) 关于市单行规则事项；(3) 关于市预算决算事项；(4) 关于经营市公产及公营业事项；(5) 关于市政府各处局或科职权争议事项；(6) 市长交议事项；(7) 其他重要事项。

(2) 市政府各局

市政府下，通常设置社会、公安、财政、工务各局，为市地方第二级行政机关，分掌各种事务。各局之事务如下：

(1) 社会局掌理(a) 户口调查及人事登记事项；(b) 育幼、养老、济贫、救灾等设备事项；(c) 粮食储蓄及调节事项；(d) 农工商之改良保护事项；(e) 劳工行政事项；(f) 造林、垦牧、渔猎之保护及取缔①事项；(g) 民营公用事业之监督事项；(h) 合作社及互助事业之组织及指导事项；(i) 改良风俗事项；(j) 教育及其他文化事项。(2) 公安局掌理(a) 公安事项；(b) 消防事项；(c) 公共卫生事项；(d) 医院、菜市、屠宰场及公

---

① "取缔"一词系和制汉语，含义是监督、管理，而非取消、禁止。——编者注

共娱乐场所之设置及取缔事项。(3)财政局掌理(a)财政收支及预算决算编造事项;(b)公产之管理及处分事项;(c)公营业之经营管理事项;(d)土地行政事项。(4)工务局掌理(a)公用房屋、公园、公共体育场、公共墓地等建筑修理事项;(b)市民建筑之指导取缔事项;(c)道路、桥梁、沟渠、堤岸,及其他公共土木工程事项;(d)河道港务及船政管理事项。首都及省政府所在地,均不设市公安机关,关于公安局掌理事项,由首都警察厅(直辖于内政部)或省会警察机关(直辖于民政厅),分别掌理之。市政府于必要时,经上级机关之核准,得分别增设教育、卫生、土地、公用、港务各局,其有管理事务,由上列各局之下,依其性质,分拨归属之。省属市应设各局,如有缩小范围之必要时,除公安局外,得改局为科,设于市政府内。

各局各设局长一人,直属市局长,简任或荐任,省属市局长,荐任或委任。各官长下,更设补助机关,其组织除法律有规定外,以该市政府组织规则定之。

(二)特别区域行政组织

(甲)蒙古

蒙古地方之行政机关,计有蒙古地方自治指导长官公署、蒙古地方自治政务委员会,及盟部旗政府等各种,已如前述。此等特别组织,仅蒙古地方自治指导长官公署一种,有国家行政机关性质,余则悉为地方自治组织。但其自治制度,与内地各省之所谓自治行政,又属有别,而有浓厚之封建色彩。兹为系统上关系,便于明了起见,一并列述于次。

(1)蒙古地方自治指导长官公署

蒙古地方自治指导长官公署,依国民政府颁布之《蒙古地方自治办法原则》,承行政院之命,指导蒙古地方自治政务委员会,并调解省县与盟旗之争执;蒙古地方自治政务委员,处理事件及发布命令,认为不当时,得纠正及撤消之。指导长官公署,除指导长官一人外,并置副长官一人,均由行政院呈请国民政府特派之。此外,又置参赞二人,由指导长官呈请行政院简派之。蒙古地方自治政务委员会开会时,指导长官副长官,得派参赞,出席指导。公署其他职员,则以他项规程定之(参照《蒙古地方自治指导长官公署暂行条例》)。

(2) 蒙古地方自治政务委员会

蒙古地方自治政务委员会,直隶于行政院,并受中央主管机关及中央指导大员之指导,办理各盟旗地方自治政务;遇有关涉省之事件,则应与省政府会商办理之。该委员会设委员九人至二十八人,以用蒙古人为原则,由行政院呈请国民政府任命之;并于委员中指定委员长一人,副员委长二人。委员会每两星期开会一次,遇必要时,得召集临时会议。开会时以委员长为主席,委员不能出席时,得派代表列席。委员长执行会议之议决,并处理日常会务,监督所属职员及机关。副委员长,辅助委员长,处办会务;委员长不能执行职务时,以副委员长一人代理之。会议规则及办事规则,由本会议议定,呈请行政院核准后行之。政务委员下,设下列之厅、处、会,分别承办一切会务,所有职员,由行政院就国内遴选熟悉蒙古情形及有专门学识者任用之:(1) 秘书厅,置秘书长一人,简任;秘书四人,荐任。(2) 参事厅,置参事长一人,简任;参事四人,荐任;参议由所属各旗各推选一人,必要时得支聘任俸,任期一年,得连任。(3) 民治、保安、实业、教育四处,各置处长一人。(4) 财政委员会,置主任委员一人,简任;委员六人至二十人,由委员长就秘书参事参议中,指派兼充之,各处长为当然委员。各处会其设立,应分别情形定之。各厅处会,均分科办事,置科长共十二人至十六人,荐任;科员四十人至六十人,委任。此外,又得酌用各项技术人员及雇员(参照《蒙古地方自治政务委员会暂行组织大纲》)。

（3）盟

盟之区域，依现有之区域；有必要时，得以法律变更之。盟内居住之蒙人，为各该盟之人民，其权利义务，一律平等。盟直隶于行政院，军事外交及其他国家行政，均为中央所统一，仅于法律之下，行使其治理权。遇有关涉省之事件，应商承省政府办理。各盟各设盟政府，置盟长一人，副盟长一人，随从秘书一人或二人，及帮办盟务等。盟长综理盟务，监督所属职员及机关。副盟长辅助盟长，处理盟务。盟长因事故不能执行职务时，由副盟长代理之。帮办盟务，帮同盟长，办理盟务。此外，并分设总务政务二处，各置处长一人，其佐理员额及处务规程，由蒙藏委员会拟订，呈请行政院核定之。盟政府因事务必要，又得咨请蒙藏委员会，呈行政院核准后，添设专管机关。至各盟备兵札萨克，照旧设置。

各盟并设盟民代表大会议，其代表由本盟所属各旗旗民代表会议推选，大旗三人，中旗二人，小旗一人。盟民代表会议，掌理盟务之立法、设计、监察及其他属其审议议决之事项。盟民代表会议，置常任代表五人至九人，由全体代表互选之。盟民代表会议及常任代表会议之议事规则，由该会议自定之，但应咨请蒙藏委员会，转呈行政院备案。盟长对于盟民代表会议议决，如何执行，由蒙藏委员呈请行政院定之。

（4）部

部系与盟同等之区域，其组织概与盟同，设部政府及部民代表会议，兹不复赘。至于车臣、土谢图、三音诺颜、扎萨克图、塞音济雅哈图、唐努乌梁海、青塞奇特拉图、乌拉恩素珠克图、巴图塞特奇拉图各部，其施行本项组织日期，须待另令定之（《盟部旗组织法》第四条）。

（5）旗

旗有三种之别，一特别旗，二部属总管制之旗，三盟属旗。特别旗直隶于行政院，其地位与盟相当；部属旗直隶于现在所属隶之部；盟属旗直隶于现在所属之盟。三者之构成与组织，无所区别，兹可合并述之。

旗之区域，依其现有区域；有必要时，得以法律变更之。旗内居住之蒙人，为各该旗之人民，其权利义务，一律平等。各旗各依法律规定，管辖其治理权；但特别旗遇有关涉省之事件，应商承省政府办理，盟属旗遇有关涉县之事件，应与县政府会商办理。旗之机关亦有二：一旗政府，二旗民代表会议。旗政府置扎萨克、旗务委员及旗务会议。扎萨克综理旗务，监督所属职员及机关，因事故不能执行职务时，应指定旗务委员一人，或由旗务委员互推一人代理之。旗务委员本系办理管旗章京副章京改称，其名额大旗六人，中旗四人，小旗二人，佐理旗扎萨克，处理旗务。凡旗公文，应以扎萨克旗务委员之连署行之。旗务委员遇有旷缺时，由旗民代表会议推选加倍人数，扎萨克保荐加倍人数，呈请藏蒙委员会，转呈行政院选择荐任之。旗务会议，以扎萨克及旗务委员组织，以扎萨克为主席。重要旗务，应由会议决定。其会议规则，由该会议自定之，但应报该盟长咨请（特别旗径咨）藏蒙委员会备案。此外，并设总务政务二科，各置科长一人，其佐理员额及处务规程，由该旗拟订，呈报该管盟长，咨请（特别旗径咨）蒙藏委员会，转呈行政院核准定之。旗扎萨克得用随行秘书一人，旗政府因事务之必要，得酌设各项专管机关，但应呈报该管盟长，咨请（特别旗径咨）蒙藏委员会，呈报行政院核定之。

旗民代表会议，由本属各佐各推代表一人组织，任期一年，其职掌与盟民代表会议同。旗民代表会议，亦置常任代表五人至九人，由全体代表互选之。旗代表会议及常任代表会议之议事规则，由该会议自定之，但应呈报该管盟长，咨请（特别旗径咨）蒙藏委员会备案。旗政府对于旗民代表会议之议决，如何执行，由蒙藏委员会呈请行政院定之（参照《盟部旗组织法》）。

（乙）西藏

西藏地方行政组织，目前犹未确定，已如前文所述。兹为参考便利之计，记述其固有自治组织如次。

最近西藏政府组织，以达赖为最高机关，总管政教两大权。达赖之下，置有藏王，藏名"司伦"，为噶布伦会议主席，殆与内阁总理相当。其产生方法，原由各大呼图克图选举，近则由达赖属意人物充任，其资格侧重戚属关系，而学问道德，亦为标准之一。藏王之下，分设秘书处，与噶布伦会议二大机关。秘书处藏名"伊仓"，主掌宗教，专管理喇嘛兼传达噶厦之意旨于达赖。噶布伦会议，藏名"噶厦"，即出政厅之意，以四噶布伦组成。掌理庶政，殆与内阁相似。达赖有内秘书三人、侍从副官三人、医生一人、烹调官一人、监食一人、呈食官一人、经谶官一人、总堪布一人、侍卫四人。侍卫虽非官职，而有纠仪之责，凡大堪布有违礼之处，均可加以弹劾。烹调官以下，俱以喇嘛堪布充任，其权亦颇大，凡大员所不能言者，彼等独能之。藏王有秘书二人、侍从副官一人、门警二人、近侍一人、传达一人。

秘书处设于寺院内，职员全由喇嘛充任，有四品秘书四人、五品秘书管理一人、书记二十人、实习生四人。内阁四噶布伦，为行政各部部长，掌司法、行政及财政等事务。其阁员三俗一僧，处事以合议制行之，藏王为之主席。下设秘书室，置一品秘书四人、二品秘书一人、书记四人、副官四人、画师一人、管理护照书记四人、烹调官一人、通事四人、近卫四人、传达四人，以官级言，内阁秘书高于秘书处秘书，但藏俗以政权低于教权之故，两方秘书，势略相等。

此外，又设军司令部，藏名"马基"，乃西藏最高军事机关，管理全藏军务，直接隶于达赖。司令部设总司令一人、副司令一人、秘书二人、达赖警卫团长一人、前藏驻兵团长四人、后藏驻防兵团长四人、地方兵团长十二人、炮兵团长二人、警察厅长二人，均四品级。

第四节 官 吏

第一款 官吏之观念

官吏之观念,于我国国法中,有实质上与形式上之两意义。实质上之官吏,又称广义之官吏,乃指与官吏观念相当之一切公务员[①]而言。形式上之官吏,又称狭义之官吏,仅指法令中所称各种官吏而已。兹就此二意义,分述如下。

第一 实质上之官吏

在实质上,官吏云者,乃人民依特别选任,对国家负有忠实的服无定量勤务之义务者之谓也。

（一）官吏对国家负有服务义务

官吏为国家服务而选任,对国家有提供劳务之义务,在此点上,与自治团体之公吏有别。盖自治团体之吏员,为自治团体服务而选任,其勤

---

① 官吏名称,在近时颁布之法令中,渐有以公务员代之之倾向。但我国现行法中,所谓公务员之观念,约有三种意义:(1)泛指依选任行为,从事于公务之一切职员。凡实质上之官吏、公吏、国民代表,及其他依法令执行公务之委员、参议员等,皆包括之。如考试院所施行考试铨叙之公务员,即属于此。(2)指实质上之官吏。即除委任职以上之官吏外,他如待遇官及等外官,亦包括之。如《新刑法》第三六条第二款,及《公务员恤金条例》所称之公务员,殆即与此相当。(3)单指形式上之官吏,即狭义之官吏。如《公务员任用法》及《公务员惩戒法》,所称之公务员(按《公务员惩戒法》及《公务员惩戒委员会组织法》所称荐任以上或以下公务员,系指荐任以上之简任、特任、选任,或荐任以下之委任各职而言。参照司法院指令第二〇五号),即指此义。

务之相对人为自治团体，而非国家，故与官吏不同。唯官吏所担任之国家事务，并不以命令权之行使为限，即仅任纯然经济上或技术上之行为者，亦得称为官吏。又官吏亦不以现实担任一定之事务为必要，他如休职官吏，仅有给付劳务之义务者，亦不失为官吏。

（二）官吏负有忠实的服无定量之勤务义务

官吏对于国家服务，不以单纯之劳务给付为限，并负有忠实的服务之特别义务。所谓忠实的服务，即依国家意思，忠诚努力，献其一身，为国家服其勤务之谓。故官吏对于国家关系，非单纯经济上劳务给付之关系，而带有伦理上之性质。在此点上，吏官与《民法》上之受雇人员，及依征发令而征发之夫役，均属不同。因此等员役，对国家仅为经济上劳务之给付，而不负有伦理上之义务也。官吏因有忠实服务义务之结果，对于国家服务之范围及方法，概依国家之要求决定之。故通常谓官吏对国家负有服无定量之勤务义务。盖官吏所担任之事务，有时虽亦豫有一定范围限定，而于其范围内各个劳务之给付，则不豫先指定他。

（三）官吏依特别选任，而负其服务义务

官吏依特别之选任行为，始负其服勤务之义务。其选任行为，或为任命，或为选举。不问何者，要皆为官吏关系发生之原因。在此点上，官吏与因有某种身份或业务，当然对国家负有勤务之义务者不同。如乡镇长，虽因其身份上关系，执行国家委任事务；公共汽车之营业者，虽因其业务上关系，为国家征收通行税，然皆非因特别选任，负其勤务义务，故均不得称为官吏。

第二　形式上之官吏

形式上之官吏，即法令上认有一定官吏身份者之谓也。我国现行法上，官吏大别为高等官与普通官，高等官分选任职、特任职、简任职及荐

任职四种，普通官则委任职一种。故我国法上之所谓官吏，亦不外选任、特任、简任、荐任及委任五种。凡属其中任何一种，不问性质如何，皆得称为官吏。

形式上之官吏与实质上之官吏，因含义不同，其所包摄范围，乃亦互异。尤其后者范围，较前者为广。形式上为官吏，而实质上非官吏者，我国并无其例，实质上为官吏，而形式上非官吏者，则有如次二种。

（一）待遇官

待遇官者，乃形式上非官吏，特受荐任职或委任职之待遇者也。待遇官本亦具有官吏性质，对国家负有忠实服务义务，而因种种理由，与形式上之官吏，设为区别，仅受相当官吏之待遇而已。其理由或以初在事务练习中，犹未正式任为官吏，乃定为待遇官，如实习官吏及试署官吏是。或以地位较低，不便正式列入某职，乃定为待遇官，如设治局局长、监所之教诲师、医士及候补看守所长等是（参照《暂行文官官等官俸表补充办法》中各级待遇办法）。

（二）等外官

等外官乃全然置之于官等之外，并不受形式上官吏之待遇者也。此等官吏，或以其地位过低，不配列于委任待遇之流，如长警（参照《警察官等暂行条例》）及看守是。或以完全不受国家俸给，而以职务上所得之手续费为其收入，如公证人（但我国现时尚未设置）是。

我国现行法令中，关于官吏各种规定，大都以形式上之官吏为其对象，以仅能适用于形式上之官吏为原则。然其规定，多为官吏性质当然所生之结果，其得适用于实质上之官吏者，亦颇不少。故本节所述，虽以国法上所定之官吏为其中心，而推论上得及于实质上之官吏者，固亦有之。

第二款　官吏之种类

官吏可由种种见地分类，兹择其最重要者数种，分述如次。

（一）高等官与普通官

官吏依其任命形式不同，可别为高等官与普通官。凡由中国国民党中央执行委员会选任，或直接或间接由国民政府所任命者，为高等官。由所属官署径自任命者，为普通官。高等官分选任、特任、简任、荐任四种，普通官仅有委任一种，已如前述。依《暂行文官官等官俸表》规定，简任职更分七级，荐任职分十二级，委任职分十六级。[1] 至于各种官吏任命形式，姑待次款述之。

（二）文官与军官

官吏依所任事务种类不同，可别为文官（Zivilbeamte, fonctionaire civil, civil official）与军官（Militaerbeamte, fonctionaire militaire, military official）。凡从事于战斗行为及其他法定之军务者为军官，非然者为文官。唯此二者区别，虽以所任事务之种类为准，而军官中除从事战斗行为者外，他如军需、军医、军法等各种官佐，其所任事务，与文官中

---

[1] 依《暂行文官官等官俸表》，关于官等之规定：(1) 国民政府——文官长，主计长特任；局长、秘书、主计官、参事、统计长、会计长简任；秘书、科长、技师、统计主任、会计主任、科员荐任；会计员、统计员、技士、一等以下科员、办事员委任。(2) 五院及各部会——部长、委员长特任；次长、副委员长、秘书长、署长、技监、审计、司长、厅长、秘书、参事、技正、督学、编审、编修简任；秘书、科长、协审、技正、编审、督学、视察、技士、科员荐任；一等以下科员、技士、一等以下技佐、一等以下书记官、一等以下办事员委任。(3) 省政府及各厅——省主席及厅长、委员、秘书长简任；秘书、科长荐任；一等以下科员、一等以下办事员委任。(4) 行政院及省政府所属市政府——市长、秘书长、局长、参事简任；市长、秘书长、局长、参事、秘书、科长荐任；科长、局长、秘书、一等以下科员、一等以下办事员委任。(5) 县政府及各局——一等县长简任，一等县长、二等县长、三等县长荐任；秘书、科长、局长、县督学、办事员委任。

某等官吏,殊无根本之差异。故现行法上军官观念,仅能谓为从事于战斗行为及其他法定军务之官吏耳。军官有陆军军官、海军军官及空军军官等各种。各种军官又有将官、校官、尉官之别。将官更分上将、中将、少将;校官分上校、中校、少校;尉官分上尉、中尉、少尉。军官以外之官吏,概为文官。文官亦可依种种标准而分别之。

(三) 行政官与司法官

文官有行政官(Verwaltungsbeamte, fonctionaire administratif, administrative official)与司法官(Justizbeamte, fonctionaire judiciaire, judicial official)之别。凡掌理行政事务者,为行政官,掌理司法事务者,为司法官。但此种区别,亦只以法令规定为依据。若自性质言之,则司法官观念,仅能包括掌理民刑等审判之事务者为限,而不及于检察官等司法行政官吏。在立法上,每将此等司法行政官吏,同指为司法官,盖亦以其与民刑推事,受同一之保障与待遇耳。司法官与行政官,因在地位上有重大之差异,其区别甚为重要。

(四) 政务官与事务官

行政官有政务官(political official)与事务官(permanent official)之别。一般言之,凡得参与国家行政方针之决定者,为政务官,依既决定之方针而执行者,为事务官。通常所谓事务官不随政务官之更迭为进退,盖即依此区别而言。但我国现时所谓政务官者,别具形式的意义。依法定及历次解释,原则皆以其任命须经中央政治会议之审核者,为政务官(参照《公务员任用法施行条例》第二条)。唯《中央政治会议条例》及《国民政府等组织法》,屡有修正,所谓政务官之范围,随亦屡生变动。据中政会最后一次申明解释,其范围包括如下各种官吏:(1) 国民政府委员;(2) 各院院长、副院长及委员;(3) 各部部长、副部长、政务次长,及各委员会委员长、副委员长;(4) 各省政府委员、主席及厅长;(5) 直隶于行政院之市长；(6)驻外大使、特使、公使，及特任特派官吏(参照二十年行政院第三五一七号训令)。

(五) 长官与辅佐官

凡一机关官吏，得以自己意思，决定法律上之行为者，为长官；辅佐长官，处理各种事务者，为辅佐官。长官得代表国家，决定国家意思，其处于代表国家之地位时，即称官署。

除上述外，官吏尚有在职官与不在职官、有给官与无给官、教育官与技术官等不同种类。但其区别，不见重要，兹不详述。

第三款 官吏关系之成立

第一项 任官行为之性质

官吏关系，因特别选任而成立，已如前述。关于选举行为，姑置不论。任命行为，又称任官行为(Austellung zum Beamte, nomination officielle, appointment to office)。关于任官行为之性质，学者议论不一，主要者历有私法上契约、单方行政行为及公法上契约三说。[①] 其中以私法行为说，发生最早，当在十九世纪以前，公私法之区别，既未成立，对于官吏关系，亦未有正确见解；益以中世封建制度之影响，及罗马法学研究之结果，学者咸视以为私法上之契约，就中雇佣契约。及至十九世纪，公法学渐次发达，官吏关系，全体认为公法关系之后，主张斯说者，乃告绝迹矣。

---

① Goenner, Der Staatsdienst aus dem Gesichtspunkte des Rechts und der Nationaloeconomie betrachtet, 1808.

自此在学者间所通行者，为绝对的国家单方行为说。此说为勾纳（Goenner）所主张。勾氏之意，以国家之团体生活中，国民对于国家，当然有一定之义务，国民之勤务义务，即其义务一种。故国家对于一切国民，常得以单方意思，命其服务。① 斯说全以团员对于团体之从属性，为官吏关系之成立根据，此之一点，后世唱单方行为说者，咸尊从之。然此种主张，与立宪国之法律思想，究难融合。盖在近代国法中，国家仅于法律所认许之范围内，得命国民负其特别义务，否则非得国民同意不可。国民在法律上既不有为官吏之义务，国家自不能反乎本人之意，强制其为官吏。此说不能成立，甚属明显。于是学界中，为矫正其谬误计，乃有公法上契约说与相对的单方行为说产生焉。

公法上契约说，为拉庞德所代表，有名学者，如耶里内克及美浓部达吉等，力支持之。按其所论，以国家对自然人取得劳务，其法不外二种：一依国家立法，对一般国民科以勤务义务；二对国民提供或种利益，劝其自动为国服务。然在立宪国家，于法律所定之范围外，不能援用国家权力，强国民以服从义务。因为法律之范围外，国民与国家，实处于独立对等之地位也。立宪国之法律，既不认国民有为官吏之一般义务，则要求国民为国服务，当非征求国民同意不可，易言之，即须国民与国家双方之合意。故官吏关系，实因两地位对等者之契约而成立。特此种契约，非单为个人利益，约定勤务之契约，而为促进一般利益，现实国家任务之誓约。故其服务之内容与范围，概依国家之利益与法规而决定，不得以个人之任意决定之。以故任官契约，其效果仅在设定官吏关系，使受任者个人与国家间，构成公法上之特别关系而已。至其关系成立以后，官吏

---

① Laband, Staatsrecht Bd. I, S. 440ff; Basse, Grundfragen des Beamtenrechts, 1931, S, 15. 采取公法上契约说者，此外，尚有柴德尔、刘宁、披罗替（Piloty）、野村淳治、副岛义一等。

对于国家，负有包括的勤务义务，其关系本身，且于法律范围之内，得由国家以单方意思，而变更或消灭之。此种单纯勤务之合意，为任官行为之特质，不能以私法上之契约目之。①

他面与公法上契约说相对待者，有相对的单方行为说。此说认国家之地位有优越性，并就其行为性质，自形式上说明，仍继受勾纳之思想。特勾氏之绝对说与立宪国之法理，不能融合。故后此唱单方行为说者，咸以国家单方任命行为之效力，系之于受任者个人意思之表示。即以任官行为，非国家单方意思所能完全发生效力，其效力须视受任者之同意与否，而决定之。但受任者之同意与否，于国家之任命行为，有若何之影响？学者间又有不同之见解，或以受任者如不同意，其行为仍属有效力，不过因效力上附有瑕疵，国家得为撤消而已。或以受任者之同意，为任官行为之成立要件，欠缺同意，其行为自始不能有效。前说为呵督梅也所首唱，后说为弗来纳所主张，亦各在学术界中，占有相当势力。②

最近更有华尔他耶里内先（Walter Jellinek）一派，另唱所谓双方行政行为（zweiseitige Verwaltungsakt）说。以任官行为，因国家与私人双方意思表示而成立，但国家与私人，其地位初非对等，任官行为，乃由国家征求私人同意而为之。故其行为既非单方行为，亦非公法上契约，乃另一种双方行为。③ 此华氏之说，对契约说，虽经加以改造，而要其归，与弗氏所主张，以受任者同意为要件之单方行为说，仍无大异。

---

① 赞同呵督梅也之单方行为说者，有普罗衣士（Preus, Staendisches Amtsrecht, Bd. I, 1902, S. 96），哈揭克，基瑞（Giese, Deutsches Verwaltungsrecht, 1930, S. 40.）及清水澄等。
② 赞同弗来纳之单方行为说者，有开脱根（Koettgen, Beamtenrecht, 1929, S. 48f.），亨烈脱（Herrnritt, Grundlehren 1921, S. 244f），笕克彦，佐佐木惣一及渡边宗太郎等。
③ W. Jellinek, Verwaltungsrecht, 1931. S. 249f. 浅井清著，《日本行政法总论》，一九七——一九九面。

就以上各说观之，除呵督梅也之单方行为说，以国家单方意思，未得对方同意，亦能有效成立，仍未免与绝对的单方行为说，受同一非难外，弗来纳之单方行为说，与双方行政行为说及公法上契约说，说法虽各有不同，实际已甚接近。因其各说，以任官行为之效力，完全系之于受任者之同意一点。可谓已告完全一致矣。只理论上，究以采取何说较当？是则犹有讨论之余地焉。

依余所见，关于任官行为之性质，似以采取以对方之同意为要件之单方行为说，为较妥当。举其理由，约有三点：（1）原国民参与公务，一面固为权利，同时亦有义务性质，尤其以现今文化国或社会国之法理言之，谓国民有服公务之义务，实属切当。夫国民有服兵役义务，为国法上之一原则，依此原则，国家乃得制定法律，实施征兵；并得于强制征兵外，依国民志愿，召募所谓志愿兵。依同一方式，因国民有服公务义务，国家乃得制定法律，使被选举之公民，担任公职；且强其非有正当理由，不得辞退。特依法治原则，非有法规根据，不得命特定人负担义务。国家欲命特定人为官吏，非可命令强制。犹之于征兵外，召募民兵，须依国民志愿；国家于法律规定外，命特定人担任公务，亦须得受任者个人之同意耳。然此时国家与国民关系，两者地位并非对等，一面国民有服公务之潜在的义务，他面国家有组织权，以命其义务之履行。只因任命官吏，非如陪审制下，取得陪审员，须就一般国民以征求之，不适依法律规定，对一般国民强制使为之耳。国家任命官吏，既非地位对等之两当事人，设定一法律状态，则用契约观念，说明其行为性质，殊嫌未合。（2）法律行为中，固亦有以对方之同意，为要件之单方行为一种，如指定继承、被继承人，得以遗嘱，指定他人为遗产继承人，而以被指定人之同意，为其效力确定之要件。任官行为，亦正类此。（3）自任官行为之形式言之，国家任命官吏，通常以命令行之（参照

《公文程式条例》第一条第一款）。国法中所谓任命或任用，亦同含有此意。综上所述，任官行为，其性质实以目为国家单方行为，为较妥当。只现今法律思想，非有法律根据，国家不能以权力，命令国民服务。故欲其任命有效，非得受任者之同意不可耳。此种以他人同意而为之行为，若称双方行为，依称谓人之命意如何，固未始不可。然双方行为之观念，易与契约混同，吾人宁以避免为是。①

第二项　任官行为之形式

任官行为，非要式行为，不待书状之交付，而始成立。唯国家对于官吏之任命，通常必以文书之交付为之；其文书为任命状，受任者接受任命状而默示同意时，其官吏关系自己成立。任命状之形式，依《公文程式条例》第二条第五款所定，因官吏种类，略有不同。

（一）特任官及简任官之任命状，由国民政府主席及五院院长署名，盖用国民政府之印。

（二）荐任官之任命状，由国民政府主席及主管院长署名，盖用国民政府之印。

（三）委任官之委任状，由各该机关长官署名，并用各该机关之印。

任官行为，非要式行为，既如上述。故官吏之权利义务，国家得以法令另定其发生之条件与期限，而不必以任命状之交付为准。

第三项　任官之要件

人民之为国家官吏，以一律有平等之地位为原则（《训政时期约法》第

---

① 法国学者，一般采单方行为说，参照 Hauriou, Précis d. d. a. p. 604; Jéze: Principes g. d. d. a. p. 485.

二十四条)。然现实得为官吏之人,法令则有种种限制。其一,为任官能力上之限制。所谓任官能力,即为官吏之权利能力。对于无任官能力人,而为任命,其行为因法律上不能附以效果,当然无效。其二,为任官资格上之限制。所谓任官资格,乃就官者应具之一定资格。对于无任官资格者,而为任命,其行为非当然无效,只因有法律上之瑕疵,得随时撤消之耳。兹以现行法为根据,将就官者应具之能力的要件与资格的要件,分述如下。

第一 能力的要件

任官能力的要件,可自积极与消极的二方面言之。

(一)积极的能力要件

(甲)有中华民国之国籍者

官吏须有本国国籍与否,法律虽无直接明文规定,而自法理上观之,我国之现行法中,含有外国人不得为官吏之原则,则甚明显。依《国籍法》第十二条规定,现在中国文武官职者,内政部不得为丧失国籍之许可。又依公务员《恤金条例》第十一条第二项规定,丧失中华民国国籍者丧失其恤金权。凡此规定,即莫不以官吏须为中华民国之国民,为当然之要件。盖为官吏之权利,为公权一种,非本国国民不能享有。且官吏须奉其一身,忠于国家,对国家负有伦理上之义务;此种义务,亦非对外国人,所能望其克尽也。唯因习惯或条约规定之结果,例外亦以外国人为官吏,如以外国人充任名誉领事及税务司等是。但此种吏员,形式上仍不作为官吏,而其本人,亦不受《官吏服务规程》之规律焉。

(乙)具有行为能力者

官吏须有行为能力与否,法律亦无规定,须依法理以论定之。就中幼年人、精神病人等无意思能力人,不有任官能力,殆为公法法理之所当然。此外,限制行为能力人得为有任官能力与否,则未易速断。《民法》

原则,以满二十岁为成年,公法无此一般明文,固不能直接援用。唯官吏之职务,乃在执行国家公务。未能完全行使自己之私权者当亦不能责其善理公务。故官吏亦应以成年人充任为原则。然《民法》第一〇四条,又有例外规定,以限制行为能力人亦有为代理人之能力。处理国家事务,公法既无必须以成年人为限之明确规定,彼此权衡,未成年官吏所为行为,要亦不能谓为绝对不生效力。故法规非有特别规定场合,未成年人盖亦例外得为官吏。

(二)消极的能力要件

(甲)褫夺公权,尚未复权者

褫夺公权,为从刑之一种,依《刑法》规定,有有期与无期之别。凡受无期褫夺公权之宣告,或受有期褫夺公权之宣告而未复权者,除失入军籍,为官公立学校教职员、律师及依法律所定之中央或地方选举,为选举人及被选举人之资格外,并失为公务员之资格(《刑法》第五六条第五七条及第五九条,又《新刑法》第三六条)。盖所谓褫夺公权,即不外公法上权利能力一部之剥夺也。

(乙)受免职处分,未满一定期限者

免职处分,为惩戒处分一种,如后所述。凡受免职之处分者,除免其现职外,并于一定期间,停止任用。停止任用期间,为一年以上,五年以下(《公务员惩戒法》第四条第二项)。

(丙)归化人,及随同归化人取得中华民国国籍之妻及子

依《国籍法》第九条规定:凡依归化而取得中华民国之国籍者,及随同归化人取得中华民国国籍之妻及子,不能任下列各款公职:(1)国民政府委员、各院院长、各部部长及各委员会委员长;(2)立法院委员及监察院委员;(3)全权大使及公使;(4)海陆空军将官;(5)各省区政府委员;(6)各特别市市长等。准是,归化人,暨随同归化人取得中华民国国

籍之妻及子，其任官能力，盖亦不无限制。

（丁）有其他法定情事者

依《公务员任用法》第六条规定：有下列各款情事之一者，不得用为公务员：(1) 褫夺公权，尚未复权者；(2) 亏空公款，尚未清偿者；(3) 曾因赃私，处罚有案者；(4) 吸用雅片，及其他代用品者。依本条解释，除第一款褫夺公权尚未复权者，当然丧失任官能力，既如前述外，有其他各款情事之一者，亦同样不有任官能力。盖官吏有保持品位之特别义务，于任用前，既已贪污无耻、丧失信用，乃至有不良之嗜好，一旦身受公务托付，当亦不能望其保持善良之操守也。

第二　资格的要件

为官吏者，必须有相当之学力或经历，所勿待论。我国在民初时代，早有各种任用考试法规公布，以限制为官吏者之资格，而其规定未竟实行，凡有汇缘攀附之术者，罔不可以幸进无阻。因之卖官鬻爵，营私舞弊之风，久未稍杀。然欲登用贤能，澄清吏治则于任官资格一端，究非加以严格限制不可。孙中山主张考试成为独立一权，专司考选叙用之责，用意亦正在此。当此筹备宪政，刷新吏治之秋，正宜积极推行，早图功效。故最近中央除公布各种考试法规，[①]《公务员甄别审查条例》，及《考绩法》，由考试院举行

[①] 现行考试法规，有《修正高等考试普通行政人员考试条例》《修正高等考试财务行政人员考试条例》《修正高等考试教育行政人员考试条例》《高等考试建设人员考试条例》《修正高等考试会计人员考试条例》《修正高等考试统计人员考试条例》《修正高等考试外交官领事官考试条例》《修正高等考试司法官考试条例》《修正普通考试行政人员考试条例》《修正普通考试教育行政人员考试条例》《修正普通考试建设人员考试条例》《修正普通考试卫生行政人员考试条例》《修正普通考试警察行政人员考试条例》《修正普通考试法院书记官考试条例》《修正承审员考试暂行条例》《修正普通考试监狱官考试条例》《普通考试审计人员考试条例》等各种。

各种考试、铨叙及考绩外,并公布《公务员任用法》及其《施行条例》,以为选任官吏之准则。依该法规定,除政务官及种种官吏,其任用法律别有规定外①,一般事务官,须就有下列资格者中,依法任用之。②

（一）经考试合格者

荐任职及委任职官吏,以先任用考试合格人员为原则。考试分高等考试及普通考试二种。荐任职应就高等考试及格者,尽先任用;委任职应就普通考试及格者,尽先任用之。

（二）有一定官历,经甄别审查或考绩合格者

现任或曾任官吏,经甄别审查或考绩合格者,亦有任官资格。所谓甄别审查合格,指经甄别审查合格,领有铨叙部证书者而言;所谓考绩合格,指在本法实施后,依考绩法,考绩合格者而言。简任职得以现任或曾任简任职,现任或曾任最高级荐任职二年以上,经甄别审查或考绩合格;或曾任政务官一年以上者任用。荐任职得以现任或曾任荐任职,现任或曾任最高级委任职三年以上,经甄别审查或考绩合格者任用。委任职得以现任或曾任委任职,经甄别审查或考绩合格;或现充雇员,继续服务三年以上,而成绩优良者任用之。但以上所称年限,应自国民政府统治之日起算。

---

① 特种官吏任用法规,迄最近所施行者,有《修正县长任用法》《内政部登记法定合格县长办法》《警务处长任用条例》《警察官吏任用暂行条例》《修正外交部外交官领事官任用暂行章程》《机场场长任用暂行章程》《海陆空军官吏任用暂行条例》《军需人员任用暂行标准》《交通人员任用薪给规程》《司法官任用暂行标准》《法院组织法》《监狱官任用暂行标准》《行政法院组织法》等各种。

② 参照《公务员任用法施行条例第二十条救济法》即行政院训令第三五二八号,《高等考试及格人员分发规程》,《普通考试及格人员分发规程》,《考试及格人员应依法任用令》即二一年七月国民政府训令第一四二号,《填送公务员任用审查表要点》,《更正公务员资格审查表暨证明书》,《拟任人员关于著作缴送办法》即二二年十二月司法行政部训令第三九八七号。

（三）曾于民国有特殊劳勋，或致力国民革命，有若干年限以上，而有劳勋或成绩者

曾于民国有特殊勋劳，或致力国民革命十年以上，而有勋劳者，得任用为简任职。曾于民国有勋劳，或致力国民革命七年以上，而有成绩者，得任命为荐任职。曾致力国民革命五年以上，而有成绩者，得任命为委任职。但上列各种勋绩资格，对于技术人员之任用，不适用之（二三年中政会第四二六次会议议决）。

（四）有一定之学历，或在学术上有专门或特殊之著作或发明者

在学术上有特别之著作或发明者，得任用为简任职。在教育部认可之国内外大学毕业，而有专门著作，经审查合格者，得任用为荐任职。在专科学校以上之学校毕业者，得任用为委任职。

在《公务员任用法》施行以前，曾在国民政府统治下，任简任以下各职官吏，且因正当原因退职或辞职者，除经甄别审查或任用审查合格者外，另得于《公务员登记条例》施行期间，依登记方法，取得各职事务官资格。各省区现任简任以下各职官吏，因特殊情形，未经甄别者亦同。[1]

第四款　官吏之地位

第一项　官吏之权利

依任命行为成立官吏关系以后，不特官吏对于国家，应负特别义务，即

---

[1]《公务员登记条例》施行期间，为自二三年四月二三日起之十二个月。参照同《条例》第十四条施行展缓六个月令，并《公务员登记条例施行细则》。

国家对于官吏,亦有各种义务。国家对于官吏之义务,自他面观之,即为官吏对于国家之权利。官吏之权利,大别之,可分经济上之权利与身份上之权利。

第一　经济上之权利

官吏对国家所有经济上之权利,又可别为俸给权、恤金权及职务上实费请求权三种。

（一）俸给权

俸给者,乃官吏关系存续中,国家对于官吏之定期给付,以酬官吏服务之劳,并维持与其地位相当之生活者也。官吏在职,既应竭尽心力,为国家服其勤务,国家自宜与以金钱报酬,负其给付义务。以是言之,俸给颇与私法上之劳务报酬,性质相似。然俸给除为劳务报酬外,兼有维持与其地位相当之生活之目的,与单纯之劳务报酬,又属不同。在此点上,俸给与各种临时委员,及他种名誉职吏员所得之反对给付,得以区别。各种临时委员及名誉职吏员,除该务外,尚得有其本职或本业,常有他项收入,以维持生计。从之其职务上之报酬,仅为单纯之反对给付,并无保障其生活之目的。而官吏之俸给,独异于是。官吏以专务职为原则,除该官职之外,原则不得兼任他职,或兼营他业;恒无他项收入,为其生活上之资源。故国家对于官吏生活,允宜为确实之保障。且其俸给金额,除特种情形外,不以勤务之数量而增减,而视其地位之尊卑为定衡。盖所以养其廉,而保其品位也。官吏之俸给,仅于官吏关系存续中存在,其给付以金钱为之,通常每月支给一次,为定期给付之金钱债权。其权利直接根据官吏关系发生,为公权一种。关于俸给之请求,不得为民事诉讼之标的。①

---

① 但俸给权与恤金权不同（参照《公务员恤金条例》一九条）,依民事执行,得为扣押。就其扣押,得以民诉争之。

俸给权之成立，与官吏关系不同，非成于同意行为，而完全出于国家之单独处分。其处分或即合并于任命行为中为之，或与任命同时，或于其后，另以他种方式为之。如对某等官吏，豫有一般法则，或表格规定者，其权利随任命而当然成立。如对同一地位，而有数级金额规定，须长官适宜指定之者，则于任命行为之外，须以他项处分，定其金额；而有此处分以后，其俸给权乃告成立。又俸给之变更亦然。①

(二) 恤金权

(甲) 官吏之恤金

官吏之恤金者，乃官吏既经退职后，国家对于官吏之金钱给付，所以酬其在官时之劳，而充足其生计者也。恤金与俸给同，为对于官吏服务之报酬，及充作其生活之费用。特一存于官吏关系存续之中，而一存于官吏关系终止之后，稍有不同而已。如前所述，官吏在官应竭其全部心身之力，为国服务，除应得之俸给外，恒无他项收入，为其生活上之资源。是国家对于官吏之终身生活，若不予以特别保障，则既无以维持其余生，

---

① 依《暂行文官官等官俸表》关于官俸之规定，国民政府、五院及各部会、省政府及各厅、行政院及各省所属市政府、县政府及各局各职官俸如下：(1) 特任八百元。(2) 简任一级六百八十元，二级六百四十元，三级六百元，四级五百六十元，五级五百二十元，六级四百九十元，七级四百六十元，八级四百三十元。(3) 荐任一级四百元，二级三百八十元，三级三百六十元，四级三百四十元，五级三百二十元，六级三百元，七级二百八十元，八级二百六十元，九级二百四十元，十级二百二十元，十一级二百元，十二级一百八十元。(4) 委任一级二百元，二级一百八十元，三级一百六十元，四级一百四十元，五级一百三十元，六级一百二十元，七级一百十元，八级一百元，九级九十元，十级八十五元，十一级八十元，十二级七十五元，十三级七十元，十四级六十五元，十五级六十元，十六级五十五元。
各机关如有本表所举以外合法组织之公务员，应由各该机关主管长官，比较本表同等人员，详拟应叙等级及应支俸给，报由铨叙部核定行之。凡财政支绌及生活程度较低地方，得由各该省市政府，就各该地方财政状况，依本表等级，酌拟俸额，或减成支给，并报铨叙部核定备案(参照同表说明，《新表施行后各级机关旧有人员级俸办法》，《暂行文官官等官俸表补充办法》)。

复不足赡养其家属,将使世间不绝有"廉吏可为而不可为"之叹。是以近世国家,恒以法律规定,授官吏以恤金权,视俸给权,尤可为坚实保障。我国现时,亦有《公务员恤金条例》一种,以厘定一般官吏之恤金权。依该《条例》规定,官吏之恤金,有年恤金及一次恤金二种。

(a) 年恤金

年恤金,乃对官吏在职一定年限以上,因有正当原因退职;或未达一定年限,因有特别原因退职者,所赐之终身年金也。依《恤金条例》规定,凡官吏有下列情事之一经证明属实者,得按其退职时俸给五分之一,按期给予年恤金;但受恤者,为委任警官或长警时,其年恤金,得按其退职时俸给之半额,至全额酌给之:(1) 因公受伤,或致病,至成残废或精神丧失,不胜职务;(2) 在职十五年以上,身体残废,不胜职务;(3) 任职十五年以上,勤务卓著,年逾六十,自请退职,但长警年逾五十,得退职受恤。又受次述之一次恤金后,在一年以内,因伤病增剧,以致残废或精神丧失者,亦得给予年恤金,但已给之一次恤金,应扣除之(同《条例》第四条第六条)。

(b) 一次恤金

一次恤金,乃对官吏因公受伤或致病,而未达于领受年恤金之程度者,以一次为限,所给与之恤金也。依同《条例》规定,凡官吏因公受伤或致病,而未达身体残废,或精神丧失之程度者,得于其退职时两个月俸给之限度内,酌给一次恤金。但受恤者为委任警官时,以三个月俸给为率,为长警时,以六个月俸给为率(同《条例》第五条)。

(乙) 官吏遗族之恤金

恤金尚有官吏遗族之恤金一种,乃官吏在职一定年限以上,或因公亡故时,对其遗族所赐之恤金也。遗族恤金,所以酬官吏在服职务之劳,而维其遗族之生计,与官吏恤金相似,但一为对于官吏本身之给付,一为于官吏死亡后,对其遗族所为之给付,领受恤金权利之主体,各有不同。故从严格解释,遗族恤金,实不能视为官吏自身之权利。唯其权利同自官吏关系发生,通常即以同一法规定之。依《恤金条例》规定,官吏遗族之恤金,亦有遗族年恤金及遗族一次恤金二种。

(a) 遗族年恤金

凡官吏有下列情事之一者,得按其最后在职时俸给十分之一,给予遗族年恤金;但对于委任警官,得以其最后在职时俸给七分之一为率,对于长警,得以其最后在职时俸给三分之一为率:(1) 因公亡故,(2) 在职十五年以上病故,(3) 受年恤金未满五年而亡故(同《条例》第七条)。

遗族年恤金之支给,自该官吏亡故之次月起,至下列事由发生之月为止:(1) 其妻亡故或改嫁,(2) 其子女已成年,(3) 其孙子暨孙女或弟妹已成年,(4) 残废之夫,或残废之成年子女,能自谋生或亡故,(5) 其父母或祖父母亡故(同《条例》第十四条)。

(b) 遗族一次恤金

官吏因公亡故者,除给予年恤金外,并得于其最后在职时两个月俸给之限度内,酌给遗族一次恤金。但对于委任警官,以四个月之俸给为率,对于警长,以十个月之俸给为率(同《条例》第八条)。官吏在职亡故者,依下列规定,给予遗族一次恤金:(1) 任职三年以上六年未满者,按其最后在职时两个月之俸额给恤;但对于委任警官,以三个月为率,对于长警以四个月为率。(2) 在职六年以上九年未满者,按其最后在职时三个月之俸额给恤;但对于委任警官,以四个月为率,对于长警,以五个月为率。(3) 在职九年以上十二年未满者,按其最后在职时四个月之俸额给恤;但对于委任警官,以五个月为率,对于长警,以六个月为率。(4) 在职十二年以上十五年未满者,按其最后在职时五个月之俸额给恤;但对于委任警官,以六个月为率,对于长警,以七个月为率(第九条)。

（c）领受恤金之顺序

亡故者之遗族，领受恤金之顺序如次：(1)亡故者之配偶，但亡故之夫，以残废不能谋生者为限；(2)未成年之子女，但成年而残废不能谋生者，亦得领受；(3)未成年之孙子及孙女；(4)父母；(5)祖父母；(6)未成年之同父弟妹（同《条例》第十条）。

上述第一顺序遗族亡故或改嫁时，其恤金移转于第二顺序遗族领受；经移转后，受恤金人未成年亡故时，并得分别移转于第三顺序遗族领受。第一顺序遗族亡故或改嫁，如无第二顺序遗族时，其恤金按照顺序，分别移转于其余各顺序，但以一次为限（第十五条）。得领恤金之遗族有数人时，其恤金应平均领受之；如有一人或数人，愿抛弃其应领部分者，得以该部分恤金，匀给其他有权领受人（第十六条）。

（丙）恤金权之消灭

恤金权人，有下列情事之一者，丧失其权利：(1)褫夺公权无期，(2)丧失中华民国国籍（同《条例》第十一条）。恤金权人，有下列情事之一者，停止其权利：(1)褫夺公权尚未复权，(2)受年恤金后，再度任职（第十二条）。官吏得领年恤金者，自该官吏退职之日起，三年内不请求时；或遗族得领年恤金者，自该官吏退职之日起，三年内不请求时，其权利消灭（第十七条及第十八条）。

（三）职务上实费请求权

官吏职务上所需之特别费用，其应由公家支给者，得请求支给相当之金额，是为职务上实费请求权。原官吏为国家执行职务，其所需物质上之手段，通常概由国家供给，无须自备。如设立官衙、购置家具什物，以及添备武器等，其费用必由国家负担。国家有时且对官吏贷与官舍、授与制服、给以生活上之利益。唯国家对于官吏，除供给此等职务上通常所需之手段外，有时并给以职务上所需之特别费用。如因公交际费，及出差旅费(参照《国内出差旅费规则》)等,即属其例。但其权利仅依法令规定,始能成立。官吏不得自立名目,请求支给。

职务上特别费用请求权,为公法上权利一种,与俸给权同。其金额或就实际支出之数,每度计其全额支给。或以法令预定一定数目,或定年额月额若干,按次支给之。前之场合,其数目实报实销,不得涉于浮滥。后之场合,其实支之数,则必与法定之额相符。

第二　身份上之权利

官吏身份上之权利,以保持地位之权利,为最主要。保持地位云者,即非因法定事由及法定程序,不受免职或停职处分之谓。故对某种官吏,就其免职或停职处分,法律上有其特定事由及程序限定者,其官吏即有保持地位之权利。

关于官吏地位之保障,依官吏种类而不同。通常以终身官及职务上有独立性官吏之地位,保障最为稳固,而以政务官之地位,最无保障。其他一般行政官吏,其地位有若何程度之保障与否,则各国制度,颇有不同。我国现制,除司法官及监察院监察委员,各有法定保障外,一般行政官吏,犹无保障明文规定。而实际上,属官每随长官之交卸而更代,长官以私情为迁调,属官视职位为传舍,地位不安,朝不保夕,几无权利可言。

然保障官吏地位,使之努力奉公,安心守职,其利所及,岂特为官吏者个人而止哉？尤其现代国家,公务日繁,从政人员,非有专门学术,固不能胜任而愉快,而非有长期经验,更不足以练达其才能。故为造就专门人材,提高行政效率起见,对于一般事务官之地位,终非有确实之保障不可。

考诸各国制度,除实行分赃制(spoils system)者外,其一般事务官之地位,咸有某程度之保障。法国在中央与地方,官吏之数,约八十万,统于国务总理之下，构成官级系统(hiérarchie)。依其任务不同，全体别为执行人员(agent d'exécution)与事务人员(bureaux)二种。后者直接属于各部部长，地位颇为安定，既不以内阁之更迭为进退，亦不因制度之改废而动摇。其地位之安定性，虽仅为习惯法所保障，而于行政组织之健全，有莫大之功效。巴退露迷(Barthélemy)曰："法国能耐几多风雪，历久未衰，实此行政结构中之安定性，有以致之也。"

保障官吏地位，尤以德国最为重视。德国本为官治之国(Beamtenstaat)，一般官吏，品质优良，敏于任事；且精通事务，忠于职守，尊重地位。而国家待遇官吏，亦备极优隆；尤其对于官吏地位，保障甚为巩固。德国自经革命，改为社会民主国以后，此风依旧不衰，而保障官吏地位，且规定之于国宪。《宪法》条文提案者狄林格(Dueringer)曰："余主张关于官吏地位之原则，必规定于《宪法》中，非欲侵害各邦之立法权，特于官吏之地位，与以最小限度之保障耳。"立法用意，可见一斑。而观于《宪法》第一二八条规定，则以一般官吏为终身官，一倒他国之例外而为原则。其规定即以官吏非依法律所定条件或程序，不受暂时之免职，或命其休职退职，及转任俸额较低之他职；关于职务上之一切处罚，并得声明不服，请求再审。此外，详细事项，则有《国家官吏法》(Reichsbeamtengesetz)，以规定之。①

一般官吏，应否定为终身官，姑置勿论。总之，事务官之地位，实有保障必要。自立法上言之，凡事务官，应以法律规定，除受刑罚宣告或惩戒处分，而当然解职外，非因特定情形，不得反其本意而令其退职。其特定情形，可为例示如下：

---

① 德国之《官吏法》，成立于一八七三年，沿用迄于最近，大旨尚无改异。但自一九三三年三月那切党(Nazis)专政以后，业将该法根本修改，而另以 Gesetz zur Wiederherstellung des Berufbeamtentums 更替之矣。

（一）因身体衰弱残废，或精神丧失，不胜职务，经特设委员会审查确实者。

（二）因整个机关裁废或合并，其原缺裁撤者。

（三）因机关组织变更，或经费紧缩，其缺额减少者。

但遇上述（二）（三）两项情形，其退职官吏，仍宜限定一定期限，命其补充他职，至万不得已，真无他职可安插时，始得使之丧失地位耳。

第二项　官吏之义务

官吏关系所生之效果，就中以官吏对于国家所负之特别义务，为最重要。官吏之特别义务，为《官吏服务规程》所规定。然官吏并不因有此项规定，始负义务，其义务乃因任官行为，当然发生，官吏就官之同意，即其发生之根据。盖官吏既已同意于任命，则担任义务之承诺，固已包括于其中矣。官吏之义务，通常分为六种，即一执职之义务、二服从之义务、三忠实之义务、四严守秘密之义务、五保持品位之义务、六不为一定行为之义务。

（一）执务之义务

执务之义务者，即现实担任一定职务，而为其执行之义务也。官吏职务上之事务，首为法令规定，其次，则由职务上之长官，于法令范围内，随时指定之，唯执行职务之义务，仅现时在职之官吏，始应负担，他如停职官吏、暂时不在职者，得免除其义务。在职官吏，因负有执务之义务，更有各种附带之义务焉。

（甲）躬亲执务之义务

官吏所有之职务，必须亲身执行之。盖国家对于官吏，既已限定条件，择人而任，则官吏对于职务，自应亲自执行，不得将其责任，诿诸他人。故官吏有除正常事由，得委任他人代理外，不得任意委人庖代。

（乙）专心职务之义务

官吏所有之职务，必须集中心力以执行之。盖国家设官分职，原欲官吏分功任事，免生妨碍。故官吏以不得兼职或兼营他业为原则，尤其一般事务官，明令禁止兼职。其有特别情形，应行兼职者，则有严格限制，且须由主管长官会派，或得本属长官之认许。[①] 至公职以外之副业，依此类推，亦非长官认许不可。凡此限制，要皆所以防止其分心旁骛，不能尽其全力于本职也。

（丙）居住于职务地之义务

职务地即指官署事务所之所在地。不问官署长官或官署属员，皆应以官署事务所所在地，为职务上之住居地。至其住所与事务所间距离若何，法令虽无一定数字规定，要以能"依法定时间，到署办公"为准。其为病中静养等目的，经本属长官许可，虽可暂离其地，而未经正当程序，则终不得擅离职守。

（丁）准时到署之义务

官吏除例假病假，及有正当事由。经长官许可外，应依法定时间，到署办公。其每日办公时间，由政府或本属长官，以命令定之。但遇紧急事件，逾办公时间，犹未完全结束者，仍不得任意离署。又在给假期内，因有紧急事件，如奉长官命令，除病假外，亦应到署执务。

（二）服从之义务

服从之义务者，即遵从长官于监督范围内，所发命令之义务也。长官于监督权范围内所发生之命令，为职务命令（Dienstsbefehl），已见前述。官吏因任官行为之结果，对国家有服无定量勤务之义务；而国家对

[①] 参照《兼职条例》，《政务官不得兼职事务官不得兼差令》，《确定官吏兼职之限制令》，《中央政务官不得兼任地方行政令》，《法院组织法》第三九条。

于官吏，则有包括的勤务请求权，以命其为种种不特定之行为。此国家勤务请求权，即由对该官吏有监督权之长官行使之。故长官于监督权之范围内，得发职务命令，而官吏则有服从其职务命令之义务焉。

对于某一官吏，孰为得发职务命令之长官，为法令所规定，毋庸列举。唯法令规定，未必明显。尤其长官一语，法令中有时泛指职务上有指挥监督权之长官而言，即所谓职务上之长官是。有时用于狭义，单指得为任免奖惩或得呈请任免奖惩之长官而言，即所谓身份上之长官是。由前之说，长官人数，自不以一人为限，如以各部科员而论，则科长、司长、次长，以至部长，皆为长官；又以各县县长而论，则省政府暨各厅长，皆为长官。因此等长官，对于科员或县长，皆有职务上之监督权也。由后之说，则一官署属吏，单以官署长官，为其上长官，本身为官署长官者，则以监督官署之长官，为其长官。如各部部员，以部长为其长官，各县县长，以民政厅长为其长官是也。得发职务命令之长官，不以身份上之长官为限，凡职务上有监督权者，皆得发布之。

职务命令，为职务上有所指示而发之命令，其命令内容，当以职务上有关系之事项为限。盖官吏仅于职务有关系之事项。须服从长官之监督，若离开职务，即无服从其指示之义务，如于职务无关之私生活，长官即不得以命令而干预之矣。唯于职务有关系之事项，尚有二种之别：其一，关于单纯职务之执行者，如命官吏处理职权内之事务，及指示其事务处理之方法是。其二，关于执务上应取之态度者，如禁止有碍执务之行为，及执务上必要之行动是。不问何者，凡长官皆得以职务命令指示之。

职务命令之有效要件，除上述外，则与一般行政行为无异，其详姑待次章论。凡有效之职务命令，不问违法与否，官吏必须服从，否则将受惩戒处分。唯就此问题，学说未臻一致，兹可分别三说，以讨论之。

（甲）绝对不服从说

此说谓违法之职务命令，官吏绝对无服从之义务。如对违法命令而遵从之，则须自负其责。

（乙）相对服从说

此说谓职务命令违法与否，官吏原则无审查权，唯其命令违反法律，显而易见者，则不负服从义务。

（丙）绝对服从说

此说谓职务命令，苟具有效成立之要件，则不问其违反法规与否，官吏概有服从义务。

以上三说，究以何者为最妥当？颇有讨论余地。考第一说，本为刘宁所主张。刘氏谓官吏就其自身行为适法与否，须自负其责任。以故对于职务命令，官吏有审查权，若其命令果属违宪或违法者，则无服从必要。① 顾刘氏立论，以德国《官吏法》第十三条为依据，以德国国法之解释言，虽非不可谓为正当见解；而我国国法中，并无与德国《官吏法》第十三条相当之规定，若遽移之以为我国国法之原则，未免削足适履。故此说根据，殊嫌太弱。论者因又别寻见地，以为服从长官之职务命令，虽为官吏之特别义务，而官吏一方面尚有服从国家法令之义务，不能以服从长官命令之故，而抛弃其服从一般法令之义务。且法规各有形式上之效力，凡各个处分命令，不得与法规相抵触。故长官发布违反法令之职务命令时，属官得以服从法令之义务，胜于服从职务命令之义务为理由，而拒绝其服从。此说为野村教授所主张，②论据似较前说为有力。然其所谓违反法令，范围甚广，即一般行政处分之无效问题，亦已包括在内。于

---

① Loeuing, Lehrbuch des deutschen Verwaltungsrechts, 1884, S. 122.
②《现代法学全集》，第七卷，二七一面。

此吾人可以剖析为两问题，而论定之。第一，若职务命令之内容，非仅为单纯之违法，而直命其为法律上不可能或禁止之事项时，就此问题，自可与一般行政行为同样解答，视为当然无效。如长官以未达施行日期之法律，命其属官施行，或以触犯刑罚行为，命其为之，属官当然不有服从义务。然于此等场合，非特以职务命令不能成立，乃直不能成一行政处分。凡不成立之行政处分，不能视为国家作用而有效。官吏既有优先服从一般法令之义务，对于此种命令，自得拒绝之。关于此，其主张与吾人之见解，原不相左。第二，若其职务命令，得以国家作用而成立，则其内容违法或否，属官殊无审查之权。盖对于法律之适用，长官有解释权，为法律上所当然。虽解释上之意见，难免不有差池，而长官若以自己之解释，并不违法者，则属官终非服从其解释不可耳。

第二说，为该呵尔格梅也及美浓部教授初年所主张，[1]谓官吏对于职务命令，除有形式上之审查权[2]外，若其命令实质，违反法律，显而易见者，官吏无服从之义务。然其所谓违反法律，显而易见云云，程度甚难确定。其指因有法律上重大瑕疵，根本不能以国家作用而成立乎？对此问题，其答解已见上述。其指单纯违法，显而易见乎？此时如认属官有不服从权利，则奚啻认官吏有实质上审查权，其说不能成立，亦既上述。

至第三说。本为拉庞德及呵督梅也等学者所主张，直谓官吏对于长官之职务命令，无实质上之审查权。其说与上述解说，不相冲突之限度，自为吾人所赞同。查我民国二年时代，曾有《官吏服务令》发布，其第二条但书规定："所发命令，有违法令之规定者，属官无服从义务。"现行《官吏服务规程》，已将此项但书删去。立案本意，究以授官吏以实质上之审

---

[1] 美浓部达吉著，《日本行政法总论》，明治四二年版，四九六面。
[2] 通说以下列三点，为职务命令之形式的要件，(1) 发自有正当监督权之长官，(2) 其内容须属于官吏职务范围内之事项，(3) 如应以一定之形式发布者，须具备其形式。

查权,则恐阶级颠倒,紊乱秩序,有失国家意思之统制乎?抑以法令解释,意见易起纷歧,其间究以谁之解释,为最正当,恐不易于决定乎?命意安在,姑不推断。要之现行法既将该项但书删去,实已不认官吏有实质上之审查权矣。故现行法之解释上,亦以采取第三说为妥。但属官虽应服从长官,于监督范围所发之命令,而对于长官所发命令,有意见时,仍得随时陈述之(同《规程》第五条)。

官吏之服从义务,有二例外场合,得免除之。其一,有二以上职务命令彼此抵触之场合。官吏恒有多数之长官,如长官之间有上下阶级之差别时,只应服从最上级长官之命令。若阶级相同,而仅为主管与兼管之差别时,则应服从主管长官(即身份上之长官)之命令(《官吏服务规程》第六条)。其二,职务上有独立地位之场合。凡职务上有独立地位之官吏得以自己意见,独立行其职务,于某范围以内,得不服从长官命令。一官吏职务上有无独立地位,通常为法规所规定。但视其职务性质,亦有当然可推定者,如教育官、技术官及审查委员会等,其职务上即当然有独立之地位也。

(三)忠实之义务

忠实之义务者,即对于职务,应依自己意见,以自认为最合于国家之利益者,乃尽力行之之义务也。官吏除服从长官之命令外,尚应负有忠实的义务。《官吏服务规程》第二条谓"官吏应……忠心努力,恪守誓言,执行职务",命意盖即在此。良以官吏于官吏关系中,除有一般人民之义务外,尚有特别之勤务义务,而其义务则不能单以服从长官命令,即谓已尽。凡任官吏自由判断之场合,均须就自信以为最合于国家之利益者力行之,其不利者力避之。至若瞻徇私情,牺牲国家利益,明知不利国家之行为而为之,即不抵触法规,背反职务命令,而终不能谓已尽厥职也。

忠实义务,恒于服从义务减轻之场合而加重。盖长官对某事项,已有职务命令明示,则只须服从其命令,即能合于国家利益,自身已无再加判断之必要矣。故忠实义务,于高级长官,受职务命令之机会最少者,为最重要。如行政院各部部长、全权大使公使及军司令官等,其所有忠实义务,实较服从义务为尤重要焉。

官吏之忠实义务,亦以于职务有关之事项为其范围。凡于职务无关之私生活,则与人民处于同一地位,不负任何特别义务。如关于政治上之活动,亦以与普通人民,有同等之自由为原则。凡关于政治意见之发表、选举权之行使及国民代表之担任等等,官吏皆有充分之自由。

官吏得为罢工或怠业与否,于此亦可附带论之。德法等国,其官吏与普通工人有同样之团结自由。德国自革命以后,且以官吏关系,视为雇佣关系,学者因有自团结权(Kolitionrecht)演绎,以官吏亦与普通工人有同样之罢工权。就此问题,学者颇有争论。然主张有此权利者,犹属少数。其反对理由,或以官吏既已宣誓就职,对国家负有忠实义务,则应竭尽忠诚,为国服务。所谓官吏之罢工权者,实与此种义务,绝对不能相容。或以官吏罢工,擅离职守,乃违反义务之行为,为惩戒处分之原因。

总之,官吏既与国家构成特别关系,负有一般人民以上之特别义务,自应忠心努力,恪守誓言,依国家所命,执行职务。其不愿欲之时,亦应提出辞职,俟其许可,再离职位,以解卸其特别义务。以故官吏对于国家,只有忠实服务,或请求辞职,二途任择其一。而不容处于二者之间,完全保有官吏身份,而又任意抛弃义务。是以我国现行法中,就官吏罢工与组织工会,皆以明文禁止之(参照《工会法》第三条第二三条第四款)。

(四)严守秘密之义务

严守秘密之义务者,即对本机关之秘密,不问是否属其主管事务,均不得泄漏之之义务也。依《官吏服务规程》规定,凡"官吏对于本机关之机密,及未公布事件,无论是否主管,均不得泄漏之。退官后亦同"(同《规程》第七条)。至何等事项为本机关之机密事件,或为法令直接规定;或由长官,以命令随时指定;或依自己判断,就事件之性质决定之。

官吏应守秘密之义务,不因兼职而消灭。如官吏兼任国民代表时,不能以国民代表地位,将本机关之秘密泄漏之,否则不免违反义务。官吏在法院为证人或鉴定人时亦同,如讯及其职务上应守秘密之事项时,非得该长官之允许,不得陈述(《刑事诉讼法》第九十七条及第百十七条,新《刑事诉讼法》第一六六条及第一八四条)。此外,法律且认官吏就其职务上秘密,得拒绝为证人或鉴定人(《民事诉讼法》第二百九十五条第一项第三款及第三百一十一条,新《民事诉讼法》第三〇七条第一项第四款及第三一七条)。

(五)保持品位之义务

保持品位之义务者,即不论其在执行职务与否,均应诚实清廉,谨慎勤勉,不为有损品位行为之义务也。盖官吏为国家之公务员,行己立身,与国家息息相关。苟素行不修、骄纵贪惰、滥用职权、失堕信用,则贻祸国家,莫此为甚。故有损官吏品位之行为,不可不勉力避之(《服务规程》第三条)。

(六)不为一定行为之义务

官吏除有上述各种义务外,尚负不为其他一定行为之义务。依《官吏服务规程》所定,其义务有如下各种:(1)不得假借权力,以图本身或他人之利益,并不得利用职务上之机会,以加害于人。(2)在职务内所保管文书财物,不得遗失、毁弃、利用、变更,或借供私人营利之用。(3)无论直接间接,均不得兼营商业,或公债交易所等一切投机事业。(4)对于属官,不得推荐人员,并对其主管事件,不得为亲故关说或请托。(5)对于有隶属关系者,无论涉及职务与否,不得馈受财物;关于所办事件,不得收受外间馈遗。(6)对于下列各项与其职务有关者。不得私相贷借、订立私人间互惠契约,或享受不当利得:(a)承办本机关或所属机关工程者,(b)经管本机关或所属事业之来往款项之银行钱庄,(c)承办本机关或所属事业公用物品之商号,(d)受有官署之补助费者(同《规程》第四条,第十条至第十六条)。上列(3)项以下各种行为,其本身虽未必违反官吏义务,然若不禁止之,易致发生违反义务之结果。故对于此等行为,法规亦禁止之。而于其禁止之范围内,官吏即负有不行为之义务焉。

第三项　官吏之权能

官吏对于国家,除有各种权利外,并享有各种利益。其主要者,即以勋章礼遇之赏赐,及警察上刑罚上之保护等属之。此等利益,学者亦有视为权利。殊不知勋章与礼遇,为维持官吏之尊严所赐与,其赐与全出于国家之恩惠;官吏不得为自动之请求,当然不能以官吏之权利目之。至警察上及刑罚上之保护,乃为免除执职上不当妨碍,所授与之直接对抗手段,及间接所予之保护;其制度原为保护一般公益而设,非为官吏个人而设,自亦不得目为权利。要之,官吏所受此等利益,特不过制度上之反射作用耳。

第五款　官吏之责任

第一项　概说

官吏有违法令,背反义务之时,须受一定制裁,从而就其非违行为,须负相当责任。官吏所有之责任,可依性质,别为惩戒责任、刑事责任及民事责任三种。但此三种责任,非有互相排斥性质,依违法事实如何,有时得以三者并存,有时仅存其一或二。

就中惩戒责任一种,为违反官纪所生之责任,不待他种法规规定,亦能成立。而刑事民事责任,则除违反官吏义务外,尚须因其违反而生之犯罪事实,或权利侵害,始能成立。此后二者,其研究原属民刑法学范围,于此似无论述必要。唯其犯罪或侵权行为,既因违反官吏义务而生,则亦有行政法上意义,此处亦可相并论之。

第二项 惩戒责任

官吏与国家间有特别关系,应依《官吏服务规程》等所定,对国家尽其勤务义务,已如上述。凡官吏有违此等规定,背反义务之时,就其非违行为,须受国家以不利益之制裁,是为官吏之惩戒责任。他面,国家对于官吏,于其违反义务之时,有一种权力,科以一定制裁,以维官纪,是为国家之惩戒权(Disziplinargewalt)。依惩戒权所科之制裁,为惩戒罚(Disziplinarstrafe),应受惩戒罚之人,为惩戒犯(Disziplinarverbrechen)。兹就官吏惩戒之性质、法规、事由、种类及惩戒机关、惩戒程序等,分述如下。

第一 惩戒之性质

一般而言,惩戒原为对于负有特别义务者,于其违反义务时,所加之不利益处分。故在行政范围,所谓惩戒,殊不以施于官吏者一种为限,他如对于国立学校学生,亦得加以惩戒处分。唯官吏为国家之公务员,对国家负有特别义务,于其违反义务之时,国家得以特别权力,科以惩戒。故官吏之惩戒云者,乃国家为维持官纪,依其特别权力,对于官吏违反义务行为,所科之处罚也。就此定义,请为析述如下。

（一）惩戒者，处罚也

惩戒为科罚之处分，于此性质，与刑罚无异。

（二）惩戒者，对于官吏违反义务行为，所科之处罚也

惩戒为对于官吏违反义务行为，所加之处罚，在此点上，殊与刑罚有别。盖刑罚为对侵害社会法益行为，所科之处罚，以罚犯罪，惩戒为对于官吏违反义务行为，所科之处罚，以罚惩戒犯，两者所罚对象，各有不同。

（三）惩戒者，依特别权力所科之处罚也

惩戒为依惩戒权所科之处罚，在此点上，又与刑罚不同。刑罚为国家刑罚权之作用，系属一般统治权之发动，而惩戒为惩戒权之作用，乃对官吏之特别权力，所生之效果。两者所依据之权力，各有不同。故官吏之职务犯罪，至退官后，亦得科以刑罚，而惩戒权则与官吏退官同时消灭，至退官后，原则上已不得援用之矣。

（四）惩戒者，以维持官纪为目的者也

官纪即一般官吏关系中之秩序。官吏之惩戒，以维持一般官吏关系中之秩序为目的。在此点上，惩戒又与刑罚不同。盖刑罚所以维持一般社会之秩序，而不以维持官吏关系中之秩序为目的也。

惩戒与刑罚不同，有如上述。故《刑法》中关于并合、牵连及时效等之规定，于惩戒不适用之。又一事不再理之原则（Principium ne bie inidem）亦然。

第二　惩戒之法规

官吏既为就官承诺，而自服于国家之特别权力。其服于国家之惩戒权，即已包括于其承诺中。故国家于其权力范围以内，对于官吏施行惩戒，已无待于特别规定，既可不必以法律为根据，亦可不必以命令为根据

矣。然实际上对于官吏之惩戒,恒有特别法规制定。推其制定命意,盖非所以规定惩戒权之根据,而所以限制惩戒权之发动,即限定非依法定事由及程序,不得施行惩戒。又惩戒既以维持官纪为目的,则其权力之当然作用,自以目的上所必要之范围为限,如徒刑、拘役及罚金等,超出必要范围之处罚,非有特别法律根据,原则上不得科之。

现行《公务员惩戒法》,其适用范围甚广,除军官外,其他一般文官,上自国民政府主席,下迄地方委任官吏,皆适用之。至于一般军官,其惩戒为《陆海空军惩戒法》所定,须俟各论军政法中,另详述之。

第三　惩戒之事由

官吏违反义务,须受惩戒处分,已如前述。然法律并不以各种违反义务行为,一一列为惩戒事由,但就行为之实际表现,为概括之规定。依《公务员惩戒法》第二条规定:"公务员有左列各款情事之一者,应受惩戒:一违法,二废弛职务,或其他失职行为。"此条规定,文义简赅,实际上可目为违反义务之一切行为,殆已包摄靡遗矣。

第四　惩戒之种类

惩戒以维持官纪为目的,故所用之处罚,除责任既往,儆其将来外,不得出于剥夺因官吏关系所生之权利或利益。现行法中所设惩戒处分,亦即本此原则规定。依该法所定,惩戒处分,第一,可依手段,分为五种:(1)免职,(2)降级,(3)减俸,(4)记过,(5)申诫。免职免其现有之职外,并于一定期间,停止任职。其期间为一年以上,五年以下。降级依其现任之官级,降一级或二级改叙,自改叙之日起,非经过二年,不得叙进。受降级处分,而无级可降者,比较每级差额,减其月俸,其期间为二年。减俸依其现在之月俸,减百分之十或百分之二十支给,其期间为一月以上,一年以下。记过自记过之日起,一年内不得进级,一年内记过三次者,由主管长官,依减俸之例减俸。申诫以书面或言词为之。但上述(2)至(4)各种处分,于选任政务官,及立法委员、监察委员,不适用之;(2)种处分,于特任特派之政务官不适用之(《公务员惩戒法》第三条至第八条)。惩戒处分,第二,可依目的,分为二种:(1)矫正惩戒(korrektive Disziplin),以使官吏反省,勿蹈前愆为目的。(2)淘汰惩戒(depurative Disziplin),以无改善希望,排诸官吏关系之外为目的,上述五种惩戒处分中,仅免职一种,为淘汰惩戒,其余四种,概为矫正惩戒。

第五　惩戒之机关

官吏之惩戒,本得由有监督权之长官行之。因国家对于官吏之特别权力,通常即由其长官,于国家机关之地位行使之也。唯现代国家,为尊重官吏地位起见,恒设特别惩戒机关,除法令别有规定外,皆使其特别机关,施行惩戒。我国现有惩戒机关,虽依官吏种类略有不同,而全国大多数官吏,皆属特设机关惩戒,固亦同此原则。依《公务员惩戒法》第十条规定:(1)被弹劾人为选任政务官者,送由中央党部监察委员会惩戒;(2)被弹劾人为上项以外之政务官者,送由国民政府惩戒;(3)被弹劾人为事务官者,送由公务员惩戒委员会惩戒。如同一惩戒事件,被弹劾者不止一人,而不属于同一惩戒机关者。应移送官职较高者之惩戒机关,合并审议。至荐任职以下官吏之记过或申诫,则径由主管长官,决定行之。

公务员惩戒委员会直隶于司法院,形式上为司法机关,分中央公务员惩戒委员会与地方公务员惩戒委员会二种。前者掌管荐任职以上官吏及中央各官署委任职官吏之惩戒事宜。内置委员长一人,委员十一人至十七人;其中六人至七人,简任,余就现任最高法院庭长及推事中,简派兼任。后者设于各省,掌管各该省委任职公务员之惩戒事宜。各置委员长一人,由高等法院院长兼任,委员七人至十一人,由司法院就高等法院庭长及推事中,遴派四人至六人,余就省政府各处厅现任公务员遴派。直隶于行政院之市,亦设地方公务员惩戒委员会,由地方法院院长,兼任委员长,及遴派地方法院庭长及推事,兼任委员组织之。惩戒事件之审议,在中央公务员惩戒委员会,应有委员七人出席,在地方公务员惩戒委员会,应有委员五人出席,并各由委员长指定一人为主席(参照《修正公务员惩戒委员会组织法》)。①

第六　惩戒之程序

官吏有违法失职之事由时,原则上应先由监察院,提起弹劾。其弹劾案,或由监察委员会提起,或由行政长官,送请监察院提起之。前之场合,监察委员,得单独提起弹劾案。提出时,由院长指定监察委员三人审查,经多数认为应付惩戒者,监察院应即将被弹劾人,移送惩戒机关。如弹劾案经审查认为不应交付惩戒,而提案人有异议者,应即将弹劾案,再付其他监察委员五人审查,以为最后决定(参照《监察院组织法》及《弹劾法》)。后之场合,由各院部会长,或地方最高行政长官,将官吏违失案件,备文声叙事由,连同证据,送请监察院审查。监察院认为应付惩戒者,再将弹劾案,连同证据,移送各级惩戒机关。但荐任职以下官吏,有违失时,得由主管长官,径送公务员惩戒委员会审议。不必送请监察院,审查转送(《公务员惩戒法》第十一条第十二条)。

惩戒机关,对于所受移送之惩戒事件,必要时得指定委员,先行调

---

① 各省管狱员,应归中央公务员惩戒委员会惩戒,参照二一年司法行政部第二七三三号训令。

查。除依职权调查外，并得委托行政或司法官署行之。一面应将原送文件，抄交被付惩戒人，并指定期间，命其提出申辩书，必要时并得命其到场质询。如被付惩戒人，不于法定期间内，提出申辩书，或不遵命到场者，惩戒机关，得径为惩戒之议决（同《惩戒法》第十三条至第十五条）。惩戒之议决，以出席委员过半数之同意行之。出席委员之意见，分三说以上，不得过半数之同意时，应将各说排列，由最不利于被付惩戒人之意见，顺次算入次不利于被付惩戒人之意见，至人数过半数为止。惩戒之议决，应作成议决书，由出席委员全体签名。议决书应由惩戒机关，送达被付惩戒人，通知监察院及被付惩戒人所属官署，并登载国民政府公报或省市政府公报（同《法》第二〇条第二一条）。

惩戒与刑罚间，不适用一事不再理之原则。故对于官吏同一行为，不妨科以二种处罚。此二处罚并科程序，性质上本系各自独立，不相牵涉。但法律上为谋便利起见，不使二者同时进行，独使刑事事件，提先结束，是为刑事程序先行之原则。依《公务员惩戒法》规定，惩戒机关，对于惩戒事件，认为有刑事嫌疑者，应即移送该管法院审理；同一行为已在刑事侦查或审判中者，不得开始惩戒程序；同一行为，在惩戒程序中，开始刑事诉讼程序者，于刑事确定裁判前，停止其惩戒程序。但就同一行为，已为不起诉讼处分，或免诉或无罪之宣告；或虽受刑之宣告，而未褫夺公权者，仍得为惩戒处分（同《法》第二二条至第二六条）。唯此项原则，于主管长官之惩戒，不适用之。即使刑事程序，已经开始，主管长官，仍得同时为记过或申诫之处分。

第七　惩戒权之消灭及停止

惩戒权因官吏关系之终止而消灭。盖惩戒权为官吏关系中之作用，其发动以官吏关系之存在为前提，若官吏关系，既经解除，则惩戒权亦随之消灭。故凡官吏在职时之行为，至退职后，以不得施行惩戒为原则。又退职者他日复为官吏时，就其前任行为，亦不得施行惩戒。

但惩戒权不因官吏之转职而变动。盖惩戒为对有官吏身份者，所加之处分，官职变更之后，其身份依然存在，因之对于前职在职中之行为，仍得施行惩戒。唯已转任之官职，与前任之官职，异其惩戒之法规者，则前职中之行为，已不得惩戒。因对前职所用之惩戒法规，此时已不能适用矣。然转职与退官后再任官职场合不同，盖官吏关系，不因转职而消灭，因之其惩戒权，亦不消灭，不过因转任惩戒法规不同之他职，而暂时停止。故其官吏以后如再回任与前职受同一惩戒法规适用之官职时，就其前职行为，仍得施行惩戒。

第三项　刑事责任

官吏不在执行职务，而仅以一私人资格，触犯窃盗、杀人等犯罪时，应以私人资格，而负刑事上责任，固不待论。至于官吏，以其特别地位，触犯于职务有关系之犯罪时，亦同须负刑事上责任，而受国家以刑罚之制裁，亦为理之当然。盖官吏应依法令执行职务，已如前述。当其执务之际，触犯法禁，而为《刑法》上之犯罪时，则其行为，不特紊乱官纪，抑且侵害社会法益。故国家对于此种官吏，除加以惩戒处分外，并科以刑罚制裁。官吏之职务上犯罪，可大别为二：一职务犯，二准职务犯。

第一　职务犯

职务犯，乃唯官吏及其他公务员，始得而为之犯罪，其行为又有二种之别：一放弃或滥用职权行为，即委弃守地、故意出入、不正追诉、不正执行、额外浮收，及泄漏秘密等是（《刑法》第一三二条至第一三九条，《新刑法》第一二〇条第一二四条至第一三三条）。此等行为，皆系职务行为，原则上非官吏或其他公务员，不得为之，二贿赂行为，即要求期约或收受贿赂，或其他不正当利益之行为是（《刑法》第一二八条至第一三一条，《新刑法》第一二一条至第一二三条）。此等行为，虽普通商事公司之受雇人，亦能犯之，然不因《刑法》上之渎职罪而受罚，仍与官吏犯罪有所不同。

第二　准职务犯

准职务犯，乃官吏以外之一般人亦得而为之犯罪，特官吏触犯之时，则较一般人民，加重其刑，即所谓加重犯是。例如普通个人，意图为自己或第三人不法之所有，而侵占自己持有之他人所有物者，处以五年以下有期徒刑拘役，得并科或易科一千元以下罚金。而对公务上所持有之物，犯前条之罪者，处六月以上五年以下有期徒刑，得并科三百元以下之罚金（《刑法》第三五六条第三六七条，《新刑法》第三三五条第三三六条但《新刑法》又加重）。又公务员假借职务上之权利、机会或方法，以故意违犯渎职罪以外各罪者，亦加本刑三分之一（《刑法》第一四〇条，《新刑法》第一三四条）。

第四项　民事责任

官吏之民事责任，亦须别为职务外侵权行为与职务上侵权行为，而说明之。凡官吏不在执行职务，而仅以一私人资格，不法侵害他人之权利时，应依一般私法上之原则，而负其赔偿责任，亦属当然。《民法》第一八四条规定："因故意或过失。不法侵害他人之权利者，负其损害赔偿责任，……违背保护他人之法律者，推定其有过失。"依此原则，官吏以私人地位，不问违反私法或公法，并不问侵害第三人或国家利益，均应负其赔偿之责。例如官吏,于假日在公众运动场掷球,失手毁损附近店家玻璃窗户,或为私事至他机关访友,错误毁坏其机关之设备物件者,应依本条前段而任其责。又除违反私法外,因违反《刑法》或警察法等"保护他人之法律",而侵害他人或国家之权利者,亦应依本条后段而任其责。

唯官吏之民事责任,于行政法上特有研究之意义者,厥为职务上之侵权行为,官吏职务上侵权行为之赔偿责任,须分对于第三人之责任与对于国家之责任,而论定之。

第一 对于第三人之责任

官吏以职务上不法行为,侵害第三人权利场合,应依《民法》第一百八十六条,负其损害赔偿责任。依本条规定:"公务员因故意,违背对于第三人应执行之职务,致第三人之权利受损害者,负其损害赔偿责任。其因过失者,以被害人不能依他项方法,受赔偿时为限,负其责任。""前项情形,如被害人得依法律上之救济方法,除去其损害,而因故意或过失不为之者,公务员不负损害赔偿责任。"准是,则官吏不问在私法关系中或公法关系中,所为不法行为,除本条第二项情形外,原则皆应负其赔偿责任,盖官吏之职务上行为,以其为机关行为观察,虽有所谓私经济行为与公权力行为之别,以别其应受私法或公法之适用,而以个人行为观察,可不设此区别。因此时其侵权行为,只作个人行为而论,与关于官吏之惩戒责任,其违反职务行为,只作个人行为而论,正复相同也。唯本条解释,次之三点,应加注意。

(一)侵权行为之成立,须对于第三人之关系中为违法。本条所谓"违反对于第三人应执行之职务",即系此意。盖法规有内部法规与外部法规之别,内部法规,所以规律官吏与国家间关系,官吏违反内部法规,仅为对于国家勤务义务之违反，于国家以外之第三人，直接不生关系。而外部法规，所以规律国家与人民间之关系，不特拘束官吏，且有对人民拘束国家之效力。故唯官吏违反勤务义务，同时违反外部法规场合，始为对于人民即第三人违法。唯此际所谓外部法规，殊不以公法为限，违反私法，亦得目为违法。如运送官吏，违反私法中关于运输之规定，或代行公证人职务之法院书记官，违反《民法》中关于遗嘱之规定，固同为违法侵害也。

（二）须因故意或过失，而异其赔偿之责。官吏个人责任，须采过失主义，所不待论。唯官吏之职务，与私法上受任人之职务不同，其执行恒受法律之拘束，不能自由拒绝，且所任事务，甚为繁杂，如责以普通私法上之过失，殊失苛刻，从来解释，多谓公务员之职务上不法行为，仅以有重大过失，即有故意或不可容忍之过失时为限，负其责任，即本此意。《民法》本条规定，依德《民法》例，亦因其出故意或过失，而异其赔偿责任，大抵亦本此意也。[①] 依本条规定，其因故意致第三人权利受损害者，常应负其赔偿之责。在被害人纵有他项方法可受赔偿，亦得先请官吏赔偿。反之，其出于过失者，则以不能依他项方法，受赔偿时为限，始应负责，被害人不能自由选择。即被害人此时如能依法向国家或他人请求赔偿，且能取得偿金者，即不能向该官吏请求赔偿，而官吏乃可免除其责任矣。

（三）官吏之职务上行为，一面为官署之行为，因官署之不法行为，致第三人之权利受损害时，被害人并得依他种法律上之方法，请求救济。现行法中所认救济方法，计有声明异议、诉愿、行政诉讼、民事诉讼等各种，如后所述。被害人若得依此等救济方法，除去损害者，自应

---

① Mauczka, Rechtsgrund des Sachadensersatzes, S. 218f.

先以此等方法除去之。如被害人得依此等救济方法，除去其损害，而因故意或过失不为之者，公务员不负损害赔偿责任(《民法》第一八六条第二项)。

第二　对于国家之责任

官吏违反对于国家之义务，以不负损害赔偿责任为原则。因官吏之于国家，为公法上关系，不能直接援用《民法》规定，而现行法中，此外并无一般规定，以定其赔偿责任也。但如出纳官吏等，负有保管国家财产之责者，若违反《刑法》规定，侵占其所保管之现金或物品，使国有财产减少；或违反《会计法》之规定，使属其保管之现金或物品，遗失或损害时，应对国家负其赔偿责任(参照旧《会计法》)。关于此等例外场合，尚待各论财政法中，另详论之。

第六款　官吏关系之变更及消灭

第一　官吏关系之变更

官吏关系之变更，即官吏不失原有身份，而仅变更其官职之谓。官职变更之场合有四：即一转官，二转职，三休职，四停职是。

（一）转官

转官或称调任，系指由一官职，转调于他种类不同之官职者而言。如由文官调充武官，由司法官调充行政官，或由某等文官，调充同等以下之文官是。转官以须得本人之同意为原则，不得反于本人意思为之。盖官吏非有无限制之勤务义务，仅于限定范围之内，同意于其服务而已。若国家以单方行为，命为种类不同之他官职，不外命以新之义务，其须得本人同意,自属当然。尤其法院实任推事地位特有保障,非有法定原因并依法定程序,不得将其转调(《法院组织法》第四〇条)。

(二)转职

转职或称借补,系指在同一官职内,由一职转补于他职者而言。转职原则上不必本人同意,得以国家单方意思行之。因官吏于其官职范围之内,固有依国家所命,而服其勤务之义务也。

(三)休职

休职即命官吏暂时休止职务之谓(《公务员惩戒法》第十六条所谓停止被付惩戒人之职务,实与此之休职相当)。休职官吏,仍保有官吏身份,不过被命不为现实担任职务而已。故官吏在休职期间,除执务之义务外,其他义务,与在职官同,仍负有之。凡官吏有下列情形之一时,国家得命其休职:(1)在监察院弹劾或惩戒机关审议中,认为情节重大者(《公务员惩戒法》第十六条第一项);(2)关于刑事案件,系属于法院者;(3)因机关废止或合并,其原缺裁撤者;(4)因机关组织变更或经费紧缩,其缺额裁减者。在(1)(2)两项情形,官吏休职期间,仅以其事件审议未完竣或审判未决定前为限。及审议或审判程序终结,如未受免职处分或科刑之判决者,应许其复职,并补给休职期内俸给(同《法》第六条第二项)。在(3)(4)两项情形,其休职期限,须为特别指定,而于休职期内,随时可命复职,及至休职期满,始为当然退职。此最后两项办法,乃为保障官吏地位而设,将来制定保障法时,须以明文定之。

(四)停职

停职原为惩戒处分一种,即于一定期间,剥夺官吏职务之谓。旧《惩治官吏法》(一五年二月十七日国府公布),曾有停职处分规定:即"停职停止一月以上六月以下职务之执行,并停止其俸给",又《禁烟考绩条例》

（一九年二月四日行政院公布同日施行），《水利官员考绩条例》（一八年三月三十日内政部公布）等，亦有类似规定。现行《公务员惩戒法》中，无是明文，盖对于一般官吏，已不认有此种惩戒处分矣。《法院组织法》第四〇条，规定实任推事及检察官，非有法定原因并依法定程序，不得将其停职。其所谓停职，乃上述休职之义，而非此之停职。又《公务员惩戒法》第十六条所谓停职，亦与休职相当，既如上述。

第二　官吏关系之消灭

官吏关系，或因一定之事实而消灭，或因一定之行为而消灭。其消灭原因，可分述如下：

（一）一定之事实

官吏与国家间所有特别关系，因有下列事实发生，而当然消灭。

（甲）死亡

（乙）丧失国籍

任官以有本国国籍为要件，前既述之。故官吏丧失国籍，其官吏关系，亦应消灭。

（丙）受褫夺公权之宣告

（丁）休职期满

官吏因组织变动，或员额裁减，而被命休职者，至休职期满，乃当然退职，业已前述。

（戊）刑之宣告及执行

官吏依刑事确定判决，受拘役以上之宣告，及在执行中者，亦为当然退职（《公务员惩戒法》第一七条第一款及第三款）。

官吏因上述（乙）以下各项原因，而当然解除其关系者，学者概称退职。

（二）一定之行为

官吏关系，又因一定行为而消灭，其行为有出于官吏之意思者与出于国家之意思者之别，前者谓之辞职，后者谓之免职。

（甲）辞职

任官行为，既因就官人之同意而成立，则官吏关系，亦应得由官吏提出辞呈，而解除之。故理论上官吏随时得为辞职。盖官吏如无辞职自由，则须终身反其本意，而负特别义务，是则已非今日之法律思想，所能容许矣。唯官吏就官以后，须完全服从国家法令，解除官吏关系，亦须依据法令为之。如国家因事务关系，或为惩戒处分，及其他必要，于相当期间，未予照准者，其权利义务，仍不消灭。故官吏自动辞职场合，国家虽不得无理拒绝，而辞职效果，须待国家准许，始发生耳。

（乙）免职

免职即由国家以单方意思，解除官吏之勤务关系之谓。国家对于官吏免职，除法规特有规定外，亦得随时为之。唯个人在官，享有种种利益，国家随时免职，个人固有随时剥夺利益之虞，而个人不能安心供职，国家亦有治绩难期之患。故国家对于官吏免职，亦有特别限制。依我国国法言之，(1) 对于终身官，如实任推事及检察官者，除因惩戒处分外，几乎不能任意免职(《法院组织法》第四〇条)。(2) 对于自由任用官吏，如政务官，与终身官相反，随时均可免职。(3) 至于一般之事务官，理论上以不得任意免职为原则。其免职除因惩戒处分外，仅有特种事由时，始得为之。所谓特种事由，约以成绩恶劣，不能合格，或精神衰弱，身体残废，不胜职务，及机关合并或额缺裁废等属之。关于此等事由，将来制定官吏保障法时，另宜详加规定，亦既前述。

第五节　营造物及公物

第一款　概　说

国家为达种种目的，施行种种事务，除选用公务员外，更以一定之物及人物综合之设备，为其手段。如土地、建筑、器械及货财等，即前者是；学校、邮政、工场、监所及军备等，即后者是。前者通称公物，后者称营造物。关于公物及营造物问题，为行政法各论中所详尽研究，似可不必于此论述。但各论中恒无一般说明，欲求一明了而有系统之观念，仍以在总论中概括研究，较为便利。故本章于论述行政上之人的手段即官吏之后，特将此等物的手段而略述之。

第二款　营造物

第一项　营造物之观念

第一　广义之营造物

营造物①有广狭不同之二意义。② 就广义言，营造物云者，乃行政主

---

① 以行政上人物合成之设备，称之为营造物，其称谓似稍偏重于物之要素。但一时犹无适当用语，姑袭成例而采用之。参照白鹏飞编，《行政法总论》，二九面、二二四面以下。同氏著，《行政法大纲》，上卷，三五面、一〇一面、一八二面以下，及同下卷。
② 营造物有广狭不同之二意义，已为德日学界之通说。参照 O. Mayer, D. VR., Ⅱ, §51; Hatschek, VR., S. 469ff; Herrnritt, VR., S. 229 u. 234; Kormann, Art „Öffentliche Anstalt" im WStVR. Ⅲ. S. 1ff;野村淳治著，《行政法总论》，五八九面;佐佐木惣一著，《日本行政法总论》，二五六面以下。

体,为达一定目的,以人及物构成,而继续设置之设备也。析言之如下。

(一)营造物者,以人及物构成之设备也

营造物为人物综合之设备,以一定之人及物,为其构成要素。虽营造物中,亦有以人的要素比较占重要者,与物的要素比较占重要者之别,而单以人或物所构成者,不得称营造物。如公证人及巡回讲演员等,供诸行政上之用之人,或道路河川等,供诸行政上之用之物,学者虽亦有同指为营造物。然此两者,均非以人及物合成之设备,非真正之营造物。且前者为普通行政机关之职员,后者为次款所述之公物,而各受组织法或公物法法理之支配。若概称为营造物,于分类上,亦无何等之实益耳。构成营造物之多数之人及多数之物,因技术上统一之结果,在法规上视为整个之设备,而非各别之存在。如铁道中多数从业人员,及诸种搬运器件,若就各别观察,虽非全无意义,而以行政上之设备观察,则以其全体为一营造物焉。

(二)营造物者,为达一定目的,而继续设置之设备也

营造物为达一定行政上之目的而设置。其所欲达之行政上目的,可分三种:(1)增加财产上之收入。以增加财产上收入为目的者,如国立工厂、专卖局及印刷所等是。(2)供诸行政上之公用。以供诸行政上公用为目的者(公用营造物),如要塞堡垒、海陆空军、监所及学术研究院等是。(3)供诸一般公众之利用。以供诸一般公众之利用为目的者(共用营造物),如学校、图书馆、博物馆、邮政、电报、电话、铁道、电车、公共汽车、自来水、煤气、电灯、病院及试验所等是。上述三类营造物中,仅第(3)种供诸一般公众利用,而与第三人间,发生利用关系;而第(1)(2)二种,非供一般公众利用,与第三人不生利用关系。要之,不问何者,皆为行政上继续设置之设备,而非临时之设施,如为奖励工商业之国货展览会,及为建筑道路之工程处等,仅于暂时期间设立,而无长久设置之性质

者,皆不得为营造物。

(三)营造物者,属于行政主体之设备也

上述各种之营造物,除属国家绝对独占设置者外,因国家之特许或放任,即私团体或私人,亦得设置之。如私立学校或病院,及其他一切民营公用事业,其性质与国家或自治团体之营造物,殊无根本之差别。然营造物为行政上之设备,非为行政主体所经营者,不得为营造物。故某一设备,是否为营造物,全视其是否属于行政主体以为断。唯属于行政主体之营造物,各国法律不同,有为单纯之行政手段者,有为独立之行政主体者。如德法等国,为谋其财产与经费之固定起见,将营造物之大部分,设为独立主体;仅其最高意思,由国家或自治团体,制定法规以供给之。我国现有一般之营造物,皆为行政手段,而无独立人格,凡管理营造物之官公署,皆为国家或自治团体之机关,而非其他独立主体之机关。至我国是否亦有独立之营造物,姑待自治行政章中,再论及之。

第二 狭义之营造物

狭义之营造物,仅指广义之营造物中,直接供诸一般公众利用者一种而言。此种营造物,乃行政主体,依其设备,而与人民以种种利益,因以达成行政上之目的。其与他种营造物不同,专在此之一点。故狭义之营造物,详言之,即不外行政主体,为供一般公众利用之目的,以人及物构成,而继续设置之设备也。

狭义之营造物,依其目的不同,更得别为四种:(1)以增进人民之精神上利益为目的者。此种营造物,又有教学用者与感化用者之别,如学校、图书馆及博物馆等,即前者是;感化院及习艺所等,即后者是。(2)以增进人民之身体上利益为目的者。此种营造物,又有事前预防人民康健之危害者,与事后镇压人民康健之危害者之别,如自来水设备及

卫生试验所等,即前者是;国立或公立病院等,即后者是。(3)以进增人民之经济上利益为目的者。此种营造物,又有助长人民之实业者,与供诸人民之交通运输者之别,如农业实验所、蚕丝试验场、棉业试验场、工业试验所及国货陈列馆等,即前者是;邮政、电报、电话、铁道及公共汽车等,即后者是。(4)以救济社会为目的者。此种营造物,即救济院及残废军人教养院等是。

营造物有广狭不同之二意义,既如上述。此二意义,于学理之说明上,均属必要。盖营造物有其一般之法理,此一般法理,无论于广义或狭义之营造物,皆能共通适用之。而狭义之营造物,因与第三人发生利用关系之故,有其特殊之法理,此种法理,则仅狭义之营造物可得适用之也。

第二项 营造物之成立及废止

第一 营造物之成立

营造物为行政上之设备,常为国家或自治团体所设置。即其营造物事业,为国家所经营者,由国家设置;其事业为自治团体所经营者,由自治团体设置之。唯营造物为行政主体,为达一定目的,以人及物集合而成之设备,欲设置之,必须经过次之诸种程序,始能完全成立。

(一)法规之制定

行政主体,设置一营造物,第一须决定其营造物之种类,及其活动之程序与方法。关于此等各点,通常必先制定法规,以规定之。尤其因营造物之设置,致限制人民之自由,或增加人民之负担者,其限制或负担,必须规定于法律,或其他依法制定之规章中。

（二）构成要素之综合设定

营造物为人的要素及物的要素所构成。行政主体,设置一营造物,必须指定一定之人,为构成员。其构成员,即依公法选任,或依《民法》上之契约雇用之。至于物的要素,内容甚为复杂,如土地、房屋、机械、器具、物品、材料等,普通之营造物,殆莫不具备之。此等物件,通常固依《民法》上契约,或单方行政行为取得,而有时亦以现有之公物充之,或使其他之人负担之。如是将人的要素及物的要素,设定完备以后,其人物综合之设备,始克形成。

（三）开始使用之表示

营造物为达行政上目的之物,单有人物综合之设备,犹未达其目的,欲达成其目的,尚须开始其使用,易言之,尚须为开始使用之意思表示。其开始使用之表示,通常即依明示或默示之行政处分为之。如电信工事完成以后,径着手于通信事务之执行,即其默示的表示也。

第二　营造物之消灭

营造物因行政主体之废止而消灭。凡其设置为法律所规定者,即因法律之改废而消灭;其设置为行政行为所决定者,即由行政机关之废止处分而消灭。营造物除其设置为法律上所必要外,行政机关,原则得以自由处置,而废止之。

第三项　营造物之管理

就特定之营造物,为使达其目的,所为一切必要行为,谓之营造物之管理。营造物之管理权,属于行政主体。即国家之营造物,属于国家管理;自治团体之营造物,属自治团体管理。然行政主体一切作用,皆由其机关行使。关于营造物之管理作用,自亦由其机关行使之。管理营造物之机关,谓之营造物管理机关。营造物之管理机关,即由构成营造物之人的要素构成之。故营造物虽由人与物之要素所构成,而所谓营造物之管理,单指物之管理及其事务之管理,而不及于人之管理。关于人之管理,属于行政监督,凡营造物内部之人,即由其中居于最高地位之人,即营造物官署或公署监督;构成营造物官署或公署之人,则由上属之国家官署或自治公署监督之。

行政主体,就营造物之管理,有种种之权利。此等权利,因属管理机关行使之故,同时为官公署之权限,固无待赘。

(一)营造物规则制定权

营造物规则,为营造物管理机关,就其管理所制定之规则。就中以共用营造物规则,为最显著,凡关于其利用之条件,及利用中应遵守之事项,皆得依此种规则以规定之。此种规则,为行政规程一种,其制定不须法律上特别根据,有管理权之机关,得当然制定之。

(二)营造物维持权

关于营造物之维持,可分保持营造物之设置,与保持营造物之作用,两方面言之。第一,为使营造物发生其效用计,须将营造物之设备,保持于完全之状态。如人员之补充、物件之修理,即属于此。此外,如他人有危害其设备之行为时,并得直接将其遏制。第二,为使营造物发挥其效用计,须将营造物之作用,保持于正常之状态。如依营造物法规或规则,为营造物利用之许与,或禁止行为之许可,即属于此。此外,如利用人或收容于营造物之人,有违反营造物法规或规则时,并得将其惩戒或处罚。

(三)为公用限制或公用负担之权利

为营造物之管理,对于附近关系人或附近人,得依法律,科以公用限制或公用负担。如依《电信条例》及《要塞堡垒法》,为营造物之建设维持,得就私人所有权之行使,加以限制;及对私人之所有物,为一定之行为，而使之承受其负担，即其代表之例也。

（四）使用费征收权

对于营造物之利用，除全属慈善性质外，恒征收一定之费用，是为营造物之使用费（Gebühr）。盖供诸公众利用之营造物，一面虽以社会公益为目的，而同时亦与私人以特别之利益，对其利用之人，自得征收一定之使用费也。关于营造物之使用费，尚待稍后再详述之。

（五）营造物警察权

营造物警察权，即为排除因营造物之利用，所生社会危害之警察权。此种警察权，与上述之营造物维持权不同。营造物维持权，虽亦同为排除危害之作用，而其目的，仅在维持营造物内部之秩序。反之，营造物警察权，非仅所以维持内部秩序，而以维持一般社会之秩序为目的。营造物警察权，因发生限制一般人民自由之结果，唯法律上有根据时，始得行使之。关于营造物警察之法规，有时即规定于营造物法规中。如对妨害公安之电信，拒绝或停止其传递（《电信条例》第十四条），及对患传染病或精神病之旅客，拒绝其运载（《铁路客车运输通则》第十三条），即其适例也。

第四项　营造物关系之性质

关于营造物法律关系之性质，从来学说，颇不一致。弗来纳等一派，主张营造物之法律关系，其区别应以营造物之目的为准，凡一营造物之设置，以财产上之收入为目的者，为私的营造物，而应受私法之支配；反之，不以财产上之收入为目的，而以供诸公用或共用为目的者，为公的营造物，而应受公法之适用。此种主张，在学者间，颇占势力。[1] 然营造物

---

[1] Fleiner, Institutionen, S. 301ff; Herrnritt, a. a. O. S. 235; Hatschek, a. a. O. S. 504. 一九一七年五月日本大审院，关于东京市市营电车之判决。

之法律关系，为公私法混同适用之区域，以目的为标准而区别，殊失正当。要之，营造物关系之性质，应分别次之三方面，而观察之。

（一）营造物组织法

关于营造物组织之法规，为行政组织法之一部，其性质全为公法。即所谓私的营造物，其组织法亦为公法，而非私法。

（二）营造物机关之构成员与营造物主体之关系

营造物机关构成员与营造物主体间之关系，为服务关系。服务法为服务规程一部，故亦全为公法，而非私法。

（三）第三人与营造物主体之关系

第三人与营造物主体之关系，有为私法关系，有为公法关系，未可一概而论。如炼钢厂及专卖局等私的营造物，为制品之发卖，因与私人立于同等地位，其与一般第三人之关系，为私法关系，固不待论。然此并非营造物特有之私法关系，乃行政主体，通常所有之私法关系。反之，供诸公众利用之营造物，其对于利用人之关系，为营造物特有之关系。其利用关系，究为公法关系，抑为私法关系，非可依其目的决定，而应依法之解释，以决定之。盖营造物之利用关系，究以之为公法关系，抑私法关系，全为立法技术所决定。如我国国有铁道之利用，为货物运输、旅客运输等规则所规定，凡依其用法而为利用之范围，其诸规定，与私法中之运输规定，无根本之差异，直可谓为私法之特别规定，从之其关系，亦有私法之性质。反之，如邮政、电信等营造物之利用，为邮政、电信等条例所规定，其诸规定中，关于利用关系，定有种种特权与特别之义务，从之其关系，乃为公法关系，而非私法关系。此外，非共用之营造物，如要塞监狱等，唯依权力作用，始能达其目的。其与关系人或收容人之关系，全为公法关系，固甚明显。

第五项　营造物之利用

第一目　利用关系之成立及终止

第一　利用关系之成立

营造物利用关系之设定，有出于营造物主体之强制者，与出于利用人之任意者之别。共用营造物之利用，以任意利用为原则，以强制利用为例外。

（一）强制利用

行政主体，为使营造物发挥其效用计，有时依法律，科私人以利用之义务。而私人有特定之情事时，即须利用其营造物，否则行政主体，得以处罚或行政上之强制方法，而强制之。如依《传染病预防条例》，将患传染病人，送入传染病院或隔离病舍；或因施行强迫教育，命学童保护人，将学童送入小学，皆其例也。此时其命令强制，为行政处分，自无待赘。

（二）任意利用

多数之营造物，其利用与否，任于利用人之自由意思。唯在任意利用场合，亦有绝对的任意利用，与相对的任意利用之别。凡一营造物事业为国家所独占，私人欲为一定行为，即非利用其营造物不可者，谓之相对的任意利用或准强制利用。反之，一营造物事业，非为国家所独占，私人利用与否，在事实上纯任于其自由意思者，谓之绝对的任意利用。但不问何者，其营造物之利用，既非为法律所强制，其利用关系，常由当事人之意思行为，而设定之。其行为即因利用人请求利用之意思表示，与营造物机关容许利用之意思表示，彼此一致而成立，有契约之性质。即其利用属于私法关系者，为私法上之契约；其利用属于公法关系者，为公法上之契约。为此等契约之意思表示,或于各个场合,以明示的表示为之,或单以默示的表示为之。(1)凡一利用关系,在形式上须因利用人之声请,与营造物机关之许可而设定者,须于各个场合,各为明示的表示。如学校之入学,其入学程序,为入学规则所定,须待入学人之声请,及声请之许可,其关系始告成立。他如病院之入院,及电话之装设,亦须同一方式。此时其声请之许可,与警察上之许可,在形式上似无差异。然警察许可,仅为禁止之解除,而营造物利用之许可,则设定一定之权利义务。故营造物利用关系之设定,与警察许可,全然异其性质,即警察许可,为待声请之行政处分,即单方行为,而营造物利用关系之设定,为依声请之要约,与许可之承诺,而成立之契约,即双方行为。(2)凡一营造物之利用,以一定条件,对一般公众开放,而任人皆得依其条件,而为一定之行为者,其利用关系之设定,不须为明示之意思表示,而因一定之事实的行为,即为当然成立。如邮政电报之利用,因函件之投送,及电报用纸之填送,其利用关系即为成立。他如图书馆博物馆之入场、汽车电车之乘车,皆有同一性质。然此时其营造物之利用,虽对于一般公众开放,而其利用关系之设定,亦为一种契约。盖在营造物方面,以一定条件,容许一般公众利用,即有一般的意思表示,存在其间。其意思表示,或可视为契约之要约,或要约之募集;而利用人方面所为一定行为,或可视为要约之承诺,或应于要约募召之要约也。此种契约,或依利用人之一定行为(承诺),当然成立;或因营造物之受领而不拒绝(承诺),当然成立。

第二　利用关系之终止

营造物之利用关系,因何等原因而终止,依利用之内容而不同。(1)凡营造物之利用,仅以特定劳务之供给,或特定物品之给付为内容者,因其内容事项之完成,当然终止。如邮政物件之发送,或旅客货物之运输,及卫生物品之试验等,即因其特定劳务之完成,而当然终止;又如传染病研究所痘苗血清之发卖,或种畜牧场种畜种卵之发卖,即因其买卖行为了讫而终止。营造物利用关系之终止,以出于此类原因者,为最普通。(2) 凡其利用之内容,在设定继续的法律关系者,则因一定期间之经过,或利用目的之达成,而始终止。此种利用关系,在利用人能否中途自由脱退,因强制利用与任意利用而不同。在强制利用场合,利用人固不能任意脱退,即营造物管理者,除有特定之理由外,亦不能任意使脱退之。在任意利用场合,利用人得随时脱退;只其脱退,依法规或营造物规则,有时须得营造物管理者之同意耳。

第二目 利用关系之效果

因利用关系之设定,于利用人及营造物主体,各发生一定地位,而各于其地位上,有种种之权利与义务。由利用人方面言之,如营造物利用权,及对营造物管理者之特别服从义务,即其显著者也。

第一 利用人之权利

(一) 营造物利用权

营造物利用人,在利用关系存续中,有利用所供劳务或设备之权利,是为营造物利用权。此种权利,因所属关系不同,有为私权性质,有为公权性质。不问何者,其权利之内容,概于法规范围内,为营造物管理者所单方决定,非为契约所订定。如学校之课程、授课时间及在学年限等,为《学校规程》所定;邮政物件之处理,为《邮政条例》及其他规则所定,而非当事人之合意所订定也。以此之故,在利用关系存续中,所供劳务之内容或其利用之条件,得依法规或营造物规则之改正,随时变更之。此时其改变,不得目为利用契约之违反,自无待赘。

（二）损害赔偿请求权

营造物利用人，因利用营造物，致其权利受损害者，原则得向营造物主体，请求损害赔偿，是为损害赔偿请求权。关于此项权利，营造物利用法规中，每设有特别规定，或则规定于某种情形，得向营造物机关，请求赔偿（《铁路货物负责运输通则》第三四条，《铁路客车运输通则》第六八条第七一条，《邮政条例》第二三条）。或则规定于某种情形，不得请求赔偿（《铁路客车运输通则》第一八条，《邮政条例》第二四条）。除此种有特别规定者外，其他一般之营造物，凡因其利用所生之损害，不问其利用关系为公法关系或私法关系，亦以得依《民法》规定，请求赔偿为原则。盖所谓公法关系或私法关系，单指依其用法，而为利用之关系而言，因其利用关系所生之违法侵害，凡属非权力作用之范围，固不必尽目为公法关系中之事项也。此项损害赔偿，可先向营造物机关请求，请求不遂，得更为民事诉讼，亦无待论。

第二 利用人之义务

（一）特别服从之义务

营造物利用人对于营造物主体，负有特别服从之义务。其义务之内容，有次之二种：(1)遵守营造物规则之义务。营造物管理机关，于不抵触法规之范围内，得制定营造物规则，已如前述。此种规则，有拘束营造物机关构成员及营造物利用人之效力，故利用人有遵从其规则之义务。若违反其义务时，须受一定之裁制。(2)服从管理权之义务。营造物利用人，除遵从营造物规则外，并须服从管理机关，为特定管理行为之权力。为特定管理行为之权力，可分命令权与惩戒权二种。依命令权，得命利用人，为特定作为及不作为；依惩戒权，得对义务违反人，为一定之处罚。尤其在有教育感化目的之营造物，不特对于违反技术规则之行为,得为惩戒,即对违反伦理规范之行为,亦得加以谴责,或自其利用关系中排除之。

营造物管理者所有之特别权力,或直接根据法律而生,或根据利用人或其保护人之同意而生。如在强制利用场合,强制其利用之法律,同时即为其特别权力之根据。因其强制利用之规定,于目的范围内,当然有设定此种特别权力关系之预定也。在任意利用场合,其利用关系,本于契约而成立,利用人对于契约之同意,即其特别权力之根据。至幼年人及精神病人等,其行为得由保护人即亲权人或监护人代理之。除出于法律之强制外,其保护人代为之同意,即其特别服从之根据也。

(二)使用费缴纳之义务

关于营造物之利用,除全属慈善性质外,对利用人,通常征收一定之使用费,已如前述。此项使用费,一般为法规或营造物规则所预定,而对一切利用人,均等征收之。在强制利用或准强制利用场合,其费用通常为法规所规定,或根据法规规定之。在绝对任意利用场合,则为营造物规则所规定,而依利用人之同意负担之。缴纳使用费之义务人,原则为利用人或其保护人。但有时亦使其他之人,代缴纳之。如利用人或保护人以外之人,与营造物管理者订定保证契约,于本人不能缴纳费用时,其保证人有代纳之义务。又发信人以邮票不足之信件,寄送于他人时,其受信人有完纳不足邮费之义务。

使用费缴纳义务人,不肯缴付其费用时,是否得以强制征收之手段,而征收之,应依法规有无规定以为断。如法规上明认得采此种手段,因得强制征收,否则应依他种方法请求之。唯我国一般通例,为确保其征收计,恒于利用关系开始前,命义务人先付其使用费。如不先付时,则拒绝其利用。其须强制执行场合,事实上固甚少耳。

第三款 公　物

第一项 公物之观念

第一　广义之公物

公物亦有广狭不同之意义，广义之公物，泛指国家或自治团体，直接或间接为达行政目的，所必要之一切财产而言。如我国国法上所称之官产或公产（即国有或省市县政府所管理，及自治团体所有之财产），殆与此之公物相当。此意义之公物，包括财政财产、行政财产及共用财产三种。①

（一）财政财产

财政财产，或称收入财产（Finanzvermoengen, Fiskalgut, werbendes Vermogen），系指行政主体所有之金钱物资及其收益，作为政费或其财源者而言。如国公库所属之现金及有价证券，即其主部分，此外，如国公有之山林原野、出赁房屋及未指定用途之物件，亦属在内。又国公办工厂所制造，而供诸贩卖之物品亦然。此等财产，或直接以其原物或收益，供诸财政上之用；或单以其收益或代价，供诸财政上之用。不问何者，其以金钱价值，充作国家或自治团体之资金，间接以达行政之目的，则属同一。

（二）行政财产

行政财产（Verwaltungvermoegn），或称公用物，即指行政主体，为

---

① Labaud, Staatsrecht, Ⅳ, S. 346, 355; Fleiner, a. a. O. S. 327; Jèze, Verwaltungsrecht der franz, Republik, S. 237.

达行政目的,直接供诸各机关公用之物件而言。如要塞炮台、兵营、军舰、军器、军需物品及其他官公署所使用之物件,即属于此。又如铁道车站及学校校舍用具等,构成营造物之物件,亦属于此。以此等物件,虽与营造之构成员,合成一体,供诸公众利用,而其直接目的,在构成营造物,而为营造物之一要素也。要之,公用物以直接供诸国家或自治团体之使用消费为目的,而不以其收益或物资,充作政费或其财源为目的,在此点上,与上述之财政财产不同。

(三)共用财产

共用财产,或称共用物(Sachen im Gemeingebrauch),即指行政主体,为达行政目的,直接供诸一般公众使用之物件而言。如道路、桥梁、公园、河川、海滨及港湾等,即属于此。又河川及港湾之附属物,亦属于此。此等物件,有直接供诸公众使用之使命,与上述之公用物,亦属有别。

第二 狭义之公物

狭义之公物(res publica, öffentliche Sachen),单指上述之公用物及共用物二种,所谓财政财产,不在其内。此意义之公物,殆与法国学者所称之公产(domaine public)相当,即指行政主体,直接供诸行政目的之用之有体物而言。但此公物之观念,依其目的而决定,不以其所有之主体而决定。一般公物,其所有权虽属于行政主体,而行政主体,向他人租用之物,或依其他权原而得使用之物,例外亦得直接供诸行政目的之用,而有公物之性质。

公物有广狭不同之二意义,大略既如上述。广义公物之观念,于行政法学中,殊无多大之效用。盖广义公物中之财政财产,与狭义之公物,异其法律上性质。财政财产,为国家或其他公法人所有之私产(domaine privé)。原则得依私法而为管理处分,并得为时效取得之标的,及为民事诉讼并强制执行之客体。此种财产,原则上既与私人之所有物,同其处理,于此殊无特别说明必要。反之,狭义之公物,为行政目的所拘束(Zweckgebundenheit),其管理、使用、处分及移转,亦原则为公法所支配,而不能与私产,同其处理。此种公物,在公法中既有其特别性质,于此自宜特加研究。故本款所述,专以狭义之公物为限。[1]

第二项 公物之性质

第一 公物之主体与公物所有权之主体

公物之主体,即谓将公物供诸行政目的之用之主体。公物为行政主体供诸行政目的之用之物。故公物主体,实不外为行政主体。公物主体,得将公物设立废止,并为其维持管理。其所有此种权利,即为公物管理权。

公物所有权之主体,即谓公物之所有权人。夫公物既为供诸行政目的之用之物,自必得为所有权之客体,而为某主体之所有。如《河川法》第三条,虽谓"凡河川,河床,及流水等,均不得据为私权",亦不过谓不得为私人所有而已,非谓国家亦不所有之也。

公物之所有权,一般即属于公物主体,即行政主体。行政主体,通常依买卖或公用征收等方法,先由他人取得其所有权,然后指定以为公物。然公物不必尽为行政主体所有,即他人之所有物,亦得依租赁或公用使用等,私法上或公法上权原,先取得其使用权,然后指定以为公物。如租

---

[1] 美浓部达吉著,《日本行政法各论》,上卷,三三八面以下;野村淳治著,《行政法总论》,四七一面以下。Gierke, D. Privatrecht, Ⅱ, S. 22 ff; Hauriou, Préeis d. d. a. Heéd. p. 636 et s.

赁私人房屋,而为学校校舍或图书馆;或在私人所有土地上设定公用地役,而为道路,即属其例①。此外,又得依法律或本于法律之行政处分,将私人所有之动产或不动产,直接指定以为公物。如将要塞堡垒周围之一定区域,定为要塞堡垒地带;或将私人所有森林,编入为保安林,即属其例(《要塞堡垒法》第一条至第三条,《森林法》第十二条)。诸如此类,以他人之所有物,指定以为公物,而其所有权仍属于他人者,谓之他有公物。行政主体,对于他有公物,仅有管理权或他物权,而无所有权。

第二　公物权之性质

(一)公物所有权

公物之所有权,属于行政主体之场合,关于其所有权之性质,学者解说不一。或以公物之所有权,同为私法上之权利,只因行政主体,将其物件供诸公用或共用之结果,须受公法上种种之限制,不能完全适用私法而已。然即在公用或共用之间,其私权固未消灭。如其公物一旦废止,行政主体,且得完全行使其私所有权。此说除呵督梅也等外,为德国多数学者所主张。依此主张,所谓所有权,仅有私法上之所有权,而无所谓公所有权。但法国学者及呵督梅也,②完全与此相反,主张以公物为与私物,全然不同之物,私物完全受私法之支配,其所有权,为私法上之所有权;反之,公物完全受公法之支配,其所有权,为公法上之所有权。故依此种主张,不特以公物之所有权,为公所有权(oeffentliches

---

① 德日学者,多承认私人所有之土地上,得设定道路地役权。参照 O Mayer. a. a. O. S. Ⅱ §40;野村,《行总》,五三〇面以下。
② 参照 Jèze, a. a. O. S. 255ff; Hauriou, ibid. p. 638; Laferrière, Juridiction et Contentieux, Ⅰ, p. 544; Berthélemy, Traité d, d. a. p. 406; O. Mayer, Theorie des französischen Verwaltungsrechts, S. 227。

Eigentum），且以公物供诸公用或其用之后，完全须受公法支配，私法不能适用。

以上二种见解，究以孰者为最正当，非可一概而论，要依各该国国法之解释，以决定之。如某国之法律，就一切公物或其大部分，认有公所有权，而排除私法之适用者，关于该国公物之性质，固以依法国学者之学说，为较妥当。但如我国之现行法，就公物之大部，认有私法上之所有权，于不妨害其目的之范围内，得依私法而为处置。若以法国学说，移作我国法规之解释，未免削足就履。然他面，依德国学者见解，以公物所有权，全为私法上之权利，亦觉有所未合。盖所谓所有权，不过为对物得为完全支配之权利。依私法规定，而得使用、收益及处分一物，得称为私所有权；依公法规定，而得支配一物，亦奚不得称为公所有权？行政主体，将公物供诸行政目的之用，或为其维持管理，及有时对使用人，征收特别之使用费，即莫非依公法而为对物支配。于此场合，合其支配权，固亦得称为公所有权也。

唯在我国国法之下，私所有权与公所有权，并非完全分别存在，而不过为同一物权之两方面。盖公私法原非有明白之界限。在管理公物之场合，与管理营造物同，其法律关系，为公私法混用之区域，于某范围，受公法之支配，于某范围，受私法之适用。故其权利，一面属于公法，一面属于私法。

公物受公法适用之范围，因其种类而不同。有受公法支配之范围较广者，如河川、港湾、道路及桥梁等共用物是，有受公法支配之范围较狭者，如官厅、学校及其他各种营造物中之公用物是。关于各种公物，适用公法或私法之范围，我国法律，无一般规定，要须就法规解释，及其物之性质，以决定之。

（二）他有公物权

公物之所有权，属于私人之场合，私人对于其物之关系，全为私法性质，其所有权，与一般之所有权同，为私法上之权利，固无待论。然自行政主体方面视察，行政主体，因在其所有物上，依私法上或公法上权原，取得使用权或地役权，而得将其物件，供诸行政目的之用。此时其所有之管理权或他物权，为公法上之权利，可谓与公所有权同。

第三　公物权之效果

公物供诸公用或共用之后，一般适用公法，而不适用私法。然公物在法理上，仅其目的上必要之范围内，排除私法之适用。故公物权，除法律有规定外，仅于目的上所必要之限度，发生与私物权不同之效果。关于公物权之效果，得以次述之原则表之。

（一）关于公物之事实上支配，苟与其目的相反，不得为之

兹就所有权之各种作用言之：(1)关于物之事实上处分，绝对不得为之。因此种处分，有害公物本身之存在也。(2)关于公物，为固有用法以外之使用，原则不得为之。如将图书馆之建物。完全为自己目的，充作他用途之用，而使公众不能使用，除非将其公物废止，不得任意为之。(3)关于物之收益，一般可得为之。如采取道路之草木，或公园果树之果实及河川之砂土，其行为大抵皆不致与公物之目的相违反也。

（二）关于公物之法律上交易，苟与其目的相反，不得为之

就公物为法律上之交易，则有妨害公用或共用之目的。故通常谓公物为不融通物，不得为法律行为之标的。但公物是否有不融通性，尚应

区别其种类,而论定之。(1) 凡国公有之公物,一般不得让与他人,或在其物上设定地上权或抵押权等限制物权。尤其河川港湾等物,受公法之限制较严,不论何种私权,皆不得设定之。至于其他各种公物,在未经公用废止以前,要亦受同样之限制。① (2) 他有公物,其私权虽非不能行使,而于有害目的之程度,不得行使之。如行政主体,租借私人土地,已建设为菜市场,其土地所有权,虽得自由转让,或设定抵押权,但转得人,仍须将其土地,继续供诸共用,不能充作私用。

(三) 关于公物,《民法》中时效取得之规定,原则不适用之

公物若为官公吏或他人所长期侵占,而变为私人所有,则与其目的,显然不能相容。故国公有之公物,不能依《民法》中关于取得时效之规定,而为私人所取得。但私人之所有物反是,若为国家或自治团体,误认为国公有,而编为公物,以五年或十年间,平和继续供诸公用或共用者,得依取得时效,而取得其所有权。

(四) 关于公物,原则不得为民事上之强制执行

对于公物,若为标封扣押,付诸拍卖,必生所有权移转之结果,而与其目的相违反。故国公有之公物,不得为民事上强制执行之标的。至于私人所有公物,因许其得为移转或设定抵押权,自亦得为强制执行。但其物之转得人,亦不得改变其原有之用途。

(五) 关于公物,原则上不得为公用征收

公物为供诸行政目的之用之物,因行政上有更重要之理由时,当得

---

① 法国行政法上原则,谓公物不得移让(inaliénable),不因时效为他人所取得(inprescriptible),及不得为公权力所侵害(insaisissable)。又日本《国有财产法》第四条规定:国有财产中公用或共用财产,不得让与他人,或于其上设定私权。此等原则,于国公有公物,殆皆可适用之。

将其改作他种用途之用。但公物征收，势必妨害其原有之目的，故其收用，非经公用废止，不得为之。

第三项　公物之成立及消灭

第一　公物之成立

公物于分类上，有所谓自然的公物与人工的公物之别，即其供诸行政目的之用之状态，为自然所生成者，为自然的公物。其供诸行政上之用之状态，为人工所造成者，为人工的公物。如河川港湾等，即前者是；道路桥梁等，即后者是。但在今日社会，即自然的公物，亦已加上若干人工。如河川之塘堤，及港湾之防波堤等，即莫非为人工的附加物。故所谓自然的公物与人工的公物，实际已无根本之差别。从而关于公物之成立，大体亦可合并论述。一般而言，公物之成立，须具次之三种要件：

（一）行政主体将一物设为公物，须有法律上之权原

行政主体欲将某物，供诸行政目的之用，第一须有法律上之权原。如为国公有公物，须就其物有所有权，或取得其所有权；如为他有公物，须依法律或法律行为，取得其管理权或他物权。若将完全不有权原之物件，供诸行政目的之用，其设定行为，则属完全无效。而此种物件，纵已设为公物，除因取得时效，而为行政主体取得所有权外，其原所有人，仍得依所有权，而请求返还之。

（二）须其物件，处于可供行政目的之用之状态

行政主体，欲将某物供诸公用或共用，须其物之外形，在事实上可以供诸公用或共用。关于此，不问自然的或人工的公物，莫不相同。如河川水流，既已确定变更，其原有河床，已不适于共用，则已非为公物。如道路路线，虽已指定，而其路面，犹未铺设完成，则因未可供诸公共交通

之用，而未成为公物。

(三) 须为供诸公用或共用之意思表示

已可供诸公用或共用之物，除自然的公物外，尚须行政主体，为供诸公用或共用之意思表示，始得完全成为公物。此供诸公用或共用之意思表示，谓之供用处分或公用开始（Widmung, Indienststellung; affectation, classement）。公用开始，与营造物之使用开始同，其意思表示，无论以明示或默示，皆可为之。如于工事完成之后，举行一种典礼，以后将其公物，供诸公众使用；或公示自一定之日期起，开始供诸共用，即其明示的表示。若不为明白表示，直接供诸公用，或为特定目的之行为，即其默示的表示也。至自然的公物，其供于共用，恒出于多年之惯行，而非本于行政处分。但其放任公众使用，仍基于公权力之意思，国家如欲加以限制，固得随时而限制之。

第二　公物之消灭

公物消灭之原因有二：一废止处分，二形态丧失。

(一) 废止处分

公物通常因行政主体，为其废止之意思表示而消灭，是为供用废止或公用废止（Entwidmung Ausserdienststellung; désaffectation déclassement）。公用废止，亦得以明示或默示为之，如道路管理官署，预为道路废止之公示，即其明示的废止。又如道路毁坏，久弃不修，即其默示的废止也。

(二) 形态丧失

公物有时因外形变动，而确定的丧失其可供用之状态。是谓形态丧失。形态丧失，如建筑之烧毁、器具之损坏、河流之淤塞、堤岸之崩溃等，无论于人工物或自然物，皆时有之。唯河川、河床、水流等自然物，现行法上不得作为私有，绝对不得将其废止，而变为私物；其公物之消灭，只有形态丧失之一途耳。

但公物因外形变动，仅暂时丧失其可供用之状态，而非确定丧失者，仅为公物停止，而非公物消灭。公物在停止中，仍不失为公物，如道路崩坏，在修筑中或未修筑前，其为公物之性质，固犹未变更也。

第四项　公物之管理

就特定公物，为使达其目的，所为一切必要行为，谓之公物之管理。公物管理之作用，为行政作用，其管理权，属于行政主体，自无待论。唯公物管理之观念，有广狭不同之二意义，狭义之管理，单指对于公物，为现状之维持改善，以保持其固有之用途。而广义之管理，则除现状之维持改善外，关于公物之新设、使用之开始、为特定人设定权利、向私人征收使用费以及为公用之停止废止等，皆包括之广义管理之作用，在国有公物，必属于国家机关，而狭义管理之作用，除属于国家机关外，并得委之于自治团体或他人（参照《河川法》第六条）。

国有公物，由国家机关管理时，国家机关中，应由何等机关管理；现行法中，犹无一般规定，须就各特定法之解释，以决定之。唯从原则而言，凡属国家机关公用之物，应由中央或地方各机关，自行管理，或由其所属之特别机关管理之。尤其适用物品会计之物件，如器具、机器、日用品及消耗品等，除军需品及兵备品外，应由各机关之物品出纳官吏，负责管理（参照《审计法》第八条及第十四条，《财产目录及物品计算书或及说明书》，并参考旧《会计法》）。凡属国有共用之物，一般属中央主管部会管理，尤其属于内政部主管。但关于国有共用物之法律中，每设有特别规定。如《河川法》第四条规定：凡地方境内之河川，或流经境内之一段，原则上由地方政府，负保管之责。只内政部，认为有必要时，得设河川委员会,直接管理之。又《国道条例》第九条规定:"各省区国道之管理保护,及公用客货车之营业,得由各省区建设厅或主管机关,设专局办理之。"诸如此例,不暇枚举。

关于公物之行政,除上述之管理外,尚有公物警察一种。此两作用,同与公物有关,且有时由同一机关行使,在外形上,颇属相似。但公物警察,为维持社会秩序,就中为防遏关于公物之自然的人为的危害,而限制人民自由之作用,为国家警察一种。其所根据之权力,既属不同,而行使其权力之机关,通常亦属有别。公物管理权,以公物权为依据,凡公物主体,无论国家或自治团体,莫不当然有之。而公物警察权,以国家统治权为依据,为国家所独有,自治团体,不得有之。掌管警察权之机关,为警察官署;管理公物之机关,为公物管理官署或公署。依此等原则而论,两者显然不同。只实际上,此两种作用,有时属于同一机关行使,如地方政府对于境内河川,负有保管之责,而限制有害河川之沿岸土地私有工程物,或其他私人行为之警察作用,亦即由其担任之(《河川法》第九条第二一条)。此时其同一机关,所为各种作用中,孰者为管理作用,孰者为警察作用,应依性质而区别之。要之,凡属公物权当然得为之作用,为管理作用,此外,为保护或取缔公物,非管理权当然得为之作用,则为警察作用。

第五项 公物之使用

第一目 概说

共用物与公用物不同,非专供行政机关之自用,而供诸一般行政客体之共用。其共用物为自然物者,即依其性质,而当然容许一般公众使用,不须另为特定行为;其为人工者,则依行政机关之设立,及供用开始,而供诸一般人民使用。要之，不问何者，一般人民，均得依普通方法，于普通范围内，而为使用；既不须先得官公署之许可，亦不必缴纳一定之使用费。然除此种普通使用外，尚有特别使用一种，由特定人为特定目的，为与普通用法不同之使用，而其使用之时，须经主管官署之认许。关于此两种之使用，拟俟次二目中述之。

至于公用公物，因非供诸人民使用，与人民间，殆不发生使用关系。但例外亦依《民法》上之契约，为特定人设定使用权（独占使用）。如将车站一部，租与私人，为杂货店或饭食店等之营业；将火车中之膳车，租与营业人，使之供给饮食于乘客，又如在博览会场内，许与私人，开设商店；或将电柱租与私人，装贴广告等等，皆属其例。只此等使用，皆属私法关系，于此殊无详述必要。

第二目　普通使用

普通使用，即依普通方法，并于普通范围，而为公物使用之谓。其使用方法，或为行政主体所定，或依社会习惯定之。如管理官署或警察官署，为保护公物或防遏危害计，就公物之用法，得设具体规定。若有此种特别规定时，自须依其规定，否则应依社会习惯，而决定之。唯依习惯容许人民自由使用之场合，即就同种类之公物，其用法亦无一定。例如河川海滨，虽以供诸舟筏之航行停泊，为主要目的，而于航行停泊之外，为灌溉、洗淘、游泳、钓鱼以及晒网、焚火、运动、游戏等，苟无特别限制，亦得为之。又如道路广场，虽以供诸来往交通，为主要目的，而于路边开窗设户，或引路线于家门，乃至在交通非甚繁盛处所，为车辆之停留、货物之装卸及为纳凉游戏等，通常亦得为之。总之，习惯上之作用，须就具体情形，依社会普通见解，以决定之。至于使用范围，在普通使用，要以不妨害他人之使用，及不伤害公物之实质为界限。如长久占用公物，使他人不能使用,或一时过度使用,致毁损其公物,除受特别之许可外,通常不得为之。

供诸一般人民使用之公物,凡特定人事实上为普通使用之行为时,其普通使用关系,即以成立,此外,并不须为法律上之行为,亦不必经行政官署之许可。盖行政主体,既依法规或行政处分,将一公物,供诸人民使用,苟无特别反对理由,人民自得依法规或供用处分,而直接使用之也。其用物之普通使用,以各人均等为原则,凡在不妨害他人使用之范围内各人皆得同等使用,行政主体,且须保护各人,使得同等而使用之。

关于公物普通使用之性质,学者见解不一,或以为权利,或仅以为反射利益。现今多数主张,采取后说,①余意亦然。盖行政主体,设置公物,乃为一般利益而设,各人之得享受利益,特其制度之反射作用耳。

第三目　特别使用

特别使用,乃特定人依特别方法,并越普通范围,而为公物使用之谓。此种使用,须得该管官公署之认许,私人不得任意为之。然所谓特别使用,尚有二种之别。

（一）临时的特别使用

特定私人,为特别目的,临时为共用物特别使用之场合,即于道路区域中官公署所指定之处所,暂时为车马之停留,或于河湖堤岸官署所设定之船埠,暂时为舟筏之停泊等属之。临时特别使用,虽须官公署之特别认许,而现实为其使用时,不必每次请求官公署之许可。从而其使用,亦可与普通使用同视,不必认为特别之权利。

此外,与临时特别使用相似,而实不同者,尚有警察上许可使用一

---

① 如呵督梅也、耶里内克、侄兹、美浓部及佐佐木等,皆主反射利益说。

种。警察上为防遏危害计,对于公物之使用,每设有特别取缔规定。或对有害公物或有害公众使用之使用,绝对加以禁止;或对有害公众使用之虞之使用,保留许可而禁止之。后之场合,若得警察上之许可,仍得适法而为使用。如为举行祭典,在道房临时搭设蓬帐;或为建筑或修筑房屋,占用街道一部等,如一般为警察上所禁者,非经警察官署许可,不得为之。但属警察上许可使用之场合,其危害程度,必属轻微,在私人原得自由使用,特为防止危害起见,设以制限,令受特别许可,俾警察上得以审查监视而已。故此时其使用许可,不过回复私人固有之自由,而非赋与新之权能,从而其许可与否,非属官署自由裁量,与一般之警察许可无异。

(二)继续的特别使用(独占使用)

继续的特别使用,而称独占使用,即就共用物之一部,为特定人设定权利,使之继续独占而为使用之谓。独占使用,因在共用物上,为特定人设定使用权,且其用法与范围,亦与他种情形不同。故其使用关系,须依法律上之特别行为设定之。其行为或为私法上之契约,或为行政处分,兹宜分别述之。

(甲)私法上之独占使用

将共用物一部,依私法上契约,供与特定私人,独占使用,其例较少。因在共用物上,为私人设定私权,使官公署不得单独撤消,与公物之目的,常相违背故也。但于不妨共用目的之范围内,仍得例外设定之。如将公园一部,租与私人,开设店铺;或将海滨一部,租与私人,设脱衣场,即属其例。此种独占使用关系,与前述公用物之独占使用同,全受私法支配,兹不详赘。

(乙)公法上之独占使用

就共用物一部,依行政处分,许与特定私人,有特别使用权,如对民营电气公司,许其占用河床,使用水流,及在路上栽植电柱,架设电线;或对煤气或地下铁道公司,许其埋藏气管,筑设隧道等例属之。如斯在特定共用物上,为特定人设定公法上之特别使用权,号称公物使用权之特许(Verleihung der Sondernutzungsrechte, concession d'occupation temporaire)(《河川法》第十二条称为许可)。

公物使用权之特许,系设定新之使用权,非属普通使用,其特许唯公物所有权人或管理权人,始得为之。从之其权限属于公物管理机关,而不属于警察官署。因警察官署,仅有维持秩序之权限,而无代表公物所有人之权限也。管理机关,对于特定人为特许使用之声请,其许可与否,原则属于自由裁量。即除法律就其特许之条件,有特别规定,在声请人有请求之权利外,其许可与否,管理机关,得以任意决定之。此时其声请之拒绝,固不得视为权利之侵害。

公物使用权之特许,通常以特许处分书之交付为之。其处分书,除指定使用权之内容外,并得加以期限,条件或负担等附款。从之受特许人,因特许之结果,除享有特定之物权外,并负担特定之义务。

(1) 受特许人之权利

受特许人因公物使用权之设定,有占有其公物而为使用之权利。其权利之内容,除法律有规定外,即依特许处分书之指示,而决定之。此种权利,系存于公法关系中,其为公权,固无待论。但因其有财产上之价值故,除法律有特别限制外,得将其移让,或由继承人继承之。又受特许人,依其权利,得在公物上,设定一定之工作物;其工作物,除与公物附合,成为一体者外,其所有权,仍属于受特许人,从之亦得独立处分。

(2) 受特许人之义务

受特许人之义务,除法律有规定外,亦即依特许处分书,以特别负担而指定之。如命受特许人,为公物维持改良之义务,或命纳一定之使用费等,即属其例。此外,受特许人所经营之事业,如享受独占之利益时,又得命纳一定之报偿费。然关于受特许人之义务,除以处分书指定外,并得以公法上之契约,另订定之。如所谓报偿契约(Konzessionsvertrag),即其一例也。

公物使用权之特许,因次列之原因而消灭:(1)期限之届满,(2)解除条件之成就,(3)特许权之抛弃,(4)特许之撤消,(5)公物之供用废止。

第四章 行政作用

第一节 概 说

行政作用(Verwaltungstätigkeit, action administrative, administrative action),泛指国家依行政权所为之一切行动而言,与最广义之行政行为,或即所谓行政之意义相当。然行政有实质的意义与形式的意义之别,法学上所称行政,通常专就形式的意义而言,因之行政法学中所谓行政作用,亦仅指其形式的意义,即指行政机关之作用或行为言之。凡属行政机关所为作用,不问实质如何,皆得包括在内。

行政机关所为作用,范围甚广,不论单纯的动作或法律的行为,及私法的行为或公法的行为,均得包含在内。第一,自其是否发生法律的效果点上观之,可以大别为法律的行为与单纯的动作。行政上之单纯的动作,亦称事实的行为,[①]犹之私人之生活行动,大都属此,行政作用之大部分,亦属于此。如调查统计、清洁道路、运转车辆、教育子弟,乃至天气

---

① 通说以精神的行为以外之行为,概为事实的行为。唯精神的行为,能直接发生法律效果,事实的行为,乃为事件,不能直接影响于权义之得丧。然行政作用中之事实行为,如直接强制等,能直接左右权义之得丧者,固亦有之。兹为便于区别起见,将不生法律效果之事实行为,依法文所谓 Simples opérations administives 之例,另称单纯之事实的动作,或单纯的动作,而发生法律效果之其他的事实行为,仍称事实的行为,或事实行为。

豫报、提倡朴素等等，皆其适例。此等动作，自其结果上观之，并不直接发生法律效果，因又称为非法律的行为，但此种行为，与法律并非全无关系。盖行政机关所为一切作用，概须受乎法规拘束，如越一定界限，而侵害他人之权利时，即单纯的动作，亦应以侵权利行为，而负损害赔偿责任（见第五章）。此时其行为是否违背法规，自属法律问题。① 又在适法范围内，所为单纯的动作，一面为机关人员所为之行动，于其既为之后，自服务法上观之，固已尽其应为之职务，而有相当之法律上结果；唯以机关行为而论，此种动作，仅为行动过程（Tum），而无法律效果（Tat），详言之，即未能直接使国家自身或他人之权利义务发生消灭或变更耳。② 总之，此种单纯的事实动作，以不发生法律效果为目的，于法律上关系甚小，首属技术上之问题，而非法学中所研究。

第二，行政上之法律的行为，又可别为私法的行为与公法的行为。凡国家依公法，即以公权主体，所为之行为，为公法的行为；依私法，即以私权主体，所为之行为，为私法的行为。盖国家于行政上所为作用，通常虽以公法的行为为原则，而一面因财产之所有与管理，亦与私人立于同一地位，而受私法法规之支配。如为物品买卖、金钱贷借及承揽契约等，即其显著之例也（见第二章第二节第二款）。唯是国家所为私法的行为，虽亦不失为行政作用一种，而以其与私人行为同受私法规律之故，于行政法之研究中，亦应除外之。

准上以观，故行政作用，在行政法学中，特有研究之价值者，厥唯公法的行为一种。公法行为之行政作用，简称行政行为（广义的），本章以后所称，即系指此。兹就行政行为之意义及种类等，以次论述如后。

---

① Duguit, Les transformations du droit public, chap. v.
② Merkl, Allgemeine Verwaltungsrecht, S. 174.

第二节　行政行为之观念

行政行为(Verwaltungsakt，acte administratif，administrative act)者，行政机关，依公法所为之作用，而能发生特定法律效果者之谓也。析言之如下：

（一）行政行为者，行政机关之行为也

行政行为，为行政机关之作用，在形式上，得与立法司法等行为相区别，业于前述。但行政法关系中之行为，殊不以行政机关所为者一种为限，即人民亦得为之。因在行政法关系中，除行政主体外，行政客体，亦得为当事人也。故行政上之行为，自他面观之，又可别为行政主体之行为与行政客体之行为。如人民与国家间及人民相互间之双方行为（公法上契约），及人民之声请并诉愿等，即以行政客体为其当事人之行为也。唯法学中所指之行政行为，通常仅以行政机关之行为为限。

（二）行政行为者，发生一定之法律的效果者也

行政行为，为法律的行为一种，能发生一定之法律的效果。故属行政机关所为行为，而能发生一定之法律效果者，不问其为精神的行为或事实的行为，皆得称为行政行为。唯学界通说，仅以精神的行为一种为限，目为行政行为，其说或以法律上所谓行为，不外为意思表示，故所谓行政行为，亦不外行政机关，于职务上所为之意思表示。[①] 或以行政行为，除行政权之公的意思表示外，其他以类此之精神作用（如观念表示），

[①] W. Jellinek，Verwaltungsrecht，S. 234.

为主要要素,而依其要素,发生法律效果者,亦包括之。① 以上二说,其所指范围,虽各不同,而以人格者之心理表示,即一定之精神作用,为行政行为之唯一或主要成分,则属同一。然此种见解,未免过狭。盖吾人之意识的行动,所以成为法律的要件,决非以其为心理作用所构成之故,乃以其在法律上,能引起特定效果,而有法律上价值之故也。故仅为一种意思表示,而不能单独发生法律效果者,如为提存行为,仅为提存之意思表示,而无提存物之交付,固不成一完全之法律要件。他面事实行为中,如国税征收、人身管束等强制执行行为,虽不以若何意思或观念表示,为构成要素,亦足科义务人以忍受其强制之义务,而为一完全之法律要件。故凡为法律要件之人为行为,并不因其为一定之精神作用与否,而异其重要与否之品质。所谓事实的行为,苟于行政法上,能直接发生效果者,自亦得为行政行为也。

(三)行政行为者,依公法所为之行为也

行政为法规下所行之作用,一切行政行为,自须准据法规行之。虽行政法之规定,因区域而有疏密不同,而于行政法关系中,究无所谓"缺法地带"存在。故行政行为,常为既存法规之实现(即法规之具体化),不能离去法规而独行。抑法律有公法与私法之别,行政上行为,为依公法所为之作用,与私法行为,异其种别,既如前述。但公法行为与私法行为,非本质上有所差别。例如邮政局依邮政储蓄及汇兑法规,所为之行为,与私立银行依私法之银行法规,所为之行为,于行为之客体上,并无根本差异。只因所根据之法规不同,乃一为公法行为,一为私法行为耳。故公法行为与私法行为之区别,每仅为立法政策上所任意决定,而非事

---

① 织田万著,《行政法讲义》,下册,六二面;美浓部达吉著,《行政法撮要》,上卷,第一章第四节。

物之本性上有所不同也。又公法行为之效果,虽以公法上之效果为本则,而因国家之公法行为,致使私权取得或丧失者,不乏其例。如因土地收用之裁决,及发明权之特许,而引起土地所有权之消灭,及特许权之取得,即因公法行为而发生私法的效果也。

第三节　行政行为之种类

行政行为,可由种种见地,分类说明如下:

（一）精神的行为与事实的行为

行政行为,视其是否因一定之精神作用,发生法律效果,可以别为精神的行为与事实的行为,既见前述。精神的行为,视其是否依一定之意思表示,为构成要件,更可别为法律行为的行政行为（rechtsgeschäftlich Verwaltungsakt）与准法律行为的行政行为（rechtshandlung mäßiger Verwaltungsakt）。前者即以一定之意思表示为要素,依其意思内容,而发生法律效果者之谓。其观念适与民法中之法律行为（Rechtsgeschaeft）相当,又称行政上之法律行为或行政行为（最狭义的）。法律行为中之意思表示,即欲发生一定之法律效果之意思表示。此欲发生法律效果之意思,简称效果意思（Erfolgswille）。凡法律行为之效果,常依此效果意思而发生。故法律行为的行政行为,其行为内容,与所发生之法律效果,常相一致。其次,准法律行为的行政行为,亦称准行政行为,乃以观念表示等精神作用,为构成要素,因其要素,直接依法律而发生效果者之谓。此种行为,其效果之发生,虽亦与一定精神作用,有相连之关系,而发生若何效果,常为法律所直接决定。故其精神作用之内容,与所生之法律效果,并不一致。此种行为,于私法学中,亦认有之,即所谓准法律行为或类似法律行为(Rechtshandlung)是也。①

（二）单方行为，双方行为及合同行为

行政行为，以当事人之数为准，又可别为单方行为、双方行为及合同行为。单方行为，亦称行政处分（Verwaltungsverfvegung，此系广义的），乃单以行政主体为当事人之行为，不问事实行为或精神行为，皆得包括在内。唯学界通说，每就精神行为之单方的行为一种，称为行政处分。兹为便于区别起见，对于后者，另以狭义的行政处分称之。要之，单方行为，以行政主体单方之作用而成立，不须他人行为，加入在内。虽国家为其行为之际，间以私人之声请或呈请，为前提要件。如对私人为渔业权或矿业权之设定处分时，须待私人之声请或呈请，始得为之。但此时其私人之声请或呈请，为一独立行为。而国家之设权处分，亦一独立行为，非与私人行为相合，而构成第三种行为。故此时其国家行为，虽与私人行为有连系关系，而性质上，仍不失为单方行为也。

其次，行政上之双方行为，或称公法上契约或行政契约(öffentlichrechtlicher Vertrag, contrat administratif)，乃两方当事人，彼此为达不同目的，互为意思表示，因其一致而成立之行政行为也。契约行为之观念，本发达于私法中，然非私法所特有，在国内公法及国际法中，亦认有之。以国内公法而言，亦不以行政法中为限，即司法法中，亦间有之。如依《民事诉讼法》规定，第一审管辖法院，得由诉讼当事人之合意决定（第二三条），此即司法契约一种。又单就行政法之范围而言，凡得为行政法关系主体者，皆得为行政契约，初不以行政主体相互间为限，亦不必当以行政主体为一方当事人，加入在内，即行政客

---

① Kormann, System der rechtsgeschaeftlichen Staatsakt, 1910; Adersen, Ungueltige Verwaltungsakt, 1927.

体相互间，亦得为之。唯公法原则上为强行法，公法关系，非私人所能任意设定，故行政客体之行政契约，仅于法律有特定规定场合，始得为之耳。

最后，公法上之合同行为，亦称公法上之协定（Gesatmtakt, Vereinbarung），乃多数当事人，为达共同目的，而为意思表示，依其结合而成立之单一的行政行为也。合同行为，亦亘于国内法与国际法之各区域而存在，如乡镇之联合（《乡镇施行法》第六条），及国际联盟之盟约，即属其例。此种行为，其行为之当事人，各为独立意思表示，依其结合而成单一的行为，与单方行为及契约均属不同。盖契约虽亦以多数当事人之意思表示而成立，而各有不同之目的，以故其所生之效果，亦有反对之意义，如一方取得权利时，他方即负相对之义务。而合同行为，其多数当事人，乃为共同目的而为意思表示，其所生之效果，亦有同一意义。又单方行为，虽亦有以多数人之意思表示而成立，但此不过为一种合成行为（zusammengesetzer Verwaltungsakt），其行为仍视为单一当事人之行为，与合同行为，性质上非有多数当事人并立，则不成立者，仍属不同。如合议机关之决议，及二以上机关之协议，所作成之单一的国家意思，皆不过为合成行为，而非合同行为。唯合同行为，虽亦公法中所认有之观念，实际上其例甚少，于行政法学中，犹无多大之价值耳。

（三）抽象的行政行为与具体的行政行为

行政行为，以对象为准，又可别为抽象的行政行为与具体的行政行为。前者以不特定之抽象的社会事实为对象，后者以特定之具体的社会事实为对象。不特定之抽象的社会事实，原则为将来所生之事实；特定具体的社会事实，原则为现时存在之事实。故抽象的行政行为，乃对于将来之社会事实，发生效果；具体的行政行为，恒对现存之社会事实，发生效果。但关于此项区别，学界犹无定说。兹姑以抽象的行政行为，名为行政命令;具体的行政行为,名为狭义之行政行为。

行政命令,依其所拘束之客体不同,又可别为行政规章与行政规程。前者适用于一般人民,即以一股统治关系中之人民,为拘束之客体;后者适用于特定之人,以特别权力关系,或其他特别关系中之人,为拘束之客体。前者以其拘束一般人民之故,又称法规命令,后者以其拘束有特别关系之人之故,又称行政规则。①

（四）一次的行政行为与二次的行政行为

行政行为,以其是否设定新之法律关系为准,又可别为一次的行政行为与二次的行政行为,前者所以设定新之法律关系,常使新之权利义务得丧变更。普通之行政行为,概属于此。后者非设定新之法律关系,仅所以实现既存之权利义务。如为强制行政上义务之履行,而为之强制执行,及对于行政上义务之违反,而为之处罚,即属于此。又为行政监督及行政救济所为之行为,亦属于此。

以上所述各种行政行为之分类,仅自各种见地,分别说明,无论在观念上或实际上,彼此均得综错存在,其中一种兼有数种之性质者,自属有之。故为说明便利起见,得自其中任何一种见地,先行分类,再以他种标准,以次分类而说明之。兹先以对象为标准,分为抽象的行政行为与具体的行政行为(狭义的行政行为),次就具体的行政行为,分

---

① 旧时学界,曾将法规解为规律国家与一般人民间之法律规范,因将抽象的行政行为,即行政命令,别为法规命令(Rechtsordnung)与行政规则(Verwaltungsordnung)。以法规命令,为有关国家人民间权利义务之观定,有拘束一般人民之效力,而得为行政法之法源。而行政规则,如处务规程及办事细则等,仅为行政机关内部关系之规定,其效力但能及于内部,不得直接及于人民;非有法规性质,不得为行政法之法源。但法规为国家社会生活之准则,就国家生活关系而论,无论在一般统治关系或特别权力关系中,均有存在。而行政法原亦有所谓内部行政法与外部行政法之区别。如处务规程等,纵于人民直接无何关系,而行政机关之内部生活关系,固得以规律之。故行政命令中之行政规章与行政规程,虽应加以区别,而终不宜断定孰为法规孰非法规也。

为单方行为、双方行为及合同行为,再就单方行为,分为精神行为与事实行为。至于一次的行政行为与二次的行政行为,在以上各种类之行为中,皆有包含存在,无须另加区别。唯二次的行政行为中之强制执行一种有特别讨论之必要。此外,行政监督与行政救济二种,在行政法之理论的体系中,有其特殊地位,非属行政作用一章所研究。故以下拟就行政命令、狭义之行政行为及行政上之强制执行各种,依次分类述之。

第四节　行政命令

第一款　行政规章

第一项　概说

行政规章者,规律一般统治关系中之行政客体,即一般人民之行政命令也。行政命令之大部分,即属于比。其有法规性质,自无待论。唯行政规章名称,犹非现时国法上之用语,在国法上,通称为政府机关之命令,如称国民政府令、院令、部会令、省令及市县令等是。然此等命令,在理论上,虽以制定拘束一般人民之法规为本旨,而实际上仅就具体的事实而规定者,亦颇有之。此种命令,仅为行政处分,而非行政规章。又政府机关所发命令,形式上虽为抽象的规定,而其内容乃仅拘束特别权力关系中之行政客体者,亦恒有之。此种命令,仅为行政规程,而非行政规章,业已上述。故行政机关所发命令,其实质上未必尽为适用于一般人民之抽象的规定。兹为观念上便于区别起见,就拘束一般人民之抽象的命令一种,另以行政规章称之①。

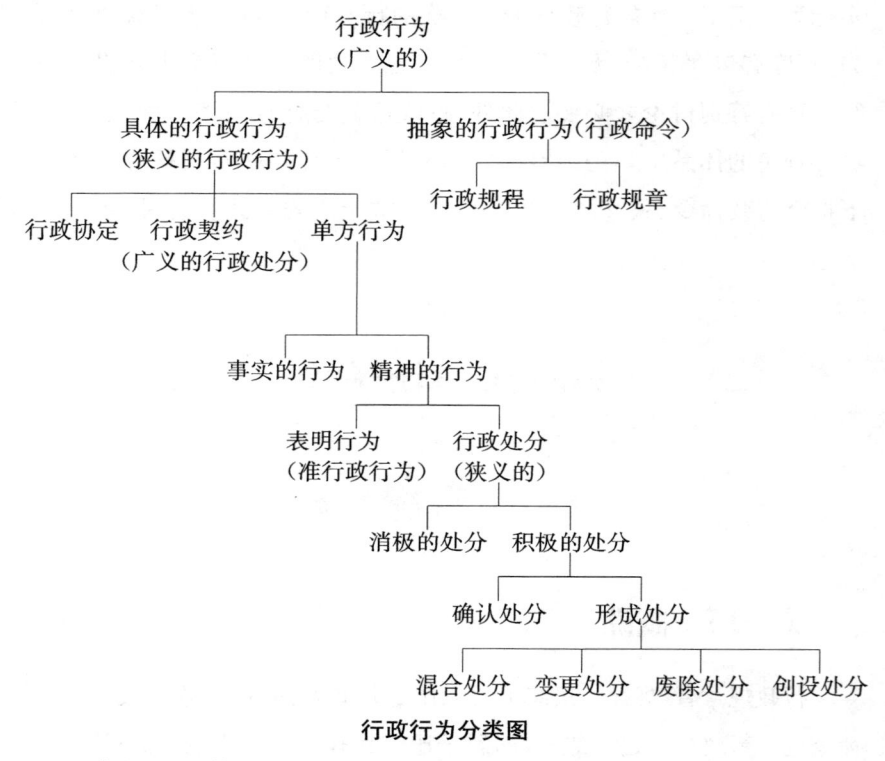

```
                        行政行为
                        (广义的)
           ┌───────────────┴───────────────┐
     具体的行政行为              抽象的行政行为(行政命令)
    (狭义的行政行为)              ┌──────┴──────┐
  ┌──────┬──────┐              行政规程      行政规章
行政协定 行政契约  单方行为
        (广义的行政处分)
              ┌──────┴──────┐
           事实的行为      精神的行为
           ┌──────┴──────┐
        表明行为         行政处分
       (准行政行为)       (狭义的)
                    ┌──────┴──────┐
                 消极的处分      积极的处分
                            ┌──────┴──────┐
                         确认处分        形成处分
                    ┌──────┬──────┬──────┐
                 混合处分 变更处分 废除处分 创设处分
```

行政行为分类图

(附注)由具体的行政行为中,除去事实的行为一种,即为最狭义的行政行为。

行政规章,亦以行政主体之精神的作用而成立,但未必尽为法律行为的行政行为。盖通常所谓法律行为的行政行为,必依其行为要素之意思表示,而发生法律的效果。行政规章中如职权命令或委任命令等,为人民设定一定之权利义务者,固得依其命令之意思内容,发生法律效果。

---

① 我国政府机关所发之法规命令,略依等级及内容,有条例、章程、规则及细则等之区别,兹以规章二字,概括称之。

而如施行细则，或仅有通知性质之规则，直接依法规发生效果，而非依其行业要素发生效果者（准法律行为的行政行为），盖亦有之。故行政规章，虽为行政行为，而未必尽为法律行为的行政行为也。

第二项　行政规章之种类

（一）依于机关之分类

行政规章，为各级政府机关所发之命令，依其所发机关不同，可以别为若干种类。依现行法规定，计有国民政府令（《约法》第七五条，《修正国民政府组织法》第十四条）、行政院令（《约法》第七六条，《国府组织法》第二五条）、各部会令（《约法》第七六条）、林垦署令（实业部《林垦署组织法》第四条）、省政府令（《修正省政府组织法》第二条）、市政府令（《市组织法》第十二条）、县政府令（《县组织法》第五条）、首都警察厅令（《首都警察厅组织法》第二条）、威海卫管理公署令（《威管署组织条例》第四条）、设治局令（《设治局组织条例》第三条）等各种。

（二）依于根据之分类

行政规章，其次，依其所发之根据为不同，可以别为职权命令与委任命令。职权命令，乃行政机关，于组织法上，依职务权当然得发之命令。此种命令，仅能就其权限所属事项，即其主管事项，而为规定，所不待论。次之，委任命令，乃行政机关，依组织法以外之法律或上级机关命令之授权，所发之命令。此种命令，或依法律特别授权而发，或依上级命令之授权而发。盖法律对于某等事项，每不能同时详密规定，无所遗漏，欲其详细规定，切合时宜，势不能不委诸执行机关，临时规定，以补充之。依法律委任行政机关，以命令补充之事项，不一而足，或以法律之施行日期，委诸命令决定；或对某种情形，使以命令定其例外；或就随时变化之细小事项，使之适宜定之。至于委任之方法，或指定一定机关，使之以其命令定之；或单指定某等事项，得以命令定之。前之场合，只能以其机关命令规定，不得更以命令委于他之机关。后之场合，则有主管权能之各机关，皆得定之。又行政机关，依职权所发之命令，依同一理由及方法，亦得将某等事项，委任于下级机关，以其命令定之。

（三）依于目的之分类

行政规章，又次，依其目的不同，可以别为执行命令与独立命令。执行命令为执行法律或上级命令，所发之命令。如某法施行规则，或施行细则等属之。此种命令，仅能就该法律或上级命令所包含之事项，加以详细规定，既不能违反法令，亦不能添设法令所未豫想之新法规，否则不能有效。又其命令所定之法令解释或补充规定，无拘束法院之效力；人民在审判上，亦得主张其为无效。此种命令，自其根据上观之，有本于组织法上当然所有职权而发，有本于法令委任而发，故此种命令中，亦有职权命令与委任命令之别。其次，独立命令，非为执行法令，而为独立目的所发之命令。所谓独立目的，不能概括论述，要由该行政机关，视其得发命令事项，而决定之。此种命令，依其根据如何，亦有职权命令与委任命令之别。

第三项　行政规章之根据及限制

拘束一般人民之法规，以属于立法机关之制定为原则（《法规制定标准法》第二条第五条），故拘束一般行政客体之命令，非行政机关权限上当然所能发布，其发布必须有特别之根据。其发布之根据，有《约法》（宪法）或法律之授权与上级机关命令之授权之别。第一，《约法》（宪法）或法律之授权，即依《约法》（宪法）或法律，授与其发布权于行政机关之谓。依《约法》规定，国民政府、行政院及行政院各部会，各有发布命令之权限；依各地方行政机关组织法所定，地方行政官署，亦各授有同一权限。至于《约法》及各种行政组织法以外，其他特定法律，是否能授行政机关，以发布命令权，无一般直接明文规定，唯依《约法》第七六条"各院部会得依法发布命令"之规定，及从来之实例观之，盖在认许之列。第二，上级机关命令之授权，即依上级机关之命令，授与其发布权限于下级机关之谓。此种授权，于法理上及习惯上，亦认许之。

其次，关于行政规章之限制，可自实质上与形式上，分别言之。第一，行政规章，在实质上，仅能就一定范围之事项，而为发布。其依《约法》（宪法）或法律授权场合，各级行政机关，仅能就组织法上权限所属之事项，及依其他各种法律所委任之事项发布之。但各种法律所得委任之范围，国法上有一定限制。凡应依法律规定之事项，原则不得委诸命令规定（参照《法规制定标准法》第二条）。其依上级命令委任场合，上级机关仅能就自身命令所能规定之事项，委任于下级机关，而下级命令亦只能以上级命令所承认之范围内，发布之。次之，行政规章，在形式上，不得与《约法》（宪法）、法律或上级命令相抵触。盖命令既依《约法》（宪法）及法律而发，于法之秩序中，其效力自有强弱不同（同《标准法》第三条第四条）。而下级机关，隶属上级机关，下级命令，其效力自较上级命令为尤弱。

第四项　行政规章之成立公布及施行

行政规章，由有权限之行政机关，决定内容，并依一定方式表现，始能成立。凡其机关须有行为能力，其行为内容，须属该机关权限内之事项，概与后述之行政处分同。唯行政规章，常为要式的行为，必须由各该行政机关，作成一定文书，经各该机关长官，记明年月日，并署名或盖印，以表现之(《公文程式条例》第四条,《国府组织法》第十四条,第二五条)。①

既成立之行政规章,欲其发生效力,尚须公布施行。公布即使一般人民知晓之谓。但公布只依一定程序,置之于一般人民可得而知之状态为已足,不必家喻户晓,事实上使各人尽已知之。我国现行通例,凡中央各机关及省市政府之规章命令,或揭载于各该机关公报,或对下级各机关,分别令知,以为公布。其他各机关命令,则由各该机关,以适宜方法公布之。

施行则使既公布之行政规章,现实发生效力之谓。盖公布为一事,而施行又为一事,单使人民知晓,犹未有现实拘束人民之效力也。行政规章,现实发生效力,始于施行之时。其施行时期,或依该规章,明定与公布同时施行,或由各该有权限之机关,另以命令定之。但施行仍以一般人知晓为前提,而人民知晓与否,则因其公布之公报或命令,到达于各处之日期,而有不同。故施行日期,又不能不因所施行之各个处所,而有若干差异。依《法律施行日期条例》规定:凡规章明定自公布之日施行者,首都以刊登该规章于各该机关各报之日起,或公布该规章之命令,依限应达到各主管官署之日(参照《施行法律到达日期表》)起,发生效力。各省市以刊登该规章之公报或公布该规章之命令,依限应到达该省市最高主管官署之日起,发生效力。凡规章定有施行日期者,自其特定日期起,发生效力。但刊登该规章之公报或公布该规章之命令,到达各主管官署或各省市最高主管官署,在特定日

---

① 各省市制定关于限制人民自由、增加人民负担之规章,尚应经过一定程序。即省政府为其制定时,应先呈由行政院,依其性质,分令各主管部会审议,呈复核办示遵,并报国民政府备案。其应经立法程序者,应先咨送立法院审议,否则不能有效成立。市政府于正式市参议会未成立以前,其制定亦然(参照《划一各省市政府单行法规实施程序办法》)。

之后者,以依限到达之日起,发生效力。又刊登该规章之公报或公布该规章之命令,因天灾地变,致不能依限到达时,自其到达之翌日起,发生效力(《法律施行日期条例》第四条第一条第二条)。至同一省市内之各下级机关,应自何时发生效力,法无明文,要须各该省市最高主管官署,依此类推,另以规章定之。

第五项　行政规章之效力

行政规章,所以规律一般统治关系中之人民与国家间之关系,与普通法律同,有拘束人民与国家之效力。即一面有拘束国家自身之效力,苟其规章未经变更,国家自身,亦须依其规章行动,是为内面的效力。他面有拘束人民之效力,人民依规章规定,对国家有为一定行为或不行为之权利,及负一定行为或不行为之义务,是为外面的效力。凡行政规章,皆有此两面效力之特色。唯其两面之拘束力,未必积极的表现于文面。其文面有直接单定人民之权利义务者,此时就国家方面,虽无直接规定,而行政机关,亦应依其规定行使职权,不得与之抵触。如是拘束国家机关,不外拘束国家自身。反之,其文面有直接规定官署之组织者,此时国家机关,固须受其拘束,而人民亦有服从其机关于权限内所发命令之义务,及拒绝权限外所发命令之权利。如是不特拘束国家自身,人民亦须受其拘束。故规章之两面拘束力,不必待于积极明文规定,但规定一面,他面即已包括于其中矣。

行政规章,因一面有拘束国家自身效力,凡发布该规章命令之本机关,苟未以新之规章,改废以前,不得以其行政处分,与之抵触。上级机关,对于下级机关之命令,虽有改废之权限,而未经改废以前,亦应受其拘束。下级机关,对于上级机关之命令,须受其拘束,更无论矣。至人民因受命令拘束之结果,有遵从其命令之义务,如违反其义务时,须受行政上之强制执行及行政处罚。

第六项　行政规章之废止及消灭

有效成立之行政规章,第一,因废止而向后失其效力。废止之法有二:一直接废止,即以法令明文,废止一规章命令是。凡法律及上级命令,皆得为之。二间接废止,即法令规定,与一规章发生抵触是。凡法律或上级命令,于一规章发布之后,或与其发布同时,设有与之抵触之规定者,则于抵触之限度,视为既经废止。又本行政机关,于发布后,更为与之抵触之规定者亦然。但同一机关同时发布之命令,互相抵触时,则非一方废止他方,而为两方无效。

第二,行政规章,因所定社会事实已消灭,或所定效果已完成而消灭。前者如执行命令,因其所执行之法律已废止,而当然消灭是。后者如附期限或条件之命令,因期限已届或条件已成就,而当然消灭是。

行政规章,尚因成立上有瑕疵,而无效或可撤消,其法理与后述之行政处分同。

第二款　行政规程

行政规程,乃拘束特种关系中之行政客体之行政命令,就中以拘束特别权力关系中之行政客体者,为最主要。于特别权力关系中,权力主体于其权力范围以内,得当然制定一般抽象之规程,以拘束行政客体。故此种规程,与规律一般统治关系之行政规章不同,其制定不须法律之授权,得以其特别权力,当然为之;其规定事项,亦非属立法事项,而为主管机关职权内当然所属之事项。然行政规程,在此等点上,虽与行政规章不同,而其内容亦得发生一定效果,左右特定人之权利义务,从之亦有法之性质。

行政规程,依其内容,可分类说明如下:

(一)处务规程

处务规程,为关于机关内部组织、事务分配及执务态度之规定。此种规定,仅于内部发生效力,于人民之权利义务,直接无何关系。故违反此种规定,仅为职务上义务之违反,非为对于人民违法。此外,如办事通则或办事细则等,亦有同一性质。

(二)营造物规则

营造物规则,乃营造物管理机关,就营造物之管理及利用,所设之规定。如学校规则、图书馆规则、铁道运输通则及汽车乘车规则等,皆属其例。

(三)公共合作之规约

公共合作之规约,乃关于合作社员权利义务之规定。公共合作为公之社团法人,于其目的范围以内,对于社员,有特别权力,本其权力,得制定拘束社员之规定。但其制定,不过准据既成关系,并非设立新之关系,故与地方团体之自治公约,显然不同。

行政规程,与行政规章,以同一之要件而成立,但不必公布,仅对有关系人,实行通告为已足。而其通告,亦无一定程序,得以适当方法为之。虽实际上,每将此种规定,实行公布,其公布在法律上,固无若何之意义也。经通告后,除另有规定外,例即施行。

行政规程,亦有拘束行政机关及服于特别力之人之效力。故行政机关,不得以行政处分,与之抵触;服其特别权力之人,不得为其违反行为。但其服从义务,不履行时,不适用行政上之强制执行及处罚。其应如何执行,须由各该规程,于法律范围内,另规定之。关于行政规程之无效、撤消、废止及消灭,适用与规章同一之法理。

第五节　狭义的行政行为

第一款　单方行为

第一项　概说

单方的行政行为，即广义的行政处分，系指行政主体，就具体事实，单方所为之一切法律的行为而言，不问事实的行为或精神的行为，皆得包括在内，既见前述。唯事实的行为，仅二次的行政行为之行政上强制执行一种，于行政法学中，有特别研究必要。关于行政上之强制执行，拟另设款说明，亦已前述。故本款中所应研究者，仍精神行为一种之单方的行政行为而已。

精神行为之单方的行政行为，有法律行为的单方行为，与准法律行为的单方行为之别。前者即称行政处分（狭义的），乃就具体事项，为一定之意思表示，依其表示而发生法律效果者之谓。后者另称准行政行为或表明行为，乃就具体事项，为一定之观念表示，直接依法律而发生效果者之谓也。就此二者，兹为分项说明如次。

第二项　行政处分

第一目　行政处分之种类

行政处分，可由种种见地分类：

（一）羁束处分与自由裁量处分

行政处分，视其为法规所羁束与否，可别为羁束处分与自由裁量处分。羁束处分,即行政机关,关于具体事件之决定,为法规所羁束之处分。依其所受羁束程度不同,有二种之别。凡法规有明确规定,行政机关,只须依照执行者,谓之依法执行。凡法律似任行政机关,自由判断,而其判断,必须合于法规之要求者,谓之法规授权或法规裁量。自由裁量处分,乃行政机关,关于具体事件之决定,不受法规羁束之处分。此时行政机关,只须考虑何者适于公益,而以便宜出之,概已前述。

(二)职权处分与声请处分

行政处分,视其依职权自动而为与否,可别为职权处分与声请处分。前者不待何人请求,得由行政机关,径依职权为之。如警察上之命令禁止,及税赋之征收是。后者以人民之声请为要件,唯人民有声请时,始得为之。如矿业权或渔业权之设定,及工业所有权之特许是。

(三)须受领处分与不须受领处分

行政处分,依其须相对人受领与否,可别为须受领处分与不须受领处分。前者必须相对人受领,始生法律效果,所谓受领,即处分内容,已置于相对人可得了解之状态之谓。在对话人间,以口头表示,而为相对人所了解时,为已受领。在隔地人间,以文书送达于相对人时,为已受领。行政处分,以须受领为原则,凡有特定相对人之处分,均须经其领受。自其受领时起,乃生效力;其相对人之本意,拒绝与否,殊非所问。后者其意思表示完成之时,即生效力,不必何人受领。如对住所不明之特定人之处分,及对多数不特定人或一般公众之处分,即属于此。

(四)独立的处分与补充及代理的处分

行政处分,视其所以使他当事人之行为,发生法律效果与否,可别为补充的或代理的处分,与独立的处分。补充的或代理的处分,所以使他人行为,发生法律效果,均为他人为之。唯补充的处分,所以补足他人之意思,使之完成法律效果代理的处分,乃代他人为意思表示,使之对于他人(即本人),直接发生效果。如主管官署,对于社团章程变更之许可(认可),即前者是。监督机关,对于自治团体或特许企业者,所为事务之代行,即后者是。独立的处分,完全为其自身目的而为,非使他人行为,发生法律效果,行政处分之大部,即属于此。

(五)要式的处分与不要式处分

行政处分,依其须具一定方式与否,可别为要式处分与不要式处分。前者其意思表示,须依法定方式,否则不能有效。后者无一定方式,不论口头或书面表示,均听自便。行政处分,除法令有规定外,以不要式为原则。但视私法中之法律行为,其要式者,殊属较多。其方式普通为《公文程式条例》所规定,即记载一定事项于书面上,记明年月日,并由负责者,署名盖章为之。

(六)积极的处分与消极的处分

行政处分,视其变更原有之法律状态与否,可以别为积极的处分与消极的处分。前者对于原有法律状态,积极加以变更;后者对于原有法律状态,表示不为变更。所谓表示不为变更,不外对于人民声请之拒绝(Weizerung),唯人民有声请时,始得为之。如请愿之拒绝或诉愿之驳回,即属其例。但此种行为,对于原有法律状态,虽不发生若何变动,而其拒绝之消极的表示,足使声请行为,归于无效,固亦一种行政处分。以故对于此种处分,亦得提起诉愿[①]或诉讼。积极的处分,依其内容,可别为形成处分与确认处分,而形成处分,更可区为若干种类。兹就积极的处分一种,另为分类说明如后。

---

① 参照司法院字第三七二号及第六四二号解释。

第二目　行政处分之内容

第一　形成处分

形成处分(Gestaltungsakt)云者,乃使原有法律关系,发生变化,而同时构成一新法律关系之行政处分也。依其变化状态如何,得以别为创设处分、废除处分、变更处分及混合处分四种。

(一)创设处分

创设处分,系设定新法律关系之行政处分,或对特定人,设定一定之法律地位,或对特定物,附与一定之性质。故此种处分,又可别为对特定人设定法律地位之处分,与对特定物附与性质之处分。

(甲)对特定人设定法律地位之处分

对特定人设定法律地位,不外使特定人取得权利义务、身份、人格或其他之能力。因之此种处分,更可细分为若干种。

(1)设定义务之处分——下令处分

下令处分(Befehl),或称处分命令,乃使特定人即负有特定义务之人,负担一定义务之处分。最主要者,即使人民或机关之构成员,积极的为一定行为,或消极的不为一定行为之处分属之。其命为特定之作为者,为作为令(Gebot, injonction),命为特定之不作为者,为不作为令或禁止(Verbot, prohibition)。下命处分,以有权力关系之存在为前提,或基于一般统治关系而为,或基于特别权力关系而为。前者依其所本权力不同,可别为警察下命、财政下命、军政下命及公企业之负担等。此等下命,须有法规根据,始得为之,所不待论。依下命所生之效果,受命人有遵行之义务,即服从义务,于其不肯遵行时,得依法律所定,以强制执行手段,而执行之。法规有罚则规定时,又得实行处罚。后者即对于官吏之职务命令,及对于军人之军令等是。此种下命,不遵行时,适用特别之制裁规定。

(2) 设定权利之处分

对特定人设定权利之处分(Verleihung),种类甚多,兹依所设定之权利不同,别为设定公权之处分与设定私权之处分。前者如公物独占使用之特许是。后者如渔业权、矿业权、特许权及商标权之设定是。

(3) 权利义务包括设定之处分

权利义务包括设定之处分(Gewiihrung),即整个的法律地位或身份设定之处分。此种处分,与各个权义之设定不同,乃使特定个人与国家间,发生包括的法律关系。凡特别之包括的法律关系,除依公法上之契约外,类由国家单方行为设定之。如公企业之特许、官吏之任命、兵役之编入、拘留罚之决定及感化院之收容等均属之。

(4) 赋与能力之处分

赋与能力之处分,可别为设定人格之处分、解除禁止之处分及同意处分三种。

(a) 设定人格之处分

设定人格之处分,即对于新设立之团体,赋与权利能力及行为能力之处分。如私法人设立之许可,及公共合作设立之许可是。

(b) 解除禁止之处分——许可

解除禁止之处分,通称许可(Erlaubnis, permission),即就原则上为法律所禁止之行为,对特定人解除其禁止,使得适法而为之处分。凡各人天然得自由之行为,本以任于各人自由为原则,然有特种行为,若放任之,则易发生妨害社会公益之结果。对于此种行为,国家乃以法律特加禁止,不许人民任意为之。但其禁止,并非绝对的禁止,如行政官署,认为对特定人,不妨解除其禁止时,则得解除禁止,使得自由为之。此时对特定人解除禁止，使有特定行为能力，通常即称许可。故知其法律之禁止，为保留许可之禁止(Verbot mit Erlaubnis)，而依许可得为之行为，原为各人自由得为之行为；以故许可非予特定人以向所未有之权利，不过撤去法律限制，回复其固有之自由而已。许可既以禁止为前提，与下命同，亦以有权力关系之存在为要件。其本于一般统治关系者，如警察许可、财政许可及军政许可是。就中以警察许可一种，为最重要。其本于特别权力关系者，如对于事务官兼差之许可是。

(c) 同意处分——认可

同意处分(Zustimmung)，又称认可(Genehmigung, autorisation)，为补充的处分一种，即对特定人之行为，与以同意，使之完全发生法律效果之处分。如社团章程变更之许可(《民法》第五三条第二项)，区长俸给及区监察委员办公费之核定(《区自治施行法》第十五条)，即属其例。法令中关于认可，有时亦称许可，但与上述之许可，究属不同。许可为禁止之解除，未受许可以前，其行为不得为之。而认可为行为之同意，其行为初非法律所禁止，只未得同意以前，犹未完全发生效力耳。故应受许可之行为，若未受许可而为之，其行为常受处罚，或至少禁止继续。但既为之各个行为，如未受许可营业之行为等，并不因之无效。而应受认可之行为，未受认可而径为之，其行为非属违法，乃属不能有效。

(乙) 对特定物附与性质之处分

对特定物赋与法律上性质之处分，以设定公物之处分，为最重要。如道路公用之开始，及要塞地带之指定等，即属其例。但此等处分，一面对物赋与性质，同时亦对人发生效果。如因共用物之设定，一般人乃得使用其公物；因其他公物之指定，国家乃取得其公物权或公物管理权。

(二) 废除处分

废除处分，与创设处分相反，即对特定人撤消法律地位，或对特定物撤消性质之处分。

（甲）对特定人撤消法律地位之处分

对特定人撤消法律地位之处分，即不外使特定人之权利、义务、身份、人格及其他能力，归于消灭之处分。

（1）消灭义务之处分——免除

消灭义务之处分，或称免除（dispens，dispensation），即免除作为、给付或忍受义务之处分。如租税之免除、兵役之免除、国立学校学费之免除，及大赦、特赦、假释等，均属其例。免除与前述之许可，同其性质，特一为作为给付或忍受义务之免除，一为不作为义务之免除，所免除之标的，有所不同已耳。

（2）消灭权利之处分

消灭权利之处分，如公物独占使用之撤消、私权设定处分之撤消及废弃有传播传染病危险之物品之处分等属之。

（3）权利义务合并消灭之处分

公法上整个的地位或身份废除之处分，即官吏之免职、国立学校学生之开除及公企业特许之撤消等是。

（4）消灭能力之处分

消灭法律上能力之处分，即法人设立许可之撤消，许可及认可之撤消等属之。

（乙）对特定物撤消性质之处分

对特定物撤消原有性质之处分，亦即道路公用之废止，及其他公物之废止属之。

（三）变更处分

变更处分，即对于原有之法律地位，加以变更之处分。或对原有地位，消灭其一部分，而缩小其范围，或于原有地位之外，加以新之权义能力,而扩大其范围。如租税之减轻、官吏之停职及对许可所附负担之变更等,均属其例。

(四) 混合处分

混合处分,即创设与废除合并而为之处分,如土地征收之核准,一面使土地所有人,丧失其所有权,他面使兴办事业人,取得其权利是。

第二 确认处分——裁决

确认处分(Festellung)云者,系就一定之事实或法律问题,为认定之表示,而使行政客体,负其遵从义务者之谓也。所谓事实问题,即一定法律事实之存否,申言之,即于一定法律关系,有重大影响之事实,存否之问题。如所得金额之决定、补偿地价之估定、河川流域之认定、市县境界之堪定、候选人表册之核定、得票多数当选之决定、考试合格之决定,及度量衡之查定等,即事实存否之确认也。所谓法律问题,即一定法律关系之存否,申言之,即一定权义身份或能力存否之问题。如对处分有效无效诉愿之决定、违警罚金之决定、官吏恤金之核定等,即法律关系存否之确认也。凡一事实或法律关系,究竟存在与否,原为事实上或法律上所一定,行政机关,为其裁决之际,不过就其具体事实或法律关系,为认识之表示而已。然行政机关所为认定,亦有拘束行政客体之效果意思,存在其间,苟非依声明异议或其他救济手段,请求变更,固已不能更动之矣。

第三目 行政处分之附款

第一 概说

行政处分之附款(Nebenstimmung)云者,对行政处分之内容,所附加之意思表示,用以限制其处分之效果者之谓也。行政处分,通常虽以对特定人,发生所豫期之法律效果为原则,而行政官署,为顾全社会公益,乃至为受处分人自身之利益计,有时对其处分效果,加以多少限制。或使其效果暂不发生;或于其发生后,于一定情形,使之断然消灭;或与其发生同时,使受处分人,担负一定负担。凡此为限制行政处分之效果,所附加之意思表示,即称行政处分之附款。

行此处分之附款,既为对于处分内容,所附加之限制,自与处分内容之主要部分,同为行政官署之意思表示。故法规直接规定,对处分效果,一般所加之限制,不得称为附款。因此种限制,原为法规所规定,而非出于行政官署之意思表示也。

行政处分之附款,为同一处分之法律事实,而非一独立之法律要件。故虽以附款科受处分人,以特定义务之场合,亦仅同一处分所生之效果,而非生于另一处分。因其附款之意思表示,系与效果上受其限制之主要意思表示,构成同一处分之内容,而为单一之法律要件也。

第二　附款之种类

行政处分之附款,计有条件、期限、负担及撤消权之保留四种。

(一)条件

行政处分之条件(Bedingung),即对行政处分之内容,所加之附款,以使其处分效果,决于将来发生与否不确定之事实者也。条件有停止条件与解除条件之别。凡使其处分效果,至条件内容之事实发生,即条件成就之时,始行发生者,谓之停止条件。而使其处分效果,暂时存续,至条件内容之事实发生,即条件成就之时,乃归消灭者,谓之解除条件如谓下动员令时,则应集合,停止条件也。谓几月内不兴工,则道路经营之特许,当然失其效力,解除条件也。附停止条件之处分,在条件未成就前,其效果犹在停止,及其成就,始以发生。附解除条件之处分,与通常情形无异,其效果自始即以发生,但仅存续至条件成就为止,及其成就,遂以消灭。要之,附条件之处分,其效果之发生或消灭,常系于将来成否不确定之事实,因之其法律关系,亦当处于虚悬不确定之状态焉。

附条件之行政处分,其例并不甚多。依法规直接所附之条件,所谓法定条件,非附款之条件,固无待论。如依法执行及确认等处分等,性质上不宜使之处于不确定之状态者,则根本不能附以条件。其附加为法律直接间接所禁止者,自亦不得附之。处分之得附以条件者,除法律特有规定外,仅以属于官署裁量之处分属之。但此种场合,亦多可以他种方法代之。如于事实发生之后,另为新之处分;或就前之处分,实行撤消,皆可与附条件,得到同一之效果也。

(二) 期限

行政处分之期限(Befristung),亦对处分内容所加之附款,使其处分效果,决于将来确定发生之事实者也。期限有始期与终期之别。凡处分效果,因其期限届至,而始发生者,谓之始期。因其期限届满,而归消灭者,谓之终期。附始期之处分,于期限届至前,其效果犹为停止,及其届至,始以发生。附终期之处分,与通常情形同,其效果自始即已发生,但仅存续至期限届满为止,及其届满,遂以消灭。要之,附期限之处分,不问其为始期或终期,其效果之发生或消灭,常决于将来确定发生之事实,与附条件处分之效果决于将来发生与否不确定之事实者,有所不同。但期限内容之事实发生,虽属确定,而其发生时期,尚有确定与否之别,因之,期限又有确定期限与不确定期限之分。其事实之发生与发生之时期,均属确定者,谓之确定期限。其事实之发生,虽属确定,而其发生时期,不确定者,谓之不确定期限。如谓某月某日起,禁止某路之通行者,为附始期而期限确定之处分。谓家畜之所有人,于家畜死亡之际,应为其呈报者,则附始期而期限不确定之处分也。谓以若干年为限,与以公营业之许可者,为附终期而期限确定之处分。谓至外国大学毕业为止,每年给以奖学金若干者,则附终期而期限不确定之处分也。

附期限处分,其例亦不甚多,法律中所有类似期限之规定,皆为法定期限,而非附款。又处分对象之事实上当然含有之时期,如谓于博览会开会中,许可在场内开饮食店者,不过示明其行为之内容,亦非对其许可所设之附款也。

行政处分,得附期限之限度,与附条件之场合同。在处分性质上或法律规定上,不得附以期限者,均不得附之。其得附以期限者,除法律特有规定外,亦仅任于官署裁量之处分属之。

(三) 负担

行政处分之负担(Auflage),亦对处分内容所加之附款,所以使受处分人,担负一定之义务者也。处分负担,为保护社会公益而设,多于设定能力之许可,及设定权利之处分中见之。负担内容之义务,有作为义务,有为不作为义务,又有为金钱给付之义务。如对公营业之特许,同时命为特种设施;对于建筑许可,同时限制其建筑样式;对于公物占用之特许,同时命纳一定之使用费等,即属其例。附负担之处分,受处分人,不肯履行其义务时,行政机关,得取适当之处置,如强制其义务之履行,限制其因处分所受之利益,或撤消其处分等,皆得为之。以是言之,故处分负担,亦为对于处分效果,所加之限制。但其负担与前述之条件,有所不同。附条件处分,其效果常处于不确定之状态。而附负担处分,其效果自始确定,既不因附有负担,而停止发生,亦不因负担之不履行,而当然消灭。只受处分人不肯履行其义务时,加前所述,行政机关得撤消其处分耳。

附负担之行政处分,实际上其例较多。但依法规直接规定,受处分人当然负一定之义务者,为法定负担,而非处分附款。行政处分,得附负担之限度,亦与得附条件之场合同,即除法规特有规定外,仅以任于官署裁量之处分属之。

(四) 撤消权之保留

撤消权之保留(Wiederrufsvorbehalt),亦处分内容之附款,即保留于一定情形,得撤消其处分者也。此种处分附款,与负担同,多于赋与能力或权利之处分中见之。或与负担连系,声言不履行其义务时,则撤消之。或与负担无关,独立保留其撤消权。行政处分,附有此种保留,其效果上,自亦受相当之限制。但其效果将来因撤消而消灭,系出于行政机关之二次的意思表示,与附解除条件之处分,其效果因不确定之将来事实之发生,而当然消灭者,自属有别。又依法定当然得为之撤消,而非处分之附带表示所保留者,亦非此之撤消权之保留。行政处分,得加此种附款之限度,亦与上述得加条件之场合同,兹不复赘。

第四目　行政处分之成立告知及受领

第一　行政处分之成立

行政处分,因有权限之行政机关,依于法之要求,为处分之意思表示而成立。质言之,其成立须具若干要件。其要件依处分种类,而略有不同。视其为各种处分所共通与否,有一般要件与特别要件之别。前者为各种行政处分共同应具之要件,以各该法规规定中之共通要素构成之。后者为各种行政处分特别具有之要件,以一般要件以外之法律事实属之。故欲求一行政处分之成立要件,须于一般要件之外,加上特别要件,始得知其全部。兹就其一般要件,述之如次:

（一）须处分机关，有为其处分之能力

行政处分，欲其有效成立，第一须其处分机关，具有行为能力。盖国家行为，不外为机关所表现，国家之当事人能力，自亦还原为机关之执行能力。唯构成国家之机关者，仍不外为普通之个人。故欲国家机关，具有行为能力，必须其构成人员，系受合法之选任。关于任官资格及能力之要件，多半为法律所一定。前既言之，对于完全能任官能力人，而为任命，其任命应为无效。但对无任官资格人，加以任命，其任命未受撤消以前，则非当然无效。从之此种人所构成之国家机关，姑得视有行为能力。

（二）须处分机关，有为其处分之权限

行政机关，仅于一定事项之范围内，有代表国家之权能。易言之，仅就所属权限内之事项，得为各种行为，以其行为，归属国家。故行政机关，对于无事物或土地管辖权之事项，而为行政处分，不能以国家行为而有效。唯特定行为处分，是否属其机关权限，与其处分是否适当，又属有辨。盖所谓处分机关，须有为其处分权限，但须其处分之内容事项，一般的属其机关之权限为已足。其职权内所为处分之妥当与否，则为另一问题。例如警察机关，对警察上不应许可之情形而为许可，或征税机关，就所征税额之计算而有错误，固仍为权限内之行为，而未越乎权限之外。此种处分，不过违法或不当而已。因其违法不当，于效果上虽成问题，而其处分本身，要未至以权限外之行为，而完全不能成立也。

（三）须受处分人，得为处分客体

凡有公法上权利能力之人，皆得为处分关系人即受处分人。但有特种地位之人，因某范围不受国法支配之故，不受行政处分之拘束。如在我国国内之外国元首及外交使节，因有治外法权，不受我国税法及警察法规之适用。若对此等不得为行政客体之人，而为课税或住宅搜索之处分，则不免为有瑕疵。又对其他不能附以特定法律地位之人，而附以法

律地位亦然。故受处分之人,须为行政法上有受处分能力或其他条件之人,简言之,即得为该当处分客体之人。

（四）行政处分,有一定标的物时,须其物件得为处分之标的

犹之私法中,有所谓不通融物,行政法中,亦有不得为处分标的之物。例如私有水面,不得为渔业权设定之标的,私有土地,不得编入道路。如行政机关,如就此等物件,而为渔业特许,或道路编入,则不免为有瑕疵。故行政处分有一定标的物时,须其物件,在法律上得为处分之标的。

（五）行政处分之内容,须为可能、明确、适法,并合于公益

行政处分,与一般法律行为同,其内容须属可能、明确、适法,并合乎公益。所谓可能,即其内容非属事实上或法律上不可能之谓。其属事实上之不可能者,此处姑置不论。其属法律上之不可能者,其行为不单违法,且全然不能发生效果。其次,所谓明确,即其内容须有一定意义,并得确定之谓。如对于何人命令何事,或许可何事,而不能明白确定,则直无一定内容,自亦不能成立。复次,所谓适法,即其内容须合乎法规所定之谓。如违反禁止规定,或与法规抵触,皆不免为有瑕疵。最后,所谓合于公益,即其内容须合于政治上或行政上目的之谓,不合于政治上或行政上目的之处分,纵不抵触法规,亦不免以有碍公益,即不当而得撤消之。

（六）处分之意思表示,须其本意与表示相一致

意思表示,因意思决定与表示之二阶段而成立。意思决定,仅为心理作用,未表出于外部而为外人所认识,固未成发生法律效果之原因也。

然所决定之意思与表出之意思，未必其常相一致。其意思与表示不一致时，为确保社会交涉之安全计，固应尊重外部意思。但若过重表示主义，则于善意之行为人，有时未免失之过酷。故法律为保护善意之行为人计，以意思与表示不一致时，其行为不能完全有效成立。行政处分为行政机关之意思表示，其意思与表示因善意不一致时，自亦发生同一结果。即行政官署，于为处分之际，因错误或诈欺胁迫，致处分意思与表示相龃龉时，其处分内容，亦不免为有瑕疵。此种处分，究为无效或仅可撤消，学界虽有议论，而认其为有瑕疵，至少可以撤消，则已为多数人所其认。故行政处分，须处分表示与本意一致，始能完全有效成立。

（七）行政处分，有一定之先行程序者，须经其先行程序

行政处分，未为正式决定以前，有时须经一定之先行程序。如处分前须为一定事项之公布或告知，或命受处分人亲自到署，及令有关系人相互协议，征求他官署之意见，呈请上级官署之核准，及候待受处分人之声请或呈请等，皆其例也。此等前提要件，与处分本身，虽非绝对不能分离，而程序上，未有此等先行事项，其处分则亦不能有效成立。

（八）行政处分，其意思表示，法规上有一定之方式时，须合于法定方式

行政机关，为处分之意思表示，除法令特有规定外，不须一定方式。不论明示或默示为之，均无不可。例如道路弃置不修，致事实上不能使用，即为默示公物之废止。其在明示场合，通常固以文书为之，而以口头或各种形容为之，亦能成立。如警察上之处分，每得以口头或举手为之。但行政处分为求郑重明确起见，须以一定方式为之者，较私法上行为，其例特多。至于应具如何方式，为各种法令所规定。通常即依《公文程式条例》，记载一定事项于书面上，并记明年月日，署名盖印为之。亦有如许可证等，另以特种方式为之。凡要式处分，不合法定方式，不能完全有效成立。

第二　告知及受领

行政处分，一般须具上述各种要件，始能成立，并发生效力。然成立要件与发生效力之要件，又属有别。上述各种成立要件，固亦为发生效力所必要。而欲处分真正发生效力，尚须具备他种要件。其要件即告知与受领是。

（一）告知

行政处分，欲其发生效力，第一，须将处分内容，告知于相对人。盖行政处分，通常必有相对人，欲其发生效果，易言之，欲其效果归属于相对人，自非先使相对人，了解其处分之内容不可也。处分告知之方法，亦有要式与不要式之别。其须依法定方式者，为要式的告知，不须一定方式者，为不要式的告知。此之所谓方式，与上述处分之成立方式，未必尽同，自无待论。

行政处分之告知，亦以不要式为原则。即除法令有规定外，其告知得以适当方法为之。如为口头处分，即以口头告知；文书处分，即以文书送达或署前揭示为之。要之，此等告知方法，各应于何等情形采用，事实上虽有一定限制，而法律上，因任官署自择，仍皆为不要式的也。但于特种场合，法令不无方式限定，或令以一定方式法送达，或于公报上公告，或以一定期间，供诸公众阅览，此等要式告知，多对于不特定人，为处分告知时用之。

（二）受领

处分有须受领处分与不须受领处分之别，凡有特定相对人之处分，须经其受领，始生效果，前既言之。但法理上仅以处分内容，已被置于相对人可得而知之状态时，易言之，仅以处分之告知已到达于相对人时，视为既经受领。故以口头告知场合，即以口头告知之时，为相对人所受领。

以文书告知场合，如向对话人而为文书交付，则以交付之时，为已受领；对隔地人而为文书送达，则以到达于相对人之居所时，为已受领。但有特定相对人之处分，亦有例外场合，不须经其受领者。如相对人之住所不明，或其人数过多，无从使其受领，或不便一一告知者，得以公告或揭示，而为告知。此等场合，其处分即自公告或揭示时始，发生效果。

至于无特定相对人之处分，完全不须何人受领，单以处分告知，即能发生效力。此种处分，如以道路通行之禁止，及公物之设定并废止等，对多数不特定人或一般公众之表示属之。其表示及告知方法，业已前述，兹不复赘。

第五目 行政处分之效力

第一 行政处分之确定力

行政处分，在某点上已确定而不得更动之效力，是为行政处分之确定力（Rechtskraft，Unanfechtbarkeit）。行政处分之确定力，须分形式上之确定力与实质上之确定力言之。

（一）形式上之确定力

行政处分之形式上确定力（formelle Rechtskraft），即其处分已不得以法律上救济手段，而为争讼之谓也。关于行政处分之法律上救济手段，有声明异议，及提起诉愿或诉讼等各种，如后所述。凡对违法或不当之处分，原则得依此等手段，请求撤消，使之丧失效力。但此等对抗手段，仅以一定期间为限，得提起之。因其提起期间，若无限制，则一处分，至数年或数十年后，亦有再受撤消之虑，于法律关系之安定性，甚有妨碍也。故对于救济手段之提起，法律上常有一定期间之限制。若其期间经过，而不请求救济，则其处分之效力，在形式上遂告确定。又经请求救济,而结果已告确定者亦然。

（二）实质上之确定力

行政处分之实质上确定力(materielle Rechtskraft),即其处分内容所有之决定,法律上已不得再为更动之谓也。行政处分,有此种确定力时,行政机关,固已不能再就同一事项,而为不同之决定;而私人亦不得再就同一事项,而请求为不同之变更。但行政处分,与司法判决不同,不适用一事不再理之原则,因之其得撤消变更与否,亦不能与判决同断。然就此问题,学说尚未一致。① 或以行政处分,与法院判决不同,全然不有实质上之确定力。或以行政分处,与判决同,不得再为撤消变更。或以判决决定,虽不得再为撤消变更,而行政处分,则未必尽有实质上之确定力。以上三说,当以第三说即折衷说,为较妥当。盖行政处分,有无实质上确定力,未可一概而论。如有瑕疵之行政处分,除因争讼结果,已得形式上之确定力外,行政机关,得为撤消或停止,固无待论。即无瑕疵处分,如其存续于公益有碍,或其处分基础之情事已变更时,亦得依法规而废止或变更之也。行政处分于何等情形,得为撤消废止,姑待后述。

第二　行政处分之拘束力

行政处分,与法规同,依其内容,有拘束行政主体及客体之效力,是为行政处分之拘束力(Verbindlichkeit)。第一,行政处分,一面有拘束行政主体之效力。凡表现行政主体之一切机关,不问该当处分官署,或上级官署,乃至其他机关,在该处分本受合法撤废以前,概须受其拘束。例如警察机关,已为营业停止,对其受停止人,县政府或省政府,不得再以

---

① Beetschen, Die materielle Rechtskraft der Verwaltungsverfuegungen, 1925; R, Coester, Die Rechtskraft der Staatsakte, 1927.

营业人而处遇之。又如省府官吏，在职满十五年，被处免职，若仍请求给恤，则虽具备其他条件，铨叙部亦不能作自请退职官吏，而为给恤之核准。第二，行政处分，他面有拘束行政客体之效力。凡受处分之相对人及第三人，皆应受其拘束。但对特定相对人之处分，原则上仅对其特定人，发生效果；只有少数场合，如已受许可营业之继承等，得移转其效果于继承人而已，至对多数不特定人或一般公众之处分，则依处分内容，应受其效果归属之一切人，皆应受其拘束，自不待赘。

第三　行政处分之执行力

行政处分之执行力（Vollstreckbarkeit），即得依一定手段，使其处分内容，完全现实之谓也。行政处分，有须执行与不须执行之别。凡其内容，系对受处分人命为一定行为或不行为者，于其不肯遵行时，类得强制执行之。关于处分执行之手段，为《行政执行法》所规定，如后所述。要之，须执行之处分，纵形式上之确定力未决定前，亦得开始执行。只已提起诉愿或诉讼之际，依法律规定或官署决定，应例外停止执行而已（《诉愿法》第十一条，《行政诉讼法》第九条）。

第六目　行政处分之无效及撤消

第一　概说

行政处分，若具各种要件，固能依其内容，发生法律效果，然行政机关所为行为，因在某等点上，未能合乎法之要求，而对于其关系人，不能发生完全之效力者，事恒有之。行政处分，在效力上所有欠缺，为行政处分之缺效，致其缺效之违法原因，即行政处分之瑕疵（Fehl, Mangel）。行政处分，因所有之瑕疵不同，其所生之结果亦异。

其结果或为完全无效（Unwerksam），或姑视为有效，而终得撤消之（Anfechtbar）。

行政处分之无效，即其处分，完全不发生与其内容相当之效果之谓。无效之行政处分，几与未有其处分者同，任人皆不受其拘束。故其无效，不待宣告，无论行政官署或法院，皆得以独立之见解，而判断之。其次，行政处分之撤消，乃其处分附有瑕疵，因有权限机关之撤消行为，而丧失其效力之谓。得撤消之处分，在未撤消以前，固已完全发生效力，而国家机关，以及受处分人，皆须受其拘束。只因处分本身，附有瑕疵，有撤消权之官署或法院，得撤消之，使之丧失效力耳。行政处分，究有何等瑕疵，乃为无效，而有何等疵瑕，乃为仅得撤消，关于其间界限，各国之成文法，咸无明确规定，而学说亦未一致。只自公法法理言之，行政处分，以有特别重大之瑕疵为限，始为当然无效，否则仅得撤消。盖行政处分，与私法行为不同，私法中关于法律行为之无效原因，类有详明规定，法律行为，有无效之原因时，常为当然无效，而不待于主张或宣告。理固甚明，事亦易断。而行政处分，因有何等瑕疵，乃为无效，公法中通常无特定明文，可资援引。而一处分有效与否，该当处分机关，于某程度，得自行认定之。苟该当处分机关，就其职权内行为，自认以为并无不妥，则其处分未受有正常权限之官署，指斥以前，尚应视为有效。因关于处分之效力，若该当官署，无此种认定权，则处分中略有瑕疵，人民亦得举以反对，将使国家不易为机宜之处置矣。故行政处分，应以有特别重大瑕疵，而不容忽视者为限，始为当然无效，否则仅得撤消而已。撤消原因，首以违反公益之情形属之。行政处分，须适合于公益，业于前述。违反公益之处分，虽不直接违反法规，而以违反行政目的之故，不免为有瑕疵。然单纯违反公益，决非当然无效，不过得为撤消。至于违反法规，则因情形不同，不能一律。如违反禁止规定，固为无效，否则亦仅得撤消。盖犹法院判决,纵属违反法规,亦未必常为无效也。[1]

第二　行政处分之无效

(一)无效之原因

行政处分,如有重大瑕疵,则为当然无效,已见上述。但至若何程度,乃为重大,学界亦无定说。兹就前述各种要件之欠缺情形,分别论述如下。

(甲)行政处分,须其处分机关,具有行为能力,前既言之。故在单独制或独裁制机关,如其构成员,非属有效选任,或已被命停职免职,而复照常执务,则因非属正当组织,不有行为能力,其处分应属无效(《公务员惩戒法》第十八条)。至于合议制机关,因须多数分子,合同行动,为某处分,有无行为能力,尤易成为问题。如(1)开会或议决时,不足法定人数;(2)开会或决议时,虽足法定人数,而有缺格分子,加入在内;(3)应召集而不合法召集,即行开会;(4)开会虽不需一定之程序召集,而集会非属职务上之会议。凡此场合,因其机关非属正常组织,其议决亦属当然无效。

(乙)行政机关,仅于一定范围内,有代表国家,而为行政处分之权限;其权限则视有无事务,土地及人之管辖权,而决定之,亦已前述。凡处分机关,于此三方面中,任何一面,无管辖权者,皆不免为越权处分,即无权限处分而无效。例如教育部长而为营业许可,或田赋征收,乃事务种类上无权限之处分;甲地官署,对于乙地土地或营业,而为许可,乃土

---

[1] Kormann, a. a. O. S 203f; W. Jellinek, Der fehlerhafte Staatsakt und seine Wirkungen, 1908; Jèze, Verwaltungsreht der franz. Republik. S. 451f; Versuch einer Lehre von den Rechtsfolgen fehlerhafter Rechtsgeschäfte; Alcindor, Der différentes espèce de nullités des actes administratifs, 1912.

地区域上越权之处分;又自人的范围言之,如各军区司令官,不有法律上根据,而对一般人民,命以特别服务义务,亦为越权处分而无效。

(丙)对于不得为处分客体之人,而为处分,则因不能附以效果而无效。如对精神健全之人,令入精神病院;对外国人,而为矿业权赋与;对无土地所有之人,而为土地课税;对有治外法权之人,而为处罚,此等处分,皆因不能附以该当法律效果,自始不能有效。

(丁)对于不得为处分标的之物,而为处分,亦为当然无效。如就私有水面,而为渔业许可(《渔业法》第三条第四条);就要塞地带,而为矿业许可(《矿业法》第二二条第一款),就不可扣押之物,而为租税延纳处分;就私有土地,而为道路编入,凡此等等,皆因该当物件,不得为处分标的之故而无效。

(戊)处分内容如属不可能、不明确,或违反法禁者,皆为无效。

(1)处分内容之不可能,有事实上不可能与法律上不可能之别,前已言之。事实上之不可能者,即不能以社会现象而实现之谓,其能否,当以客观的标准决定之。如命以今日技术上不可能之方法,而为建筑,即属其例,此种处分,不能有效,自无待言。法律上之不可能者,即法律上不能发生效果之谓,其含义与违反法禁,或单纯之违法,有所不同。其不能非属法规明文之违反,乃法律上当然不能发生与其处分内容相当之效果耳。处分内容,属于法律上不可能者,通常以对法律上不能存在之地位,使之发生,或对法律上不能存在之地位,使之消灭之场合属之。(a)就法律上不能存在之地位,使之发生之处分,如对于特许之声请,与以非特许法规所认有之权利;为强制不作为义务之履行,科以行政执行法上,所不认有之处罚(即与执行罚种类不同之处罚)等,皆因其权利义务,无从发生而无效。(b)就法律上不能存在之地位,使之消灭之处分,如对于既消灭之矿业特许,而为撤消;对于并不存在之义务,而为免除等，皆因本不存在之权义，无从使之消灭而无效。

（2）所谓处分内容之不明确，即其内容所定何事，不可确定之谓。若其内容，究为命令、许可、附与，或确认而不明白；或命为何事、许可何事、附与何物、确认若何事实而不可确定，则其处分，直无一定内容，亦以不能发生效果而无效。例如对于土地收用之裁定，并不指定所收用之土地，但云某氏所有之土地若干亩；或为警察犯之即决处分，并不宣告其违警行为，及所处何种处罚，皆因内容不明确而无效。

（3）处分内容，若违反禁止法规，亦属当然无效。但违反禁止规定之处分，并非法律上不能发生与所定相当之效果而无效，乃径以其为法规所禁止之理由而无效，与上述法律上不可能之场合，略有区别。又此之所谓违反禁止，不以刑法上之犯罪为限，其他法律上绝对禁止之行为，亦在其内。如许可踏入交通绝对遮断之区域，即其例也。

（己）此外，法令就处分方式，有特别规定，而未具备必要方式：例如应为书面表示，而用口头陈述；应为签名盖章，而未签名盖章等，欠缺方式之主要部分时，其处分皆为无效。为处分前，应为一定先行程序，而未履行：例如应先呈请上级官署核准，而未经其核准；应待受处分人之呈请，而未经其呈请；应为一定事项之公布，而求公布；应令关系人协议，而未令其协议等，皆因欠缺必要之先行程序而无效。又应对受处分人即相对人告知，而未告知或公告；应使相对人受领，而未经其程序，其处分亦皆不能发生效力，概已前述。

（二）无效之效果

行政处分，有上述各种重大瑕疵时，几与未有其处分者同，根本不能发生效力，任人皆不受其拘束。故（1）对于此种处分，行政机关或司法法院，皆得以独立见解，认定其为无效。（2）依此种处分，命人民以义务时，人民无服从必要。若处分机关，必以其为有效，而强制人民履行，则得将其机关人员,诉诸刑事法院。(3)依此种处分,设定权利,第三人无尊重义务,若自称权利人,以权利受侵害,而提起诉讼时,民事法院,得以己意,判定为不成立。(4)依此种处分,科人民以义务,人民若无过失,而竟履行其义务时,得请求赔偿因此所受之损失,或以不当利得,请求返还所为之给付。(5)此种无效处分,不因追认或期间经过,而变为有效。如前所述,行政处分,因一定期间之经过,不得再为诉愿或诉讼。然无效处分,并不因之有形式上之确定力。纵其期间经过以后,行政机关或司法法院,仍得认定其为无效。

唯无效处分,与处分之不存在(Nichtvorhandensin),又属不同。行政处分之不存在,乃全非行政机关之行为,如非警察官吏,假冒官名,而为命令;或私人伪造公文,为处分书,任人皆得以非处分,而否认之,固不待于公之确认,亦不得为诉愿或诉讼之标的。而无效之处分,则事实上固为行政机关之行为,苟其处分机关,自认以为有效,则行政客体,不得不就其理论上无效处分,姑视为行政处分而存在。以故对于此种无效处分,仍得以诉愿或诉讼等方法,请求为无效之确认。然此时其无效确认,非使有效处分,自始丧失效力,特不过就本无效者,宣告为无效耳。

理论上无效之行政处分,在实际上,其结果未必常为无效。如本为无效处分,因行政诉讼结果,而判为有效者,则因其判决,有最后确定力之故,无论官署人民,皆须受其拘束,而其无效处分,至此已不得不认为有效矣。又此种无效处分,即未经诉愿或诉讼确定,而实际上,始终以有效处分而处理之者,亦恒有之。故理论上无效处分之效果,与其实际上之效果,未必一致。欲其两者常相一致,则犹有待于行政官署之自制耳。

与处分无效相似,而实不同者,尚有处分失效一种。处分失效,乃既发生效力之处分,因有后发瑕疵,致其处分,当然丧失效力之谓。失效处分,非自始不能成立,在此点上,实与无效不同。然处分失效,虽系向失其效力,而与后述之处分停止,又属有别。失效因有重大瑕疵,当然丧失效力,而不待任何国家行为,加入在内,而停止则除一定之瑕疵外,尚须行政机关之停止处分,乃向后失其效力耳。

第三 行政处分之撤消

(一) 概说

行政处分之撤消,乃一度发生效力之处分,因有权限机关,认定为有瑕疵,另以他一行为,使之消失效力之谓。凡得撤消之处分,虽亦带有瑕疵,而未撤消以前,固已发生效力。故撤消与无效确认不同,无效确认,乃就本为无效者,宣告其为无效,不得谓为撤消。国法上有时将撤消二字,用于广义,即无效确认,亦指称之,然两者性质不同,有如上述,在理论上,仍应厘然区别之。

撤消以有溯及效为原则,即自撤消时起,溯及既往,丧失效力,与未有其处分者同。然依情形如何,苟行政官署,以其溯及既往,殊于公益有妨碍者,则得使自撤消时起,向后失其效力。此之场合,另称停止(Wiederufen)。停止其性质亦撤消一种,兹可合并论之。

(二) 撤消之原因

行政处分,有何等原因,乃得撤消,法无规定,亦须依法理以论定之。如前所述,得为撤消之原因,原则上包括足使处分无效以外之一切瑕疵。而处分有此类瑕疵时,以其不合于法之要求,在理论上不有完全效力,而得撤消之。兹依前列各种成立要件之欠缺,分述得为撤消之场合如下:

(甲) 意思欠缺之处分,以得撤消为原则。凡官署官吏,处于心神丧失或精神错乱之状态,所为之行政处分,因其完全欠缺正常之处分意思,不宜附以法律效果,固属当然无效。然因错误、诈欺或胁迫,所为之处分,虽其处分非出于真意,而该处分官署,仍不失有处分能力。故有此类瑕疵处分，仅得撤消，而非当然无效。例如误认有完全设备，而为某种营业许可；或依据不实陈述，而为公企业特许，收受贿赂，而为处分决定；及受利刃威胁，而为署名盖章，凡此等等，皆不过得为撤消而已。但处分内容之误记，未必使其处分为可撤消，如仅誊写遗漏，或印刷谬误，其程度犹非不能合理解释之者，则可依其真意，发生效力。若于发见错误后，而重为订正者，其错误订正，亦非处分撤消。因此时其同一处分之效力，固犹未受若何之影响也。真正意义之错误，要以意思表示本身之错误属之。如因分数计算错误，以考试不合格者为合格，而决定发表；本欲对甲免职，对乙停职，误而对乙免职，对甲停职，此等场合，始为真正错误，而得撤消之耳。

（乙）单纯违法之处分，仅为可以撤消。兹之所谓违法，专指行政官署，就权限内事项，所为法规之违反而言，与前述之越权或违反法禁，均有区别。行政官署，就权限外事项，或于职权外所为之处分，即所谓越权处分，根本不能以国家行为而有效；违反法禁处分，亦以不能发生拘束力，而不成立，前既言之。而行政官署，于权限内所为单纯违反法规之处分，则非根本不能成立。因行政官署，于权限内为法规之适用，有解释权，纵或解释适用，难免不有失当，然犹不失分内措置，不妨视为国家行为而有效。如不应许可情形而为许可，其处分仅为可得撤消，而非当然无效。又兹所谓违反法规，专指违反制定法，就中拘束一般行政客体之法规而言。盖唯违反拘束行政客体之法规，其处分始对行政客体为有影响，而有撤消之必要。如仅违反内部法规，于受处分人，无何关系者，殊非此之所谓违法。至若违反内部法规，同时违反外部法规场合，其处分固属法规违反，然其处分撤消，终非以违反内部法规之故耳。

（丙）行政处分，违反公益，亦同为可撤消。违反公益处分，通常即称不当处分，首以任于官署自由裁量场合，于裁量上有所错误属之。不当处分,虽属为有瑕疵,但不妨使之发生效力,从之,亦仅为可撤消。

(丁)行政处分,于程序上有所欠缺,而其欠缺,犹不致使其处分为无效者,亦为可以撤消。行政处分,欠缺何种程序,乃为无效,业于前述。除此类足使处分无效之欠缺外,因其欠缺而成撤消之原因者,以处分之际,所应经程序之欠缺属之。如应以公开会议议决,而不将其会议公开,则其议决为可撤消,而非当然无效。良以此种议决,虽有瑕疵,犹不妨使之发生拘束力也。

(三)撤消之限制

行政处分之撤消,常以有撤消原因之瑕疵为前提。如有上述撤消原因之一种时,一般皆得将其撤消。唯处分撤消,系对有效之处分而为,所以使其处分效力,归于消灭,故撤消行为,乃与被撤消处分不同之他一处分,另称撤消处分。此独立之撤消处分,与一般行政处分同,亦应合于法规,并适乎公益。盖有瑕疵之处分,未必尽须撤消,而依实情如何,或以反不撤消,较于法规或社会公益,为适合也。兹述撤消之限制如次:(1)撤消不得违反法规。法规上关于撤消问题,未必即有规定,或则虽有规定,而仅言得为撤消。凡此场合,其处分应否撤消,只须考究有无前述各种撤消原因,以决定之。然法规时亦就撤消原因,设有明白规定(参照《渔业法》第二一条第二二条,《矿业法》第四一条),此时则非有其法定原因,不得撤消。如依同一标准,科多数人以义务时,且须对全体一律撤消,不能设以差别。(2)为人民设定权利或能力之处分,非有法规根据,不得撤消。盖行政官署,既依许可,免除,特许或认可等处分,为人民设定权利或能力,人民即有其权利或自由。今若就其创设处分而撤消之,不外重新侵害人民权利,或科人民以义务。而侵害人民权利,或命人民以义务之行为,非属于公益裁量,若成文法无详密规定,至少亦须有习惯法上根据。故此等处分之撤消,必须有法规之根据而后可。反之,纯为设定义务或限制权利之处分,只须合乎公益,得随时撤消之。因此种处分之撤消,不至侵害人民之权利或自由,但于法规无所抵触,官署自得以自由裁量,而为之也。(3)撤消处分,须合于公益。行政处分,纵有瑕疵,而既经发生效力,构成新之生活关系,今欲再撤消之,自与社会公益,不无影响。以是,其处分纵使当初违反公益,而现时应否撤消,于公益上,须另加以考虑。如公益上并无特别必要,则宁以尊重既成秩序,不使再生变动,为较得策。故行政处分之撤消,一般须合乎社会公益。即设定义务处分之撤消亦然。

(四)撤消之机关

行政处分之撤消,仅就其处分有无瑕疵,有审查及救济权限之机关,始得为之。① 有正常权限机关,为其审查救济,或依职权自动而为,或依他人声请为之。因之,处分撤消,亦可分职权撤消与声请撤消二种。(1)凡该当处分官署及其上级官署,对于有瑕疵处分,常得依其职权撤消,而不待于他人声请。盖该当处分官署,既有为其处分之权能,则其处分有无瑕疵,必有审查救济之权。故除已不得再撤消者外,当然得为撤消。至上级官署,对于下级官署,有监督权,下级官署处分之直接撤消,虽非其当然所有之权限,而现行法上因监督权之扩张,类能依职权,而直接撤消之,其详已于前述,兹不再赘(参照第三章第三节第四款第三项)。(2)其次,声请撤消,即因异议、诉愿或诉讼之提起,所为之撤消属之。凡有撤消权之官署,对于异议或诉愿之提起,应为决定。行政法院,对于行政诉讼之提起,应为审判。但此等机关,对于救济手段之提起,仅有受理审查之义务,其果撤消与否,仍得独立决定之。

---

① 行政处分,普通法院不得撤消或变更(最高法院二一年上字第一四九号判决)。

（五）撤消之效力

行政处分之撤消，以有溯及效为原则。盖行政处分，既有瑕疵，不能合于法之要求，自以使其效力，归于完全消灭，视为自始所未存在，较于理论为透彻也。但因撤消结果，于既成之生活关系，必生影响。苟其效果使之溯及既往，视为自始消灭，殊与社会利益有碍，或于个人利益，有失过苛者，当以仅使自撤消时起，向后失其效力为较得策。故依前述撤消必须合于公益之同一理由，对于撤消效力，有时亦须加以限制，或使自撤消时起，向后失其效力，或仅使向后失其效力一部。前者另称处分停止，后者另称基于瑕疵之处分变更。此之处分停止与基于瑕疵之处分变更，概以其处分附有瑕疵为前提，与后述之处分废止与基于情形变更之处分变更不同，自无待论。

处分撤消，其有溯及效之场合，该当处分效果，虽得视为自始所未存在，而未撤消前业经发生之事实，将受若何之影响，为另一问题。例如租税课赋之撤消，其课赋效果之纳税义务，虽得视为自始所未存在，营业许可之撤消，其许可效果之营业权限，虽得视为自始所未存在，而曩时有纳税义务时所为之金钱缴纳，或有营业权能时所为之营业行为，则受他种法则之支配。盖此时其金钱缴纳，应以无原因之给付而为返还，乃基于他一法则，所生之效果，而非课赋撤消之效果[①]；又此时其营业行为，若以有违法之内容而无效，则系本于私法所生之效果，而非许可撤消之效果也。

第七目　行政处分之废止及消灭

行政处分之废止，即依官署行为，使无瑕疵之处分，向后失其效力之

[①] Glaessing, Das Recht der Rueckforderung in Gebiet des deutschen öffentlichen Rechts, Hirth Annalen des deutschen Reiches, 1896.

谓也。处分之废止，与撤消不同，仅以情形变更，其处分已不适合于公益时为之。盖无瑕疵之处分，不能无理由而使之消灭，自无待论。然行政处分，常须合于公益，曩时本为实现公益而为之处分，因若情形变更，致与公益分驰，则不容不为特别处理。若其存在，竟与公益全相背谬，不能使之两立者，当另以新之行为，使该处分，向后失其效力为必要也（《矿业法》第四条，《渔业法》第二二条）。此项处分废止，亦为国家之单方行为，另称废止处分。废止处分所有限制，及为其处分之机关，与前述之撤消同，兹不复述。废止之效力，不得溯及既往，凡前此因原处分所生之事实，不受若何影响。又废止亦得将原处分之效力，仅消灭其一部。此之场合，另称基于情形变更之处分变更，亦既前述。

行政处分之消灭，即行政处分，对其所定之具体事实，已休止不发生效力之谓也。行政处分，因内在的及外来的原因而消灭。(1) 所谓外来的原因，即使其处分消灭之他之国家行为是。行政处分，因撤消或废止，而自始或向后失其效力，已如上述。此外，又因新法令之制定，而直接失其效力，亦无待赘。(2) 所谓内在的原因，即其所定之具体的事实既消灭，或其所定之效果既终了是。前者即具体的事实，已确定不发生之谓。如对特定集会所为之处分，因其集会解散，而当然消灭；车体检查之处分，因车体之灭失，而同时消灭是。后者即其处分所定之效果，已发生终了之谓。如命为特定行为之处分，因其义务之履行，而当然消灭；有相对人之处分，除如营业许可等，得由其继承人继承外，因相对人之死亡，而同时消灭是。

第三项 准行政行为

准行政行为，或称表明行为，乃行政主体，就具体事实，为观念表示，而直接依法律，发生效果者之谓也。表明行为，仅以观念表示为要素，其发生若何效果,为法律所一定,与行政处分,常有效果意思,存在其中,且常依其意思,而发生效果者不同,迭如前述。表明行为,亦有多种,兹大别为通知行为、证明行为及受理行为,分述如次:

(一) 通知行为

通知行为(Miteilung),乃对特定人或不特定人,使之知悉某事项,所为之表明行为也。通知或自成独立行为,或仅为他种行为一部。如法令之公布,及行政处分之告知等,皆不过为完成他种行为之效力,所必要之程序,而非独立之行为。独立行为之通知,另有多种。依其所通知之事项不同,可以分述如次:(1) 既成事实或行为之通知,如收用地收用之通知,及保安林编入之告示等属之。(2) 未来应为或得为一定行为之通知,如执行罚或代执行之豫告、租税延纳之督促及考试日期之告示等属之。(3) 意见之通知,如意见书或建议案之提出属之。(4) 判断之通知,如奖状之授与属之。凡通知行为,于受通知人,发生如何地位,概于具体场合,为法规所一定。至于不能发生若何法律效果之通知作用,则为单纯之事实动作,而非此之通知,自无待赘。

(二) 证明行为

证明行为,或称公证(Beurkundung),乃以证明特定事项,真实存在之目的,所为之表明行为也。公证亦有独立行为与附随行为之别。如营业许可之执照、医生开业之证状、律师执务之证书、度量衡检定之检印等,皆为他种行为一部之公证,而非独立之行为。独立行为之证明,或称狭义之公证,专为独立之目的为之。依其形式不同,亦有二种之别。(1) 公簿登录(Eintragung),如户籍登记、商业登记、法人登记、土地登记、特许登记、商标注册、夫妇财产契约之登记及会议之记录等属之。(2) 证件交付(Bescheinigung),如国立学校之毕业证书、纳税收据及护照之发给等属之。要之,公证所证明之事项,不外一定之法律事实或法律关系。其法律事实或法律关系，经公证行为，证明真实之后，不过取得公之证据力，即公证力而已。除法律特有规定外，其证明原则上，得以反证而推翻之。故公证与确认不同。确认行为，有拘束国家人民之效果意思，包含在内，不问内容正确与否，皆能发生效力。公证则以该当事项，确系真实为限，始有效力。因公证行为所生之证据力，在法律上发生若何效果，亦于各个场合，为法律所一定。如土地登记，为土地物权得丧之要件。特许登录或商标注册，亦其权利取得之要件，而夫妇财产契约之登记，则不过有对抗第三人之效力。

（三）受理行为

受理行为（Entgegennahme），乃对他人之心理表示，或物品给付之受领，所为之表明行为也。如依口头或书面，而为之呈报、呈请、声请、请愿、诉愿，或诉讼之受理，及金钱给付之受领等，皆属其例。受理行为，亦直接依法律而发生效果。如因呈请或声请之受理，行政主体，乃有审查其内容，以决定许可或特许与否之义务，因诉愿或诉讼之受理，有为其决定或判决之义务。因呈报或金钱给付之受领，行政客体，乃完成其特定之法律地位。

上述三种表明行为，其成立要件，与有瑕疵时之效力如何，亦宜另加研究。唯前述关于行政处分效力之法理，除性质上完全不相容者外，得类推适用，兹不复赘。

第二款　双方行为及合同行为

第一　双方行为

行政上之双方行为，或称行政契约，即于行政法关系中，双方当事人,彼此为达不同之目的,互为意思表示,因其一致而成立之行为,业已前述。唯公法上契约之观念,究能承认与否,学界犹有异议。或以公法关系,为权力关系,与契约关系,必存在于地位对等之当事人间者,根本不能相容。但公法关系,未必尽为权力关系,亦有对等关系,前既言之。则以契约为对等关系中行为之理由,而绝对否认公法上契约之观念,宁非不当之论？故行政契约之观念,理论上并非不能承认,只实际上,于若何场合,有行政契约之存在,制定法中规定甚少,除依制定法之解释外,尚须就当事人之特定意思表示,具体观察,以决定之耳。兹以当事人为标准,将行政契约分为三类,各就其存在范围,而检讨之。①

（一）行政客体相互间之契约

行政客体即人民相互间之契约,在公法关系中,虽非不能存在,而除法律所认许外,私人不得任意为之。盖公法原则上为强行法,公法关系,除法律特别认许外,非私人所能任意设定也。现行法上,私人相互间之行政契约,仅以土地征收,未由征收委员会议定前,与办事业人与土地所有人及关系人之协议属之(《土地征收法》第十六条)。

（二）行政主体相互间之契约

行政主体相互间之契约,即国家与自治团体间,及自治团体相互间之行政契约。此类契约,除法律有明白限制外,行政主体,得依公益判断为之。以行政主体相互间之法律关系,以得由其任意设定为原则也。

（三）行政主体与客体间之契约

行政主体与客体间之契约,即国家与人民间之契约,为行政契约中

---

① Layer, Zur Lehre vem oeffentlich-rechtlichen Vertrag, 1916; Apelt, Der Verwaltungsrechtliche Vertrag, 1920; Jèze, Les contrats administratifs de l'État, des départements, des Communes et des établissements publics, 1927; O. Mayer, Zur Lehre vom öffentlich-rechtlichen Vertrage, Arch. f. öff. R. III (1887), S. 1 ff.

最重要部分，历来所有关于公法契约之议论，大都集中于此。但行政主体与其客体，能以契约设定法律关系，固无疑义。且其间之行政契约，除法律积极认许外，苟非违反法禁，即就一般事项，亦得为之。其一般得为之场合，约有次之二种：（1）限制缔约人自由之场合，于此场合，苟不违反法规，尽得缔结行政契约。盖如前所述，人民之自由或财产，非依法律或得其承认，不得限制或侵害之。故欲限制其财产自由，第一须有法规根据，如非有法规上根据，则须得其同意为之。以故以合意成立之契约，限制个人之自由，于法并不妥。但行政契约，终不得违反现有之法规，盖否则有背法律平等之原则矣。此类行政契约，以所谓服从之契约属之。（2）非限制缔约人自由之场合。于此场合，苟不违反法规，尤无不可缔结。盖此际设定法律关系，本不必有法规上根据，亦不必待于缔约人之承认，于某范围，即以国家单独处分，亦得为之。今以行政契约，另加设定，于法自无不可。只此际亦不得违反现有法规，如法律对于人民一般所料之义务，不得以行政契约，而免除之；一般所不认有之权利，不得以契约而设定之耳。此类行政契约，多与公企业之特许，或公物占用权之特许，同时为之。特许原为行政处分，而非契约，但与处分同时，得另为契约，设定特定之法律关系。

行政契约，所以规定公法上关系，当事人违反契约上义务时，不能以民事诉讼之手段，请求救济。其救济除依诉愿或诉讼外，应向有监督权之官署，请其以监督作用为之。但因契约解除之结果，有金钱返还请求权发生时，则其权利行使，属于私法上关系，得为民事诉讼之标的。

第二 合同行为

合同行为，或称行政协定，乃行政法关系中，多数当事人，为达共同目的，各为意思表示，依其结合而成立之行为，已如前述。此种行为，以当事人为标准,亦可分为行政主体相互间之合同行为、行政客体相互间之合同行为及行政主体与其客体间之合同行为各种。但合同行为,仅于法律认许场合,始得为之。就中行政主体与其客体间之合同行为,现行法中犹无其例,实际并不存在。至行政主体相互间之合同行为,为现行所认有者,以乡镇联合之订立(《乡镇自治施行法》第六条),商会联合会之发起设立(《商会法》第三六条),渔会联合会之发起设立(《渔会法》第二二条)等属之。行政客体相互间之合同行为,现行法上,以市县参议员之选举,及其他自治职员之选举属之。①

第一项　行政上之强制执行

第一目　概说

行政上之强制执行(Verwaltungszwangsvollstreckung saisie-exécution administrative, administrative compulsion)或称行政执行(Verwaltungsexekution),即行政客体,不履行行政法上义务时,以强制的手段,使其履行,或实现与已履行同一状态之谓也。强制执行,为国家之行政行为,且为广义的行政处分一种,业见前述。凡人民对于国家所负义务,于其不履行时,皆得以实力而强制之。其义务或直接依法令而生,或本于法令之行政处分而生。前之场合,不须另以处分,科以义务,于其不履行法令上之义务时,即得实行强制。后之场合,须以行政处分,科以义务,于其不履行时,始得强制之。

国家依法规或处分,科人民以义务,于其不履行时,本得当然强制执行,而不待乎法规规定。因国家既有权力,单方科人民以义务,自得将其

---

① Kuntze, Der Gesamtakt, Festgabe für Otto Müller, 1892.

义务之内容，而实现之也。但一义务之内容，每非直接所能实现，欲以各种强制方法，而执行之，势非科人民以新之义务不可。而依法治主义之原则，国家若依权力，科人民以义务时，皆须有法规上根据，否则不得任意为之。故国家为此实际上之必要，又有特别之执行法规制定，以为强制执行之根据，并其权力行使之界限。

我国现有之强制执行法规，以《行政执行法》，及各种强制征收之规定属之。一般而言，作为及不作为义务之强制（executionad faciendum velomittendum），须依前者规定；给付义务之强制（execution solvendum），须依后者规定。兹依所强制之义务不同，分述各种强制手段如次。

第二目　行为及不行为义务之强制

依《行政执行法》规定，普通之强制执行，分间接强制与直接强制，而间接强制处分，又分代执行与执行罚二种（《行政执行法》第一条第二条）。

（一）代执行

代执行（Zwangsersatzvornahme）者，乃他人得代为之作为义务，不履行时，由行政官署代为其行为，或使第三人代为之，而向义务人，征收所需费用之谓也。得为代执行之义务，须为作为义务，且使他人为之，亦可达到同一目的。至无代替性作为义务及不作为义务，不得以此种方法，而为强制，自无待论。就中如拆毁违法建物、除去妨害交通物件等，仅所以变更外界之物质状态者，最宜适用此种方法。而命为报告、签告，或受身体查检等义务，则根本不能适用之。

代执行之程序，其第一步，须对义务人，预为告戒（Drohung）。告戒方法，即决定一定期限，以书面告知义务人，若于期限内不履行其义务，则将为代执行。告戒得与命为一定义务之处分同时为之，或于其处分后，另告知之。告戒之性质，非命以义务之下命，而为使义务人知悉，将为代执行之通知，所不待赘。但此仅就原则而言，如行政官署，认为有紧急情形时，得不经此程序，而即时执行之。此之场合，另称即时代执行（同《法》第二条第二项及第一项）。总之，告戒中所定期限已经过，义务人仍未履行其义务；或因有紧急情形，不及告戒，而径为执行，行政官署，得自为义务人所应为之行为，或使他人代为之。是为代执行程序中最主要部分。前之场合，其代执行，不外由官署自身，或使其属吏为之。后之场合，则于官署监督之下，雇用私人，或使私人承揽为之。为代执行之际，义务人对于官署或第三人之行为，有忍受义务，如违反其义务而抵抗时，官署得以实力强其忍受。

既为代执行后，官署乃得向义务人，征收所需之一切费用，凡夫役工资、材料代价及对于第三人之补偿等，皆得计算在内。其总数额，由官署决定，而命义务人纳付之。此项费用之纳付，为依法所科之新义务，若义务人不肯完纳时，得依金钱给付义务之执行方法，而强制征收之（同法第三条）。

（二）执行罚

执行罚或称强制罚（Exekutivstrafe，Zwangsstrafe），乃他人不得代为之作为义务或不作为义务，不履行时，为强制其履行计，对义务人所科之处罚也。得以执行罚而强制之义务，以无代替性之作为义务及不作为义务属之（同《法》第四条）。至官署或他人得代为之作为义务，须常依代执行之方法强制，不得科执行罚。盖行政执行之目的，仅在取得义务履行之结果，不在义务人之处罚。且处罚方法，虽足威胁义务人，使之心存畏怖，而愿为义务履行，但其结果不见确实，固未必常能达其目的也。唯无代替性之义务，他人无法可以代行，除有紧急之情形外（同《法》第一条),须先依此种方法,而强制之耳。所谓无代替性之作为义务,如命有传染病之嫌疑人,受健康诊断之义务,及应官署传唤,亲自到署之义务属之。至不作为义务,则不问若何种类,当得以执行罚而强制之。因不作为义务,既非他人所得代为,除紧急情形外,自以此方法强制,为最适当也。

科执行罚之程序,亦须对义务人,预为告戒。即决定一定期限,以书面告知义务人,若于期限内不履行其义务时,则将科以罚锾。其告戒得与命以一定义务之处分同时为之,或于其处分后,另通告之,与代执行之场合同。但执行罚之告戒,为必经程序,不问何种理由,皆不得省略之(同《法》第二条第二款)。至告戒中得指定之罚锾数额,依官署而不同:(1)中央各部会,为三十元以下;(2)省政府及各厅、直隶于行政院之市政府及各局、中央各部会直属之行政官署,为二十元以下;(3)县市政府、省政府及其各厅直属之行政官署,为十元以下;(4)其他行政官署,为五元以下(同《法》第五条)。

义务人接到告戒后,若在指示期内,仍不履行其作为,或不休止所禁止之作为时,官署得于告戒所定之数额内,决定罚款,而告知于义务人。若义务人不肯完纳其罚款时,亦得依金钱强制征收之例,而征收之。唯执行罚,以强制义务人之义务履行为目的,于一度科罚之后,犹未达到目的,得为返复科罚,以至义务履行而后止。所谓一事不再理之原则,于此不能适用。唯以后每次科罚,须采取同一程序,不得数次连接告戒,单以最后一次,合计各次所告戒之金额,命其缴纳。

执行罚单以强制义务之履行为目的,是否应为科罚,尽得依具体情形,而自由裁定之。如对特定义务之不履行,法规另有科罚或制裁规定时,为达执行目的计,固亦不妨将其特定处罚,与执行罚同时并科。但其特定科罚,已足发生同一之结果时,其义务虽未履行,殊以不同时科执行罚,为较适当。至应强制执行之标的,已消灭时,则已不能科执行罚。如告戒所定期限经过后现实处罚未通知前,义务人竟已履行其义务,或义务履行,已属不可能时,则其执行标的,既归消灭,自无再执行之必要矣。

至执行罚与刑罚,是否可以并科,学界议论纷歧,莫衷一是。① 或以得科执行罚之场合,仅其行为或不行为,未为《刑法》所禁止者属之。但我国现行法中,无此明文,此说并无特别依据。他面执行罚与刑罚,各异其目的与所根据之法规,两者殊无不能并科之理。盖刑罚虽为刑事法所规定,而执行罚亦有特定法规,固不能谓行政机关科执行罚之际,不得就《刑法》既规定之事项,重为处罚。而刑罚以犯罪行为之处罚为目的,执行罚以强制义务之履行为目的,固亦不能因《刑法》中有其处罚规定,遂谓对于义务不履行之处罚,乃以刑法中所定,为其最高之限度也。唯如前所述,执行罚科处与否,尽有裁量自由。如行政官署,认为单处刑罚已足,而不须另科执行罚者,自得不科之耳。②

(三) 直接强制

直接强制(Unmittelbarer Zwang)者,乃以他种强制手段,不能达到目的,或有紧急情形时,对义务人身体或财物,加以实力,使之直接实现所命状态之谓也。直接强制,为实力强制一种,与警察上之即时强制(polizeicher sofortigen Zwang),相似而实不同。警察上之即时强制,非所以强制既成义务之履行,乃直接因警察上之必要,以实力侵害人民之自由财产。反之,直接强制,为强制执行手段一种,常以义务之成立与不

---

① 呵督梅也、刘宁、美克尔、美浓部及织田等,采消极说,弗来纳、清水、佐佐木及野村等多数学者,采积极说。日本内务省之议决亦然。
② 执行罚与刑罚不同。约在如下四点:(1) 前者为行政处分,科罚与否,有裁量之自由,因之所告戒之处罚,得全然不科,或仅科其较轻之一部,而刑罚则否。(2) 以执行罚强制之标的消灭时,已不得再科之,而科刑罚亦否。(3) 执行罚不适用一事不再理之原则。而刑罚又否。(4) 最根本之差异,尤在两者目的不同。

履行为要件。故两者虽同称为强制,而实异其种类。①

直接强制,以实力加诸义务人之身体或财物,所以直接实现所命义务之内容。既非如执行罚,借告戒与科罚,对义务人,加以心理上之压迫,以收间接强制之效;亦非如代执行,由官署或第三人,代为义务上之行为,而向义务人征收其所需之费用。要之,直接强制非如他种执行手段,使其义务变形;不过就其义务内容,于原有状态,而实现之。故直接强制执行,得施实力强制之该管机关,皆得依职权当然为之,而不待乎法规根据。然此种执行手段,近于惨酷,理宜加以限制。《行政执行法》中,设有特别规定,意即在此。

依该法规定,凡行为或不行为义务,非认为不能行间接强制,或认为有紧急情形时,不得为直接强制(同《法》第十一条)。故得为直接强制之场合,不外(1)以代执行或执行罚,不能达到目的。如他人得代为之作为义务,应先为代执行,而不得为直接强制。只此种义务,有时亦非代执行,所能达其目的,例如代执行所需之夫役,不能觅得,或义务人无资力,不能纳付代执行之费用时,乃非以直接强制,使义务人自为不可。至无代替性之作为义务及不作为义务,性质上虽非不宜直接强制,而通常得以执行罚而强制之。只义务人无资力,不能纳付执行罚之金额;或返复科罚,仍不能达到目的时,始可为直接强制耳。(2)有紧急情形。上述

---

① 《行政执行法》第六条至十条所称之直接强制,非真正之直接强制,而为警察上之即时强制,其称直接强制,乃因误袭外国法例所致,殆甚明显。盖(1)真正之直接强制,常以义务之成立与不履行为前提,而第六条至第十条所定之强制则否。(2)真正之直接强制,其使用实力之方法,并无限制,得由官署适宜定之。而第六条就其方法,限定仅为三种。(3)第七条至第十条所定"非有左列情形之一者,不得为之",与第十一条正面冲突。(4)将第六条至第十六条之似是而非之直接强制,规定在第五条即关于间接强制之未了一条,与第十一条即规定真正之直接强制一条之间,位置亦觉不妥。总之,此项即时强制,非普通行政上强制执行之手段,不应混称直接强制,而其规定仍以位置于真正之直接强制之后,始为合理。立法上宜改正之。

之间接强制方法，除代执行可为即时代执行外，若执行罚，必须经过告戒与科罚，程序迂缓，不适机宜处置。故本应以执行罚而强制之场合，如遇紧急情形，仍得以直接强制而执行之。

直接强制之方法，即以实力加诸义务人之身体或财物为之。就中以无代替性之作为义务及不作为义务，较宜适用此法。如对违法营业，强制封锁，并遮断其顾客之出入；对于不应传唤之人，以实力拘引到署；对于不肯服从解散命令之集会，以实力强制其解散等，皆属其例。至有代替性作为义务，采取此法，而为强制，其例甚少。但亦不无适用，如于洪水泛滥之际，警察机关，得命附近居民，从事防水作工；或于火灾发生之际，因消防力不足，得命近傍之人，从事救火工作。此等场合，有警察上援助义务之人，而不肯遵行其义务时，即得以实力压迫，而直接强制之。凡既施行实力强制，义务人有忍受义务，不得与之违抗，否则仍得以实力而制止之。但直接强制时，使用实力，仅于实现义务履行之状态，所必要之范围内，得使用之，固不得将义务人之身体，加以伤害。又直接强制所需之费用，亦不得向义务人征收之。

第三目　给付义务之强制

给付义务之强制，或称强制征收，乃财产上给付义务，不履行时，所为之强制执行。其执行与一般强制执行同，若所执行义务之内容，得就原形而实现者，亦不得乎法规根据，而得当然为之。但其内容，亦未必简单即能实现，每须科以他种义务，始克有济。故财产上给付义务之强制，亦须有法规以规定之。关于此，现行法中，犹无一般规定，仅于或种税法及其他法令中，偶有极简之特别规定而已。

（一）金钱给付义务之强制

金钱给付之义务，即纳税义务，各种罚款，及各种费用纳付之义务属之。关于此种义务之强制执行，现行法中规定极不完备，只学说上向有所谓国税延纳处分，及习惯上有所谓封产、备抵①等方法而已。约言之，其执行程序，殆与民事中金钱债权之强制执行相似，即对义务人先以书面督促，令其于一定期限内，履行义务。如期限内不履行时，然后查封或扣押其财产，付诸拍卖，而以其卖得之价金，及所扣押之现金，或向第三债务人取回之金额，充诸督促费、延纳处分费、逾期利息及原有义务上应纳付之金额。但此项执行方法，恒与义务人之自由财产，以极大之分割，立法上速宜明文规定，并限制之。

(二) 物品给付义务之强制

关于特定物品给付义务之强制，现行法中，亦极少规定。凡其义务内容，得于原形而实现之场合，如将所征收之物品，得直接收去或使用者，固不须法规根据，得为直接强制。但以他种方法而为强制时，仍须法规以明定之。

第二项　行政上之处罚

行政上之处罚，简称为行政罚(Verwaltungsstrafe)或秩序罚(Ordnungsstrafe)，即对义务人，就行政上义务之违反，所科之处罚也。行政罚与执行罚及刑罚，在某点上相似，而各有所不同。第一，行政罚与刑罚，两者虽同为非违行为之制裁，而所处罚之客体，各有不同。后者为对侵害社会法益行为，所科之处罚，以罚犯罪；前者为对行政上义务违反行为，所科之处罚，以罚行政犯或秩序犯。② 第二，行政罚与执行罚，两

---

① 参照《限制田亩加赋办法令》，其二，附办法第四条。
② 但谓行政犯为对行政上义务之违反行为，刑事犯为社会法益之侵害行为，不过就大体上之区别而言。若谓行政犯决不关涉社会法益之侵害，刑事犯决不关涉行政上义务之违反，则属大谬。盖行政犯或刑事犯，互有牵涉社会法益之侵害，及行政上义务违反之可能。只其行为，究以行政犯而处罚，或以刑事犯而处罚，得为适宜决定。而立法上，则恒以其及于社会之影响为准，以对社会利益之侵害大者，为刑事犯，小者为行政犯耳。

者虽同为对于行政上义务违反行为之处罚,而前者以义务违反之制裁为目的,后者不以制裁为目的,而不过为强制义务履行之手段,既如前述。

行政上义务违反之处罚,有存于特别权力关系中者,与存于一般统治关系中者之别。前者另称为惩戒罚,即对服于特别权力之人,就其特别义务之违反,所科之处罚,如对于官吏、士兵、囚徒及学生之惩戒罚属之。后者为狭义之行政罚,通常所称,即系指此。依所违反之义务不同,计有警察罚、财政罚及军政罚等各种。(1) 警察罚即就警察上义务之违反,所科之处罚,如对游荡无赖,行迹不检;或奇装异服,有碍风化者,所科之拘留或罚金(《违警罚法》第四三条第一款第四五条第四款),即属其例。(2) 财政罚即对财政上义务之违反,所科之处罚,如对应贴印花之各件不贴印花,或卷烟税漏税,所科之罚金属之(《印花税法》第十八条,《卷烟漏税处罚章程》)。(3) 军政罚乃就军政上义务之违反,所科之处罚,如对兵役逃避,所科之处罚属之。此外,在保育行政区域中,因特定义务之违反,所科之处罚,亦不乏其例。

狭义之行政罚,为行政主体,对于一般客体之处罚,除国家外,自治团体亦得科之。唯行政罚为处罚一种,其科罚必须有法规上根据,原则须依法律为之(《约法》第八条),否则至少须有依法律发布之规章上根据而后可。[①] 此种法规,另称为行政罚法,或行政罚则,其规定或自成独立法典,或散见于各种法规中。其科罚手段,亦即为各种法规所一定,通常有拘留、罚金及从罚之没收、停止营业等各种。[②] 就中罚金一种,为与刑罚中之罚金,区别起见,另以罚锾称之。但立法上未能视为定例,间在同一法典,以罚锾与罚金相并用之。

---

① 行政法院二三年四月第九号判决。
② 此等处罚,除特有规定外,不适用《刑法总则》之规定。

依《行政执行法》及其他省市县单行章程,科处罚金罚锾者,只得就其财产强制执行,若无明文规定,不得易科拘留。(参照司法院解释院字第一〇二九号解释)

第五章 行政救济

第一节 概 说

行政救济（Verwaltungshilfe，remède administratif，administrative remedy）云者，乃行政关系中，人民之权利或利益，因行政上不法处分，受损害时，请求国家救济，国家乃为一定处置之谓也。行政作用，首须合乎法规，而于法规范围之内，又须合于公益，既如前述。故行政机关行使权限，常须准据法规，法规不能详密，亦须自加判断，以自认为最适当者而实行之。然构成机关之人，仍为普通个人。人非全智，孰能无过？以故行政处分，有时不免违反法规，或至少妨碍公益。而自对于人民之关系言之，其不违法或不当处分，每致直接损害人民之权利或利益。故国家为保护人民之利益计，乃于其权利或利益受损害时，与以请求救济之方法。其救济方法，即由被害人提起行政争讼，请求有权限之国家机关，以合法程序，而裁决之。然行政救济，与争议裁决、请愿及行政监督，均各不同，兹先比较分述如下：

首先，行政救济，系于个人权利或利益，因行政上不法处分受损害时，请求国家为之救济。其请求常以个人之权利或利益，受不法处分之侵害为前提。在此点上，行政救济，实与争议裁决不同。盖争议裁决，乃行政关系中，两当事人，因利害冲突，相争执时，请求行政机关，为之裁决。如乡镇区域或境界有争议时,呈请县政府为之决定(《乡镇自治施行法》第五条);或渔业人间,关于渔场之区域,或渔业权与入渔权之范围等有争执时,呈请该管行政官署,为其裁定(《渔业法》第三二条)是。此之场合,当事人为呈请时,行政官署,虽必须为其裁决,而行政主体,常处于第三人地位,与争议案件,无何关系;且其裁决,为一种新之行政处分,而非对于原有行政处分之复审。故争议裁决,与对原有不法处分,请国家之救济者有别。

其次,行政救济,凡被害人为救济之呈请时,国家必须为一定之处置。在此点上,行政救济,与请愿之仅对国家表示一种希望者不同。盖依国法规定,本国人民对国家有请愿权(《约法》第二〇条),得请求国家为一定之行为或不行为。但请愿不过希望国家,为之考虑,国家对于请愿,仅以受领审查为已足,固不必如其所请,为一定之处置也。

最后,行政救济,与行政监督中之事后监督,虽同系对于行政上不法行为,为一定处置,谋所以矫正于既为之后,而前者以直接保护个人之权利或利益为目的,且非待被害人之声请,不得为之,后者原则上以直接保持行政本身之利益为目的,得依上级机关之职权,当然为之,不待何人声请。

我国现行法中,所认有之行政救济手段,计声明异议[①]、诉愿、行政

[①] 声明异议(Gegenvorstellung, Remonstration),即人民之权利或利益,受不法处分之侵害时,请求该当处分机关,为撤消或变更之谓。其性质上与诉愿类似,只声明异议,常向原处分机关提出,与诉愿之常向原处分机关之上级机关提出者,略有不同而已。关于声明异议制度,现行法中,并无一般规定,仅就特种事项,间有规定(参照《乡镇坊自治职员选举及罢免法》第十一条,《县参议会选举法》第十五条第二项,《市参议会选举法》第十五条第二项,《渔业登记规则》第二四条第二五条,《矿业登记规则》第二五条,《商业登记规则》第七条,《商标法》第二九条)。

诉讼及民事诉讼①等各种,其中尤以诉愿与行政诉讼,为最重要。

第二节 诉　愿

第一款　诉愿之观念

诉愿（Beschwerd, Rekurz, foermliche Beschwerde, Demande, Demand）云者,人民因违法或不当之行政处分,致其权利或利益,受损害时,请求原处分机关之上级官署,以行政上程序,审查该当处分,并为一定决定之谓也。析言之如下:

（一）诉愿者,对于违法或不当之处分,所提起者也

所谓违法处分,即违反法规之处分,不当处分,则不合公益之处分。诉愿对于违法或不当处分,皆得提起。在此点上,诉愿与行政诉讼不同。行政诉讼,为争讼行政处分违法与否之手段,仅就违法处分,乃得提起。盖行政诉讼,属于行政法院审判,而行政法院之独立审判机关,仅适关于法规适用之监督,而不适于公益裁量之监督。反之,诉愿常属于有监督权官署决定,监督官署,对于下级官署处分之适合公益与否,当然属其监督,故除违法处分外,对于不当处分,亦得受理之也。又兹所谓行政处分,乃指最广义之单方行为而言,不论其性质为精神的行为,或事实的行为,乃至单纯的动作,皆得包括在内。

---

① 现行法中,以行政事件,归于普通法院之管辖者,以关于选举之诉讼,及土地征收之裁决等属之(参照《乡镇自职选罢法》第三〇条,《县参选法》第七章,《市参选法》第七章,《土地征收法》第四五条)。

（二）诉愿者，系由权利或利益受损害人提起之

行政诉愿，凡其权利或利益，因不法之行政处分，致受损害之人，皆得提起。所谓利益，除制定法或习惯法外单为理法所保障之生活上利益，亦属在内。如公园附近之土地所有人，向得经其公园，而为出入，一旦若受行政处分，禁止不许通行，即为生活上利益之损害，而成提起诉愿之原因。在此一点上，诉愿亦与行政诉讼不同。因行政诉讼，仅于权利受损害时，始得提起，而单纯利益之损害，则不得提起之也（参照《行政诉讼法》第一条）。又诉愿之提起，不以该当违法或不当处分之相对人，即受处分人为限，即第三人因其处分，致权利或利益受损害者，亦得提起之。尤其对于他人之处分，第三人之利益，最易遭受侵害。故关于利益损害之诉愿，于第三人，尤有效用。

（三）诉愿系对原处分机关之上级官署提起之

诉愿当属于行政机关受理，且常对于原处分机关之上级官署提起之。在此点上，诉愿亦与行政诉讼不同。行政诉讼，通常属于特设法院审判。我国现制，亦于司法院内，设有独立之行政法院。且只以出诉于行政法院者为限，称为行政诉讼。至于他种争讼，则不属行政法院管辖，而径由行政机关受理之。决定诉愿之机关，常为原处分机关之上级官署，此之一点，诉愿与声明异议有别，既于前述。

（四）诉愿系对受理诉愿官署，请求以行政上程序，审查该当处分

诉愿以行政上程序审查为原则，只能请求受理诉愿官署，为书面上之审理。虽受诉官署，有时亦为言词审问，但属于该官署裁量之自由，当事人并不有当然请求之权利。故就程序而论，诉愿又与行政诉讼不同。行政诉讼，其审查方法，常取原告被告对审之方式，而当事人亦有要求为

言词辩论之权利焉。

（五）诉愿系对行政处分之效力，请求为一定之决定

受理诉愿官署，对于所告争之行政处分，不特应审查其果违法或不当与否，及有无权利或利益之侵害，且须就其处分之效力，为一定之裁决。如认其处分为违法或不当，且致个人权利或利益受损害时，则须将其处分，撤消或变更之。

第二款　诉愿之事项

关于诉愿事项之规定，各国法例不同，有采列举主义，有采概括主义。我国立法向采后者，现行《诉愿法》亦然。即于第一条规定："人民因中央或地方官署之违法或不当处分，致损害其权利或利益者，得提起诉愿。"此外，各法规中，亦有若干关于诉愿事项之规定：如《渔业登记规则》第六条，谓"不服原登记行政官署（对于异议）之决定时，得提起诉愿"；《船舶登记法》第六四条，谓"声请人或利害关系人，对于处理登记之主管航政官署，认为有违法或不当处分时，得依法诉愿"；《土地征收法》第四四条，谓"对于县或市征收审查委员会之议决，有不服者，得诉愿于省政府"；又《户籍法》第一二〇条，谓"关于户籍或人事登记事件，以户籍主任之处分，为不当或违法者，得诉愿于该户籍主任所属之监督官署"。第此等关于诉愿事项之规定，虽散见于各法规中，要皆未轶出于《诉愿法》第一条所定之范围也。

唯依《诉愿法》第一条解释，仅国家行政官署之违法或不当处分，得为诉愿，而自治公署之违法或不当处分，犹在除外之列。在未施行自治以前，既无自治组织，原无自治机关之处分可言。顾目今施行自治，渐见

端倪，以后由乡镇而市县，组织次第完成，则纯属自治事务之范围，因自治公署之违法或不当处分，致居民之权利或利益受损害者，自所难免。故为保护自治团体居民之利益计，就此一面，尚宜增广规定，或至少须用解释，以补充之。

又所谓行政处分，通常系指明示之精神作用或事实作用而言，至于默示之处分，尤其默示之不作为，究能为诉愿标的与否，不无疑义。鄙意默示之处分，亦得为诉愿之标的。例如公物之全部或一部，废弃不修，致一般使用人或特别及独占使用人，丧失使用上之利益者，应得提起诉愿。又如声请处分，法律上定有一定期间，必须对声请人为处分者，若期间内不为处分，可与声请之拒绝同视，亦得提起诉愿。

第三款　诉愿人

行政诉愿，凡因违法或不当处分，致其权利或利益受损害者，皆得提起，并不以该当处分之相对人即受处分人为限，前既言之。再诉愿之提起亦然，"不服受理诉愿官署之决定者，虽非原诉愿人，亦得提起再诉愿"[1]。

诉愿人又不以自然人为限，即法人亦得提起之。至"多数人共同诉愿时，应由诉愿人选出三人以下之代表"（《诉愿法》第六条第二项）。

但诉愿权为一般人民所有之权利，仅于一般统治关系中，始认有之。"下级官吏对于该管上级官厅，就其监督范围所发命令，有服从之义务，不得援照诉愿法，提起诉愿"[2]。良以"因官吏身份而受行政处分者……

---

[1] 司法院院字第六四一号解释。
[2] 院字第三一一号第三四七号解释。

非以人民身份,因官署处分受损害者可比"也①。然官吏关系,亦为法律关系,苟其官吏之权利,为成文法或习惯法所保障者,虽不能援引诉愿法,而为诉愿,对于主管官署处分,如有不服,而呈明上级官署,则非法律之所禁止。②

第四款 诉愿机关

行政诉愿,原则上以原处分机关之直接上级官署,为决定官署。盖直接上级官署,对于下级机关,就职务上有监督权,最适宜为诉愿之决定也。③ 现行法本此原则,就诉愿之管辖,设有次之规定:即(1)不服县市政府之处分者,向省政府主管厅提起诉愿,如不服其决定者,向省政府提起再诉愿;(2)不服省政府各厅之处分者,向省政府提起诉愿,如不服其决定,向中央主管部会提起再诉愿;(3)不服省政府之处分者,向中央主管部会提起诉愿,如不服其决定,向主管院提起再诉愿;(4)不服直属市各局之处分者,向直属市政府提起诉愿,如不服其决定,向中央主管部会提起再诉愿;(5)不服直属市政府之处分者,向中央主管部会提起诉愿,如不服其决定,向主管院提起再诉愿;(6)不服中央各部会之处分者,向原部会提起诉愿,如不服其决定,向主管院提起再诉愿(《诉愿法》第二条)。至对上列以外之中央或地方官署,提起诉愿时,则应按其管辖等级,比照前条之规定为之(同《法》第三条)。例如不服县政府各局之处分者,向县政府提起诉愿,如不服其决定,向省政府提起再诉愿。又不服卫

---

① 院字第三三九号解释。
② 院字第三三二号解释。
③ 故诉愿又称阶级的救济(recours hiérarehigue)。

生署或林垦署之处分者,向中央主管部,即内政部或实业部,提起诉愿,如不服其决定,向主管院即行政院,提起再诉愿是也。

此外,法规中尚有若干关于管辖之规定,如《土地征收法》规定:对于县或市征收审查委员会之议决,决有不服者,应诉愿于省政府,对于直属市政府征收审查委员会之议决,有不服者,应诉愿于内政部(《土地征收法》第四四条)。又《户籍法》规定:对于户籍主任之处分有不服者,应诉愿于该户籍主任所属之监督官署(《户籍法》第一二〇条)。然此等规定,亦不过为注意规定,固仍未能视为上述原则之例外也。

总之,关于诉愿之决定,不论中央或地方官署之处分,常以原处分官署之直接上级官署,为其管辖机关。唯中央高级官署之处分,不能按级为诉愿者,例外以原处分官署,为受理诉愿官署而已。我国现制,关于诉愿之审级,一般采二审制,以直接对于原处分之诉愿,为原诉愿;对于原诉愿之决定之诉愿,为再诉愿。再诉愿之管辖机关,同为原诉愿决定官署之直接上级官署,固无待赘。凡"不服不当处分者,以再诉愿之决定,为最后之决定;其不服违法处分之再诉愿,经决定后,得依法提起行政诉讼"(《诉愿法》第四条)。

第五款　诉愿之提起

(一) 诉愿提起之期间

得提起诉愿之期间,法有限定,不论原诉愿或再诉愿,应"自官署之处分书或决定书达到之次日起,三十日内提起之(《诉愿法》第五条第一项),但对于县市征收审查委员会之议决,应自收到议决书之次日起,十四日内提起之(《土地征收法》第四四条第二项),对于商标局之撤消处分,再审之审定,及再评定之评定,有不服时,应于六十日以内,依法提起之(《商标法》第十九条第四项,第二十八条第二项,第三六条)。于第三人提起诉愿场合,此项期间,应自何时起算,法无规定,依理应自第三人可得而知之次日起算,如其处分已为揭示或公示时,应自其揭示或公示之次日起算之。"诉愿人不在诉愿官署所在地居住者,计算前项期限,应扣除其在途期间。"扣除在途期间,于统一办法未经部定以前,参照司法行政部所定办法行之。① "因事变或故障,致逾期限者,得向受理诉愿之官署,声明理由,请求许可。期限之末日为星期日,纪念日,或其他休息日者,不得算入"(《诉愿法》第五条第二项)。又"诉愿人误向非主管官署,提起再诉愿,该诉愿人,于收到驳回之决定后,仍得于《诉愿法》第五条第一项所定期间内,提起再诉愿"②。

(二) 诉愿提起之方式

诉愿应以记载一定内容之文书提出之。其文书为诉愿书。诉愿书应载明下列事项,由诉愿人署名:(1)诉愿人之姓名、年龄、性别、籍贯、职业、住所,如系法人,其名称及代表人之姓名、年龄、性别;(2)原处分或决定之官署;(3)诉愿之事实及理由;(4)证据;(5)受理诉愿之官署;(6)年月日。③ 如有证据文件者,应添具缮本;再诉愿者,并应附录原诉愿书及原决定书。多数人共同诉愿时,应由诉愿人选出三人以下之代表,并提出代表委任书(同《法》第六条)。诉愿人于诉愿书外,应同时缮具诉愿书副本,送于原处分或决定之官署(同《法》第七条第一项)。本项

---

① 行政院二二年第二一三二号训令。按司法行政部二一年九月第二一二五号训令:当事人居住地距离法院所在地每水陆路五十里,应扣除在途期间一日,不满五十里而在十里以上者亦同。海路每一海里作三里半计算。其火车轮船通行之地,则在途期间之全部或一部,依照车行或船行期间定之。若车行或船行期间不满一日者,亦作一日计算。
② 司法院院字第四二二号解释。
③ 参照二三年八月十日国府令饬行政院颁发之诉愿书格式及说明。

诉愿书及其他书件。无论由诉愿人亲自到署提出，或由邮局递送，均无不可。①

（三）诉愿之提起与原处分之效力

因诉愿之提起，所告争之。原处分，并不失其效力，其处分应执行者，原则仍得执行，并不因之停止。盖既成立之处分，一般推定以为适当，单因诉愿之提起，其推定固未遽受推翻也。然诉愿未决定前，原处分虽不失其效力，而受理诉愿官署，得因必要情形，停止其执行（同《法》第十一条）。所谓必要情形，即以一经执行，即不能恢复原状，或恢复原状甚困难者属之。②

第六款　诉愿之审理及决定

第一　诉愿之审理

诉愿之审理云者，即调查诉愿决定上所必要之事项，及为其事项之判断之谓也。诉愿审理之程序，因诉愿之提起而开始。既开始后，依如下之阶段而进展：（1）先为诉愿要件之审理。即先审查其诉愿之提起，法律上属于正当与否，以为受理与否之决定。如若受理诉愿官署，就其诉愿认为不应受理者，则应附加理由而驳回之。诉愿既经驳回，其审理遂告终止，不复为内容之审查。（2）如受理诉愿官署，就其诉愿提起，认为正当者，乃为其诉愿内容之审查，是为本案之审查，诉愿已入于本案之审查，当然已正式受理矣。

---

① 二〇年十月行政院第四〇〇号指令。
② 参照行政院二二年第四四号批。

诉愿之审理,应先查悉与原处分有关之事实,次再为原处分违法或不当与否之判定。前者为事实之认定,后者为法律之解释适用,易言之,前者为事实问题之审查,后者为法律问题之审查。凡诉愿之审理,得及于事实问题与法律问题之两方面,与后述行政诉讼之审理同。

诉愿之审理,以书面审理为原则,即就所提出之书面,而审理之,但受理诉愿官署,认为有言词审理之必要时,得将诉愿人及原处分机关之人员,传唤到署,令为言词辩论(同《法》第九条)。唯诉愿审理,本系受理诉愿官署,代原处分机关,为同一事件之审理。故(1)受理官署,认为有调查证据或材料之必要时,应自行调查或嘱托调查,不得以决定发还原处分官署,更为审理。① (2)"原处分官署,应自收到人民诉愿书副本之次日起十日内,附具答辩书,并将必要之关系文件,送于受理诉愿之官署。""但原处分官署,认诉愿为有理由者,得自行撤消原处分,并呈报受理诉愿之官署"(同《法》第七条),此时原处分官署,于撤消原处分后,并得另为处分,固勿待言。② (3)诉愿人除诉愿书及必要之文件外,并得随时提出新之理由及证据书类。要之,受理诉愿官署,为案情之审理,应依所有一切材料,而为判断,从而对于原处分违法或不当与否之理由及证据,亦得自由决定,而不受乎任何方面提出材料之拘束也。③

第二 诉愿之决定

诉愿之决定,须以文书为之。诉愿决定书,应载明下列事项:(1)诉

---

① 司法院院字第三四〇号解释之(二)。
② 二〇年八月行政院第四二三二号训令。
③ 司法院院字第六一七号解释之(一):"下级官署所为之处分,虽呈经上级核准,仍认为该下级官署之处分,得向上级官署诉愿,上级官署亦不受曾经核准之拘束,仍得依法决定。"又同第五〇六号及第八〇八号解释亦同。

愿人姓名、年龄、性别、籍贯、职业、住所,如系法人,其名称及代表人之姓名、年龄、性别;(2)主文,事实及理由;(3)决定官署之长官,署名盖印;(4)年月日。① 本项决定书,应作成正本,送达诉愿人及原处分官署(同《法》第十条)。其决定书之送达,有一定程式,"行政官署,送达决定书或处分书时,应饬令受送达人及送达人,按照送达证书栏内所载事项,分别填明,以便查考"②。"决定书不能送达时,应准用《民事诉讼法》关于公示送达程序之规定办理"③。

诉愿之决定,依其内容不同,可以别为如下各种:

(一)驳回

所提起之诉愿,如受理诉愿官署,认为不应受理者,应附理由驳回,前已言之。盖诉愿必须具备一切要件,始应受理。如诉愿不有一定标的,或其标的非属诉愿事项,及提起已过法定期限,皆应驳回,不予受理。但"仅因其诉愿书不合法定程式者,应发还诉愿人,令其更正"(《诉愿法》第八条但书)。而诉愿人得于订正后,再提出之。诉愿驳回,亦属决定一种,应依法作成决定书而送达之。④ 对于驳回,亦得为再诉愿。

(二)认诉愿为无理由之决定

就本案之审理,受理官署,认诉愿为无理由者,应为诉愿之驳回,而维持原处分。但诉愿经驳回后,原处分并不因之发生实质上之确定力。盖诉愿之决定,仅以诉愿为无理由而驳回之,原处分本身之效力,并不因

---

① 司法院院字第三四〇号解释之(一):"受理诉愿之官署,如以批或令,代决定书,自属形式不备。若人民提起再诉愿,则管辖官署,仍应受理,并令补作决定书,呈送审查。"
② 一九年四月五日行政院训令第一三二九号,即诉愿案件送达书类办法。
又司法院院字第五〇六号解释之(二):"诉愿之决定,依法应作成决定书,如未送达决定书,不能谓已经过诉愿之程序。"
③ 院字第七一六号解释。
④ 院字第三四〇号解释之(三)。

之特加稳固也。诉愿驳回以后，原处分仍为下级官署之处分，下级官署，必要时得另为撤消或废止，固无待论。

（三）认诉愿为有理由之决定

就本案之审理，受理官署，认诉愿为有理由者，应依情形，为如次之决定：(1)无效宣告，即认原处分为不成立者，应为无效宣告。(2)撤消或变更原处分，即撤消原处分之全部或一部。(3)另为新之处置，即撤消原处分之全部或一部外，另为一定处置；其法或与撤消同时，令原处分官署，另为一定处分；或由受理诉愿官署，代为一定处分。后之场合，其新处分，以受理官署之处分而成立，自无再赘。

诉愿之决定，原则上不为诉愿人之要求所拘束。但对诉愿人为不利益之变更（reformation in pejus），不得为之。只于诉愿人有利之变更，不为诉愿人之要求所限制而已。盖诉愿为行政救济之手段，此其制度之性质上所当然也。

（四）决定之效力

诉愿之决定，有若何之确定力，亦与一般行政处分之效力同。即其决定或再诉愿之决定后，已不能再为诉愿或行政诉愿者，则形式上已为确定。至实质上之确定力，即原处分官署及受理官署已不能再为更动之效力，苟非法有规定，则不有之。其次，诉愿决定，亦有拘束关系各方面之效力。《诉愿法》仅云："诉愿之决定，有拘束原处分或原决定官署之效力"（第一二条），而不言及诉愿人及其关系人，盖以其当然无须规定也。最后，决定内容，如命原处分机关或诉愿人为一定之行为或不行为者，须各为履行，否则亦生执行问题。即受命机关不肯遵行时，决定官署，得以监督上方法，强其遵行，或代执行之。诉愿人不肯履行时，则得以普通执行手段，而强制之。

第三节　行政诉讼

第一款　行政诉讼之观念

行政诉讼（Verwaltungsgerichtsbarkeit, contentieux administratif, administrative litigation）云者，因官署之违法处分，致人民之权利受损害时，请求行政法院，以审判程序，审查该当处分或决定，而为一定裁决之谓也。析述之如下：

（一）行政诉讼，系对官署之违法处分，所提起也

行政诉讼，系对官署之违法处分提起之。所谓违法处分，单指违反法规之处分，而不及于违反公益之处分，在此点上，其与诉愿不同，已见前述。要之，行政诉讼之标的，仅以羁束处分为限，对于自由裁量之处分，不得提起之。

（二）行政诉讼，系由权利受损害人，所提起也

行政诉讼，系由权利受损害人提起之。盖行政处分，单属违法，犹未足以提起诉讼。必其违法同时损害人民权利，始可提起。从之，此之所谓违法，乃指直接适用于一般行政客体之法规之违反，所不待言。然提起行政诉讼，以权利受损害为已足，提起之人，亦不必为其处分之相对人。

（三）行政诉讼，系向行政法院提起之

我国现制之下，行政诉讼，系属于特设之行政法院管辖。且以提出于行政法院者为限，称为行政诉讼。他如选举诉讼等，虽同为行政事件

之诉讼，而以其属他种法院管辖之故，不得称为行政诉讼。

（四）行政诉讼，系请求以审判程序，审查所告争之决定

行政诉讼，系以审判程序，而为审理，其法即将原告被告对审，然后决争点，即采取所谓对审之形式，亦已前述。

（五）行政诉讼，系请求对于所告争之决定或处分，为一定之裁决

行政诉讼，不特对于所告争之决定或处分，请求审查其违法与否，及有无权利侵害，并请求就其处分或决定效力，为一定之决定，与诉愿同。

第二款　行政诉讼之性质

原诉讼制度，简言之，不外就特定事件，以诉讼程序，而为法之宣判。准是，则我国现行行政诉讼，亦为诉讼一种，殆无疑义。第行政诉讼制度，发达甚晚，仅自十九世纪，为欧陆法奥及德意志诸邦，始所采行，且其审判组织与诉讼事项，各国参差不一，因之，关于行政诉讼之性质，学说至不一致。主要者计有权利保护说，与法规维持说二说。前者以行政诉讼，为保护权利而设，后者以行政诉讼，为维持法规而设。

谓诉讼制度，为维持法规而设，原无不妥。即就审判之本义观之，所谓审判，亦不外为法定之宣告（Rechtssprechung），或法之活声（Viva vox legis）。但自目的而言，审判有主观的与客观的之二观念。主观的审判，以探究所告争权利之存否，并其范围如何，为最后之目的，故其审判，第一步，研究所告争之权利，果为法规承认与否，若得肯定解答，次再检讨该当场合，其权利果系存在与否，并其界限若何，如其存在与界限，既得认定，最后，乃取必要手段，以实现其权利。实际制度中，如民事诉讼，即

以确定个人之权利,并保障之,为最后之目的者也。其次,客观的审判,与个人之权利无与,而以法之维持,为主要目的。以故其所审核问题,亦重在特定行为或不行为,于特定场合,果系违法与否,如认其为违法,审判机关,乃为镇压排除之处置,必要时,且使用实力,以遂行维持法规之任务。实际制度中,如刑事诉讼,即始终以确保法规之正确适用,为其目的者也。①

然则行政诉讼,究以权利之保护,为最后之目的,抑始终以维持法规,为其目的,就此问题,学者议论纷歧,莫衷一是。如德国学者,虽多倾向于权利说,而亦不无以之为客观的审判,甚或以之为行政监督之一种者。② 余以此问题之解答,应以各国之成法为准。盖实际法制,本得依于任何一说,或折衷两者而成立。如日本法制,采折衷说,普鲁士采法规说,法奥及南德意志诸邦,采权利说。我国现制,观于《行政诉讼法》第一条,谓"人民因……官署之违法处分,致损害其权利……者,得向行政法院,提起行政诉讼",盖亦从权利说也。

要之,我国现行行政诉讼制度,实以保护个人权利,为主要目的,而非重在维持法规。虽行政审判之际,所告争之行政处分,违法与否,必成问题。以是其审判作用,似亦在于排除行政关系中之违法状态者。然此时法之宣判,不过为保护个人权利之手段而已。个人权利,因受违法侵害,请求行政救济,其前提固须审查法规,而其诉讼目的,则终在乎权利之保护也。

---

① Dugnit, Traité du droit constitutionel, T. 2. p. 342 et suiv. 但实际制度,每具此两性质,如民事审判,虽原则为主观的审判,而和解、确认及关于非讼事件之判决等,有客观的性质。又刑事审理,虽为极显明之客观的审判,面对于私诉之判决,则有主观的性质。
② 权利说为裴尔所首唱(Baehr, Rechtsstaat, 1864),德国学者,舒泰因、萨尔卫、胥尔采、徐密脱(Schmidt)、刘宁、斯丁格尔(Stengel)、柴德尔、格路脱(Gluth)等,皆宗师之该呵督梅也,曾目以为通说。

法规说（或行政监督说）为格奈斯脱所代表（Gneist，D. Rechtsstatu. d. Verwaltungsgerichte in Deutschland，1876），该呵尔格梅也、呵督梅也及哈揭克等，尚支持之。

第三款　行政诉讼之事项

第一项　一般事项

何等事项，得为行政诉讼，各国立法不同，有采概括主义者，如奥国及我国之旧法是；有采列举主义者，如德意志及日本之现行法是。前者但定概括抽象之标准，凡与其标准相当之一切事项，皆得提起行政诉讼。此种立法，虽有易滋滥诉、牵制行政及将不适宜于诉讼审判之事项，如有关于专门学术及军事外交等机密事项，亦行包括在内之弊，而较列举规定，仅以所列举之特种事项为限，始得提起之者，究能从广包罗，使人民之权利，多得救济之机会；而与法治国之精神，亦较符合也。故我国现行《行政诉讼法》，亦采概括主义，即于第一条规定："人民因中央或地方官署之违法处分，致损害其权利，经依《诉愿法》提起再诉愿，而不服其决定，或提起再诉愿，三十日内不为决定者，得向行政法院，提起行政诉讼。"

唯行政审判，与民事审判，对一切私权争讼，皆应为之审判者不同，纵性质上属于行政事件，而法律上不认得争讼者，一概得拒绝之。故行政诉讼，唯法律所认许之事项，乃得提起之。依《行政诉讼法》规定，得为行政诉讼标的之事项，须具如下之要件：（一）须系对于中央或地方官署之行政处分；（二）须其处分属于违法；（三）须因其违法处分，致人民之权利受损害；（四）须经提起再诉愿。就此四点，请为申述如次。

（一）须系对于中央或地方官署之处分

第一，现行法中所谓中央或地方官署，依通常用例解释，仅指中央或地方各级之行政官署，此外，自治公署，如乡镇公所或乡镇长等，犹未包括在内。乡镇公所，当其执行委任事务之际，犹可以地方行政官署解释，固无问题。而当执行固有事务之际，则不能以地方官署目之。然乡镇公所，于固有事务之范围内，因其违法处分，致损害人民之权利者，当为事所难免。如此种违法侵害，不能以行政诉讼，请求救济，立法殊嫌疏漏。就此一点，将来实有改正必要，或至少须用解释，以补救之。

第二，处分一语，颇多广狭不同之意，本书所称，系指能发生法律效果之一切单方的行政行为而言，所谓单纯的事实动作，则不包括在内，既见前述。但此仅就适法行为而言，至于违法行为，尤其侵权行为，仅为单纯的动作所构成者，所在多有。如关于一切土木工程之兴筑修理等，原为行政作用中之重要部分。如其作用直接损害人民之权利者，依理亦应使得提起行政诉讼，请求为工事之制止、设计之变更，或回复原状、消除后害，乃至请求损害赔偿。故现行政法中所谓处分一语，理宜从广解释，使单纯的动作，亦得包含在内。盖如是方足以符社会正义之要求，并广行政诉讼制度之实用也。

（二）须其处分属于违法

对于官署处分，提起行政诉讼，须主张其处分系属违法。虽其果属违法与否，须俟审判判决，始能决定。而所提出之主张，要须法律上，尚有争执之余地。至于不受法规拘束之行为，不问性质若何，因自始不成违法之问题也。兹就所谓违法之意义，更为申述如下：

第一，此之所谓违法处分，系与不当处分相对而言。所谓不当，仅为不合公益或不合目的，与违反法规，有所区别，迭见前述。现行各国通例，行政诉讼，仅以审判违法问题为限，关于"自由裁量问题，不属行政审判之管辖"①。我国《诉愿法》第四条规定,"不服不当处分者,以再诉愿之决定,为最后之决定;其不服违法处分之再诉愿,经决定后,得提起行政诉讼"。亦即明以违法问题,为诉讼事件,而以不当问题,纯为行政事件也,盖行政处分,有羁束处分与自由裁量处分之别,后者不受法规拘束,得由行政官署,于某范围内,以自认为适当者,而处置之。以故此种

---

① "自由裁量问题,不属行政审判之管辖(Ermessenfragen unterstuenden nicht der Zustaendigkelt der Verwaltungsgerichte)",此项原则,采行政审判制度各国,一般皆采取之。如法国在立法上,虽无是项积极明文规定,而判例学说中,向设有诉讼事项与纯粹行政事项之区别。其学说中,多以侵害人民权利之一切行为,应归于行政法院审判,其仅侵害人民之利益者,则应留诸行政官署,自决定之。盖亦以行政法院,专以审判行政行为之适法性问题,为其任务,至于当与不当、巧拙、便否及公正与不公正等问题,非其所能干涉也(Dareste, Justice administratif in France, p. 218 et suiv.; Laferrière, Juridiction et contentieux, 1887, T. I, p. 50 et suiv.; Aucoe, Conferonce sur le droit administratif, 3 éd. T. I, p. 436; Maureau, ibid. p. 230)。但狄骥氏对于此等区别,独否认之(Duguit, L. Transformation d. d. p. 205)。
德意志各邦中,如威丁堡、巴依伦、巴登、撒克仙及普鲁士等,设有行政法院者,其立法上,咸直接间接设有此项原则规定(Wuerttemberg, Verwaltungsrechtspflegegesetz, Art. 13; Bayerische Verwaltungsgrichtsgesetz, Art, 13; Baden, Verwaltungsrechtspflegegesetz, §4. Absatz 4; Verwaltungsrechtspflegegesetz fuer des Koenigs, Sachsen §76; Preussisches Landesverwaltungsgesetz von 1883, §127)。仅普鲁士之《普通行政法》第一二七条关于警察事件之规定,以行政审判,似得稍涉自由裁量问题。学者因有以此为根据,遂谓德在立法上,行政法院,亦得干涉自由裁量之一部。然一般学说,则以行政审判之权限,仅以关于适法问题为限。
奥国一八七五年之《行政法院设置法》,关于此项原则,亦有明文规定。即其第三条谓:"行政法院,对于行政官署,因违法决定或处分,致损害权利之事件,得为审判;但行政官署,得以自由裁量处分之事件,无管辖权。"奥国之行政法院,为诉愿决定之上诉机关,有废弃院之性质,凡所审理,仅以法律问题为限。其确守此项原则,自属必要。
日本行政审判制度,模自普奥二制。关于自由裁量处分之审判问题,原亦同其解答。日本初在明治十八年之《行政诉讼法》案中,设有次之法文:"属于行政厅自由裁量之处分,为其所有裁量权之限度内,不得为行政诉讼之标的。"(第十五条)现行《行政裁判法》中,未加明定。仅明治二三年法律第一〇六号,关于行政诉讼事项之规定,有"违法处分"之限定而已。但彼邦学说判例,以对不当处分,不得提起行政诉讼,自始即经确定(参照伊藤博文著,《帝国宪法义解》,一〇二面以下;美浓部达吉著,《日本行政法总论》,明治四二年版,八三四面及八四一面以下)。

处分，纵有不妥，亦仅为不合目的或不当而已，不至发生违法。不当问题，既非法律问题，自非行政法院所宜审判也。然特定场合，究有自由裁量之余地与否，如得自由裁量，其裁量权之范围如何，仍须依据法律，以决定之。故自由裁量之滥用，或裁量权之超过（Ermessensmissbrauch oder Ermessensüberschreitung），仍为违法问题，而非不当问题。

第二，所谓违法处分，其原因并不以存于该当处分本身者为限，其处分本身纵不违法，而其所本之先行行为，乃属违法者，则因继受先行行为之违法性故，亦生违法问题。例如官署发一违法命令（规章），然后本其命令，而为处分，此时其处分本身，即无不合，而因其所本之命令违法之故，亦为当然违法。苟其规章命令，犹可争执，则对该当处分，常得提出行政诉讼。

第三，此之违法，亦指违反外部法规而言。如仅违反内部法规，人民不得据为争讼。盖内部法规，如办事规则或训令等，仅有拘束机关内部之效力，于人民无何直接关系。此种法规，即有违反，亦非对于人民违法也。只训令所定之内容，同时所以实现外部法规之规定者，则违反训令，固同时亦对人民，发生违法之结果耳。

（三）须因其违法处分，致损害人民之权利

提起行政诉讼，又须主张因其违法处分，致自己之权利，蒙受损害。如单纯生活上利益，未为法律所担保者，虽受损害，亦不得提起行政诉讼。抑法律上所谓权利，有公权与私权之别，兹之权利损害，不问公权或私权之损害，皆包括之。

私权中易受违法处分之损害者，当以物权居首。如强制征收之实行，或土木工程之设施，即易损害人民之物权。物权有对抗一切人之效力，若受国家处分侵害，自成行政诉讼原因。至债权向称为相对权，只于特定人间，有其效力。然依债之性质如何，第三人未始完全不能侵害。

若因违法处分,致个人债权受损害者,常亦得为行政诉讼。

唯行政诉讼事件中之权利损害,尤以公权之损害,为最主要。公权有积极的公权与消极的公权之分,前既详述。如公法上金钱请求权或河川道路占用权之毁损,或请求许可或特许之拒绝,即积极的公权之损害也。租税之违法赋课、营业之违法禁止,或集会结社之非法解散,即消极的公权即自由权之损害也。

(四)须经提起再诉愿

行政诉讼,正式提起以前,是否应经行政上之再审程序,性质上原无一定。唯立法例,每以提起行政诉讼以前,须经提起诉愿。① 即以诉愿,为行政诉讼之前审,而以行政诉讼,为诉愿之复审。我国《行政诉讼法》第一条规定:凡因官署之违法处分致人民之权利受损害,"经依《诉愿法》提起再诉愿,而不服其决定;或提起再诉愿,三十日内不决定者,得向行政法院,提起行政诉讼",亦同以行政诉讼,为对于诉愿决定之上诉。若以原处分为第一审,原诉愿为第二审,再诉愿为第三审,则行政诉讼,正其第四审矣。

提起行政诉讼以前,须经诉愿程序,其理由约有三端:(1)姑先以简易程序,试其是否即能了结,如能简单了结,于当事人,甚为便利。(2)移归行政审判以前,使行政官署,尽情审查,俾有更正机会。(3)缩

---

① 争讼事件,出诉于行政法院以前,应否经过行政上之复查程序,各国法律,并不一致。法国原则无是限制,得径诉于行政法院。德意志诸邦,依事件种类,设有差别。或使先以纯粹行政程序审理,至最终审,乃使诉于最高级之行政法院,或使自始诉于最下级之行政法院,如不服其判决,则按级递诉于上级审。奥国行政审判组织,采一审制,不认有下级行政法院,凡未提起行政诉讼以前,概须经过诉愿,迨诉愿途穷,始得诉于行政法院。日本行政审判制度,大旨近于奥制,但起诉前,未必须经诉愿,只地方下级行政厅之违法处分,须先经此种程序而已。此之一点,毋宁近于德制,尤其近于普鲁士之制度。我国现制,限定起诉以前,概须经过诉愿程序,盖独收奥制也。

小行政诉讼之范围,以减轻行政法院之负担。但我国现制,起诉于行政法院以前,通常须经再度之诉愿,若将得声明异议场合,加算在内,则正式起诉以前,甚至须经四度之复审。程序冗繁,进行迂缓,莫此为甚。尤其不服中央各部会之处分,须向原部会提起诉愿,向主管院为再诉愿,然后方得提起行政诉讼。此种程序,并无经过必要,甚属明显。总之,本项先经程序之规定,限制殊失太严,将来立法,宜再考之。

第二项　附带请求事项

凡因官署之违法处分,致人民之权利,受损害者,经再诉愿后,得向行政法院,提起行政诉讼,以求救济,既如上述。但依于行政审判之救济,通常仅将诉愿决定或原处分,为撤消或变更之宣告。至将决定或原处分撤消或变更后,人民所受损害,尚未完全除去者,是否更得请求损害赔偿,如得请求损害赔偿,是否即向行政法院为之,抑或另向普通法院为之,是皆待于特别规定,以解决之。

考现时一般法例,凡行政上之违法行为,除为其行为之公务员个人,应负民事责任外,国家或自治团体亦应直接负其赔偿责任。而请求国家赔偿,依法律规定如何,无论归诸普通法院受理,或行政法院受理,均属可行。盖人民因违法处分所受之损害,有私经济关系之性质,可以使属普通法院受理,而一方因其损害,为行政上之违法处分所引起,亦可作为行政诉讼事件,而使行政法院受理之也。德日法例,以行政法院,不受理损害赔偿之诉,其请求须向普通法院为之;法国异是,即使同向行政法院为之。两相比较,似以法国之例,为尤便利。我国现制,亦略仿此,即于《行政诉讼法》第二条第一项规定:"行政诉讼,得附带请求损害赔偿。"唯请求国家赔偿,既须于提起行政诉讼之际,附带为之,则以国家赔偿责任而言,其赔偿机会,盖属甚少。因我国所谓行政诉讼,有第四审之性质,如前此在复审中,已将原处分撤消或变更之者,人民纵有损害,未得除去,因已不得提起行政诉讼,亦无从附带请求国家赔偿矣。关于此,尚待次节,更申论之。

于行政诉讼之际,附带请求国家或自治团体损害赔偿,须依行政诉讼程序为之,固不待论。唯关于此项损害赔偿之方法与范围,行政诉讼法中,不设特别规定,而即准用民法规定定之(《行诉》第二条第二项)。准用《民法债篇》规定,其损害赔偿之方法及范围如次:

(一)损害赔偿之方法

民法上损害赔偿之方法有二,一回复原状,二赔偿金钱。我国《民法》规定以回复原状为原则,除法律另有规定……外,不得以金钱为赔偿(《民法》第二一三条上段)。所谓回复原状,即回复他方损害未发生前之原状。如将房屋拆毁之部分,修理复原;对于他人所有物之灭失,发还同种类之物是。然他人之损害,为金钱多额之支出者,则回复原状,亦不外为金钱之给付。如斯因回复原状,而应给付金钱者,自损害发生时起,并应加给利息(同条后段)。此时应加给之利息,以法定利息为率,自无待赘。

适用纯然之金钱赔偿,通常以次二情形属之。(1)"应回复原状者,如经债权人,定相当期限催告后,逾期不为回复时,债权人得请求以金钱赔偿其损害"(《民法》第二一四条)。《民法》本条规定,原为特别保护被害人而设,使被害人,至逾催告中所定期后,得另求他种赔偿之道;并得依其需要,选择任何赔偿一种。唯所谓定相当期限催告,属于审判外之请求,于行政争讼中,直接不能适用。如以类推解释,则前此在复审中,被害人已向复审官署,为回复原状之请求者,至提起行政诉讼之际,亦得依其选择,径请以金钱赔偿其损害耳。(2)不能回复原状,或回复显有重大困难者,应以金钱赔偿其损害(《民法》第二一五条)。如毁灭不能代替之物，或已发生不能消灭之事实，既不能回复原状，自非金钱赔偿不可。又回复原状，显有困难，如回复原状，有碍公益，或需费过巨者，当亦以金钱赔偿为妥。

(二) 损害赔偿之范围

损害赔偿债权之发生，须原因事实与损害之间，有相当因果关系，此不论民事上或行政上，均属当然。如损害之发生与违法之处分，无相当因果关系者，行政主体，亦无须负赔偿义务。

然所谓损害，有积极的损害与消极的损害之别。积极的损害，即法文中所谓"所受损害"，即因该原因事实，所生之实际损害；消极的损害，即法文中所谓"所失利益"，即无该原因事实，则能取得之利益。《民法》上之损害赔偿，除法律另有规定或契约另有订定外，无论所受损害或所失利益，原则均应填补而"依通常情形，或依预定之计划设备，或其他特别情事，可预期之到益，视为所失利益"（《民法》第二一六条）。但行政诉讼上之损害赔偿，有特别限制，《民法》第二一六条规定之所失利益，不在赔偿之列（《行诉》第二条第二项但书）。

又《民法》中设有过失相抵之规定，即"损害之发生或扩大，被害人与有过失者，法院得减轻赔偿金额，或免除之。重大之损害原因，为债务人所不及知，而被害人不预促其注意，或怠于避免，或减少损害者，为与有过失"（《民法》第二一七条）。准此，则就损害之发生或扩大，被害人如与有助力，且其助力出于被害人之过失者，不问其协助行为积极的或消极的，又不问其行为是否与义务人之行为同时或在其前后，均得过失相抵。本条过失相抵之原则，于行政上之损害赔偿，亦得准用之。

(三) 赔偿人之代位

"关于物或权利之丧失或损害，负赔偿责任之人，得向损害赔偿请求权人，请求让与基于其物之所有权，或基于其权利对于第三人之请求权"

(《民法》第二二八条)。准用本条规定,则行政主体已就物或权利之丧失或损害为赔偿,而已赔偿其全部价格者,应由行政主体,就该物或权利,代位被害人。盖被害人已得全部赔偿,而仍就原物或其所有权利,不许他人代位,则将取得两重利益,与衡平原则,未免相背谬也。

第四款　行政审判之机关

(一) 概说

关于行政事件之审判机关,各国制度不同,有采分离主义,即将行政法院与普通法院分离独立,使行政诉讼事件,专属于行政法院审判者,如法德奥日诸国是;有采合并主义,即将行政诉讼事件,合并于普通法院审判,不设独立之行政法院者,如英美等国是。考分离制度,为法国所首创,至十九世纪之后半期,输入德奥,然后普及他国。法国所以创此制度,有其特殊历史。盖法国早在大革命前,行政部与法院,互有恶感,至革命时代,为避免司法干涉行政之计,遂将行政法院,属于行政部内。相沿及今,未之变更。德日诸国,采此制度,其理由要亦在于行政司法,互保独立,不相干涉。然自今日观之,此种理由,已难成立。盖今日即在法国,其行政与司法,已无反目情事,他国更可不论。而现今诸国,虽将行政法院,设置于行政部中,对于政府机关,仍有独立地位。政府行为,受其独立批判,与受普通法院审判,殆无所异。故现今主张分离论者,乃别寻理由,咸以审判行政案件,与民刑案件不同,需特殊之学识与经验,普通法院,长于民刑审判之法官,未必适于行政案件之审判也。

至英美等国,与大陆法系诸国,迥异其趣。英美等国,在法理上,向无公私法之别,无论行政主体与私人间,或私人相互之关系,皆受普通法之支配。而关于法律上之争讼,亦无行政事件与民刑事件之分,概属于普通法院审判。故英美等国,根本上无所谓行政法,久为学者之所论定。只近岁以来,情势变更,为应实际需要,行政各部,每设初级之特别行政审判机关。迄于最近为止,其数之多,无虑有二百余种。质其所以独立增设之理由,不外(1)因最近会社立法发达之结果,行政权活动之范围,逐渐扩大,旧有普通法院,对于此类之新案件,缺少理解;不如使与之有深切关系之行政各部,组织特别机关审判,较为妥当。(2)普通法院,程序迂缓,费用浩大,不如行政审判,迅速省费。(3)行政争讼事件,渐臻繁杂,普通法院,实已不能再加受理。(4)行政各方面,盛行标准立法,除非具体应用,其内容甚难绝对确定,欲解决此类法律问题,亦非专任之行政审判机关不可。基于此等理由,故其独立分离之行政审判机关,有增无已。然其裁判程序,原则上未采公开言词辩论主义,判决往往不附理由,且判例亦不发表,凡此各点,与严正之行政审判,犹觉有所未符。又对于此等行政审判机关之判决,如有不服,仍得控诉于普通法院,在此点上与完全分离独立主义,亦属异致。

综上所述,关于行政审判,究应设立独立法院,抑即并属普通司法机关,在性质上,原无一定,要须视其实际上,有无独立设立之必要,以决定之。如或行政诉讼事件,不甚繁杂,一时犹无设立多数法院必要,即将行政审判机关,列入于司法组织,自成独立一院;或即并设于普通法院,自成独立一庭,概使有特殊之学识与经验者,充当斯职。如是不特无何妨碍,且足使其组织简单而易行也。

我国行政审判组织,向采分离主义。查元年《约法》,设有次之规定:法院依法律审判民刑诉讼,关于行政诉讼及其他特别诉讼,别以法律定之(第四九条)。本此规定,至民国三年,颁有《平政院编制令》及《行政诉讼法》,而平政院亦于是年组织成立。凡人民(1)因中央或地方最高级行政官署之违法处分,致损害其权利者,(2)因中央或地方行政官署之违法处分,致损害其权利,经依诉愿法,诉愿至最高级行政官署,而不服其决定者,均得向平政院,提起行政诉讼(三年《行政诉讼法》第一条)。此时行政审判组织,为一审制,全国唯有一平政院。只因审判之便利或必要时,除以地方最高级行政官署为被告之行政诉讼外,得由平政院院长,嘱托被告官署所在地之最高级司法官署司法官,并派遣平政院评事,组织五人之合议庭审理之,其庭长由平政院长指定(同《法》第五条)。此系为距离平政院所在地太远,交通又极不便利之地方而设,论其性质,殆与平政院之分院相当,但为暂设机关,而非常设机关。要之,此时之平政院,实为行政组织中之一部,虽其职掌,专在行政审判,不在处理普通行政事务,而与司法法院,固异其组织上之系统也。

迨十七年,国民政府设立五院之际,乃将从来组织,加以变更,即于《司法院组织法》中,规定设一行政法院,使之与最高法院,跰对并立,而同直隶于司法院。将行政法院改隶于司法系统中,在理论上,原无不妥,既加上述。国民政府,嗣于二一年十一月,公布《行政法院组织法》及《行政诉讼法》等,于二二年六月二三日,开始施行,同年九月一日,行政法院之组织,亦告成立,此即我国现有之行政审判机关也。

(二)行政法院之组织

行政审判之组织,各国法例,殆莫不有审级之区别,只奥日二国及我国旧法,采一审制,我国现制亦然。即以司法院中之行政法院,为掌理全国行政审判之唯一机关(《行政法院组织法》第一条),无论初审终审,概尽于此。唯所谓全国唯一行政审判机关,有二点上,应加注意。(1)向行政法院提起诉讼以前,必经声明异议及再诉愿之程序,连原处分加算在内,少则经过三审,多且经过四审。此等程序,不外为行政审判之前审。故自实质上言,我国行政争讼,原亦有审级之区别。特在此等审级中,不以诉讼程序处理,在形式上，仍不能称为行政诉讼耳。（2）行政诉讼事件，须先经一定之先行程序，至最后乃出诉于行政法院。是行政法院，若与民刑审判机关相较，殆与最高法院相当。但最高法院，为第三审机关，通常只为法律审，而不为事实审。事实审，仅至高等法院为止。最高法院，即以高等法院所确定之事实为基础，就法律问题，而审判之。而行政法院，不以法律问题为限，即就事实问题，亦得审判。故提起行政诉讼以前，无论既经几次复审，而行政法院之审理，宁与普通法院之第二审相当，而无第三审之性质。

行政法院以院长、评事、书记官长及书记官等，共构成之。院长综理全院行政事务，兼任评事，并充庭长。关于院内行政事务，得召集庭长评事会议，但不受多数意思之拘束。院长有事故不能执行职务时，由资深庭长，临时代理之（同《法》第二条，《行政法院庭务规程》第八条及第十条）。院内分设二庭或三庭（现设二庭），各庭连庭长在内，设评事五人，其中须有二人，曾充司法官。庭长除由院长兼充者外，余就评事中遴充之。其职务在监督并分配事务。各庭审判事务，即由五人评事，以合议制行之。合议审判，以庭长为审判长，庭长有事故时，由评事之资深者充之（同《法》第三条第四条及第五条）。审判之评议，与民事法院同，均不公开。评议时，评事应各陈述意见，其次序以资浅者为先，资同以少年者为先，递至审判长为终。其评议以过半数之意见决定之。关于金额，如评事之意见，分三说以上，各不达过半数时，以最多额之意见，顺次算入次多额之意见，至达过半数为止（同《规程》第二五条，《法院组织法》第八一条第八二条）。各庭审判案件，有可著为判例者，应由庭长命书记官，摘录要旨，连同判决书印本，分送各庭庭长评事。又各庭审理案件，关于法律上之见解，与以前判例有异时，应由院长，呈由司法院院长，召集判例变更会议决定之（同《规程》第二三条及第二四条）。院内置书记官长一人，书记官十人至十六人。书记官长，承院长命令，指挥监督书记官，分掌事务。配置各庭之书记官，应受庭长评事之指挥监督,每庭并得以一人为主任。

(三)行政法院之评事

行政法院之评事,其任用资格及保障,该组织法中,均有规定。上述各构成员中,庭长为普通评事所兼充,其为评事,固无待论。唯院长虽亦担任评事职务,而其本职为院中行政长官,评事职务,不过为其兼任,应非此之评事。且院长系特任职,依中央政治会议解释,为政务官,亦不应与普通评事,受同一任用资格之限制,并其地位之保障。故此之所谓评事,应将院长除外,仅指其他不论兼充庭长与否之评事言之。

行政法院之评事,为简任职,非有下列各款资格者,不得充之:(1)对于党义有深切之研究者,(2)曾任国民政府统治下简任职公务员二年以上者,(3)年满三十岁者(同《组织法》第六条)。但此外并无限制,如在法院推事,非法律另有规定,不得兼任有给无给之公职(《法院组织法》第三九条第一款),而于评事,组织法上无是限制,其得兼职与否,应依关于普通事务官兼职之规律定之。

评事之地位,与法院推事受同一之保障。即评事非有法定原因,不得将其停职、免职、转调,或减俸(《行政法院组织法》第九条,《法院组织法》第四〇条)。但评事之待遇,《组织法》中并无规定,关于法院推事之待遇,不能适用之。

第五款　行政诉讼当事人

在一切诉讼中,通常必有请求审判之原告,与被诉之相对人,即被告之存在,此对立的处于原被告之地位者,即称诉讼当事人(parteien)。唯诉讼上所谓当事人,有实质上与形式上之二不同意义。实质上之当事人,指所告争之法律关系之主体，即其间互有权利义务之争者也。形式上之当事人，指程序上互为对审之人，即其审判程序以其名义开始者也。民事诉讼中之当事人，同时兼为实质上之当事人与形式上之当事人，即程序上立于原被告之地位者，实质上常为权利义务之主体。刑事诉讼中之当事人反是，刑事诉讼上国家之检察官，虽亦立于起诉人之地位，而其目的，在于法规之正确适用，非真与被告人为权利之争。又刑诉中因不服第一审判决，而提起上诉之场合，其第一审法院与提起上诉之检察官之关系亦然。要之，此等场合，检察官与第一审法院，皆为程序上之当事人，而非真实之当事人也。

在行政诉讼中，原亦有所谓当事人诉讼（Parteistreitigkeit des oeffentlichen Rechts）与抗告诉讼（Rechtsbeschwerde，Anfechtungsklage）。前者即私人与自治团体，或自治团体相互间，因公法上关系有所争执，各为当事人，而向行政法院，提起行政诉讼之谓。于此场合，其私人或自治团体，各为原告或被告，且同时为实质上之当事人，与民事诉讼，初无所异。[1]后者略与刑事诉讼中之上诉相似，即因不服行政官署之处分或决定，而请求行政法院，重为审判之诉讼，其目的在判定该处分或决定，果为适法与否，而非与被告为权利之争。此时被告之行政官署，亦非权利主体，不过为程序上谋便利计，所设定之当事人耳。[2]

准是以观，谁为诉讼上之当事人，全依诉讼种类而决定。我国现行

---

[1] 当事人诉讼，为威丁堡及撒克仙等邦所认有，参照 Wuerttemberg, Vpg, Art. 10, Saechs, Vpg, §21. u. a. m. 又日本《行政诉讼法》案中及《行政裁判法改正纲领》中，亦认有之。参照同法案第三七条，及同纲领第一之（乙）。

[2] 德意志诸邦，有为避免官署为被告，及为公益辩护起见，设有特种官吏，如巴依伦，于行政法院中，设有特别之检察官，威丁堡等邦，设有所谓公益辩护委员（Commissare fuer Wharuehmung des oeffentlichen Interesse）。但实际上与以官署为被告，并无差异。日本除认官署得为被告，而官署长官，得使其属吏为代理外，并认主管部长，得派遣委员，出庭为公益之辩护。但此种公益辩护委员，实际上甚少用之（参照美浓部达吉著，《行政裁判法》，二一五面）。

制度之行政诉讼,仅有抗告诉讼一种,常由权利受损害人,因不服再诉愿决定所提起。所谓当事人诉讼,未之认有。故我国行政诉讼中之原告,虽为权利受损害人之个人或团体,而处于被告之地位者,常为行政官署。

行政诉讼之当事人,除上述之原告与被告外,尚有事后加入之参加人;而各当事人,又得委托他人代理。兹就此数者,申述如次。

(一)原告

所谓原告,即有起诉权人之谓。谁得为行政诉讼之原告,法律虽无直接规定,而得提起行政诉讼之人,则常为因违法处分,致权利受损害之人。故因违法处分致权利受损害人,皆得为行政诉讼之原告。行政诉讼之原告,因系所告争之权利之主体,无论在形式上或实质上,皆为行政诉讼之当事人。

唯得提起行政诉讼之人,并以不该当处分之直接相对人,即受处分人为限,即因对于他人之处分,致其权利受损害者,亦得提起之。如因对于甲之租税延纳处分,将甲所有之不动产扣押,而第三人之乙,于甲之不动产上,有抵押权者,则乙亦得以抵押权受损害,提起行政诉讼,而为原告。又因对于甲之租税延纳处分,误将乙之所有物,认为甲之所有物,而为扣押者,则乙亦得以权利受损害人,而为原告。及所争告之权利,非有专属权性质,而得移转于他人者,受其权利移转之人,亦得提起行政诉讼。例如关于课税处分之诉,其纳税义务为遗产继承人所继承者,继承人亦得为原告。又不特继承人为然,即权利之让受人,亦得继受出让人之诉权而为原告。

行政诉讼原告之观念,既如上述。至于原告之能力,即起诉当事人能力(Parteifaehigkeit),尚须另说明之。关于此点,《行政诉讼法》中,未加直接规定,但云"本法未规定者,准用《民事诉讼法》"(同《法》第二六条),则民事诉讼上有当事人能力者,行政诉讼中,应亦有当事人能力。

准是而论,不特自然人或法人,有当事人能力,即胎儿,或非法人之团体而设有代表人或管理人者,亦得为原告(《民诉》第四一条《新民诉》第四〇条)。

其次,关于行政诉讼能力(Prozessfaehigkeit),《行政诉讼法》中亦未规定,同须准用《民事诉讼法》,以决定之。《民诉》上关于诉讼无能力人,或限制行为能力人之法定代理,或诉讼所必要之允许,除有特别规定外,依《民法》及其他法律之规定。则行政诉讼上,关于无行为能力人或限制行为能力人之诉讼,当亦同此原则(参照《民诉》第四三条以下,《新民诉》第四五条以下)。

又因准用民事诉讼法之结果,不问为自然人或法人,凡二人以上之多数人,因有特别情形,亦得共同提起单一之诉(《民诉》第五〇条以下,《新民诉》第五三条以下)。

(二) 被告

行政诉讼之被告,即行政诉讼所提起之相对人。行政诉讼上谁为被告,《行政诉讼法》中设有间接规定,即同《法》第十条第三款中,设有"被告之官署"一语。我国之行政诉讼,系由权利受损害人,因不服再诉愿决定所提起,此之被告官署,乃指再诉愿决定官署,自无待赘。此时被告官署,因非该当诉讼中所告争之法律关系之主体,非实质上之当事人,而不过为程序上或名义上之当事人;而程序上之当事人,不过为求法律之正确适用,并解决争诉之便利而设,亦既前述。故此时被告之当事人,有无法律上人格,可以不问。固不得以行政官署不有人格之故,遂谓行政诉讼中,只有原告,而无被告。关于行政诉讼之被告能力,并无限制,凡再决定官署,皆得当然为其被告。

行政诉讼中,既以官署为被告,而不以他人为相对人,则自诉愿决定后,至起诉时之中间,其官署之构成员,纵有更迭,仍得以同一官署为被告。又因组织变更，再决定官署之权限，已于移转他官署者，亦得依起诉当时之组织法，以就该当事件，有权限之官署为被告。

（三）参加人

行政诉讼之当事人，除原被告外，尚有参加人一种。所谓行政诉讼之参加人，即就他人所提起之行政诉讼事件，有利害关系之第三人，于该诉讼系属中，参加于其诉讼者之谓。我国《行政诉讼法》第十六、七条中，均见有参加人名词，其认有此种参加人，自无疑义。诚以我国之行政诉讼，非两法律关系主体间之诉讼，而为不服再决定人，对于再决定官署之诉讼。其诉讼结果，致第三人之权利受影响者，较之民事诉讼，其例尤多。例如甲乡与乙乡，为境界争议，因不服省政府之再决定，而提起行政诉讼。此时被告官署，虽为省政府，而因其判决结果，直接受法律关系之决定者，除甲乡外，尚有第三人之乙乡。诸如此类场合，若将第三人即诉讼标的之真正当事人，除外不使参加，讵能期其审判之确实与公允，故行政诉讼，为求审判之确实公允起见，较之民事诉讼，尤有令第三人参加，俾得为一定主张，并提出证据之必要焉。参加行政诉讼之第三人，应具何等要件，现行法未之规定。依多数法例，但以与该当诉讼事件，有利益关系为已足。即对其诉讼所下之判决，于自己之利益，将受影响之人，皆得为参加人。关于此点，我国现行法之解释，应属相同。

我国《行政诉讼法》中，明于当事人外，另设参加人名词，其参加人是否亦为行政诉讼之当事人，似有疑问。但此仅为用语上之区别而已，于行政诉讼之地位上，实同为当事人。如民事诉讼中之参加人，原亦为当事人一种。只狭义之当事人即原被告，自始参加诉讼程序，而参加人，则恒于诉讼程序既开始后，始行加入，在此点上，特有不同已耳。

唯行政诉讼之参加人，与《民事诉讼法》第五一条（《新法》第五四条）之共同诉讼人，及同《法》第五五条（《新法》第五八条）之诉讼参加人，其性质均属不同。《民诉》第五一条之共同诉讼，从前曾称为主参加，即就他人间之诉讼标的全部或一部，为自己有所请求，以本诉讼之两造为共同被告，而提起诉讼之谓。此种诉讼，虽与本诉讼同时审判，而其本质，为另一独立诉讼。现行《民诉》中，已将此种所谓主参加诉讼，改为共同诉讼一种。此种主参加诉讼或共同诉讼，于行政诉讼中，根本不认有之。盖行政诉讼之两造，为原告与被告官署，此两造并非诉讼标的之法律关系之主体，若于另一诉讼中，以非法律关系主体之两当事人，为共同被告，实非行政诉讼性质之所容许也。行政诉讼中，既不能以原被告为共同被告，则行政诉讼之参加人，无论在若何场合，皆非主参加人或共同诉讼人明矣。其次，《民诉》第五五条之参加人，即从前所称之从参加人。此之参加，以诉讼系属中，辅助当事人一造为目的；参加人不得于目的范围之外，为自己权利，有所主张。而行政诉讼之参加人，并不以辅助当事人一造为限，苟为自己利益，即与当事人任何一造不同或相反之主张，亦得为之。此之场合，于单一诉讼中，有三个不同之主张鼎立，其形势宁与主参加相似，而与从参加不同。

民事诉讼中之参加人，其参加任于参加人之自由意思，而行政诉讼中之参加人，则由行政法院之命令或得其允许，而参加之。盖民事诉讼，以保护私权为目的，与公益直接无关，故第三人之参加诉讼，可以任其自由。而行政诉讼，为有关行政事件之诉讼，于公益有直接影响，且参加人与原被告，在诉讼上几有同一之权能，故其参加不可任于第三人之自由，至少亦非得行政法院之同意不可也。唯具有参加资格之人，请求参加而不允许，准用《民诉》规定，得为即时抗告。

（四）诉讼代理人

诉讼代理人（Prozessvollmachtigen）者，依诉讼当事人之委任，以当事人名义，而为诉讼行为之代理人也。行政诉讼，与民事诉讼同，其行为不以当事人自为为必要,而得委托代理人为之(《行诉》第七条上段)。即法定代理人为诉讼时,亦得更委托他人代理。所委任之代理人,无论为律师与否,均无不可,[①]尤其被告官署,得使下属官吏,为之代理。唯原告方面,非律师为代理人时,行政法院,得以裁定禁止之(《民诉》第六六条,《新民诉》第六八条)。

诉讼代理人,除依公职,在法律上当然为代理者外,应提出委任书,说明其代理权(《行诉》第七条下段)。即其代理权之授与,为要式行为,须以书面为之。此无论以律师、官吏,或其他人为代理人时,均属相同。

第六款　行政诉讼之程序

第一项　行政诉讼之提起

第一目　起诉之要件

凡人民因官署违法处分,致其权利受损害,并具备其他要件者,皆得向行政法院,提起行政诉讼。而经提起行政诉讼时,行政法院,乃须将其诉讼事件审理,并对其起诉人,为一定之裁决。是故因行政诉讼之提起,于行政法院及起诉人,皆发生一种地位。即起诉人得对行政法院,请求为其决定;而代表国家之行政法院,则须对起诉人,为一定之决定焉。

顾提起行政诉讼,须具实质上及形式上之要件。实质上之要件:即(1)诉讼之事项,须依法律,得为行政诉讼之标的;(2)行政诉讼之当事人,须依法律,有当事人能力。关于此二要件,前二款中概已详述,可不

[①] 二二年一二月司法院指令指字第三五九号。

复赘。形式上之要件:即(1)其诉讼须于法定期间内提起;(2)其提起须具一定方式。就此二点,兹为申述如次:

(一) 起诉期间

行政诉讼,系对于再诉愿决定所提起之诉讼。在诉讼判决前,其再决定之效力,犹不确定。而决定之效力,常处于不确定之状态,于行政秩序,甚有妨碍。故行政诉讼之提起,与诉愿同,有一定期间之限制。如其起诉期间,既已经过,则有起诉权人,已不能再为诉讼,而诉愿决定及原处分之效力,在形式上,遂告确定矣。

起诉期间,无论在再诉愿决定或不决定场合,均为六十日。即"行政诉讼,因不服再诉愿之决定而提起者,自再诉愿决定书达到之次日起,六十日内为之。其因再诉愿不为决定而提起者,自满三十日之次日起,六十日内为之"(《行诉》第八条)。但此仅就再诉愿人之起诉而言,若第三人为起诉时,其期间应自第三人可得而知之日起算,即在再诉愿积极决定场合,应自其再决定书一般公布之日起算。在再诉愿不为积极决定场合,应自第三人得知再诉愿提起后,已经三十日,不为决定之日起算之。关于此项期间之计算,并应准照《民事诉讼法》第一六二条(《新法》第一六一条)规定,其期间之始日不算入,其期间之末日,为星期日、纪念日,或其他休息日,以其休息日之次日代之(《民法》第一二〇条第二项及第一二二条)。

起诉人不在行政法院所在地居住者,应准用《民事诉讼法》第一六三条(《新法》第一六二条)规定,扣除其在途期间,其在途期间为若干日,为二一年九月司法行政部第二一二五号训令所定,业于诉愿节中附述,兹不复赘。但起诉人有诉讼代理人,居住行政法院所在地者,其在途期间,不得扣除之。又《民诉》中关于因天灾或其他事由,迟误不变期间之规定(《民诉》第一六五条,《新民诉》第一六四条),于此亦得准用之。

（二）起诉之方式

"提起行政诉讼，应以书状为之。"其书状即称诉状。"诉状应记载左列各款，由原告人签名，盖章，或按指印，其不能签名盖章按指印者，得使他人代书姓名，并由代书人记明其事由，并签名：一原告之姓名，年龄，性别，籍贯，职业，住所或居所，如系法人，其名称，事务所，及代表人之姓名，年龄，性别；二由代理人提起行政诉讼者，代理人之姓名，年龄，性别，职业，住所或居所；三被告之官署；四再诉愿之决定及起诉之陈述；五起诉理由及证据；六年月日。"（《行诉》第十条）[①]

上列第四款所谓起诉之陈述，原则上应与诉愿时所陈述者相同。但行政诉讼，得附带请求损害赔偿，除要求撤消或变更原处分外，并得附带请求赔偿。又第六款所谓理由及证据，并不受何拘束，凡诉愿中所未提出之理由及证据，皆得从新提出之。

第二目　起诉之效果

行政诉讼提起之效果，可自两方面观察之。

（一）诉愿系属

行政诉讼，因诉之提起，而系属于行政法院，是谓诉讼系属（Rechtshaengigkeit, Gerichtshaegigkeit）。诉讼系属，在行政诉讼法上，发生次之效果：(1) 当事人与行政法院，关于诉讼行为，各有一定之权利与义务。(2) 就同一事件，当事人已不能更提起行政诉讼，否则行政法

[①] 行政诉讼一切诉状，由司法院制造颁发，依下列规定征费：(1) 诉状五角，(2) 答辩书五角，(3) 代理人委任书五角。至钞录费，每百字征收一角，不满百字者，亦按百字计算。翻译费每百字征收二角，不满百字者，亦按百字计算。送达裁定书、判决书及其他关于诉讼之文件，每件征收送达费一角，其由邮局送达者，按其邮费实数征收。但行政诉讼，此外，不收审判费，其附带请求损害赔偿者亦同（参照《行政诉讼费条例》）。

院,得驳回之。

(二)再决定及原处分之效力

因行政诉讼之提起,诉愿决定之效力,原则上直接不受何等影响,原处分未为诉愿决定所变更者亦然。盖行政诉讼判决以前,所告争之决定及原处分,仍推定以为适法;因诉讼之提起,其推定未可遽使受推翻也。故因行政诉讼之提起,诉愿决定及原处分之执行,除法律有规定外,原则不受停止(《行诉》第九条上段)。唯将此原则贯彻之,与容许提起行政诉讼之本旨,时亦不无相悖。因若处分内容,一经执行,即不易恢复原状,或恢复原状甚困难者,如或诉讼终局,原告胜诉,其诉讼判决,卒无实效矣。故对于上项原则,亦设有次之例外规定。即行政法院,或原处分原决定之官署,得依职权或原告之请求,将决定或原处分之执行停止之(同条但书)。

行政诉讼提起之后,原告得将该诉讼,随时撤回之。因行政诉讼,因原告之请求而开始,如原告放弃其请求时,自无使其诉讼继续之必要也。行政诉讼经撤回后,凡因起诉所生之效果,视为自始消灭。

第二项 行政诉讼之审理

(一)法庭之构成及公开

行政法院,由各庭独立审判,各庭由庭长及评事合计五人构成,审判时以庭长为审判长,概已前述。各庭评事,于审理行政诉讼事件之际,其应回避情形,略与民事诉讼相同。即评事有下列各款情形之一者,应行回避,不得执行职务:(1)评事或其配偶,为该诉讼事件当事人者;(2)评事为该诉讼事件当事人七亲等内之血亲,或五亲等内之姻亲,或曾有此姻亲关系者;(3)评事或其配偶,就诉讼事件,与当事人有共同权利人、共同义务人、偿还义务人之关系者;(4)评事为该诉讼事件当事人之法定代理人,或曾为法定代理人者;(5)评事于该诉讼事件,为诉讼代理人,或曾为诉讼代理人者;(6)评事于该诉讼事件,曾为证人或鉴定人者;(7)评事在中央或地方官署,参加该诉讼事件之处分或决定者;(8)评事在法院参与该诉讼事件之审理者(《行讼》第六条)。凡应回避之评事,参与于审判时,当事人得以再审之诉,声明不服,如后所述。

各庭为言词辩论时,与普通法院同,以公开为原则。但有妨公共秩序或善良风俗之虞时,得不公开。法庭公开时,审判长有维持秩序之权。凡有妨害法庭执行职务,或其他不当行为者,得为一定处置或处罚。律师在法庭代理诉讼或辩护案件,其言语行动如有不当者,审判长得加以警告或禁止。非律师而为代理人或辩护人者亦同(《行政法院处务规程》第二六条,《法院组织法》第六三条以下)。

(二)审理之进展

行政诉讼之审理,依次之二阶段而进展,与诉愿之审理同。(1)诉讼要件之审理。各庭接受诉讼案件时,应先审理其诉讼提起,在法律上果为正当与否,如认为要件欠缺,不应提起诉讼时,应附理由,以裁定驳回之(《行诉》第一一条上段)。诉讼既经驳回其审理遂尽于此。不复为本案内容之审查,但仅诉状不合法定形式者,应限定日期,命其补正(同条但书)。(2)本案内容之审理。即于要件审理后,认其诉讼提起为正当者,则入于本案内容或诉讼要求之审理。决定为本案之审理,即为诉讼之受理。但诉讼之受理,不为独立之决定,只实事上既进于本案之审理,其诉讼当然已受理矣。

(三)审理之范围

(甲)不告不理之原则

行政诉讼,与民事诉讼同,其所审理范围,适用不告不理(ne procedat index ex officio)之原则。凡非原告请求事项,行政法院,不为职权审理。盖我国之行政审判,如前所述,以保护权利为目的,而不以维持法规为目的。在以维持法规为目的之国家,其行政法院,固得依职权审理当事人所要求以外之事项,并得依一己之见解,而为法之宣判。从之即于原告不利之判决,亦得为之。反之,在以保护权利为目的之国家,仅依当事人之起诉,始行使其职权,从而审判之范围,亦为当事人之要求所拘束。凡非当事人所要求之事项,不得审理之。

唯所谓行政审理,为原告之要求所拘束,仅其审理范围,受其拘束而已。至容认其要求与否之理由,则不受其拘束,法院得以自认为正当者,而采取之。又原告之要求,通常固记载于起诉之陈述中,即其中不为明白记载,而自起诉事实及理由观察,苟有可认为原告之要求者,亦得依职权而认定之。

（乙）法律问题及事实问题之审理

行政诉讼之审理,应先查明与原处分有关之事实,然后决定与此有关之法规之适用。前者称事实之认定或事实问题之审查,后者称法律之适用或法律问题之审查。行政诉讼之审理,与诉愿同,得及于法律问题与事实问题,已于前述。

关于法律问题之审理,次之三点,应为注意:(1)"自由裁量问题,不属行政审判之管辖",迭如前述。以故属于行政官署自由裁量之事项,行政法院,不得审理之。(2)所告争之行政处分,以他行为为基础,或与他行为相合而完成其效果者,若他行为亦未有形式上之确定力,故就他行为之违法与否,亦得审理之。(3)所告争处分之基础之他行为,或与之相合而发生效果之他行为,若为根本无效者,苟在审判上未判为有效,行政法院,仍得审查其为有效与否。

（丙）权限之决定

"行政法院,受理诉讼之权限,得以职权裁定之"(《行诉》第五条)。

盖行政法院，为全国最高行政审判机关，于审判上，不受任何机关监督，凡所起诉事件，是否属其审理，自得以自己职权裁定之也。

（四）审理之方法

关于行政诉讼审理之方法，《行政诉讼法》中，规定甚为简单，其未规定事项，均须依据同法第二四条，准用《民事诉讼法》，以决定之。但《民诉》中三大原则：(1) 言词审理主义（Muendliehkeitsprinzip）(2) 当事人陈述主义（Verhandlungsmaxime）(3) 当事人进行主义（Dispositionsmaxime），于行政诉讼中，不能同样适用之。盖亦以行政诉讼，为行政事件之诉讼，行政事件，与民事事件不同，非私人相互间之私权争讼，而为有关公益之国家作用。其诉讼审理之方法，自不得不与民事诉讼，各异其趋也。兹与民事诉讼比较观察，申述其审理方法如下：

（甲）言词辩论主义与书面审理主义

民事诉讼之审理，以言词辩论主义为原则，而行政诉讼之审理，则以言词辩论与书面审理（Schriftlichkeit）兼并行之。例如关于诉讼要件之审理，单就诉状审查决定，固不待论。即经要件审查后，而入于本案审理时，通常亦得为书面审理。即依《行政诉讼法》规定："行政法院，受理行政诉讼，应将诉状副本，及其他必要书状副本，送达于被告，并限定期间，命其答辩"，"被告答辩，应具副本；行政法院，应将答辩副本，送达于原告"。"行政法院，认为必要时，得限定期间，命原告被告，以书状为第二次之答辩。""被告之官署，……不提出答辩书，经行政法院，另定期间，以书面催告，而仍延置不理者，行政法院，得以职权调查事实，径为判决。""行政诉讼，就书状判决之……"（《行诉》第十二条至第十六条）。

只"行政法院，认为必要，或依当事人之声请，得指定日期，传唤当事人及参加人，到庭为言词辩论"。"当事人及参加人，于言词辩论时，得补充书状，或更正错误，及提出新证据"（同《法》第十六条第十七条）。但于此场合，亦不以言词辩论为绝对必要，如原告或参加人不到，或"被告之官署，不派诉讼代理人者"，行政法院，仍得以职权调查事实，径为判决（同《法》第十六条）。此时不到庭之一方，对于缺席判决，不得为妨诉之抗辩。盖行政诉讼，与民事诉讼不同，其书面陈述，即有为辩论之效力，而行政法院之缺席判决，亦未必即于缺席人为不利也。

（乙）当事人陈述主义与职权审理主义

民事诉讼中关于凭证之决定，采取当事人陈述主义。即审判上所应斟酌之事实及证据，全依当事人之陈述而决定，于当事人所陈述之范围外，法院不为亦不得积极调查审理。行政诉讼，固亦以当事人之陈述，为主要材料，但不为当事人之陈述所拘束，于某程度，采用职权审理主义（Untersuchungsnaxime），即于当事人陈述范围之外，亦得以职权而调查审理之。依《行政诉讼法》规定："行政法院，认为必要时，得传唤证人或鉴定人。"一证人或鉴定人，(1) 受行政法院之传唤，无正当理由不到场者；(2) 不陈明拒绝之原因事实，而拒绝证言或鉴定，或以拒绝为不当之裁定已确定后，而仍拒绝证言或鉴定者，行政法院，得以裁定，科以五十圆以下之罚锾。"行政法院，得指定评事，或嘱托法院或其他官署，调查证据"（《行诉》第十八条第十九条）。唯行政诉讼中之职权审理，与刑事诉所审之职权审理，又属不同。其职权审理，只行政法院，依自由心证，认为必要时为之，非在一切场合，皆有其必要。如讼中理事实，认为无何疑义，固可不为职权调查。即当事人提出之证据，认为不充分时，亦可径驳斥之。简言之，其职权行使，乃行政法院之权能，而非其义务也。

（丙）当事人进行主义与职权进行主义

关于诉讼程序之进行，在民事诉讼中，原则任于当事人之意思，法院不为积极干涉，即采所谓当事人进行主义。行政诉讼反是，采取职权进行主义（Offizialmaxime），其诉讼程序，完全依行政法院之职权而进行之。如上述关于答辩期间之限定；言词辩论日期之指定；被传之当事人或参加人不到庭时，诉讼程序不为中止等诸点，即皆依据此主义也。

（五）本案以外之审理

当事人于行政诉讼审理中，即就本案以外之事项，亦得提出请求。其得请求事项，有属性质上当然发生者，与为法律所规定者之别。前者即因诉讼要件之欠缺，代理人代理权之欠缺，或该诉讼已系属于他行政诉讼中等，当事人一方请求诉讼驳回，即所谓妨诉之抗辩是。后者则当事人关于程序上之请求是。"关于行政诉讼程序上之请求，由行政法院裁定之"（《行诉》第二〇条）。

（六）审理之中止

行政诉讼审理程序之中止，与民事诉讼中之诉讼程序中止相当，即为候待先决问题决定之中止。依《民诉》第一七八条（新法第一八二条）规定："诉讼全部或一部之裁判，以他项诉讼之法律关系是否成立为据者，法院得命在他项诉讼终结以前，中止诉讼程序。"《行政诉讼法》中，虽无是项规定，而为相互尊重国家机关权威，及避免判决互相冲突计，自得准用同一原则。唯依此原则，行政诉讼审理程序之中止，亦非法律上所必要，其中止与否，行政法院，得以自由裁量而决定之。

第三项　行政诉讼之判决

（一）判决之观念

判决名词，有广狭不同之意义。在广义上，泛指法院之意思表示，依其表示内容而发生一定之法律效果者而言。于此意义，则《行政诉讼法》中所谓判决及裁决，概得包括在内。尤其依《行诉》第十一条，因认为不应提起行政诉讼（实质的要件不备），或违背法定程序，而为驳回之裁定，其实质有类判决。但行诉中所谓判决与裁决，在形式上有所区别。裁决通常不须一定方式,现时行政法院惯例,为求程序之简便计,且已改裁定为批答,以免当事人之守候。[①] 至判决应作成判决书,并仅就本案之裁判为之。故行政诉讼法中所谓判决,应作狭义解释,仅指对于本案所为之裁判,且具判决之形式者言之。

（二）判决之种类

（甲）依于内容之分类

本案之判决,依其内容,可分请求驳回之判决与请求容认之判决。

(1) 请求驳回之判决

请求驳回之判决,即认诉讼为无理由之判决。依《行政诉讼法》第二一条下段规定:"认起诉为无理由者,应以判决驳回之,其附带请求损害赔偿者亦同"。请求经驳回后,所告争之处分或决定,其效力遂告确定。即本来为无效者,至此亦确定为有效矣。

(2) 请求容认之判决

请求容认之判决,即认诉讼为有理由之判决。认诉讼为有理由之判决,更得别为三种,(1) 宣告之判决,即宣告所告争之决定或处分,为无效之判决。(2) 撤消之判决,即将所告争之决定或处分,全部撤消之判决。(3) 变更之判决,即将所告争之决定或处分为变更之判决。变更判决,又有三种之别:(a) 将所告争之决定或处分,撤消其一部。(b) 撤消决定或处分,而另以他种行为代之。(c) 撤消决定或处分,而命行政官署,更为他种行为。(1)之宣告判决与(2)之撤消判决,与前述处分之无效宣告与撤消相当,在理论上各有区别,而在实际上,亦同以撤消称之。

认诉讼为有理由时,除为撤消变更外,其附带请求损害赔偿者,并应

[①] Cot, La responsabilité civil des fonctionaires publics, 1922; Duez, I. a repsonsabitité de la puissance publique, 1927; Fleiner, Institutionen, S. 265ff.; W. Jellinek, VR. S. 310ff.

为损害赔偿之判决(《行诉》第二十一条上段)。

(乙) 依于性质之分类

本案之判决,依其性质,可分确认判决、形成判决,及给付判决三种。

(1) 确认判决

确认判决(Feststellungsurteil),即确认一定行政关系存否之判决,其确认存在之判决,另称积极的确认判决,确认不存在之判决,另称消极的确认判决。上述请求驳回之判决,即后者是;宣告无效之判决,即前者是。

(2) 形成判决

形成判决(Gestaltungsurteil, konstitutiveurteil Verwirkungsurteil),即变更既成之行政关系,而设定新之关系之判决。形成判决,亦有积极的与消极的之别。上述之撤消判决,及变更判决中之(a),即后者是;变更判决中之(b),即前者是。

(3) 给付判决

给付判决(Leistungsurteil),即命行政官署,为一定行为之判决,上述变更判决之(c),及损害赔偿之判决,即属于此。

(三) 判决之方式

关于判决之方式,《行政诉讼法》中未之规定,亦应准用《民事诉讼法》,以决定之。准此,则判决应作成判决书,记明下列各款事项:(1) 原告姓名、年龄、住所或居所、原告为法人或其他团体者、其名称及事务所;(2) 原告之法定代理人及诉讼代理人姓名、住所及居所;(3) 被告人之官署;(4) 参加人之名姓、住所或居所;(5) 主文;(6) 事实;(7) 理由;(8) 法院。事实栏内应记明书面审理或言词辩论时当事人之声明、意见,及法律上之意见。为判决之评事,应于判书内签名。评事中有事故不能签名者,由审判长附记其事由;审判长因事故不能签名者,由资深陪席评事附记之(参照《民诉》第二一七条第二一八条,《新民诉》第二二六条及第二二七条)。

判决原本,应自判决作成之日起,于五日内,交付法院书记官。书记官收领判决原本后,应作成正本,于十日内送达(《民诉》第二一九条第二二〇条《新民诉》第二二八条第二二九条)。

(四)判决效力

(甲)判决之确定力

(1)形式上之确定力

判决之形式上确定力,即其判决已不得依法律上救济方法,更为争诉之谓。行政法院为始审而兼终审机关,其判决在形式上,通常即为确定,自无待论。但我国之行政诉讼,与民事诉讼同,认有再审制度。如判决有法定事由之一时,得以再审之诉,对于确定判决,声明不服(《行诉》第二二条)。唯再诉期间,既已经过,或再诉后,又经确定判决者,其原判决或再审判决,遂有形式上之确定力矣。

(2)实质上之确定力

判决之实质上确定力,即依判决就某行政关系所为之决定,无论何人,已不得再为变更之谓。在民事判决,为保持民事关系之安定,及避免同一事件之翻复计,认有所谓既判力,即实质上之确定力。关于行政判决,是否适用同一原则?尚有疑义。历来多数学说,一致采积极说。唯行政关系,与民事关系不同,其基础情形,不断变更,行政法之适用,为求适合公益计,亦须应顺情形,而为变更。故行政判决,在实质上非有绝对的确定力。凡为判决所确定之一定事项,因以后有新事由发生,而再为诉讼标的时,可不视为同一事件,而更审判决之。

(乙)判决之拘束力

行政法院之判决,就该当事件,有拘束关系各方面之效方。即(1)

有关系之各行政官署，就该事件，不得为与判决不同之处置。（2）原告及参加人或其他关系人，就该事件，不得请求与判决不同之处置。《行政诉讼法》第四条，仅谓行政法院之判决，有拘束各关系官署之效力，而不及于其他之人。盖亦以其他之人，当然受其拘束，而不待于规定耳。但所谓判决之拘束力，仅就已受判决之该当事件而言，其他同类事件，并不受何等影响。在此点上，判决之拘束力与所谓既判力，显然有别。

（丙）判决之执行力

行政法院判决之内容，如系命受拘束人，为一定之行为者（给付判决），须将其判决，另执行之，唯行政诉讼常以行政官署为被告，而不以私人为被告。其须执行场合，被执行人常为被告官署，而非私人。而对于官署之执行，当以监督权之发动，为最妥当。故《行政诉讼法》第二六条规定："行政诉讼判决之执行，由行政法院，呈由司法院，转呈国民政府，训令行之。"

第四项　行政诉讼之再审

（一）概说

行政诉讼，与民事诉讼相同，认有再审制度。再审（Wiederaufklage des Verfahrens）云者，因有一定情事，对于确定判决，提起不服之诉，请求再为审判之谓也。得请求再审之一定情事，谓之再审事由。再审事由，即以判决之根本上有重大瑕疵，而依法律，得请求再审之事由属之。原行政法院之判决，与其他法院之判决相同，既经确定之后，以不得请求撤消为原则。然诉讼程序或判决之根本上，有重大瑕疵时，亦使其判决绝对不能撤消，于理未免失当。且行政审判，为一级制，当事人如有重大理由，尤非使得要求再审，不足以资救济。故行政诉讼，较之其他诉讼，尤有承认再审之必要焉。

（二）再审之事由

依《行政拆讼法》第二二条规定：有下列情形之一者，当事人对于行政法院之判决，得向该院提起再审之诉：

一　判决法院之组织，不合法者；

二　依法律应回避之评事，参与裁判者；

三　当事人之诉讼代理，不合法者；

四　参与裁判之评事，关于该诉讼，违背职务，犯刑事上之罪者；

五　当事人之代理人，或他造，及其代理人，对于该诉讼有刑事上应罚之行为，影响于判决者；

六　为判决基础之证物，系伪造或变造者；

七　证人鉴定人或通译，就为判决基础之证言、鉴定或通译，被处伪证之刑者；

八　为判决基础之刑事判决，及其他裁决，依其后之确定裁判，已变更者；

九　当事人发见就同一诉讼标的，在前已有确定判决，或得使用该判决者；

十　当事人发见在裁判上可受利益之新证物，或得使用该证物者。

前项第四款至第七款情形，以宣告有罪之判决已确定，或其刑事诉讼不能开始或续行，非因证据不足者为限，得提起再审之诉（参照《民诉》第四六一条《新民诉》第四九二条）。

（三）再审之诉之提起及裁判

再审之诉，仅当事人或继承原告为当事人之人，始得提起。参加诉讼之第三人，不得提起之。

再审之诉，应于六十日内提起之（《行诉》二三条）。其期间之起算，与前述起诉之期间同。但自行政诉讼之性质观之，《民诉》四六四条第二、三项之规定，于此不能准用。

准用《民诉》第四六五条规定，再审之诉，应以诉状载明下列各项，提出于行政法院：(1) 当事人及法定代理人，(2) 声明不服之判决及提起再审之诉之陈述，(3) 请求废弃原判决，及就本案如何判决之声明，(4) 再审之理由。

再审之诉，如行政法院，认为不合法或显无再审理由者，应以裁定驳回之。虽有理由，如认原判决为正当者，应以判决驳回之。本案之裁判，以声明不服之部分为限（准用《民诉》第四六六条至第四六八条第一项）。

第四节　行政上之损害赔偿

"无过失则无赔偿责任（Kein Uebel onhe Schuld）"是为罗马法中确定原则，亦即近代立法上主要原则之一。近代公法，受其影响，亦以行政上之侵权行为，申言之，即公务员因执行职务，违法侵害他人权利行为，须由有过失之公务员，自负赔偿之责；在选任公务员之国家或自治团体，不负任何责任。顾自十九世纪末叶以来，国家公务，日趋繁赜，法规所定，亦愈完密，从而公务人员违法侵害他人权利行为，势亦不免逐渐增加。于此情况之下，单以旧有过失责任原则，已不能充分保护国民之利益。为应此种实际需要，学者乃主张行政上之侵权行为，除公务员个人应负赔偿责任外，国家或自治团体，亦应同负其责。然此种主张提出之始，关于国家或自治团体责任之根据及范围如何，公务员与公法人两方责任，究以孰者为主，孰者为从，学者议论纷歧，莫衷一是。迨制定法颁布,或解释确定,以公法人原则上须负直接损害赔偿责任(primaere Haftung, responsabilité prémaire),其说乃寝。①

我国现行法上,关于行政上之侵权行为,亦略认有公务员与公法人之二重赔偿责任(Règle de cumul des responsabilités)。关于公务员,就中官吏个人之赔偿责任,业于前述,可不复赘。兹就国家及自治团体之责任,另述如次。

国家或自治团体之损害赔偿责任,应分别私法关系中之责任与公法关系中之责任论之。

（一）私法关系中之责任

国家或自治团体为公法人,其生活关系,原则为公法关系,私法不能适用。然公法人,除为公法上之作用外,亦为私法上之活动,如为私经济上行为,即其最著者也。故国家或自治团体,于某限度,亦受私法支配。从而其机关之违法行为,于某范围,亦应受民法之适用。公务员执行私法上职务,侵害他人权利,因而发生公法人赔偿责任场合,解释上以次之三者属之。(1)依《民法》关于法人责任之规定,而负赔偿责任之场合。国家或自治团体,于私法关系中,亦法人一种,而应受民法之支配,既如上述。故德国《民法》,特明定关于法人赔偿责任之规定,于国库及公共团体准用之(参照德《民》第八九条及第三一条)。我《民法》虽无此明文,解释上要亦不能外是。② 盖公法人与公务员之关系,为机关关系,非私法上之雇佣关系,亦非私法上之委任关系,其关系在私法中,只能以关于法人之规定规律之耳。依《民法》第二八条类推解释,官公吏因执行职务

---

① 陈瑾昆著,《民法通义债编》,总论,一一〇面。
② 范扬著,《行政上侵权行为之二重损害赔偿责任问题》(国立中山大学《社会科学论丛季刊》,第二卷第一号)。

所加于他人之损害,国家或自治团体,应与该行为人,连带负赔偿之责任。唯本条与第一八六条,有联带关系,其各人责任,尚应分别定之:(a)在公务员,以有故意或过失,且不能依第一八六条免责为限,始应与国家或自治团体,负连带责任。(b)在国家或自治团体,以能指明特定公务员,为有故意或过失为限,始与该公务员连带负责,否则由其单独负责。要之,在两方负有连带责任场合,被害人得向双方或任择其一,请求赔偿,至国家或自治团体,与该公务员之内部关系如何,则应依后述关于求偿权之原则决定之。(2)依《民法》第一八八条,以雇用人而负赔偿责任之场合。现行法上,国家或自治团体,除选用公务员外,并聘用或雇用各种员工差役,此等员役,与国家或自治团体间之关系,为私法上之雇用关系,而应受《民法》之适用。故官公署所雇用之员役,因执行职务,而违法损害他人之权利者,依《民法》本条规定,应由行政主体与行为人,连带负损害赔偿责任。但官公署选任受雇人,及监督其职务之执行,已尽相当之注意,或纵加以相当之注意,而仍不免发生损害者,得免除其责任。(3)依《民法》第一九一条,以土地工作物所有人,而负赔偿责任之场合。凡公务员,于职务上所管理之土地上建筑物,或其他工作物,因设置或保管有欠缺,致损害他人之权利者,该工作物所有人或占有人之国家或自治团体,应依《民法》本条,负赔偿责任。如因火药库之爆发、学校校舍之崩坏、道路上危险豫防装置之欠缺及都市中自来水管之破裂等,致损害他人之权利,即属其例。但公务员对于防止损害之发生,已尽相当之注意者,得免除其责任。

(二) 公法关系中之责任

公务员因执行公法上职务,与第三人所生之关系,为公法关系。公法关系中所生国家或自治团体之责任问题,应受公法支配,不能适用私法,固无待论。但我国国法中,关于公法关系中之国家或自治团体之损害赔偿责任,犹无一般规定,仅有次列各条之断片规定而已。(1)"行政诉讼,得附带请求损害赔偿"(《行政诉讼法》第二条)。(2)关于土地及其他定着物之登记,"因登记错误,遗漏或虚伪,致受损害者,由地政机关,负损害赔偿责任……"(《土地法》第三九条)。(3)"警官警士,执行职务时,非遇左列情形之一,不得使用刀或枪……"(《警械使用条例》第三条)。"非遇有第三条各款情形之一而使用刀或枪者,由该管长官惩戒之;其因而伤人或致死者,除被害人由国家给予医药费或抚恤费外,加害之警官警士,应依刑法处罚(同《条例》第九条)。以上各条,除关于土地登记及警械使用,以特定场合为限,规定由国家负责外,仅《行政诉讼法》第二条第一项所定,其包括范围,稍形广泛。但本条规定,仍未能将公务员于公法关系中,侵害他人权利之一切场合,皆包摄之。盖《行诉》第一条规定:"人民因中央或地方官署之违决处分,致损害其权利,经依《诉愿法》提起再诉愿,而不服其决定,或提起再诉愿,三十日内不决定者,得向行政法院,提起行政诉讼。"则(1)人民因提起行政诉讼,得附带请求损害赔偿者,仅以行政官署之处分为限,自治公署或公所之处分,不得提起之。因我国国法中,所谓行政官署,乃 Staatsbehoerde 一种,非泛指 Verwaltungsbehoerde,自治机关,并不包含在内也。(2)即就国家行政范围而论,所谓官署之违法处分,在《行政诉讼法》或《诉愿法》中,其观念虽较普通所谓行政处分,包括犹广,但仍未将国家公务员所为各个侵权行为,尽包括之。因公务员之侵权行为,未必尽成官署违法处分,而得为诉愿或诉讼之标的也。(3)对于官署之违法处分,提起行政诉讼,须经过再诉愿;未经再诉愿,或经提起诉愿或再诉愿,而诉愿官署,已将该违法处分,撤消或变更之者,被害人纵有损害,已得不提起行政诉讼,及请求损害赔偿。因依《行诉》第二条规定,唯提起行政诉讼时,始得附带请求赔偿也。综上观察,我国现行法中,对于行政上之侵权行为,得直接请求国家或自治团体赔偿者,殆不过九牛之一毛耳故。我国法制上,关于国家或自治团体直接赔偿责任之原则,既未完全确立;而得直接向国家请求赔偿之范围,与《民法》第一八六条规定,以公务员之侵权行为,原则得向其个人请求赔偿者比较,亦觉相差甚巨也。

查此次立法院所草成之《宪法草案》中,依战后欧洲若干国新《宪法》之例,设有关于国家赔偿责任一条规定,兹可附带述之。依该《草案》第二六条:"凡公务员违法侵害人民之自由或权利者,除依法律惩戒外,应负刑事及民事责任;被害人就其所受损害,并得依法律,向国家请求赔偿。"本条对于公务员之违法行为,定有公务员个人与国家之双方责任,可为分别言之。先就公务员个人之责任而言,依本条上段规定:"公务员违法侵害人民之自由或权利者,除依法律惩戒外,应负刑事及民事责任。"其所谓违法侵害,既无"因执行职务"之限制,又能如德国《宪法》第一三一条,"于行使所担任之公权力"之规定,似将公务员于职务上并职务外,及私法关系中并公法关系中之一切违法行为,概包括之。将公务员一切侵权行为,有宪法中笼统规定,使公务员负其责任,除对司法官表示,若不依民法判决,不特违反普通法律,抑且违反宪法外,殊觉无甚意义。至公务员之惩戒、刑事及民事三种责任,本非有互相排斥性质,今在宪法中重申其义,亦觉无其必要。其次,依本条后段规定:"被害人就其所受侵害,并得依法律,问国家请求赔偿。此时被害人得向国家请求之赔偿,依理仅以公务员于职务上所加之侵害为限,职务外之侵害,不应亦使国家负责,所不待论。而本条后段,承上段之后,未加明白限制,解释上或者不生问题,而立法技术上,终觉有所未妥。又其所谓并得"依法律"向国家请求赔偿,与德《宪》直接宣示现实法规者不同,而仅宣示立法方针,殆与芬兰《宪法》第九三条第三项所定近似。此种间接规定,除表示将来得以新立法,扩充国家之赔偿责任外,于现行法之实际,可谓毫无增益。要之,本条上段规定,徒以赘疣,而后段规定,则觉太空洞耳。

(三) 内部关系

在二重赔偿责任制度之下,被害人得就公务员或国家,任择其一,请求赔偿。而为确实取得偿金计,得向国家一方面请求之。既向国家取得其偿金后,在公务员,即得对被害人,免除其赔偿义务。但此仅就外部关系而言,在内部关系中,公务员对于国家,依理仍应负其偿还赔偿金之义务。故各国法例,咸认国家或自治团体,对公务员有求偿权。我国现行法中,无此明文规定,且所认国家赔偿责任之范围甚狭,是否适用同一原则,解释上亦有疑问。依余所见,就此问题,应分别下二情形论之。

(甲) 过失责任人不明之场合

国家之赔偿责任,原不以公务员之故意或过失为必要,但有违法侵害事实:纵不能证明其违法侵害,出于谁人之过失,或不能推定出于谁人之过失,亦应负其赔偿之责。于此场合,既不能判明谁为过失责任人,则国家对被害人为赔偿后,不能向谁人请求补偿,殆无疑义。

(乙) 过失责任人判明之场合

法律上承认国家赔偿责任之原则,除完全属于结果责任之场合外,并带有确保被害人取得偿金之目的,使被害人不致因公务员之无支付能力,遂不得受其赔偿。故引起违法侵害之事实,系出于公务员谁人之故意或过失,正确判明之场合,国家既为赔偿之后,对该公务员,应认为有求偿权。盖于此场合,由国家赔偿后,仍使该有过失之公务员,负财产上之补偿责任,不特合于衡平原则,亦足以儆戒该公务员,勿蹈前愆,以收行政监督上之实效也。但因公务员之轻微过失,亦使负其补偿义务,未免失之苛刻。故依前述关于《民法》第一八六条第一项后段解释同一之理由,应以公务员有重大过失为限,始令负其补偿义务,较于情理为妥

(参照本书第三章第四节第五款第三项)。盖公务员之轻微过失,乃其职务上或制度上,必然发生之危险,纵令公务员应受惩戒处分,终不宜令其负财产上之责任也。所谓重大过失,当以故意,或法之不知,及不可容许之法之误解等重大过失属之,可无待赘。[①]

[①] 范扬著,《行政上侵权行为之二重损害赔偿责任问题》(国立中山大学《社会科学论丛季刊》,第二卷第一号)。

第六章 自治行政

第一节 通 论

第一款 自治之观念

自治之意义,学者见解不一,其故要因各国制度不同所致。考近代自治制度,最早发达于英,自英传入欧陆诸国,别具系统,遂以构成二大趋势。因之自治之观念,亦可大别为二:一曰广义之自治,一曰狭义之自治。

(一) 广义之自治

广义之自治,即以非专务职吏员,管理国家公务之谓。非专务职,又称名誉职,即除该职之外,得另有本业,不受国家俸给,并不受官吏之待遇者也。以公民任名誉职,参与国家公务,即广义之自治,亦名公民自治(bürgerliche Selbstverwaltung)。英人之自治(self-government)观念,即属于此。此意义之自治,范围甚广,初不以行政方面为限,即立法司法方面,亦得见之。如以国会议员,参与立法,以陪审员,参与司法,皆属其例。盖英人极早有一种自由思想,以为一切国政,皆须人民参与行之。此种思想,殆表现于全国政治组织。除中央政治,姑置不论外,关于地方政治,亦有同一趋势,所谓地方自治(local self-government),即其地方人民,管理地方公务之义也。此自治之观念,具有次之特质:(1)以自治为直接执行国家公务之方法。(2)自治目的上之事务,为国家自身之事务,非国家以外他独立人格者之事务。(3)处理自治事务之吏员,当为名誉职,而非专务职。①

(二)狭义之自治

狭义之自治,乃以自治团体,管理自身公务之谓。此自治团体,为一独立主体,于某范围内,对国家保有独立自营之权利与义务。故其自治,非所以执行国家公务,而为独立人格者之团体,管理其自身之事务。此之自治,因又称为团体自治(körperliche Selbstverwaltung),欧陆之自治观念,即属于此。盖欧洲大陆,其历史与英国不同。当中世纪,本有自由都市,发达其间,只自十五世纪,遭受官僚政治,强固集权之压迫,其自由组织,暂归消灭。降至近世,因自由思想之发达,与立宪政治之推行,始解放地方团体,确立自治制度。然其制度之设立,非出于人民自发之运动,而决于中央政府之计划。因之,在中央与地方之间,自始即有事务之分配。其分配于地方团体者,除国家之行政事务外,并有为团体自身之利益,由其独立而行之事务。所谓自治行政(Selbstverwaltung),即其自治团体,管理其自身行政事务之谓也。此自治之特质,如次:(1)不以自治仅为国家行政之手段。(2)自治目的上之事务,非国家公务,而为国家以外他独立团体之事务。(3)处理团体事务之吏员,得以官吏充之,

---

① 格奈斯脱,就英国之自治,所下之定义曰:"自治云者,中级及下级之名誉职吏员,以地方税,依国法所行之地方行政也。"("Self-government heisst in England die Verwaltung der Kreise und Ortsgemeinde nach den Gesetzen des Landes durch Ehrenaemter hoeheren und mittelstaende mittels Communal Grundsteuer." Gneist, Die Preussische Kreis-Ordnung, 1870, S. 16; Das System des self-government, 1860, S. 828.)此格氏有名定义,盖指十八世纪英国之地主自治而言。

初不以名誉职为限。

英国式之自治与欧陆式之自治，两者各异其趋，已如上述。然其后因一方采取团体观念，他方输入名誉职制度，两者渐相接近。如英国之自治，本以名誉职吏员，直接执行国家政务。其后酌采团体自治主义，对于公民自治之区域，如州、郡、市等，亦认有法人资格，并使名誉职之职员，为其团体机关，掌理所属事务。英国自一八三四年以来，为救贫、卫生及教育等目的，设立各种自治团体，即其改革之始也。他面大陆诸国，本以地方贵族官吏，执行国内独立团体之事务。近亦改变主义，以民选议员，组织议会，为团体之主要机关，质言之，亦使地方公民，担任自治行政事务。如德国自一八七三年，施行区制（Kreisordnung）以还，对于地方行政，加以名誉职之要素，即其仿行公民自治之始也。故今日在团体自治国家，同时已行公民自治，而在公民自治国家，同时已行团体自治。然此二种自治，形体虽渐相近，而根本上，仍各保有若干不同之特质焉。

我国现代之自治思想，大抵亦具两者共通要素。唯二十年来，历次所拟之自治制度，直接取法于日，间接取法于德，尤以采取大陆之团体自治主义，为较显著。《建国大纲》，以"县为自治之单位"，《地方自治开始实行法》，有谓："地方自治团体所应办者，则为……等事"。自此等之点观之，盖在训政时期，亦以团体为中心，而特近于团体自治之思想也。

第二款　自治团体之性质

自治团体（Selbstregierungsgemeinde），或称公共团体（öffentlichen Körperschaft），为国内独立团一种，以管理公务即公共事务为目的，于某范围，对国家保有独立自营之权利与义务，已如前述。故自法律上观之，所谓自治团体者，乃于国家之下，以管理公共事务，为存立目的之法人也。析述之如下：

（一）自治团体者，公法人也

非自然人而有法律上人格者，谓之法人。自然人自出生即有权利能力，而为法律关系之主体，可毋待述。社会上为法律关系之主体者，除自然人外，尚有团体。凡团体赋有法律上人格，即权利能力者，即为法人。自治团体，得享权利而负义务，故亦为法人一种。

唯法人有私法人与公法人之区别。关于两者区别标准，学者主张不一。或以法律之公私为准，以公法所规定者，为公法人，私法所规定者，为私法人。然私法人，亦有依公法而设立者，此说不能成立，甚属明显。或以法律关系之性质为准，以团体对其构成员，有权力关系者，为公法人，非然者，为私法人。然命令强制，即在国家，亦不过为达成目的之手段，而非其作用之总体。至国内之公法人，则以公共事业之经营管理，为其主要目的；所谓权力作用，仅于狭小范围内认有之，非其必不可缺之要素。此说亦不妥当。或以有无遂行目的之义务为准，以有其义务者，为公法人，非然者，为私法人。然公法人之事务，其遂行与否，有时得以自由决定。而受公营业特许之私法人，法律亦科有遂行目的之义务，此说亦不成立。此外，尚有主张以公益为目的者，为公法人，以私益为目的者，为私法人。此说不能成立，更勿待论。要之，公法人与私法人之区别，应以存立目的为准，①为最妥当；即以管理公共事务为目的者，为公法人，非然者，为私法人。自治团体，以管理公务，为存立目的，故亦为公法人。

唯一团体存立目的上之事务，是否为公共事务，每不易于识别，随之

---

① Otto Mayer, Deutsches Verwaltungsrecht, Ⅱ, S. 329. 美浓部著，《行政法撮要》，卷上，三八八面以下。

其团体是否为自治团体,亦易发生疑义。就此问题,可依其团体对于国家及第三人之关系而决定之。盖自团体所属公共事务,原为国家公务,乃因分权之结果,分授于其团体。因之,其团体关于事务之执行,须受国家之特别保护与监督,及由国家与以私人不能享有之特权。他面,其团体对于第三人,于其事务执行之际,亦生特别关系,与私人之处理私事,显然有别。

(二)自治团体,以管理公务为其存立目的

凡设立一团体,必有一定目的,而仅于目的范围内,得享权利而负义务。自治团体,以管理公共事务,为存立目的,而公共事务,原为国家公务,已见上述。考国家公务,除由国家自身之机关施行外,更分授于自治团体,使之为自身目的处理。其理由约有二端:(1)使全国地方政治,等齐发达,以矫中央集权之弊。(2)使全国人民,习于地方政务,以为立宪政治之基。关于此等理由,姑不申述。要之,因地方分权之结果,自治团体所分属之事务,乃成其自身之事务,而非国家之事务,只其事务,受之国家,间接仍为国家事务,因之,同有公务之性质耳。

自治团体,以管理公共事务,为其存立目的,与私法人,显然不同。私法人虽有时亦受国家事务之委托,而管理特定之公务,然其团体,为他种目的存在,不为管理公务而存立。如经营国库一部之私立银行,虽亦管理公务,而非其存立之目的,故终不能谓为自治团体。

(三)自治团体者,处于国家之下者也

所谓处于国家之下,即受国家统治权之支配之意也。自治团体,一面受国家统治权之分授,为其作用主体,他面仍受国家统治权之支配,为其作用客体。盖自治团体,为国家所设立,其事务有无完善执行,于国家有直接影响。故自治团体,当受国家之积极监督,而受国家统治权之支配。

第三款　自治团体之种类

自治团体,可依种种见地分类,兹依构成要素不同,别为地方团体、公共合作,及营造物法人三种。

（一）地方团体

地方团体（Kommunalverband,Gemeinde）,或称地方自治团体（local self-government body）,以一定之土地与居民为其构成要素,即以国家领土一部,为其地域,对于地域内之居民,于国法所认许之范围内,得有支配权之自治团体也。地方团体,尤以一定地域,为其基础,为最主要之特色。盖地方团体,存立于一定地域之上,得直接支配其地域。故在地域内居住逗留之人,皆须受其权力支配,又不仅居住逗留之人,即于地域内单有土地、家屋或营业所者,有时亦须受其支配。然地方团体,一面又有社团性质,在地域内受其权力支配之人,未必尽为其构成员。其构成员,另有一定,即以住民中有一定之资格者充之。如是以一社团而兼为地域团体,非性质上有所冲突,乃地方团体所有之特质耳。

地方团体,为地域团体一种,在此点上,颇与国家相似。然地方团体,处于国家之下,其自治权,且为国家所赋与,与国家之有最高性者,固属有别。

地方团体,得分普通地方团体,与特别地方团体二种,前者属于普通行政系统,如现制中之乡镇是。后者属于特别行政系统,如乡镇联合、乡镇学校联合是。

（二）公共合作

公共合作（öffentliche Genossenschaft）,以一定社员组织而成,单以一定之人，为构成要素。其为人的团体点上，与民法上之社团法人相似。但其目的，为国家所赋与，为公法人一种。学者因又名为公之社团法人。公共合作，其社员或依法律规定，当然加入；或以任意加入，服从团体权力。不论何者，合作与社员间之关系，在法律上，为特别权力关系，与地方团体与人民间，因居住逗留之事实，而当然发生一般统治关系者，异其性质。

公共合作，与地方团体不同，不以一定地域，为构成要素。虽公共合作中，如某市县商会、某乡镇农会等，似亦存于一定区域之上者，然其对于区域之关系，与地方团体不同，其区域仅为确定社员资格之要件，非如地方团体，得直接支配其地域也。

地方公共事务，以由地方团体处理为原则。然有特种公务，其所发生利害关系之范围，与原有地方团体之区域，往往不相吻合；且其事务之性质，亦以超越地域，结合利害关系较相切近之人，共同处理，为易达其目的。于此场合，乃须设立公共合作，以管理之。故公共合作，于自治行政中，原不过一例外组织。然人类活动，因经济生活发达之结果，渐次超地域；凡各人之业务相近者，渐有合作必要。所谓职能主义，渐将驾凌地域主义，故以业务相同，而组织之公共合作，将来必愈发达。我国目前可认为公共合作者，种类尚少，仅以商会、农会及渔会等属之。

（三）营造物法人

营造物法人（öffentliche Anstalt mit juristischer Persönlichkeit），或名营造物自治体，即法律上具有独立人格之营造物也。营造物法人，既无一定地域，亦无一定社员，而单以营造物，为其构成要素。其构成与财团法人相类，或可名为公之财团法人。营造物谓何，业于前述。凡营造物赋有独立之人格者，即称营造物法人。营造物法人，依其设立主体不同，得别为国家直属之营造物法人与地方团体直属之营造物法人。

一营造物有无独立人格，要依法规解释为断，德国国法上所谓öffentliche Anstalt，及法国之所谓 établissement public，多有公法上人格，而为自治团体一种。日本法律，无是规定，学者多指神社，以为其例。我国如官公立学校、邮政局及铁道等，可视为营造物者，皆国家或自治团体之行政手段，而非独立主体。此外有无相当之例，在此法制未备之际，姑不速断。

第四款　自治团体之组织

自治团体，为法人一种，自亦须有一定组织，以构成其意思，及表现其行动。唯自治团体，为国家所设立，其组织原则，为国家法律所定，只于法律范围内，得以自己意思定之耳。自治团体之组织。自其内部观察，亦可析为若干单位，其各个单位，即称自治团体之机关，或自治机关。自治机关，可为分类如次。

（一）依于构成之分类

以构成为准，自治机关，一面，可分全民机关与代表机关。前者以团体员全体构成，后者由团体员中，选出若干代表，以构成之。他面，可分合成机关与单独机关，前者以多数人构成，后者以单独一人构成之。前者又有合议制与独裁制之别，与国家之机关同。

（二）依于任务之分类

以任务为准，自治机关，可分为决议机关、执行机关及其他各种。决议机关（Abstimmungsorgan）以决定团体意思，为主要任务。执行机关（Vollziehungsorgan）以执行其意思，为主要任务。此外尚有监察机关、调解机关等各种，以担任各种事务，为其任务。

(三) 依于权能之分类

以权能为标准，自治机关，可分自治公署与自治补助机关。前者得决团体意思，并表示之于外部，即与国家机关中之行政官署相当。后者仅为团体意思作成之准备，或为既成意思之执行，即与国家机关中之补助机关相当。所谓自治公所，即由自治公署与其补助机关，所共构成者也。

考各国自治组织，有二不同主义。一曰机关对立主义，以决议机关与执行机关，互相对立，不相统属。即原则上，一方以地方代表机关，专司决议，不与执行。他方以独裁制或合议制之执行机关，专司执行，不与决议。在此制下，虽亦由地方会议，选出特别之委员会，参与执行。但亦仅于执行机关之下，担任补助机关而已。他曰机关单一主义，即原则上以人民代表机关，集中决议及执行之一切权限，不特自为议决，且设各种委员会，自任其执行。在此制下，虽亦有独立之执行机关，如英国之市长者，但其职务不过代表团体，参加各种典礼，为装饰之首长。平时则仅为单纯委员，于决议机关之下，执行事务而已。单一主义，首为英国所采。对立主义，首为德法等国所采。美国各州，初始采单一主义，继采对立主义，近更有采折衷主义，自成一例。我国旧时诸制，多采机关对立主义。现制中，乡镇民大会与乡镇长，一司决议，一司执行，在任务上，似有区别，但同时以乡镇民大会，为乡镇之最高意思机关，位于区乡镇长上，又类单一主义。论其形体，盖亦一种折衷制耳。

第五款　自治团体之权能

自治团体，一面立于国家之下，受国家统治权之支配，他面自为权利主体，处理公共事务。自治团体，立于后之地位，除与私法人同样，享有私权，及有为法律行为之能力外，并得依法律所定，享有公权，及有为公法行为之能力。其所有此种权能，统称为自治权（Selbstregierungsrecht）。自治权之范围，依团体种类，颇有不同。就中以地方团体，所有最广，其详姑待再述。

国家对于自治团体，授与自治权能，约有二种方式。一曰概括授与主义，一曰各别授与主义。前者以法律概括规定，凡与团体直接有利害关系之作用，以不与国家作用或上级自治团体之权限相冲突为限，皆使得处理之。后者以法律各别指定，如兴办教育，即须有许其兴办之特别法律，募集公债，即须有许其召募之特别法律。凡未经特别法律所具体指定者，不问何种作用，不得任意为之。

关于自治权能之授与，欧陆诸国，一般采概括主义。其法即于自治团体设立之始，以法律规定，授以一般权能，以后如有特别必要，更以法令指定，加以特别权能。因之属其处理之事务，得分为二。一曰固有事务（eigenes Wirkungskreis），一曰委任事务（beauftragtes Wirkungskreis）。前者又称存立目的上之事务。盖自治团体之事务，虽为国家所赋与，而自治团体有独立之人格，国家既以特定事务，为其存立目的，则其事务已非国家事务，而为其独立人格者之事务矣。后者亦称存立目的以外之事务，即于一般权能以外，由国家或他团体所特别委任之事务。特其事务，既受委任，取得权能以后，亦为团体事务之一种耳。英美与大陆不同，就自治权能之授与，采各别主义，凡地方行政作用，概由国家立法机关，随时各别指定，由自治机关，各别执行之。对于自治机关，初无概括事务之委任，为其一般权能，而立法机关指定事务之内，亦无自身目的之事务与他主体目的之事务之区分。如英国之地方团体，虽亦得依 private bill 之制度，取得特有权能，为其固有事务；而以依 public bill 所指定者，为委任事务，以相区别。然 private bill 与 publie bill 同由国会各别通过，非地方人民，于某范围内，所能自由决定，仍有不同之点。我国无与英美相同之历史，历次所拟诸制，一般为概括授与主义。现制亦然。

第六款　自治之监督

自治团体，虽有独立人格，得以自己意思，施行各种事务，而其事务，直接间接受之国家，其施行是否合于目的，于授与者之国家，有密切之关系。故国家对于自治团体事务之执行，不可不有一种权力，以干与之。如自治团体有越权违法时，则矫正之，如义务上应为之事而不为时，则命令强制之。国家所有此种权力，即称自治监督权，依此权力而为之作用，即自治监督作用。

自治监督，可分直接监督与间接监督。第一，直接监督，即由国家机关，直接所为之监督。依监督机关不同，又分行政监督与立法监督二种。前者由行政机关，以行政处分为之，如团体有非法行为，则为豫防或矫正之处分，吏员有背职行为，则为停职或解职之处分，以使服于行政官署之监督。后者由立法机关，以立法手段为之。即于各种情形，以立法手段，予夺其团体之权限，乃至废止其团体，以使服于立法机关之监督。第二，间接监督，乃依权利受侵害人之请求，由国家审判机关，以救济行为，间接所为之监督。依监督机关不同，亦可分为二种。一法院监督，即由普通法院，以审判行为为之。一行政法院监督，间由行政法院之审判为之。

大陆诸国，以由行政机关，直接监督为原则。盖大陆诸国，自治权能，为国家概括授与，其事务应以若何方法施行，得由团体自由决定。而对于自治事务应如何决定施行，最能适切判断并干涉之者，除上级之自治团体外，则莫以实现公益为使命之行政官署若也。英美反是，以由议会直接监督为原则。盖英美以国会为万能，自治权能，概取决于议会。自治团体欲得新之权能，既须诉之议会，而事务施行，如有违法不当，议会且得剥夺其权限。因之，自治机关之行动，自须受国会之思想与态度之限制矣。其次，关于间接监督，各国亦有不同。英美等国，无论何种诉讼，原则属于普通法院管辖。故对于自治团体之间接监督，亦属普通法院之权限。反之大陆诸国，普通法院与行政法院，分离独立，公法关系之事件，原则属于行政法院管辖。故对于自治团体之间接监督，亦由行政法院为之。综上观察，凡由议会直接监督之国家，同时即由普通法院，间接监督。而由行政机关直接监督之国家，同时即由行政法院，间接监督。我国自治制度，既近于团体自治，而行政法院，亦取分离独立主义，故我国之自治监督，亦较近于大陆诸国。

第二节　沿　革

第一　自民国成立至各省隶属国民政府时期

（一）中央颁布制度

民国初年之自治组织，溯源于清末立宪豫备时代。逊清末叶，国势日蹙，新潮澎湃。朝廷慑于革命运动，乃为立宪豫备。先以七年为期，施行自治，计划既定，于光绪三四年十二月，颁布《城镇乡地方自治章程》，及《城镇乡地方自治选举章程》。宣统元年十二月，更颁《府厅州县地方自治章程》《京师地方自治章程》及《京师地方自治选举章程》。依诸制规定，以城镇乡为第一级，府厅州县第二级。第一级设议事会及董事会，第二级设议事会及参事会,各办理各种公共事务及委任事务。至于京师地方,除设与市类似之组织外,内部更划为若干区,各为自治单位。其组织权限,与城镇乡同,盖亦采二级制也。第施行未几,国体变更。转入民国,全国未臻统一,而军马倥偬,中央亦未有划一制度颁行。于是省自为政,各将旧时城镇乡制度,稍加变更,次第设施,规模亦以粗具。

是时袁世凯执政,野心方炽,为谋帝制自为之地,于三年二月二日,通令全国,停办各省及京师自治会,谓将颁行新制,至同年十二月二十九日,虽有《地方自治试行条例》公布,第恐自治成立,有碍帝制运动,复于翌年四月十九日,公布该《条例》之《施行细则》,使之分期缓行。依该《条例》规定,自治组织,为区之一级,区以县分,每县分设四区至六区,各设区董及自治会。但此制竟未实行,姑不详述。

自民五帝制覆没以后,自治制度、政府人民,虽皆视为重要,而屡经计议,久无成果。至八年秋,始由国会制定《县自治法》,十年六月十八日,复公布《自治施行细则》,及《县议会议员选举规则》。此制施行稍久,当时县议会情况,固犹存于一部人之心目中也。依该法规定,采县自治之一级制。县自治团体,以县之行政区域,为其区域,上承监督官署之监督,于法令范围内,有处理下列事务之权:(1)教育;(2)交通、水利及其他土木工程;(3)劝业及公共营业;(4)卫生及慈善事业;(5)其依法令属于县自治事务。关于住民之权利义务,及自治事务,得制定公约;关于执行公约,及县财产,营造物及公共设备之管理使用,得制定单行规则。县自治机关,有县议会与县参事会二种。县议会为县之决议机关,以人口比例,限制选举,选出之议员组织任期三年,以议决公约、规则,以及预算决算等,为其任务。县参事会,为县之执行机关,以会长一人,参事四人至六人组织。会长以县知事兼任,参事由县议会选出半数,余由知事,就有县议会议员被选资格者中委任之。其任务在执行县会决议、办理县会选举、管理财产,以及收支出入等。县之自治经费,以县财产之收入、公共营业之收入及自治税、使用费、规费、过怠金等充之同。至于城乡自治,十年七月三日,曾以教令,公布《市自治制》及《乡自治制》。市即城镇改称,分普通市特别市二种。其权限概视县为稍广。普通市设市自治会及市长,市长以市董四人佐之。特别市设市自治会及参事会,参事会以市长、区董、名誉参事组织之。然此二制,亦未见实施。

此外,省之区域,亦曾有自治组织。当满清末年,各省曾有咨议局,筹备自治。民国初建,即废此制,而另以省议会代之。元年九月四日,公布《省议会议员选举法》,二年四月二日,公布《省议会暂行法》。各省方在选举议员,组织议会,于二年十一月,即遭袁氏令饬停办。袁氏既没,省议会相继恢复。至十年六月二十三日,复公布《省参议会条例》,以省长及参议员组织,为省自治执行机关。但此制亦未竟行。

(二)各省单行制度

历次中央颁发诸自治制,或全未施行,或施行而旋终止,以言成绩,几无足道,推厥原因,要因政治未上轨道所致。然社会发达,恒从时势所趋,实际制度,有先国法而存在,如各省村里自治,即其一例。村里自治,始于翟城村制。翟城村在河北省之定县,当二十年前,村有米鉴三者,正国人盛倡新学之际,即于本村,创立国民学校、半日学校及女子私塾三所。继又增设高等小学,及女子两等小学。不数年间,村民教育,遂以普及。其子迪刚,及留学日本,参观各模范村归国,遂继述父志,与村民计议,草成《村治组织大纲》,试行自治。至民国三年,孙发绪来长定县,甚为嘉许,赐以模范村之名;并颂扬于当道,推而行之四境,县政为之一新,定县亦得模范县之名。按翟城村治组织,设村长一人,总理村之自治事务,村长之下,设村佐二人,以为助理。村内划分八区,各置区长一人,于村长下,办理区之自治事务。又为会议村之事务,设一村会,以村长、村佐及区长组织之。上列各项职员,皆由民选产出。《定县村制大纲》,大略亦即仿此。但村内不分区设长,村长村佐,均由县署直接委任之。

山西省,自民三以来,督军阎锡山,刺取"韩信将兵,多多益善"之义,标榜用民政治。民国五年,适孙发绪以办理自治有名,来长斯省,与阎氏相辅为政。孙氏到职后,即注意村治,虽未一年,以政争去职,而自治基石,固已确布于四境矣。自是阎氏自兼省长,继续村治,改良编制,举办六政,强迫教育,提倡实业,不数年间,蔚为大观。山西省自是亦获模范省之荣誉焉。按该省自治制度,初于民国六年,颁布《村制简章》,通常以百户为村,村设村长副各一,由村民选出加倍人数,呈由县署择委之。七年四月,继颁《村编制现行条例》,于村内更分闾邻,以五户为邻,二十五户为闾。各设闾邻长一,由人民选举产出之。同年五月,又颁《县地方设区暂行条例》,区置区长,以县委职员充之。自是山西全省,遂完成区、街、村、闾、邻之编制矣。

继山西省之后,各省咸有村治提倡。或创于村民自动,或出于地方政府施行,种类不一。如云南省之《村自治条例》,亦颇著名云南村治,始于民国十二年间。其施行后,成效如何,并无确实报告。只其《村治条例》,规定周密,似仿日本《市町村制》。而其规定中,如以公共庙宇,拨充自治公所,提高市村长之资格,其成绩优良者,得擢为县长县佐等各点,尤具特色。

第二 自国民政府建都南京至最近时期

(一)各省单行制度

中国国民党,以三民主义,为建国最高原则,以地方自治,为实行三民主义之主要政策,(参照《建国大纲》第八条至第十二条,《对内政策》第三条第九条至第十三条,《地方自治开始实行法》《确定地方自治之方略及程序以立政治建设之基础案》）。则训政时期，自治施行，如何重要，不言可喻。故自国民政府，奠都南京，中央与地方，随即注意自治。而为全国训政工作之首倡者，尤推江浙诸省。兹先述各省自治制度，而后及于全国。

江苏省于民国十六年，由民政厅，筹备自治。同年九月，由该厅提案省府，公布《各县村制组织大纲》。按该制，"以民权之训练，与民生之培养，为主要目的"。其组织，仿自山西省之村制，以五家为邻，二十五家为闾，闾邻各为之长，百家为村，村有长副，各若干村为区，区亦有长。其施行程序，则先就松江一县试办，一俟办有成效，然后推及他县。

浙江省为"训导人民政治知识能力，造成自治基础"，于十七年，开始试行地方自治。即于同年六月，由省府公布《区街村制》及其《施行程序》，由民政厅督同市县，筹备施行。民厅当经通令各市县政府，限自文到时起，四个月内，将境内街村，一律组织成立。乃各市县奉令后，开始筹备，未满三月，于同年九月中央已颁到《县组织法》《各省施行时期及县政府区村里闾邻成立期限一览表》。其中所定自治组织，与该省原颁之区街村制，互有出入。民厅以该省单行制度，原属临时性质。中央既有统一制度颁行，该省自无独异之必要。唯中央所定该省村里闾邻实施时期，为自十八年八月一日至十九年一月；且《县组织法》中所定《村里自治施行条例》，尚待由部另定，一时无从遵行。而该省所行街村制度，业已筹备过半，如某等县分，据报且已成立。故当时仍照原制进行，以免停滞。只名称一节，《县组织法》中，既定为村里，不妨先行改正，以期划一。民厅当经提案省府，将原颁《浙江省街村制》，修正为《浙江省村里制》，各条文中"街"字，一律修正为"里"字云。按《浙江省村里制》，以村落百户以上地方为村，市集区域四百户为里。村里各以十户为邻，五邻为闾。闾邻各为之长，村里各有长副及委员会。村里委员会，以村里长副及闾长为委员组织之。该委员会，集中决议及执行之一切任务，村里长副，仅其常务委员而已，其组织盖即近于机关单一主义者也。上列村里职员，邻长由本邻居民集会，直接选举罢免，闾长由本闾邻长，选举罢免，村里长副，由本村里之邻长集会，选举罢免之。

此外，各省亦有类似之自治制度，拟议颁发，多以时期稍晚，未及正式施行，而中央统一制度，陆续颁到，自此同在依法施行之列，其单行组织如何，兹不细赘。

（二）中央颁发制度

《建国大纲》序文有云："训政时期之宗旨，务指导人民，从事于革命之进行。尤以县为自治之单位，于一县之内，努力于除旧布新，以深植人民权力之基。然后扩而充之，以及于省。如是则所谓自治，始为真正之人民自治。……而地方自治已成，则国家组织，始臻完密，人民本其地方上之政治训练，以与闻国事矣。"是地方自治之施行，范围应自小而大，推行应自下而上，彰彰明矣。然中上之县，广袤百里，人口多者，有数十万。欲在如是广大范围，将全民集中训练，既不可能。而各地方经济情形，交通利便，乃至治安状态，又不相同。其施行程序，自亦难为一律。故对全国自治，如何施行，实非自始有通盘周密之计划不可。国民政府，初于十七年九月，公布《县组织法》，及《各省施行时期并县政府区村里闾邻成立时期一览表》，其经过略已上述。依该法规定，自治组织，为村里、区、县之三级制。村里自始完全人民自治，区长初由县遴省委，至该法施行二年后，由区民直接选举罢免。县则初纯为行政区域，单设县政府，至该法施行一年后，由省政府按县政进行情形，酌定时期，呈准设立县参政会，以民选之参议员组织，姑行半官半民之治。

该法颁布未及一年，国民政府，复于十八年六月五日，颁布新《县组织法》，同时废止旧法。依新法规定，同为三级之制，以乡镇为初级，百户以上之村庄地方为乡，百户以上街市地方为镇。乡镇设乡镇民大会及乡镇长副乡镇长。乡镇之内，划分闾邻，以五户为邻，二十五户为闾，闾邻各有长。乡镇之上为区，各以十至五十乡镇构成。区设区民大会、区长并助理员等。区长至该法施行二年后，由省酌定，呈准民选。至于县区，除设县政府，处理全县行政，监督地方自治外，其自治机关，初设县参议会，至该法施行一年后，由省府酌定，呈准设立，凡此各点，皆与旧法大旨相同。唯该法仅为大纲规定，自治团体，如何设立，选举如何实行，均有待于附属法之规定。中央因于同年九月十八日，公布《乡镇自治施行法》；十月二日，公布《区自治施行法》，及《县组织法施行法》。《县组织法》及区乡镇各自治施行法，于十九年七月七日，曾经一度修正。同月十九日，又公布《乡镇坊自治职员选举及罢免法》。二十一年八月十日，公布《县参议会组织法》，及《县参议员选举法》。

此外，国内重要都市地方，四方辐凑、户口稠密、工商发达；经济情形，比众不同，政治组织，自亦不能同一。国府成立以后，对于都市区域，早有市之组织，可于历次修正所颁之法规中见之。市原亦纯为行政区域，并无自治组织。及十九年五月二十日，颁布《新市组织法》，始行市区自治，俾其无分都鄙，齐驱并进。依该法规定，市分二种，一直属于省政府，二直属于行政院，具见前述，兹不复赘。至于市内自治组织，二者相同，概为市、区、坊之三级制。以坊为最下级，坊内更分闾邻，以五户为邻，五邻为闾，二十闾为坊。区为中级，以十坊为区。区及坊之机关组织，概与县地方之区乡镇同。至于全市区域，除设市政府，为行政机关外，初亦仅设市参议会，以民选之参议员组织之。《市参议会组织法》及《市参议员选举法》，亦于二十一年八月十日公布。

民十八年时，中央政治会议，曾议决训政时期，定为六年，以二十三年年底，为完成县自治时期。内政部依据该案，当经拟定《训政时期完成县自治实施方案内政部主管事务分年进行程序表》一种，全表分为十五大纲，每纲另分细目，就各纲目所列事务之先后缓急，分期进行。自十八年起至二十二年止，分为六期。自十八年开始，为第一期，十九年为第二期，以次推进，至二十三年为第六期。分饬各省，依限完成。四届四中全会《刷新政治案》，关于地方施政纲要，复规定地方自治，应照原定程序，督促进行。内政部奉据此案，乃又迭电各省，督促办理，速事筹备，尤以完成县之组织，为当时急务。国民政府，亦于二十年七月一日，通令各省，勉力施行，且限于三个月内，完成区乡镇自治，四个月内，完成市县自治。唯最近内忧外患，纷至迭来，各省财政治安，两多艰阻，即县政府改组一端，亦难依限完成，进行濡滞，可见一斑。内政部有鉴于此，因又主张各省添设自治筹备委员会，俾其集中各方人员，通力合作，策划进行。本项筹备委员会，各省亦多组织成立矣。

综上以观，我国自治法规，不可以谓不备，而推行自治，亦不可以谓不力。然数年以来，以言成绩，殆无多见。考其原因，要因过去推进自治，未有适当办法，及各种自治法规，与各省市实际情形，未尽适合所致。内政部明见及此，除于二三年三月，拟定《各省县地方自治改进办法大纲》十四条，呈准行政院，咨请各省政府，查照办理外，并拟订《改进行自治原则》，呈行政院，转中央政治会议，付以讨论，当经通过原则三项。此三项原则，除提交立法院，以为修订自治法规之准则外，并经行政院，通令各省市政府，作为一切自治法规之最高原则，遵照办理。按该《改进地方自治原则》规定：

一　确定县市为地方自治单位，县为一级，县以下之乡镇村等各自治团体，均为一级，直接受县政府之指挥监督。市为一级，市以下如有乡镇村，则均为一级，其组织与县同。在区域人口经济文化等情况特殊之处，得立为特例，设区为自治行政区域。

二　地方自治之进行,分三时期如下:一扶植自治时期。县市长依法由政府任命。设县市参议会,得由县市长,聘任一部分专家为议员,任筹备自治及执行之责。乡镇村长等,由各乡镇村人民,选举三人,由县长择一委任。二自治开始时期。县市长依法由政府任命。县市议会由人民选举。乡镇村长由人民选举。三完成自治时期。县市长民选。县市议会民选。乡镇村长民选。人民开始实行罢免、创制、复决各权。以上三时期之进行程序,由各省县市政府决定,报经内政部,核准备案。

三　推行地方自治之程序及方式,应因时因地而不同。中央只宜作大体及有弹性之规定。在各县及隶属省政府之市,由省政府分别拟定程式,咨请内政部,核准行之。在直属市,由内政部分别拟订程式,呈请行政院核准行之。为适合各地方之特殊情形,及便利推行政令起见,每省至少应设置县政建设实验区一处,或分区设置实验县若干处,统一"政""教""富""卫"各种组织与事业,以为研究及实验之中心,而期达到政治社会化、行政科学化之目的。

观此,我国自治组织、推行程式,及一切自治法规,已受甚大变更。目今主要自治法规,如《县组织法》及《市组织法》等,犹在立法院修订之中,本书关于自治行政法部分,拟俟异日详述。

行政法主要参考书目

第一 本国法

一 钟赓言编 《行政法总论》（朝阳大学讲议）

二 同　　上 《行政法各论》（同上）

三 白鹏飞编 《行政法总论》（学艺丛书）

四 白鹏飞编 《行政法大纲》 上下二卷

五 商务印书馆 《现行法规大全》

六 立法院编 《中华民国法规汇编》

七 范扬主编 《警察法规辑览》 两篇　第一篇中含有多数总论参考用法规

第二 日本法

一 美浓部达吉著 《日本行政法》 总论及各论上卷二册　大正八年以后新版

二 同　　上 《行政法撮要》 上下二卷

三 同　　上 《行政裁判法》

四 同　　上 《公法判例大系》 上下二卷

五 佐佐木惣一著 《日本行政法论》 总论

六 野村淳治著 《行政法总论》（现代法学全集）

七 织田万著 《行政法讲义》 总论及各论二册

八 同　　上 《日本行政法原理》

九 浅井清著 《日本行政法总论》

十　内阁记录课　《现行法令辑览》

十一　衫村章三郎编　《行政法规提要》

第三　德奥法

1　Otto Mayer, Deutsches Verwaltungsrecht, 2 Bde, 3A. 1924.

2　Fleiner, Institutionen des deutschen Verwaltungsrechts, 8A. 1928.

3　W. Jellinek, Verwaltungsrecht, 3A. 1931.

4　Hatschek, Lehrbuch des deutschen une preussischen Verwaltungsrechts. 8A, 1931.

5　Schoen, Grundriss des Verwaltungsrechts, 1927.

6　Merkl, Allgemeines Verwaltungsrecht, 1927.

7　Bruehler, Staats-und Verwaltungsrechtliche Gesetze des Reichs und Preussens, 1931.

第四　法国法

1　Berthélemy, Traité élémentaire du droit administratif, 13e éd. 1933.

2　Hauriou, Précis de droit administratif et de droit Public, lle éd. 1927.

3　Jèze, Les principes généraux du droit administratif, 3e éd. 1926.

4　Maureau, Manuel de droit administratif.

5　Delpech, Code administratif, 1927.

第五　英国法

1　Dicey, The Development of Administrative Law in England, 30 Law Quarterly Review 148 - 153(1915).

2　Gneist, Eaglische Verwaltungsrecht der Gegenwart, 1883.

3　Robson, Justice and Administrative Law, 1928.

4　Port, Administrative Law, 1929.

5　Ghose, Comparative Administrative Law, 1919.

第六　美国法

1　Freund, Fletscher, Davies, Pound, Kurtz and Nagel, The Growth of American Administrative Law, 1923.

2　Goodnow, The Principles of the Administrative Law of the United States, 1905.

3　Goodnow, Comparative Administrative Law, 1893.

4　Wyman, Principles of Administrative Law Governing the Relations of Public Officers, 1903.

5　Dickson, Administrative Justice and the Supremacy of Law, 1927.

6　Freund, Cases on Administrative Law, 1911.

《行政法总论》(商务印书馆 1937 年版)

警察行政法

目　次

第一章　概论
　第一节　警察之观念
　第二节　警察之种类
　第三节　警察权之界限
　第四节　警察之组织
　　第一款　概说
　　第二款　保安警察之组织
　　第三款　行政警察之组织
　　第四款　非常警察之组织
　　第五款　警察官吏
　第五节　警察之作用
　　第一款　概说
　　第二款　警察规章
　　　第一项　概说
　　　第二项　警察规章之内容
　　　第三项　警察规章之效果
　　第三款　警察处分
　　　第一项　概说
　　　第二项　警察处分之种类
　　　第三项　警察下命

第四项　警察许可
第四款　警察强制
第一项　概说
第二项　警察上之强制执行
第三项　警察上之即时强制
第四项　被强制者之抗拒权
第五款　警察罚
第六节　警察法规
第七节　警察与民刑法之关系
第一款　警察与民法
第二款　警察与刑法

第二章　各论
第一节　保安警察
第一款　概说
第二款　对于特种人之警察
第一项　应受保安处分人
第二项　外人
第三款　对于特种物之警察
第一项　危险物
第二项　建筑物
第三项　党旗国旗国徽遗像及各种符号
第四项　遗失物漂流物及沉没物
第四款　对于特种行为之警察
第一项　出版

第二项　结社集会及群众运动

　　　第三项　营业

　　　第四项　其他特定行为

　　第五款　非常警察

　　　第一项　概说

　　　第二项　戒严

　　　第三项　军力之使用

　　　第四项　维持治安紧急办法

　第二节　行政警察

　　第一款　概说

　　第二款　风俗警察

　　　第一项　概说

　　　第二项　卖淫

　　　第三项　公共娱乐场所及剧本电影歌女

　　　第四项　其他有关风俗之营业

　　　第五项　其他有关风俗之物

　　　第六项　其他有关风俗之行为

　　第三款　卫生警察

　　　第一项　概说

　　　第二项　防疫警察

　　　第三项　医药警察

　　　第四项　保健警察

　　第四款　交通警察

　　　第一项　概说

　　　第二项　道路警察

第三项　车马警察

第四项　水上警察

第五项　航海警察

第六项　航空警察

第七项　旅行业警察

第八项　移民警察

第五款　实业警察

第一项　概说

第二项　工业警察

第三项　商业警察

第四项　农业警察

第五项　畜牧警察

第六项　森林警察

第七项　矿业警察

第八项　渔业警察

第九项　狩猎警察

第一章 概 论

第一节 警察之观念

警察之意义果何如乎？浅之乎论警察者，往往就形式而为观察，以为警察一语，凡警察机关所有之作用，一切皆包括之。若果如是也，他种机关之警察作用，固然屏于范围以外，然而警察机关权限中非关于命令强制之部分，将亦拦入范围以内。此专重形式之主张，未可以为笃论也。法学上之警察观念，应注意其作用之法律上性质，以构成之。故凡有同一性质之作用，皆应归纳在内，其不同者，皆应舍去。扼要言之，尽于是矣。在实质的意义上，警察之作用，以保持社会之安宁秩序为直接目的，以命令强制为手段，而以国家一般统治权为其权力之根据。故警察云者，不外以维持社会公共秩序为目的，依一般统治权而限制人民自由之作用也。就此定义，兹为析述如次：①

---

① 吾国近时所用警察一语，传自日本，而日本又译自法语之 police（德 Polizei，英 police）。日本明治七年一月颁有《司法警察规则》，及明治八年三月颁有《行政警察规则》，殆其用为法律名词之始。日本此二制度，即与法国一七九五年之《刑法》(Code des délits et des peine du 3, brumaire An Ⅳ)第十六条所定之区别相当。按法文 police 一语，转自拉丁语之 politia，而 politia 出于希语 πovτεια，其意义与国宪同。因之一面误为政治或行政之义，他面转化为 police。其间又与他语 politesse（系由 polir 而来，有清洁整备之意）混同，至今日遂用为与语源不同之意义矣。（转下页）

（一）警察者根据国家一般统治权之作用也

国家于国法及国际法之范围内，有包括的支配人民与领土之权利，是即为统治权。统治权以种种权力而发动，其为维持公共秩序而对于人民施行命令强制者，为警察权（Polizeirecht）。故警察为警察权之作用，亦即根据国家统治权之作用也。

国家以统治权主体与人民间所有之关系，为一般统治关系，与特别权力关系相对称。一般统治关系为国家对于人民当然所有之关系，而特别权力关系，生于特别之法律原因。如军人因入伍，学生因入学，始与军队或学校构成一种权力服从关系。此种关系，非为一般人民所常有，只于特种人始有之。反之，警察为本于国家统治权对于人民而为命令强制之作用，凡有服从国家统治权之义务者，皆应服从于警察权。故就此点上言，警察之作用其与本于特别权力关系之作用，有显然之区别。

警察既为统治权之作用，则本国人民，自不待言，即在国内之外国人，亦须受其支配，易言之，亦须服从警察权。此不特普通之自然人为然，即法人亦须服从其权力。盖法人在构成上，虽与自然人不同，而于某程度，同受警察上之限制。例如法人建造家屋，须受建筑警察上之限制；

（接上页）police 自十四世纪用于法国以来，其意义又经几度变迁。初用为表示有秩序而幸福之社会状态，次用为表示以此状态为目的之国家作用。至十八世纪，乃略与今日内务行政之意义相当，即除司法、军事、财政、及外交外，其余一切国家作用，皆包含于此语中。继因自然法学之发达，讲求个人自由，限制国家权力，至十八世纪之末，警察之观念，渐受限制，有较前更趋狭义之倾向矣。其语义之变迁，在德国亦有相同之历史。按法国一七八九年之《人权宣言书》定有："人之权利，各各平等，唯依法律方得定其界限。而除有危害社会之行为外，即法律亦不得加以禁止。"又《刑法》规定："警察为保持公共秩序、自由、所有权及个人之安宁而设。"一七九四年之普鲁士《普通州法》，受法国法之影响，规定"警察为维持公共之安宁秩序，除去国家或个人之危害，所必要之制度。"要之，自十八世纪末叶以来，警察之观念，已不含有内务行政全部之意义，而仅目为内务行政中以国家权力限制人民自由，维持公共秩序之作用矣。（Loening, Lehrbuch des deutschen Verwaltungsrechts, S. 4 fl; und Art. "Polizei" im Handwörterbuch der Staatswissenschaften, 3 A. VI, S. 1058.）

经营营业，须受警察上之限制。从而法人有时亦须受警察罚之制裁。此不特于私法人为然，即公法人如地方自治团体等，与私人立于同一地位，而为营业或建造时，亦复如是。

（二）警察者以保持社会公共之秩序为直接目的之作用也

警察以保持社会公共之安宁秩序为目的，凡社会生活之各方面，遇有障碍发生时，皆应为之除去，使其健全发达。警察所有此种目的，即称警察之目的。

警察之目的，究以消极的除去社会之障碍为限，抑积极的包涵增进社会福利之作用，学界颇有议论。或以为限定警察之作用在排除社会之障碍，为其观念之一要素；至于积极的增进社会福利之作用，虽以命令强制而行，亦非属于警察。然依目的之消极与积极，而别其行为之法律上性质，殊未正当。谓警察之目的，首在排除社会障碍，原无不妥。尤其近代自由主义之思想，以为命令强制之权力，只可于除去社会障碍时使用之，超过于此限度而干涉人民之生活、限制人民之自由，则越出于警察权之界限。主张警察作用仅以消极的为限，即根据于此种思想。然此系警察任务之立法政策的问题，与决定警察观念之问题，不可牵混。决定警察之观念，应以其法律上的性质为标准，凡有同一性质之行为，皆应归纳于同一观念之内。自立法上言之，警察权之命令强制，自以限于除去障害之目的而行，最为适当；而除法律有特别规定外，警察机关之权限，亦应解为仅能及于此范围内。但法律别有规定，以增进福利之目的，亦得为命令强制者，则其行为之法律上性质，与除去障害之场合，殊无差异，因之亦得称为警察。例如为谋都市之美观，限制建筑、撤去广告贴物；为谋畜产之改良，命行去势、检查畜种；为谋农业之发达，取缔肥料、检查蚕种等，积极的为谋社会福利之行为，皆不失为警察之作用。此等为积极的目的而行之警察作用，学者另称转化意义之警察。

然警察以保持社会之安宁秩序为直接目的，非以保持安宁秩序为直接目的，而仅间接有利于社会者，虽为权力作用，仍非属于警察。若为防止关税脱逃，取缔秘密输入，为确保酒捐收入，取缔酿造乃以国家收入为直接目的，而属于财政作用；为完成自治组织，命令人民担任公职，乃组织权之作用；为保全特定之公企业或公物，命人民以邮政负担、道路负担、河川负担，或学校负担，乃公之负担；他如禁止要塞地带之摄影、限制军港船舶之出入，乃军政权之作用。此等作用，皆非直接以增进社会生活之利益为目的，其与警察区别也明矣。

（三）警察者限制人民自由之作用也

警察作用，恒以权力限制人民之自由，其法即依法规或本于法规之处分，命人民以特定之作为或不作为之义务，或依实力对于人民之身体财产加以强制。此以命令强制而行之手段，即称警察之手段。

警察常为以命令强制而行之作用。易言之，常为权力的作用。故非权力的作用，不得谓为警察。若保育行政，虽与警察同以增进社会之利益为目的，而一为权力的作用，一为非权力的设施，在手段上各有不同。虽保育作用，有时亦依权力科人民以负担，然此不过为补充的手段，非其作用之本质；至警察作用常以权力为中心，申言之，常以权力命人民以义务，或以实力强制人民之身体财产。如同在卫生行政之作用中，传染病人隔离之强制、消毒清洁之强制，及不良井水饮用之禁止等，皆为警察作用；而官公立病院及卫生试验所之设立，或自来水及下水道之经营，则为保育作用，盖其本质有异焉耳。

唯警察上所限制之自由，非泛指得为任何行为之绝对的自由。不待国家命令禁止，即以普通社会见解，亦认为必须禁遏之行为，如杀人放火等，在于除外之列。盖限制当然应行禁遏之行为，属于刑罚权之作用。

刑罚权以制裁犯罪为主眼,不以限制个人自由为目的,只其处罚犯罪之际,亦附带的有限制个人自由之意义而已。反之,警察权专为限制个人之自由而存在,其对于自由之限制,则以国家之命令禁止为前提。故警察上所限制之自由,与刑法上所禁遏之自由,异其意义。

第二节　警察之种类

警察可依种种见地,分为若干种类,兹择其普通者数种揭之于次:
（一）行政警察与司法警察

司法警察（Justispolizei）,为搜捕犯人,搜集罪证,以完成刑罚权之运用之作用,行政警察（administrative Polizei）,为维持公共秩序,限制人民自由之作用。前者为刑罚权之补助作用,非纯粹的警察之一种;只其任务首由警察机关而行。并袭法语之例,称为司法警察（police judiciare）以与行政警察（police administrative）相对待而已。[1] 学者有根据一七九五年之法国《刑法》及明治八年之日本《行政警察规则》,以犯罪行为为标准,谓行政警察为预防警察,司法警察为镇遏警察,[2]而两者同属纯粹警察之作用;然司法警察为司法权之作用;而受乎《刑事诉讼法》

---

[1] 司法警察与行政警察之区别,起源于法,为警察名词用于广义时代所习用。法国一七九五年之《刑法》规定:"行政警察,以保持国家及各地方之公共秩序,及防止犯罪为目的;司法警察,以搜查及逮捕罪犯为目的。"即其显著之用例。日本自明治七年一月发布《司法警察规则》,同八年三月发布《行政警察规则》以来,沿袭其例,亦采为法律上之用语。我国继受日本,亦采用之。但司法警察,只在习惯上有其称谓而已;在性质上原为司法权之作用,与兹之所称警察,异其范畴。
[2] 学者有依目的不同,将警察别为豫防警察与镇遏警察,以前者为豫防未发危害之警察,后者为镇遏既发危害之警察。但此区别,实无何等价值。盖镇遏警察,自外表上观之,其目的虽为既发危害之遏止,而依情形如何,亦可视为既发事实所能引起危害之豫防也。

之支配，纯然属于行政权之作用者，仅有行政警察而已。

（二）保安警察与行政警察（狭义的）

纯属行政作用之行政警察，有保安警察（Sicherheitspolizei）与狭义的行政警察（Verwaltungspolizei）之别。前者为维持一般安宁秩序之警察，如关于集会结社及出版之警察是。后者为附随于各种行政所行之警察，如关于风俗、卫生、交通及农林之警察是。前者以一般的除去公共或个人之危害为目的，不拘于行政之任何部门，均有存在，因又名为一般警察；后者以使各种行政，充分发挥其作用为目的，与各种行政相辅而行，因又名为特种警察或特务警察。但此项区别，在理论上无甚价值。只在实际上保安警察有其独立的组织，恒由同一系统之官署掌管。而行政警察，附于他种行政作用而行，多由他种官署掌管而已。

（三）高等警察与寻常警察

上述之保安警察中，又有高等警察（haute police）与寻常警察（police ordinaire）之分。前者所排除障害之性质，涉于国家或一般之社会，后者所排除障害之性质，仅涉于个人。我国现行制度，在形式上无是区别。

（四）通常警察与非常警察

于通常之社会状态所行之警察作用，为通常警察；因有非常事变，单以通常警察之实力，不能充分遂行其任务，而不得不赖于军力之使用者，为非常警察。非常警察有军力之使用及戒严等各种，其详须待后述。

（五）国家警察与地方警察（自治警察）

国家警察（Landespolizei, police d'état, police générale），谓国家行政作用一部之警察，地方警察（Ortspolizei, police communale, police locale），谓属于自治行政之警察。此种区别，仅设有自治警察之国家，始

认有之。①

（六）中央警察与地方警察

中央警察与地方警察，二者皆为国家警察中之区别，前者即指属于中央官署掌管之警察，后者则指属于地方官署掌管之警察。我国现有警察之作用，多属于地方政府之权限，然亦有保留于行政院各部会之掌管者。因之在我国现制中，此种区别，尚属重要。

第三节　警察权之界限

警察权为限制人民自由之权力，与人民之自由，有密切之关系。如其权力愈大，人民自由之范围愈小；如其权力为无限制，则人民将处于绝对无自由之奴隶状态矣。故限制人民自由之警察权，非有一定之限制不可。此即警察权界限之问题所由起也。

警察权之界限，即国家于若何限度，得限制人民自由之问题。当今法治国家，以确保人民之自由，为根本原则之一。而国家所得限制人民

---

① 欧美诸国中，法国之地方警察，本有市乡警察（police municipale）与区警察之二种。但区警察依一八九八年六月二十一日之法律，已一部改归国家官吏掌理，一部改归市乡长掌理，变为所谓混合警察（police mixte）。至市乡警察，范围颇广，一八八四年四月二日之法律，定有："乡镇警察之任务，在保持公共之秩序、安宁、卫生。"同时，又列举属于其权限之重要事项，以说明之。

德国在一九三三年以前，一般以警察为联邦或各邦专属之事务，邦内之市乡镇，及其他自治团体，不得有警察权。唯南部诸邦，如巴依伦（Bayern）、威丁堡（Württemberg）及巴登（Baden）等，其市乡镇机关，依邦法之委任，得以邦行政机关之地位，执行警察事务（委任事务。）

美国多数之州，除州之本身外，认州内自治团体，特别是市，有某程度之警察权；市行政机关之市长、市参议会，或市民团体，且得选任市警察官吏。

之自由，恒为法律所一定。故警察权之发动，必须有法规之根据而后可。然社会现象，纷综复杂，法规规定，不能严密，于某程度，不得不授警察官署以裁量权，使得为临时必要之处置。虽曰警察上之裁量，不免受法规之羁束，而其裁量权之范围，殊视他种行政权之作用为尤广。苟裁量过误，加人民以不当之限制，纵不直接抵触法规，仍不失为警察权之滥用，而为违法之行为。故警察权之界限，除法规有规定外，尤应于法规范围内，依警察本身之性质，求出一般原则，以说明之。关于法规上之界限，本书《总论》叙述一般行政权之界限时，既已详述，可不复赘。以下拟就警察本身之性质所得推演之法则，列举于后：

（一）警察权在原则上仅得为预防或排除社会危害之目的行使之

警察权以预防或排除社会危害之目的而行使为原则，若为增进社会福利，开发社会文化，则不得行使之，是为警察目的上之界限，亦即警察权界限上最重要原则之一。盖近代国法，因自由主义思想发达之结果，于不侵害社会生活之限度内，认个人有广泛的活动之自由。他面为保全社会之秩序，以不侵害社会之秩序，为个人当然之义务。警察权即为强制此种义务而存在。然其权力作用，有一定之限制，若超过其限制，而拘束人民之自由，则除法律有特别规定外，不免逾越警察权之界限。如为都市之美观、实业之改良、教育之普及，或学术之进步，苟非有法律上之根据，皆不得以警察权强制之。

（二）警察权仅得对于警察责任者行使之

以警察权限制人民之自由，唯对于惹起社会危害之原因者，即警察责任者，始得为之，是为警察责任之原则。唯所谓惹起社会危害之原因，殊不以本人之行为为限，本人行为如有妨害社会秩序，固应负其责任。此外，因其所支配之人之行为或物之性状，而惹起社会危害时，亦应同负其责。故所谓警察责任者，实将对人或物有支配权之人（Gewalthaber），皆包括之。对人有支配权之人，即对于未成年人或被监护人行使亲权或监护权之人，及对雇用人有监督权之营业人等是。对物有支配权人，即对土地家屋物件有所有权、地上权、佃权及占有权之人是。凡此等人所支配之人或物，若惹起社会危害或有惹起之虞时，警察上得以其支配权人为责任者，而为命令强制。然警察上之命令强制，唯对于警察责任者，乃得为之。其他与危害原因无关之第三人，除有后述之紧急状态外，不得使负任何责任。

（三）行使警察权时不得逾越排除社会危害所必要之限度

以警察权限制人民之自由，须与排除社会障害所必要之程度相对称，如逾越其程度而限制之，则为越出警察权之正当界限，是为警察比例之原则。盖如前所述，现代国法，苟不妨害社会秩序，以不拘束个人之自由为原则。故凡在法规上容许警察官署得为裁量处分之场合，其裁量权须有一定之限制，只于警察上所必要之限度，得行使之。此项原则，更可从次之三方面说明之。

（甲）警察权仅于社会发生危害或有发生之直接危险时，始得发动之

于危害未发生前，欲以警察权而预防之，须其障害之发生，已有相当程度之确数，若仅有发生之可能，而于普通情形之下，不可必其发生者，虽可按其程度，为适当之监视，终不能成为警察权发动之理由。至障害之可必其发生与否，则应依普通社会之见解以判定之。"警察机关，不可比常人尤为神经过敏"（Die Polizeiorgane dürfen sich ferner nicht als zarter besaitet aufspielen als der Normalmensch）。

（乙）警察权仅于社会公益上有不可容忍之危害时始得发动之

警察权非对社会一切危害，常可行使，唯有不可容忍之危害时，始得

发动之。盖人类社会生活上之行动，殆莫不多少有害及社会之影响。苟其危害之发生，于社会公益原无重大不良之影响，而因其危害之除去，反使一般社会发生更大之不利益者，毋宁容忍其障害，较于社会有利。故某程度之危害，于社会的见地，不得不容忍之。至若何程度之危害，始为社会上所不可容认，则因时因地而不同，须依一般社会之见解以决定之。例如工厂煤烟或音响所生之障害，是否可予容忍？须视其工厂之所在地以为断。如在市内住户密集之区，自属不可容忍，而在郊外空旷之地，则不得谓为不可容忍矣。唯其工厂作业有便于市内住民之生活者，虽在市内，亦不得遽行禁止。有必要时，在警察上仅得为预防之处置。

（丙）以警察权除去社会上不可容忍之危害须其除去危害之处分与所除去危害之程度成正比例

对于社会之危害，其程度虽不能以数字精确测定，但依社会一般见解，究有轻重大小之不同。警察上为除去轻微之危害，仅许侵害轻微之自由，如欲侵害比较重大之自由，唯有相当重大之危害时，始得为之。兹以营业而论，如仅于设备上有缺陷，或贩卖之物品有违警时，仅能命其改良设备，或没收其物品。若因是而遽禁止其营业，则不免越警察权之界限矣。

（四）警察权不得干涉人民之私生活

警察以保持公共秩序为目的，于公共无直接影响之私生活，不得妄加干涉，是为私生活自由之原则。盖私生活中之行动，其直接影响所及，通常仅止于一身或一家之范围，而无关于社会公共之秩序。故于公共秩序无直接影响之私生活的行动，以置于警察干涉之外为原则。唯各人既为社会之一分子，其自身受有障害，间接亦有害于社会。因之私生活之行动，于个人有特别重大之危害时，法律亦不得不加以限制。如禁止未成年人吸纸烟或饮酒，即其显例。然此为法律规定之例外，以原则而言，各人之私生活，仍一任于各人德义上之自制，国家不为过度之限制。

其次，私人住所自由之原则，亦可以同一原理而说明之。私人住所内之行动，除有直接影响于社会者外，以任于私人之自由为原则。唯私住所内之行为，有直接影响于社会之虞者，亦不免受警察之干涉。如静谧警察、卫生警察等，即以此之原因，而得干涉私住所内之行为也。抑此之所谓私住所，不以普通私人居住之寓处为限，他如公司学校及事务所之类，亦属在内。至于戏场、旅馆、菜馆、茶店等，多数不特定人所出入之场所，则与公众接触或公开之场所无异，当然应受警察之监督。

（五）警察权不得干预单纯的民事关系

私人相互间之单纯的民事关系，警察亦以不干预为原则。盖维持民事关系之秩序，属于司法权之范围，与警察权之作用，原则无何关系。故民法上之违法行为，不问其种类若何，除因特别事由，如因风俗、卫生或经济交易上有关之事由外，不受警察之取缔。至因特别事由，于若何程度，得以警察权干预于民事关系，尚待后述。

第四节　警察之组织

第一款　概　说

国家之统治作用，必须有机关以掌管之。掌管警察作用之机关，即称警察机关。警察机关，因警察之种类而有不同。如前所述，纯属行政权作用之警察，有保安警察与狭义的行政警察之别，保安警察为行政中之独立一部，原则有其独立组织，狭义的行政警察，附随于卫生、交通、实业等各种行政而行,其作用通常即由各种行政机关兼管之。准此,故警察机关得别为保安机关与行政警察机关之二类。唯保安警察中之非常警察机关,与通常警察又属不同,多半属于军事组织,宜为分别处理。兹分别保安警察、行政警察及非常警察之组织,述之如次：

第二款　保安警察之组织

第一　中央警察机关

中央警察机关,以内政部为最主要。内政部为行政院直属各部之一,全国一般警察事务,均属于其主管。即其地位,上受行政院之统辖,下则对于各地方最高级行政长官执行警察事务,有指挥监督之责。部内除设部长、次长、秘书等外,分设总务、统计、民政、地政、警政、礼俗六司。就中警政一司,为专司警察行政之补助机关。内置司长一人,司长之下更分四科,各置科长、科员等。

第二　地方警察机关

（一）首都警察厅

首都警察厅直隶于内政部,受内政部之指挥监督,掌管南京市及其四郊之警察事务。对于警察事务,得发单行规章;对于所属官署之处分或命令,认为违背法令、妨害公益或侵越权限时,得停止或撤消之。厅内设厅长一人,由内政部呈请简任,综理全厅事务。厅长之下,除置秘书二人至四人外,分设总务、保安、司法三科及督察、训练二处,各置科长、科员、处长、督察长、督察员及训练官、训练员等。附属机关则有保安队、消防队及特务大队等。

首都警察厅为执行警察事务，更就所管区域，划分为若干区段，分设警察局、警察分驻所、派出所，及水巡队、巡逻队，各置局长、局员、巡官、警长及队长等。警察局长为第二级之警察官署；局员、巡官及队长等，则仅于长官委任之范围内，有独立之处分权。

首都警察厅为保安警察机关，关于南京市内之交通、卫生、社会等普通行政，非属于其主管，而属于市政府之权限。但附随于市之普通行政而生之警察事务，首都警察厅仍负有协助进行之责焉。（十八年十月二十二日国府公布《首都警察厅组织法》。）

（二）省警察机关

（甲）民政厅

民政厅为省府直属各厅之一，在不设警务处之省区，全省警察事务，主属于其掌理。关于警察事务，于不抵触中央法令或省政府议决之范围内，得发厅令，及指挥监督所属警察机关。

（乙）警务处

各省得设警务处，直隶于省政府，掌理全省警察事务。对于所属机关之命令或处分，认为违背法令、妨害公益或侵越权限时，得报由省政府变更之。处置处长一人，处长之下，分设二科至四科，各置科长一人，科员三人至六人。此外，并置秘书、督察长、督察员及技术员等。[①]

[①] 我国自民初以来，各省向有警务处之设，于省最高级地方行政长官监督之下，办理全省或全区警政。自北伐军进至各省以后，本项机关业经相继裁撤，而归并其职权于民政厅。迨十七年十一月，国民政府蒋主席，巡视各省，目击地方警政窳败，电京主张恢复旧制，以责专成，而资改进。嗣经国府制定《省警务处组织法》，于十八年六月二十七日公布施行。但本法公布后，多数省分以为既有民政厅办理警务，毋须另设机关，纷纷呈请从缓设立。内政部鉴于推行困难，于是年十一月呈请国府转请中央政治会议议决，通令各省，其未经设立者，准予缓设。自此次通令后，各省设置警务处者，迄今仅有甘肃、河北、察哈尔、贵州诸省。

（三）省会警察局

各省省会地方应设省会警察局，受省主管机关之指挥监督，处理省会警察事务。就其管辖区域，呈奉主管机关核准，得划分若干区，每区设一分局。分局以下，得设警察分驻所及派出所。

（四）市警察局

院辖市或省辖市，除首都及省会地方外，应设市警察局，受该管市政府之指挥监督，处理市警察事务。就其所辖区域，亦得分区设置分局，并于分局以下设分驻所及派出所。

（五）行政区警察局

行政院直属之行政区（如威海卫），应设行政区警察局，冠以行政区名称，受该管管理公署之指挥监督，处理该区警察事务。

（六）特种警察局

地势冲要、人口稠密、工商繁盛之地方，得设察务局，直隶于省主管机关（向称特种公安局），但以有合格警士二百名以上者为限。

（七）县警察机关

各县得设警察局，受县政府之指挥监督，处理全县警察事务。其不设局之县，应于县政府内设警佐一人，及警长警士若干人，办理警察事务。

县区域内之重要乡镇，经省政府核准，得设警察所，直隶于县政府或县警察局，处理各该区域警察事务。但以有合格警士三十名以上者为限。在分区设置之县份，得于署内设巡官一人、合格警长警士若干人，办理该区域内警察事务。在未设警察之乡村地方，得暂以保甲代行警察事务，派巡官或警长巡回指导。

（八）水上警察机关

各省政府为谋水上之安全起见，得设省水警队，直隶于省主管机关。

(二十五年七月二十七日行政院公布《各级警察机关编制纲要》。)

第三款　行政警察之组织

狭义的行政警察，因附随于各种行政而行，仍由各种普通行政机关掌理，较为便利。故此类警察，一般不有独立组织，而使各种普通行政官署兼管之。依现行法所定，各中央及地方官署，管理行政警察者，有如下各种。

（一）中央各部会署

除内政部外，行政院各部会，及国府直属机关，掌有警察权者，有（1）外交部：禁止或限制新闻杂志关于外部机密事项之揭载；（2）军政部：禁止或限制新闻杂志关于军政事项之揭载；（3）财政部：取缔银行交易所及货币类似物；（4）教育部：取缔私立学校；（5）实业部：取缔工商、农林、水产及矿业；（6）交通部：取缔水陆空之运输，管理船舶船员及航空器飞行员；（7）铁道部：管理铁道警察；（8）卫生署：管理卫生警察；（9）侨务委员：管理移民警察；（10）直属国民政府之建设委员会：取缔电气事业。

中央各部会署，就其主管警察事项，有如下三种权能：（1）发布警察规章。即于法令范围内，制定施行规则，或就法令所未定事项，以职权制定警察规章。（2）指挥监督下级官署。对于直属官署及各地方官署，执行本部会署警察事务，得为指挥监督；所属官署之命令或处分，认为违背法令、妨害公益，或逾越权限，在行政院各部，得提请行政院会议议决后，撤消或变更之。（3）为特定之警察处分。对于人民直接行使警察权，以属于直属官署或各地方官署之权限为原则，但以特定事项为限，中央各部会署，亦有直接处分权。

（二）地方官署

在各地方，与上述中央各部会署所属同种类之行政警察事务，于中央各官署监督之下，属于各地方官署主管。如财政、教育、建设各厅，市政府及各局，及县政府，于某范围，均有与中央官署所属同种类之警察权，且其所有权能，亦与中央官署略同。

（三）其他执行机关

行政警察，以由中央及地方普通行政官署兼管为原则；但关于某等警察事务，亦得设置专务机关以执行之。此类执行机关，恒于中央或地方主管官署指挥监督之下，充诸实力执行之任。依法规所定，其种类计有（1）矿业警察所：由建设厅会同民政厅核准设立；（2）渔业警察局或渔业警察所：由同上机关设立；（3）铁路警察署：由铁道部直辖路警管理局设立。此外，尚有河川警察、森林警察，及航空警察等之专管机关，目前尚未设置成立。

唯是行政警察与保安警察，在原则上虽各异其组织，而实际上仍有未能完全分离之处。如风俗、卫生、交通等警察，本为行政警察，而有一大部分属于保安警察机关之警察厅或警察局执行，并受其上级官署之监督。又如维持治安以及处理违警事件等作用，一般虽属于保安警察机关之权限，而于矿业、渔业及铁路警局或警署所管理之区域内，有一部分即使此等行政警察机关兼管之。

第四款　非常警察之组织

（一）国军

国军之组织，与警察全然异其系统，原以战时出动，防攻外敌，为其任务。然其伟大之实力，有时亦用于警察，尤其遇有非常事变发生，单以通常之警察力不足以镇遏时，即须以军队援助之。军队用于警察之情形，有如下三种：(1) 戒严，(2) 各级地方长官之请求，(3) 因剿匪或其他事变，不待地方官请求，径由卫戍司令、剿匪司令，以兵力为职权之处理。

（二）宪兵

宪兵为陆军之一种，其地位属于军政部长管辖，以将校士兵，组成部队，依军政部长之指定，配置于各行政区、各军区及铁道国境等处；于首都则设有宪兵司令部，于各省市设有宪兵区司令部以管理之。其职务主管军事警察，兼掌司法警察及行政警察（广义的）。就其职务之执行，属于军事警察者，受军政部长、海军部长及各军区长官之指挥，属于司法警察者，受司法行政部及法院检察官之指挥，属于行政警察者，受内政部暨其他各部会以及省市政府之指挥。

宪兵所有保安警察之职务，及于通常警察与非常警察之两方面。凡于职务上遇有正当职权者或地方长官请求协助，应立即如请协助，倘遇骚扰或突生事变，并应不待请求，相机处置之。（以上参照《宪兵令》。）

（三）省保安团队及省警察队

各省保安团队，系就各省原有保安队及保卫团等改编，有警察与军队之两重性质，平时执行宪兵警察之职务，战时即为国家之征兵。现目编制，分省、区、县之三级，以省辖部队称某某省保安团，区辖部队称某某省第几区保安团或保安队，县辖部队称某某县保安队，各以数字定其番号。管辖机关，省设全省保安司令，由各省主席兼充之，在省政府中特设保安处秉承全省保安司令之命，掌理全省保安事宜。省内保安区设区保安司令部，置区保安司令，其在行政督察区，即由行政督察专员兼充之。县设县保安总队长或大队长，由县长或区副司令兼充之。凡省内保安团队，概依上述系统，逐级定其管辖。唯是项编制，乃一过渡办法。将来改善步骤,仍须由县而区而省,逐级统一,以达到国家管理为最后目的。(参照二十三年七月军事委员会委员长南昌行营公布《各省保安制度改进大纲》。)要之,本项保安团队,以目前性状而论,实为军警之混合体,一面隶属内政系统,与武装警察队相似,他面须受最高军事长官之监督,不能以通常保安警察之组织视之。

其次,省警察队系按照民国十七年十一月内政部公布之《省警察队暂行条例》所编练,依该《条例》规定,省政府为防剿盗匪、巩固治安起见,得编练省警察队,受民政厅长之节制调遣。其编制以大队为单位,下设中队、分队、排棚等各级。但初时各省政府按照部颁条例,设立省警察队者,为数甚少。及二十二年一月,内政部鉴于清除匪患之必要,特再通令各省,迅即筹办,其已设立省份,应积极训练,其未设立者,则从速设立。

唯是在一省之内,使省保安队与省警察队,相并设置,在组织上既有重复之嫌,在指挥上复有不能统一之弊。两者比较而论,省保安队,系采步兵编制,在军事指挥上,似较省警察队为便利。但此种非军非警之组织,仅于非常状态之下,尚可暂时采用。将来匪氛清除,地方治安渐复常态,当以采用为纯属警察组织之保安警察队,为较妥当。现今省府事权,力求集中统一,警力组织,岂可独使散漫?揆之将来情势,自非将保安团队一律改编为警察队不可也。

第五款　警察官吏

（一）警察官吏之观念

警察官吏,在广义上,凡参与警察行政之公务员,不问纯掌法律行为的警察行为者,或直接以实力担任警察之执行者,皆得包括在内。然狭义之警察官吏,单指办理警察事务,尤其保安警察执行机关之官吏而言。盖保安警察之作用,不以意思表示,命人民以特定之义务为限,于人民不肯履行义务,或命以义务不能达到目的时,必须援用实力以强制之。且其实力强制,与普通行政事务之处理不同,对于被强制者之抗拒,常须以充分之实力而压制之。故警察执行机关,与他种机关不同,有类似军队之组织,从而其执行机关之构成员,在法律上类有使用实力之权能。

我国现行法上之所谓警察官,大抵亦指狭义之警察官吏而言,中央各部会长官,及省市县政府之普通地方行政长官,并不包括在内,而以警察专务机关之首都警察厅长、各警察局长、分局长及局员巡官等,目为纯粹之警察官。此外,厅局内部之秘书、科长、督察官及技术官等,亦同视为警察官。至于警长警士,论其性质,本亦警察官吏之一种。但现行制度,未为列入官等之内,亦未受警察官之待遇,仅得以等外官目之。

警察官吏执行职务,有地域上之限制,通常只得于其管域之内执行之。然此原则不必绝对遵守,如职务之客体,固定于一定场所者,固应以管区内执行为限。反之,如职务之客体,不绝变动其场所者,则不受管区之拘束,于必要时得至于管区外执行之。又警察官各有所属长官,受其指挥监督,但一地方因有扰乱或其他事故发生,以该地方之警察力不足以维持时,得使他地方之警察官协助之。此时其被派遣之警官,即以该地之官吏而服务。

(二) 警察官吏之任用

警察官吏除警察专门技术、普通行政人员及首都警察厅长外,凡简任荐任委任各职,其任用均须具有下述之资格。即(1)简任警察官,须就具有下列资格之一者任用之:(一)现任或曾任警察机关或专办理警察行政事务之简任警察官,经甄别审查或考绩合格者;(二)现任或曾任警察机关或专办理警察行政事务之最高级荐任警察官三年以上,经甄别审查或考绩合格者。(2) 荐任警察官须就具有下列资格之一者任用之：(一) 经考高考试警察行政人员考试及格者；(二) 现任或曾任警察机关或专办警察行政事务之荐任警察官，经甄别审查或考绩合格者；(三) 现任或曾任警察机关或专办警察行政事务之最高及警察官三年以上，经甄别审查或考绩合格者；(四) 民国二十年九月前在内政部直辖警官高等学校毕业，并经国民政府核准发给荐任警察官候补证书者；(五) 在内政部直辖警官高等学校正科或外国高级警官学校毕业，并有警察专门著作，经审查合格者；(六) 在教育部认可之国内外大学法科毕业，有警察专门著作，经审查合格，并在警察机关实习期满者。(3) 委任警察官，须就具有下列资格之一者任用之：(一) 经普通考试警察行政人员考试及格者；(二) 现任或曾任警察机关或专办理警察行政事务之委任警察官，经甄别审查或考绩合格者；(三) 现充各级警察机关警长，服务三年以上，成绩优良者；(四) 在内政部认可之国内外警官学校毕业者。至于任用程序，简任荐任警察官，由内政部核送铨叙部审查合格后，分别呈请国民政府任命之，委任警察官由该管官署送铨叙部审查合格后委任之。(二十四年十一月九日国府公布《警察官任用条例》。)

至于警士，除警士教练所出身者外，须具下列各款资格，并经考试检验合格，方得录用：(一) 年龄在二十岁以上三十岁以下；(二) 高等小学毕业或相等程度，文理粗通，且有普通常识；(三) 身体强健；(四) 仪容整肃；(五) 言语应对明了；(六) 视听力完足；(七) 熟悉地方情形；(八) 立志愿书肯充警士三年以上。但有下列原因之一者，不得录用：(一) 行为不正；(二) 素有残疾或嗜好；(三) 身体不满五尺；(四) 性情懦弱。考验分检验体格、笔试、口试三种，以投考时行之。经考试合格录用者，于未到勤前，须具志愿书连同保结各一份存局。(参照《警察录用暂行办法》。)

（三）警察官吏之等级

警察官之俸给，按照一般文官之官俸支给。其官等则另有《暂行警察官官等官俸表》以规定之。依该表所定：（1）院辖市警察局局长为荐任五级至简任四级；秘书、科长、督察长、分局长、技正、技士、所长等为荐任级，督察员、技术员、科员、队长、队附、分队长、教官、训练员、医官、高等侦探、局员、技佐、巡官、办事员等为委任职。（2）省会警察局局长为荐任五级至一级，秘书、科长、督察长、训练官、分局长、督察员、技术员、科员、队长、队附、分队长、分局员、技佐、医官、巡官、侦探、办事员等，均委任职。（3）县警察局一等局局长为委任四级至一级，二等局局长为委任八级至五级，三等局局长为委任十二级至九级；局长以下科长、督察长、队长、分局长、督察员、分局员、队附、医官、巡官、办事员等，均委任职。（4）省辖市警察局其人员职别官等，与县公安局同。

第五节　警察之作用

第一款　概　说

自形式上言，警察权之作用，可分一般抽象的规定与各个特定的处分。前者为警察规章（警察命令），后者为警察处分。警察命令，依其规定如何，有时仅为警察行为之根据，有时亦能直接发生警察的效果。如其规定直接禁售违警物品，或命旅馆营业人按日为旅客循环簿之登记，则于人民方面，即生作为或不作为之义务。诸如此类，其命令规定，能直接发生警察的效果，而有警察作用之性质。然警察命令，未必常能直接发生效果,有时尚须警察官署本其规定,为特定之行政处分,始能发生。此时其命令规定,不过为官署行为之根据,而非直接有警察命令之性质。至于警察处分,常以法令为依据,于特定场合,对于人民而为下命,强制以及许可,而各依其内容,发生一定之效果。

上述各种警察作用,可分警察规章、警察处分及警察强制各端,[①]论述如次。

第二款　警察规章

第一项　概说

警察规章或称警察命令(Polizeiverordnung),即拘束警察权客体之规章命令也。规章命令,为行政命令之一种,系就将来发生之社会事实,所设之抽象的规定,而有拘束一般行政客体之效力,已于《总论》中详述。警察规章,即为警察上之目的,规定于将来发生之一定情形,命人民为一定行为或不行为,或规定由警察官署,按照情形,对人民为特定之处置。其有行政规章之性质,自甚明显。

警察规章,依其所发之机关不同,有行政院令、各部会令、省政府令、市县政府令及首都警察厅令、省会警察局令之别,而此等命令,依其所发之根据或目的不同,更有职权命令、委任命令及独立命令、执行命令之

[①] 此等行为,皆为警察机关本于警察权所为之权力的作用,且均能发生法律的效果,而有法律的行为之性质。然除此等法律的行为外,警察机关其他为完成此等行为而为之准备的行为,以及为完成警察任务而为之单纯的动作,犹极繁多。如清查户口、巡逻守望、整理文书,以及注意劝告(劝告中且亦有条举式之规定者),皆属其例。此等单纯的动作,无论于警察事务之数量上,或社会的价值上,均占重要的部分,唯自法律上观之,因其不能直接发生法律的效果,无甚意义而已。

分。在立宪国家，拘束人民自由，侵害人民财产之事项，本以由法律规定为原则，但因警察上之必要，于某限度内，不得不任警察机关以命令定之。盖警察上之事项，须依随时之必要，为捷速之规定，而依各地方之情形，又须各异其规定之内容。以此之故，其事项殊不宜尽以法律规定，于警察上所必要之限度内，应让诸命令规定之。

各级行政官署所发布之规章命令，尤以警察命令，占一重要部分。盖行政规章，除委任命令、执行命令外，大抵皆为维持社会秩序，或增进社会福利而发，其他直接为谋国家自身之利益，如为军政上财政上之目的而发布者，实居少数。至于规律私人间之私法的规定，则根本不宜以命令定之。行政规章其为增进社会福利而发者，为保育命令，为维持社会秩序而发者，为警察命令。警察上之事项，须按地方情形，为不同之规定者，其数颇多。故各地方官署之命令，如省市县政府令、首都警察厅令及省会警察局令等，在警察法规中，实占有重要之地位。

各官署发布警察命令，亦有一定之限制。凡命令不得与法律相抵触，法律已有规定之事项，不得更以命令定之。下级命令与上级命令间之关系亦然。又其规定之范围，须以警察上有必要为限，若何为有必要？则须依照前述关于警察权界限之原则，以决定之。如不必要或超过必要之程度，而命人民以义务，亦不免逾越警察权之正当界限。

第二项　警察规章之内容

警察为维持社会秩序，限制人民自由之作用，其目的常在消极的除去社会之危害，其手段常为命令强制以及许可。故警察规章，其规定之内容，亦常为除去社会危害之目的，于一定之情形，对于人民命为一定之作为、不作为或忍受，于人民不服从之情形，则更定以强制之方法及行政上之处罚。

警察规章所设之不作为令即禁止中,有绝对的禁止与相对的禁止之别。凡私人行为于社会之安宁秩序,能直接发生危害者,以命令绝对的禁止之。如其行为对于社会仅有发生危害之虞,但不能必其发生,且于社会尚属有益,不宜绝对的加以禁止者,仅加以相对的禁止,于私人为其行为时,令受官署之许可。如此为防止危害,对于人民之自由加以限制,亦不失为警察命令中之重要者。

警察命令其目的在消极的除去社会之危害,本为不易之原则,但现行制度,于固有意义之警察外,并认有转化意义之警察,即以消极的除去社会危害之目的,限制人民之自由外,并得以积极的增进社会福利之目的,而为命令强制。此转化的警察作用,亦有例外以警察命令定之。

第三项　警察规章之效果

警察规章有拘束受命人之效力,凡受命人应依其规定之内容,而负遵从之义务。但其命令关系为公法上之关系,仅于国家与受命人间有其效力,其他私人相互间之权利关系,或法律行为,非其所得创设或左右之。故警察规章虽所以限制人民之自由,而其所生之效果,则不能不有一定之限制。

(一)依据警察命令负有行为义务之人,仅对国家负其义务,而不对于他人负其义务。如依《医师暂行条例》所定:"医师对于病人,如无法令所定之正当理由,不得拒绝诊断。"(第十七条。)本此规定医师虽对国家负有应诊之义务,但不对于病人负其义务。至此时其病人所受实际上之便宜,则不过法规上之反射利益。

(二)对于警察命令,仅受命人负有遵从义务,受命人以外之人,原则不负任何义务。如依若干地方规章所定:患麻风病人应请医师诊断,入院疗养。但普通医师及病院,不因之即生诊断或收容之义务。

（三）违反警察命令之法律行为，其有效与否，须离开警察命令而决定之。如明知未成年者系供自用而以烟或酒及烟具酒具卖与者，在警察法上须受二十元以下之罚金。(《禁止未成年者吸纸烟饮酒规则》第四条。)此种买卖行为，因违反禁止规定之故，在私法上虽应属于无效，但其无效非出于违反警察命令，乃直接本于《民法》上之规定耳。

（四）警察命令，有时虽足以使法人之不成立或解散，其不成立或解散，亦非警察命令直接所生之效果。例如某种营业法人，因新发警察命令之禁止，而遭解散。此时其警察命令之效果，不过直接发生一定之不作为义务，至于法人之解散，特其命令间接所生之结果耳。

第三款　警察处分

第一项　概说

依警察权限制人民自由，命人民以各种行为或不行为之义务，属于警察法规直接命令之场合，固能直接依警察法规发生效果，但法规上有时仅与警察官署为一定行为之根据，须警察官署于特定情形，为一定之行政处分，始能发生。此时警察官署所为之行政处分，即称警察处分。

警察处分与一般行政处分同，有广狭不同之意义。在广义上，不问事实的行为或精神的行为，皆得包括在内。事实的行为之警察强制，因有特别研究之必要，须俟次项论述。精神的行为之警察处分，有法律行为与准法律行为（表明行为）之分。警察上之准法律行为，亦有通知、公证及受理各种。如警察上代执行之告戒、野犬认领之公示，即警察上之通知行为；种痘证书之交付、度量衡检定后之鉴印，即警察上之证明行为；营业许可声请之受理、娼妓移住或回籍报告之受理，即警察上之受理行为也。警察上之准法律行为,其法理与一般准行政行为,并无所异,可勿另述。至法律行为的警察处分(即狭义的警察处分),为警察处分(广义的)中最主要部分,通常所称,即系指此,本款拟专就此狭义之警察处分,特加说明。

第二项 警察处分之种类

狭义之警察处分,即以警察官署之意思表示为要素,依其要素而发生警察的效果之处分也。此种处分常以意思表示为要素,依其要素而发生效果,与以他种精神的作用为要素,直接依法律而发生效果者,有所不同。又此种处分常以警察权为根据,与本于他权力而为者,亦属有别。

(一)执行处分与裁量处分

警察处分,第一,视其受法律羁束之程度如何,可别为执行处分与裁量处分。凡法规有明确规定,警察机关只须依法执行,即能达到警察上之目的者,谓之执行处分,亦称依法执行。反之,法规上仅抽象的授警察官署以处分权,而若何场合有其处分必要,于某范围内,任诸警察官署之自由判断者,谓之裁量处分,亦称法规裁量。警察上之裁量权,唯为达到警察目的所必要之范围内,乃得行使。其必要之范围,则须依照前述关于警察权限界之原则,以决定之。

(二)创设处分废除处分及确认处分

警察处分,第二,可依其内容别为如下各种:(1)创设处分。警察上之创设处分,以警察下命与警察许可为最重要。前者为设定义务之处分,后者为设定能力之处分,亦即解除禁止之处分。(2)废除处分。警察上之废除处分,有警察免除与许可撤消二种,前者为免除警察上作为义务之处分,后者为撤消能力之处分,亦即回复禁止之处分。(3)确认处分。警察上之确认处分即法律事实或法律关系之认定,如商品之检验及船舶之验查,乃法律事实之确认,警察犯处罚之决定,乃法律关系之确认。

(三)积极的处分与消极的处分

以处分之积极与消极言,警察处分,有积极的处分与消极的处分之分。积极的警察处分,即上述创设、废除及确认之三种处分是。消极的警察处分,则警察许可之拒绝是。

以上各种警察处分中,仍以创设处分之下命与许可为最主要。以下请就此二种,另详述之。

第三项 警察下命

(一)警察下命之性质

警察下命(Polizeibefehl)亦称警察上之处分命令,即为警察上之目的,对于人民命为作为或不作为之处分也。其积极的命为特定之作为者,为警察作为令,消极的命为特定之不作为者,为警察不作为令或警察禁止(polizeiliches Verbot)。

警察下命或对特定人而发,或对多数之不特定人而发。后之场合,另称一般下命或一般处分,如命乡镇全体或其一部为大扫除,或就一定场所禁止通行,即属其例。一般下命与规章命令颇属相似,但后者得科以新之义务,前者仅得就法规上之义务,于具体场合而实现之。

(二)警察下命之根据

警察下命,常须有法规上之根据,凡法规所不认有之新义务,不得以下命科之。其外形上类似下命,而非有法规上之根据者,概为单纯动作之注意或劝告,不有警察下命之效力。唯现行法中,于何等场合,得为警察下命?并无一般规定,仅于各种警察法规中,分别设有规定而已。

（三）警察下命之形式

警察下命，在原则上为不要式处分，无论以书面表示，或以口头或形容指示为之，均能成立。唯对特定人为下命时，须对其特定人告知，始生效果；对于不特定人而为时，则以适当方法公示周知，即生效果。

（四）警察下命之效果

因警察下命之结果，受命之特定人或不特定人，依其下命内容，负有应为一定作为或不作为之义务。若义务人不肯履行其义务时，警察官署得为强制执行，或科以法规上所预定之处罚。

警察下命对特定人而为之场合，其效果以仅及于特定人为原则，是为理之当然。然亦有例外情形，得及其效果于第三人。关于此，尚待区别下命之性质以论定之。凡严格的人性质之下命，其下命之情由仅存于特定人之一身，其效果自亦仅止于一身。如对特定人命其实行种痘，或对娼妓命受健康检验等。其效果必止于本人一身，而不及于他人。反之，非严格的对人性质之下命，如对营业人或特定物所有人之下命，其下命之事由首存于营业或物体，其效果亦附随于其营业或物体，除原营业人或物体所有人外，凡营业或物体之让受人或继承人，亦受其效果之归属焉。又下命之效果，仅在限制受命人之自由，而不左右私人间之法律关系或法律行为，与前述之规章命令同。

第四项　警察许可

（一）警察许可之性质

警察许可（Polizeierlaubnis），即就警察法规上一般禁止之事项，于特定场合，解除其禁止，便得适法而为之处分也。凡某事项于社会虽有发生危害之虞，但不能必其发生，且于社会尚属有益，而不宜绝对的加以禁止者，乃设为相对的禁止，即保留许可而禁止之。保留许可之禁止，恒为法规所规定，其方式或谓为某行为时，应得警察官署之许可，或谓非得警察官署之许可，不得为之。凡此规定，其含义即一面就某行为一般的加以禁止，同时授权警察官署，令其于特定场合，审查某特定行为究于社会有害与否，以决定其许可。警察许可，在现行法中，种类甚多，依许可之事项不同，有营业许可、建筑许可、演剧许可、映演许可、狩猎许可、医师药师开业之许可及军器凶器携带之之许可等各种。

警察许可系属声请处分，常依特定人之声请，并对其特定人而为。非出于特定人之声请，乃由官署自动的为禁止之解除者，不得谓为许可。此由许可之字面观之，自甚明白。法规中有时规定警察官署就某法规上禁止事项，得以职权解除其禁止，而通知于关系人。此时，其禁止之解除，有时亦同称为许可。但此种处分为排除法规适用之表示（通知处分），非有许可之性质。

警察许可与设权行为不同，仅在解除法规上之禁止，回复人民之自由。盖其许可标的之行为，不待权利之赋与，各人本得当然自由为之。只因警察上之目的，在法规中设有限制，私人欲为其行为时，须请求警察官署以许可而解除之。以此之故，依权利之赋与始得而为之行为，不得为警察许可之标的。

警察许可之要件，法规上有时设有明确的规定。此时警察官署仅得审查法规上所定之要件究竟具备与否，以为决定，如其要件具备，应予以许可。反之，在法规上仅授官署以许可之权能，而具有何等要件乃予许可，并无明确之规定者，得以裁量权审查所请许可之行为究于社会有无障碍，而决定之。唯此时其裁量权之范围，仅在认定障害之有无，如认为无障碍时，仍应予以许可。如无障碍而拒绝许可，则属无理侵害人民之自由，而为违法之处分。

（二）警察许可之形式

警察许可，原则为不要式的处分，无论以口头或书面为之，均能成立。但法规中将警察许可定为要式的处分者，亦颇不少。如或种营业之许可、枪炮备带之许可及医师药剂师开业之许可等，皆须以证书或执照之交付为之。但医师执业之登记，仅为证明已受许可之公证行为，而无许可之性质。

（三）警察许可之附款

警察许可常因当事人之声请，始行赋与，但其声请之意思表示，仅为发动许可之原因，而非构成许可内容之要件。故许可之内容与声请之内容，不必全相一致，而得就其声请附以限制（附款），而许可之。警察许可之附款，亦有条件、期限、负担及撤消权之保留等各种。就中以附加负担为最普通。如赋与演剧许可，同时限制其开场时间，赋与屋外集会之许可，同时限制其集会场所、时刻及参加人数，皆属其例。警察许可之负担，除法令别有规定外，唯其许可与否任于官署裁量之场合，及维持社会秩序所必要之限度内，始得附之。如其许可与否为法规所羁束，官署仅得依法规为单纯之许可者，不得附以负担。又纵得为裁量之场合，亦不能加以警察上不必要之负担，否则与无理之拒绝同，属于违法之举。至受许可人不履行负担上之义务时，警察官署得将其整个处分撤消之。

警察许可之条件，亦有停止条件与解除条件之分，前者如记明日若天晴，则准予屋外集会是；后者如在一年之内若不开始营业，则其许可当然失效是。警察许可之期限如发给车照，同时附以一定之有效期间。撤消权之保留，如表示因公益上有必要，则得将其许可撤消是也。此等附款，其法理概与一般行政处分之附款同，兹不细赘。（参照《总论》第四章第五节第一项第二项第三目。）

（四）警察许可之效果

警察许可之效果，在解除警察上之禁止。即受许可人得受禁止之解除，而回复前此所受禁止行为之自由。但警察许可之效果，仅在解除警察上一般的禁止，如有他种与一般禁止不同之理由，仍得将已受许可之行为，从新加以限制，甚或将其许可撤消，还原于禁止之状态。再警察许可仅对已受许可之行为，有其效力。若为其他附随之行为，或为其行为之变更时，依法规所定，须另受警察许可者，须另受许可。

警察许可之效果，得及于第三人与否？亦须区别对人性质之许可与对物性质之许可而论定之。严格的对人性质之许可，其许可与否之审查点，专在特定人之主观的事由，如对医师药师之许可，及汽车驾驶人之许可等，专审查其人之性格、能力及经历，而决定之。此类许可，其效果仅得及于特定人，而不得移转于第三人。反之，纯然对物性质之许可，其许可与否之审查点，专在特定物之客观的事由，如船舶之检查、影片之审查及建筑之许可等，专审查其物之装置，构造，或设置之场所而决定之。此类许可事项，对于社会有无障碍，不致因人而异。苟其审查点之事由犹未变更，殊无令其许可消灭之必要。故此种许可之效果，不以原声请人一人为限，其他代声请人之地位而为许可内容之行为者，亦可使享有之。易言之，此种许可，其效果得因继承或让与契约而移转于继承人或让受人。此外，尚有如汽车营业，及银行业之许可等，处于上述两者之间，而具对人许可与对物许可之性质。此种许可其审查点，及于人的事由与物的事由之两方面，其效果则仅于某限度内认为有移转性，即其移转须得主管官署之认可（即同意），始为有效。

警察许可，在原则上仅于许可官署之管区内有其效力。如中央警察官署之许可，得及其效力于全国，地方警察官署之许可，仅有其效力于该管区内。然如狩猎许可、汽车许可等，其许可标的之行为，不能为区域上之限定者,纵属地方官署所许可,亦得及其效力于他地方。盖此种行为,不能固定于一定之场所,乃其性质所当然。法规上以许可权属之于受许人住居地之地方官署,系为便宜而设,非使一地方官署之权限,扩至于他区域,固无待论。

警察许可与私法上行为之效力,亦无关涉。凡应受警察许可之行为,若于未受许可前为之,未必即为无效。他方,已受许可之行为,如违反私法上之规定,有时仍属无效。

(五)警察许可之拒绝

许可之拒绝,乃表示于特定场合,不能解除一般禁止之消极的处分。其处分本身不过维持原有之禁止,而不成独立之禁止。以故向来未受禁止之行为,不因许可之拒绝,而新受禁止。反之,其拒绝之处分,则以内容上之不可能而无效。又许可之拒绝,不有实质上之确定力,遭拒绝后,不妨更为声请。

(六)手续费

对于警察许可所征收之费用,称警察上之手续费。警察许可,在实际上每对于受许可人,给以特别之利益,警察官署因得向其征收若干之手续费,以为手续上所需实费之补偿。但警察许可亦维持秩序上必要之行为,其所需之费用,在性质上仍应以公费开支为本则。故此项手续费,仅法规上有特别规定时,得征收之。

手续费之征收,不以维持社会秩序为目的,严格而论,不得目为警察权之作用。唯警察许可上所需之费用,一面为公益上所必要,同时亦为特定人之利益而开支,使特定之受益人补偿其费用,于理原无不当。故此项手续费之征收,得以警察权之附随作用目之。

第四款　警察强制

第一项　概说

警察强制(Polizeizwang)，有强制执行与即时强制二种。警察上之强制执行(polizeiliche Zwangsvollstreckung)为行政上强制执行之一支，即负有警察义务者，不肯履行其义务时，以强制的手段使其履行，或实现与已履行同一状态之作用也。强制执行既所以强制既成义务之履行，故常以特定义务之成立，与义务人不肯履行义务为前提。其义务或直接依警察法规而生，或本于法规之警察处分而生。其执行之手段，有代执行、执行罚及直接强制各种，概与一般行政上之强制执行同。其次，警察上之即时强制(polizeilicher sofortiger Zwang)乃警察上特有之强制，即因警察上之必要，以实力加诸人民之自由财产，而为事实上侵害之作用。其作用仅于警察上发生目前障害，且情势急迫，不遑先以下命以义务，或事件之性质不能以下命达其目的时，乃得行之。要之，即时强制非所以强制既成义务之履行，乃直接因警察上之必要，而为实力之侵害，与上述之强制执行，迥然不同。

警察上之即时强制与强制执行，在性质上虽有区别，而强制执行手段一种之直接强制与即时强制，在外形上颇属相似，吾人应注意焉。盖直接强制系以实力加诸义务人之自由财产，以实现已与履行义务同一之状态，其为实力侵害之一点，与即时强制完全相同。现行《行政执行法》中将即时强制亦同称为直接强制(同《法》第六条至第十条)，尤足令人将其观念混淆。但直接强制与即时强制虽同为实力侵害之作用，而前者为强制执行手段之一种，其援用常以义务之成立与不履行为前提。（参照同《法》第十一条。)后者则直接基于警察上之必要,与警察义务之有无成立,无何关系。两者性质各有区别,在观念上不宜混同。故吾人将《行政执行法》第六条至第十条所定之直接强制,根据学界通说,另以即时强制称之。(参照《总论》第四章第五节第三项第一项第二目。)

第二项　警察上之强制执行

警察上之强制执行,现行法中并特别规定,即于《行政执行法》中包含规定之,其法理与一般行政上之强制执行,概属相同。唯警察上之作用,首在命令人民为一定之行为或不行为,强制执行中关于行为或不行为义务之强制,首于警察范围,有其适用。于警察上可适用之限度,固不妨另加说明之。

(一) 代执行

依警察法规或本于警察法规之下命,负有行为义务而不为者,如其行为有代替性时,得由该管警察官署代为义务人应为之行为,或命第三人代执行之,而向义务人征收所需之费用。上项处分须以书面限定期间,预为告戒,但认为有紧急情形者,得即时行之。(《行政执行法》第二、三条。)

(二) 执行罚

依警察法规或本于警察法规之下命,负有行为义务而不为,且其行为非官署或第三人所能代行者,或依警察法规或警察下命,负有不行为义务而为之者,该管警察官署为强制其遵行计,得科以罚锾,并得依强制征收之例而征收之。其罚锾数额,在中央各部会为三十元以下;省政府及各厅、直属市政府及各局、中央各部会直属官署为二十元以下;县市政府、省政府及各厅直属官署为十元以下;其他警察官署为五元以下。科罚之先,须以书面限定期间,预为告戒,不得即时科之。(同《法》第四、五条。）

（三）直接强制

依警察法规或警察下命，负有行为或不行为义务而不肯遵行，且认为不能用代执行或以执行罚而为强制，或认为有紧急情形时，得为直接强制处分，即就义务人之身体财产，直接加以强制，使之必为应为之行为或休止不应为之行为。（同《法》第十一条。）

唯警察官署对于人民为直接强制处分，恒就人民之自由财产，加以甚大之侵害，为其处分时，必须严守警察权之正当界限。尤其家宅侵入，如在夜间，除公众出入之场所外，应告其居住者。《行政执行法》第十条第二项之规定，于此固应适用之。

第三项　警察上之即时强制

警察强制以强制执行为原则，即时强制仅于警察上发生目前障碍，且其情状急迫，不遑先以下命命以义务，或以下命不能达到目的时，始得为之。

第一　即时强制之手段

即时强制之手段，依所受强制之客体而不同，依《行政执行法》及其他法令所定，其手段计有对于人身之强制、对于家宅之强制及对于财产之强制三种：

（一）对于人身之强制

（甲）人身之管束

人身之管束，即以实力束缚个人身体，而暂时留置于警察局所之谓。警察上之人身管束，在实质上颇与警察罚之拘留相似。但其作用并非处罚，不过为救护个人或维持社会公安起见，以察警权暂时拘束其身体而已。唯人身管束既在拘束个人身体,则其侵害个人之自由,未免甚重。故关于人身管束,法律上设有严格的限制。

(1) 管束之要件

人身管束必须出于救护本人或预防社会危害之必要。所谓救护本人之必要,即其行动若放任之,则本人身体生命将生危险之谓。所谓预防社会危害之必要,即其行动若放任之,则他人生命身体或社会公安将生危险之谓也。依《行政执行法》所定,人身管束有下列情形之一时,始得为之:(1) 疯狂或酗酒泥醉,(2) 意图自杀,(3) 暴行或斗殴。但以上各端,不过为例示之规定而已。其他认为必须救护,或有危害公安之虞,非管束不能救护或不能预防危害时,尽得实施管束。(同《法》第七条第一项。)

(2) 管束之方法

管束之方法并无一定,或单将其拘禁于一室,或更将其手足加以束缚,须由警察官依其必要情形定之。唯单以拘禁即能达其目的者,不宜过度加以束缚。

(3) 管束之期间

管束期间,自管束时起不得逾二十四小时。(同条第二项。)在此时间未届满前,如认为已无管束之必要者,固得从早放释,及此期间已届满时,则不问已否达其目的,皆应即放释之。但一度放释后,认为有再加管束之必要时,不妨重行管束。

又在二十四小时届满前,认为有其他适当之处置者,并得为其处置。如疯狂或意图自杀者,得将其交付亲属管束,或送入于精神病院;有暴行或斗殴之行为者,得以即决处分将其拘留处罚,或移送法院办理。

(乙) 康健之检验

康健之检验,即不问本人之意思如何,将其身体加以诊断之谓。其作用多为预防传染病之目的行之。关于此，我国现行法中并无一般规定，只于各种防疫法规中设规定而已。原夫康健检验，在立法上无论以即时强制或强制执行，均得行之。如在法规上须先以处分命令，命以应受健康检验之义务，于其不肯遵行时，然后以强制执行的手段施行检验者，固为强制执行。反之，如在法规上，认警察官署，直接得以实力施行检验者，则为即时强制。我国现行法中关于康健检验，多以即时强制行之。如为预防传染病所施之康健诊断（《传染病预防条例》第五条第一款），为预防花柳病所施之私娼检验，（以上均为地方法令所定，参照后述防疫警察），皆属其例。实施检验，实际上或由官设医师行之，或委托开业医师行之。要之，其施行常以医师为必要，普通机关之吏员不得任之。

（丙）强制隔离及强制收容

除上述外，尚有强制隔离及强制收容之二种，亦以实力直接加诸个人身体，拘束人身自由，而同为对于人身之即时强制。如对于患传染病或有传染嫌疑人施行强制隔离，对于患花柳病之私娼或患麻风病人强制使入病院，及对于不良少年强制使入于感化院，皆属其例。

（二）对于财产之强制

以警察的实力直接侵害人民之财产，为法令所认许者，其情形不一而足，除属次述之紧急状态外，有如次各种：

（甲）物之扣留

物之扣留，即以物之占有于警察上有妨害，暂时夺之而留置于警察局所之谓。依《行政执行法》所定：凡军器凶器及其他危险物，非扣留不能预防危害时，得扣留之。（第八条第一项。）此际其物品不必为占有者之所有，但以现实持有或占有为已足。又其物品究系违禁物品与否，亦非所问。纵经官署许可携带，而当时认为有发生危害之虞，例如为疯人或泥醉者所持有，或将供诸自杀或斗殴之用时，皆得扣留之。

唯扣留不过为暂时之留置,并非欲剥夺其所有权,如已无扣留之必要,则应即返还之,不得扣留过久,以侵害个人之权利。故法律特限定所扣留之物,除依法律应没收或变价发还者外,至长不得过三十日。(同条第二项。)但应返还之物,警察机关虽须应所有人之请求,实行返还,而无不待他人之请求,自行返还之义务。如所扣留之物,于一年内,无人请求发还者,其所有权属于国库。(同条第三项。)

(乙)物之使用处分及使用之限制

"遇有天灾事变,及其他交通上卫生上或公安上有危害情形,非使用或处分其土地家屋物品,或限制其使用,不能达防护之目的时,得使用或处分,或将其使用限制之。"(同《法》第九条。)本条规定,自字面上观之,其所授与于官署之权能,似颇广泛。然此时除应遵守警察急状权之原则外,并须遵守警察权之界限,申言之,即其强制,在通常情形之下,唯就有警察责任事由之物件,及比例警察上之必要程度,乃可适用。(1)关于物之使用,除适用急状权之场合外,仅对于有警察责任者之所有物,仍得使用。其他与警察上障碍直接无关之第三人之所有物,不得为之。(2)关于物之处分,如烧弃污染病毒物品,及除去妨碍交通物件等,在原则上仅得就发生警察上障碍之物件,于除去障害所必要之范围内,采取必要之处置。(3)关于物之使用之限制,原不以即时强制为限,即以下命处分,亦能达其目的。本段规定,殆同时认警察官署有下命权,如有崩坏之虞之家屋或其他工作物,欲禁止其使用,得以下命行之。要之,限制物之使用,如能以下命处分达其目的,应以下命行之,唯以下命不能达其目的时,乃得采取即时强制。其强制方法,如封锁土地、扣留物件等属之。

关于物之处分或及其使用之限制,除《行政执行法》外,其他诸法规中,亦有特别规定。(《传染病预防条例》第五条第四、五、七款,《家犬登记并捕捉野犬办法》,《出版法》,《蚕种进口检验规程》第十三条。)

（丙）样品之征取

样品之征取，乃因警察上监督之必要，就某种类之贩买物品，征取试验上所必要之分量，以检查有无警察上障害之谓。本项强制作用，并不以所有权之征收为目的，而其结果当然发生所有权之移转，因之其作用亦唯法规有规定时，乃得为之。此类规定，在我国现行法中，多于卫生警察法规中见之。(《饮食物及其用品取缔条例》第二条第二项，《饮食物防腐剂取缔规则》第五条，《牛乳营业取缔规则》第十六条。)

（丁）警察上之没收

警察上之没收，因物之占有于警察上有妨害，乃自占有者永久剥夺之之谓。此之没收与处罚上之没收，在实质上殆无所异，但在程序上与目的上仍有不同，其没收不待于刑之宣告或即决裁判，而得依官署之职权为之；又其没收并无处罚之目的，而不过为警察上之独立目的为之。警察上之没收，亦须有法规上之根据，自无待赘。

(三) 对于家宅或其他处所之强制

（甲）家宅或其他处所之侵入

家宅或其他处所之侵入，因警察上之必要，反于占住者之意思，而侵入家宅或其他处所之谓。侵入家宅或其他处所，如公众出入之处所等，皆足以侵害居住者或占有者之自由，即以警察作用而为之场合，当亦不能无所限制。依《行政执行法》所定："对于家宅或其他处所之侵入，非有左列情形之一者，不得为之：(一) 人民之生命身体财产，危害迫切，非侵入不能救护者；(二) 有赌博或其他妨害风俗或公安之行为，非侵入不能制止者。前项第二款情形，如在日入后日出前时，应告知其居住者，但旅馆酒肆茶楼或其他在夜间公众出入之处所，不在此限。"(同《法》第十条第一、二项。)

本条规定，其限制警察之家宅侵入权，似属甚严。但在实际上警察官吏之住宅侵入权,其范围未必若是之狭。尤其在于日间(即日出后日没前),警察官吏因执行职务,必需侵入家宅者,即无法规根据,亦得当然侵入。例如调查户口、送达命令书,以至施行清洁及消毒方法等,如在日间,皆得当然进入家宅行之。至于旅馆、酒肆、茶楼、戏园或其他公众出入之处所,警察上有入内监视之必要,单为监视之目的,亦得当然侵入。

(乙)临场检查

警察上之临场检查,与刑诉上之家宅搜索不同,专为警察上之目的而为,即为探知有无应加防遏之危害情事为之。实施临场检查,类得侵入家宅或其他处所,但与普通之家宅侵入不同,唯法规有规定之场合,始得行之。(《传染病预防条例》第十六条,《管理药商规则》第十九条,《牛乳营业取缔规则》第十三条,《查验自卫枪炮及给照暂行条例》第十九条。)

第二 警察急状权

警察上之即时强制,亦须遵守前述关于警察权界限之一般原则,尤其警察责任之原则与警察比例之原则,在通常情形,必须严格的遵守之。然警察上之即时强制,每于目前有紧急必要之情形为之。而目前有紧急必要之场合,此等原则未必尽能遵守。盖如有天灾事变等紧急场合,未必即有警察责任者存在,而为防止其危害计,其他无警察责任者之法益,亦不得不侵害之。又纵有责任者之存在,而因迫不得已之故,于通常情形所不许采用之手段,此时亦不得不采用之。故有紧急必要之情形,法律上认许警察官吏得超过于警察上所必要之程度,或就无正当警察责任者之法益,加以实力强制。此种紧急必要之情形,学者名为警察上之紧急状态(polizeilicher Notstand),于紧急状态所得行使之强制权,名为警察急状权(polizeiliches Notstandsrecht)。

警察急状权，系为除去目前急迫之危害，对于人民之正当法益加以侵害之权利，其性质与民刑法中之紧急避难权及正当防卫权相似，均以危害迫于眉睫，用普通方法不能除去，乃采不得已之手段，对于他人之法益，加以实力侵害。而以有迫不得已情由之故，其侵害乃得视为正当。然警察急状权决非国法以外之权力，犹之民刑法中之紧急避难权及正当防卫权，为国法所认许之权利，警察急状权亦唯法律上有根据时，得行使之。

关于警察急状权之规定，立法上有采包括规定主义，有采限定列举主义。前者于一定条件之下，认有广泛包括之权利，后者则仅法律所限定列举之场合，有其权利。我国现行法中，无包括的警察急状权之规定，仅于少数特定场合，没有限定的规定而已。

（一）无警察责任者之物之使用处分及其使用之限制

因警察上之必要，在普通场合，仅能将警察责任者之物，加以侵害，然有紧急情形时，无察警责任之第三人之物，亦应得直接侵害之。《行政执行法》第九条，即认有此权利。依该条规定："遇有天灾事变，及其他交通上卫生上或公安上有危害情形，非使用或处分土地家屋物品，或限制其使用，不能达防卫之目的时，得使用或处分，或将其使用限制之。"本条规定，尤其遇有灾变发生，有其适用。例如有火灾发生，即得依据本条，踏入邻家土地，放置救火机；或拆毁邻近房屋，以防延烧；及就附近他人所有之庭园场所，禁止其所有人或占有人之出入，以防混杂。唯此际以实力侵害无警察责任者之法益，乃因迫不得已之必要，出于例外而为之举，唯当时不能以他种方法达其目的时，方得为之。

（二）刀枪之使用

警官警士，使用枪刀，必致杀伤，而杀伤常与人民以警察目的上所必要程度以上之侵害。故使用刀枪，非通常警察行动上所容许，唯发动警察急状权之场合,始认许之。其场合为《警械使用条例》所规定,即警官警士执行职务时,非遇有下列情形之一,不得使用刀或枪：(一)其生命身体受危害之胁迫,非使用刀或枪不足以抵抗或自卫时；(二)所防卫之土地、家屋或人之生命、身体、财产,受危害之胁迫,非使用刀或枪不足以保护时；(三)要犯逃脱或拒捕,非使用刀或枪不足以制止时；(四)暴徒扰乱公安,非使用刀或枪不足以镇压时(同《条例》第三条。)使用刀或枪时,应注意勿伤及其他之人,其已有畏服之情状者,应立即停止其使用(同第五、六条。)如非有异常急迫,应事先警告,并应注意勿伤及其人致命之部位(同第四、七条。)要之,警官警士使用武器,仅以有紧急状态之场合为限,始容许之,且其所加之伤害,不得超过于必要之程度。若违反此等原则,而加以过当之伤害,则不特违反职务,抑且对于人民违法,并构成刑法上之犯罪。

第四项　被强制者之抗拒权

对于合法之警察强制,被强制者有忍受之义务,不得与之抵抗,否则,构成《刑法》上妨害公务执行之犯罪。然被强制者之忍受义务,仅对合法强制,始行存在,对于违法强制,不特无其义务,并且认有所谓抗拒权。

唯然被强制者之抗拒权,非对于一切之违法强制,皆能成立。盖法理上所谓违法,颇有程度之差别。如行政诉讼原因之违法,除法规明文之违反外,如事实认定或法规裁量之过误,亦包括之。若以轻微程度之违法,亦认被强制者有抗拒权,则使执行机关将不能为应机之处置矣。故此之所谓违法强制,应以重大违法为限。至于若何程度,乃为重大,应依《刑法》法理以决定之。因所谓抗拒权,实不过由正当防卫权所伸引,而对于违法强制得为正当防卫,则其违法程度足以构成执行人员之职务犯之场合属之。故唯违法强制成立职务犯之场合，始认有抗拒权。如逾越权限、滥用职权，及因法之不知或法之误解等，而为实力侵害，皆为违法强制。

第五款　警察罚

警察罚（Polizeistrafe）者，对于警察义务之违反，所科之处罚也。原夫警察义务之违反，未必即为裁制之原因，不有制裁之义务，固不失为法律上之义务，而对于警察义务之不履行，另得依强制执行权而强制之。然警察上义务之稍形重要者，在法令中恒有罚则规定，以为其违反之制裁焉。违反警察义务之行为，为警察犯，对于警察犯所科之处罚，即警察罚。

（一）警察罚之规定

人民非依法律不得处罚，是为国法上之基本原则（《训政时期约法》第八条），警察罚为处罚之一种，原则上自亦应以法律定之。但如前所述，警察法规，于某范围内，应按地方情形，任诸命令规定。警察法规既得以命令规定，则为确保其规定之实效计，对于警察义务违反之处罚，于某范围内，亦应得以命令定之。近年各地方发布之警察规章中，类有轻度之罚则规定。此种规定，在《约法》施行之后，亦应认为有效。要之，我国现时关于警察罚之规定，无论于法律或规章命令中，均有定之。

警察罚之规定，其方式有二：（一）以警察命令与其违反之处罚分离规定，即先以一条规定："不得为某种行为或应为某种行为"，然后另条规定："违反某条之规定者，处某种之罚。"（二）以警察罚与应受处罚之行为合并规定，即谓"有某种之行为者，处某种之罚"。后之场合，其规定方式颇与《刑法》相似。但警察法与《刑法》不同，其规定常以命令或禁止为主眼，于罚则中同时规定应受处罚之行为，即设有应为某种行为或不行为之义务焉。又警察罚之规定，无论以独立法规或附加规定，均得定之。其成一独立之法规者，另称警察罚法或处罚规则。我国现行法规关于警察罚之规定，多系附加规定，且多以上述第一种之方式出之。其自成一独立之法律或规则者，为数甚少，成一独立法律且以上述第二种之方式规定者，仅有《违警罚法》一种。

（二）警察罚之种类

视现行法规所定，警察罚之种类，颇不统一。如依《出版法》规定，对于出版犯之处罚，有有期徒刑、拘役及罚金三种。依《违警罚法》规定，对于违警犯之处罚，有拘留、罚金、训诫及从罚之没收、停止营业、勒令歇业等各种。又依其他各种法令，如卫生、交通、实业等警察法令规定，对于各种违警犯之处罚，更有罚锾及罚金二种。以上各类处罚，依所规定之法规不同，其性质亦异，殊不能专依名称以类别之。如罚金一种，其名称在上述三类法规中，均有见之，而其各种罚金，在法理上各有不同。故于现行法规之下，欲将各种之警察罚为统一之说明，颇不易得。在学理的说明上，除依处罚之名称为分类外，并须参照所定之法规而分别论之。

（甲）有期徒刑、拘役及罚金

一般而论，对于警察犯之处罚恒较刑事犯为轻，盖警察犯不过警察上命令禁止之违反，其违反未必现实的侵害社会或个人之法益，而刑事犯常为对于社会或个人法益之现实的侵害，以所犯情节而言，其间实有轻重大小之不同也。然警察上之命令禁止，其目的兼在保护社会或个人之法益者，固亦有之。若然，则违反警察义务而同时侵害法益者，于某程度亦未始不可科以与刑罚相同之处罚。我国现行法中对于警察犯科以有期徒刑，及罚金等与刑罚相同之处罚者，除上述之《出版法》外，尚有《渔业法》（第四一条以下）、《矿业法》（第百十二条及第百十三条）、《交易所法》（第五一条第一款、第四款）等多种。

依《刑法》第十一条所定，"本法《总则》于其他法令有刑罚之规定者，亦适用之。但其他法令有特别规定者，不在此限"，所谓其他法令有刑罚之规定者，当系与《刑法》所定有同种刑罚规定之意，至所受处罚之性质如何，则非所问，此于本条之解释上甚明。故对于警察犯科以有期徒刑拘役或罚金时，其科罚在原则上亦应受《刑法总则》之适用。

（乙）拘留罚金训诫及其从罚之没收停止营业并勒令歇业

此等处罚为《违警罚法》所定，系对于违警犯而科。按《违警罚法》所定各罪，有一部分与刑事犯之性质，无根本上之区别，特其情节各有轻重之不同而已。（如该《法》第三九条各款、第四十条各款，及第四四条第一款至第三款各种行为，与《刑法》所定之诬告、伪证、防害交通及侮辱等罪，实属相似。）但该《法》中所定之罚则，为命令禁止与处罚并合之规定，违反该《法》之行为，仍得以警察犯视之。警察犯与刑事犯在性质上各有不同，且该《法》所定各款违警行为，纵使同时涉及法益之侵害者，其侵害程度，亦甚轻微。故对于该《法》所定之违警犯，特以轻度之处罚科之。依该《法》所定：拘留为十五日以下一日以上，罚金为十五元以下一角以上，没收之物为供违警所用之物及因违警所得之物，停止营业为十日以下，勒令歇业于累犯同一违警行为者适用之。（第十三、十六、十七、十八条。）

警察犯与刑事犯，因性质上各有不同之故，对于刑事犯所定之《刑法总则》，于警察犯不能适用，殆为学说上之一致。故《违警罚法》中，就违警犯之科罚，另设有类似《刑法总则》之一章规定（第一章《总纲》），《刑法总则》，于此不适用之。

以《违警罚法》之《总纲》与《刑法总则》相较而论，其主要不同之处，有如下数点。

(1) 行为主体与处罚主体不必一致

在刑法上唯自己所为之犯罪，始负刑事责任，即犯罪主体与刑罚主体，恒相一致。警察法异是，行为主体与刑罚主体不必一致。纵非本人所为之行为，而就其行为负有注意或监督之义务者，亦应负其责任。如无责任能力人再度违警时，其父兄抚养人或监护人，须负违警责任。（《违警罚法》第八条第二、三项。）又旅馆之雇用人，怠于投宿人之登记或报告时，旅馆营业人须受违警处分。（同《法》第三三条第二、三款，第三四条第一项第三款及第二项。）盖警察罚非所以制裁行为人之恶性，而为单纯警察义务违反之制裁，但有违反警察义务之行为发生，其行为是否出于本人所为，可不问也。

(2) 认法人有责任能力

刑事犯之主体仅以自然人为限，不认法人有责任能力，警察犯异是，不以自然人为限，即法人亦得为其主体。如营业人为法人，就营业上之事项，有违警之行为时，即须负其责任。盖营业法人，就营业上有关之事项，固有遵从法令之义务，若违反其义务时，亦应负违警之责任也。唯对于法人所科之处罚，仅以罚金没收及停止营业或勒令歇业为限，非自然人不得执行之拘留罚，不得科之。

(3) 归责要件仅以过失已足

刑事犯之成立要件，以犯人之故意为原则，而以过失为例外，警察犯异是，以过失为已定，不必出于犯人之故意。盖刑事犯常视为反道德性或反社会性之表现，其成立在原则上自以犯意为必要。而警察犯不以犯人之恶性为要素，但有违警之行为发生，其行为出于故意与否，可以不问。以此之故，警察犯另有形式犯之称。《违警罚法》未设与《刑法》第十二条相同之规定,同《法》第七条规定违警未遂者不罚,其已认警察犯为形式犯,固甚明显。

（4）合并论罪之制不采用之

《刑法》有所谓合并论罪之制,而《违警罚法》则以违警行为涉及本《法》所定二款以上者,分别处罚（第九条）,合并论罪之制不采用之。盖亦以违警罪之科罚,不以犯人之主观的犯情为基础,而以违反义务之客观的事实为基础也。

（丙）罚锾及其他之罚金

罚锾亦金钱罚之一种,又称秩序罚,其适用不以警察罚为限,除警察罚外,有为执行罚而科、有为财政罚而科,又有为维持民事上之秩序而科。唯罚锾之科罚目的,常在维持命令关系中之秩序,以之为警察罚,性质甚属相宜。我国现有卫生、交通及实业等警察法规中,将纯粹警察罚之金钱罚定为罚锾者,尤其繁多。但我国法令中,名称颇不统一,与罚锾性质相同之处罚,有时亦以罚金称之。

我国警察规章中,称罚锾为罚金者,其例不鲜。且有少数法规,将罚锾与罚金相互为用。如《禁止未成年者吸纸烟饮酒规则》第三条规定:"行使亲权人或监督人,知未成年者吸烟饮酒而不加制止者,处五元以下之罚锾。"又第四条规定:"明知未成年者系供自用而以烟或酒及烟具酒具卖与者,处二十元以下之罚金。"此前后二条所定之罚锾与罚金,固同为警察义务违反之处罚,而有纯粹的警察罚之性质。故除前述刑罚之罚金及《违警罚法》中之罚金以外,其他警察规章所称之罚金,其性质殆可与罚锾同视。

警察罚之罚锾及有罚锾性质之罚金,既非刑罚之警察罚,亦非《违警罚法》中之罚金。《刑法总则》不能适用,固不待论,即《违警罚法》之《总纲》,亦不得当然适用之。如《违警罚法》中之罚金得与拘留易科,而罚锾及有罚锾性质之罚金,除有明文规定外,不得易科拘留。(司法院解释院字第一〇二九条。)唯此类罚锾及罚金,与《违警罚法》中之违警罚,同为纯粹之警察罚,凡纯粹警察罚之性质上应属相同之原理,于某程度,应得同样采用之。如前述《违警罚法》异于《刑法总则》之各项重要原理,于罚锾及有罚锾性质之罚金,于某限度,亦应可以采用。《管理药商规则》第二十七条第一、二项规定:"营业者系未成年或禁治产者时,本规则所定之罚则(罚锾),适用于法定代理人……","代理人雇用人或其他从业者,关于业务上触犯本规则所定罚则时,由药商本人负责"。(又《管理医院规则》第二六条第一项亦同。)盖即采用同一之原理也。唯法人违反警察上之义务时,应由法人本身负责,抑由其代表人负责,我国现行法令未有统一规定,不可不为注意。如就《违警罚法》解释,固可依据一般原理,归诸法人负责,但其他法令中往往设有特别规定,如营业人为法人时,以法人之代表人负责。(同上《管药规》第二十七条第二项,《管医规》第二十六条第二项。)但此仅为法令规定之例外,其他无明文规定之场合,仍应依照一般原理,解为应由法人负责也。

(三)科罚之程序

在各个具体场合,对于某种行为科以某种处罚,不外为法之宣告,而有审判之性质。然对于警察犯之审判,依处罚之种类不同,其程序亦异。故欲知警察罚之科罚程序,仍应分别各类处罚而说明之。

第一,同于刑罚之有期徒刑、拘役及罚金,因适用《刑法》规定之故,其科罚须用刑事审判,即由刑事法院依于刑事诉讼之程序行之。

第二,违警罚之拘留罚金等,与刑罚性质不同,刑诉程序,当亦不能适用。但我国现行法中其科罚采用何种程序,犹无明确规定。《违警罚法》中虽有少数有关程序之规定,而所规定者,亦不过关于传案,阙席判定,起诉、告诉、告发及执行之除斥期间,附判赔偿损害等之鳞片规定而已（同《法》第十九、二六至二七条），固未能据以断其确系采取何种程序也。对于此类处罚，在实际惯行上，一向采用所谓即决处分（或称即决裁判），即由警察机关，听取被告人之陈述，调查证据，随时判决而执行之，不用何等正式之审判。即决处分系属行政处分，经决定后，如有不服，只得依《诉愿法》提起诉愿，以求救济。（司法院解释院字第七〇一号。）

最后，警察罚之罚锾及其他之罚金，系属于秩序罚，其科罚除特有规定外，一般由各该主管官署，以处分决定，就受罚人之财产而执行之。

第六节　警察法规

国家为维持秩序防止危害之目的，得对一般人民命第一定之行为或不行为，及令受官署之强制，而于人民不肯遵从时，更得强制执行或科以处罚。凡此作用，或取一般抽象规定之形式，或依一般规定，为各个特定之行为。其依一般抽象之形式所设之规律，即称警察法规。

警察法规或以法律制定，或以命令制定，前者另称警察法律，后者则称警察规章。夫警察为防止社会危害，限制人民自由之作用，制定关于警察之法律，原属立法权之作用，而非警察作用。然警察法律，除直接命人民为一定之行为或不行为外，并规定警察机关之权限，使警察机关得依此而为各种警察行为。此种法律既为警察作用之根据，固不妨以警察法律称之。至于警察规章，其制定在实质上亦有立法作用之性质，而因《约法》或法律授权之结果，其制定权属于行政机关，因之其作用在形式上亦得以警察权之作用视之。警察规章其内容除直接命人民为一定行为或不行为外，亦定有警察机关之权限，因之其自身亦得为警察作用之根据。

警察法规一面有一般法与特别法之分，如《各级警察机关编制纲要》及《违警罚法》等，即前者是，《威海卫公安局组织规则》及《狩猎法》，即后者是。他面有全部警察法与部分警察法之分，后者常与他种法规混合，仅其一部有警察法之性质而已。如《森林法》《度量衡法》（以上与《保育法》混合）及《交易所法》《保险业法》（以上与《私法》混合）等，皆属于此。

第七节　警察与民刑法之关系

第一款　警察与民法

在权力之界限上，警察权不干预单纯之民事关系，在作用之效果上，警察作用不有直接左右私人间法律关系之效力，大略已见前述。然谓警察权不干预民事关系，仅以关于私人间之利益，于社会公众直接不生影响者为限，苟其关系同时影响社会公共之秩序者，警察上为维持其秩序计，于某程度仍不得不干预之。又谓警察作用不有左右私法关系之效力，亦不过谓其作用不得直接变更权利、权利能力及法律行为之效力等法律的能力而已。警察上限制人民自由之结果，私人之法律的能力，于某程度自不免间接受其限制。基于此等理由，故私法上之关系，于某程度亦受警察之限制焉。

（一）对于权利能力之限制

设定或消灭法人之权利能力，原属法政权之作用。然就某种营业，法规上设有一般的禁止时，其营业法人，须先受警察之许可，始取得完全之权利能力。再因警察上营业许可之撤消或营业之禁止，其营业法人乃以解散,而其权利能力亦随之消灭。

(二)对于契约自由之限制

订立契约,在私法上以任于私人自由为原则,但因其与公共秩序有关系之故,在警察上亦有若干限制:或则强其必要订立,如对于开业医师,命负应诊之义务,及对于药商,命负应需之义务是;或则将一定内容之契约,禁止不许订立,如违法出版物发卖送赠之禁止,幼年工人使用之限制是。唯警察上对于订立契约之限制与私法上之限制,于效果上各有不同。警察上之限制,在限制订约之事实上的自由,其着眼点在其行为之有害社会秩序与否,其契约之有效与否,初非所问。反之,私法上之限制,在限制契约之效力,如违反其限制时,则其契约不能有效成立。故一契约之有效与否,应依私法之规定而定。如未受许可之营业,在警察上虽应禁止,而其营业上契约之有效与否,仍应视其违反《民法》规定与否而决定之,固不因违反警察上禁止之故,而常为无效也。

(三)对于所有权之限制

所有权为以物之使用收益处分为内容之对世的权利,因其权利之享有或行使,而影响于社会公共之秩序者甚大,从而其所受警察上之限制,亦甚显著:或因物之某种使用方法于社会有害,就其使用方法加以限制;或因某种物之所有有害社会,命其所有人毁坏,或径行没收之。此外,因警察上之必要,更得就他人之所有物而为使用或处分或限制其使用。诸如此类,其例甚多。唯警察上对于所有权之限制,亦仅在限制其权利之享有或行使之自由,其权利本身之私法上的效力,固不得直接干涉之。

(四)对于亲属权之限制

因警察上限制个人身体及居住自由之结果,亲属间之权利义务,有时亦间接受其限制。如依违警处分,将少年人送入于感化院,其亲权人即不能行使保护教养之权利；又依卫生警察上之强制隔离，或风俗警察上之居住限制，其亲权人或配偶即不能对被隔离人或被限制人，行使指定住所或请求同居之权利矣。

第二款 警察与刑法

警察法与刑法各异其规定之对象，而各有其不同之领域固无待论。然犹之警察与私法之间有相互接触之区域，警察与刑法之间，亦有相互连接之关系。尤其某等警察犯与刑法上之犯罪，同受有期徒刑、拘役及罚金等之处罚，而同受《刑法总则》及《刑诉法》之适用，其两者间在形式上甚难区别。但终以性质上各有不同之故，对于警察犯之处罚，于某等点上，排除《刑法总则》之适用。然则欲明警察与刑法之关系，应就警察犯与刑事犯之区别，先说明之。

警察犯与刑事犯在性质上有何区别？自来学说，颇不一致。有谓两者在实质上并无差别，不过以处罚重者为刑事犯，轻者为警察犯。此说以之说明刑法与《违警罚法》之区别，有一部分尚属适当，但其他警察法令中之罚则，则不能说明之矣。有谓违反法律之规定者为刑事犯，违反命令之规定者为警察犯。然我国现行法制并未设有此种区别，警察犯之因违反法律而成立者，固亦有之。有谓刑事犯为法律上规律之违反，警察犯为风俗习惯上规律之违反。但现行法中之警察犯，并不以风俗习惯上规律之违反为限，亦甚明显。最后，有谓刑事犯为对于法益之侵害，警察犯对于警察义务之违反。此为现今学界通说，余亦从之。

夫刑法与警察法，各异其注重之点。刑法规定重在侵害法益行为之处罚，而不重在一定行为之命令禁止。盖法益为法律所保护之利益，对于法益而为现实的侵害（或称具体的侵害，详言之，即对法益直接毁损，或置之于危险之境），虽为法律所禁止，然其禁止固不待于刑法之规定。反之，警察法之规定，重在一定行为之命令禁止，而不重在处罚。盖警察以防止社会上之危害为目的，凡事有危害社会之可能者，不问其现实的侵害法益与否，概得为一定之命令或禁止，以防止危害之发生；（此种危害，又称抽象的法益之侵害。）至于警察法中所设之处罚，其目的不过为确保受命人之履行义务而已。刑法既重在侵害法益之处罚，警察法重在一定行为之命令禁止，则谓刑事犯为对于法益之侵害，警察犯为对于警察义务之违反，固甚得也。

唯警察犯与刑事犯，各有牵涉法益之侵害与警察义务之违反之可能，若谓警察犯决不牵涉法益之侵害，刑事犯决不牵涉警察义务之违反，亦未免言之过当。盖警察犯之犯行，有不特为警察义务之违反，而同时为法益之侵害者，又刑事犯之犯行，有不特为法益之侵害，而同时为警察义务之违反者。凡此类违反警察义务而同时侵害法益之行为，究以刑事犯而处罚，抑以警察犯而处罚，在立法上得以便宜决定之。以立法方针而言，自应以其行为之影响于社会之大小为准，即以其大者为刑事犯，小者为警察犯。

以原则言，对刑事犯应处以刑罚之制裁，对警察犯则应处以其他适当之处罚。但我国警察法中，因侵害法益且其情节重大，视为刑事犯而处以普通之有期徒刑、拘役、罚金等刑罚者固有，而对于纯粹之警察犯即纯然违反警察义务，而不涉及法益侵害之行为，科以与刑罚同类之处罚者，亦颇有之。如《交易所法》第五二条所定之暴行胁迫，固可视为刑事犯，而第五一条第一项第四款所定决定公定市价并其公布之怠忽，实为单纯警察义务之违反。至于《出版法》中，除对于真正之刑事犯处以有期徒刑、拘役及罚金之刑罚外，对于其他一切单纯警察义务之违反，亦概以与刑罚相同之罚金科之。在立法上对于单纯之警察犯，采用重典，科以与刑罚同类之处罚,固非绝无见地,不宜遽加非议。唯法文上既将单纯之警察犯亦科以刑法上之刑罚,则依《刑法》第十一条规定,其处罚之决定,自不能不适用《刑法总则》之规定矣。

《刑法》第十一条规定:"《本法总则》于其他法令有刑罚之规定者,亦适用之,但其他法令有特别规定者,不在此限。"依此规定,则关于责任问题及其他事项,在原则上均应准据《刑法》而为决定。即(1)责任主体与刑罚主体,原则应属一致。但于此亦有例外规定。(《出版法》第三五条、第三六条,《矿业法》第百十七条。)(2)不认法人为有责任能力。关于此,各特别法中,例有明文规定。(《交易所法》第五五条,《银行法》第四九条。)(3)关于责任要件,仍以故意为原则,过失为例外。(《刑法》第十二条。)此外,各法规中尚设有若干异于《刑法总则》之特别规定,如《出版法》第四十二条谓:"本《法》所定各罪,不适用《刑法》累犯及合并论罪之规定",即其一例也。

第二章 各 论

第一节 保安警察

第一款 概 说

保安警察者,以维持一般社会之安宁秩序为主要目的之警察作用也。如前所述,保安警察之名称,系别于行政警察(狭义的)而使用。行政警察与司法警察相对待时,固为广义的,所谓保安警察,亦同包括在内。然与保安警察相待时,则为狭义的,仅指风俗警察、卫生警察、交通警察及实业警察等,为达他种行政目的之警察而言。狭义之行政警察,常附随于他种行政而行,其任务在辅助他种行政,俾能达其目的。反之,保安警察为一独立领域之警察,无须附随于他种行政而行。保安警察之特点,即在于此。

保安警察之作用,依其所着重之客体不同,可分对于特种人之警察、对于特种物之警察及对于特种行为之警察之三项而说明之。

第二款　对于特种人之警察

第一项　应受保安处分人

应受保安处分人,即其平素或现时之行动,有害公安或有害公安之虞,在警察上应为特别处理者之谓也。现今社会上有是类性质之人,要以不良少年、心神丧失人、酗酒人、游荡不务正业人等为最主要。

第一　少年人(不良少年)

少年人知识幼稚,不知辨别,设有非违,应为循循善道,令其改过迁善,不宜遽行处罚,伤其廉耻,使之无由自新。故法律上对于少年人之违警,设有特别处理规定。即未满十三岁违警者不处罚,但须告知其父兄或抚养人,责令自行管束。告知其父兄或抚养人后,六个月内在同一管辖地方再犯者,处其父兄或抚养人以应得之罚(罚金)。若无从查悉其父兄或抚养人时,得依其年龄,施以感化教育,或送交收养儿童处教养之。(《违警罚法》第三条、第八条第二项。)

第二　心神丧失人

(一)违警处分

心神丧失人,其本性丧失,精神错乱,其行为已无常态。此种人,在法律上不能不与常人异其处理。依《违警罚法》所定:心神丧失人违警者不处罚,但应告知其父兄或监护人,责令自行管束。告知其父兄或监护人后,六个月内在同一管辖地方再犯者,处其父兄或监护人以应得之罚(罚金)。若无从查悉其父兄或监护人时,得酌量情形,送入相当病院或心神丧失人之监护处所。(《违警罚法》第四条、第八条第二项。)

(二) 警察上之强制处分

对于心神丧失人,为保护其自身及社会公安计,纵无违警情事,亦得施以特别监置。依《行政执行法》所定,对于疯狂人,警察官署得行管束处分,或责令其父兄或监护人自行管束,业见前述。至经管束于局署后,如无父兄或监护人可以责令自行管束时,警察官署亦得酌量情形,将其送入精神病院或其他相当病院乃至监护处所。

第三　酗酒人

酗酒泥醉人,纵无违警情事,警察官署为保护其自身及社会公安计,得行强制管束(《行政执行法》第七条),亦既前述。

第四　游荡不务正业人

徘徊四方、不务正业之人,懒惰成性,谋生乏术,每易发生事端,对于公安秩序,自亦不无影响。对于此等人,除游荡无赖、行迹不检者,及僧道恶化,并江湖流丐,强索财物者,得依《违警罚法》第四三条第一、二款之规定,处以拘留或罚金外,得依《预戒条例》(国府令暂准援用)之规定,下以预戒命令,如违反所命之义务时,亦得科以处罚。

第二项　外人

所谓外人,即不有中华民国国籍人之谓。至于有无某一国之国籍,则非所问。现代各国通例,凡一国与他国缔有条约,而许其国民入国者,固许其入国,并在国内居住移转及营业。即无条约国之国民,在习惯上亦许其入国居住。唯外人一般虽许其入国居住,同时设有若干限制且其限制不必定之于法律,而得以命令定之。是乃外国人在国境内,于宪法上原有不居住自由之结果也。关于外人之取缔,可分入境、驱逐出境、居住游历及其他行动述之。

(一) 入境之限制

关于外人入境之限制,因特许入国人与非特许入国人,而略有不同。

(甲) 非特许入国之外人

非特许入国之外人者,即非依法令或条约,当然许其入国之外人也。此种外人,其入国除与特许入国之外人受同一之取缔外,并受查验入境护照之限制。查验入境护照,由国境之地方行政官署办理,于必要时并得委托海关协助之。查验时发见有下列事项之一时,得禁阻其入境:(一)未带护照或抗不缴验护照者;(二)所带护照不合法或为冒顶及伪造者;(三)行动有违反党国利益或妨害公共秩序之虞者;(四)浮浪乞丐;(五)携带违警或有碍风化之物品者;(六)曾经因案受出境处分者。(十九年八月二十二日国府公布《查验外人入境护照规则》第四条。)被禁阻之外人,确系无力离去中国国境者,应就近送该外人之本国驻华领事处理。(同上《规则施行细则》第二条至第四条。)

(乙) 特许入国之外人

特许入国之外人者,即依法令或条约,当然许其入国之外人也。此种外人入我国境,与非特许入国人不同,免除查验护照。但其入国亦非漫无限制,如发见有下列事项之一者,得禁阻其入境:(一)行动有违反党国利益或妨害公共秩序之虞者;(二)浮浪乞丐;(三)携带违警或有妨风化之物品者;(四)曾经因案受出境处分者。(同上《规则》第一条、第四条第三、四、五、六款及第六条。)此外,与特定国所缔结之条约中,尚有特别限制规定,兹不细述。

（二）驱逐出境

外人与本国人不同，本国人在国内有居住之自由，不能将其放逐出国，外人无此权利，于国家之生存上或安宁秩序上认为有必要时，随时得将其驱逐出境。即于不必要时而驱逐之，对于条约国，虽或不免违反国际法上之义务，而对于被驱逐之外人，固不发生自由权侵害之问题也。驱逐外人出境之场合，得分为二：

（甲）刑事处分。凡外人受有期徒刑以上刑之宣告者，得于刑之执行完毕或赦免后，驱逐出境。（《刑法》第九五条。）

（乙）行政处分。依《查验外人入境护照规则施行细则》所定，凡非特许入国之外人，入境后仍须受内地地方行政官署之查验。地方官署如查得有禁阻入境事由之一，或所带护照未加盖验讫戳记者，应即扣留，并请主管长官核示办法。（第六条及第七条。）此时主管上级官署，得依禁止入境之同一理由，将其护送出境，自无疑义。（十九年五月外交部咨各省转饬《无照外人应保护送出境案》。）又依《管理无约国人民章程》（八年六月公布，国府令暂准援用）第五条所定："无约国人入境后，如有不事正业，或为不法行为，有妨治安之虞者，除依法令办理外，得限令出境；其查有侦探间谍之嫌疑者亦同。"至特许入国之外人，虽不受地方行政官署为上述同一之查验，而其入境以后，自亦不无限制。如其平时行动于我国之秩序有甚大妨害，例如有禁阻入国之重大事由者，经发觉后，亦得驱逐出境。

（三）居住之限制

各国通例，外人许其入境以后，同时以许其杂居内地为原则。我国则以入境外人，得假借领事裁判权，不服我国法令制裁之故，不采杂居制度，而限于特定地区，许其居住。凡无约国人民仅得在商埠或其他向准外人居住之地方居住。（《管理无约国人民章程》第六条。）有约国人民，亦只得在通商各口贸易或久住暂住，准其赁租民房或租地自行建造，及设立医馆、礼拜堂并殡葬之处，不得远赴内地乡村市镇，私行贸易。（参得《中美条约》第十二条及《五口通商贸易章程》等。）

（四）内地游历之限制

无论有约国或无约国人民，往内地游历，均非绝对禁止，但须请求我国主管官署许可，发给游历护照，并受各种限制。如测绘地图、刺探秘密、拍摄我国陋俗及险要地点之照片、探采矿苗及挟带私货并一切违警物品，均在禁止之列。在内地如发见无照游历之外人，如系有约国人，应由地方官拘留，交就近该管领事发落，如系无约国人，应由地方官暂行拘禁，禀承该管长官酌核办理。

（五）其他行为之限制

（甲）外人在中国境内发行新闻纸或杂志时，其未享有领事裁判权国之国民，悉应依照《出版法》及同法《施行细则》之规定；其享有领事裁判权国之国民，依条约所定，亦应遵守《出版法》第七条第一项、第十三条第一项，及同法《施行细则》第三条第一项等之规定。

（乙）外人在中国境内游历或居住，携带自卫枪支时，应请领枪照，并受其他之限制。（十九年三月军政部颁布《修正发给旅居中国外人自卫枪支执照暂行条例》。）

（丙）外人在中国境内，从事狩猎，应向主管官署请领狩猎证书。（参照二十三年六月实业部咨行各省市政府《确定外人狩猎办法》，二十四年十月二十五日实业部公布《狩猎法施行细则》。）

（丁）外人不得招募华工，运送出国。

（戊）外人在中国境内摄制电影，应受特别限制。（二十五年三月行政院核准《修正外人在华摄制电影规程》。）

第三款　对于特种物之警察

第一项　危险物

物之本性有危害社会公安之虞，而特受警察上之取缔者，谓之危险物品。于现行法之下，危险物品，以枪炮、火药、凶器、毒剧物、白磷及花炮等为最主要。此等物品，其制造、贩卖及持有、使用、处分，在警察上没有特别限制。

第一　枪炮

（一）枪炮之种类

枪支火炮，一面有军用枪炮与非军用枪炮之别，前者为军事长官所指定，而供于陆海空军之使用，后者则军用枪炮以外各种。他面有特种枪炮与自卫枪炮之分，前者应属官有，人民不得备用，后者如经政府许可，得准人民备作自卫之用。但此项区别与军用枪炮及非军用枪炮，其范围不能尽同，准许人民备作自卫用之枪炮，与军用枪炮为同一之种类者，固亦有之。依法规所定：特种枪炮，包括如下各种：即各种管退炮、各种架退炮、各种药包炮、各种水旱机关枪、各种轻手机关枪、各种机关炮，及各种步兵炮。自卫枪炮更分新式者与旧式者之二类，新式枪炮为如下各种：各种无烟五响步马枪、驳壳手枪、白郎林手枪、左右轮手枪、曲尺手枪、其他各种新式手枪、村田枪、曼利夏枪、洋造鸟枪、五百斤以上重量大炮。旧式枪炮为如下各种：毛瑟枪、黎意枪、坚地利枪、马地利枪、来复粤枪、大噁长枪、其他各种旧式步马炮、金山擘朋掔手枪、五响打心手枪、土造大噁手枪、土造鸟枪、土造单响枪、五百斤以下重量大炮。（十八年十二月三十一日国府修正公布《查验自卫枪炮及给照暂行条例》第六条。)

（二）枪炮之制造及贩卖

军用枪炮子弹，其制造贩运权为政府所保留，私人不得任意运造，未受允准委任而制造运输或持有买卖，而不能证明出于正当之理由者，须受刑事处分。(《刑法》第一八六条。)

自卫枪炮，与军用枪炮属于同一种类者，其制造贩卖，应与军用枪炮受同一之取缔。其他非军用枪炮，如洋造或土造鸟枪等，其制造贩卖，在法理上固亦应有限制，但现行法令，犹无明文规定。

（三）自卫枪炮之备用处分及使用

自卫枪炮，就其备用处分，应受特别取缔。其取缔之内容，可分请领执照、查验及使用述之。

（甲）请领执照

人民或法团（各处地方商会等）所有自卫枪炮，须经政府许可，方得备用（收藏携带）处分（转卖）。请求许可备用，以请领执照之程序为之。请领枪炮执照，在首都者，须先赴警察厅领取申请书，填就盖章，并觅具殷实商店保证书，及二寸半身相片五张，连同照费，呈由警察厅验明枪炮种类号码，注册烙印，发给执照；其他各地，则依同样程序，呈由县市政府转请省政府发给之。如系法团公置，上项申请书内，应注明某法团公置及法团名称与注在地点，加盖领袖人名章，免用相片及保证书。人民个人请领，枪不得过两枝，炮不得多于一尊，子弹不得过二百颗，炮弹不得过一百颗；每枪一支每炮一尊，须各领照一张，不得牵混。如系法团，得将多数枪炮合领一照，其数目之限制，由该管官署暨该法团领袖人，体察地方情形酌定之，但每枪子弹不得过五百颗，每炮子弹不得过一百颗。已领枪照之人，如因迁移或远行，不便携带，必须转卖时，应先将转卖情由及承买人姓名住址职业，连同保证书，呈请所属官署转请核准，方许转卖，并应将原领执照缴销。承买人接收上项枪炮后，亦应遵照法定程序，请领执照。枪照限用一年，期满应请换新照，缴销旧照。（同前《条例》第一、三、四、五、八、九、十三、十四条。）

经注册烙印及给照之枪炮，得受政府之保护，无论何项军队，不得借端收缴。但认为非扣留不能预防危害时，行政官署得扣留之。（《行政执行法》第八条。）如有隐匿枪炮，未经报验请领执照者，一经查觉，以私藏军火论罪（同《条例》第二十四、三十四条。）

（乙）查验

已领执照之枪炮，其执照与枪炮须同置一处，以便稽查。如枪炮有意外失落情由，应报告原领执照机关，并将执照缴销，如执照遗失，亦应报请注销，易领新照。如有迁移住址，应报发照机关备案。各地承办执照机关，得随时派员查验所发枪照，如有枪炮种类及号码与执照不符者，得将该枪炮没收查究。（同《条例》第十、十一、十二、十九条。）

（丙）使用之限制

已领执照之枪炮不得借给他人，或用为私斗，违者按法惩办，如查有接济匪人情事，除惩办其所有人外，并将担保商号一并查究。（同《条例》第二〇、二一条。）

第二　凶器

凶器即指刀剑、长枪、铁棍及装刀手杖等各种。此等凶器，与枪炮有相类之危险性，未经官署准许，不得携带，违者除没收其凶器外，并处以十五日以下之拘留或十五元以下之罚金。（《违警罚法》第三二条第四款。）又既经准许携带之凶器，如认为非扣留不能预防危害时，仍得随时扣留之。（《行政执行法》第八条。）

第三　毒剧物

毒剧物即有毒性剧性之物。此类物品，或用于医药，或用于医药以外。我国现制，无论医药上所用或医药外所用，同为《卫生警察法规》所取缔，姑待卫生警察项下详述。

第四　白（黄）磷火柴

白磷火柴，不特制造工人，感受剧毒，危及生命，即使用之人，亦易濒于危险。为预防其危害计，一九〇六年，国际间订有《禁止火柴业使用白（黄）磷公约》，共资遵守。我国亦于民国十二年正式加入，并于十四年通令全国，禁止制造销售。行政院成立后，又经重申前令，厉行禁绝。要之，自兹以后，不特国内禁止制售，即自国外输入带入，亦所勿许矣。

第五　花炮

花炮系易引火爆发之物。就其营业、制造及贮藏，在地方警察法令中，设有专章取缔。即其营业须受警察许可，制造场内，应设地窖，存放制成之货，并不得使引火之物与之接近。制造数量应以适于售卖之需要为限，不得多制多贮。巨大双响炮竹，及起火流星掼炮，一概不得制售。所用原料如火药硝磺等类，其购自地点及数量，应先呈报备查，其存储数目，应按月列表呈报，以便检验。（参照二十年四月公布《首都警察厅取缔花炮规则》，十七年四月三十日公布《上海特别市公安局花爆营业取缔规则》。）

第六　煤油电油及火酒

商民贮存煤油电油，不问贩卖或自用，应遵所定限额，并须贮存地仓或油泵，或择安全地点，妥为放置。如超过一定限额者，应在郊外旷地，另建逴仓存储。建筑地仓、油泵、逴仓，均须报明官署勘明核准。店内不得将大桶分装小罐，及用烙铁烧钉罐口。其贮藏在三百斤以上者，须备置药粉灭火筒，及其他灭火器具。(《广东省会公安局取缔贮存电油煤油火酒规则》。)

第二项　建筑物

关于建筑之限制，其目的，一面固在维持卫生与交通，并保持街市之整齐与美观，然其主要目的，乃在预防火灾及其他一切之灾厄。故建筑警察，以在保安警察节下说明，较为妥当。我国对于建筑之限制，除《土地法》有少数规定外(《土地法》第三编第二章第一节)。其他详细事项，概由《地方法规》定之，其内容大要如下：

(一) 建筑地区之指定

订有都市计划地方，其市内恒有建筑地区之指定，即因其地之所宜，分别指定为住宅区、商业区及工业区，此外，有少数都市，更有风景区之指定焉。凡在住宅区内，不许建筑房屋，以供有妨住居安宁用途之用。商业区内，不得建筑房屋，以供有害商业便利用途之用。工业区内，应将规模宏大或卫生上保安上有妨害之工业的建物，集中建造，不许建造于工业地区以外。风景区内，则限制建筑地点以及高度，以免遮蔽名胜或风景，或限制其建物种类及外表装饰，以保美观。(参照《杭州市取缔西湖建筑规则》。)

(二) 建筑路线

建筑路线，即街道两旁之境界线，而为建筑房屋时所应遵守者也。依《南京市工务局建筑规则》所定：凡在公布路线两旁起造或翻造房屋者，应依照业经公布路线之宽度退缩；是临街路线之宽度，未经明令公布者,应退缩尺寸,暂由工务局定之。(二十一年二月修正公布《南京市工务局建筑规则》第五、六条。)

(三)关于一般房屋建筑之限制

一般房屋,其建筑之高度、面积、窗户,及通气孔、建筑物之突出部分、基地之整理、墙、防火墙、里弄,以及设计标准、防火设备等等,均有限制。依同上《南京市建筑规则》所定:凡近公路之房屋,其高度不得超过该路路面之宽度,此项房屋之高度,以平均人行道高至屋檐之平均高为准,若逾上项规定时,应将上层建筑依一比一之斜度,逐层缩退。但转角处之建筑,得以较宽之路面为准。凡沿干路之房屋,第一层高度不得低于3.6公尺,各层不得低于3.2公尺。用木柱载重之旧式房屋,其高不得超过七公尺;未用防火材料建筑之房屋,其高不得超过十公尺。其次,就建筑面积而言,凡沿公路之地基,其深度在路面宽度二分之一以下者,除里巷或便道外,得全部作为建筑面积。其他基地,应依照建筑物用途之性质,根据次列各项规定办理:(1)住宅用建筑物之面积,不得超过基地百分之五十;(2)商业工业用建筑物之面积,不得超过基地百分之七十。上项规定之比例,俟分区条例确定后,应依据分区条例办理之。此外,关于房屋之窗户与通气孔,以及工程标准等,该《规则》中均有详密规定,兹不细赘。(同上《南京规则》第三、四条以下。)

(四)关于公共场所建筑之限制

公共场所为多数人聚集之处所,设或遭罹火灾,偶然倾圮,或卫生上设备不周,则危害公众,殊非浅鲜。故此种处所之建筑,尤须特别严格的限制之。依《南京市建筑规则》所定:凡戏院、影戏院、戏游场、跳舞场、礼堂、讲演厅、医院、校舍、旅馆、浴室、工厂、商场等公共建筑物,须依次列规定,定其结构:(1)所容人数在一千人以上者,或房屋在四层以上者,其全部建筑,应照章规定各条办理之;(2)所容人数在二百人以上一千人以下者，或房屋只三层者，其楼梯、平台、过道及楼井四围之墙壁，应以防火材料构造之；(3) 原有公共建筑物，楼面能容三百人者，其楼梯、平台、栏杆等，应以防火材料改造之，并须经工务局之核定。此外，关于戏院、影戏院之正门、太平门、太平门之通路、包厢、电影放映室、厕所、盥洗所等之设备，以及小学校舍之层高、教室四周窗户之面积等，亦各设有限制。(同上《南京规则》第七、八条以下。)

(五) 请领执照及施工监督

凡市内公私建筑物之起造、添造、改造、修理，或拆卸，均应于事前，由业主约同承造人，填具建筑或修缮等呈报图则两份，添附图样两份，及计算书说明书等，呈请工务局核发执照。图则经审查合格后，由工务局通知请照人到局领取执照，并领回原呈图样一份，其余一份留存备案。未经领得此项执照及图样以前，不得擅行动工。已经核准之图样及说明书，不得擅自改动。其必须更正者，须另行绘具图样二份，说明书一份，呈局审查合格，将更正图样发还后，更正部分始准动工。执照及核准图样，均须张挂于施工地点，以便工务局随时派员稽查。

领照施工以后，施行排灰线、砌墙脚、扎钢筋、立屋架等工作完竣时，均应分别填具报告单，呈请工务局派员查勘，如无异议，即由查勘员在执照上签字盖章，方得继续工作。工程完竣时，领照人应将所领执照图则等，全数送局呈报，经派员查勘，认为工程退缩均无不合，然后另给建筑合格证书一张，交业主收执。(同上《南京规则》第七条以下。)

(六) 违法及危险建筑物之处分

凡未遵照《规则》所定而起造、添造、改造、修理，或拆卸建筑物者，除由工务局令其停工外，并予分别依照《规则》处罚；如建筑物之一部或全部不固，或建筑界线退缩不符，及其他有妨害市政者，工务局得通知业主或其经理人，限令拆卸改造。(同上《南京规则》第二、三条。)

凡市内危险房屋及一切残败建筑物,经工务局派员查明属实后,按其所在地点是否在路线以内,依照下列办法,分别取缔:(1)全部或一部分房屋在规定路线以内者,得由工务局布告或通知业主或住户,限于二十日内,自动修理拆除,逾期即由工务局会同警察机关强制执行,已拆除后,不得重行建筑。(2)在路线以外之房屋,得由工务局限令自动修理或重建,逾期亦得强制执行。但危险房屋及残败建筑物或火毁之烬余部分,如因危险万分,不及期前通知者,工务局得临时会同警察机关径代拆卸,所有费用仍责令业主限期偿还。(同上《南京规则》第二十八、二十九条。)

第三项　党旗国旗国徽遗像及各种符号

第一　党旗及国旗

国徽及党旗为国家理想之所在,亦国家生命精神所寄托,其宜尊重保护,无待烦言。本党及国府为使国民对于国徽及党国旗抱持正确观念,并防止一切有损其庄严之行为起见,颁有《中华民国国徽国旗法》(十七年十二月十七日国府公布),及《党国旗制造使用条例》(二十三年八月三十日四届中执委会第一三六次常务会议通过,二十四年四月十一日同会第一六六次常务会议修正)。前者规定国徽之式样、地位并其尺度比例,国旗之色彩并其尺度比例,以及旗杆并杆顶之式样等;后者除重订党旗国旗制造标准式样,及旗杆之式样外,并规定悬挂之时间及方式,违法使用之取缔,及制售商店之管理等。

第二　国徽及总理遗像

国徽与党国旗有同等之尊严,总理遗像乃国民敬仰之标的,故对于国徽及总理遗像,亦应特加爱护。如以之制入迷信物品,或制作商标,皆为法令所禁止。(参照二十年四月行政院令内政部通饬《取缔以党徽制入迷信物品令》,《商标法》第二条第一、二款。)

第三　符号及臂证领章

党政军务机关所用符号、证章(中央定有证章方式办法,自二十年四月一日起实行)及军警所用臂章、领章,为公共证物,其制造售卖,亦宜有所限制,以杜伪造假冒等弊。关于此,独首都警厅颁有《取缔规则》。(二十年四月公布《首都警察厅取缔商店制售符号及证臂领章规则》。)

第四项　遗失物漂流物及沉没物

关于遗失物、漂流物,及沉没物之处置,为《民法》(第八〇三至七条)所规定,其规定内容,一部分有公法之性质。盖此等物之处置,一部分属于警察官署之权限,而拾得人对于警察官署,实负有公法上之义务也。《民法》中此诸规定,如何施行,内政机关尚得另加详定,海外诸国亦颇有其先例。我国中央警察法中未有一般规定,仅于铁道警察方面,由铁道部颁有《铁道警署查获遗失物处置规则》。(二十二年一月公布。)

第四款　对于特种行为之警察

第一项　出版

第一　概说

出版警察者,关于文书图画印制颁布之警察也。文书图画,能对多数不特定人传达一种之思想,能引导国民思想于善途,亦能诱致国民思想于恶化。故国家一方认人民有出版之自由,他方复以法律限制之。

出版云者,指用机械印版或化学之方法,印制文书图画,而供出售或散布之全部行为也。(《出版法》第一条。)故出版须具下列之三要件。

(一) 所出版者须为文书图画

文书为以一定形式排列之文字,图画为以一定形式表彰之形象,而二者同为发表思想之工具。不表示思想之文字形象,不得称为文书图画。通俗所谓文书图画,必含有一种思想与否,姑置勿论。《出版法》上所称之文书图画,实指发表某种思想之文字形象言之。盖《出版法》为限制出版自由之法律,而限制出版自由之目的,不在束缚出版之事实行为,而在防止某种思想之传播也。抑兹之所谓思想,其意义与意见或主张不同,凡关于某事项而为人所思考者皆属之。

(二) 印制文书图画

印制文书图画,即用缮写以外方法,印制同一文书图画之谓。凡以铅印、木刻、石印、铜版及誊写版等机械的或化学的方法,复制同一文书图画者,皆谓之印制。若一一以人工缮写,虽将同一文书图画,模制多数,亦不得称之。法条中所谓用机械或化学之方法者,即示明缮写以外一切方法之意。至印制所施物体之实质如何,在所不计。通常虽用纸张印制,但印刷于布帛、陶器,或其他物体上者,亦不失为出版。

(三) 颁布文书图画

颁布文书图画,即将有文书图画之物体,以文书图画之意义,而为颁布之谓。文书图画,如前既言,为表现某种思想之物,非单指其所附着之物体。单自物体而言,非必常为发表某种思想之工具,易言之,其物体非必为文书图画之本体而存在,而有时为该物体自身独立之目的存在。然其目的如何,不能专依颁布者之意思而决定。苟颁布者以文书图画之意义颁布,固为文书图画之颁布,即以该物体自身之意义颁布,有时亦为文书图画之颁布。如于纸扇陶器之上印刷文字形象,以纸扇陶器等物体自身颁布,不以发表思想颁布,有时亦得视为出版也。

唯所谓颁布,须将复制之文书图画,置之于多数人可得阅览之状态。故颁布,第一,须置之于他人可得阅览之状态。所谓可得阅览,非必须将文书图画授之于他人之手,即揭示于街头,或陈列于阅览场所均可。又颁布以置之于可得阅览之状态已足,实际上有人阅览与否,在所不问。故文书图画,既置之于可得阅览之状态,纵已撤除或未经他人阅览,亦不失为颁布。第二,颁布须依担当颁布任务者之意志,置之于可得阅览之状态。不依颁布者之意志,而依他人之行为或自然作用,被置于他人可得阅览之状态者,不得谓为颁布。第三,阅览人须为多数之人。倘非置于多数人可得阅览之状态,仍不得谓为颁布。唯此之多数人,不必以特定人为限,对多数不特定人,亦得视为颁布。

颁布文书图画之方法有二:(一)卖买。(二)卖买以外之方法。依我国《出版法》所定,前者谓之出售,后者谓之散布。合此两者,谓之颁布。

第二　出版品之种类

出版品分下列三种:

(一)新闻纸　指用一定名称,每日或隔六日以下之期间,继续发行者而言。

(二)杂志　指用一定名称,每星期或隔三月以下之期间,继续发行者而言。

新闻纸或杂志之号外或增刊,视为新闻纸或杂志。

(三)书籍及其他出版品　即前二款以外之一切出版品属之。(同

《法》第二条。）

如上所示，新闻纸及杂志，均为定期出版品，而其两者区别之标准，不在内容之奚若，而以出版期间相隔之长短定之。书籍及其他出版品，则为不定期出版品。所谓其他出版品，涵义极广，如通知书、章程、营业报告书、目录、传单、广告、戏单、秩序单、各种表格、证书、证券及照片等皆属之。（同《法》第十九条。）

以上各种出版品，既经颁布者，应受《出版法》之适用，固勿待言。其仅印刷完毕，未付颁布者，虽未得谓为出版，而其印刷之目的，既在颁布，不问其颁布之有无，得视为出版行为之着手，而适用《出版法》。若毫无颁布意图，仅以印刷而止者，方不受《出版法》之适用。

第三　出版责任人

出版责任人者，就出版事务，应负法律上责任之人也。出版事务有著作、印刷及发行之分，出版责任人，亦有著作人、印刷人及发行人之别。唯新闻纸及杂志之出版责任人，除上述外，尚有编辑人一种。兹为逐一说明之。

（一）著作人

著作人系指著述或制作文书图画之人，但笔记他人演述，就二种以上著作为编纂，并翻译他人著作之人，及团体之代表人，亦得视为著作人。(1)著作文书图画人。著作文书图画之人，为当然之著作人。(2)笔记人。笔记他人之演述，登载于出版品，或令人登载之者，其笔记人视为著作人。但演述人对于其登载特予承诺者，应同负著作人之责任。(3)编纂人。就他人之著作，阐发新理，或以与原著作物不同之组织编成另一著作物，其编纂人视为著作人。但原著作人对其编纂特予承诺者，应同负著作人之责任。(4)翻译人。关于著作物之翻译，其翻译人视为著作人。(5)学校、公司、会所或其他团体之代表人。用学校、公司、会所或其他团体名义著作之出版品,其学校、公司、会所或其他团体之代表人,视为著作人。(同《法》第四条。)

(二) 发行人

发行人者,主办出版品之人也。(同《法》第三条。)担任发售或散布,简言之,即使出版品初次出现于世之谓。苟具此之要件,则不问其人有使出版品出现于世之权利与否,不问其人有著作权与否,亦不问其使出版品出现于世为营业与否,更不问其以自己之利益而使出版品出现于世与否,均为发行人。反之,非具此之要件,如代发行人批发之人,或其他贩卖小店,虽亦发售或散布,概非此之发行人。

(三) 印刷人

印刷人者,担任出版品印刷之人也。所谓担任印刷,非指实际为各个之印刷行为,乃就特定出版品,完成其印刷者而言。故实际上多以有印刷设备或有管理权之营业人,为印刷人。其印刷设备属于团体共有者,则以其代表人为印刷人。

(四) 编辑人

新闻纸及杂志出版之责任人,除上述外,尚有编辑人一种。编辑人者,掌管编辑新闻纸或杂志之人也。(同《法》第五条。)盖新闻纸或杂志,与其他一切出版品不同,非单以个别之文书图画而存在,乃合多数人所制作之多数文书图画,构成一出版品。故编辑文书图画之编辑人,在新闻纸或杂志中,实占最重要之位置。编辑人之人数,或为一人,或为二人以上,均无限制。唯下列各款之人,不得为新闻纸或杂志之编辑人或发行人:(一)在国内无住所者;(二)禁治产者;(三)被处徒刑或一月以上之拘役,在执行中者;(四)褫夺公权者。(同《法》第十三条。)

第四　出版之声请及样本之呈送

出版之声请及样本之呈送，因出版品之种类，各有不同。

（一）书籍或其他出版品

书籍之著作人或发行人，应以稿本呈送内政部，声请出版许可。其声请书应陈明下列事项：（一）名称及内容概要，（二）稿本页数及其附件，（三）著作人或发行人之姓名住所。书籍之有关党义党务者，应以稿本依上项手续，径向中央宣传部声请之。（同法《施行细则》第十条。）

书籍或其他出版品，为发行时，其发行者应以二份寄送内政部，改订增删原有出版品而为发行者亦同。其内容涉及党义或党务者，并应以一份寄送中央党部宣传部。但通知书、营业报告书，以及广告、传单等，不在此限。（同《法》第十五条、第十七条。）

（二）新闻纸或杂志

为新闻纸或杂志之发行者，应于首次发行期十五日前，以书面陈明下列各款事项，呈由发行所所在地所属省政府，或隶属于行政院之市政府，转内政部声请登记：（一）新闻纸或杂志之名称；（二）有无关于党义党务或政治事项之登载；（三）刊期；（四）首次发行之年月日；（五）发行所及印刷所之名称及所在地；（六）发行人及编辑人之姓名、年龄，及住所，其各版之编辑人互异者，并各该版编辑人之姓名、年龄及住所。其有关于党义或党务事项之登载者，发行人除为上述之声请登记外，并应经由省党部或等于省党部之党部，向中央党部宣传部声请登记。（同条第一、二项。）

声请登记完毕后，至发行时，发行人应以其出版品二份寄送内政部，一份寄送发行所所在地所属省政府或市政府，一份寄送于发行所所在地之检察署。（同《法》第十三条第一项。）其有关于党义或党务事项之登载者,除分别寄送上列各机关外,并应以一份寄送省党部,或等于省党部之党部,又以一份寄送中央党部宣传部。(同条第二项。)

第五　关于出版品内容之限制

关于出版品内容之限制,有积极的及消极的二方面。前者即应登载一定之事项,后者则不得登载一定之事项。积极的限制,特对新闻纸及杂志而设。消极的限制,则对一切出版品而设。

（一）消极的限制

消极的限制,既如上言,即不得登载一定事项之谓。不得登载之事项,亦称禁止事项。禁止事项,有绝对的及相对的之分。绝对的禁止事项,绝对不许以之为出版品之内容;相对的禁止事项,非受行政官署许可,不得以之为出版品之内容。

（甲）绝对的禁止事项

下列事项,无论若何,不得以之为出版品之内容:

(1) 意图破坏中国国民党或三民主义者。

(2) 意图颠覆国民政府或损害中华民国利益者。

(3) 意图破坏公共秩序者。(以上同《法》第二十一条。)

(4) 妨害善良风俗者。(以上同《法》第二十二条。)

(5) 禁止公开诉讼之辩论。(第二十三条。)

(6) 关于军事外交事项,于战时或遇有变乱及其他特殊必要时,依国民政府命令禁止或限制出版登载者。(同《法》第二十四条。)

（乙）相对的禁止事项

有关政治之传单或标语,非经地方主管官署许可,不得印刷发行。(同《法》第二十条。)

（二）积极的限制

积极的限制，特对新闻纸及杂志而设，即应行登载一定事项之谓。依《出版法》所定，其事项，有更正及辩驳登载之二种。

（甲）更正及登载辩驳之观念

更正云者，认为新闻纸或杂志既登载之事项，与事实相异，因法律上之必要，而登载其认为与事实相异之谓也。析言之如次：(1) 更正系根据新闻纸或杂志所载事项之事实而发生。其更正之物体，常为既登载之事项，且为事实；对于意见或批评，不生更正问题。然新闻纸或杂志所登载之事项，有仅示明事实者，有仅发表意见者，而亦有为事实及意见或批评之混合体者。其纯然属于事实者，固应更正，纯然属于意见或批评者，不必更正，其为混合体者，则仅关于事实部分应行更正，关于意见批评部分，仍不必加以更正。不宁唯是，纵令其意见或批评为某事实所必然发生之结论，亦不必更正。至于新闻纸或杂志所登载事项之事实，则不问其种类若何，实际上有无存在，是否为损害或宣扬关系者之人格，更不问其登载之事实为新闻纸或杂志创作之记事，抑或抄袭于他出版品之记事，皆得更正之。(2) 载明与事实相异之事项，即告明前次登载之事项与事实相异。告明方法，有仅告明其与事实不符者，有举反对事实，而告明其与事实不符者。反对事实，非必常须举示，唯欲告明其与事实不符之外，更举事实者，则须举其事实耳。(3) 新闻纸或杂志所登载之事项与事实不符时，新闻纸及杂志自身得进而更正，固不待论。但任意更正，非法律观念上之更正。法律观念上之更正，须因法律上之必要行之。至如何场合，法律上有更正必要，且待后述。

其次，辩驳云者，与新闻纸或杂志所登载之事项有关系者，对于该事项，认为非理，而表示意见之谓也。辩驳之登载，亦因法律上之必要，将辩驳登载于新闻纸或杂志。然辩驳非仅所以对抗既登载之事实，且得对抗既登载之意见。其对抗,不以反对事实之举示而为,而以意见之表示而为,此其与更正不同之点也。

(乙) 应为更正或辩驳登载之场合

应为更正或辩驳登载之场合,有二,即(一)基于关系者请求之场合,及(二)当然应为之场合是也。

(1) 基于关系人请求之场合

登载于新闻纸或杂志之事项,该事项之本人或直接关系人,请求更正或辩驳登载时,其新闻纸或杂志,必须为之更正或辩驳登载。关于此,应注意下列各点。

(a) 请求人

请求人,应为该事项之本人或直接关系人。(同《法》第十七条前段。)本人指登载事项中所举事实之当事人。如于甲有关系之某事实被登载时,甲即为其本人。直接关系人,其范围不甚明确。解释上殆可以因某事项登载直接受其影响,于抗辩后而有利益之人解之。此等人请求更正或辩驳登载,为法律上之权能,亦称更正权或辩驳权。

关于同一事项,其本人及直接关系人涉及数人时,各人独立有更正权或辩驳权。且其所有更正权或辩驳权,不因他人行使更正权或辩驳权而丧失。故关于某一记事,经甲关系人之请求而既行更正或辩驳登载后,更有他种利益之乙关系人请求时,仍须为之更正或辩驳登载,决不得以既经更正或既经辩驳登载为理由,而拒绝之。

(b) 请求之时期

请求之时期,有一定之限制。盖使更正权或辩驳权永久存在,实际上每易发生不当之结果也。现行法规定,其时期,以自原登载之日起,六个月为限。(同条末段。)

(c) 请求之方法

请求更正之方法有二：(一)由请求人单纯请求更正，此时得以文书或口头为之；(二)由请求人亲自制作更正书，请求登载。

请求辩驳登载之方法，非口头陈述所能了事，必须提出辩驳书，请求登载。

(2) 当然应为之场合

更正或辩驳登载，如无如上之请求，以不自为为原则。但于此有一例外，即一记事系抄自他新闻纸或杂志者，若他新闻纸或杂志关于该记事，既为更正或辩驳登载，抄录该记事之新闻纸或杂志，虽无何人请求，亦应为同样之更正或辩驳登载。

(丙)更正或辩驳登载之义务

有更正或辩驳登载之请求时，或当然应为更正或辩驳登载时，新闻纸或杂志，除有后述各种情形外，即须更正或辩驳登载，不得拒绝，此为编辑人之义务。此种义务系根据公法而生，非对请求人而有，乃对国家而有。关于此，应注意以下各点。

(1) 时期

更正或辩驳登载，在日刊之新闻纸，应于接到请求后三日内为之；在其他新闻纸或杂志，应于接到请求后第二次发行前为之。(第十七条第一项中段。)

(2) 更正或辩驳登载之方法

关于更正或辩驳登载之方法，亦有限制。即更正或辩驳书之登载，应依照更正或登载辩驳书之全部为之。其地位及字之大小，应与原文所登载者相当。(同条第一项。)

(丁)更正或辩驳登载之拒绝

更正或辩驳登载义务人，遇有下列情形，不必为更正或辩驳登载：

(一)更正或辩驳之内容显违法令者;(二)更正或辩驳书未记明请求人之姓名住所者;(三)自原登记之日起逾六个月而始行请求者。(同条第一项末段。)得为更正或辩驳登载之拒绝,而不拒绝时,编辑人就其更正或辩驳登载,应负责任。

第六　关于出版品形式之限制

书籍或其他出版品,应于其末幅,记载发行人之姓名住所、发行年月日、发行所及印刷所之名称及所在地。(同《法》第十八条。)但通知书、营业报告书,以及广告传单等不在此限。(同《法》第十九条。)新闻纸或杂志,应记载发行人编辑人之姓名、发行年月日、发行所印刷所之名称及所在地。(第十六条。)

第七　违法出版

违反《出版法》而为之出版,称违法出版。对于违法出版,法律或科以处罚,或加以行政处分,以为制裁。

(一)司法处分

违反《出版法》,其行为单为出版警察上义务之不履行者,为警察犯,若为社会法益之侵害者,为刑事犯。然就此二者,法律未为明白区别,而将刑事犯之出版犯及警察犯之出版犯,统以出版犯罪视之。现行法之规则如下:

(甲)发行或编辑人无能力者:不得为新闻纸或杂志之发行人或编辑人,而发行或编辑新闻纸或杂志者,处一百元以下之罚金。(同《法》第三十七条。)

(乙)发行欠缺一定之程序者:(1)新闻纸或杂志之发行人,不为声请登记,而发行新闻纸或杂志者,处一百元以下之罚锾。(第三十六条。)(2)新闻纸或杂志之发行人,不按照登记时之程序,声请注销登记者,处二十元以下之罚锾。(第三十条。)(3)出版品之发行人,不呈缴出版品者,处三十元以下之罚锾。(第三十五条。)

(丙)违反前述绝对的禁止者:违反绝对禁止事项之(1)至(4)者,处发行人、编辑人,一百元以下之罚锾。但其他法律有较重之规定者,依其规定。(第四十三条。)新闻纸或杂志之著作人,受上述之处罚,以对于其事项之登载署名负责者为限。(同《法》第四十六条。)新闻纸或杂志违反绝对禁止事项之(4)其情节重大者,并禁止其发行。(第三十四条。)

(丁)违反前述相对的禁止者:印刷人或发行人,未经该管警察机关许可,而印刷或发行有关政治之传单或标语者,处百元以下之罚金。(第四十二条。)

(戊)违反一定之行政处分者:(1)违反关于声请登记之规定,已受停止发行命令,而发行新闻纸或杂志者,处二百元以下之罚金。(第四十七条。)(2)发行人违反内政部之禁止出版或发售者,处一年以下有期徒刑、拘役或千元以下之罚金;知其情而出版或散布该项出版品者,处六月以下有期徒刑、拘役或五百元以下之罚金。(第四十九条第一项。)(3)发行人违反内政部之禁止,及知情而输入出售或散布该出版品者,准用前项规定分别处罚。(同上第二项。)(4)妨害扣押处分之执行者,处六月以下有期徒刑、拘役或五百元以下之罚金。(第五十条。)

(己)违反司法处分者:新闻纸或杂志之发行人受司法处分之发行禁止,而又违反其禁止者,处一年以下有期徒刑、拘役或千元以下之罚金,其知情而出售或散布该项新闻纸或杂志者,处六月以下有期徒刑、拘役或五百元以下之罚金。(第五十一条。)

对于上述之出版犯,《刑法》之《总则》部分,亦适用之。(《刑法》第十二条。)但《出版法》中就次之一点,设有特别规定,即本法所定各罪之追诉权,逾一年而不行使者,因时效而消灭。第四十三条、第四十五条之罪，其追诉权之时效期限，自发行日起算。（第五十二条。）

（二）行政处分

对于违法出版所加之行政处分，有禁止或停止发行，及扣押等各种：

（甲）未经许可而擅行出版之书籍，得扣押之。（同法《施行细则》第十一条。）

（乙）新闻纸或杂志于首次发行期十五日前，发行人不以书面向省政府或市政府，为登记之声请，或声请而为不实之陈述者，省政府或市政府，得于其为合法之声请登记前，停止其发行。（同《法》第二十六条。）

（丙）出版品载有第二十一条所列事项之一或违背第二十四条所定禁止或限制之事项者，得指明该事项，禁止其出售或散布，并得于必要时扣押之。其情节轻微者，得由内政部予以纠正或警告。但既经扣押之出版品，如经发行人之请求，得于除去该事项后返还之。（第二十八条。）

（丁）国外发行之出版品，受禁止出售或散布者，内政部并得禁止其进口。已受进口禁止之新闻纸或杂志，省政府或市政府，得于其进口时扣押之。（第三十一条。）

（戊）已受司法处分禁止发行之新闻纸或杂志，而又发行者，省政府或市政府得扣押之。（第二十五条。）

（己）扣押书籍或其他出版品时，如认为必要者，得并扣押其底版。（第三十三条。）

第二项　结社集会及群众运动

第一　结社警察

（一）结社之观念

结社云者，多数人为达特定之共同目的，任意而继续之结合也。析言之如次:(1) 结社者,多数人之结合也。多数人之结合,即组织团体之谓。组织团体,必有多数特定之构成员加入在内,其特定之构成员,即称社员。一团体之社员,其数额并无限制,只以二人以上为已足。(2) 结社者,任意之结合也。任意之结合,即依加入人之自由意思所为之结合。凡由国家强制而为之结合,或依国家制度而成立之机关,皆非此之结社。(3) 结社者,继续之结合也。所谓继续,即非一时的之意,但不必为永久的,只须有继续设置之意思已足,如事实上有存续期间之规定,亦得认为有继续性。(4) 结合者,为达特定之共同目的之结合也。多数人之继续的结合,有欲达之共同目的,所不待言。唯其共同目的须为特定的,此乃应注意者,至其目的之种类如何,殊非所问。故无论于何种目的之下,均有结社之可能。

（二）结社之种类

结社之种类甚多,在法律上特有区分之意义者,有如次三类。

（甲）政治的结社与非政治的结社

结社中以欲影响于政务为目的者,为政治的结社,非然者为非政治的结社。所谓政务,即国家或他统治团体之事务。所谓影响于政务,即使政务设施发生或种变革。例如以改革国家行政或司法制度为目的,或单以促进土木工事之完成,或某种税制之废除为目的者,皆为政治的结社。政治的结社之观念,仅以有欲影响于政务之目的为已足,实际有无影响,在所不问。他面因事实上之结果,虽有影响于政务,而非以之为目的者,不得称政治的结社。法律上对于政党一种,每与他种政社异其处理。然政党乃集政治上抱同一主张之同志,互相团结,谋所以影响于政务者,其为政治的结社,固极明显。

（乙）公事的结社与私事的结社

非政治的结社,以影响于公事为目的者,为公事的结社,非然者为非公事的结社。所谓公事,乃指政务以外,于共同生活有利害关系之事务。如研究学术、发扬文化、改良社会及经营宗教或慈善事业等,概属于此。十八年十二月行政院通饬所属机关之《人民团体设立程序》,分人民团体为职业团体与社会团体二种,而社会团体,则分学生团体、妇女团体及各种慈善团体、文化团体等各种,其所谓人民团体,大抵即与此之公事的结社相当。

(丙) 秘密结社与公开结社

凡社员间约定以团体之存在、组织及目的,不得泄漏于他人者,为秘密结社,非然者为公开结社。

(三) 对于结社之取缔

结社属于人民自由,法律以不禁止为原则(《训政时期约法》第十四条),但因维持安宁秩序及其他政治上之理由,设有种种限制。关于结社之限制,立法上有二不同主义,一曰事前预防主义,以结社在事前须受主管官署之许可,二曰事后制止主义,以结成后实行呈报及受其他取缔已足,不必声请许可。我国现制采取何种主义,依结社种类而有不同,大体对于有关公共秩序之结社,采取预防主义。

(甲) 政治的结社

政治的结社,亦属人民自由。唯目前训政时期,党禁犹未开放,除中国国民党以外,组织政党,殊非事实之所容许。至于其他有关政务之组织,虽非绝对禁止,而限制甚严。如人民组织救国团体,须受特别法规之取缔。(参照《人民组织救国团体通例》。)

(乙) 人民团体

依《人民团体组织方案》(十八年三届中执委会通过,二十二年六月十五日四届同会第七十五次常务会议修正)所定,人民团体,由民众自由组织,唯须接受党部之指导,及政府之监督。(同《方案》第二节第一条,并参照同上《人民团体设立程序》。)盖在训政时期,中国国民党对于民众运动,负有指导之责。凡经本党许可组织之团体,力予扶植指导,非法团体或有违反三民主义之行为者,则严予纠正制裁。扶植指导,固含有助长行政之作用,而对于非法团体或有违反行为之取缔,实带有警察作用之性质。故依法理而言,谓结社之警察权,一部分操之于党,殆亦无不可也。

人民团体之组织,除法令别有规定外,依如下之程序为之:(1)凡欲组织团体者,须由具有各该团体法规所规定之资格者,依照所定之发起人数连署,推举代表,具备理由书,先向当地高级党部申请许可。(2)接受申请之党部,应即派员前往视察,认为合法时,应即核发许可证,并派员指导,如认为不当,据法驳斥。(3)发起人领得许可证后,得组织筹备会,推定筹备委员,并呈报主管官署备案。(4)筹备员应照《民法》第四七条及其他法令(如《妇女会组织大纲》《监督慈善团体法》《工会法》《司业公会法》等)之所定,拟定章程草案,呈报高级党部核准,并呈报主管官署后,始得进行。(5)团体组织完成拟具章程,经当地高级党部复核后,应呈请主管官署备案。(同《方案》第二节。)

(丙)秘密结社

对于秘密结社,各国法例,多采绝对禁止态度,我国法律,亦属相同。盖以秘密存在之团体,往往有推翻国家政体、破坏社会秩序之企图故也。

第二 集会警察

(一)集会之观念

集会云者,多数人为达特定之共同目的,聚集于一定场所,而为会合之谓也。(1)集会为多数之人会合。会合即现实集合之意。多数人现实集合于一定处所,常为定期的或临时的。不问何者,其集合常为有数次的。唯现实集合于一定场所之间,方为集会。其非继续的结合之点,实与结社不同。故结社固须取缔,而集会又须另加取缔。(2) 集会为多数人聚集于一定场所之会合。其集合之地点,常属固定不变。若多数人同时集合,而集合场所不绝的变动者,不得谓为集会。(3) 集会为有特定目的之会合。此之一点,与前述之结社同。但集合时所用之手段,通常在于讨论讲演,而警察上之取缔,亦常注重于此。

(二)集会之种类

集会在法律上亦有种种分类,大略与结社同。(1) 政治的集会与非政治的集会。前者以欲影响于政务为目的,后者异是。(2) 公事的集会与私事的集会。前者以欲影响于政务以外之公事为目的,后者单以讨论私事为目的。(3) 屋内集会与屋外集会。前者即家屋以内之会合,后者则家屋以外之会合。① 但此最后两种集会,与其他各种集会,非有相互排斥之性质。故警察上之取缔,有时得以合并行之。

(三)对于集会之取缔

我国现行法令,对于集会一端,犹无一般规定。而实际上亦未见有规定必要。盖在此训政时期,认许人民得为政治集会自由之范围,既甚狭小,而各种略有政治意义之民众大会,例由党部主持召集,不属于保安警察之取缔。至于其他人民团体之集会,依理可以任人民自由,而同时加以警察的取缔。但为指导民众运动之便利计,其取缔权一部分亦属于党。

依法令所定:(1) 人民团体之各项会议,除例会外,须得当地高级党部及主管官署之许可,方得召集。(《人民团体组织方案》第三节第三条

---

① 我国旧法令中曾有是项分类,参照三年时代之《治安警察法》,十六年七月公布之《浙江省保障安宁条例》。(在清党期间适用。)

之乙。)(2)妇女会举行代表大会或会员大会时,应请当地高级党部派人指导。(《妇女会组织大纲施行细则》第十条。)(3)群众会合,公安局所有询问,不据实陈述,或令其解散不解散者,处十日以下之拘留,或十元以下之罚金。(《违警罚法》第三四条第四款。)(4)集会时,不得携带武器。(《工会法》第二七条第五款。)

第三　群众运动警察

群众运动者,多数人为达特定之共同目的,会合动作于不一定之场所之谓也。其为多数人为达特定之共同目的,而为会合之一点,与集会相似。但其会合之场所,并不一定,而其谋达目的之手段,不依于讨论讲演,而常依于动作,此二点上,实与集会不同。

对于群众运动之取缔,大抵亦分事前许可、特定行动之限制或禁止、询问之陈述,以及解散等各项。关于此,中央法令未有专章规定,仅少数地方单行规则及中央法令中有散见之。(参照二十年三月公布《首都警察厅取缔团体游行规则》、《广东省人民团体请愿规则》、《违警罚法》第三四条第四款、《工会法》第二七条第五款。)

第三项　营业

第一　概说

(一)营业之观念

何谓营业,现行法中并无明文规定,按之学界通说,约有广狭二种意义。自广义言,营业云者,以营利为目的,独立而继续的活动也。析言之如次:(1)营业者以营利为目的,所为之活动也。营业必以营利,即取得财产上之利益为目的,自甚明白,但仅以有此目的已足,不必实际上真能取得财产上之利益,亦不必以取得财产上之利益为唯一目的,同时带有图谋公益之目的者,亦不失为营业。(2)营业者独立的活动也。所谓独立的活动,以自己之名义而为之意。虽参加于营利的事业,而不以自己之名义而为者,如商业上之受雇人或公司之经理等,不得谓为营业。(3)营业者继续的活动也。所谓继续的活动,即以常业而为,亦连续的为同种行为之意也。仅偶为各个交易的行为,而无连续为同种行为之意思者,亦不得谓为营业。

广义之营业,不以工商业为限,即农业、渔业、矿业等原始的实业,及医师、律师,并音乐家、画家等需要高等学术之职业,亦得包括在内。但依普通社会见解,所谓营业,仅指工商业及不需要高等技术之职业,其他原始的实业及需要高等技术之职业,并不在内。此普通所称之营业,即狭义之营业。

(二)关于营业之警察活动

各人从事营业,与居住迁移同,法律上任于各人自由,以不加限制为原则,但视营业种类如何,因公益上之必要,亦设有若干限制,是为现代立宪各国之所一致。我国根本法上亦然。(《训政时期约法》第三七条。)盖营业自由,早为我国法律所认许,而关于特种营业,近时法令中亦渐设有种种限制矣。

第法律上对于营业之限制,未必尽属于警察权之作用。其他依保育权或财政权而设定者,亦复不鲜。如邮递业、电信业及食盐之贩运等,即因公企业之经营或财政上之目的,而为国家所独占或限制。而此类限制,属于另一系统,均非警察作用。关于营业之警察作用,乃以防止社会危害为目的,而限制各人营业之自由。所谓营业警察,即系指此。

营业警察之作用,得分营业开始之限制与开始以后之限制而说明之。

（甲）营业开始之限制

关于营业开始之限制，依营业种类不能相同，或为绝对的禁止，不许私人开始经营；或为相对的禁止，于开始经营时，令受警察许可；或许私人自由开始，而于开始时，令其呈报官署。以上各类营业，各称为禁止营业、许可营业及呈报营业，而属于此三种以外者，概称自由营业。（1）禁止营业，如秘密卖淫，及违禁物品之买卖等，以其妨害社会秩序，情节甚重，法律上特禁止之。凡依刑罚或其他制裁而受禁止之营业，防上述国家独占之营业外，概属于此。（2）许可营业，即法律上保留许可而禁止之营业，未得官署许可，私人不得开始经营，否则属于违法，而须受一定之处分。声请营业许可，必需具备一定条件，呈请官署审核。其必要条件或为人的条件，或为物的条件，前者如营业人之年龄、性别、资格、信用及技术经验等是，后者则营业资产、场所及设备等是也。（3）呈报营业，其开始本任于营业人自由，特开始时须呈报主管官署而已。此之呈报，与上述声请许可，性质不同，受呈报之官署，非有许可或拒绝之权能，只因其营业于某等点上，亦有加以监督之必要；乃于开始时命负呈报义务，以便主管官署得查悉其开始之事实耳。

（乙）开始以后之限制

不问许可或呈报营业，于其开始以后，依法令所定，有如下各种限制。（1）营业上使用人之限制。如需特别学识或技能之营业，其营业上之使用人，须具有一定之资格者，始得使用之。（2）营业场所及设备之限制。凡营业场所之构造，及其内部之设备等，除为营业许可之条件者，须于营业开始前具备外，其他随时应具备者，得随时命其完成设置之。（3）营业上行为之限制。关于营业上行为之限制，依营业种类如何，其揆不一，如有害卫生物品买卖之禁止、欺妄公众行为或不正广告之取缔，及交易价格或报酬之限制，皆属于此。又输出入商品之检查，及占买惜卖等激起市场价格变动行为（暴利行为）之取缔，亦属于此。（4）遵从监督之义务。凡营业上各种限制，其营业人有无违反情事，主管官署，须不断加以监视，其方法或依法令命为簿据之设备及记载，或命为营业状况之报告，或由主管官署派员莅场检查。对于此类监督，营业人有遵从之义务，如违反其义务，或有其他不正行为时，主管官署得科以处罚，或停止或禁止其营业。

营业警察，其目的虽在维持社会秩序，杜防社会危害，而其所防止危害之种类，不能相同。有为防止风俗上之危害者，如娼妓营业、公共娱乐场所、茶肆、浴堂等营业之警察是。有为防止卫生上之危害者，如药品营业，及饮食物器等营业之警察是。有为防止交通上之危害者，如车马营业，及船舶运输业之警察是。有为防止国民经济上之危害者，如工商业、农林业、畜牧业及渔业、矿业之警察是。有为防止公安上之危害者，如出版业、危险物品营业及其他有关公安营业之警察是。以故营业警察，涉于各区域之警察，在叙述上不能纳入于任何之一区域。本项所述，姑以有关公安之营业为限。有关公安之营业，除出版业及危险物品营业，已于前述外，尚有次述各种。

第二　典当业

典当业者，收受质押物品，而为金钱贷与之营业也。我国习惯，典当向分典、当、质、押四种，大抵以典之资本最大，满当期限最长，利息最轻，而质贷之额亦最高，当次之，质又次之，而以押居最后。第因时代变迁，地域暌异，此等名称，已无严格区别，尤其典之一种，在起源上其质贷之额，并无限制，至于今日，实际已不存在，如江苏之典当业，仅有次之三等，即一等公典，俗谓之当，二等公典，俗谓之质，三等公典，俗谓之押。（依照帖捐分等。）以此言之，其典当业，只有当、质、押三种，而典为三者之通称。若广东之典当业,则又异趋,无典质之名,而分典当为按店、押店及小则、小按四种,大抵依应纳税额之轻重而分等之。(参照广东省财政厅修正公布《广东省征收典税现行章程》,十五年同厅公布《小则小押章程》。)此外,各地方尚有代押一种,设于乡曲市镇,领用典当之款以作资本,将押后之货,再转押于典当,而典当得借此以运用其剩余之资金,盖犹普通商店之代理店也。

以物为质,贷与资金,在营业者固可以抵押放款,运用资金,在借资者,亦可质借资金,用济缓急。尤其今日社会,平民银行及信用合作社等组织,尚未发达,信用薄弱者欲得融通资金,非赴典当不可,故典当实有贫民金融机关之称。然此种营业,其弊亦有可言者,乘人迫切、重利揞克、滥收赃物、培养盗风,他如污染传染病毒物品,亦以是为容纳之地。凡此等等,即莫非影响于贫民生计,社会治安。故对于典当业,警察上亟宜加以取缔,我国现有取缔《典业法规》,一般任于地方法令规定,兹择其可为代表者数种,略述如次:

(一)营业之许可

营典当业者,第一须有相当信用,始克其望荷负各种义务。故其开始经营,须使呈经官署许可。依江浙两省《典当营业规章》所定,商人合资或独资开设典当者,应具呈请书,由官署验明资本,核准登记,领取营业执照,方准开设。(二十一年《江苏省当典营业规则》第二、三条,十七年《浙江省典当业暂行条例》第二、三条。)

(二)关于典当契约之限制

典当契约为民事上之质契约,其订定本任于当事人之自由,但为保护当户起见,设有若干限制。(1)典当业应将质物利息满当期限、营业时间及损失赔偿法等,揭示于营业地方公众易见之处。(2)当物眼同公平估值,不得扺当信当。(3)典当收质物件,应随时掣给当票,填明物质、花色、当本、日期。(4) 典当所取息金,不得过按月二分。(5) 受典货物,以十八个月为满期,过期不赎,得由典商估变。但当户不愿货物满当,准其按月上利,依期保留。(6) 当户交足本利,应听将货物赎回,不准留难。(7) 当息准以月计,但经过第一个月以后,取赎逾期在五日以内,不得收息。此外,关于兵灾盗劫、大水邻火,或失窃及自行失慎,致当物有损失时,应如何赔偿,亦有特别限制。(参照同上江浙《规章》各条。)

（三）收受赃物之取缔

盗贼行劫,所得赃物,例以当铺为其销纳尾闾。故当铺滥收赃物,实足助长盗贼之根源。然政府对于典当收受当物,如能加以严格监察,亦足用为破获盗案之根据。以故各国典当立法,对于收受赃物一端,莫不设有详密规定。其大要如次:(1) 典商不得在店铺以外为典当营业;(2) 典当物件非经确认该当户有出典权,不得受典;(3) 对于居所或住所不明之人,不得受典物件;(4) 每日受典物件,必须记明号码,登记簿册,其号码并须与当票号码相符;(5) 每日受典各物,均须开具详单,呈报警察机关;(6) 所当物件,发见有犯罪或不正之嫌疑时,应即报告警察机关;(7) 警察机关对于有犯罪嫌疑之当物,得随时莅场检查,并于一定期间内,将其物件缴存,待侦查判决,验明货色及重量相符,将其发还原失物主;(8) 赃物既经发还后,除向原当户请求赔偿损失外,不得向原失物主索还本利。我国现有地方法规,关于检察盗犯一端,几未加以严格限制,而警察机关在平时,似亦不为积极的监视。以如此放任之态度,而欲清除盗风,乌乎可得？立法上亟宜另加增订之。

（四）收受污染病毒物件之取缔

为谋防止传染病传播起见,对于典当收受污染病毒物件,亦应有所限制。按之外国法例,凡污染病毒物品,非经消毒,典当不得受当。警察机关认为未经消毒时,得命其施行消毒,否则将其物品没官。认为有污染病毒之嫌疑时,得随时检查当物,并为必要之处置。关于当物防疫,我国旧习向不注意,现有地方法令,亦未加入规定。

第三 旧货业

旧货业者,买卖交换旧货之营业也。所谓旧货,曾经使用或经多次转手之货物,如旧衣、破布、铜铁废屑、用旧器具,以及一切利用废物改造之物品,均属之。我国社会,旧货营业,亦颇发达,如挂货铺、古衣铺、古玩铺、旧书画铺以及买卖零碎物件之旧货摊担等,大小城市,随在有之。此种营业,与上述之典当业同,亦难免收受盗物,或有犯罪嫌疑及污染病毒之物。为保持社会安宁起见,警察上亦应严为取缔。唯其营业关系中,并无处于弱者地位如当户者之存在,保护弱者利益一层,于此则无须规定耳。

取缔旧货营业,各地方法令所定,大体尚形完密,且属大同小异,兹举上海一处为例说明,其余类推。凡为旧货业者,应具声请书,呈请核准登记,方得营业。在营业上应负如下各项义务:(1)不得收买军用及一切违警物品,如有持此类货物求售者,须立报该管警署或就近岗警;(2)收买时真知卖主有处分此物之权,方可接买,如认为来路不明或其形迹可疑者,应立即报告警察;(3)如遇该货物之种类样式,与警署抄送之盗窃或遗失物件失单相符,须立将人物扣留,报警拘办;(4)须自备登记簿,将收买货物年月日及物主姓名住址、件数价目,逐日详登,以备该管警署调查。

其次,关于卫生清洁方面,各旧货业,须负下列各项义务:(1)所有用具及墙壁地板,均须保持清洁;(2)堆置物件须绑扎整齐,其腐败发臭之物品,不得在店存贮;(3)货物之检理或摊晒,不得在门外行之,以重公众卫生;(4)不得兼营饮食物营业。(十九年十二月《上海市公安局卫生局取缔旧货营业规则》。）

第四　夜市

我国各大都会，向有所谓夜市者，又称黑市。买卖货物，每于夜深至天未黎明之时，暗中摸索，天明即散。卖者标明货物曰拍卖，买者利其价值之低廉，趋之若鹜。此种营业，更不免有盗贼赃物，及伪造物品，攒杂其间，推其弊不唯贻害社会治安，亦且戕贼国民道德。故我政府已予通饬禁绝，不许开设。（十八年十月内政部咨各省通饬《禁止夜市案》。）

第五　佣工介绍业（中人行或荐人行）

佣工介绍业者，以引荐男女佣工于雇主为常业，而自居于保证人之地位者也。此种营业，居于主佣两者之间，沟进两者之供求，使佣人得获谋生之路，雇主得减操作之劳，诚两利之道，而社会不可缺之设施也。然投荐之男女，不免有罪人匿迹，或其他不法行为，潜在其间。警察上允宜加以取缔以杜弊害。关于此，各地方咸有单行规则颁行，兹择首都一处，述其大要如次。但将来《职业介绍法》施行时，应适用该法第三章之规定矣。

（一）开设之许可

凡开设佣工介绍所者，应向所在地警察局，领取申请书，照式填明，送请该管警局转呈警厅核发许可证书，如遇变更或歇业时，须将许可证缴销，不得任意转借。

（二）关于营业上行为之限制

招投受荐男女佣工，必须来历明白，并有亲友保证，无妥保及因劣迹退工之人，不得为之介绍。介绍佣工时，雇主得先使用三日，经双方同意定工后，由雇主按照佣工人第一个月应得工资之数，给予四分之一，并于佣工人第一个月工资之数，提取四分之一，作为劳金，不准额外需索。介绍哺乳工作时，应先由雇主验明乳汁，依照同一方法办理。介绍契约成立时，须填具警厅规定之二联介绍单，加盖介绍所图记，分别存留，及发给雇主一联。

介绍人对于雇主常处于保证人之地位，凡佣工有拐带潜逃盗窃财物等情事，应负查寻或赔偿之责。

（三）设簿登记之义务

佣工介绍所应遵照所定样式，设置登记簿甲乙两种，将被介绍人来历等项，详为登记。佣工人经雇主辞退，或自行告退时，须将退工实在缘由，详细注明登记簿内。

（四）不正行为之禁止

佣工介绍所不得有下列各款情事，违者分别处罚，或送法院办理，并取消其营业：(1) 引诱良家妇女卖淫，或容留娼妓止宿；(2) 引诱良家妇女为堕节之行为；(3) 买卖或介绍买卖及典押人口；(4) 串通佣工为偷窃之行为。（参照二十年三月公布《首都警察厅取缔佣工介绍所规则》）。

第六　旅店业

旅店业即招待往来旅客住宿之营业，如旅馆、饭店、酒店、客栈、宿店等均属之。此种营业，便利旅客投宿及社会交通，固属助益非浅，然营斯业者，有系地痞市侩，唯利是图，弊端百出，且往来旅客，良莠混杂，诡谲之辈，往往敛迹其间。尤其秘密结社及反动行为，时有发见在内。从维持公安上观察，固应严予取缔，即自风俗卫生等方面着想，亦有取缔必要。我国各地大小城市，类有是项取缔规定颁行。

（一）开设之许可

依《首都警察厅取缔旅馆规则》（十九年公布）所定：凡开设旅馆客栈

者,须将馆主及经理人雇伙等年岁、姓名、籍贯、坐落地址、门牌号数、资本若干、客房总数、有无眷属内住,详细开列,并取具三家以上铺保,连同开张执照费,一并报由该警察局,查明转呈本厅核准,乃得营业。如有迁移或更换股东、加添资本及转移他人接开等事,须报由本厅核准。歇业时则应连同执照,报由本厅注销。

(二)营业上之设施

(1)旅馆门首须悬挂字号招牌,夜间则以标灯代之,门内须悬挂旅客姓名牌,书明旅客之姓名、籍贯、职业、由何处来,往何处。(2)客室门首须编记号数。(3)客室之窗门须坚固,如旅客出外,须代锁室门,并须各异其匙。(4)房屋之价目及给付之日期,须揭示客房及账房内。(5)在旅馆外招接旅客之伙计或使用人,衣上须标明旅馆之字号,夜间并须持有标灯;当其在外招待旅客时,须带加盖该馆图记之招牌纸,并注明接待者之姓名,责成该伙计临时填明接收行李物品之数目,交给旅客;所接收之行李物品有损失毁坏时,应由旅馆负责赔偿。(6)往来各旅客须按日登记于旅客循环簿,呈请该管警局查验。

(三)对于旅客之处遇

旅馆经理人及雇伙等,对旅客不得有下列各款情事:(1)引诱旅客为不正当之行为;(2)欺侮旅客;(3)供给旅客以不洁之饮食;(4)需索旅客给与不当之金钱或其他物品;(5)旅客寄存行李物品于旅馆时,得请求经理人给予寄存证券,至领取后交还之,如寄存行李物品有损失毁坏时,应由旅馆负责赔偿。

(四)不正行为劝止或报告之义务

旅馆遇有下列事项时,应预为劝止:(1)夜间唱歌或喧哗而有碍他人之安眠者;(2)招致歌伶弹唱或留宿者;(3)有赌博类似赌博之行为者。旅馆遇有下列事项者须立报告该管警局:(1)带有军械者;(2)带有违警物品者;(3) 带有妇女或幼童迹近诱拐者;(4) 言语举动形迹可疑者;(5) 无行李强欲住宿者;(6) 妇女孤身投宿者;(7) 旅客入店时行李无多,随时渐见增加及任意挥霍者;(8) 留有行李物品不辞而去,越五日不知所往者;(9) 审知系未发觉之匪人或犯罪在逃者;(10) 以行李物品抵偿房饭金者;(11) 旅客有遗忘物品者;(12) 旅客患有重病或传染病以及死亡者;(13) 旅客未曾携带行李物品,出店去后遣人来领者;(14) 外国人到店住宿者;(15) 有不正行为不服旅馆之劝止者。(以上依照《首都警厅取缔旅馆规则》,又《违警罚法》第三三条第三、四款,第三四条第一项第三款,及第二项,设有制裁规定。)

第四项 其他特定行为

危害公安秩序之行为,应受警察上之禁止并制裁者,除上述外,在《违警罚法》中,尚有如次各款规定:

第一 妨害安宁行为

(1) 未经公署准许,制造或贩卖烟火者;(2) 于人烟稠密之处,燃放烟火及一切火器者;(3) 发见火药及一切能炸裂之物;不告知公安局所者;(4) 散布谣言者;(5) 于人家近傍或山村田野滥行焚火者;(6) 当水火及一切灾变之际,经公署令其防护救助,抗不遵行者;(7) 疏纵疯人狂犬,或一切危险之兽类,奔突道路,或入人家宅第,及其他建筑物者。(第三二条第一、二、三、五、六、八款。)

第二 妨害秩序行为

(1) 违背法令章程,营工商之业者;(2) 违背法令章程,开设戏园及各种游览处所者;(3) 婚姻、出生、死亡及迁移,不依法令章程,报告公安局所者；(4) 建筑物之建筑修缮，不依法分章程，呈请公安局所准许，擅兴土木，或违背公署所定图样者；(5) 死出非命或发见来历不明之尸体，未经报告公署勘验，私行殓葬或移置他处者；(6) 于私有地界外，建设房屋墙壁轩槛等类者；(7) 房屋及一切建筑物，势将倾圮，由公署督促修理或拆毁，而延宕不遵行者；(8) 毁损路傍之植木、路灯或公署物品者；(9) 于学校、博物馆、图书馆及一切展览会场，或其他供人居住之处所，聚众喧哗，不听禁止者；(10) 于道路或公共处所，擅吹警笛者；(11) 于道路或公共处所，高声放歌，不听禁止者；(12) 于道路或公共处所，酗酒喧哗或卧者；(13) 于道路或公共处所，口角纷争，不听禁止者；(14) 于禁止出入处所，擅行出入者；(15) 潜伏无人居住之屋内者；(16) 深夜无故喧哗者；(17) 借端滋扰铺户及其他营业处所者；(18) 经公署定价之物，加价贩卖者；(19) 凡夫役佣工车马等，预定佣值赁价，事后强索加给，或虽未预定，事后讹索，至惯例最高额以上，或中道刁难者。(第三三条第一、二款，第三四、三五条。)

第三　妨害公务行为

(1) 于公署及其他办公处所喧哗，不听禁止者；(2) 除去或毁损公署或公务员所发布告，尚非有意侮辱者；(3) 诬告他人违警，或伪为见证者；(4) 因曲庇违警之人，故意湮灭其证据，或捏造伪证者；(5) 藏匿违警之人，或使之脱逃者。(第三八、三九条。)

第四　妨害他人身体财产之行为

(1) 加暴行于人，或污秽人之身体，未至伤害者；(2) 以不正之目的，施催眠术者；(3) 解放他人所有牛马及一切动物者；(4) 漏逸或间隔蒸气、电气或煤气，未至生公共危险者；(5) 解放他人所系舟筏，未至漂失者；(6) 强买强卖物品书类，迹近要挟者；(7) 无故强人面会，或追随他人之身旁,经阻止不听者;(8) 无故毁损邸宅题志、店铺招牌及一切合理告白者;(9) 任意于人家墙壁或建筑物,张贴纸类或涂抹画刻者;(10) 在他人地内私掘土块石块,情节轻微者;(11) 采折他人之树木花卉或菜果者;(12) 践踏他人田园,或牵入牛马者。(第五〇至五二条。)

第五款　非常警察

第一项　概说

非常警察亦称非常保安警察(Außerordentliche Sicherheitspolizei),即有战争或其他非常事变时,所行保安警察之作用也。遇有战争或其他非常事变,单以通常警察之实力,不足以尽其任务,乃不得不赖于军力之使用,以资应付。故此时实以军队之权力行使警察之作用,所谓军政分离之原则,不得不行打破。然军令权通常仍在指挥统率军队,不得直接对于人民命令强制,仅于特定场合,得代行警察之作用,且仅得于必要之限度行之。我国法律上认有之非常警察,有戒严及军力之使用等各种。

第二项　戒严

戒严云者,遇有战争状态或其他非常事变发生时,对于全国或一地方,以军力戒备,并于必要限度,将国家统治权之一部,移归于军队掌管之谓也。因戒严之结果,统治权之一部,既移属于军事机关掌管,则人民之自由,必受甚大之侵害。故关于戒严之施行,各国宪法或法律中,恒有严格的规定。我国现制,则有《戒严法》(二十三年十一月二十九日国府公布)以厘定之。

(一) 戒严之宣告

宣告戒严之权,属于国民政府。凡遇有战争,对于全国或某一地域,应施行戒严时，国民政府提经立法院之议决，得依《戒严法》宣告戒严，或使宣告之。但战争之际，要塞、海军港、造船所或某一地域，猝受敌之包围或攻击等时，该地最高司令官，得宣告临时戒严。宣告临时戒严后，该地最高司令官应即呈请国民政府，依法追认。经其追认，乃为正式戒严，否则应即废止之。凡经宣告戒严该地最高司令官，应将戒严之情况及一切处置，随时迅速呈报国民政府及该管军事长官。（军事戒严。）

又国内遇有非常事变，对于某一地域，应施行戒严时，国民政府得不得立法院之议决，宣告戒严。各地最高司令官为应付非常事变，得宣告临时戒严，随请国府认可，并报告于该管军事长官。（行政戒严。）

（二）戒严之地域

宣告戒严，必于一定地域行之。军事戒严地域，有警戒地域与接战地域，前者指战争时受战事影响，应警戒之地域，后者指作战时攻守之地域。凡宣告戒严之地域，应于时机必要时区划布告之，并得应时机之必要变更之。其地域有变更时，如系临时变更，应由该地最高司令官呈请国府依法追认，并将一切情况及处置随即呈报国府及该管军事长官。

（三）戒严之效果

戒严所生之效果，因戒严地域而不同：（1）警戒地域。戒严时期警戒地域内地方行政官及司法官处理有关军事之事务，应受该地最高司令官之指挥。（2）接战地域。戒严时期接战地域内，地方行政事务及司法事务，移归该地最高司令官掌管，其地方行政官及司法官，应受该地最高司令官之指挥。其地域内关于刑事上下列各罪，军事机关得自行审判或交法院审判之：（一）内乱罪，（二）外患罪，（三）妨害秩序罪，（四）公共危险罪，（五）伪造货币有价证券及文书印文各罪，（六）杀人罪，（七）妨害自由罪，（八）抢夺强盗及海盗罪，（九）恐吓及掳人勒赎罪，（十）毁弃损坏罪。接战地域内无法院或与其管辖之法院交通断绝时，其刑事及民刑案件，均由军事机关审判之。但戒严时期军事机关所为民刑事件之判决，于解严之翌日起，仍得依法上诉。（3）国内非常事变时之戒严地域。在此戒严地域内，该地军事机关不得侵害地方行政机关及司法机关之职权。关于刑事案件，如认为军事有关，应施行侦查者，得会同司法机关办理。但侦查之后，仍交由司法机关依法取决。

在戒严地域内，不问其为战时戒严或国内非常时戒严，平时法律之效力，暂时停止，军事机关得不依法律而限制人民之自由。依《戒严法》所定，戒严地域内最高司令官，有执行下列事项之权：（1）停止集会结社，或取缔新闻、杂志、图书、告白、标语等之认为与军事有妨害者；（2）拆阅邮信电报，必要时并得扣留或没收之；（3）检查出入境内之船舶、车辆、航空机，必要时得停止交通，并遮断其主要道路及航线；（4）检查旅客之认为有嫌疑者；（5）因时机之必要，得检查私有枪炮、弹药、兵器、火具及其他危险物品，并得扣留或没收之；（6）接战地域内对于建筑物、船舶及认为情形可疑之住宅，得施行检查，但不得故意损害；（7）居住于接战区域内者，必要时得令其退出；（8）因作战上不得已时，得破坏人民之不动产，但应酌量补偿之。又在戒严地域内民间之食粮物品可供军用者，得施行调查登记，于必要时得禁止其运出。但必须征收时，应给予相当价额。

（四）戒严之终止（解严）

戒严因解严之宣告而终止。宣告解严前，纵戒严原因之战争或事变，业已敉平消歇，其效力仍不消失。唯戒严之原因消失时，应即宣告解散。自解散之日起，一律回复原状。

第三项　军力之使用

国内遇有非常事变，单以通常警察之力不足以镇压时，除应宣告戒严之情形外，尚有待于单纯军力之使用。我国军队，一般有国军与省军

(省保安团队)之别,其出动方式,略有不同,须为分别论之。

(一) 国军之使用

国军本为国防之目的而编成,维持国内治安,不过其附带之任务,故国军用于警察之场合,常因地方官署之请调而出动。我国现制,凡遇匪势猖獗或发生重大变乱,省军不敷调用时,得由省政府或省军长官咨调省内国军,或电军事委员会派遣国军协助之。(《省政府组织法》第五条第九款。)但遇情势急迫,不能候待地方官署之请求,驻在国军得依职权而处置之。(参照二十四年九月三日国府公布《卫戍条例》。)

以国军镇压事变,常依固有之组织,于其司令官指挥之下行之。地方官署虽有请调之权限,殊无直接指挥之权。故此时军队之行动,仍受军律之支配。然单纯军力之出动,与戒严情形不同,非因法律之委任,而取得行政权,不过以军队固有之权限,而为实力强制。凡与事变无关系之一般人民,殊不得强制之。

(二) 省保安团队之使用

省保安团队负有维持省内治安之任务。凡省内有匪氛未靖或发生变乱时,当然有职权以平定之。在平时其司令官尤应依地方情况划分管区,详定剿匪计划,分期实施。关于各省交界之防务,则须相互连络。剿捕匪盗时,得由各该省省政府会同邻省,分别妥筹防堵。各县政府因维持治安或剿办盗匪,得请求派遣。受其请求时,应即酌派,不得推诿拒绝。保安团队之出动,亦仅得对于扰乱原因人,使用实力,其他一般人,非其所得施行强制。

第四项　维持治安紧急办法

近年我国忧患频仍,全国军警自应整齐奋发,共为秩序之维持。唯公安之维护,各种法令虽已详有规定,诚恐禁制之条散见各法,执行者易于疏忽。我国府特于二十五年二月二十日，颁布《维持治安紧急办法》，使全国军警当局知所注意。对于蓄意危害社会国家之人，在动乱萌发时间，即得依以处理。

（1）遇有扰乱秩序、鼓煽暴动、破坏交通，以及其他危害国家之事变发生时，负有公安责任之军警，得以武力或其他有效方法制止。（2）遇有以文字、图画、演说或其他方法，而为前项犯罪之宣传者，得当场逮捕，并得于必要时，以武力或其他有效方法，排除其抵拒。（3）军警遇有妨害秩序、煽惑民众之集会游行，应立予解散，并得逮捕首谋者，及抵拒解散之人。（4）军警遇有前述之事变时，应将当场携有武器者，立即缴械及逮捕之，并得搜捕嫌疑犯。（5）明知为违犯本办法之人犯，而藏匿容留或使之隐避者，得逮捕之。（6）其所逮捕之人犯，应立即解送较近之宪兵队长官、公安局长、县长或检察官讯问后，分别情形，依法办理。

观上所列，凡所禁制，均属违反现行《刑法》及其他法令之行为，一切指示，均属公安机关依法应尽之责任。令布之后，应即严格施行，俾公众之安宁，以及恪守法律之人民，同得坚强之保障。

第二节　行政警察

第一款　概　说

行政警察，即附随于各种行政而行之警察作用也。国家行政之各区域，皆须警察作用相辅而行，尤其保育行政，有待于警察权之辅助，以完成其任务者，种类甚多。其主要者，计有风俗警察、卫生警察、交通警察、实业警察等四种。风俗警察即维持善良风俗之警察，卫生警察即保全国民康健之警察,交通警察即保持交通安全之警察,实业警察即维护国民经济健全之警察也。第此等分类,不过为大体上之区分,在实际上其间并无判然区别,而其种类亦不止于此之数种。他如为教育宗教等精神的文化之目的而行者,固亦有之。唯此等有关精神文化之警察作用,可于保育行政法中说明,于此可不详述。

第二款　风俗警察

第一项　概说

　　劝励社会风尚、提高国民道德,本属教化事业,而为保育行政之一部。然保持淳风美俗,祛除有害风化之行为,仍非援用国家之权力不为功,风俗警察即为此种理由而存在也。维持风俗之警察作用,表现于纷综错杂之社会各方面,在学理上甚难为有系统之论述。若从人、物及行为之三方面观察,固亦得以说明,然将有密切连系之社会事象,分别纳入于各别之区分中,反致紊乱吾人之了解。兹为便于读者理会起见,只从大体上参照事象之种类及性质,分项而说明之。

　　风俗警察法规,中央法令,规定尚少,遇有特别需要,得由地方官署制定规章以施行之。风俗警察之执行权,一般属于内政机关,就中属于保安警察执行机关之警察局所。

第二项　卖淫

　　女子以营利为目的,对不特定之男子为苟合之行为者,曰卖淫。以卖淫为常业,受公然之许可者,曰公娼;秘密卖淫者,曰私娼,亦称暗娼。总之,卖淫为女子之丑业,国家为维持风俗及卫生计,对于卖淫固应禁止,即自人道上着想,亦有禁止必要。挽近社会,对于废娼运动,呼声甚高,以为国家许可公娼,不啻奖励妇女之堕落,而剥夺其人格。然卖淫于人类之本能上及社会经济上,均有强有力之根据,一时欲求禁绝,甚难达其目的。为今之计,只得一面认许公娼,从而加以严格的取缔,一面禁止私娼,使其弊害减至于底线耳。

(一)公娼

(甲)营业之许可

娼妓营业,无论开设妓馆,或女子落入娼籍,均须请求许可。(1)开设妓馆者,应具声请书,载明下列事项,向该管警察机关请求发给许可证书,方得开设:(一)呈请者之姓名、性别、年龄、籍贯;(二)妓馆班名;(三)开设地点、门牌号数、房屋间数;(四)娼妓人数、姓名、年龄、籍贯等。经核准后,应系妓馆等级,缴纳一定证书费。(2)女子请求为娼妓者,须年龄十六岁以上,用书面黏附相片,开具下列事项,呈请该管警察机关审核,并检验体格,认可后,发给营业执照,方得营业:(一)姓名、年龄、籍贯;(二)已否婚嫁;(三)有无父母、翁姑,及其姓名、籍贯、职业;(四)请求为娼妓之理由;(五)请求为娼妓营业之妓馆班名;(六)现在之生活状况;(七)以前曾否为娼妓等。领有营业执照后,应依娼妓等级,按月缴纳警捐。

(乙)营业地区之限制

关于娼妓营业区域,立法上有二不同制度,一曰集娼,使其圉居一处(游廓主义),一曰散娼,任其杂居各方。二者之间,互有得失,唯就警察上取缔而论,似以前者为优。盖此种营丑业人,若令其与善良者杂居一处,则薰莸同器,易染恶风。且欲检查花柳等病,亦较难于施行。故现今各国,多采集娼制度,我国地方法例,大体亦然。即娼妓营业处所,均以该管警察机关指定之区域为限。

（丙）娼妓营业及废业自由之保护

娼妓与他人之关系,应分两方面观察:第一,娼妓于特定场合,对某游客约定为卖淫之行为,是为卖淫契约。第二,娼妓与妓馆间约定于一定期间,入馆营业,是为娼妓入馆契约。娼妓入馆契约与卖淫契约,均为私法上之契约,其订立与否,应任于本人之自由,而其契约有效与否,则须依照私法定之。唯娼妓与馆间所订契约,如人身卖买或诈欺强迫情事,在所不免。为保护娼妓入馆及废业自由起见,各地方法规中恒有特别规定。凡开设娼馆,收受娼妓,必须来历清楚,出于自愿,不得有贩卖诱拐及威迫虐待情事。娼妓本人得以自由意思,选择配偶,或随时呈销营业执照,或入济良所。

（丁）其他营业上之监督

妓馆门前应悬挂班名灯,娼妓服装应有特殊标识。妓馆不得纵令娼妓在门外延揽生意,及纠缠过客。娼妓应受定期或临时检验。妓馆如有迁移、更换班名、歇业,妓女如有移往别馆,或回籍及其他情事,应随时报告该管警察机关。营业者如有违法或危害社会情事,该管警察机关得勒令停业歇业,或科以处罚。（以上参照二十三年《江苏省取缔娼妓规则》,《前广州特别市公安局取缔妓馆妓艇及娼妓规则》等。）

（二）私娼

秘密卖淫,属于绝对禁止,既见前述,依《违警罚法》所定:暗娼卖奸,或代为媒合,及容留止宿者,处十五日以下之拘留,或十五元以下罚金,召暗娼止宿者亦然。（第四三条第三、四款。）

第三项　公共娱乐场所及剧本电影歌女

第一　公共娱乐场所

公共娱乐场所,即指各种戏院、电影院、说书场、歌舞场、清唱茶社及其他有同类性质之场所。对于公共娱乐场所之取缔，涉于保安卫生风俗之各方面，就中尤以与维持风俗有关者占最重要。依法规所定，其取缔内容，计有开设之许可、艺员之登记、游艺项目之限制、安全卫生之设备及其他妨害风俗行为之禁止等各项。

（一）开设之许可

开设公共娱乐场所者，须依法定程序，呈请该管警察机关核准，发给许可证书，方得开业。此项证书不得转让，歇业之日，应即缴销。如遇更换股东或有转顶及迁移情事，应另呈请许可。

（二）安全及卫生之设备

关于公共娱乐场所安全卫生之设备，除其场所建筑已于前述外，营业人应特别注意，而负有设施之义务者，尚有如下各项：(1) 场内应装设消防救火器具；(2) 在营业时间，大门、侧门、太平门，均不得加锁，或在傍堆积杂物；(3) 厨灶及易惹火患之处，须为适当防备；(4) 场内空气务使流通，于必要处所设置换气器，并于一定时间间隔，开启窗门；(5) 场内须保清洁，并多设痰盂；(6) 于适当地方，分设男女厕所，勤加洗扫，并随时洒用消毒药水。

（三）其他取缔事项

此外于风俗上及公安上应加取缔事项，尚有如下各种：(1) 每日营业时间除呈准延长外，至迟不得过下午十二时；(2) 门票及各游艺之价目，须明白揭示，不得额外多取；(3) 场内不得容留外人歇宿；(4) 未经公安机关允许，不准借于他人在场内集会或讲演；(5) 在场内有不法之行为者，应由场内负责人员随时报告警察机关。（以参照二十年三月二日《首都警察厅取缔公共娱乐场所规则》第三、四条，十九年十月十四日，《上海市公共娱乐场管理规则》第七、八、九条，十七年四月公布《杭州市取缔公共娱乐场所规则》第六、十一条。）

第二　剧本歌曲之检核

公共娱乐场所演唱之剧本歌曲,应先呈请该管机关(在首都为警察厅,在上海为市社会局)核阅,经核准后,方得演唱。凡游艺内容,有下列情事之一者,不得表演:(一)违背党义或有伤国体者,(二)妨害风化或有害公安者,(三)有悖人道或提唱迷信邪说及封建思想者。各场所在表演时,该管机关得派员视察,并随时指导纠正。经核准排演之游艺,如发见与原声请书所载,有违背或不符之处,得予制止续演。(参照同上《首都规则》第九、十条,同上《上海市规则》第三、十二条。)

第三　电影片之检查

电影片无论本国制或外国制,均须由持有人于发行或映影前,备具声请书及详细说明书二分,连同本片请电影检查委员会(由内教两部派员组织)检查,以其核准,发给准演执照,始得映演。凡影片内容有下列情事之一者,不得核准:(一)有损中华民国之尊严者,(二)违反三民主义者,(三)妨害善良风俗或公共秩序者,(四)提倡迷信或邪说者。电影准影执照,其有效期间为三年,期满后,应另声请检查。在有效期内如变更名称或节目时亦然。已准演之电影片,于映演时如发见有轶出原核准之范围者,得由当地教育主管机关,即予禁止映演,并请检查委员会撤消其准演执照。(十九年十一月三日国府公布《电影检查法》,二十年二月三日行政院公布《电影检查法施行规则》,二十一年内教两部会同核准公布《各地教育行政机关会同警察机关稽查电影办法》。)

第四　歌女

兹之所谓歌女,泛指在各茶社及游艺场所,以清唱、说书及化装演唱为常业之女子。此类女子在各种场所演唱,于各场所方面,固用以招徕宾客,而其本人实具营业性质。故警察上亦应以有关风俗营业之一种而取缔之。依各地方法规所定,其开始营业,须呈请警察官署许可,在营业中,须受警察上之限制,尤其次列事项,应受取缔:(1)在演唱时不得有狎亵之言语举动,或放荡之姿势;(2)不得兜客点戏;(3)寓所不得容留游客;(4)不得卖淫。以上各端如有违反情事,除依《违警罚法》处断外,并得酌令停业歇业或责付亲属妥保。(十九年九月公布《首都警察厅取缔歌女办法》,《广州特别市公安局取缔演唱瞽姬简则》。)

第五 跳舞场

跳舞之风,尚自欧美,原为正当娱乐之一种。唯我国社会无是习惯,若遽移入,易使青年男女,竞相迷醉,留连忘返。我政府为防止民德堕落、民力消耗起见,业经通咨各省市政府,查禁是项营业。(参照二十年十月内政部咨各省市《查禁营业跳舞场案》。)

第四项 其他有关风俗之营业

除前述外,其他有关风俗之营业,于我国社会中,当以茶肆、酒楼、酒排间、浴堂等为最主要。此等营业之取缔,概为地方法令所规定。

(一)茶肆酒菜馆酒排间及咖啡店

此等营业大抵皆以一定设备,而供给饮食物于顾客。关于卫生方面,应受饮食物及饮食器警察之取缔。至于风俗及其他方面,各地方法令中,类有如次各项限制:(1)开始营业,须受官署许可;(2)不得容留外人止宿;(3)不得招客聚赌抽头;(4)不得售卖违警物品;(5)有形迹可疑之顾客,应即密告岗警或该管局所;(6)每日营业时间,应依该管机关之所定。

（二）浴室

浴堂营业，于风俗及卫生上均有关系，地方警察法令，多定为许可营业，并取缔下列各项行为：(1) 男女浴堂应各分设；(2) 浴堂临街窗户，可由外窥见浴池浴盆者，应设木斗遮蔽；(3) 浴堂内雇用工人，应各着中衣，以蔽下体；(4) 浴室应用物件，应常保持清洁，手巾擦布，常用胰碱煮洗；(5) 浴堂之门窗，应按天时寒暖，酌定启闭，务使空气流通；(6) 对于患有疮疾或其他传染病者，应阻止其沐浴；(7) 沐浴之人有下列行为者，应阻止之：(a) 高声唱歌，(b) 任意涕唾，(c) 以擦布手巾擦拭下身，(d) 于限定期间外任意留滞。

第五项　其他有关风俗之物

（一）文书图画及广告招贴

有害风俗之文书图画，其印刷发行，一般为《出版法》所绝对禁止，已见前述。此外，于风俗警察法规中，亦有若干取缔规定。尤其猥亵诲淫传布迷信之书籍画片，如在码头、车站及茶肆等处见有秘密兜售者，警察机关得扣押处置之。

广告招贴，乃接触公众观感之物，在警察上亦应加以取缔。除登载于新闻纸之广告，应受《出版法》之限制外，其他分送散发、张贴悬挂、涂饰建造，以至水陆游行者，各地方法令中别有取缔规定，或令揭布人先将底样送请警察局核准，或限定场位许其张贴建造，或规定限界任其悬挂，或限定期间与时刻，许其游行。以上各端，如有违反情事，除撤去其广告外，并得科以罚锾。（参照十八年九月公布《杭州市取缔广告规则》，《广州市取缔广告违章惩罚规则章》。）

（二）淫祠

各省所盛设之淫祠，有张仙、送子娘娘、财神、二郎神、齐天大圣、痘神、瘟神、玄坛、时迁庙、宋江庙、狐仙庙等。此外,尚有巫觋之流,假托木石鱼龟等类,惑人敛钱,甚且开堂收徒,夤缘为奸,实属有害社会。各地方行政长官,应随时查考,如查有淫祠性质之神,一律从严取缔,以杜隐患。(参照《神祠存废标准·淫祠类》。)

第六项　其他有关风俗之行为

有害风化之行为,为法令所禁止或限制者,除上述外,尚有如次各种:

(一)酬酢之限制

吾国自海通以还,淳朴之德日漓,侈靡之习日长,举凡婚丧之庆吊、岁时之馈遗、朋类之宴会,无不铺张扬万,踵事增华,浸至风俗日渝,人欲愈险,瞻念前途,不寒而栗。内政部有鉴于此,拟有限制社会酬酢办法,通咨各省市酌量规定,具体实施。按该办法规定:(1)馈赠及宴会限于婚丧庆吊,六十以上寿辰,联欢祖饯等项,其他一律禁止。(2)婚丧庆吊,发放请帖与讣闻者,以近亲为限,不得借端滥发,尤不得借为敛财机会。(3)宴会馈赠,应力事俭约,每筵席至多不得过十六元,礼物不得过十元。(4)本办法,凡人民一律遵守。(参照二十一年一月内政部咨各省《限制社会酬酢以裕国民经济案》甲项。)

(二)蓄婢之禁止

养婢蓄奴,早已悬为厉禁,乃私家蓄养,至今未已。甚至买卖典质,视同物品,贱视凌虚,不如牛马,既乖人道,尤触刑章,我政府迭经令饬禁止,严予法办。(参照十七年二月二十四日国府发布禁令,二十年三月内政部通饬各县案,二十一年九月内政部颁布《禁止蓄奴养婢办法》。)二十五年一月二十二日,内政部复颁《禁止蓄婢办法》,凡以慈善关系或收养养女名义,蓄养婢女者,均依本办法禁止之。

(三)严禁女子穿耳带环(十七年八月内政部通饬。)

（四）禁蓄发辫及禁妇女缠足（参照十七年五月十七日内政部公布《禁蓄发辫条例》，及十七年五月十日《严禁妇女缠足条例》。）

（五）卜筮星相巫觋堪舆之废除

吾人前途幸福，全靠自己努力，断非痴心妄想、求神问卜，所能测知。我国社会，迷信命相神鬼之说，由来甚久，濡染甚深，尤其卜筮星相巫觋堪舆者流，专事传播，迷惑人心，误人前途，其害不可胜言。我内政部为求根本革除，颁有《废除卜筮星相堪舆办法》（十七年九月二十二日公布），除禁止各地方丧葬婚嫁及患病之家，一概不得雇用此等人祈让占卜外，并令各地方官各督饬警察机关，对此类传布迷信之人，限期令改他种正当职业，如逾期仍有违抗者，由警察机关强制执行。如歇业后无正当职业者，收入地方设立之工场，或令其担任相当工作。其确系老弱残废者，收入地方救济院，或另筹相当办法。

（六）其他特定行为

依《违警罚法》所定，下列各款行为，悉应处罚：(1) 于道路或公共处所，为类似赌博之行为者；(2) 于道路或公共处所，赤身露体，及为放荡之姿势者；(3) 于道路或公共处所，为猥亵之言语举动者；(4) 奇装异服有碍风化者；(5) 演唱淫词淫戏者；(6) 污损祠宇及一切公众营造物，情节尚轻者；(7) 污损他人之墓碑者；(8) 当众骂詈嘲弄人者；(9) 当众以猥亵物加人身体，令人难堪者；(10) 于道路叫骂不听禁止者。（第四三条第五款、第四四条及第四五条。）

第三款　卫生警察

第一项　概说

国民之康健，为国家之重宝，一国文化之高下、国力之消长，胥于是系焉。故现今各国,莫不以保持增进国民之康健,为行政之主要任务。卫生行政,范围甚广,跨于保育行政与警察行政之两区域,而警察行政中,如建筑警察、营业警察及风俗警察等,亦同含有卫生行政之作用焉。兹所述,非包括一切范围之卫生行政,乃就警察权作用中,专为国民卫生之目的而行者,择要研究之。准此,卫生警察之作用,姑得别篇防疫警察、医药警察,及保健警察之三种。

卫生警察机关,在中央为卫生署,在地方为省市县政府,及自治机关。省政府之民政厅,市政府之卫生局或警察局,及县政府之警察局(或科)均地方卫生警察之主管机关。自治机关依法令亦掌卫生警察事务,凡在鄙部地方,尤赖乡镇公所以执行之。此外,为管理防疫事务,另于全国经济委员会卫生实验处之下设有中央防疫处及于卫生署下设有海港检疫管理处并各海港检疫所。

第二项 防疫警察

第一 概说

防疫警察(Seuchenpolizei)者,以防止及扑灭传染病为目的之警察作用也。传染病一般有急性与慢性之别,急性传染病,如伤寒、鼠疫等,传播迅速,为害甚烈,若不及时防止扑灭,足致减少人口,影响国力。且此类病疫,非个人之力所能防遏,必须依赖国家权力,随时干涉之。至于慢性传染病,如结核病及花柳病等,其毒害虽亦甚巨,而传播非若前者之速,若与前者施以同一预防方法,于行政上及社会上,均感不便。是以对于预防方法,依病疫种类而设有差别,以计行政之便宜,并重个人之利益。关于急性传染病之预防,吾国颁有《传染病预防条例》(十七年内政部公布),《铁路防疫章程》(二十一年六月四日铁道部公布)等。关于慢性传染病之预防中央法规，尚形简略，仅地方法中有少数规定而已。

第二　急性传染病之预防

（一）内地防疫

国内防疫方法，《传染病预防条例》中，设有一般规定，其主要点得分：（一）传染病之种类；（二）患者之发见；（三）隔离及交通断绝；（四）清洁及消毒方法；（五）患者尸体之处置；（六）其他行为或物件之限制。此外，对于天花一种，为其预防之计，另于《种痘条例》中，设有特别规定。

（甲）传染病之种类

当然适用《预防条例》之传染病，有下列九种（法定传染病）：（一）伤寒或类伤寒（Typhus abdominalis et paratyphus）；（二）斑疹伤寒（Typhus exanthematicus）；（三）赤痢（Dysenterie）；（四）天花（Variola）；（五）鼠疫（Pest）；（六）霍乱（Cholera）；（七）白喉（Dyphteria）；（八）流行性脑脊髓膜炎（Meningitis cerebro-spinalis epidimica）；（九）猩红热（Scarlatina）。

此外，如有其他急性传染病，认为有应依本《预防条例》施行预防方法之必要者，尚得由内政部临时指定之。（指定传染病。）

本《条例》以适用于法定或指定传染病之患者为原则，但其他同种类传染病之疑似症者及病原体之保有者，亦不免受其全部或一部之适用。关于此，本《条例》虽无直接规定，而观于第三条第二、三、四项，第八条及第十五条，同须受其适用，固无庸疑。

（乙）传染病之发见

为传染病之预防，应先自发见病毒入手，然后从事扑灭，以免病毒之传播散逸。发见病毒之方法，有被动的与自动的二种。前者即命特定人负其报告义务，俾防疫机关察知有病者之发生；后者则由防疫机关派员检诊，以求病者之发见。

(1) 义务人之报告

负有报告义务之人，一为医师，二为家属及其他特定人。（1）治疗疾病，诊断果为传染病与否，为医师之本职，非常人所能及。故以报告义务，责诸医师，最为便利，而实际上病疫发生之得知于医师之报告者，殆十居八九焉。医师于诊断传染病人或检查其尸体后，除应将消毒方法，指示其家属外，须于十二小时以内，报告于病者或死者所在地之管辖官署。（同《条例》第七条。）(2) 所谓家属或其他特定人，在家宅中，为病人或死者之家属或其同居人；在旅舍店肆或舟车中，为其主人或管理人；在学校、寺院、工场、公司及一切公共场所，并感化院、救济院、监狱及与此相类之处所中，为其监督人或管理人。凡患传染病及疑似传染病，或因此等病症致死者之家宅，及其他处所，其家属或其他特定人，应即延聘医师诊断或检查，并于十四小时以内，报告于其所在地之管辖公署。（同第八条。）

(2) 检疫员之检诊

有报告义务人，如能履行义务，绝无隐蔽，则行政官署于病疫之发见，诚无遗憾。但医师时或不免误诊，甚或怠于报告，而家属或其他特定人，则每不知其为何病，无从报告。凡此场合，欲求病毒发见，尚待官署为自发之措施。依《预防条例》所定：地方行政长官认为有传染病流行或有流行之虞时，得置检疫委员，使任各种检疫预防事宜，并得按必要情形，为下列各项处置：(1) 康健诊断，(2) 尸体检查（以上第五条第一款），(3) 临场检病（第十六条），(4) 舟车检疫（第五条第二项以下，并参照《铁路防疫章程》。)

（丙）隔离及交通隔绝

预防传染病，其手段要在除去病毒，及防止其传播。除去病毒，依清洁及消毒方法之施行,得达目的;而防止传播,则非依隔离处分及交通遮断,不能有效。隔离处分,即使患传染病人或有传染嫌疑人,与健康人相隔离之谓;交通隔绝,则对有传染病毒污染之虞之家屋或场所,禁止健康人踏入其中之谓。一系对人而为,一系对于处所而为,略有区别。此两者皆所以使康健人屏去不与病毒接触,借以防止病毒之传布也。

(1) 隔离

应为隔离之人有二种:一患传染病人,二有受传染嫌疑之人。(1) 对于患传染病人,施行隔离,殆无何等限制,凡经该管官署认为预防上有必要,即得将其隔离。(2) 对于有受传染嫌疑之人,施行隔离,在日期上设有限制,其日期应自消毒完毕日起,以次列定之:(一) 白喉三日;(二) 赤痢四日;(三) 霍乱五日;(四) 鼠疫七日;(五) 流行性脑脊髓膜炎及猩红热十二日;(六) 斑疹伤寒及天花十四日;(七) 伤寒或类似伤寒十五日。(同第一条及同条例《施行细则》第四条。)

其次,隔离处所,(1) 患传染病者之隔离,为传染病院或隔离病舍;(2) 有传染嫌疑者之隔离,常为隔离病舍。隔离病舍为临时设备,凡已施行消毒之屋舍或其他所适当处所,皆得充之。

凡人口稠密地方,应设立传染病院或隔离病舍,其设立及管理方法,概由地方行政长官,以单行章程定之。(同《条例》第三条。)

(2) 交通隔绝

应为交通隔绝之处所,为受有病毒污染之家,及市街村落之全部或一部。凡遇有霍乱、赤痢、斑疹伤寒及鼠疫等传染病发生,无论患病人是否死亡,受有病毒污染之家,或一市街村落之全部或一部,该管官署应于一定期间,实行交通隔绝。其隔绝期间,(1) 受有病毒污染之家,于其施行消毒方法未完毕之间;(2) 市街村落之全部或一部,其隔绝期间亦准此。(同第五条第二款及同条例《施行细则》第三条。)

(丁)清洁及消毒方法

清洁及消毒方法，所以清除传染病毒，驱除传播病毒之媒介物，为预防上之重要手段，自无待论。（1）凡传染病人之家宅及他处，其病人以外之人，无论已否传染，均应服从医师或检疫防疫官署之指示，施行清洁并消毒方法。（同《条例》第九条。）（2）地方行政长官，认为有传染病预防上之必要时，得于一定之区域内，指示该区域之住民，施行清洁及消毒方法。（同第二条上段。）上项情形，在已办自治地方，其施行应指示自治机关行之。（同条下段。）

(1) 清洁方法

清洁方法，其目的在排除土地家屋之污秽及其他传播病毒之媒介物。凡患传染病者之家，须注意清洁，并加以扫除，地面之尘芥及其他不洁之物，应取出烧弃之。井户、厨房、便所，或尘芥堆积之处，须于施行消毒后，加以扫除。于必要时，并应修理或浚治其井，及为蝇之驱除。对于斑疹伤寒之传染病，须行虱之扑灭；患鼠疫等传染病，须行鼠族及蚤之搜除。此外，对于沟池，不可滥行淘浚，必要时须投以石灰，然后淘浚之。沟池之污泥秽物，须投弃于不害公众卫生之场所，或烧毁之。（十七年十月内政部公布《传染病预防之清洁及消毒方法》第一章。）

(2) 消毒方法

消毒方法，以消灭绝灭病毒为目的，其方法有四：一烧毁，二蒸汽消毒，三煮沸消毒，四药品消毒。（1）凡传染病人或尸体所用之被服、卧具、布片、便器，并其他污染病毒不能再用之器具，以至病人之吐泄物，均宜烧毁之。（2）衣服卧具类及一切丝棉布麻毛织物，以至玻璃器、陶器、磁器及其他矿制品、木制品等，堪耐蒸汽者，可用蒸汽消毒。蒸汽消毒须用流通蒸汽，并须驱逐消毒器中之空气，使于一小时以上，接触摄氏百度以上之湿热。（3）上列适于蒸汽消毒之物，概适于煮沸消毒。煮沸消毒须将消毒之物品,全部浸入水中,俟沸腾后煮沸三十分钟以上。(4)最后,药品消毒,其所用之药剂,或为液体药物,或为气体药物,前者即石炭酸水、升汞水及生石灰是,后者即佛尔麻林及二氧化硫是。

凡患者之尸体,供患者或尸体用之衣类卧具搬运器,看视病人或其他接触病毒者及其使用之衣类卧具,患者之饮食物残渣,并其所用之饮食器具、书籍、玩具,病室之铺设物侧壁等,不问所患为何种传染病,应一律施行消毒。各种传染病消毒时应分别注意之事项,及消毒方法之具体应用,《清洁及消毒方法》中,尚有详细规定,兹不尽述。(参照同上《方法》第二章。)

(戊)患者尸体之处置

传染病患者之尸体,乃病毒生息之渊薮,对其处置,若不加以限制,将使病毒散布四方,贻患无既。现行法中就其处置,设有次之规定:(1)患者之尸体,非经该管官署之许可,不得移至他处。(2)于施行消毒方法,经医师检查及该管官吏认可后,须在二十四小时以内,成殓或埋葬之。(3)埋葬地须离城市及人口稠密之处三里以外,掘土须深至七尺以上,埋葬后非经过三年,不得改葬。(4)死体受毒较重者,该管官吏认为预防上确有必要时,得命其火葬;其家属怠于实行时,得代执行之。(5)已殓葬及将殓葬之尸体,如有传染病嫌疑,该管官吏就其尸体及家宅并一切物件,得为相当之处分。(同《条例》第十二条至第十六条。)

(己)其他行为或物件之限制

除上述外,地方行政长官,认为有传染病预防上之必要时,得施行下列事项之全部:(1)限制或禁止集会、演剧及一切人民集合之事。(2)衣履被服及一切能传染病毒之物,限制或停止其使用、授受、搬移,或径废弃其物件。(3)凡能为传染病毒媒介之饮食物,或病死禽兽等肉,禁止其贩卖授受,或废弃之。(4)凡船舶、火车、工场,及其他多数人集合之处所,命其延聘医士,及为其他预防之设备。(5)施行清洁及消毒方法时,对于自来水源、井泉、沟渠、河道、厕所、污物及渣滓堆积场,命其新设或改建,或废弃或停止其使用。(6)传染病流行区域内,以一定之时日,禁止其附近之捕鱼、游泳、汲水等事。上二款情形,对于市街村落之全部或一部,停止其所用之水,或禁止汲水时,于停止或禁止期间内,须由他处供给其用水。(7)施行驱除鼠蝇方法,及关于驱除鼠蝇之设备。(同《条例》第五、六条。)

(庚)种痘

预防天花之发生,尤以接种牛痘最安全而有效。盖痘疮有免疫性,既经接种,于相当期间(大约四五年间),得免除天花之感染也。种痘制度,有强制的与任意的二种,前者以国家权力,强使人民接种,后者接种与否,任于各人自由。现今多数国家,采行强制主义。我国现行《种痘条例》(十七年九月内政部公布),亦同于此。依该《条例》所定,种痘分定期与临时二种。

(1)定期种痘

定期种痘,分两期施行,第一期为自出生满三月后一年以内,第二期为六岁至七岁,概于每年三月至五月,九月至十一月之时期内行之。其逾期未种者,得限期令其补种,既种而未出者亦同。每届种痘时期,由各市县主管卫生行政机关,依管辖区域之广狭,人口之多寡,分设种痘局,并将必要事项,于定期十日前公布之。(第二条至第五条。)

(2)临时种痘

临时种痘,乃有传染病流行时之特别种痘。为防止天花,应行特别种痘时,得由各市县主管卫生行政机关,指定受种者之范围及日期施行之。(第六条。)指定受种者之范围,即指定一定地域,令其地域内之居民受种,或限一定年龄,命在此年龄以内者受种是也。

对于未成年人使受种痘，为其父母或监护人及其他保育责任人之义务。非因疾病或其他正当事由，不于种痘期内痘种者，除令其补种外，得科以十元以下之罚金。（第九条。）

履行种痘义务，无论受公种痘或私种痘，均属有效。为其证明计，种痘局对于受种者，应填给种症书；别经医师种痘者，其医师亦然。（第七、八条。）

（二）海港检疫

传染病除由国内发生外，每由国外输入。为杜防其输入计，应对于自国外入境之舟车及航空器，施行检疫。（参照《传染病预防条例》第二二条。）我国现制，仅对外来船只，颁有《海港检疫章程》（十九年八月二十八日前卫生部公布），其他火车检疫及航空检疫，尚无详密规定。兹先述海港检疫如次：

应施检疫之传染病如次：（一）鼠疫；（二）霍乱；（三）天花；（四）斑疹伤寒；（五）黄热病。他种传染病，于必要时，尚得由卫生部（现时为卫生署）以部令（署令）指定之。（《海港检疫章程》第七条。）

凡下列船只，于抵港时，均应受检查：(1) 所有来自国外海港之船只，但特许免检者除外；(2) 所有来自疫区之船只；(3) 船上发生传染病之船只，或自最末次检查后，船上发生死人之船只。（同第十四条。）

但次列船只，于某种协商或限制之下，依检疫所所长之呈请，得由卫生部（署）免施检疫之全部或一部：(1) 兵船；(2) 航行于国内各海港间，或航行于国内海港与国外邻近海港间之船只；(3) 特别船只或某类船只。（同第五八条。）

除上述外，关于污染病毒及有污染嫌疑船只之发见，船只人员及货物之限制或隔离，以及污染病疫船只或尸体之处置等，该章程中均有详密规定，兹不细述。

（三）航空检疫

目今航空交通，渐形发达，为防病疫侵入，对于来自国外之航空器，亦应施行检疫。现行《临时特许外国航空器飞航国境暂时办法》，规定入境之航空器，须服从中国政府空军之指挥，尤其须受中国派员之检查，及降落地税关及军警之检验。视此，则航空检疫，得由检查人员合并施行之。

一般而言，航空检疫之方法，及对于污染病疫或有污染嫌疑航空器之处置，与海港检疫，大体应属相同，唯前者其施行，须稍迅速而简便。关于此，立法上宜另详定之。

第三　慢性传染病之预防

慢性传染病，在行政上应施特别预防者，有如次各种：（一）结核病；（二）麻风病；（三）花柳病；（四）砂眼。

（一）结核病

结核病有肺结核（肺痨）及喉头结核等各种。此等疾患，自昔已知为最执拗之恶疾，然不知其为传染病也。自德人柯霍（R. Koch）氏发见结核菌后，始知为慢性之传染病，且其为害较急性者为尤大。盖急性传染病，虽甚剧烈而可怖，唯其剧烈可怖，预防亦较注意，而因预防方法之进步，已有逐年减少之趋势。至结核病，则以慢性之故，预防较为疏懈，因而患者死亡之多，远在急性传染病之上，且前者遗族所受之损害，亦非后者之比。以结核病疗养需时，费用浩大，中产以下级阶，鲜不因于陷于穷困，而间接于社会经济上，亦贻莫大之惨害也。

预防结核病之方法：第一，须减少与病毒接触之机会；第二，增大身体之抵抗力，不致为病毒感染，即或感染，亦务使止于潜在状态；第三，若发病时，一方应加适当治疗，同时防止他人传染。为达第一目的，行政上须取缔在街头或多数人集合之处所,任意吐痰;限制患者之住室或其使用之物品,非经消毒,不许他人使用;及禁止患者从事于一定职业,并将重症者收容于病院(隔离)。为达第二目的,除奖励体育,及为虚弱儿童,设立林间学校并保养所外,应注意营养、衣服及居室,限制工作时间,及防止都市煤烟之飞散。最后,为达第三目的,须设肺病病院或疗养所,施行康健诊断,及充分清毒。唯预防上禁止患者从事一定职业,或令其入所疗养,对于不能维持生活者,国家尚宜补给费用,方能推行无阻耳。关于结核预防,我国中央法令中犹无详明规定,必要时概委诸各级地方行政机关,制定取缔规则,并设立疗养所,以施行之。(参照十八年十月前卫生部颁发《市卫生行政初期实施方案》第六目第四条。)

(二)麻风病

麻风病为最慢性之传染病,其潜伏期极长,此病上身,鲜有药石可以救治,实至危险而至可恶者也。故对于此病之传播,亟宜预防。其预防方法,常以隔离为最有效。如能将患此病者悉数隔离,则于短年月间,可告完全扑灭。但欲全部隔离,无论在事实上或行政设备上,均非容易办到。目前情形,只得竭尽可能,由国家或地方团体,增设麻风疗养所,将应隔离者(如乞丐及浮浪人等)强制收容在内;他面对于有治疗资力者,命其择地疗养,同时以警察权加以相当的限制耳。关于麻风病之预防,现行制度,亦同委于地方政府之处置。(参照同上《方案》第六目第三条。)但各地方政府虽有设所收容之举,而制有取缔法规者,则犹甚少。

麻风患者发见之方法,亦有被动的与自动的二种。前者即由医师报告,医师诊察麻风病人,须一面劝其自动入麻风病院,一面开具患者姓名住址,报告主管卫生官署。后者则由官署检诊,主管卫生官署得传唤有麻风病嫌疑人,施行康健诊断,如不受传问时,得强制执行之。(参照十七年四月公布《浙江省取缔麻风病条例》第五条、第七条。)

患麻风病人经医师诊明确实后,应检同证书,声请麻风病院检验收容。主管卫生官署对于患麻风病人,经诊断确实者,须令其住院疗养。住院之麻风病人,非医师证明完全治愈,不得出院。(同上《条例》第一、三、六、八条。)

(三)花柳病

花柳病亦名性病,即梅毒、淋病及软性下疳之总称也。其危害社会之深且巨,早为世人所知。考此病传播之因,要在不洁之交媾,尤其传自娼妓等之卖淫者,十居八九。或谓卖淫为花柳病之交叉点(Knotenpunkt der venerischen Durchseuchung),或花柳病交易之市场,诚非诬语。故为此病预防,亦应以取缔卖淫为主旨。我国现制,一般认许公娼,禁止私娼,已见前述。唯关于花柳病之预防,中央法令犹乏专章规定,仅各地方单行规则中有散见之。

从花柳病预防上取缔娼妓,当以检验制度为最主要。依地方法规所定:凡娼妓有受康健检验之义务,未经检验或经检验而发见有花柳病或其他传染病者,一概不许营业。康健检验,有定期与临时二种,前者每隔一定期间,由娼妓持检验证,赴检验所受检验一次(普通每星期一次)。后者则由他处迁来,或于休业后复就斯业,以及发现有传染病时,临时行之。

除公娼外,对于私娼,亦应施行检验。盖私娼虽在禁止之列,但因容认公娼,私娼未必即能消灭。而花柳病之传自私娼者,反较公娼为尤多。以其平时不受检查,最易隐匿病毒故也。私娼经公安局查获,执行处分后,应交检验所检验,如发见有病,亦应送院医治。(以上参照《江苏省取缔娼妓规则》第十五、十六条,《广州市检验娼妓章程》。)

(四)沙眼

沙眼为传布民间最广之疾病,初患时每不自觉,渐至角膜生炎,上睑下垂,睫毛乱生,羞明苦痛,甚或因而失明,亦至可惧之国民病也。此病预防,须行强制治疗、公费治疗及有害事项之取缔。前卫生部《实施方案》,定有(1)取缔公共场所及机关打手布把,及有害之旧式眼药;取缔冒充眼科医生,及剃头时打眼;(2)各市设简易沙眼治疗所,并推广使用百分之一硫酸铜油膏等疗法;(3)设法施行各官署、学校、工厂、孤儿院、监狱、公司、旅舍、理发店及群众处所人员之沙眼验查,并强制治疗。(《市卫行初实案》第六目第五案。)预防方法,可谓完善。唯各地方依此实行者,尚极少数,将来仍待国家立法以督责施行之。

第三项 医药警察

第一 概说

医药警察,亦称治疗警察,即监督医治业务及药品营业,并管理特种药品之警察作用也。夫医药之良否,于病人生命之安危,攸关甚巨,苟治病之人或疗病之物,一有不善,非唯不能治愈,反又加甚焉。况医药属于专门学术,社会公众,对于某种医药,是否值得信赖,恒无判断能力。为社会保障善良医药之供给,杜绝不良之医药,非由国家先行选定,于既选定之范围内,任诸公众自择,不能达其目的。医药警察,即为此而行之作用也。

监督医药,中央法令,尚称完备,而中央法令未有规定事项,各地方政府,亦有若干规则制定。

第二 医师

(一)医师之观念

医师即营医业者之谓。医业则以继续之意思而行医术之意。施行医术，通常即称疾病治疗。但医师所行之医术，一面较疾病治疗为广，如妊娠出产，仅为生理的作用，而非疾病者。亦得入于医术范围；他面较疾病治疗尤狭，如针灸术推拿术，同为治疗行为，以非医师所为之故，每不目为医术。要之，医师所行之医术，虽以疾病治疗为中心，而其范围则应依社会之普通观念以决定之。

其次，医业之观念，但有继续执行之意思已足，不必继续至若干岁月，方得称为医业。又医业之目的，通常虽在图谋收入，然不以营利为必要，即以慈善之目的而行者，亦得称之。

（二）西医

医师因西医与中医而异其法规之适用，对于西医，十八年一月十五日，前卫生部颁有《医师暂行条条》（同日施行），十九年五月二十七日，国民政府更有《西医条例》公布，兹据后者论述如次：

（甲）医师之许可

西医为西医医师之专业，非具特定资格，并经执业之认许者，不得为之。依《西医条例》规定：凡年龄在二十五岁以上，具有下列资格之一者，经考试或检定合格，并得有证书后，方得执行业务：（一）国立或经立案之公私立医药专门学校以上毕业，有证书者；（二）教育部承认之国外医学专门学校以上毕业，得有证书者；（三）外国人在该国政府得有医生证书，经外交部证明者。但现在执行业务之西医，合于上列各款资格之一者，在考试或检定未举行时，仍得继续执业。又毕业于不合上列一、二两款规定之学校，或由医院出身，在同一地方执行业务三年以上，经卫生部（署）查核，其学术经验足胜西医之任，给予证明书者，得应西医考试或检定，在考试或检定未举行时，亦得继续执业。

在考试或检定施行后，凡西医欲在某处执行业务时，应向该管官署请求登记。至于开业、歇业、复业或移转死亡等事，应于十日内，由其本人或其关系人,向该管官署报告。

(乙)医师之权利及义务

(1)权利

(a)执行业务之权利

西医医师有执行西医业务之权利,于其执行正当业务之际,如施行外科手术等,即对病人身体加以伤害,亦不以伤害罪而受处罚。至医师与病人之关系,从来学说,颇不一致,在普通场合,大抵得以委任契约目之,但有时亦为雇佣契约,或出于第三人之契约,以及无因管理。要之,不问何种场合,医师于适合病人或其保护者意思之范围内,所为之治疗行为,皆得视为正当业务,而有为其业务之权利。

(b)调配药剂之权利

关于医业与药业,外国制度,多采分离主义,我国现制,原则亦同于此。但以今日医药情形而论,未可遽使绝对分离,而有承认医师得为配药之必要。故《药师暂行条例》,特明定医师得自行调配药剂,以为诊疗之用。但医师于配药业务上,须与普通药师负同一之义务与责任。(《药师暂行条例》第二四条。)

(c)拒绝证言或鉴定之权利

医师就其业务上应守秘密之事项,于民刑审判上被命为证人或鉴定人时,得拒绝证言或鉴定。(《民诉》第三一七条第四款及第三二四条,《刑诉》第一六九条及第一八四条。)

(2)医师之义务

(a)应诊之义务

诊疗疾病为医师之权利,同时亦为医师之义务。盖国家既认医业为医师所专属,则为保护社会公众计,自应与药师同,科以供应公众需要之义务,命其非有正当理由,不得拒绝诊疗。

(b) 交付诊断书填具检案书或死产证明书之义务

医师有填具交付诊断书、检案书或死产证明书之义务,非有正当理由,不得拒绝相对人之请求。但非亲自诊察或检验,不得交付之。

(c) 开给方剂之义务

医师有开给方剂之义务,但非亲自诊察,不得开给之。处方时须记明次列事项:(一)自己姓名地址,并盖章或签字;(二)病人姓名、年龄、药名、药量、用法及年月日。交付药医时,应于容器或纸包上,将用法、病人姓名及自己姓名或诊治所,逐一注明。

(d) 备记治疗记录之义务

医师执行业务时,应备治疗记录,记载病人姓名、年龄、性别、职业、病名、病历及医法。其治疗簿应保存三年。

(e) 报告之义务

医师诊断传染病人或检查传染病之死体时,除指示消毒方法外,应向主管官署据实报告。(参照《传染病预防条例》第七条。)检查死体或死产,认为有犯罪嫌疑之情形时,应于四十八小时内,向该管官署报告。

(f) 不为虚伪夸张广告之义务

医师于其业务上,不得登载散布虚伪夸张之广告。

(g) 不得滥用毒质药品之义务

医师除于正当治疗外,不得滥用雅片、吗啡等毒质药品。

(h) 协助公务之义务

医师于审判上公安上及预防疾病等事,有接受该管法院、公安局所,或行政官署委托、负责协助之义务。

(i) 严守秘密之义务

医师或曾居于其地位者,无故泄漏因业务知悉或持有他人之秘密时,须受一年以下有期徒刑拘役,或五百元以下之罚金。(《刑法》第三一六条。)盖所以巩固医师之信用,并顾全公众之便宜也。

（丙）医师业务之停止

医师于业务上有不正当行为,或精神上有异状时,该管官署得停止其执行业务。受停止执行业务者,与未领证书者同,不得擅自执行业务,违者得由该管官署,处以三百元以下之罚金。

（三）中医

中医亦主要医术之一种,故中医医生亦应服从国家之监督。唯中医医术何等应为保存,目前尚待整理,而现有中医医生,多非学校出身,对于有何等资格者,应予认许,一时甚难确定。故关于中医之监督,中央初无一般明文公布,其应急加限制事项,则暂委于地方政府,以职权管理之。(参照《市卫生行政初期实施方案》第三目第二条。)迨二十五年一月二十二日,国民政府始颁《中医条例》十条,其内容约略如次：

（甲）在考试院举行中医考试以前,凡年满二十五岁,具有下列资格之一者,经内政部审查合格,给予证书后,得执行中医业务：(一)曾经中央或省市政府考试或甄别合格,得有证书者;(二)曾经中央或省市政府发给行医执照者;(三)在中医学校毕业得有证书者;(四)曾执行中医业务五年以上者。经审查合格之中医,欲在某处执业,应向该管地方官署,呈验证书,请求登记。

（乙）中医非亲自诊察,不得施行治疗、开给方剂或交付诊断书;非亲自检验尸体,不得交付死亡诊断书或死产证明书。

（丙）中医应负备置治疗记录、报告传染病、协助公务、交付诊断书、填具检案书及死产证明书等义务,概与西医同。

第三　牙科医生

牙科医生,在广义上,虽亦医师之一种,然其医术知识,不必如普通医师之特别深造。故普通医师之习牙科者，固可为牙科医生，而所谓牙科医生，则不得为普通医师，职是之故，关于牙科医生，宜为特别处理，近今各市区中，咸设有单行规则以取缔之。

（一）牙科医生须向该管官署注册或登记，领有证书，始准执业。凡一定年龄以上，具有下列资格之一者，皆得请求注册或登记：（1）曾在官署注册之牙科医生处，学习牙科手术，在一定年限以上，经该医生出具证明者；（2）在注册制度施行前，曾执业在一定年限以上，或执业未满一定年限，经该管官署考验，认为合格者。

（二）牙科医生对于患者之体质或遗传有特异，或于施术前，须用全身麻醉时，必须商请已注册之西医医师，协同行之，不得擅自处置。

（三）牙科医生使用剧毒药时，必须按照各国药局极量表之规定，细心配合。购入各种剧毒药时，须将品类分量，详载簿册，以备随时查验。

（四）牙科医生除施术时得酌用止痛消毒等外用药品外，不得擅行处方，与人服食。

（五）牙科医生所用器具，必须每次严重消毒。

（六）凡未经注册，径行开业，或违反其他规定者，除勒令停业外，并处以一定额以下之罚金。（参照《广州市卫生局修正牙科注册及取缔章程》，《杭州市取缔牙科医生规则》。）

第四　助产士及接生婆

（一）助产士

助产士者，于妇女分娩时以接生为常业者也。此种业务，于产妇及胎儿，生儿生命之安全，及身体之康健，有重大关系。凡生儿出身后之卫生、生产异常时之危险，皆待助产士之知识技能，以补助救济之。故助产士之执业，国家亦不得加以干涉。关于助产士之监督，中央法令中有《助产士条例》(十七年六月内政部公布)及《助产士考试规则》等。

（甲）为助产士者，非经内政部核准，给予助产士证书，并向该管地方官署注册，不得执行业务。凡中华民国女子，年在二十岁以上，有下列资格之一者，得请给助产士证书：(一) 在内政部认可之本国助产学校，或产科讲习所，二年以上毕业，领有证书者；(二) 在外国助产学校二年以上毕业，领有证书者；(三) 修业不满两年，在本《条例》施行前已执行助产业，满三年以上者；(四) 经助产考试及格，领有证书者。但有下列情事之一者，不得给予助产士证书：(一) 曾犯堕胎罪者；(二) 五年内曾受徒刑之执行者；(三) 禁治产者；(四) 心神丧失者。其给证在前，事发在后，应随时将证书撤消。但二、三、四各款之原因消失时，得再发给证书。

（乙）助产士应备接生簿，载明产妇姓名、年龄、住址、生产次数、生儿性别等，并保存五年，以备查考。又应于每月十日前，将前月份助产人数，列表报告该管地方官署，经民政厅或直属市政府汇转内政部备案。

（丙）助产士若认妊妇、产妇，或胎儿、生儿有异状时，应告知其家族，延医诊治，不得自行处理。但临时救急处置，不在此限。

（丁）对于妊妇、产妇，或胎儿、生儿，不得施行外科产科手术。但施行消毒、灌肠及剪脐带之类，不在此限。

（戊）助产士如有歇业或迁移死亡等情，应于十日内由本人或其关系人，向该管地方官署报告。

（己）助产士于业务上如有不正当行为或有重大过失时，除触犯《刑法》，应受刑事处分外，由该管官署予以撤消证书，或停止执业。

（庚）凡未领有部给证书，及受撤消证书或停止执业之处分，而执行助产业务时，由该管地方官署处以百元以下之罚金。

（二）接生婆

吾国过去时代，未有助产士，向用所谓接生婆（或称稳婆）。至于挽近，虽有助产学校及产科医院，而以历时未久，不敷社会应用。其因循旧习，沿用接生婆者，十居八九。接生婆素无学识，卤莽将事，易使产妇胎儿，陷于绝境。故对于接生婆，尤应严为取缔，徐图淘汰。关于此，内政部颁有《管理接生婆规则》（十七年八月三日内政部公布），并《开办接生婆训练班办法》。

（甲）凡中华民国女子，非医学校或助产学校毕业，以接生为业务者，统称为接生婆。接生婆须向营业地该管官署，请领接生婆执照，始得开业。年在三十岁以上，六十岁以下，耳目肢体及精神状态均健全，并无传染病者，方得请领执照。各地方核发接生婆执照，限于二十年十二月三十一日为止。

（乙）凡经核准注册之接生婆，应入临时助产讲习所，受接生上必要知识之训练（两个月间）。练习期满，成绩优良者，由该管地方官署核给证明书，毫无成绩者，撤消其营业执照。

（丙）接生婆应于门首悬牌标明接生婆某氏字样，不得称医生或其他名目。

（丁）除上述外，接生婆所有之义务及责任，如应备接生簿、按月报告接生人数、不得施行外科产科手术，如有违背规则或于业务上有不正当及重大过失时，应受撤消执照及停止营业，概与助产士同。

第五　护士

护士或称看护士，即应公众需要，为病人或褥妇看护者也。各国通则，对于看护业务，必以女子充之。盖以女子天性和霭，尤属忍耐，足使病人得到适当之安慰也。我国现制，充当护士，并不以女子为限，无论男女皆得充之。管理护士各项规则,本定由部拟订通行(参照卫生部《市卫行初施案》第三目第三案),但迄今犹未订定颁布,必要时仍由各地方制定规则,以管理之。

(一)看护士须在该管地方官署注册,领有证书,方准执行。凡在一定年龄以上(二十岁或十八岁),不论男女,具有下列资格之一者,得请注册:(一)在政府认可之国内外看护学校毕业,得有文凭者;(二)虽非学校毕业,曾在公私立医院执业三年以上,经该医院院长证明属实者;(三)经该管官署考验合格者。

(二)看护士受医师之指导,只准于救急必要时,施用相当之手术及药品。此外,不得擅自为人治病,或处方与人服食。

(三)未领证书或证书遗失而不补领,擅行执业,或违反规定,有不正当行为者,均科一定处罚,并撤消其证书。(参照《广州市卫生局修正看护士注册及取缔章程》,《杭州市取缔看护士规则》。)

第六 其他诊疗行为

(一)针灸术及推拿术

针灸术及推拿术,吾国自昔有之,并为列于医药之林,现今行斯业者,仍复不少。但此等医术,既少科学上之根据,而操此业者,大都江湖糊食,信口开河,愚弄乡民,贻害非鲜,行政上亟亦宜设法以取缔之。现行地方法令,如广州市卫生局订有《管理针灸术营业章程》及《管理按摩术按脊术营业章程》。

(二)迷信邪术

凡乩坛医方、庙宇寺观备置之药方签,及江湖术士以符咒邪术治病,并劝民众求神治病,或以单方互相传送治病等旧习,一律禁止之。(参照《市卫行初施案》第三目第七案,十八年四月卫生部《严禁药签方乩方案》,及《违警罚法》第四六条第一项第五款。)

第七 医院及诊所

(一) 医院

医院者,设置病床,收容病人,而施以治疗之设备也。医院除国公立外,无论私人或团体,均得设立。唯私立医院,须受行政上之特别监督,非经审查合格,不得擅自设立,既经允许设立,而内部设备不周或办理失当者,随时须受取缔,兹据前卫生部颁发之《管理医院规则》(十八年四月十五日公布),申述如次:

(甲) 设立之认可

凡经营医院者,须将下列事项,呈经该管官署核准后,方得开业:(一)经营者姓名、年龄、籍贯、住所;如系法人,其法人之名称、事务所、代表者之姓名、年龄、籍贯、住所;(二)医院之名称、位置;(三)医院各项规章;(四)建筑物略图;(五)病室间数及每间所占面积;(六)病室区别及病床数目;(七)火灾及其他非常设备。上列事项如有变更时,须随时呈报该管官署查核;有迁移或休业之情事时,亦应呈报该管官署。

(乙) 医院之设备

各医院至少须置合格之医师二人,药师或药剂生一人,非在诊察时间,须以医员一人当值。所有建筑物,须常保持安全,合于卫生。该管官署认有预防危险或适合卫生之必要得命其修缮,或停止其使用,及为其他必要之处分。

如收容急性传染病人,须设有传染病室,非同一病名之人,不得收容于同一病室。供传染病人所用之物件,如什物、卧具、便器及医药器具,须另为设备,不可与其他病人所用者混置或互用。

（丙）器物之消毒及处置

传染病人使用之什物、卧具，及排泄物、残余物，并其他污染病毒或有污传嫌疑之物品，须行适当之消毒方法；非经适当消毒，不得搬移，或排出于他处。病人退出病室以后，其室中亦须施行适当之消毒。

（丁）关于传染病之呈报

医院收容传染病人，在病名诊定之四十八小时以内，须将病人姓名、年龄、住所、病名、发病地点、年月日及入院诊定年月日，悉详呈报该管官署及检疫员；但鼠疫霍乱，虽仅在疑似，尚未诊定病名以前，亦应呈报。传染病人因死亡、治愈或其他事故而退院时，将其姓名事由及年月日时，迅速呈报。

（戊）簿册之备记及治病人数之呈报

医院须备置挂号簿、入院簿，将病人之姓名、性别、年龄、职业、住所，详细记入。每年治疗人数，须分上下两期，依所定表式，呈报该管官署。

（己）协助公务之义务

医院须受政府之委托，协助办理关于共公卫生事宜。

（庚）广告之限制

医院不得以疗法及经验，为虚伪夸张之广告，其从事治疗之医员，除学位称号专门科名外，不得有其他之广告。

（二）诊所

诊所与医院同为治疗病之所，在性质上原无区别，特规模稍大者，称为医院，小者称为诊所而已。现行制度，以私立医院，在最少限度，应依《管理医院规则》，置有医师二人，药师一人。若无正式药师时，应由药剂生负调剂之责，其不合本条规定者，则应改称诊所。（《市卫行初施案》第三目第二案。）

诊所通常由医师单独一人开设，并不收容病人，其所负警察上义务，同为医师之义务,固无待赘。

第八 药师药剂生及药商

(一) 药师

(甲) 药师之许可

药师者,于药房中,依医师或医生之处方,从事调配药剂,并为药品之制造、管理及贩卖者也。为药师者,须具特定资格,经主管官署审查,给予药师证书后,方得执行业务。凡年在二十岁以上,具下列资格之一者,得呈请给予药师证书:(一)在国立或政府有案之公立私立专门以上学校药科毕业,领有毕业证书者;(二)在外国官立或政府有案之私立专门以上学校毕业,领有毕业证者;(三)在外国得有药师证书者;(四)经药师考试及格者。但有下列情事之一者,虽具上列资格乃不得给予药师证书:(一)非因从事国民革命,而曾处三年以上之徒刑者;(二)禁治产者;(三)心神丧失者。既给证后发生此等情事之一者,应随时将既给之药师证书撤消。(十八年一月十五日前卫生部公布《药师暂行条例》第二条至第四条。)

药师于业务上有不正当之行为者,应视情节轻重,酌定期限(一年以下),令其停业;其因业务而触犯《刑法》者,除依刑事法规之规定,送由法院办理外,并撤消其药师证书。凡未领有证书,或受撤消证书,及停业之处分,而执行药师业务者,须受该管行政官署三百元以下之罚锾。(同第十八条、第二十条。)

(乙) 药师之权利

药师得开设药房,或在他人开设之药房,执行业务。但在某处开业时,须先向该管官署呈验证书,请求注册;一人不得在两处药房执务,如开设支店,须另聘药师担任之。(同第九条、第十条。)药师除配发医师之药方外,得制造贩卖品或管理药品。(同第二条下段。)营西医之药局,须以领有证书之药师管理之。唯医师得行调配药品,以为诊疗之用,无须请领药师证书。(同第二四条。)

(丙)药师之义务

药师对于业务,须负次之义务:(1)无论何时,不得无故拒绝药方之调剂;(2)授受药方时,应注意药方上年月日、病人姓名、年龄、药名、药量、用法、医师署名盖章各项;如有可疑之点,应询明开方医师,方得调剂;(3)调剂须按照药方,不得有错误情事,如药品未备或缺乏时,应即通知开方医师,请其更换,不得任意省略,或代以他药;(4)对于有毒剧药之药力,只许配卖一次,其药方须由医师加盖印章,添记调配年月日,保存三年;(5)药房应备调剂簿,记载所定事项;(6)对于药剂之容器上,应记明病人姓名,药之用法,药房之地点、名称,或调剂者之姓名,及调剂年月日。(7)开业、歇业、复业或移转、死亡等,应于十日内由本人或关系人,向该管官署报告。(同第十一条至第十七条。)

(二)药剂生

药剂生者,领有执照,于限定范围内,得执行与药师同类之业务者也。凡不具药师资格,而曾在医院或药房,执行调剂业务三年以上,经该管官署考查合格,得由该管官署转请卫生部(卫生署),发给药剂生执照。药剂生之权利及义务,大略与药师同。但除配合医师之药方外,不得自行制造毒剧药品,及零售配方以外之毒药剧药。(同第二二条、第二三条。)

(三)药商

(甲)营业执照

药商即药品营业者之谓,包括中西各药之批发、门售、制造及调剂各种。(十八年七月十二日前卫生部公布《管理药商规则》第一条、第二条。)上述之药师，原亦药品营业者之一种，但在业务之性质上，与普通之药商不同，药师须专门之知识技能，普通药商如单为限定种类药品之制造或批发者，不须专门之学识技能，只须领有营业执照。唯药商之营西药业者，亦须以药师或药剂生管理药品。

凡为药商者，须开具下列事项，呈请该管医生官署注册，给予执照，始准营业：(一)牌号(如系公司，其公司之名称)、地址；(二)药商姓名(如系公司，其代表人姓名)；年龄、籍贯、住址；(三)营业种类(中药或西药，批发、门售、制药、调剂之专营或兼营等)；(四)资本若干(同第三条)。药师如自营商业，或医师中医士兼营药商业者，亦应请领药商执照。(同第二一条。)

(乙) 药商之限制

药商所用店伙，须谙熟药性，其营西药业者，并须以领有证书之药师，管理药品。但不零售麻醉及其他毒剧药者，得以领有执照之药剂生代之。(同第五条。)药商专营批发或制造者，不得为人调剂处方。(同第十二条。)得调剂处方者，无论何时不得无故拒绝调剂；接受药方为调剂时，对于药方应为一定之注意，并不得省去或易代；配发中药，须于纸包上或容器上，将药名药性，逐一注明；配发西药，须将内用、外用、用法、用量等项，注明容器之纸签或包裹之表面。此外，关于药品之贮藏及处理，尚有若干限制。

第九　药品

(一) 概说

药品名称，有广狭不同之意义，就广义言，则除医疗用之药品外，其他如工业用或科学用之药品，皆得包含在内。指狭义的药品，则专指供医疗用之药品而言。但一药品之为医疗用与否，虽依目的而决定，而其目的安在，仍须依据抽象的标准决定之。如硫酸之为药品与否，须视发卖者为供医疗用而发卖与否以为断，若药商偶然卖给他人，作为医药外之使用，固犹不失为药品也。

医疗用药品，视其是否为医师使用或须受医师指示而使用，尚有医药与成药之别。凡经加以调制，另立名称，供诸公众之服用，而不待于医师之指示者，谓之成药，非然者谓之医用药品。唯一药品其目的在供诸药师之用抑或公众之用，每为内部心理所决定，外人不易窥知，尚须视其发卖之方法如何，以分别之。

（二）普通药品

医用药品，视其是否为中外《药典》所记载，得别为次之二类：(1) 中华民国或外国《药典》所记载者。此类药品其性状、品质、制法，非适合于《药典》之所定，药商不得制造、买卖或贮藏。(2) 中外《药典》所未记载者。此类新发明药品，非预将性状、品质、制法、制法之要旨，并附样品，呈请卫生部（卫生署）查验后，不得制造、贩卖或输入。药品名称、用量、药性，依据何国《药典》，须以中文注明容器上或纸包上，但得以各该国文字并记。又各种药品，均须按法贮藏，倘性味已失或变质者，不得发卖。（《管理药商规则》第十二条、第十六条至第十八条。）

（三）特种药品

关于麻醉及其他毒剧药品（narcotic, poisonous and powerful drugs），另有特别限制。即西药商购存麻醉及毒剧各药，须将品目数量，详载簿册，以备该管官署之检查；对于此等药品，须与他种药品分别贮藏，于容器上标明麻醉药或毒药剧药字样外，并加锁钥，以防意外。非有医师署名盖章之处方，不得售出，虽有医师之处方，而其人年龄幼稚或形迹可疑时，仍不得售与。同业或医师购为业务上用，学校机关购药为科学上用，或职司试验及制药之公署购为职务上之用时，须将购者姓名、职业、住址及所购数量,详录簿册,连同购者亲笔署名盖章之单据,保存三年,以备查考。制造者所制之毒剧各药,须按月将所出数量,呈报该管官署查核。(同第六、七、九条。)

对于药品营业,设有检查制度。地方卫生官署,得随时派员检查药商之药品及簿册,该药商须逐一导观,不得借故推诿或有意违抗。检查员检查药品,如认为有害卫生,或伤风俗,或作伪者,该管官署,得禁止其制造、售卖或贮藏,并得将该项药品销毁之。(同第十九、二○条。)

(四)成药

(甲)概说

成药即用两种以上之药料加工配合,或以一种药料加以调制,另立名称,不待医师指示,而供服用者之谓。其与医药之区别,专在制定发卖,为供医师或受医师之指示使用,抑供一般公众使用之一点,已如前述。但依此种主观的标准,每不易于判别,此外尚须视其发卖之方法如何,以判定之。凡一药品性状、效能、用法及用量等,本为医师所周知,而犹为特别记载,或其记载系采通俗方式,而不以医师为相对人者,解释上殆皆可以成药视之。关于成药之营业,除适用《管理药商规则》外,并须遵从《管理成药规则》,尤其为成药之调制或输入,以供营业之用或贩卖者,应依本规则之规定。(同规则第一条。)

(乙)成药营业

成药营业,即成药之调制、输入及发卖者之谓。成药之调制或输入,唯药商乃得为之;调制成药之西药商,并须任用药师。(《管成规》第六条。)

(丙)调制输入及发卖之许可

调制或输入成药者,须将成药名称、原料品名、分量、用法、用量、效能、容器种类并容量及其仿单印刷品等各事项,依照规定格式,详细填明，连同样品，呈请卫生部（卫生署）查验核准后，给予成药许可证书，始准营业，各事项有变更时亦然。受许可营业时，须向营业所所在地该管官署，呈请注册，其开设两处以上之营业所者，应各于所在地呈请注册。（同第二、四、五条。）

（丁）原料之限制

成药除依据中国固有成方配制之丸散膏丹外，均须依已受许可之性状、质量调制，绝对不得掺用麻醉药品。毒剧药品，原则上亦不得掺用之。（同第七、八条。）

（戊）容器纸包及仿单广告等之限制

外用成药，须用蓝色容器，标明外用不可吞服字样，其掺用毒剧药品者，并须标明毒剧二字。核准之成药，须将所含主要药料之名称，及其用量，并许可证号数，以国文明载于容器标签或包裹仿单上，方得陈列销售。成药之广告仿单，及附于容器纸包之记载，不得有欺妄夸大及妨碍公安风俗之情事。（同第九至十一条。）

（己）对于成药之监督

该管官署得随时派员赴调制输入或贩卖场所，实地检查，检查时得于试验必要之分量，无偿提出成药或原料品之一部，以供试验之用，但须给以收据。（同第十三、十四条。）此外，对于不正成药之销毁、营业之撤消等，该管官署亦得为之。（同第十九条。）

（五）鸦片并其他麻醉药品之输入及分销

鸦片、吗啡、可待英等麻醉药品，其输入及分销，为政府所专营，私人不得营之。然政府为其专营，与他种专卖不同，非所以设定独占权，不过为警察上之目的，禁止私人贩卖而已。以此之故，此等物品之专卖，不属于财政机关主管，而属于卫生机关之权限。

为办理上述麻醉药品之输入及分销，现于中央卫生试验所下，设有一麻醉药品经理处。凡医院、药房、医师、药师以及学术机关购用麻醉药品，应将种类、数量、用途，分别叙明，连同购买药费，直寄该经理处购置。其用途以配制方剂及科学研究为限。如有不法转售情事，除停止其购买外，并请地方该管机关，查明法办。（二十四年八月十二日行政院备案《购买麻醉药品暂行办法》。）

第四项 保健警察

第一 概说

保持一般国民康健之警察，除防疫及医药警察外，以关于饮食物饮食器之警察，及污物之扫除，最为主要。此外，关于墓地及营葬之限制，性质上亦与此有关，可为一并述之。

第二 饮食物及饮食器

（一）通则

关于饮食物及其用品之取缔，中央法规设有一般规定，其他特定事项，更以特别规则以详定之。兹先言一般规定如次：

（甲）营业之许可

就饮食物及饮食器，为制造或贩卖者，须得该管官署之许可，与他种营业同。

（乙）制造贩卖之禁止

凡贩卖之饮食物饮食器，及饮食物营业者使用之饮食器割烹具等，乃卫生上最易发生危害之物。对于此等物品，该管官署认为于卫生有危害时，得禁止制造、采取、贩卖、赠与、使用。施行上述之处分时，得令所有者或持有者废弃其物品，并得直接废弃，成为其他必要之处分。但所有者或持有者,请求依卫生上不生危害之方法,处置其物品时,得许可之。(十八年二月前卫生部公布《饮食物及其用品取缔条例》第一条。)

(丙)检查及无偿征取

对于上述各种营业,该管官署得随时派员检查。检查人员得于营业时间,入其营业场所,无偿征取其物品之一部,以供试验之用,但须给以收据。(同第二条。)

(丁)营业之禁止及停止

对于贩卖及使用之物品,认为于卫生上有危害,或其他违法或不正当之行为时,得禁止或停止其营业。

(戊)其他取缔事项

除上述外,凡下列各款行为,均应禁止,违者处罚:(1)应加覆盖之饮食物,不加覆盖,陈列售卖者;(2)搀杂有害卫生之物质于饮食物而售卖,借牟不正之利益者;(3)以秽物或禽兽骸骨投入人家者;(4)污秽供人所饮之净水者。(《违警罚法》第四七条第一、二款,第四九条第四、六款。)

(二)清凉饮料水营业

兹之所谓清凉饮料水,系指供贩卖用之汽水、果实水、曹达水及其他含有炭酸之饮料水而言。凡欲以清凉饮料水之制造或贩卖为营业者,须受该管官署之许可。该管官署于许可时,应派卫生技术员检查该制造场之设备、构造及其用水。(十八年二月前卫生部公布《清凉饮料水营业者取缔规则》第一、二条。)

清凉饮料水营业者,于营业上应受如下各项限制:(1)所使用之调制器、容器,其接触饮料水部分,如系以钢或铅及其合金所制者,不得使用;(2)须将各项用器及制造贩卖场所,保持清洁;(3)清凉饮料水之制造或贮藏,不得使用有害性色素、有害芳香质,或防腐剂;(4)有害卫生之清凉饮料水,不得贩卖,并不得以贩卖之目的陈列或贮藏;(5)制造者应将其姓名、公司名称、营业所在地,并制造之年月日,记明于容器之封缄纸上,含有色素之清凉饮料水制造成输入者,于其容器上,须以人工着色字样标明之。(同第一、二、七条。)

(三)牛乳营业

兹之所谓牛乳,系包含水乳(全乳及脱脂乳)及乳制品(炼乳、脱脂炼乳及乳粉)而言。凡以榨取牛乳及制造牛乳制品为营业者,应受该管官署之许可。该管官署于许可时,应派员检查其场所之设备及构造,与上述清凉饮料水之营业同。(十八年九月前卫生部公布《牛乳营业取缔规则》第一、四条。)

牛乳营业者,于营业上应受如下各项之限制:(1)所制造贩卖牛乳,应具一定之脂肪量及比重,并有一定之品质;(2)有一定疾疫,现服毒剧药,及分娩七日以内之牛,不得榨取牛乳;(3)已腐败者、有其他混合物者、粘稠或变色及带苦味者,及由(2)项所列之牛榨取者,不得贩卖,或以贩卖之目的运输收藏,及用作制乳之原料;(4)处理牛乳及乳制品,不得使用铜器、锌器、含铅荡磁及涂有害性之釉药之陶器,容器量器及处理场所,应保持其清洁;(5)牛乳之容器上,应分别记明其为全乳、脱脂乳、炼乳、脱脂炼乳,不得彼此混淆冒充;(6)对于罹传染病之牛,应严行隔离。(同第二、三、五、六、七、八、十、十一、十二条。)

(四)饮食物制造场所之取缔

饮食物制造场所,(1)应有卫生设备,及为一定事项之注意:如设置稳妥有盖之垃圾箱及适宜之排水沟;装置铁纱窗,以防苍蝇;场内须光线充足,空气流通,并应置消毒器,及多置痰盂等。(2)工人于雇用时及雇用后,应施健康检查,如患肺痨、花柳病、皮肤病及其他传染病者,不得雇用。(3)饮食物原料,务必新鲜,不得掺杂或利用不合卫生之物品。

(4)贮藏饮食物品之处所,及制饮食物之器皿,均须保持清洁。(十八年六月十四日国府公布《饮食物制造场所卫生管理规则》。)

（五）饮食物用器具之取缔

兹之所谓饮食物用器具,系指饮食器、割烹具,及其他调制器、容量器,及贮藏器而言。凡下列各种饮食物用器具,不得修造、贩卖,或以贩卖之目的贮藏、陈列及供营业上之用：(1)纯铅或含铅百分之十以上之合金制造或修缮者；(2)接触饮食部分以含铅百分二十以上合金镀镂,及以含铅百分之五以上之锡合金镀布,镶着于罐头外部之合金,其含铅至百分之五十以上者；(3)以含铅或亚铅之橡皮制造之哺乳器具。又下述之饮食物器具,营业者不得使用：以铜或铜合金制造之饮食物用器具,其接触饮食物部分之镀金属剥脱,或失其固有光泽者。

营业者于其所制造或输入之饮食物用器具,应以印记或其他不易剥落之方法表示其商号或符号,以资识别；无商号或符号者,不得贩卖,或以贩卖之目的贮藏陈列。(十八年二月前卫生部公布《饮食物用器具取缔规则》。)

（六）饮食物防腐剂之取缔

凡防腐物质及其化合物,如那夫脱儿、来曹儿精、水素、亚硫酸等,不得供给饮食物防腐用之目的,而贩卖、制造、贮藏。以贩卖为目的之饮食物,其制造或贮藏,不得使用防腐剂,已使用防腐剂之饮食物,不得贩卖,或以贩卖之目的,陈列贮藏。(十八年二月前卫生部公布《饮食物防腐剂取缔规则》。)

（七）火酒混充饮料之取缔

火酒一种,为防止搀水,混充饮料起见,行政院颁有取缔专则。凡燃烧用或工业用之火酒,均应由出品厂家,依法定成分配合,其包装上用华文标明有毒字样,并注明配合成分于显明之处,以资识别；纯洁之火酒,亦应于包装上标明纯洁字样,并注明其成分。本国制造火酒,如违反本项规定者,经查出或告发得有确证时,得禁止其贩运售卖。其有以火酒搀和饮料,得有确证者,依《刑法》规定,移送法院惩处。(二十一年行政院公布《取缔火酒规则》,二十五年一月十八日行政院公布《火酒搀充土酒处罚规则》。)

第三　未成年人吸纸烟及饮酒之禁止

凡未满二十岁之男女,除经医士证明,确为治病饮酒者外,一律禁吸纸烟,并禁饮酒。违反者所持有之烟或酒,该管官署得没收之。对于满十三岁以上者,得科五元以下之罚金,仍告知其行使亲权人或监督人,令其自行管束。行使亲权人或监督人,并负有自加制止之义务,若知情而不加以制止者,应受处罚。明知未成年人系供自用,而以烟或酒及烟酒具卖与者,亦应受罚。(十七年六月三十日内政部公布《禁止未成年者吸纸烟饮酒规则》。)

第四　污物之扫除

关于污物扫除,我内政部颁有《污物扫除条例》(十七年五月三十日公布)及其《施行细则》。此项法规,以适用于城市为原则,但地方长官得以全部或一部,对于区村适用之。

应扫除之污物,为尘屑、污泥、秽水、粪溺四种。扫除责任人(1)为土地房屋之所有人、使用人,或占有人;(2)为市政管理机关。

土地房屋之所有人、使用人或占有人,为保持其地域内或建筑物内之清洁,应(1)备适当之容器,以容尘屑污泥;(2)备适当之沟渠,以通秽水;(3)备适当之便所,以容粪溺。已扫除之污物,应集置于市政管理机关所指定之地点或容器内,不准任意处置。但关于粪溺之处置,得因地方情形，由义务人自行处分，以粪溺在习惯上可作肥料之用，而有相当价格故也。该管官吏，为监视扫除之施行及实况，得入私人之土地或房屋内查视；私人不履行其义务时，应告戒其履行，必要时并得代执行之。

市政机关，应将各户集置之尘屑污泥，运搬于一定地点，其尘屑可烧除者，须烧除之。关于秽水，应建筑公共沟渠，使之排泄于一定地点，并须随时为必要之注意，以防沟渠之损害。关于粪溺，应建筑及修缮适于卫生之公共便所。至于营业便所，一律禁止，不得设置。

第五　公墓及埋葬

（一）公墓

营葬一事，吾国自来习惯，大半迷信风水，一墓之地，大至数丈，一地之费，动逾千金。讵知人死之后，常含毒菌，其类甚繁，生存又久。倘埋葬不当，则污染砂土，辗转流传，危害亦甚可惧。卫生学家因考案一种合于卫生之墓制，以供社会之采行，是即公墓制度之所由起也。

公墓原则由市县政府设立，但团体或一姓宗族或个人，呈经市县政府之许可，亦得依法规设立之。公设公墓，为公共企业，非此处所宜详述，兹就私设公墓一种，述之如次：

（甲）设立之许可

私设公墓，应由设置人将设置地点、设计详图、经费及预算、各项章则、设置人及管理人，报由市县政府核转省政府核准，并转咨内政部备案。

（乙）公墓之位置及构造

设置公墓，应于不妨害耕作之山地为之。又应不妨害军事建筑及公共卫生或公益，并与学校、工厂、医院、户口繁盛区域或其他公共场所，饮水井或饮用水之水源地、铁路、大道或堡垒地带，河川、贮藏爆炸物品之仓库，保持相当之距离。

公墓内应依面积之大小，划分区段，每段内应依墓穴数目，划分墓基。每一墓基之面积，不得过二百平方市尺，但两棺以上合葬者，得酌量放宽之。公墓内应栽植花木，建筑道路，及泄水设备，并得于其周围设置墙篱。

（丙）公墓之管理

公墓应置管理人，管理规则由市县政府核定之。公墓管理人，应于每年年终，将辖境内公墓办理情形，呈报查核备案。（二十五年十月三十日行政院公布《公墓暂行条例》。）

（二）埋葬

人死之后，其须埋葬，一则孝子不忍其亲之暴露，而亦为保持公共卫生所必要。第吾国社会，惑于阴阳之说，停柩待葬，时有所闻。此种习惯殊与公众卫生，甚有妨碍，内政部因鉴于此，颁有《取缔停柩暂行章程》（十八年四月公布），以示限制。

停葬待葬期间，至多不得逾六十日，如遇特别事故，或葬地过远，得呈准该管地方官署，展限埋葬。但所停之柩，如系木料单薄，或尸水渗漏者，该管官署得限令于二十四小时内迁葬之。

逾期未葬之停柩，应由该管官署通知家属或关系人，限期迁葬。如不依限迁葬，该管官署得令慈善团体代葬，或强制执行之。至于患传染者之尸体，其埋葬另有限制，业于前述，兹不复赘。

第六　屠宰场

（一）概说

屠宰场者，以供食用为目的，屠宰兽畜之场所也。屠宰牲畜，先进诸国，多采统一政策，以便检查。盖食用牲肉，于卫生上有无妨害，非于屠宰前诊察生体有无疾病，并于屠宰后检查牲肉是否适于食用，莫由决定。而欲集中检查，实非采取统一政策不可也。我国现行《宰场规则》（十七年八月十五日前卫生部公布），立法趋旨，大抵亦本于此。

（二）屠宰场之设立

屠宰场分私立与公立二种，私人设立，须呈该管官署许可。现行法上原则采取公营主义。卫生部（署）认为有必要时，得令各地方设置公立屠宰场，非经许可，不得将其废止。已设公立屠宰场地方，该管官署认为必要之区域内，得废止私设之屠宰场。但对于私设屠宰场主，因使用或废止其屠宰场所受之损失，须补偿之。

已设立屠宰场地方，除供自用或其他特别情形外，不得于屠宰场以外，私屠兽畜。

（三）屠宰之检查

屠宰检查，分屠前检查与屠后检查二种。（1）屠宰场之兽畜，非经屠畜检查员之检查，不得径行屠宰。生体检查之际，检查员认为应禁屠之病畜，须于兽角前蹄或臀部，烙印"禁"字。如系传染病，须立即隔离之，并就被污染之场所物件，施行消毒。（2）屠杀支解后，肉及内脏，并其他食用之部分，非经检查员之检查，不得搬出场外，及供制造之用或贮藏。既经检查，盖用检印。其他不可供食用之部分，检查员得命其废弃或烧弃之，或于一定用途，许可其使用。（参照同《规则施行细则》第十二条至第十五条。）

此外，同《规则》及其《施行细则》中，因监督上之必要，尚有若干规定，兹不详述。

第四款　交通警察

第一项　概说

交通警察者，为保持交通之安全所行之警察作用也。现代文化国家,交通机关,日形发达,向之凭人力、畜力、风力以运转者,今则借蒸汽力、汽油力及电气力以行驶矣。且其速率容量均千百倍于昔。同时交通路线,于陆路河川海上以外,及于空中地底。然利之所在,弊亦随之。往来杂遝,肇事伤人,在社会上不免增多危害。故国家除整顿交通机关,增进交通便利外,尤应保护交通之安全,祛除交通之危害,是即交通警察所由尚也。

交通警察,可别为如次七种:(一)道路警察;(二)车马警察;(三)水上警察;(四)航海警察;(五)航空警察;(六)旅行警察;(七)移民警察。

第二项 道路警察

道路警察,即保护道路本身及其交通秩序之警察也。保护道路,本属道路管理权之作用,然道路本身之安全与否,与公众交通,不无关系,因亦得依警察权而保护之。唯道路警察,仍以整理道路之交通、保持通行之秩序,为主要目的,保护道路,不过其附从之作用耳。

抑道路有公路与私路之别,前者由行政主体修造,其管理权亦属于行政主体。计有国道、省道、县道及市乡镇道等各种。后者由私人修造,其管理权亦属于私人,如私营住宅区内之道路是。但两者虽各异其管理权之主体,而事实上要同供于公众交通之用。从而不问其为公私,皆得以道路警察权而干涉之。盖警察权为一般统治权之作用,常由警察机关行使。私路在事实上既供公众交通,警察上为维持交通秩序之必要,自亦得干涉之也。

道路为供公众交通之土地设备,包含土地及其附属物。所谓附属物,如桥梁、渡船、路沟、路树、交通标识及号识等,均属之。关于道路警察,除《陆上交通管理规则》(二十三年十二月二十一日内政部公布)及

《违警罚法》中有规定外,各地方单行法令中亦有定之。其内容大要如下:

(一)通行之限制及临时禁止

道路一物,虽供于公众自由通行,而其通行自由,须受警察上之限制,有时且受暂时禁止,不许通行。道路通行之限制,有如下各点:(1)靠左边走;(2)依人行道与车马路而分别通行;(3)军队及民众团体或婚丧仪仗结队而行者,其间应保留相当距离,并靠左侧通行;(4)车马行人于道路上,如遇消防队、救护队等车辆出动时,应即让避;(5)于交叉转角,或桥梁上及其他交通频繁之处所,应依岗警之指挥,暂止通行;(6)行众候车应立于适当地点,或指定之区界以内,不得阻碍道路交通。(参照同上《陆上规则》第六、七、八条,十九年公布《首都警察厅取缔交通规则》第三、六、十三条,十七年四月四日《上海特别市公安局道路取缔规则》第五条。)

其次,在道路破坏或工事中,及其他于交通上有障碍时,除道路管理官署得谕示禁止其通行外,警察官署亦得临时禁止之。其禁止之表示,可依牌示为之(牌道标),如牌示不足以完全表示时,得改用绳围,或其他适当方法。如在夜间,除设禁止通行标志外,应设红灯。(《陆交管规》第八八条以下。)禁止之范围,或为全面禁止,或为半面禁止,或单禁车马之通行,或禁人力车以外车马之通行,要依具体必要情形定之。凡谕示禁止通行之处,通行人擅自通行者,须受一定之处罚。(《违警罚法》第四二条第十三款。)

(二)妨害交通行为之禁止

妨害交通之行为,有下列各种,应受绝对禁止:(1)于公共聚集之处及湾曲小巷,驰骤车马或争道竞行者;(2)毁损道路桥梁之题志,及一切禁止通行或指引道路之标识等类者;(3)于路旁罗列商品玩具及食物者；(4)滥系车马，致损坏桥梁堤防者；(5)于道路横列车马，或堆积木石薪炭及其他物品，妨碍行人者；(6)于道路溜饮车马，或疏于牵系，妨害行人者；(7)消灭路灯者。(《违罚》第四一条第二、五款，第四二条第二、三、四、五、六、七、八、十二款。)除上列外，地方法令中，尚有若干特别规定，兹不尽述。(参照同上《首都规则》第三、十五条，同上《上海规则》第二、七、十一、十三条。)又除法令直接有规定外，其他妨害交通行为，警察官署亦有权以随时禁止之。违反禁止，放置障碍物于道路时，并得命其除去或自行除去之。

(三) 有害交通之虞的行为之许可

妨害交通行为，其程度过大者，固应绝对禁止，如其程度较轻，而仅有妨害交通之虞者，则保留许可而禁止之。此类行为，唯得警察许可，始得适法为之，计有如下各种：(1)于道路进行工事者；(2)为进行工事，放置竹木土石于道路，或于道路设置板围、绳围、或支柱等类者；(3)在祭日或岁市等，于道路架设棚铺、杉牌或其他饰物者；(4)于道路搭盖凉棚，或支撑布遮，以及建立广告牌、店栅、街灯等者。(参照《违罚》第四十一条第四款，同上《上海规则》第八条。)

(四) 危险预防之装置

修道掘路，或于道路上进行工事，放置竹木物件，致通行上发生障碍或危险时，在日出后，须树立标识，在日没后，须悬标灯；于私有地界内，当通行之处，有沟井或坑穴时，须设覆盖及防围。如义务人不为一切危险预防之装置时，警察官署得命其装置，或科以一定处罚。(参照《违罚》第四一条第一款，同上《上海规则》第十、十八条。)

关于道路警察之作用，除上列外，尚有维持道路之公安、风俗、卫生等各种，于各取缔交通法令中，设有规定。但此等作用，属于他种警察，非此处所能详述。

第三项　车马警察

车马警察或称通行警察（police de circulation），即取缔车马等通行手段之警察也。是等通行手段，包括汽车、公共汽车、电车、马车、人力车、脚踏车、小车、货车、卡车、轿及牛马等各种。车马警察原为道路警察之一支，第关于车马之取缔，有特殊性，须为另立一门。车马取缔，其目的，一面在维护道路及车马自身之健全，他面在保持车马交通通行之安全，并对公众乘坐之车辆，保护乘客之利益，及维持车内之秩序。

从广义言，火车亦车之一种，而同属于警察取缔。但关于火车之取缔，另有所谓铁道警察，通常在于除外之列。唯铁道车站及沿线之一般公安事项，亦属保安警察之范围。从而保安警察之力，于某限度亦得入于铁道警察之领域，而为其补助之作用焉。（参照铁道部公布《国有铁道警察与沿线驻军及地方警团联络互补办法》。）

车马警察，我国现制，分属于保安警察官署及其他主管机关掌管。如车辆及驾驶人及轿夫之管理，属于市政府（如设有公用局者，则公用局）或其他主管机关（如建设厅或庐山管理局等）；其他行车停车之取缔，则属保安警察机关。就其管理及取缔，除中央法令有规定外，各该主管官署亦得依职权规定之。

（一）车辆之登记及检验

汽车、货车、马车、人力车及脚踏车等，其车体构造及附属物，均有一定限制。如汽车及机器脚踏车，须车体坚固齐整，机关良好完备，并须装制喇叭，及前后灯；如脚踏车须装置警铃。各种车辆，不问其为自用或营业用，均须向警察机关或其他主管机关请求登记，经检验合格，发给号牌，及行车执照后，方得行驶。违者按车辆种类，分别处罚。（同上《陆上规则》第五条以下，《上海管理规则》第二章及其他。）

（二）驾驶人

车辆之驾驶人，如司机、马夫、推车人、拉车人等，均须向主管机关请领执照，方得从业。其个人身上如精神失常，患有碍作业之疾病，或年在十八以下五十岁以上者，不得驾驶车辆。尤其汽车司机人，必须经过考验合格，并将执照随车携带，以便长警查验。（《上海管理规则》第三章，及各市管理规则。）

（三）行车及停车之限制

行驶车辆，除受道路警察之取缔外，并须遵守下列限制：（1）行车时应注意一切交通标志，并服从岗警指挥；（2）车辆将转湾时，应先减低速度，向左转时，应紧靠左缓行，向右转时，除有特别情形不容大转湾者外，应经过路中交叉点，成大转湾前进；（3）车辆近下列各处时，均应减低速度，必要时并应暂时停止行驶：一桥梁、二下坡、三交叉路、四狭窄街路、五繁盛处所；（4）凡行车欲越过前方之车辆，除前车为电车外，一律须经前车之右侧；（5）遇有特别优先权之消防车、警备车、卫生救济车、工程救险车、监犯车，同向行驶时，均须让避，使其先行；（6）车辆相对行驶，经过狭窄之街道或有障碍物之地点时，应由靠近较宽处之车辆停止或倒退，让对方车辆先行；（7）由小路或支路驶出之车辆与干路之车辆相遇时，须让干路之车先行；（8）任何同种车辆，不得相并而行，相对行驶时，均应让出相当之间隔；（9）凡车辆在日出前日入后或遇大雾时，一律应点灯火；（10）汽车于停车、缓行或转湾时，应用一定方式，通知其他车辆或岗警；（11）车上喇叭警铃，非于必要时不得频用。

其次，关于车辆停放，亦有限制：（1）停放车辆，应在指定地点或停车场，转湾处或狭窄之道上，均不得停放；（2）停放时应依顺序排列，不得综杂紊乱；（3）车辆停放地点，应注意下列各项之限制：一距离人行道右侧，不得过十分之一公尺，二距离交叉口、转角或桥梁等，不得在五公尺以内；(4)凡车辆如欲向路之右侧停歇时，应用警告手势，并应在车辆或行人稀少时，斜驶路右；(5)任何车辆不得久停于大商店、公共场所门前、交叉口或繁盛街市；(6)凡车辆在途突生障碍，不得继续行驶时，应立刻先将车辆推靠路旁；(7)停靠车辆，除确系在安全地带，不致发生危险者外，驾驶人不准离开其所驾驶之车辆。(同上《陆上规则》第四、五条。)

（四）车辆肇事

车辆肇事，应即停驶，并速报告附近岗警，不得隐匿；非经许可，不得开行；如因事出意外，撞毁他人物件或损伤他人身体时，得酌令抚恤赔偿，其情节重大者，应送法院究办。如因违反规则或故意而致伤害他人身体或财产者，除令抚恤或赔偿外，撤消该驾驶人之执照，并送法院办理。车辆违反规则或肇祸后，岗警应依情节之轻重，认明车牌号数，或将车牌扣留，令其到局处理，非至必要时，应极力避免扣留其车辆。(同上《陆上规则》第六条。)

（五）车轿营业之许可

为车轿营业者，应具一定条件，开具一定事项，呈请警察机关或其他主管官署核准，给予执照，方得营业。其呈请许可之程序，依营业种类，略有不同，大抵以营业汽车公司之开设最为烦重，所以人力车及轿埠之营业最为简单。(参照《广州市车辆交通规则》，及《杭州市各种车辆管理规则及取缔轿埠规则》。)

（六）营业上行为之限制

汽车、公共汽车、马车及人力车等接近公众之营业，其营业上行为，因直接于公众有关，应受一定之监督。如停留之场所、运送之价目、乘载之人数及重量、乘客之待遇，以及运转路线、司机及掌车之业务上行为，均应遵从一定之限制。(同上《陆上规则》第六、八条以下，同上《上海规则》第六条。）

（七）对于乘客之限制

供于多众乘用之车辆，对于乘客及货物，亦有相当之限制。即乘客有传染病或疯癫泥醉者，其所带货物有危险性或遗留恶臭及污染车体者，营业管理人得拒绝其乘载。

第四项 水上警察

关于水路交通之警察，有水上警察与航海警察之二种。水上警察首指国内水路交通之警察，即河川湖湾之警察，及沿岸海警察之一部属之。水上警察之法律关系，与航海警察不同，而宁与陆上交通警察近似。航海警察一般属于交通部及其所属航政官署管辖，而水上警察仍属内政系统之警察官署及其他管理机关主管。我国现于水路繁盛处所，择要设有水上警察机关，如水上警察局或警察队等，其未设水上警察机关区域，所有取缔事项，则由沿岸陆上警察机关兼管之。水上警察法规，除中央法令有规定外，亦得以地方命令定之。

第一 河湖警察

河湖警察，即保护河川湖沼本身及其航行秩序之警察也。凡关损害河湖之行为及船只之航行停泊等，均在本项警察取缔之列。

（一）损害河湖行为之取缔

关于此，现行法中规定极少，仅《违警罚法》及《河川法》等中，略有规定：(1) 凡因营业或其他行为，而影响于流水之清洁，或变更流域之原状者，得限制或禁止之。（《河川法》第十三条。）(2) 滥系车马，致损坏桥梁堤防者，得科以处罚。（《违罚》第四二条第三款。）

（二）航行之限制

关于河湖航行，首为《内河航行章程》（二十年十二月十二日交通部公布）所规定。其内容约略如次：(1) 凡轮船在日间航行，须于头尾悬挂船旗商旗，夜间航行，设置一定号灯，夜间停泊，于船头桅杆悬一白灯。若两轮迎头相遇，靠右相避，纵横相遇，减少速力，或停止倒退；同向行驶，后轮越过前轮，应放汽号通知，并避前轮之路；遇有雾雪大雨或经河道交叉折曲转湾，除缓进外，应于每二分钟放长汽号一响。若轮船与帆船相遇，前者应让后者之路，前者越过后者时，除缓进外，应放长汽号一响。(2) 帆船夜行，须于船上明显处悬一白灯；除有阻碍外，平时须靠右岸行驶，两船相遇，与轮船同，亦应靠右相避，或减少速力及避前船之路。(3) 渔船在夜间捕鱼时，须于头尾各悬一白灯。(4) 以上各船不得在河道中流或交叉转湾处停泊。(5) 各船于航行遇有他船求救时，除本船在危险中外，无论何时，应立时尽力施救。此外各法令中，尚有特别规定，兹不详述。（参照十八年四月交通部颁发《太湖船舶夜间悬灯办法》，《广东省港务船舶暂行规程》第五、十七条，《上海市水上交通管理规则》第三、四、五条，同市《取缔竹木排暂行规则》。）

第二　港湾及码头警察

（一）港湾警察

港湾有商港与非商港之别，商港指在中国境内准许外国通商船舶出入之港孰为商港，为国府命令所指定。唯在商港，始准外国船舶及与外国通商之本国船舶出入。盖对于外来船舶，须行关税征收及卫生检查，而为其诸施行，须设税关及检疫所。使外来船舶与此等设施相适应计，故特指定一定之港为商港也。商港警察属于航政官署，即交通部所属之航政局主管。

凡船舶出入于商港时，应负如下各项义务：(1) 入港时悬挂国旗及信号符字；(2) 遵照航政官署指定之地点停泊；(3) 除休假日外，应在二十四小时内，提此报告单于航政官署，非经许可，不得与他船或陆上交通，及起卸货物；(4) 除航政官署指定之地点外，不得装卸货物，并不准船客船员任意上下；(5) 非经许可，不得施放枪炮烟火及使用爆发物，除照《航海避碰章程》或其他必要外，不得鸣放汽笛；(6) 如有沉没船舶或落下之物，应由船舶所有人或物主依命除去之；(7) 如载有非应备之爆发物或易于燃烧之危险物，应在港外停泊，并日间悬挂旗号，夜间悬挂灯号；(8) 应受海港检疫；(9) 港内不得投弃煤屑、灰烬、油脂及其他不洁之物件；(10) 移泊或改换锚位时，应先挂旗号；(11) 出港时应挂旗号，并报经官署许可。(参照二十年六月二十七日国府公布《商港条例》第一条至第二六条。)

非商港之港湾，除设有航政局地方外，属于地方官署主管，关于警察上取缔事项，主管官署得以单行规则定之。

(二) 码头警察

码头之建立，除商港区域，须受航政官署之许可外，其他港湾河岸，应经地方主管官署之核准。至于码头之管理并秩序之维持，属于各该主管官署，或警察机关之权限。(《商港条例》第二七条，同上《广东规程》第二条，《上海市公共码头管理规则》，同市《南市轮船码头管理章程》。)

第三　小轮船拖驳船及码头船

船舶因其大小不同，有适用《船舶法》与否之别。适用《船舶法》之船舶，其管理为《船舶法》等多数法规所定，须俟航海警察目下详述。其他不适用《船舶法》之各类小船，别有管理规定拟于本项说明。不适用《船舶法》之小船，有如次二种：(一) 总吨数不及二十吨或容量不及二百担之船舶；（二）以橹棹为主要运转方法之船舶。此外，拖驳船及码头船等，亦可于此述之。

（一）小轮船

凡未满二十吨之小轮船及渔船，均应遵章请求丈检及注册领照。非经呈请注册给照，不得航行。注册给照，应由所有人向交通部直接呈请，或呈由当地航政官署或地方官署转请；呈请时应检同所有权证明文件及丈量检查证书，一并呈验。丈量检查，由交部委托当地航政官署或地方官署或专员办理之。丈量程序，应由所有人具填声请书，并将该船驶赴该管官署所在地，声请施行，不能驶赴该地时，则就该船所在地施行之。经丈量后，应给吨位证书。除初次检查外，并行定期检查及临时检查。初次检查合格后，其航行期间，于至长一年间之限度内，由该管官署定之，航行期限届满时，非经检查，不得航行。临时检查，则遇有特别事故时行之。每经检查后，应将检查情形，依式记载于检查簿，并发给或换给检查证书。（二十一年一月二十日交通部公布《小轮船丈量检查及注册给照章程》。）

小轮之乘客定额、内河航线、起点及经过地点等，均于检查注册时由主管官署核定，并常受其监督。

（二）拖驳船及码头船

拖驳船谓不以机器或帆为主要运动方法，而专载客货，供他船拖带之船舶。此种船舶，亦须呈请丈量检查，并注册给照，方得航行。其请领程序与所辖机关，殆与上述之小轮船同，兹不详赘。（参照二十二年六月五日交通部公布《拖驳船管理章程》。）

码头船，系指停泊水面，用以停靠其他行驶船舶，俾上下搭客，及装卸货物者而言。码头船无论为官厅或公司或个人所有，均应呈请交通部注册给照；注册给照后，须将注册号数书于各该船之显明处，以资识别，其停泊则依关于港务之各项规则定之。(参照十七年一月十七日交通部公布《码头船注册给照章程》。)

第五项　航海警察

　　海上交通与国内水路交通，颇有不同。因远洋航海有国际的性质，须有统一的规定，且危险较多，离开国家权力较远，须为特别管理。至于近海航海，其管理虽不及远海之繁难，而谋取缔船舶及船员，保持航行安全，其必要程度，亦较国内水路远过之。故航海警察，在法律上虽同为警察权作用之一种，其事权非可任于地方官署或警察机关，而应与其他海事行政，一并属于中央官署之交通部及其所属之航政局，从之一切航海法规，亦应以中央法令定之。航海法规，现时有《船舶法》、《船舶登记法》、《船舶丈量章程》、《船舶检查章程》、《轮舶注册给照章程》、《海员管理暂行章程》、《船员检定章程》、《船舶载重线法》、《航海避碰章程》、《引水人章程》及《海商法》等，规定甚详，兹述其梗概如次：

第一　船舶

　　本目所谓船舶，系指海上行驶，及与海相通，能供海船行驶之水上航行之船舶而言，凡总吨数不及二十吨或容量不及二百担，或专用于公务，及以橹棹为主要运转方法者，皆不包含在内。此类船舶受《船舶法》之支配（船舶法第一条，《海商法》第一、二条），应声请丈量检查，呈请登记，请领国籍证书。

　　（一）船舶国籍

　　航海船舶远行异域，常于国旗之下，保其自由。故对于船舶，须为确定国籍。规定船舶国籍之标准，各国立法不同，有于所有人之国籍外，并注重其制造地及船员之国籍者；有不问制造地及船员如何，而但注重所有人之国籍者。我国《海商法》第三条略谓中国人民或法人所有之船舶为中国船舶。又《船舶法》第二四、二五条,略谓请领国籍证书,须由船舶所有人向主管航政官署先行登记,然后由主管航政官署呈请交通部发给之。观此,盖亦以所有人之国籍,定船舶之国籍也。

现行法中,船舶登记含有警察许可之性资,登记后所发之国籍证书,即其许可证。非有此项证书,除试航,或丈量吨位及有正当事由外,不得航行。(《船舶法》第四条。)如遇国籍证书遗失、毁损或登记事项变更时,应由该船所有人于一定期限内,向船籍港之航政官署,声请补发或改换。(同《法》第二六至二八条,并参照《船舶国籍证书章程》。)

中国船舶有特别之权能与义务:(1) 非中国船舶,除国庆日、纪念日,或有其他事由外,不得悬挂中华民国国旗。(2) 非中国船舶,除政府特许或为避难外,不得在非商港之中华民国港湾口岸停泊。(3) 中国船舶应具备下列各款标志,以资识别:一船名、二船籍港名、三吨数、四号数、五吃水尺度。(4) 中国船舶应具备各种证书、名册及其他书簿。(同《法》第二、三、五至七条。)

(二) 船籍港

船籍港(Heimathafen Registerhafen),为船舶航行之起点,亦其经营事业之根据地。凡船舶登记,及其他对于船舶之监督行为,原则上由船籍港之航政官署管辖之。船舶之船籍港,依各船舶所有人自由认定(同法第二四条),其变更亦然。唯变更时,须为登记变更之程序。

(三) 船舶登记

船舶登记,其目的一在赋与航行能力(即航行许可),一在示明私权关系。唯为达此两种目的,是否以单一程序行之。各国立法,有二不同主义。一曰单一主义,即对一切船舶,强制令其登记。既经登记,一面使其登记事项(如所有权之所在,及其他物权之设定等),取得公证效力,而得对抗于第三人；一面发给国籍证书，许其航行，使之取得航行能力。二曰重复主义，即以航行许可与私权公示分别行之。第一，欲求私权公示，须为航舶登记，登记之后，乃有对抗效力，但登记与否，任于私人自由，国家不为强制。其次，欲求航行许可，则须声请登录，请领国籍证书，非经领到，不得航行。前之主义为德、法、英、美等国所采，后之主义为比利时所采，日本亦近于此。两者相较，当以前者为优。盖在此制之下，航行许可与私权公示，得以同一行为为之，程序简单于声请人甚为便利；且登记后所给与之国籍证书，得将登记事项一并记载，单依国籍证书，即得窥知其船舶物权之所在也。

依《船舶法》所定，船舶所有人应于领得船舶检查证书及船舶吨位证书后，向主管航政官署为所有权之登记，既经登记，航政官署除依法发给登记证书外，应请交通部发给船舶国籍证书。（同《法》第二四、二五条。）又依《船舶登记法》所定：船舶关于下列权利之保存、设定等项，均应登记：（一）所有权，（二）抵押权，（三）租赁权。应行登记事项，非经登记，不得对抗第三人。（同《法》第三、四条。）观此，登记行为，一举两得，既得航行能力，又有公示效力。故我国现制，实采单一主义，唯船舶登记，一面既在公证私权关系，同时实有法政行为之性质。

（四）船舶丈量

船舶丈量（Schiffsvermessung），为确认船舶之总吨数、登记吨数，及船舶构造之行为，所以识别船舶，并为征收注册费、登记费及吨税等之标准者也。船舶丈量，其性资为法政行为，非警察行为，特其资以识别船舶，并为注册及取得国籍证书之先行程序，与警察上亦不无关系耳。凡船舶新造使用，或在外国取得，应于请领国籍证书前，由所有人向船舶所在地方航政官署声请丈量，以后如遇船身样式或容积有变更或觉察吨位计算有错误时，则于一定期间，重请丈量。经丈量后，应由航政官署发给或换给船舶吨位证书。(《船舶法》第二条,二十二年十月二十八日交通部修正公布《船舶丈量章程》。)

(五)船舶检查

船舶检查,与丈量不同,非为事实认定,而为警察取缔。即其作用在查核船舶,乘客定额、汽压限制、航行期间,以决定航行之许可,用保航行之安全。船舶检查,除本国船舶外,对于外国船舶,亦得行之。外国船舶之应受检查者,有如次三种:(1)中国人所租用在中国各港间,或中国与外国间航行之外国船舶,(2)依法律或政府之许可,在中国港湾口岸间航行之外国船舶;(3)自中国港搭载客货出发之外国船舶,经主管航政官署验明其检查证书有效期间已届满者。(《船舶法》第十六、十七条,《船舶检查章程》第三条。)凡应受检查之船舶,非经检查合格给有检查证书,不得航行。

船舶检查,分特别检查、定期检查及临时检查三种。

(甲)特别检查

特别检查,又称初次检查,系对新造之船舶,或购自外国之船舶,及船身机器之全部或一部经过修改之船舶行之。无须受检查之船舶,变更为应受检查之船舶时,亦应施行特别检查。特别检查,应就船身机器,及船具之构造,并其状况与能力行之。

(乙)定期检查

定期检查,即航行期间届满时之检查。凡已受检查之船舶,以后航行期间,须由主管航政官署核定。其期间,轮船为三个月以上一年以内,航船为六个月以上,三年以内。逾限非重经检查合格,不得航行。定期检查,应就船身机器船具等之状况,及客室船员室,暨其他设备行之。

(丙)临时检查

临时检查,于航行期间内,遇有必要时行之。如船舶遭遇碰撞及灾变有损伤时，或变更航路种类、客货舱位及船上设备时，或保险汽门经启封时，均应声请临时检查。临时检查，得就船舶之一部或全部为之。

特别检查与定期检查，由船舶所有人声请船舶所在地之主管航政官署施行；临时检查，除声请检查外，并得由船舶所在地之主管航政官署依职权行之。施行检查后认为合格时，应由航政官署给予船舶检查合格证书，如认为不合格时，得令其暂时停止航行。（以上同《法》第九、十四条，同章程第二条。）

第二　海员

海员（Schiffsbesatzung）系指服务于船舶之船长（Schiffer）及船员（Schiffsmannschaft）而言。凡远洋或江海船舶之海员，均须服于《海员管理暂行章程》之取缔。（二十年十月一日交通部公布，二十三年一月二十三日同部修正），其他内河湖川船舶之船长船员，则由航政局酌量情形，呈请交通部准用本《章程》取缔之。

（一）海员之许可

在轮船上服务之驾驶员及轮机员，均须经交通部检定合格，发给证书，始有服务能力。（同上《管理章程》第三条，二十四年三月二十六日交通部公布《船员检定章程》。）

（二）海员就职之监督

海员，除船舶所有人自任者外，其就职服务，为私法上之雇佣关系，但因船舶特有之性质，须服于警察上之监督。其监督方法，最主要者，以声请认可及发给海员手册属之。

凡驾驶部海员，自船长以至水手，轮机部海员，自轮机长以至火夫，于其初次被雇在船舶服务时，应向船籍港航政局声请认可，同时声请发给海员手册。海员手册为证明海员身份之文书，海员之履历、职别、任事日期等,均有填载在内。所载事项有变更时,应即呈请改正。本人被解雇时,应即送请注销。(同上《管理章程》第四条以下。)

(三)船长之权利义务

船舶远离口岸,国家权力鞭长莫及,关于船舶之运转及船内之秩序,非另有所以管理之不可。在船舶中当以船长地位最高,故法律于某限度,赋予船长以公的权力(船内警察权),并使负公的义务。船长之公法上权利义务,有如次各种:

(甲)命令权

船长对于船员,就其职务,得为命令;非经船长许可,船员不得离船。(《海商法》第五七条。)

(乙)紧急处分权

船长在航海中,为维持船上治安,得为紧急处分。(同《法》第四三条。)如有紧急必要,对于船员船客之拘禁,对于货物之处分,皆得为之。尤其船员在船舶上私载违禁物品,有致船舶或货积受损害之虞者,船长得将其投弃之(同《法》第五八条。)

(丙)指挥船舶之义务

凡船舶应由船长负责指挥,但非因不可抗力,船长不得变更船舶之预定航程。(同《法》第四二条。)

(丁)最后离船之义务

船长在航海中,不论遇何危险,非咨询各重要职员之意见,不得放弃船舶;放弃船舶时,非将旅客船员救出,不得离船;并应尽其力所能及将船舶文件、邮件、金钱及贵重物品救出。(同《法》第四四条。)

(戊)报告之义务

船长于到达目的港或入停泊港时,或遇船舶沉没搁浅、意外事故强制停泊,或其他关于货物旅客之非常事变时,均应依法报告主管官署。

(同《法》第四七、五十条。)

第三　引水人

引水人或称引港人(Lotsen)，即在港内或港外，以引导船舶之水路为业之人也。凡欲为引水人者，须经考试合格，领有考试院执照，方得执业。应引水人考试者，须有下列资格：（一）中华民国国民；（二）在专门学校修航海之学，得有证书者；（三）曾在指定引水区域内历练服务，有成绩者；（四）品行端正，身体健全，无不良嗜好者。引水执照每两年应依体格及目力之检定，换发一次。（二十年三月五日考试院公布《引水人考试条例》。）

引水人从事业务，得用引水船，其引水船，须另受主管官署之检定。凡船舶欲招引水人，得以引水信号招之。引水人对于船舶之招请，负有应招之义务，不得无故拒绝。同时对于相招之船舶，就其服务，得请求一定限度之报酬。

第四　海上冲突之预防

为预防船舶冲突，保障航行安全，我海军部颁有《航海避碰章程》。（十九年二月海军部拟订呈奉行政院核准公布。）凡关于各种船舶之号灯、标号、雾中信号、雾中航行速率、帆船之行驶方法、汽船之行驶方法，以及两船相见时之信号、遇难信号等项，均有定之。船长应依此等规定，勉力避免碰撞，遇有碰撞，则应相互施救。

第六项　航空警察

航空警察颇与航海警察相似，如航空器之国籍取得、检查注册，以及飞航员之考验许可等，均须与船舶及海员，受类似之管理。此外，航空器材之输入、外国航空器之国境交通，亦各须有取缔。关于航空警察，现行法中犹无统一规定，只于《监督商办航空事业条例》（十八年一月国府公布），《航空器材输入条例》及其《施行细则》（二十四年一月十三日军事委员会公布），《临时特许外国航空器飞航国境暂行办法》（二十四年一月十九日行政院公布）等中，设有规定而已。

第一　商办航空事业之取缔

商办航空事业为特许企业之一种，其事业之特许并业务之监督，原非警察权之作用，但其事业上之设备及人员，如飞机、飞艇及其他航空器，飞行场、水艇，以及飞行员等，应受交通部之取缔，可谓与航海事业同。凡上述各种航空器及飞行场水艇等，交通部得随时检查，如各种设备对于飞行有不安全之虞者，应禁止使用，或限期令其改善。关于检查事宜，于必要时，交通部得委托所在地官署负责办理之。至飞航员非经考验合格，持有证书者，不得充任。又禁航区域，不得飞行。军用品危险品违禁品，不准运载。

第二　航空器材输入之取缔

航空器材，指航空器及为航空防空用之武器机件仪器材料等项而言。凡中华民国人民或团体，或依中华民国法律设立之公司，购运航空器材输入国境时，应于事前具备声请书，开明一定事项，赍送航空委员会审核。上项声请书经审查后，应由航空委员会给与核准书。

购运者于航空器材订购手续完毕，启运入国之时，应开明一定事项，附同核准书缮本，送请航空委员会发给准许入口护照。所发护照之有效期间，自填发日起，以六个月为限。

输入航空器材，经查获有下列情形之一者，概作违禁品论：（一）无核准书及护照,径行输入者;(二)器材与核准书及护照不符者;(三)充作样品之航空器材,私行转让,或移作别用,或不依照限期运出者。

第三　外国航空器飞航国境之取缔

外国航空器飞行来华,无论经过领空或停留国内地点,应由该管公使馆于一个月前,填具航空器入境申请书,正式报由外交部,经主管机关特许后,方得飞航入境。入境之航空器,应由该管公使馆声明不为军事演习试验,及危害国防上之行动;且须服从中国政府空军之指挥,在升降各地点,须受中国政府派员之检查。

入境航空器之航线,中国政府于必要时,得变更其一部或全部,并指定其降落之场站。航行时须照指定之航线飞行,不得越出左右二十公里,并不得于指定地点以外,自由升降;其有不得已情形,被迫降落者,经中国政府派员验明后,得予放行。一经降落指定场站,须受当地税关及军警之检验。

入境航空器,不得于禁航区域,或要塞地带周围二十公里内之上空飞行,其地点于核准入境时定之。并不得携带违禁物品,包括军火、武器、邮件、货物及照相器具等,及不得由航空器撒下物品。

入境航空器、飞航员及乘员,须携带各种飞航必备之证书暨日记,可便检查,并须遵守中国政府关于航空所颁布之各项法规。

第七项　旅行业警察

旅行业指代旅客谋旅行上之便利,经售国内外各种车票、船票、航空票,代客运送行李,或兼营与旅行有关之银行业,及其他关系旅行上一切事业上之营业。凡在中华民国境内经营旅行业者,除应遵守商事法令外,须详填一定事项,附缴注册费,呈请铁道部审核注册。其经售船票、航空票及兼营与旅行有关之银行业者,应将上述注册事项,具备副本,呈请铁道部咨商交通部及财政部,核准注册;除上项注册外,并应依公司或商号性质,向主管官署注册(商业注册。)营业之资本总额,至少须国币十万元以上;兼营发行旅行支票、国内外小额汇兑之银行业者,其资本总额,至少须国币二十万元以上。

旅行业经售车票、船票、航空票,不得在原定价额以外,增加任何费用。兼营与旅行有关之银行业,发行旅行支票,应取汇费不得超过当日之市价。如有违背应守之法令者,不准注册,已注册者,得撤消之。(十九年十月行政院公布《旅行业注册暂行章程》。)

第八项　移民警察

移民云者,本国人民以从事或种工作之目的,移往于外国之谓也。吾国领土广大,移民事业,素不注意。然吾国人民,自动向海外发展者,亦颇不鲜,所谓华侨是也。人民离乡背井,远出海外谋生,以任于个人自由,不加限制为原则。虽国家为保护侨民计,有发给护照之举,俾其到达目的地时,向当地或附近本国使领馆,呈验护照,声请登记;此外,并由内政部委托驻外各使领馆,代发国籍证明书,以证明其国籍。然发给护照或证明国籍,皆不过为保护旅外侨民之方法,非限制何等之自由也。

吾国现行法中,唯对于工人出国,设有特别限制,而有移民警察之性质。依《工人出国条例》(二十四年十月二日国府公布)所定:出国工人分由政府选送者、由募工承揽人召募者及个人出国佣工者三种。凡出国工人,须具下列四款资格:一年二十以上四十五以下,二身体强健,三无传染病,四无不良嗜好。其雇佣契约,除政府选送者由政府代办外,应依侨务委员会规定之《出国工人雇佣契约纲要》办理。

个人出国佣工,出国时应呈经侨委会登记,方得请领护照。募工承揽人非经侨委会核准,不得召募。工人所需通译,非经侨委会核准,给予证书,不得充任。

第五款　实业警察

第一项　概说

实业警察者,防遏国民经济生活中所生危害之警察作用也。振兴实业,开发国民经济,一面须对社会经济事业,加以保护奖励,他面须对实业生活中之障碍,设法除去之。且随经济事业之发达,于一般社会,亦不免发生若干危害。对于此种危害,亦非驱除之不可。基于此等理由,故国家对于国民营业,及从事其他各种经济活动之自由,加以种种限制,是即实业警察之作用也。

实业警察,除前述几种于公安、风俗、卫生、交通等特有关系之营业外,一般属于实业及建设财政等机关主管。盖实业行政,仍以策进实业之改良发达者,占大部分,援用权力,从事取缔,特其附随之作用耳。然实业警察,决不因此之故而屏除于警察观念之外。因其作用本质,同在维持社会秩序,对于人民而为命令强制,方之他种警察,固无何等之差别也。兹依事业种类,就实业警察,别为工业警察、商业警察、农业警察、畜牧警察、森林警察、渔业警察、矿业警察等各种,述之如次:

第二项　工业警察

第一　机器工业

机器工业,即装设机器,以蒸汽力、煤油力、煤气力、水力、电力等为其动力之制造工业也。关于机器工业之警察,除次述之《电气业取缔条例》及《工厂法》外,中央法令别无规定。如工厂之设立,一般任于个人自由,虽依《工厂设立暂行条例》(二十二年五月国府西南政务委员会公布)规定,于设立时须为登记,但其登记不过取得法人之要件,而为法政上之行为。又为防止煤烟音响及臭气等之散布,就其建立,在警察上亦有多少限制,而此不过各市区建筑警察之作用。然对于机器工业,中央法令虽少规定,因其甚易发生灾害之故,有待警察取缔,固无疑义。故各地方主管实业机关或警察官署,为谋维持公安秩序,必要时尽得制定规章以取缔之。

依《行政执行法》第九条规定:遇有天灾事变,及其他交通上、卫生上,或公安上有危害情形,非使用或处分其土地家屋物品,或限制其使用,不能达到防护之目的时,得使用或处分,或将其使用限制之。本条规定,适用范围颇广,于机器工业发生重大危害时,该管行政官署亦得据为应急处分。

第二　电气事业

电气为危险物之一种,故电气警察,学者恒目为危险物警察,而置于保安警察项下说明。但为防止危害,取缔电气,首为对于电气事业之作用,且其事业设施,多半属于技术上问题。在权限分配上,此种警察不属内政机关管辖,而属于建设机关主管。兹为便宜计,特移置于此而说明之。

兹之所谓电气事业,系指应一般社会之用,供给电光、电力、电热之民营事业;官办通信事业,及发电供自己之用者,概不包含在内。民营电气事业,为民营公用事业之一种,其经营须经国家之特许。(参照《民营公用事业监督条例》,及《电气事业条例》。)然其事业于社会有危险性,国家对于电气事业，除为企业经营上之监督外，更须加以警察上之取缔，以防止危害之发生。关于电气警察之法规，一般为《电气事业取缔规则》（二十三年二月二十七日国府修正公布）所定，此外《屋内电灯线装置规则》（十九年六月十五日建设委员会公布），《屋外供电线路装置规则》（二十年同会公布）及《电力装设规则》（二十二年六月三日同会公布）等，亦不失为其重要者。

（一）创设扩充及营业开始等之许可

电气事业非依《电气事业注册规则》之规定，呈请核准注册，不得创设或扩充。全部工作物完竣后，非将工作情形报请主管官署，派员检验合格，不得开始营业。于订购原动及发电机器以前，非将机器说明书及主要工程图样等，径呈建委会核准，发给工作许可书后，不得订购或施工。

（二）工程标准及安全

所用电气，限用交流电，唯因特殊情形，经建委会之特许者，得用直流电。供给电气，应使用户电压与其规定数之差，不得超过下列之限制：（一）电灯电压高低各百分之五；（二）电力及电热之电压高低，各百分之十；（三）电灯电力电热合用一线路者，依照电灯电压之规定。交流电周率之高低变动，各不得超过规定数百分之四。发电设备，至少应有总容量百分之二十五之备用量；如两个以上之电厂互供电流者，其总备用量至少应有各联络电厂总容量百分之十五，但不得少于其中最大电厂容量百分之二十五。此外，尚应装置各种必要之电表，以备记载发电及购电度数、电压周率及负荷之变动。

电气事业人应于适当处所，装置避电器及其他防止危险设备。屋外架空电线，无论包皮线或裸线，其铜线截面，除接户线外，不得小于五方公厘。低压配电线路，应依照《屋外供电路线装置规则》接地。机器及线路设备,至少每年检验一次,其检验结果应列表记载备查。如遇有线路近当火患或非常灾变时,应派技术员工携带显明标志,苫场防护;于必要时得停止一部或全部之送电,或排除其一部之线路。

电气事业之工作物及其所用电气方式,是否依据建委会公布之各种规章办理,地方监督机关得派员检验,如认为不法者得限定更改之。

（三）技术员

电气工作物之装设运用,需要专门学术。为防止危害公众,其技术人员须选择知识经历俱佳之士以充任之。依《取缔规则》所定,电气事业应依照《主任技术资格等级表》,选任主任技术员一人（三、四等电气事业得以技术顾问代之）,主持工程。此外,并应视其事业大小,选任助理技术员一人或二人。主任及助理技术员应常川驻厂办事;购置机器材料之规划,应由主任技术员或技术顾问负责。

（四）供电及停电

电气事业有独占的性质,行政上为保护社会公益计,就其供电及停电,设有限制。即其事业人应依照法定时间,每日供电。对于营业区内人民要求供电,非有正当理由,不得拒绝;对于用户非有法定情形,不得停止供电;如因不得已事故停电时,除临时发生障碍外,应先期通告用户,并呈报主管官署备核。

第三 劳工警察

于工业发达过程中,当在家庭工业时代,劳资区别犹不明白,其间并无多大间隔。迨机器发明,工厂发达,社会组织发生变革,劳资关系形成对立,而社会亦以不宁。行政上为保护工业生产,改善劳工地位,及维持社会之秩序计,对于其间关系,乃不得不出而干涉之矣。劳工行政,大约可以别为两面:一方面,对抗雇主保护劳工,凡关雇佣契约、工厂设备及工人生活等，皆由政府居中干涉保护之。他方面，容许劳工团结自治，合力抵抗，同时将因此所生之弊害，设法除之。以是言之，劳工行政范围颇广，一方面包括团体协约、工厂取缔及劳工保险等项；他方面包括工会取缔，及劳资纠纷等项。唯劳工保险及团体协约，属于社会行政及法政之范围，非属警察行政。劳工警察，以工厂取缔与工会取缔为最重要。前者又称劳工保护警察，后者又称劳工取缔警察，兹依《工厂法》（二十一年二月三日国府修正公布）及《工会法》（十八年十月二十一日国府公布）之所定，略述如下：

（一）劳工保护警察

《工厂法》首为保护劳工，限制雇主而制定。凡用发动机器之工厂，平时雇用工人在三十人以上者，皆须受其适用。其规定内容，以次述各端为最主要。

（甲）劳工就业之限制

（1）就业年岁之限制

幼年男女，心身均未发达，以之充当工厂工人，不特害其身体之健全发育，亦且使失教育机会，与国家对于幼年人施行义务教育之本旨，全相背戾。故法律特限制未满十四岁之男女，不得雇充工厂工人。但十二岁以上未满十四岁之男女，于《工厂法》施行前，已在工厂工作者，经主管官署（即市县政府）核准得宽其年限。（《工厂法》第五条。）

（2）童女工工作之限制

男女工人在十四岁以上未满十六岁者，称为童工。童工年少力弱，不胜艰难工作，且其身体正在发育，不可使受阻害。女工不问年岁大小，其体格体力，一般不及男工强健，其工作亦宜加以限制。故法律限定童工女工，只准从事轻便工作，下列各种有危险性之工作，一概不许为之：（1）处理有爆发性、引火性或有毒质之物品；（2）有尘埃粉末或有毒气发布场所之工作;(3)运转中机器或动力传导装置危险部分之扫除、上油、修理,及上卸皮带绳索等事;(4)高压电线之衔接;(5)已镕矿物或矿滓之处理;(6)锅炉之烧火;(7)其他有害风纪或有危险性之工作。(同《法》第六、七条,并参照二十五年六月二十五日国府公布《矿场法》。)

(3) 工作时间之限制

成年工人每日实在工作时间,以八小时为原则。如因地方情形或工作性质,有必须延长工作时间者,得定至十小时。除上述之情形外,因天灾地变季节之关系,于取得工会同意后,亦得延长工作时间;但每日总工作时间,不得超过十二小时,其延长之总时间,每月不得超过四十六小时。至于成年工人,夜间工作,在所不禁,但夜间工作,于身体上亦有影响。凡工厂采用昼夜轮班制者,所有工人班次,至少须每星期更换一次。女工禁止深夜工作,其工作时间,不得在午后十时至翌晨六时之时间内。(同《法》第八条至第十条及第十三条。)童工每日工作时间,绝对不得超过于八小时,并禁止夜间工作,其每日工作时间,不得在午后八时至翌晨六时之时间内。(同《法》第十一、十二条。)

此外,关于休息及给假,亦有限制。工人继续工作五小时,至少应有半小时之休息。每七日中应有一日之例假。国民政府法令所定应放假之日,均应给假休息。在工厂继续工作满一定期间者,并应有特别休假。(同《法》第十四条至第十七条。)

(乙) 工人福利之设施

工人福利之设施,即为增进工人幸福之目的,图谋劳工状态之改善,促进工人心身之发展之设施也。此种设施不特合于正义人道之观念,并足融洽劳资之精神,增进生产之能力。故法律特以此种设施责诸工厂,命其于雇佣契约之外,为此特别之负担。工厂所有此种负担,有公法上义务之性质,于此亦宜述及。依《工厂法》规定,为谋工人福利,工厂应为如下诸种设施:(1)对于童工及学徒,应使受补习教育,并负担其费用之全部;其补习教育之时间,每星期至少须有十小时;对于其他失学工人,亦当酌量补助其教育。(2)女工分娩前后,应停止工作共八星期,其入工厂工作六个月以上者假期内工资照给,不足六个月者,减半发给。此外,应为女工设哺乳室,及于可能范围内,设置托儿所,雇用看护妇保姆,妥为照料。(3)应于可能范围内,协助工人举办工人储蓄,及合作等事宜。(4)应于可能范围内,建设工人住宅,并提唱工人正当娱乐。(5)每年营业年度终结算,如有盈余,除提股息公积金外,对于全部工作并无过失之工人,应给予奖金,或分配盈余。(同《法》第三十六条至第四十条,同法《施行条例》第二十条。)

(丙)工厂安全及卫生之设备

为谋防止灾变及保持工人之康健,工厂应有安全及卫生之设备。安全设备分下列各种:(1)工人身体上之安全设备,(2)工厂建筑上之安全设备,(3)机器装置上之安全设备,(4)预防火灾水患等之安全设备。其次,卫生设备分下列各种:(1)空气流通之设备,(2)饮料清洁之设备,(3)盥洗所及厕所之设备,(4)光线之设备,(5)防卫毒质之设备。以上各种设备,主管官署如查得有不完善时,得令其改善,必要时并得停止其一部之使用。(同《法》第四十一、第四十二、第四十四条。)(同法《施行条例》第十七至第十九条,及第二十一至第二十七条,二十四年十月十四日实业部公布《工厂安全及卫生检查规则》。)此外,对于矿工卫生,矿业权者尚应为特别之设施。

(丁)学徒

学徒年岁须在十三岁以上,未满十三岁之男女,不得收用。但在《工厂法》施行前已入工厂为学徒者,不在此限。工厂所招学徒人数,不得超过普通工人人数三分之一。如所招人数过多,无充分传授之机会时,主管官署得令其减少一部，并限定其以后招收之最高额。学徒除见习外，不得从事前述各项有危险性之工作。其习艺时间，与普通之童工、女工或男工同。习艺期间之膳宿医药等费，均由工厂负担，并应酌予相当津贴。其津贴数额，由主管官署酌量各该地方情形及工厂经济状况，拟定标准，呈请实业部核定之。（同《法》第五六条以下。）

（戊）呈报之义务

为使主管官署便于监督起见，法律上对于工厂，以一定事项为限，命其负有记载及呈报之义务。第一，工厂应备工人名册，登记下列关于工人事项，并呈报主管官署备案：（一）姓名、性别、籍贯、住址；（二）入厂年月日；（三）工作类别、时间及报酬；（四）工人体格；（五）在厂所受赏罚；（六）病伤种类及原因。第二，工厂每六个月，应将下列事项呈报主管官署：（一）上述工人名册有变更者，其变更部分；（二）工人疾病及其治疗经过；（三）灾变事项及其救济；（四）退职工人及其退职之理由。（同《法》第三、四条。）此外，同法《施行条例》中，尚有多数关于呈报之义务规定，兹不详述。

（己）工厂检查

国家为保护劳工，监督工厂，除命工厂为一定事项之呈报，或以一定行为命受主管官署之认可外，并由工厂检查机关，派员实地检查，以查察上述《工厂法》中各条及其他劳工法规所定关于保护劳工之义务，各工厂已否确实履行。其检查员原则由中央劳工行政机关派遣，但必要时，省市主管厅局亦得派员检查。检查员应就有一定资格，并经训练合格，或领有技师证书者委任之。工厂对于检查机关施行检查及纠正指示，负有遵从义务，自无待论。（参照二十年二月十日国府公布二十四年四月十六日修正《工厂检查法》第九条以下。）

(二）劳工取缔警察

团结自由与罢工自由,为工人多年间争获得之权利。各国法例,多承认保护之。我国现行法中,亦认工人有此二种自由。即依《工会法》所规定,除交通、军事、军事工业、国营产业、公用事业、各机关职员及雇用员役外,其他一般工人,概得团结一致,组织工会。工会成立之后,于一定情形,得宣言罢工。唯此二种工人多年争得之自由,其运用乃用为对抗资方之工具。工人运用之际,难免过于操切,甚或流于滥用危害社会。故法律上为维持社会秩序计,对于此二自由,于某限度,仍不得不限制之。

（甲）工人入会自由之保护及限制

依《工会法》所定,工人只得加入于同一产业或同一职业之工会。工会不得强迫工人入会或阻止其退会,并不得妨害未加入工会工人之工作。又工会对于会员所处的罚款,不得超过其三日之工资;非有正当理由及得会员三分二以上之同意,不得将其除名。（同《法》第十九、二十、二十二条。）

（乙）罢工之限制

劳资间之纠纷,非经过调解仲裁程序后,于会员大会以无记名投票,得会员三分二以上之同意,不得宣言罢工,其已付仲裁或依法应付仲裁者,亦不得宣言罢工。并不得因要求超过标准工资之加薪,而宣言罢工。前述交通军事,以及各机关之职员,并雇用员役组织之工会（其组织当然非《工会法》所承认）,绝对不得宣言罢工。工会罢工时,不得妨害公共之安宁秩序,及加危害于雇主或他人之生命财产。（同《法》第二三条。）

（丙）工会职员及会员行为之限制

工会职员或会员,不得有下列各款行为:（1）封锁商店或工厂,（2）擅取或毁损商店工厂之货物器具,（3）逮捕或殴击工人与雇主,

(4)限制雇主雇用其介绍之工人,(5)集会或巡行时携带武器,(6)对于会员之勒索,(7)命令会员怠工,(8)擅行抽收佣金或损项。(同《法》第二十七条。)

（丁）工会之强制解散

工会违反法规情节重大,或破坏安宁秩序或妨害公益者,主管官署得勒令解散之。(同《法》第三十七条。)

第三项　商业警察

第一　银行业

何谓银行业？经济学上定义不一,而以银行业为对一般公众,广为信用授受之营业,殆为众见所同。盖银行常介于资金供给者与需要者之间,为信用之交易:即对于前者以收受存款及发行证券等方法,吸收资金,对于后者,以放款及票据贴现等方法,供给资金,而此等业务,概以自己之计算行之。其吸收资金,谓之受信业务（Passivgeschäfte）,供给资金,谓之与信业务（Aktivgeschäfte）。兼营受信及与信业务,实为银行业之特色。我国《银行法》(二十年三月二十八日国府公布,但未施行)规定:"凡营左列业务之一者为银行:(一)收受存款及放款,(二)票据贴现,(三)汇兑及押汇。营前项业务之一而不称银行者,视同银行。"(第一条。)盖亦以兼营受信及与信业务为银行独有之业务也。唯银行之单营上列三种业务之一者,其例甚少,在实际上殆必兼营二种以上,及附属业务。

银行业既以与社会公众广为信用之交易为业务,则其营业方法如何,于国民经济之安危,影响至巨。如其业务经营得法,社会资金借以流通,而一国之工商业亦以发达,否则信用动摇,金融恐慌,而实业亦受打击。国家为谋银行业之发达及其信用之坚固计，一面使其资力充实，经营发达，他面加以特别监督，阻其不当竞争，保全公众利益，是即《银行法》之所由制定也。国家对于银行之监督，其宽严程度，依银行种类略有不同，而为保全公众利益，限制银行及其职员之行为，实占《银行法》之大部分，故《银行法》之大部分实有警察法之性质。

银行依其法律上性质，可分普通银行与特种银行（特权银行）。特种银行即中央银行、中国银行、交通银行、中国建设银行等是。此等银行或为政府设立，或由官商合办，而概受乎特别法之支配。（参照《中央银行条例》、《中国银行条例》、《交通银行条例》、《中国建设银行组织条例》。）至于普通银行又有狭义之普通银行与储蓄银行之分。前者首为工商业之金融机关，任于私人设立，而适用普通法之《银行法》。后者同为私人设立，唯其业务与普通银行不同，首以复利方法，收受零星存款，而另受《储蓄银行法》之适用。兹就狭义之普通银行与储蓄银行二种，略述如次：

（一）普通银行

（甲）设立及营业开始之许可

普通银行其设立及营业开始，均须呈经主管官署（财政部）许可。为求其组织整备公开起见，且限定须为公司组织。凡创办银行者，应先订立章程，载明一定事项，呈请财政部或呈由地方主管官署转请财政部核准。如系招股设立者，并应订立招股章程，依同一程序呈请核准后，方得招募。其以股份有限公司、两合公司、股份两合公司组织者，资本至少须达五十万元；以无限公司组织者，资本至少须达二十万元。唯在商业简单地方，前者得呈请财政部核减至二十五万，后者得呈请减至五万元。（《银行法》第二、三、五条。）

既经核准登记之银行，应俟资本全数认定并收足总额二分之一时，分别备具各项书件，呈请财政部派员或委托所在地主管官署验资具证，认为确实，由财政部发给银行营业证书后，方得开始营业。（同第六条。）

（乙）业务之限制

普通银行以次述三种之一为其本业：(一)收受存款及放款；(二)票据贴现；(三)汇兑及押汇。此外，更得以次之五种为其附属业务：(一)买卖金银及有价证券；(二)代募公债及公司债；(三)仓库业；(四)保管贵重物品；(五)代理收付款项。除本业及附属业务外，在原则上不得兼营他业。（第一、九条。）盖银行业对于存款人及一般实业界，负有重大责任，必须专心本务，方克尽其使命。若于本务之外，兼营他种与银行业无关系之业务，势必移动资金，作为他用，而因他业之成败，影响于银行本身之基础。故法律特限制银行除本业及附属业务外，不许兼营他业。只有信托业一种，在沿革上与银行业原属接近，呈经财政部许可，得以例外营之。（同第二九至三二条。）

为防止银行资金长期固定起见，下列各种行为，亦为法所禁止或限制：(1)为商店或他银行公司之股东；(2)收买本银行股票，并以本银行股票作借款之抵押品；(3)于营业上必要之不动产外，收买或承受不动产；(4)因放款收受他银行之股票为抵押品时，不得超过该银行股票总额百分之一。（同第一〇至一二条。）

（丙）保证金或公积金之提存

无限责任组织之银行，应于其出资总额外，照实收资本，缴纳百分之二十为保证金，存储中央银行。上项保证金，在实收资本超过五十万元以上时，其超过之部分，得按百分之十缴纳，以达到三十万元为止。有限责任组织之银行，于每届分配盈余时，应先提出十分之一为公积金，以已达资本总额一倍为止。（同第十四条。）

（丁）营业时间休息日及临时休息

银行在实业界中，犹如人身之血液，须常保持运行，不可任使休止。故关于银行之营业时间及休息日等，法律上设有限制：（1）银行营业时间，限定自上午九时起至十二时止，下午一时起至四时止；但因营业上之必要，得延长之。（2）银行休息日，以星期日、法定纪念日、营业地之例假日及银行结账日为限。但每营业年度之结账日，不得过三日。（3）如因天灾地变等不得已事故，须临时休息时，应立即呈请所在地主管官署核准公告。（同第二〇、二一条。）

（戊）各项表册之公告

银行与普通公司同，为谋整理一定期间之会计及明悉其事业之成绩计，亦有营业年度之规定。但其营业年度，年分两期，一为一月至六月，一为七月至十二月。每营业年度终，银行应造具营业报告书，呈报财政部查核，并依财政部所定方式，造具下列表册公告之：（一）资产负债表，（二）损益计算表。如系有责任组织之银行，除遵照上项办理外，并应添具下列表册，登记总分行所在地报纸公告之：（一）公积金及股息，（二）红利分派之议案。（同法第十七、十八条。）以上各项表册，均所以表明该银行之财政状况，一见之后，该银行之内容及成绩之优劣，大抵皆能明白。法律特命其按期公布盖用以引起公众对该银行之注意及检察，并促其对于业务兢兢业业，为最善之努力也。

（己）其他行政上之监督

除上述外，财政部尚得按银行之业务及财产状况，为次列之监督：（1）随时命其报告营业情形，及提出文书账簿。（2）于必要情形，派员或委托所在地主管官署，检查其营业情形，及财政状况。（3）其营业情形及财产状况，经财政部检查后，认为难于继续经营时，得命令于一定期间内，变更执行业务之方法，或改选重要职员；并得令其停止营业，或扣押其财产,及为其他必要处分。(同第二三、二四条。)(4)银行违反法令或其行为有害公益时,财政部得令其停业,撤换其职员,或撤消其营业证书。(同第四五条。)

(庚)变更停业或解散

银行如有特定变更情事,或为停业解散时,均应呈请财政部核准(同第二六至二八、四三、四四条。)

(二)储蓄银行

储蓄银行与普通银行不同,不直接于工商界,而接触于一般平民,其主要任务,在以复利方法,收受一般平民之零星存款,为之确实保管生息,以应有事必要之需。故此种银行之良莠,特别影响于平民社会,国家对于此种银行,特有严格取缔之必要。现今海外各国,对于普通银行,未必设有监督法规,而对于储蓄银行,则莫不有法规以取缔之。我国于普通法之《银行法》外,更颁《储蓄银行法》,其理由亦在于此。

凡以复利方法收受零星存款者,为储蓄银行;合于上项规定而不称储蓄银行者,如各种储蓄会等,视同储蓄银行。(《储蓄银行法》第一条。)除专营之储蓄银行外,普通银行亦得兼营储蓄银行之业务。但其收足资本之额,及储蓄部之划分独立等项,法律另有规定。(同第二条第二项及第十二、十三条。)兹就两者分别说明如次:

(甲)专营之储蓄银行

(1)设立之许可

储蓄银行之设立,与普通银行同,亦须呈报财政部核准。但其组织限于股份有限公司,资本总额至少须达国币五十万元,如在商业简单地方,得呈请财政部核减至十万元。

(2)业务之限制

储蓄银行之业务,其须审慎经营,较之普通银行,尤为紧要。故对其业务,应更严格限制之。依同《法》第四条所定,储蓄银行除下列各项业务外,不得兼其他业务。

（a）随时收付之活期存款　活期存款在普通银行,通常亦必营之。但在储蓄银行至一定之计算期,如犹继续存放,当然以复利方法按期合计,且其存款数额,每户不得超过国币五千元,各户合计不得超过其他各种存款总数额十分之四,并不得使用支票。（同第五条第一项。）盖恐防此种存款过多,支取频繁,银行不易应付,以致影响于其信用。又储蓄银行之储蓄,既非商业资金,自无使用支票必要,非唯无甚必要,使得使用支票,且恐养成浪费恶习,与储蓄本意相背,故法律特禁止之。

（b）整存整付之定期存款

（c）零存整付或整存零付及分期付息之定期存款　收受（b）、（c）两种存款,为最适合储蓄银行之业务,但每户存款亦有限制,其数额各不得超过国币二万元。（同第五条第二项。）

（d）保管业务

（e）代收款项及汇兑

（f）代理买卖有价证券

（g）公益团体及合作社之款项收付

（h）公益团体及合作社之通知存款　自（d）至（h）五款,为储蓄银行之附属业务,但其范围比较普通银行,亦形狭小。仅就无投机性,且营商的性质较淡薄者,认其得经营之。所谓通知存款,即其支取须于一定日期前通知之款,固无待赘。

此外,有奖储蓄一种,为法律明文所禁止。（同第十四条。）

（3）资金运用之限制

资金运用,殆与普通银行之与信业务相当,其特别称资金运用者,盖以与与信业务无关之事项,亦有包含在内故也。普通银行之资金如何活用,须按照商情,临机应变,法律不宜过于限制。反之,储蓄银行其所收受储蓄金额,宜为确实保管,故其资金之运用,必须严予限制。依该《法》第七条规定:储蓄银行经营第四条所规之业务,非依下列各款方法,不得运用其资金:(1)购入政府公债库券,及其他担保确实,经财政部认可之有价证券;(2)以政府公债库券及其他担保确定经财政部认可之有价证券为质之放款;(3)以继续有确实收益不动产为抵押之放款;(4)以他银行定期存单或存折为质之放款;(5)购入他银行承兑之票据;(6)存放于他银行;(7)对于农村合作社之质押放款;(8)以农产物为质之放款。但为维持其出入平衡计,对于以上各款行为,法律又各设有限制。(同第八条。)

(4)担保金之提存

储蓄银行至少有储蓄存款总额四分之一相当之政府公债库券,及其他担保确实之资产,交存中央银行特设之保管库,为偿还储蓄存款之担保。(同第九条。)

(5)公告之义务

储蓄银行须将其贷借对照表及财产目录,至少于每三个月,公告一次,并呈报财政部备案。其公告方法,应于银行章程内订定之。(同第一条。)

(6)其他监督方法

财政部对于储蓄银行,得随时派员或委托所在地主管官署检查其业务之内容,及全部财产之实况,有存款总额二十分之一以上储户,对于储蓄银行之公告及其义务有疑义时,亦得联名呈请财政部或所在地主管官署派员会同储户所举代表检查之。储蓄银行有违法情事时,财政部得令其停业,或科以一定之处罚。(同第十一、十六条。)

(乙)普通银行之储蓄部

普通银行为股份有限公司组织,且其收足资本已达国币一百万元以上者,经财政部之核准,得兼营储蓄银行之业务。但其储蓄部对于银行部承兑之票据,不得超过其存款总额二十分之一;对于银行部之存款,除有特种有价证券为质者外,不得超过其总存款十五分之一。又储蓄部应与银行部之资产负债,划分独立。(同第二条第二项、第八条第七项及第十三条。)

第二 交易所

交易所谓何? 我国成文法中,向未附有正确界说,兹为便利读者起见,将经济学上普通所下定义,揭之于此。在经济学上,交易所云者,就有代替性之商品,为投机买卖之市场也。析言之如次:(1) 交易所者,市场也。所谓市场,不外多数人于一定时间,为集合买卖之组织。虽加入交易所买卖之人资格特有限定,交易所开盘之时间较有定规,而其为多众人定期集合买卖之组织,则无异致。(2) 交易所者,就有代替性之商品,为买卖之市场也。普通市场买卖之商品,必为出卖人所现实占有,而在交易所交易,依货样或标准货而买卖,其物品不必为出卖人所现实占有,亦不必与订约同时交付,故其买卖之物品,须有代替性,必须同种类中有相同之品质者而后可。(3) 交易所者,投机买卖之市场也。交易所之交易,不赖货物之原价以冀利,而预测市价之变动,用利其涨落之机会,或先买而后卖,或先卖而后买,于此一出一入之间,期博其差额以赢利。所谓投机买卖,即指此意,通常谓交易所之买卖为买空卖空,亦即以此。然完全谓为买空卖空,而无实物交易,亦未免太过。如当事人果欲实物授受者,当然得如其愿,盖否则所谓投机行为,诚与赌博无以异矣。交易所之为投机市场,尤属其最主要之特质。其买卖标的物须有代替性,或谓其买卖为大宗物品买卖(参照民国十年《物品交易所条例》第一条),以及买卖顺序及条件等特有限定,莫不基因于此。

现行《交易所法》(二十三年六月修正公布)对于交易所名词,用义不一,时或指其事业主体(第二、四条),时或指其市场(第四条),而有时又指其非法组织。然不问用于何地意义,其概以投机市场为立法之基础,殆无疑义。

交易所于经济界中,功用颇大,如其制度运用得当,可以调剂供求,平衡物价,代负企业风险,并指导投资方针。俗语谓交易所以财界的晴雨表,诚非虚语。然其弊亦颇有可言者,如增加赌博机会,造成人工市价,以及袭断占买,串同作弊,散布流言等等,均属难免之事。其宜如何兴利除弊,端赖国家干涉。《交易法》中设有多数取缔规定,意即为此。

以交易客体之种类言,交易所有证券交易所及物品交易所之别,前者专营公债、股票及其他各种有价证券之交易,后者专营金银、棉纱、布匹、粮食、油类之交易。(但银之买卖,目前在禁止中。)此外,更有兼营证券与物品之交易者。我国向例,对于以上各种交易所,均认有之,现行制度亦然。(《修正交易所法》第一、四条。)

(一)设立之许可

交易所之设立,现行法中,亦采许可设立主义。凡欲设交易所者,应由其发起人(商人)具备声请书,呈经实业部核准。(同《法》第一、四条,同法《施行细则》第一条。)同《法》第四条规定:"买卖有价证券或依标准物买卖货物之市场,均认为交易所,非依本《法》不得设立。"其设立核准,有警察许可之性质,固无待言。(参照同《法》第四○条。)

交易所为求充分发挥其功能计,限定须设立于商业繁盛区域。买卖有价证券或买卖同种物品之交易所,以每一区域设立一所为限,其区域由实业部定之。(同第一、二条。)盖于经济上关系甚切之一区域内,就同一物品而同时有二个以上之公定市价,将使经济界不知何所适从,且使同一区域内之供求,分散于数个处所,亦非所以冀得市价安定之道也。

交易所以设立后满十年为存立年限,届满十年,当然解散。但视地方商业情形,得于期满时呈请实业部续展之。(同第三条。)

(二)组织及业务之限制

交易所之组织形态,有为股份有限公司组织,有为同业会员组织。欧美诸国盛行前者,我国两制并行,要视地方商业情形及买卖物品种类,由设立人任意采取之。但其章程应呈请实业部核准。(同第五、八条。)所中设理事长一人,理事二人以上,监察若干人,任期二年,各由股东或会员中选任之。但经纪人及对经纪人供给资本分担赢亏者,或与经纪人之营业有特别关系者,不得为该所职员。(同第二三、二四条。)此外,并应设评议会,评议所中重要事项;物品交易所尚应设鉴定员,鉴定交割物品之等级。(同第二七条。)

交易所除本业外,得兼营附带业务,本业为其当然得营之业务,亦其义务上之所应营。(参照同法《施行细则》第十二条。)附带业务经营与否,任其自定,欲经营时,须经实业部核准。股份有限公司组织之交易所,其兼营业务,以仓库业一种为限。(第七条。)

(三)经纪人及会员

股份公司组织之交易所,为买卖者,以经纪人为限;同业会员组织之交易所,为买卖者,以会员为限。(同第六条。)即后者构成交易所主体之人与参加交易所市场买卖之人,常为会员同一之人;前者异是,构成交易所主体(公司)之人(股东)与参加交易所市场买卖之人(经纪人)常为别一地位之人。虽公司股东亦不妨为经经人,而以两者利害相反之故,在实际上以股东而兼为经纪人者殊属甚少。

为经纪人或会员者,依法律规定,须为中华民国之人民或法人,且均须具有一定能力或资格。（同第十至十二条。）此外，各交易所并得以章程另定其资格，及限定其名额。（同第二一条。）

经纪人与会员，在权能上并无差异。唯欲为交易所的经纪人者，应由交易所呈请实业部核准注册，缴纳注册费。（同第九、十八条。）独经纪人须经核准注册，盖以其非交易所之构成员，就其信用经验，须另加以监督。故其加入，非可任于交易所之自由决定也。经纪人之核准注册，有营业许可之性质，固甚明显。

经纪人或会员得在交易所之区域内，设营业所从事买卖，或承揽买卖。但不得用支店或其他任何名义，在其他有同样交易所之区域内，承揽同样之买卖。如以代办介绍或传达交易所买卖之委托为营业者，须另经实业部核准。（第十五、十六条。）

对于交易所之监督，属于国家机关之权限，固不待言。唯交易所中之关系，甚为复杂，各种统制处分，必须迅速行之。以此之故，国家对于交易所，授有某范围之市场管理权。凡对于经纪人或会员，均得依章程所定，停止其营业，或科以一千元以下罚款，或予除名。（同第二〇条。）

（四）买卖

交易所之买卖，为私法上之行为，非此处所宜详述。但《交易所法》所设关于买卖之规定，一部分有公法的性质：(1) 交易所买卖之期限，有价证券不得逾三个月；棉花、棉纱、棉布、金银、杂粮、米谷、油类、皮革、丝糖等，不得逾六个月；其他物品，不得逾实业部所定之期限。(2) 证券交易所不得为本所股票之买卖。(3) 股份有限公司组织之交易所，对于买卖违约所生之损害，负赔偿之责者，应缴存营业保证金于国库。(4) 同上交易所照买卖数额，向买卖双方征收之经手费，其费率应呈报实业部核准。(5) 交易所应决定公定市价，并公布之。(6) 无论何人，不得在交易所以外，以差金买卖为目的，设立类似交易所之场所而行买卖

(7) 经纪人或会员,不得受公务员之委托,为买空卖空之交易。(同第二八条以下,并参照十九年十二月中政会核准《取缔经营金银买卖各交易所投机买卖办法》。)

（五）其他监督方法

其他监督方法,尚有如次各种:(1) 派监理员检查(同第四三条);(2) 解散或停止营业,或令交易所修改章程(同第四二、四四条);(3) 对于为一定之非法行为者,科以刑罚或罚锾。(同第四六条以下。)

第三　保险业

保险业者,集多数有共同患虑之人,于一定计划之下,联合填补偶遭事故者之财产上损失或需要,借以保其经济生活之安定者也。其事业有为公营,有为私营,如简易人寿保险、劳工保险,即前者是。营利保险及相互保险,即后者是。前者为社会政策上之设施事业,须待社会保护行政项下研究。任于私人经营,而由国家加以特别监督者,以后者为限。

保险业之经营,必须规模宏大、基础坚固、持续永久,方能保持其信用于不坠。他面加入保险之人,对于保险知识,类多缺乏,对于保险业人之信用如何,未能正确判断,而常处于不利益之地位。国家为确保保险事业之信用,并保护保险关系人之利益计,对于保险业人,自非加以监督不可。最近颁布之《保险事业法》(二十四年六月国府公布),即为监督私营保险事业而制定之法律也。唯《保险业法》其内容除纯粹之监督规定外,尚有多数关于事业主体组织之规定。故其全体实为公私法混同之法律。兹择其有监督法性质之部分,略述如次:

（一）营业之许可

经营保险者,非呈请实业部核准登记,并依法缴纳保证金,领取营业执照后,不得开始营业。(《保险业法》第三条。)呈请核准营业时,应具声请书,并附呈下列文件:(一)保险公司或相互保险社之章程,(二)营业计划书,(三)拟订保险契约之基本条款,(四)计算保险费及责任准备金之基础,(五)资金运用之方法。以上各项文件有变更时,应呈请实业部核准,并依法为变更之登记;保险费及责任准备金计算之基础,应由所在地保险公会决议,呈部核准。(同第六条。)

保险业有向国际发展之趋势,各国立法咸于相当限制之范围内,认许外国之保险业,在本国内营业。我国向例亦然。《保险业法》则限定外国保险公司,在中国领土以内设立支店或事务所,或委托代理人或经纪人时,应呈请实业部核准。(同第一〇条。)

保险业之商号,应标明保险字样,以便公众识别。非保险业不得兼营类似保险之营业,否则须受所定之处罚。(第七〇、七五条。)

(二)组织及业务之限制

经营保险业之主体,以股份有限公司与相互保险社二种为限。(同第二条。)前者为营利组织,为求规模信用两易具备之计,限定须为股份有限公司,他种公司或个人不许经营。其股份有限公司之组织,除《保险业法》别有规定外,适用《公司法》之规定。(同第二七条。)后者为与合作社同类之组织,即由社员组成团体,自任经营。其事业损益,概归社员各人,但仍不以营利为目的。关于相互保险社,除《保险业法》别有规定外,准用《合作社法》之规定。(同第四六条。)

保险因所保危险之事故不同,有财产保险与人身保险之别。后者其危险事故之发生,常属于人身,如人寿保险、伤害保险是;前者其危险事故之发生,常属于财物,如灾害保险、运送保险是。《保险业法》关于保险业之经营,采取专营主义,即规定同一保险业,不得兼营财产保险与人身保险。(同第四条。)盖因后者以数理的计算为基础,订约期间甚长,危险事故之发生时期虽不确定,而必发生无疑,其事业之浮动性甚少。前者大体与此相反,如前者事业一有蹉跌,后者事业必受重大变动。故使两者分离,不许同一主体兼营。为贯澈专营主义起见,并限制保险业不许兼营保险以外其他事业。(同第五条。)

（三）业务之监督

保险业之业务,应受主管官署之监督。其监督方法,其如下各种：(1)保险业应于营业年度终结后,将其营业状况,报告主管官署查核;(2)主管官署遇有必要时,得命令保险业报告营业状况,并得检查其营业及财产;(3)经检查后认有违背法令,或其资产不足清偿债务,并返还责任准备金或保险费时,实业部得令其于一定期间内依法改正,或变更执行业务之方法;并为保护受保人、被保险人或受益人之权利计,得令其停止营业,或解散。(同第十二至十五条。)

第四　市场

市场为供多数人于一定时期,为货物买卖之组织,已于前项述及。普通市场恒有场所的设备,其设备或为房屋,或为广场。其开设时期恒有一定,或为每日一定时间,或每旬每周之一定日。其陈列货物,有为家常菜类,有为家畜,更有其他杂货。要之,设立市场,其目的在以一定时期,集合货物之求供者于一定场所,一面与供给者以贩卖之便,他面使一般公众得以平允价格,购得稳妥之物品。

市场有公设市场与私设市场之别,前者由行政机关或自治团体设立,后者则由私人设立,而由行政官署监督之。凡市场行政,可分关于市场之设立与场内秩序之维持之二方面。公设市场之设立为公企业行政,私设市场之设立,应受官署许可,并受其监督。至于市场内秩序之维持,如不正买卖之防止,及卫生风俗等之维持等,为对于参加买卖人之警察上取缔,无论于公设市场或私设市场,均属相同。

关于市场之警察取缔，各市区中类有市场管理规则颁行，但多适用于公设市场，且其规定内容大都偏重于卫生上之取缔，与前述饮食物警察，殆无所异，兹不另述。

第五　度量衡器具之取缔

度量衡为测度物品长度、容量及重量之标准。其器具之统一正确与否，于社会经济，甚有关系。故行政上对于度量衡器具，不可不加以取缔。为此目的，国家除确定标准制度外，并对于度量衡器具营业，加以监督，及对于现用器具，施行检查。

我国现行度量衡制，采用万国公制为标准制，即以万国权度公会所制定铂铱公尺、公斤，原器为标准。度量衡原器归实业部保管，由实业部依原器制造副原器，分存各院部会及各省市政府，更依副原器制造地方标准器，颁发各县各市，为地方检定或制造之用。此外，并设辅制，称曰市用制。凡有关度量衡之事项，除私人买卖交易得暂用市用制外，均应用标准制。（十八年二月十六日国府公布《度量衡法》第一、二、七至十一条。）

（一）度量衡器具营业之取缔

凡以制造、贩买及修理度量衡器具为业者，应呈请地方主管官署核发许可执照，并依法纳执照费，方得营业。营业人之资格，无何积极的限制，唯有下列情事之一者，不得为其营业：（一）犯《刑法》第三章各罪而受徒刑之宣告，自执行终了或除执行之日起，尚未经过一年者；（二）依法撤消执照或停止营业后，尚未经过一年者。营业许可之有效期间，以十年为限，期满时得呈请续展十年。（同《法》第十七条，十九年九月一日国府公布《度量衡器具营业条例》。）

各种度量衡器具制造完成后，应受全国度量衡局或地方度量衡检定所或分所之检定。经检定合格后，由原检定之局所錾盖图印，或给予证书。既检定合格之度量衡器具，其应修理者，修理后仍须再受检定。凡未受检定或复检，附有印证者，不得贩卖使用。(同《法》第十五条，二十年十二月十五日实业部公布《修正度量衡法施行细则》第三六、三八、四二条，十八年四月十一日前工商部公布《度量衡检定规则》第十一、十二条。)

已受许可之度量衡器具营业，如有违法行为，该主管官署得取消或停止其营业。(同《法》第十八条。)

(二) 度量衡器具之检查

全国公私使用之度量衡器具，除上述之检定外，应受全国度量衡局或度量衡检定所或分所之检查。检查分定期检查与临时检查二种：(1) 定期检查每年一次，其区域及日期，由检定所或分所定之。除会同警察机关先期布告外，并通知各同业公会，各应受检查之公务机关。(2) 临时检查于发见增损不合之情形时，临时行之。凡经检查合格之度量衡器具，应加錾图印或给予证书。经检查得有与原检定不符者，应将原检定图印或证书取消之。其堪修理者，得限期修理，呈请复查，不堪修理者，即行销毁之。(同《法施行细则》第四一、四二条，二十年十二月三一日实业部公布《度量衡器具检查执行规则》第二、七、十一条。)

第六 输出入商品之检验

商品检验，为对于商品输出入业所加之取缔，其目的一在防止恶劣商品之输出，以保本国产品之声价，一在杜绝有害毒商品之输入，以防危害之传播。依《商品检验法》(二十一年一月国府公布)所定：凡输出入商品，有下列情形之一者，均应依本《法》检验：(一) 有羼伪之情弊者，(二) 有危害之危险者，(三) 应鉴定其质量等级者。检验事务，由实业部呈准行政院，就输出入地点或有特殊情形之散集市场，设立商品检验局，担任执行之。（同《法》第一、三、八条。）

应施检验商品之种类，由实业部规定之。现已实施检验者，有生丝、蚕种、蜜蜂、棉花、糖品、茶叶、牲畜正副产品、食粮、小麦、芝麻、油类、豆类、果类、火酒、人造肥料等各种。（同《法》第二条，并参照实业部暨前工商部前后公布各项商品检验规程，各口市呈准施行各项检验细则，及二十五年三月二十三日国府修正公布《取缔棉花搀水搀杂暂行条例》等。）应受检验之商品，须由商人于输出或输入前，向所在地之商品检验局报请检验。经检验合格者，由该局发给证书，不合格者，应附抄检验单，通知原报验人。合格证书有效期间，依商品种类，为实业部所一定，在有效期间内，原报验人得请求复验一次。（同《法》第九、十一、十二条。）

凡应施检验之商品，非经检验，领有证书，不得输出或输入。检验后有擅改数量或混入劣品者，科三百元以下之罚锾。（同《法》第四、十五条。）

第四项　农业警察

第一　农作物病虫之检验

对于农作物之病菌害虫，施行防治，为农事行政主要任务之一。为谋其预防驱除计，行政上除研究害虫种类，制造除虫药品器具，保护益虫益鸟及防止病虫害之蔓延外，并为输入农产物之检验，以防止害虫之输入。

我国现制，关于输出入一般农产物之检验，作为商品检验之一部，属于商品检验局主管，即有无毒害之检验，亦由同局施行。唯关于输出入特种农产物病虫害之检验，与农业警察特有关系，法规没有特别规定，于此尚宜一言及之。

凡有害农产物之病菌害虫，于其农产物输出入之际，应行特别检验，其他生物认为有害农产物者，亦得同样施行之。应受检验之农产物，暂定为牲畜、肉类、毛革、水产品、蚕种、蜂种、食粮、果品、花卉、苗木、种子、药用植物、木材、棉产品、烟叶等。（十九年四月前农矿部公布《农产物检查所检验病虫害暂行办法》第二、三条。）其中牲畜、肉类、毛革、蚕种、蜂种、食粮、果品、棉花等，其病虫害之检验，各该项物品检验规程中，亦已设有规定，其未规定事项，解释上仍应适用普通法之《农产物检查所检验病虫害暂行办法》（按农产物检查所即系商品检验局之前身），以施行之。其他花卉、苗木等，应依本项《办法》检验，更无待论。

凡贩运上述各种农产物者，应遵填检验局所定之报验单，连同运货单、检查费、执照费，赴局报验；如携有他国检验证书等件者，亦须呈验。经检验之农产物，如认为合格者，应发给检验执照，并按件发给检验证，准其运销。反之，如认为有病菌害虫者，令其运往指定地点，连同包装施行熏蒸消毒手术，或烧弃或禁止运输。（同《办法》第四、五、六条。）

检验局认为有防止危险病害虫传布之必要时，得呈准实业部明令禁止各该出产地农产物之输入。如为供学术研究之用，输入农产物病害虫等标本时，须先向实业部领取许可证，于抵埠时呈报检验局检验无讹，方准入口。（同第七、八条，并参照二十二年十二月十九日实业部公布《实业部农业病虫害取缔规则》。）

第二　人造肥料之取缔

肥料为植物之营养料，在农业上甚为重要。然近时人造肥料品类甚杂，实际应用各有其宜，农民知识缺乏，用之不当，反受其害。益以商人所造肥料，难保不有有害成分，掺杂在内，甚或为不正当之买卖。警察上为防止遗害社会计，就其运输、销售及制造，均应加以取缔。我国现制，关于制造一端，犹无专则规定，其余关于运输销售，则设有检验及其他取缔办法，以限制之。

第一，凡国内销售之人造肥料，不问其自外国进口或国内自产，均应依法定程序，请求所在地商品检验局检验合格，给予证书，方得销售。（参照二十一年三月三十一日实业部公布《人造肥料检验规则》。）大略已于商品检验目下，一并述及。此外，省市主管农政官署，为限制其管内地方之销售施用计，尚得分别人造肥料之种类，就所辖各地土质、气候、作物等，以实际试验之结果，批定其施行之标准，呈部核定。除就其不合所定之标准者，指明其种类及不适用之地域，呈部核准，公布周知外，并由部转知商品检验局。但经呈准特许作他项用途者，不在此限。（二十四年三月二十五日实业部公布《人造肥料取缔规则》第二三条。）

第二，关于肥料商之营业，亦有特别限制。凡肥料商开始营业前，应开具营业地点及经售肥料种类，呈请所在地主管农政官署核准；其所售肥料，必须黏有检验局之合格证明书。肥料商如有下列情事之一者，主管官署得停止其营业，如涉及刑事，并送法院办理：（一）以诈欺行为取得合格证书者；（二）伪造或混合他物，以欺人为目的者；（三）伪造或使用他人之合格证书者。（同《规则》第五至七条。）

第三　农仓业

农仓业者，不以营利为目的，而为农产品之堆藏及保管之事业也。其事业有由公法人经营，有由合作社或其他私法人经营。要之，不问何者，概有调节人民粮食及流通农村金融之使命，于社会公益，关系甚巨，故法律加以严密监督，以杜流弊。

（一）农仓之设立

农仓非经主管官署核准登记，不得设立。经营农仓业者，以具有下列资格之一者为限：(一)合作社或合作社联合社；(二)县乡镇区农会；(三)乡镇公所；(四)以发展农业经济为目的之法人；(五)经营农业生产事业或与农业生产事业直接有关系之事业者十二人以上。合作社联合社五个以上之农仓，得于适当地点，设立联合农仓。

（二）业务之限制

农仓以经营农产物之堆藏及保管为本务。除本务外，并得兼营下列事务：(一)受寄物之调制、改装及包装；(二)受寄物之运送，并为介绍售买或代为售卖；(三)以本农仓、其他农仓或联合农仓所发给之仓单为担保而放款，或介绍放款，其利息不得超过按月一分。

农仓受寄之物，以当地农民生产主要粮食为限，但得按照业务规则，堆藏及保管其他农产品。所保管之受寄物，于可能范围内，应一律投保火险。农仓虽不得以营利为目的，而保管费、保险费，或其他约定之费用，则得按照业务规则收取之。

（三）其他监督

主管官署对于农仓之受寄物账簿、业务情形，及财产状况，每年至少应检查二次，于必要时得随时检查之。农仓或联合农仓，每半年应编造仓单表册，呈报主管官署备案，于业务年度终了后，应编造资产负债表簿，呈主管官署审核。主管官署对于农仓之业务进行或财产状况，认不能维持时，得令其停业或取消其登记。农仓违反设立上及业务上限制时，除令其停业或取消登记外，并得处以罚锾。(二十四年五月九日国府公布《农仓业法》。)

第四　蚕种业

近年国产蚕丝，品质不良，输出营业日呈衰象，虽其原因不止一端，要以蚕种不良，影响甚巨。故欲振兴蚕丝业，应以改良蚕种为入手。我政府有鉴于此，颁有《蚕种制造条例》（二十五年二月十八日国府公布），兹为剖述如次：

欲为蚕种制造业者，应开列一定事项，呈请所在地商品检验局或省市主管农政官署，转呈实业部核准，发给蚕种制造场许可证书，方得制造。（同《条例》第二条。）

蚕种制造，以用原蚕种为限。原蚕种之制造，属于中央直辖蚕业机关或省市蚕业机关专营，但经呈请审查核准后，其他蚕种制造场亦得制造之。（同《条例》第五、九条。）

蚕种制造业者每年所制造之原种品种，及其杂交方式，应呈请实业部指定之。制造时期限于春秋二季，如在夏期，应视地方情形，呈请实业部核定之。对于蚕病，须用除防上必要之设备。对于蚕室蚕具及制种用具等，均须消毒。如行冷藏蚕种，应在领有许可证之冷库或冰库储藏。（同《条例》第六、七、八、十五条。）

原蚕种应受蚕卵、蚕儿、蚕蛹、蚕茧及母蛾之检查，普通种应受蚕儿、蚕茧，及母蛾之检查。检查合格之蚕种，应于连纸上或容器上，粘贴合格证，并加盖检验局或省市主管官署之图记。无合格证或未加盖图记者，不得出售或让与；检验不合格者，应烧弃之。（同第十三、十九，及二〇条。）

第五　蜂种业

以制造蜂种为营业者，应呈由商品检验局或省市主管机关转呈实业部备案，以便监督。制造蜂种须用人工育王方法，或利用天然交替之台，或天然分封造成之台。所造成之种须经检查合格，给予证书，方准销售。如检查后，发现腐臭病、那西墨病、惠得岛病及其他一切危险蜂病时，禁止出售。

蜂群出售之标准，分五框蜂群与十框蜂群二类。前者更分蜂五框、蜜两框、蜂子三框三种，后者亦分蜂九框、蜜四框、蜂子五框三种。处女蜂王或蜂王年岁已老，精虫用尽者，不得销售。（二十年四月二十一日实业部公布《蜂种制造取缔规则》。）

第五项　畜牧警察

第一　畜疫预防

家畜疾病之有传染性者，因蔓延之结果，不特与国民经济以重大损失，亦且有传染人身之危险。故对于畜疫流行，亦应预防扑灭。欧洲各国早自十八世纪，有各项关于家畜传染病预防之法令颁行，成立家畜防疫警察之基础。关于此，我国现今法令尚无一般明文，只就必要事项，略有规定或处置而已。

家畜传染病，主要者有牛疫、炭疽、气肿疽、鼻疽、假性皮疽、牛之传染性肋膜肺炎、牛之传染性流产、流行性鹅口疮、狂犬病、羊痘、豚霍乱、豚疫、豚丹毒、马绵羊之疥癣、加拿大马痘及家禽霍乱等。其预防方法，大抵为病疫之发见、病畜之隔离或扑杀、尸体之埋葬或烧毁、污染病毒或有污染嫌疑之物件或人员之消毒，以及对于家畜施行检验，并为免疫血清或预防液之注射，或行药浴。此外，有必要时尚得停止屠宰，暂时禁止畜类及其尸体皮毛肉骨等之输入。又外国法例，对于防疫上被扑杀之家畜，及被烧毁之物品，有于一定限度内，给与补偿金于所有人。

我国法令关于畜疫预防，仅牛疫及野犬二项，设有办法。

（一）牛疫之预防

关于牛疫之预防，除对于牛乳营业者之牛，设有病牛隔离，及由主管官署派员检视之规定（《牛乳营业取缔规则》第十三、十四条）外，中央法令未著明文。查浙江省民政厅于民国十八年间，为预防牛疫，曾一度电令某县，查明传播原因，并为切实防止。其所设预防方法，尚形详尽，可为特笔述之。

在牛疫流行区域，(1)应将病牛隔离于指定牛舍，勿与健牛及其他畜类交通；(2)病牛再不得牵系牧场；(3)牛舍须注意清洁干燥，空气流通，予以软和饲料；(4)厩肥每日运出舍外，悉行烧弃；(5)疫区内食井河流之水，不可牵病牛在旁喂饮及洗濯；(6)倒毙之疫牛其鼻口肛门等部，须填充石灰，以草席藁荐严密包裹，择干燥土地，掘六尺以上之坑，厚撒石灰，深埋其中；(7)凡经疫牛倒毙屋舍之板壁，用沸汤或热卤汁洗涤，厩中污汁秽物，扫除一处，用石灰消毒后再用；(8)严禁已病未毙牛类之屠宰。

其次，在邻近乡村，(1)禁止疫区牛类之牵入；(2)暂停牛市交易，勿任牛贩往来；(3)刍秣食料肥料，勿向疫区采办；(4)注意牛舍清洁，切实烧弃厩肥。

(二)野犬之取缔

前卫生部颁布之《市卫生行政初期实施方案》，为防止狂犬病之传播起见，有严格办理家犬登记、扑杀野犬，由部制定统一办法，令全国遵行一项。十九年三月，内政部曾有《家犬登记并捕捉野犬办法》三项颁行，各省市区依据上项办法，亦各颁有单行规章。综其内容，大要如次：凡养犬之户，须至公安局注册，领取号牌，将其悬挂犬颈，但不得转借，出外时另须加系嘴罩。注册之犬，主人不得虐待，如有疾病，得随时送请本局检验，因病致死时，当即掩埋，不得将死狗任意抛弃。若有狂犬病经认为有危害时，得由本局随时处置之。凡未注册之犬，概为野犬。遇有无牌野犬，由局随时捕捉饲养，如三日内无主来认领者，由局分别健全与否，或为定价标卖，或用电气扑杀之。(参照《上海市卫生局取缔野狗章程》，

《杭州市公安局取缔野狗规则》。)

第二　种牡畜检查

为改良家畜品种，提倡畜牧事业，行政上除设置种畜场，招令配种，及种畜之贷与等外，并对民间所养种牡畜，依警察权而施行检查。依《种牡畜检查规则》(十九年三月十五日前农矿部公布)所定：凡人民所有马牛驴羊猪之种牡畜，须经主管官署派员检查，认为合格，始得配种。检查分定期检查与临时检查二种，前者在一定期间内，就畜主请求检查之牡畜，由各省实业官署委派专门技术人员，赴指定地点施行。后者就定期检查期内，因种牡畜罹有伤病，未能同时施行检查，或由他处移入之种牡畜，由主管官署临时派员施行之。

经检查合格之种牡畜，应给予合格证书，如为马牛驴，须于左蹄上烙印，羊猪则标以耳记。合格证书有效期间，以二年为限，期限已满，须继续请求检查。在有效期间内，有如疾病或其他事故，不适于配种者，应停止其配种，并撤消其合格证书。

凡检查不合格之种牡畜，应勒令去势，以免混淆，如以不合格或停止配种之种畜，与他牡畜交配者，应受处罚。

第六项　森林警察

我国木材缺乏，水旱频仍，不得不积极提倡造林、监督营林、设定保存制及为森林保护。森林警察即为保护森林之安全，防除森林危害之作用也。森林警察之作用，可分盗伐防止、火灾预防、害虫驱除三种，概属于地方主管官署或森林警察官署之权限。

(一) 盗伐之防止

关于盗伐防止，及犯罪侦查，《森林法》(二十一年九月十五日)中，设有次之规定：

第一，为图防止盗伐，地方主管官署认为必要时，得为下列各款之命令或处分：(1) 令选定用于林产物之记号或印章，呈报该管警察官署，并于林产物搬出前使用之；(2) 禁止经他人呈报有案之同一或类似记号或印章之使用；(3) 对于违反前二款规定者，停止林产物之搬运；(4) 令林产物营业人设置账簿，记载其森林之出处、种类、数量及销路；(5) 其他关于森林危害防止之事项。（《森林法》第四六条。）

第二，森林公务员或有侦查职权之公务员，因执行职务认为必要时，得检查林产物营业人之执照、账簿及器具。（同第四七条。）所谓有侦查职权之公务员，当指森林公务员以外之司法警察官吏而言。然此时其森林公务员，亦司法警察官吏之一种。盖本条侦查规定，论其性质，实为《刑事诉讼法》之特别规定也。

（二）火灾之预防

森林火灾为加于森林危害之最巨者，其原因有因枯木触电而生，有因发风时树木相擦而生，有因堆积林内之枯枝腐叶发热而生，但生于天然的原因者，其例甚少，在实际上仍以由于人为者，居大多数。故欲预防森林火灾，宜对人为的行为，特加注意：(1) 引火行为之限制。依《森林法》规定：森林保护区内，有得有引火行为，但经该管公务员许可者，不在此限。前项保护区，由地方主管官署划定公布之。（同《法》第四八条及同法《施行规则》第四八条。）何谓引火行为？法无规定，依理解释，如烧拓林地，准备开垦，焚除害虫，及烧切防火线或境界线等，应属在内。此等行为如许私人任意为之，难免不有发生森林火灾之虞。但与恶习惯之烧山放火不同，殆皆出于经济上之目的。故法律特设为相对的禁止，呈经官署许可，仍得为之。唯经许可后为引火行为时，在方法上尚有限制：即其行为人应预为防火之设备，并应通知邻近各森林之所有人或管理人。(同《法》第四九条。)(2)森林所有人自行预防火灾之义务。森林所有人在平时应为防火之设备,其未有防火设备者,地方主管官署得斟酌情形,分其设置之。(同《规则》第十五条。)(3)其他人之义务。电线穿过森林保护区者,应有防止走电之设备;铁道通过森林保护区者,应有防烟防火之设备;设工厂于保护区附近者亦同。(同《法》第五二条。)

（三）害虫之防除

森林发生害虫,即蔓延于大面积之林区,为害之烈,不减火灾。故行政上亦宜设法预防,并科森林所有人以防除之义务。即第一,森林发生害虫或有发生之虞时,森林所有人应驱除或预防之。其所有人同时得请求就近之森林管理机关,予以指导及协助(同《法》第五〇条,同《规则》第五条);于必要时,经官署之许可,并得进入他人土地,为森林害虫之驱除或预防,如致有损害,应赔偿之。第二,森林害虫蔓延或有蔓延之虞时,地方行政官署得令有利害关系之森林所有人,自行驱除或为预防上所必要之处置。驱除预防费用,以有利害关系之土地面积或地价为准,由森林所有人负担之。但负担费用人间别有协定者,从其协定。(同《法》第五一条。)

第七项　矿业警察

矿业即探矿、采矿及其附属之事业。其事业能增加社会之富力,于国民经济上有重大价值,但他面亦足惹起甚大之危害,减少既存之利益。矿业警察即防止矿业上所生危害之警察作用也。矿业警察,其范围,凡关矿区矿厂秩序之维持、工程设施之安全,以及矿工利益之保护等均属之。唯关于矿工之保护,业于劳工保护警察项下附述,兹可不赘。

矿业警察权,一般属于实业部及省主管官署(即建设厅及民政厅)掌管。实业部为监察矿业起见,得设置矿业监察员,常川驻于矿业繁盛区域,或重要矿场,执行监察事务。(十九年五月二十六日国府公布《矿业法》第一〇二条,二十年五月十六日实业部公布《矿业监察员规程》。)此外,省主管官署或主办矿业机关,为执行矿业警察事务,得依职权或矿业权人之呈请,设置矿业警察所或分所,小矿区不与他矿区邻接,无专设矿业警察之必要者,得由矿业权人向地方警察官署,请求派遣警长警士,执行矿业警察职务。(二十一年十月二十日实业内政两部公布《矿业警察规程》第二至五条。)

矿业警察之作用,及于人及物之两方面:第一,矿业业务因一定之人而执行,凡与其业务有关之人,即矿业权人、职员及矿工等,皆须受其作用之支配。第二,矿业业务因在一定场所及设备内执行,其场所及设备,亦须受其支配。于此一面,不问业务关系人或第三人,皆须服从于警察权。兹就矿业警察之内容,分述如下:

(一)工程设施之认可

实业部或省主管官署,认为必要时,得令采矿人随时将施工计划及工程报告书,呈候审核;对其计划及报告书,认为必须变更时得令其变更之。(同《法》第九五条。)

(二)技术员之选任

经营矿业,需要专门之知识与技术,必须任用适当之技术员,方能保其不生危险。故法律特限定矿业权人所用之主要技术人员,应就依《技师登记法》登记合格者选任之。如所用技术人员不合格或不称职时,实业部或省主管官署得令其改任。(同《法》第一〇一条。)

(三)工程危害之防止

实业部或省主管官署,对于矿业工程,认为有危险或危害公益时,应令矿业权人设法预防,或暂行停止工作。(同《法》第九六条。)

（四）矿货出售之限制

采矿时所得矿货，须得省主管官署之准许，方得出售。（同《法》第一〇〇条。）

（五）警察规章之颁行

矿业警察所或分所应依照法令规定，并参酌实地情形，妥订条约，揭示于矿厂及其他矿业工作场所，并呈报民政建设两厅备案。矿工违反上项条规或有其他妨害情事，警察所或分所应加检查或处理，并同时通知矿业权人或矿业管理人；但警察所或分所认为必要，并奉有官署命令或通知时，得单独处理之。（《矿警规程》第九、十一条。）

（六）重要事变之处置

矿业警察所或分所所辖区域内，发生重要事变时，得商请附近地方警察或军队协助办理，同时报告所在地县市政府，并于办理后，将经过情形，呈报民政建设两厅备案。（同《规程》第十二条。）

（七）图册之备置及报告

采矿权人应备置坑内实测图及矿业簿于矿业事务所，并缮具副本送呈省主管官署。矿业权人每年一月，应将全年之矿业情形，造具明细表册，呈报于部及省主管官署；并将矿内员工名册报明警察所或分所，名额有变更时，应随时补报。（同《法》第九八、九九条，同《规程》第十条。）

（八）矿业权消灭后之责任

采掘终了以后，其地底之掘迹、坑内流出之毒水，以及弃石矿滓等，尚须妥为处置，以免遗害。故于矿业权消灭一年内，实业部或省主管官署，认为必要时，仍得令原矿业权人，为预防危险之设备。（同《法》第九八条。）

第八项　渔业警察

渔业谓以营利之目的，而为水产动植物之采捕或养殖之业。渔业警察即为维持渔业之秩序、保护从事渔业人之利益及防止危害公益之作用也。就中以维护渔业之秩序，及渔业上之利益为最主要。盖渔业人就公有水面取得渔业权之后，对于未采捕之水产动植物，不即认有私权，就其采捕，法律上自得加以限制。况竭泽而渔，古今同戒，若渔业人不顾久远利害，将未成长之水产动植物，竞争捕取，则水产动植物之蕃殖，根本受其阻害。又多数人在同一水面上，经营种种渔业，其相互间难免不生冲突，尤其有利可获之渔区，往往因从事渔业人过多，而相率归于衰减，或因新机器大规模渔业之兴起，使旧有小渔民之生活，遽受压迫。凡此等等，均有妨害渔业之秩序与利益，在行政上均宜以权力而限制或禁止之。

至因渔业而危及一般社会之公益，在实际上，其例殊不甚多。仅以妨害船舶之航行停泊，及与安设水底电线，或国防上或军事上之设施有抵触之情形属之。此诸场合，对于渔业自得加以限制。然其限制，宁有交通警察或公用负担及军事负担之性质，而不属于渔业警察。此外，关于渔业雇用人即渔业劳工一项，与渔业警察自有关系，但应受海员法规适用之海员，须受船员劳工法规之支配，其他工人则受普通劳工保护及取缔法规之适用，均无须于此另述。其特别受渔业法规之适用，而属于实业部之监督者，仅有渔轮长及渔捞长二者而已。

主管渔业警察之机关，在中央为实业部，在各省为建设厅，在其他各地方为渔业局、社会局（市区）或市县政府（十八年十一月十一日同时公布《渔业法》第二条，十九年六月二十八日实业部公布同《法》《施行规则》第二条）。各省区为执行渔业警察事务，得由建设厅商同民政厅划定渔业警察区，依其区域大小及事务繁简，酌设渔业警察局或警察所。各警察局所应于管辖区域,设备巡船或巡舰五艘以上,船舰全用黑色,其两侧地方,用白色文字横书船名或舰名。(二十年六月二十日实业部公布《渔业警察章程》第一至六及九、十一、十二条。)

渔业警察为达其目的,对于水产动植物之采捕,或与其蕃殖生育有关之事项,得为限制或禁止,并为其限制禁止之执行。

(一)关于渔业之限制或禁止

关于渔业之禁止或限制,渔业法规原则不设直接规定,而委诸行政官署以其规章命令定之,以便各官署为因地因时之权变。依《渔业法》所定,行政官署为保护水产动植物之蕃殖,或取缔渔业,得发布下列各种命令:

(甲)关于水产动植物采捕之限制或禁止(同《法》第三三条第一项第一款)

关于水产动植物采捕之限制或禁止,可自采捕方法、场所、时期及渔获物种类各方面言之。(1)关于采捕方法之限制或禁止。凡采捕方法有害水产动植物之蕃殖,或妨害其他应保护之渔业,以及所获利益无多却伤害水产物过甚者,行政官署皆得以命令限制或禁止之。关于此,各法规中亦有若干直接规定:(a)投放药品饵饼或爆裂物于水中,以麻醉或灭害鱼类者,处一年以下有期徒刑或科百元以下罚金(同《法》第四五条),但捕鲸及海兽渔业,受行政官署之特许,得使用有毒物及爆发物(同《法》《施行规则》第三三条);(b)行政官署对于水面一定区域内所安设之工作物,认为有妨害鱼类之通路时,得命其为除去妨害之工事(同《规则》第二八条);(c)私设栅栏建筑或任何渔具,以断绝鱼类之通路者,处二百元以下罚金。(同《法》第四四条。)(2)关于采捕场所之限制或禁止。凡于一定水面禁止水产动植物之采捕者,其水面谓之禁渔区域。地方行政官署,因保护水产动植物之蕃殖,得设禁渔区域,但须呈请厅部核准。禁渔区域应于适当处所,建设标识。(同《规则》第三五条。)禁渔区域采捕之禁止,或及于一切水产动植物,或限于一定种类之鱼,或亘于一年间,或以一定期间为限,概得依其必要具体定之。此外对于特定渔业,并得与其特许同时,就采捕区域,加以限制。(同《法》第二〇条。)(3)关于采捕时期之限制或禁止。于一定时期禁止水产动植物之采捕者,其时期谓之禁渔时期。禁渔时期多于水产物未长成期内设定之。对于特种渔业,并得与其特许同时,加以采捕时期上之限制。(4)关于渔获物种类之限制。此项限制,其目的在防止未长成水产物之采捕,或保护其他更重要水产物之蕃殖;其限制或就特种水产之大小重轻为之,或就其雌性或卵种为之,或就其种类全体为之。但因研究学术上之必要,经行政官署许可者,得不受官署所发各种命令之限制。(同《规则》第三三条。)

(乙)关于水产动植物及其制品之贩卖或持有之限制或禁止(同条同项第二款)

是款之限制或禁止,首为厉行前款之限制或禁止之目的而设。即既行限制或禁止采捕之水产物,其原物或制品之贩卖或持有,行政官署同时得以命令限制或禁止之。

(丙)关于渔具渔船之限制或禁止(同条同项第三款)

关于渔具,为防止损害水产物之蕃殖或采捕稚鱼,得禁止其特定种类之使用,或限制其使用之时间或场所。关于渔船,为调节与其他渔业的利害,得对特定渔业,限制其使用船只之数,或限制其规模或种类。

(丁)关于投放有害水产动植物之物之限制或禁止(同条同项第四款)

兹之有害水产动植物之物,不特以有害其蕃殖者为限,即减损其价值者,亦同在内。尤其近时工厂工业愈形发达,重油船艇逐渐增加,其所排泄之污物,于水产动植物,甚有妨害。海外立法,设有专例取缔,我国无是法律,端赖官署命令以取缔之。

（戊）关于采取或除去水产动植物蕃殖上所必要保护之物之限制或禁止（同条同项第五款）

水产动物恒产卵孵化及成育于水中砂砾之上,此种水中砂砾,自宜加以保护,禁止采取。诸如此例,凡于水产动植物蕃殖上必要保护之物,就其采取或除去,皆得以命令限制或禁止之。

违反官署所发以上各种命令而经营渔业者,处二百元以下罚金,并没收其所有之渔获物及渔具,不能没收其全部或一部时,追征其价额（同《法》第四三条第一项第四款及第一项）。关于渔获物及渔具之没收价额之追征,行政官署并得于命令中另规定之。（同《法》第三三条第二项。）

（二）对于渔业之监督及强制

渔业警察之执行机关对于渔业人,得为次列之监督及强制：(1)渔业人违反《渔业法》或根据本《法》之命令时,行政官署得限制或停止其营业。(同《法》第二二条。)(2)依《渔业法》之规定,于监督渔业上认为有必要时,行政官署得在渔业之船舶店铺及其他场所,检查其簿据及物件。(3)上项检查时,如发见有关于渔业犯之情事,得为搜查或扣押其足以证明犯罪事实之物件。（同《法》第三〇条。）(4)拒绝或妨害上述(2)、(3)项职务之执行,或检查时对于官吏之讯问不答辩,或为虚伪之陈述者,处百元以下罚金。（同《法》第四二条。）

此外,渔业警察局或警察所,为维持渔业之治安秩序,得为如下之处置：(1)如追逐海盗至邻近渔区,得联络该区渔业警察,共同缉捕之。(2)遇有外人越界采捕,应即制止,必要时得呈请省政府处置之。(3)凡有紊乱渔区秩序或妨害采捕情事者,得依普通《违警罚法》处理之。(《渔业警察规程》第六至第八条及第九条。)

（三）渔轮长及渔捞长

大小渔轮及海员，一般受乎船舶交通法规之支配（参照《轮船注册给照章程》第一条第二项，《小轮船丈量检查及注册给照章程》，及《海员管理暂行章程》等），业于交通警察项下述及，兹不复赘。此外，唯有渔轮长及渔捞长之二者，另受渔业法规之适用。凡中华民国人民，在举行渔业人员考试以前，志愿为本国之渔轮长渔捞长者，须向实业部呈请登记，给予登记证，方得执业。但由水产学校渔捞科出身，并领有商船船长之证书者，得免领实业部登记证。渔轮长或渔捞长执行职务，有违反法规，损害渔业或航业者，实业部得注销其登记，并追缴其登记证。（二十一年二月实业部公布《渔轮长渔捞长登记暂行规则》。）

第九项　狩猎警察

野生鸟兽为无主物，任人皆得以先占而取得之。故捕获鸟兽，原则属于各人自由。但法律上为防止公共危害起见，得就特定事项，设以禁止或限制。狩猎警察即为防止公共危害，禁止或限制狩猎之作用也。依《狩猎法》（二十一年十二月八日公布）所定，其作用可为剖述如次：

（一）狩猎人之许可

狩猎人除为伤害人类鸟兽之狩猎外，应依法呈请狩猎地市县政府，核准登记，发给狩猎证书。其无中华民国国籍者，应经国民政府之特许。但下列各项之人，绝对不得为狩猎人：（一）未成年人，（二）有精神病人，（三）士兵或警察，（四）受本《法》之处罚未经过一年者。狩猎证书除附印《狩猎法》外，应记载下列事项：（一）狩猎人之姓名、年龄、职业，及住所或居所，（二）捕捉鸟兽之种类及名称，（三）猎具名称，（四）狩猎地，（五）有效期间，（六）证书号数。猎狩人未携狩猎证书者，不得狩猎。

（二）可捕获鸟兽之种类

凡(1)伤害人类之鸟兽,得随时捕获;(2)有益禾稼林木之鸟兽,除供学术上研究之用,经特许者外不得狩猎;(3)有害牲畜禾稼林木之鸟兽;及(4)其他可供食用之鸟兽,其得捕获与否,每年由该管市县政府分别定之。但已准许狩猎之鸟兽,有保护之必要时,仍得禁止狩猎。

（三）捕获方法

捕取鸟兽,仅得以猎具或鹰犬为之,不得利用汽车、汽船或航空器;非经呈请许可,并不得使用炸药、毒药、剧药及陷阱。

（四）捕获时期及时间

狩猎时期,通常为每年自十一月一日起至翌年二月末日止。如有特别情形,得由市县政府提前或移后,并得延长之。如遇宣布戒严或发现盗匪,则得停止狩猎。狩猎时间,须在日间,非经特许,不得于夜间为之。

（五）狩猎之场所

凡古迹名胜、公园、公路及公水道,人民聚居或群众聚集之地,未收获之耕种地,及主管官署指定或人民呈准禁猎之地,不得狩猎。其他园林耕种地,或有围障之土地内,非得占有人或看管人之同意,亦不得为之。（二十四年十月二十五日实业部公布同《法施行细则》。）

《警察行政法》（商务印书馆 1940 年版）

继承法要义

目　次

绪言
第一章　通论
　第一节　继承法之观念
　第二节　继承法之编订
　　第一款　编订之沿革
　　第二款　编订之体例
　第三节　继承法之法源
　第四节　继承法之性质
　第五节　继承制度之变迁
　　第一款　古代社会
　　第二款　宗法之影响
　　第三款　近今之趋势
　第六节　继承权
　　第一款　继承权之观念
　　第二款　继承权之根据
　　第三款　继承权之限制

第二章　继承
　第一节　概说
　　第一款　继承之观念
　　第二款　继承之开始

第一项　继承开始之原因

　　　第二项　继承开始之时期

　　　第三项　继承开始之处所

　第二节　遗产继承人

　　第一款　概说

　　第二款　继承人之种别

　　　第一项　法定继承人

　　　　第一目　范围

　　　　第二目　顺序

　　　第二项　指定继承人

　　　　第一目　概说

　　　　第二目　指定之要件

　　　　第三目　被指定人之限制

　　第三款　应继分

　　　第一项　概说

　　　第二项　法定应继分

　　　　第一目　概说

　　　　第二目　配偶之应继分

　　　　第三目　同一顺序继承人之应继分

　　　第三项　指定应继分

　　第四款　特留分

　　　第一项　概说

　　　第二项　特留分之数额

　　　第三项　特留分之算定

　　　第四项　特留分之扣减

　　　第五项　扣减之效力

第五款　继承权之丧失
　　第一项　概说
　　第二项　丧失之原因
　　第三项　丧失之效力
第六款　继承回复请求权
　　第一项　概说
　　第二项　回复请求权之性质
　　第三项　回复请求权之行使
　　第四项　消灭时效
第三节　遗产之继承
第一款　遗产继承之效力
　　第一项　概说
　　第二项　一般效力
　　　第一目　继承标的之移转
　　　第二目　产权之公同共有
　　　第三目　债务之负担
　　第三项　遗产酌给请求权
　　第四项　继承之费用
第二款　继承之承认及抛弃
　　第一项　概说
　　第二项　选择行为之性质
　　第三项　单纯承认
　　第四项　限定承认
　　　第一目　概说
　　　第二目　得为限定承认之期间
　　　第三目　限定承认之方式

第四目　限定承认之效力

　　第五目　遗产之管理

　　第六目　遗产之清算

　　第七目　限定继承人之赔偿责任及不当受领人之返还义务

第五项　继承之抛弃

　　第一目　概说

　　第二目　抛弃之方式

　　第三目　抛弃之效力

第三款　遗产之分割

　第一项　概说

　第二项　分割请求权

　第三项　分割之方法

　　第一目　通则

　　第二目　胎儿应继分之保留

　　第三目　遗产之扣算

　第四项　分割之效力

　　第一目　继承人相互间之普通效力

　　第二目　继承人相互间之特别效力

　　第三目　继承人与债权人间之效力

第四款　无人承认之继承

　第一项　概说

　第二项　遗产管理人之选定及继承人之搜索

　第三项　遗产管理人之地位

　第四项　遗产管理人之权利义务

　第五项　国库归属问题

第三章　遗嘱
　第一节　概说
　　　第一款　遗嘱制度之沿革
　　　第二款　遗嘱制度之基础
　　　第三款　遗嘱之观念
　第二节　遗嘱能力
　第三节　遗嘱方式
　　　第一款　概说
　　　第二款　普通方式
　　　　第一项　自书遗嘱
　　　　第二项　公证遗嘱
　　　　第三项　密封遗嘱
　　　　第四项　代笔遗嘱
　　　第三款　特别方式
　　　第四款　见证人
　第四节　遗嘱之内容
　　　第一款　概说
　　　第二款　遗赠
　　　　第一项　遗赠之观念
　　　　第二项　遗赠之种类
　　　　第三项　受遗赠人
　第五节　遗嘱之效力
　　　第一款　一般效力
　　　第二款　遗赠之效力
　　　　第一项　概说
　　　　第二项　遗赠之标的

第一目　特定之遗赠物

　　　第二目　不特定之遗赠物

　　　第三目　用益权之遗赠

　　第三项　附有负担之遗赠

　　　第一目　附负担遗赠之性质

　　　第二目　附负担遗赠之效力

　第三款　遗赠之承认及抛弃

　　第一项　概说

　　第二项　承认与否之催告

　　第三项　承认及抛弃之效力

第六节　遗嘱之执行

　第一款　概说

　第二款　遗嘱之提示及开视

　第三款　执行之程序

　　第一项　遗嘱执行人之指定

　　第二项　遗嘱执行人之职务

　　第三项　遗嘱执行人之解职

第七节　遗嘱之撤消

　第一款　概说

　第二款　遗嘱撤消之方法

　第三款　撤消之效力

绪　言

人类以保存自身及种族为最根本之天性。为保存自身之生命也,故有种种之财产,以为生活之手段。为保存自己之种族也,则于弥留之际,又将其财产遗之于子孙。尤以近代社会,以个人主义为基础。各人幸福,各自追求,其生其死,社会所不过问。而个人亦以依属他人,偷安苟活,毋宁各谋独立,以保自尊为主旨焉。在此种社会之内,各人自宜以自身腕力,充实生活内容。由是私有财产乃以重视,而对于私有财产之保护,亦愈完密。然人类犹不以己身生活稳固,为已满足,必更进而欲子孙遗类之繁衍,及其生活之安稳。为子孙生活安全之计,乃于死亡之际,复将平时所得自由处分之财产,概括而遗之于子孙,由是遗产继承制度为不可缺矣。

及现代遗产制度,成为资本主义之一大支柱,世人之起而攻击者,有愈趋愈烈之势焉。然遗产制度之废除与各人生活之保障,有相对之关系。若个人之生存权、劳工权及劳工收益权,而得相当之保证,[①]则各人将何苦而求财产之盈余积蓄乎?为自己既无积蓄财产之必要,则更何苦为子孙计,而自降于牛马之列乎?在各人生活未得保障之今日,非特私有财产未能完全废除,即遗产继承制度亦应为社会所承认,及为国家所保护也。

考各国对于遗产继承,立法上有(一)强制保存(Conservation

---

① A Menger, Neue Staatslehre 2A. 1901.

forcée)（二）强制分割（Partage forcé）及（三）遗嘱自由（Liberté testamentaire）三大原则。① 强制保存出于贵族家族主义之思想，以使一家财产长久保存，不致分散为主旨。强制分割本于个人平等之主义，不使遗产集中于一人之手，而即平均分割于诸子之间，适与前者相反。遗嘱自由依于个人意思自由之主义，对于遗产归属，国家不加干涉强制，而一任于各人遗嘱之自由处分。但此三项原则，不过学者抽象之说明而已，非实际上真有若是单纯制度之存在也。② 现代各国立法概依固有社会情形，及经济政策，就此诸原则，各为种种程度之折衷配合焉。

强制保存主义，适于贵族家族制度之维持，及资本土地之集中。如现时日本华族财产之世袭及家督之相续，独限于男系嫡长或其他有优先顺位之一人继承，英国法定继承，（一九二六年以前）独归不动产于嫡长，法国采取强制均分，而又设法限制土地细分，即莫非出于此等用意。我国前此家属同财产制度，其用意要亦不能外是。我国旧习，以同财共居为美风，同祖遗产虽由诸子继承共有，（按强制保存主义原不以一人继承为限）而其遗产之保理权则专属于一家尊长，非得尊长许可，卑幼不得处分，抑且不得请求分拆。③ 如是累代同居，长持其公同共有之状态，与日尔曼古法中所谓家属共产制者（Hausgemeinschaft），殆属同一俦类。此种家属同财制度，虽视一人单独继承，已胜一筹，而其维持大家族制，显有逆于家族社会自然进化之趋势；至独男系子嗣得有遗产继承及其公同共有之权利，亦违乎男女平等之原则。时至今日，自已难为依旧采用。唯我国以农立国，至今未更，而小农经济，宜于共同经营。苟兄弟数人自

---

① Le Play, L'Organisation de la Famille 1870.
　La Réforme Sociale en France, t,1, ch. 18.
② Charmont, Les transformations du Droit Civil 2ed. 1921.
③《现行律》卑幼私擅用财律例，别籍异财律例。

愿继续共居,同财至于相当之久,则于社会经济,亦未始全无裨益。故以国情而论,我国旧时之同财共居,于某程度固有未可忽视之优点。但所谓强制保存终有反乎社会进化之趋势与自由平等之原则,在今日除资本经济上有特殊要求之场合外,已无再顾之价值矣。

其次强制分割主义——尤其强制均分主义,似最合于公平理想,然强制分割,一面足使家族分化,不能强固团结,且使资本分散,不能尽其效用,尤以农业耕地为然。但此等不良影响,视其社会情形如何,亦未即为致命之弊害。若其社会对于资本之分散,并不感受苦痛者,自无弊害可言。如农地之细分,虽足以减少其生产力,而在集约的小农主义之社会,未必即见细分之苦痛。又强制分割固与大规模之家族社会不能相容,甚且有破坏之之倾向,然此尤非弊害。因强制分割,于小家族之结合,固无妨害,而对于贵族式或封建式之大家族社会,正可用为消灭改进之工具矣。至以我国国情揆之,大家族制已渐失其存在之机能,而农民集约生产,耕地亦无妨于分散。为奖励自耕之计,能使耕者有田,于农业政策上尤属符合。故以我国立法政策而论,除自愿继续同财共居,应任其自由共同保存者外,于遗产继承之原则,固亦不妨采取强制分割之主义也。

唯财产之所有权既为经济生活之必要而认有,而财产之继承权又以所有权之延长而观察,则个人死后财产之处置,亦应任于个人意思之自由,方合所有权之本旨。故近代法中就个人死后财产之自由处分,与契约自由等原则同,视为活动自由(Bewegungsfreiheit)之一种;甚或以无限制之遗嘱继承(Succession ex testamento),为遗产继承之本则焉。[①]唯个人之所有权一面亦为社会之利益而认有,为所有权延长之继承权或

---

① Hedemann, Die Fortschrift des Zivilrechts in XIX Jahrhundert, s. 20f.

遗赠权(Power of disposition),亦应于社会功利之立场上所视为正当之范围内始认许之。所谓绝对的遗嘱自由主义,与所有权之绝对自由同,究非法律所能容认。故现代各国法律或以遗嘱继承为继承之本位,而对于遗嘱之自由,自社会见地,加以若干之限制;或以法定继承(Succession ab intestat)为继承之本位,先推测被继承人之意思及考量社会之利益,规定继承人之范围、顺序及应继分;而同时并认有某程度遗嘱之自由。英美立法属于前者,大陆诸国,属于后者。我国斟酌固有国情,亦采后之立法,即原则上采取法定继承,使均分遗产于诸继承人间,而被继承人于不侵害特留分之范围内,得以遗嘱自由处分其遗产焉。

第一章 通 论

第一节 继承法之观念

继承法(Erbrecht, Droit de la Succession, law of inheritance)为民法之一部,乃规定继承及遗嘱之法也。其义请为析述如次:

第一,继承在沿革上有祭祀继承(Succession of sacra),身份继承(Succession of status),及财产继承(Succession of property)三种。祭祀继承即承奉祭祀权,以绵父祖血食之谓。古代社会,深信"游魂为变"之说,以为祖先死亡,其灵尚在,子孙若不勤为蒸尝,则必浮游世间,变为妖孽,故子孙世代应承袭而祭祀之。我国旧时之宗祧继承(广义),即其显例。其次,身份继承乃继承先人身份而享有其权义之谓。封建社会,有严格的家族之组织,家长身份及身份上之权义,代由嫡长子尽先而继承之。日本现行之"家督相续",即其遗制。最后,财产继承则单纯承受先人财产上一切权义之谓。家有资富,子孙众多,一朝归赴泉路,将遗产概括令其子孙继受,尤为人情之恒。要之,不问祭祀继承或身份财产继承,皆不外包括的继承先人之权利义务,易词言之,即承袭先人之地位也。(Hereditas est suceessio in universum jus quad defunctus habuit)。[①] 唯自沿革上观之,继承制度有

---

① Maine, Ancient Law, pp. 181—2.

自祭祀继承及身份继承进化为财产继承之趋向。泰西各国自氏族制废，个人制代兴以后，所谓继承者，仅存财产继承而已。我国自中古以降，如宗祧之立嗣、官员之袭荫，虽保有宗法封建之遗规。而现行制度已一扫封建之旧，仅留遗产继承一种。故我国现行法上所谓继承者，亦已与财产继承为同一观念矣。

次之，遗嘱乃以死后发生效力之目的，对某事项所为之要式的意思表示。其意思表示之内容，本不以继承人或应继分之指定或撤消等，纯粹于继承有关之事项为限，即对于他人之遗赠、捐助、私生子之认领，或监护人之指定等，得以单方意思而为之事项，亦得为遗嘱之内容。以是言之，遗嘱一项，似不宜规定于纯粹之继承法中者，然遗嘱乃一人死后之处分，其内容以于遗产有关者，占最多数。其与继承之间，实有不可分离之关系，规定于继承法中，自较他处为适当也。

继承法为规定继承及遗嘱之法，而继承为先人地位之承袭，遗嘱为一人死后之处分，有如上述。法律于既确定亲属身份及其财产上关系之后，设此继承法之规定，立法自属允当。故我现行《民法》以之为第五编，而殿于《亲属编》之后焉。

第二节　继承法之编订

第一款　编订之沿革

我国自古受贵族文化之陶冶，尊礼教而轻法治，以法条为齐蛮民之物。故至治术演进以后，所有历朝成文法典，多具刑事法规形式。至规律社会多数生活之法则，殆未入于立法之领域，只自唐律以降，始有多数兼具民事法规之性质者，参杂其间。如户役、婚姻、钱债、田土诸端，即其最著者也。自是沿宋元明清四朝，至清宣统二年，将《清律》改编，另称《现行刑律》。入民国初施行暂行新刑律后，其中刑事部分，遂受改废，唯新式民法典，久未制定，现行律中民事部分，递相援用（民国元年三月十日临时大总统令及十六年八月十二日国府令），以迄《民法》施行。如其《户役门中立嫡子违法条例》《别籍异财条例》《卑幼擅私用财条例》等，即有继承法性质，而为前时该法之主要法源者也。

现行律多系禁止法规，而关于亲属继承之法规，且极度以宗法为纲领，其不合于现代社会生活，所不待言。故新民法典之编纂，早成新政之急要。第初次民法草案，虽自光绪三十四年编纂，宣统三年完成，而以辛亥革命，未竟施行。继入民国，政变不息，未暇顾及。迨十二年为收回法权之计，重新编订，至十五年虽已全部脱稿，而国民革命，随又伸展，复失施行机运。国民政府奠都南京，锐意法治，初由法制局编拟法典，继承亲属两编即在首编之列，乃甫拟就而立法院又告成立，自是遂归立法院正式编订矣。

唯继承编犹未编定以前，关于女子继承遗产一项，曾有单行法规颁行。原女子之认有财产继承权，始于民国十五年中国国民党第二次全国代表大会之议决。该议决案经前司法行政委员会于同年十月通令各省施行。唯此时属于党治下者，不过西南数省，该令未能通行全国。迨最高法院成立首都，其十七年之解释，始依该案趋旨，认"未出嫁女子与男子同有继承权"（十七年解字三五号四七号及四八号）。但女子有继承权以未出嫁者为限，于理已属失当，而兄弟姊妹之间，尤滋用计逼嫁之弊。司法院有鉴于此，于十八年四月二十七日议决女子不分已嫁未嫁，与男子有同等继承权；并经中央政治会议于同年五月十五日议决追溯及第二次全国代表大会议决案，前经司法行政委员会通令各省到达之日起，其通令之日尚未隶属于国民政府者,溯及其隶属之日起,发生效力;交由司法院起草已嫁女子继承财产施行细则十一条。案成,仍经中央政治会议议决,于同年八月十九日交由国民政府公布施行。

民国十九年立法院既于制定《民法》前三编之后,乃入手于亲属继承两编之编订。先由中央政治会议第二三六次会议议决立法原则,于同年七月二十三日遂由立法院起草,同年十二月经该院第一二〇次会议全部通过,呈由国民政府于同年十二月二十六日公布,自二十年五月五日施行。《民法继承编》之制颁,至此遂告完成矣。

第二款　编订之体例

继承法在法典中所有地位,各国不一其揆,于此尚有申论之必要。考各国立法例,除少数采取所谓特别法主义者①外,类皆订于民法典中。其体例又别为四;其一以继承与赠与遗赠合并规定于财产取得编中,即法国以下采取罗马法式编制之各国《民法》是。② 其二规定于物权编中,即奥国荷兰之《民法》是。③ 其三规定于亲属编中,即普鲁士及瑞士之地方法是。其四为民法中独立一编而位置于亲属编后,如德瑞日本之《民法》是。瑞士《民法》以继承为第三编而列于物权编前,德国日本[一采巴衣伦制(Bayernsystem),一采撒克仙制(Sachsensystem),就债编及物权

---

① 英国采特别法主义,其所领印度之现行继承法(The Indian Succession Act, 1865),尚为包括的独立法典,而其本国则仅有部分的立法而已。
② 法国《民法》,其第三编财产取得编(Des Pifférentes Manieredonton Aquit la Propriete),以第一章为继承(Des succession),第二章为生前赠与及遗嘱(Des donations entre vifs et des testamen ts)。
③ 普鲁士地方法(Preussisches Allgemeines Landrecht),编法却又不同,以继承法一部规定于亲属编中,而又以继承权与债权同为取得财产之原因,一部规定于物权编中。

编之编制,尚有先后不同],以之为第五编,而列于终末。其列于财产法之前后,虽有不同,而位于亲属编后,则无异致耳。以上诸编制中,当以第四种为最妥当。盖遗产继承,既非亲属身份之继承,而继承标的之财产,又不以所有权一种为限,规定于亲属或物权编中,自属未当;而因继承所生之财产取得,则有包括之性质,与普通取得财产情形,又属不类,故其唯一方法,只能定为独立一编。唯财产继承关系与亲属身份关系,实甚密切。如继承人之资格,首依亲属身份关系之有无远近而决定之,故此一编,允宜位于亲属编后。至德瑞二法中继承编所占位置,各有其宜,未容轻加评骘。①② 我国历次《民法》草案,皆取德《民》编制,现行《民法》亦然。

《民法继承编》之规定,共分三章,第一章遗产继承人。第二章遗产之继承,又分五节,计为效力、限定继承、遗产之分割、继承之抛弃及无人承认之继承各项。第三章遗嘱,又分六节,为通则、方式、效力、执行、撤消及特留分各项。概而言之,其规定有一值人注意之点:其一,在形式上与《民法》第二编以下各编不同,其他各编均有适用全编通则一章之规定,本编无之。其二,继承虽系承受先人之遗产,而因遗产所生之关系,颇为复杂,凡财产法中所有各种利害对立之关系,殆莫不具有。此等复杂关系,应为法律所保证者,本编皆设有规定以保护之。

---

① 德瑞二法之继承编,就遗嘱一章之排列,又有不同之点。德《民》以遗嘱(Testament)为第五编之第三章,即最末章。瑞《民》为以之第十四章,即继承编之第二章,而另称死后处分(Verfügung von Todes wegen, Des dispositions pour cause de mort)。
② 关于《民法》各编之置位,闵格氏自另一方面提议,意谓各编之排列,应以受其适用之人的范围之广狭为先后,准是则应以亲属法居最先,物权法及债法次之,而以继承法居最后(A. Menger, Das Bürgerliches Recht und die besitzlosen Volksklassen, S. 202)。

第三节　继承法之法源

继承法之法源，与民法其他各部同，亦依成文法、习惯法及法理等形式而存在（第一条）。唯成文继承法，殊不以民法继承编所规定者为限，此外凡直接间接可适用于遗产继承之事项者，皆有继承法性质，而为同法法源（即实质的意义之继承法，或广义之继承法）。举其要者，约有如下各种：

一　《民法继承编施行法》

是即关于时之效力之法。法律以无溯及既往效力为原则，继承法亦然，故本编仅对施行后所发生之事件，乃可适用。但此仅就解释适用而言，如立法上以在过渡期间，就某等继承事件，认为有设例外规定之必要者，自得设以特别规定。本施行法即为规定其间所应特别处理事件之法也。其各条规定，尚待于各关系处所再详述之。

二　《法律适用条例》

是即关于人之效力之法，法律以对本国领土内之国内外人民，皆得适用为原则，但继承法为人事法之一部，有属人法之性质，如内外法有抵触时，须采各当事人之本国法以适用之。法律适用条例，即规定其时应适用何国法律之法也。依本《条例》第四章关于继承之法律之规定：（1）继承依被继承人之本国法，（2）遗嘱之成立及效力，依成立时遗嘱人之本国法，（3）遗嘱之撤消，依撤消时遗嘱人之本国法（第二〇条第二一条）。但外国法有背于中国公共秩序或善良风俗者，仍不适用（第一条）。本项继承法之国际抵触问题，属于国际私法学之研究，兹不详述。

三 《限制外国人土地所有令》

外国人不能有土地所有权,其因继承而分得财产时,亦受此项命令之限制。

四 《国籍法》

国籍法为规定国民资格的得丧之法。一人继承权之有无,有时依其所受适用之法律而决定,既如上述。故国籍法间接亦足以决定继承之关系。

五 《户籍法》

户籍法为规定户之籍属及人之身份之登载程序之法,一人之亲属或家属身份虽不因户籍之记载而绝对确定,而无其他有力之反证时,则得依其记载而判定之,其于遗产继承权及遗产酌给请求权之有无,盖亦不无关系。

六 《土地法》

依本法所为不动产之登记,有绝对之效力(同《法》第三六条),凡已让与并登记之不动产,能否因继承回复而取还(第一一四六条),及遗产分割之效力,能否完全溯及于继承开始之时(第一一六七条),胥由决定。

七 《民事诉讼法》

本法就继承关系所生之事件,定有管辖及审判之程序。

八 《民法债编施行法》

本施行法第十四条定有财产变卖之程序,可于遗产换卖时(第一一七九条第二项)援用之。

以上诸法规中,自(四)至(八)各种,直接虽无关于继承关系之规定,而实体的继承法必须待其补助,始能全其运用,故此等法规实有补助法之性质。

第四节　继承法之性质

　　继承法既为民法之一部,则民法所有通性,自属有之。第一,继承法私法也。继承法中之法律关系,如某为某之继承人,某与某为共同继承,及某受某之遗赠等,皆为私人相互间之关系。故继承法之为私法,实甚明显。唯立法上为便宜计,于形式上之继承法即继承编中,间亦有公法规定参杂其间。如法院干预继承事项之规定(第一一五六条第一一五七条第一一七四条第一一七八条第一一七九条第一一九七条第一二一一条第一二一八条),即有公法之性质。但此不过少数例外,于理论上仍无碍于继承法之本质也。第二,继承法普通法也。继承法关系继承之一般事项均有规定,于中华民国人民均可适用,中华民国领土均可施行,其有普通法之性质,亦无容疑。只西藏蒙古等特别区域,因实际上为中央法权所未及,且以风土人情与各省不同,难以强其施行同一之法律,尚未全受民法之支配耳。

　　唯继承法与其他私法部分相较,性质又不尽同,其规定之大部分,有强行法之性质。盖遗产继承虽行于父母子女及其他近亲之间,而一人财产上一切权利义务之移转,每有多方利害综错之存在,既如前述。因之关于继承之规定,亦应考虑各方面之关系。一须顾各继承人与被继承人间情分之亲疏,二须保护债权人及继承人因继承所生之不利益,三须贯彻国家设立本项制度之政策。凡此诸端,莫不于公共秩序及利益之维持有重要之关系。故关于继承之规定,乃须期其必行,而不许私人之自由意思,妄加出入。以是其规定乃有强行法之性质。至如指定继承人及应继分之遗嘱,及禁止遗产分割之契约及遗赠等(第一一四三条第一一六四条第一一六五条第一一八七条等），于某范围内固亦容许私人意思之自由，但此不过其中之一小部分，其他主要部分，则皆有强行性也。

第五节　继承制度之变迁

第一款　古代社会

继承有祭祀继承、身份继承及财产继承三种，在沿革上有自前者进为后者之势，已如前文略述。一般言之，此三种继承制度，依各时代之社会组织如何，而异其发达之倾向。如社会组织而为原始的氏族制或封建的家族制，则继承必重祭祀或身份，如社会组织而为近代的个人制，则继承乃重财产。自古迄今，社会进化，由氏旅家族制而变为个人制，故继承制度，亦有由祭祀继承及身份继承而进化为遗产继承之趋势焉。[①]

唯一定社会制度之形成，要依生存手段之发达如何而决定，而生存手段之发达如何，又以各种技术之进步与否为定衡。盖有技术之进步，而后始有各种之发明与发见，有发明与发见之增加，而后始有生存手段之财产，有财产之所有，而后始有其他本于财产所有而生之各种社会制度，乃至社会全体之组织也。继承制度为社会制度一种，虽依各时代社会之一般组织如何，有若干差别，而自根本上言之，各种继承制度，自亦由其时代之物质基础所决定耳。

生人之初，蒙昧无知，居逐水草，食取果食，一身之外，毫无长物。于此之时，既无所有标的，何有继承观念？及人智粗开，制燧石以为器用，

[①] Nobushige Hozumi, Ancestor-Worship and Japanese Law, Maruzen, Tokyo, 1913.

葺树枝而为居室,衣皮饮血,渐入所谓未开化状态。此时较原始时代已有互助精神,随人口之增加与住处之扩大,曩时血属小群,进为氏族组织,营经部落生活。所谓政府主要制度,亦即胎胚于此,但未入国家状态以前,仍以氏族组织为社会之基本。氏族成立之初,族长为父为母,学说虽未一致,①而至使用铁器,生产增殖,男子在经济上占据优越地位,其时氏族为父系组织,则无疑义。再后因耕作发明,财产中主要部分之土地,由氏族共有而分割为个人私有,向之氏族组织,渐分析为家族组织,而继承制度向之为族父子孙继承者,至此乃变为家长子嗣继承矣。②

唯古时民智幼稚,理解浅薄,眩恍之间,即滋迷信。尤其对于死之一事,大为迷惑。以为一人虽死,其魂灵犹与死体连系,若不以礼谨葬祭之,则必飘泊无依,流为厉鬼,祟及子孙。此种迷信,与缅怀祖德,崇拜祖先之思想相结合,乃以继续祭祖为子孙之第一义务。而所谓尊祖教者(Culte des morts),遂根固于初民心理,影响于社会组织,而形成古时社会之一特质矣。盖古代氏族社会,其财产虽属生人生存所必需,而初民心理方面尤以为供奉祖先祭祀而存在。故其财产所属,恒视祭祀权之所属为转移,其有者死亡之际,即由其祭祀权之继承人继受之。唯继承祭祀之人,有种种限制,第一,继承人则以男系子孙为限女子不与在内。女子长成出嫁,去母家而奉夫家宗庙,不祀母家之祖。女子无继承权,实即

---

① 主张母系中心者,有:Bachoten, Das Mutterrecht, 1861; McLennann, Studies in Ancient History, 1376; Morgan, Ancient Society——Researches in the Lines of Human Progress from Savagery through Babarism to Civilization, 1877。

主张男系中心者,有:Darwin, Descent of Man, 1871; Westermarck, The History of Human Marriage, 1891; Letourneau, L'evolution du Mariage et de la Famille, 1888; Howard, A History of Matrimonial lnstitutions, 1904; Maine, Ancient Law;穗积重远著,《亲族法》。

② Morgan, op. cit.

种因于此。其次,男子中以嫡长子其血脉与祖先最相接近,而最适于祭祀。传曰:"嫡长子为尽祭祖义务而生,余子则为爱情之结果。"故认嫡长子有继承祭祀及财产之特权。所谓一人继承或身份继承,亦即胎息于是。复次,若生女而不生男,或并男女而无之,则须立嗣继后,先以近亲昭穆,次及同宗远房,所谓族内继承或傍系继承(Succession collatérale)亦莫非肇基于此。总之,在此等点上,古代社会,不问东西各族,殆皆有同类之法习。[1] 我国宗法思想,亦滥觞于此种习惯,更勿待言。唯古代继承制度,其以祭祀为主要标的,从知非偶然矣。

氏族社会本先国家而存在,乃以生齿愈繁,众族对立,各族之间,发生接触,而氏族斗争以起。迨至生产进步,由游牧民而入农民时期,一族征服他族,成立固定之支配与被支配关系,初期之封建国家乃告成立。此等国家如更因征服关系,兼以其中一国兼并他国,则入于次期封建国家。于此统治组织愈以巩固,国内阶级亦愈积叠。一般言之,战胜种族,居于支配地位,或为王公,或为大夫及士,其余劣败种族,则皆降为黎庶矣。[2] 兹就我国之例以言,我族自黄帝轩辕,早已成立封建国家,世代递降,隆替婵变,至成周而组织益以完备。周有天下,裂土田而瓜分之,设五等,邦群后,布履星罗,四周于天下。及后王室陵替,强弱兼并,大邦分立,渐有以官僚国代替贵族国之势焉。贵族社会组织,以身份为骨干,此为中外所同。唯于此吾人所宜注意者,则旧时贵族组织中之宗法制度是也。宗法初行于周,其范围并不甚广,迨周室式微,封建崩溃。孔氏一派为挽回颓势之计,主张巩固并扩大贵族组织,乃敷陈上古氏族及封建社会之实际,而演为宗法之理论。自兹以后,随儒家思想之普及,宗法思

---

[1] F. de Coulanges. LA Cité Antique;冈村司著,《民法与社会主义》。
[2] Gumplovicz, Die sozialogische Staatsidee, 2A. 1902; Oppenheimer, Der Staat, 1909.

想，遂成为我国社会组织之一大纲领矣。①

古昔制度，贵族自士以上恒有宗之组织，宗有大宗小宗之别。礼记大传有曰："别子为祖，继别为宗，继祢者为小宗。有百世不迁之宗，有五世则迁之宗。百世不迁者，别子之后也。宗其继别之所自出者，百世不迁者也。宗其继高祖者，五世则迁者也。"别子为开国诸侯或士大夫嫡子之弟，别于正嫡者也。"别子不得祢其父，而自使其嫡子后之……故曰继别为宗，族人宗之，……。死而无子，则支子以其昭穆后之。此所谓百世不迁之宗也。别子之庶子又不得祢别子，而自以其嫡子为后，其继祖者从兄弟宗之，……。死而无子，则支子亦以其昭穆后之。所谓五世则迁者也。"②当时立嫡继后之制即昔时固有宗祧继承之制度。宗祧继承既以身份为主眼，故附随于身份之财产，如卿大夫之禄田等，亦同时移转焉。

第二款　宗法之影响

古者"诸侯世其国，别子世大夫。于是立三庙，设坛墠，得干祫，祭有圭田，食有采邑。……夫物备而后礼严，礼严……而后法可尽。"自封建废，井田撤，卿大夫无世禄之守，大宗之法不可以复立。③然宗法制度虽与封建同时废除，而宗法势力，历久未泯，宗法之特质有三：父系、父治、父权，是也。何谓父系？以男系为本位而计亲属是也。何谓父治？以一家事务及子女个身皆由其父或家长统治是也。何谓父权？由男子继承

---

① 陶希圣著，《中国社会之史的分析》。
② 苏洵著，《族谱后录》。
③ 罗洪先著，《宗论》下；秦蕙田著，《五礼通考》。

父之身份财产是也。此等宗法遗制，中古以降，后世咸继受之。唯此后社会组织乃以家为本位，不以宗为本位，其制以家传，不以宗传，特有不同已耳。

我国自封建废后，虽未有严格之家族制度，及家长权之继承，而在父权制度之下，所谓各人继承，仍以宗祧为主眼。其用以承祭祀、绵血统，盖饶有宗法之遗意焉。考宗祧继承，为男系一人继承之制，有身份继承之彩色，死者一身上之权义，例由嫡子或嗣子一人继承之。立嫡立嗣之法："立嫡以长不以贤，立子以贵不以长"；"有子立嫡，无子立嗣"。此等原则，后代律例咸遵循之，清律亦然。清律立嫡顺序：第一，以嫡先庶。庶子纵年长于嫡子，亦不能继承宗祧，所谓"立子以贵不以长"也。第二，同在嫡子或庶子中以年长者居先，即嫡长子先于嫡次子，庶长子先于庶次子，所谓"立嫡以长不以贤"也。第三，先位之孙先于次位之子。如嫡长子已故而有子者，以嫡长孙承重，不得立嫡次子或庶子也。① 第四，若嫡庶子并无之，则应立嗣继后，"须令同宗昭穆相当之侄承继，尽先同父周亲，次及大功小功缌麻，如具无方许择立远房及同姓为嗣。"② 盖宗祧继承所以承续祭祀，故务以族内血气相近者先之。传曰："神不歆非类，民不祀非族。"意谓血不相属，则气不相通，气不相通，则祭无由格也。

---

① 《清律》立嫡子违法条辑注。
② 《现行律》立嫡子违法条例。
    但立嗣于相当范围内，亦有选择自由。同上《条例》规定："其或择立贤能及所亲爱者，若于昭穆伦序不失，不许宗族指以次序告争，并官司受理。"
    出继以次子以下之子为原则，但独子亦得兼承宗祧。同上条例："如可继之人亦系独子，而情属同父周亲，两相情愿者，取具盖族甘结，亦准其承继两房宗祧"。
    立嗣程序，原则由立嗣人生前自为。但其死后得由直系尊亲属或守志之妇为之，如具无并得由亲属会议为之（同上《条例》）。

后代除宗祧继承之外，尚另认有遗产继承。一家遗产虽非得尊长许可，卑幼不得请求分析，而当分析家财田产之际，则"不问妻妾所生，止依子数均分"，在长子并无优异之特权，故后代所谓宗继祧承者，除无子立嗣之场合外，似已有名无实。但因设有宗继祧承之结果，后世于遗产继承上留有三种差别之待遇焉。一曰女子之无继承权也。女子无宗祧继承权，不奉母家祭祀，习俗内男外女，故于财产继承，亦遂见吝于女子矣。① 二曰嫡庶子与私生子之差别也。旧习因尊重宗祧嗣续之故，庶子亦有立嫡资格，地位自然优厚，在财产继承上亦与嫡子有同等权利；而私生子则否，子何罪，而受冷酷之待遇？② 三曰嗣子与养子之区别也。嗣子继承宗祧，每得继承遗产全部，而养子不得立为嫡子，遗产继承亦无正当权利。③

第三款　近今趋势

近代文物昌明，社会演进，封建制度，日就破灭。宗法遗规，自亦应

---

① 旧律妇女无遗产继承权，只例外或能承受若干而已。同上《条例》："户绝财产果无同宗应继之人，所有亲女承受。无女者听地方官详明上司，酌拨充公。"又《立嫡子违法条例》："妇人夫亡无子守志者，合承夫分，须凭族长择昭穆相当之人继嗣，其改嫁者，夫家财产及原有妆奁，并听前夫之家为主。"
② 《现行律卑幼擅私用财条例》："嫡庶子男分拆家财田产，不问妻妾所生之子，止以子数均分，奸生子依子量与半分。"
③ 嗣子常有遗产继承权，即立嗣后生子亦然。《立嫡子违法条例》："若立嗣之后却生子，其家财与原立子均分。"但非嗣子之养子，不问同姓异姓，皆无当然之继承权。同上《条例》："若义男女婿，为所后之亲喜悦者，听其相为依倚，不许继子并本生父母用计逼逐，仍酌分给财产。""其乞养异姓义子有情愿归族者，不许将分得财产携回本宗。""其收养三岁以下遗弃之小儿，仍依律即从其姓。但不得以无子遂立为嗣，仍酌分给财产，具不必勒令归宗。如有希图资财，冒认归宗者，照例治罪。"

在革除之列。况所谓祭祀继承,虽崇奉祖先,出于仁人孝子之用心,而事涉迷信,究非法律所宜强制。先进民族,如西欧希腊罗马等国,在古代即以脱此陋习;东亚各邦只有我国及印度,因循故旧,传三数千年而未革。白芝浩曰:"宗教之设,……一时虽颇发生效力,然日渐生沈滞固定之弊,拘束人民之自由,致不能振拔。故能早破此迷信而超脱之者兴,否则亡",读此吾人亦知所警惕矣。至因身份所设财产继承上之差别,不问其根据宗祧或其他制度而生,要同为封建时代之遗物。现今各国所有身份差别之继承,亦已就于扫灭之一途。盖东西文明各国,迄于最近为止,犹保有长子优先继承制度者,仅有英日二国而已。日本家督继承即为身份继承之制,凡前户主所有身份上及财产上之权义,由家督相续人一人承继,余人皆无与焉。但日本虽素保持家族主义,对于此种严酷继承制度,近亦议具改革之方案。① 英国继承制度,本已重在财产,只财产继承中尚有 Primogeniture 之主义,即无遗嘱继承场合,遗产中不动产部分(Real property),归诸长子一人承受,其余动产部分(Personal Property),始归众子均分,至一九二六年实施之改正英国《继承法》(The Administration of Estate Act 1925),已将此种差别撤废之矣。② 总之,近时因社会制度之改进,所谓继承制度,势将仅留遗产继承一种而已。继承既以财产为标的,不以其他抽象的观念为前提,自已无限于一人继承之必要,而可采行共同均分主义矣。

我国现制亦仅认有遗产继承一种,对于旧时宗祧继承,已取逐渐废除之态度。民国十九年中央政治会议通过《继承法先决各点》意见书云:

---

① 昭和二年十二月二十八日司法省发表《民法相续篇改正要纲》。
② 英国法定继承,以不动产归诸长子,动产归诸众子,盖一系封建法制之遗习,一系罗马法之影响也。梅因早谓英国财产法,其人的法(The Law of Personality)将有支配物的法(The Law of Reality)之势(Maine, op. cit),其言今果验矣。

宗祧之制，详于周礼，为封建时代之遗物，有所谓大宗小宗之别，大宗之庙，百世不迁者，谓之宗，小宗之庙，五世则迁者，谓之祧，此宗祧二字之本意也。宗庙之祭，大宗主之，世守其职，不可以无后，故小宗可绝而大宗不可绝，此立后制度之所从来也。自封建废而宗法亡。社会之组织，以家为本位，而不以宗为本位。祖先之祭祀，家各主之，不统于一。其有合族而祭者，则族长主之，非必宗子也。宗子主祭之制不废而废，大宗小宗之名，已无所附丽。而为大宗立后之说，久成虚语，此就制度上宗祧继承无继续存在之理由一也。旧例不问长房次房，均应立后。今之所谓长房，固未必尽属大宗，遑论次房。且同父周亲，复有兼祧之例。因之长房之子，在事实上亦有兼为次房之后者，与古人小宗可绝之义，违失已甚，徒袭其名而无其实，此就名义上宗祧继承无继续存在之理由二也。宗祧重在祭祀，故立后者，唯限于男子，而女子无立后之权。为人后者，亦限于男子，而女子亦无为后之权。重男轻女，于此可见，显与现代潮流不能相容，此就男女平等上宗祧继承无继续存在之理由三也。基于上述理由，故认为宗祧继承无庸规定，至于选立嗣子，原属当事人之自由，亦无庸加以禁止。要当不分男女，均得选立及被选立耳。"①

继承既不以宗祧为前提，则附随宗祧继承而存在之流弊，如男女之分、婚生与非婚生之不平等，及旁系继承之限制亦同时得撤废之矣。②

---

①《继承法先决各点》第二点说明。
②《继承法先决各点》第二点说明。

第六节　继承权

第一款　继承权之观念

继承权(Erbrecht, droit succesoral, right of succession)名辞,涵义复杂,学者见解不一。《民法继承编》中,其名辞散见各处,分别言之,约有两种意义:其一,指继承开始前继承人所有之地位,即《民法》第一一四〇条第一一四五条所定之继承权(Jus Succedendi, Recht Erbe zu werben)是。其二,指继承开始后继承人有之地位,即《民法》第一一四六条第一一七四条所定之继承权(Jus Successionis, Recht Erbe zu sein)是也。

《民法》第一一四〇条谓:"继承人有于继承开始前死亡或丧失继承权者,……"第一一四五条谓:"有左列各款情事之一者,丧失其继承权。"此继承开始前继承人所有之地位,法文据称之为继承权,学者不无议论。盖继承须俟开始而始发生权利义务之移转,于开始前,推定继承人(Presumptive heirs)仅有得为继承人之希望而已。此时其人纵有得为继承之希望,而现实继承之权利,尚未发生也。况推定继承人所有地位,非至继承开始,不能完确定。例如依法兄弟得为继承场合(第一一三八条第三款),若被继承人在死亡前新生子女,其地位遂归消失。又养子得继承遗产全部场合(第一一四二条第二项),若被继承人在死亡前另生子女,其地位亦大受减削矣。故推定继承人所有之继承权,不过得为继承之希望,似非真实之权利。然继承人之顺序为法律所规定,在某时点谁有继承之权,乃不难于推知。其地位纵因后发事由而有变更或减削之可虞，而非有一定原因，则为法律所保护而不可动。故其地位与单纯之希望不同，而确有权利性质，称之为继承权，固甚得也。唯其权利既非物权性质之既得权，亦非债权性质之请求权，而属于特别范畴。盖其权利在继承开始前固不得据以为任何之请求，而至继承开始之际，则依法律自然取得，而不须请求或其他之意思表示。又因其非既得权之故，与《民法》第一〇六九条第一〇八三条所谓"第三人已取得之权利"亦属不同。此种权利乃将来得为继承之能力，学者另名为期待权(Anwartschaftsrecht)。

至继承开始后继承人所有之地位，法律亦同称之为继承权。如《民法》第一一四六条谓："继承权被侵害者，被害人或其法定代理人得请求回复之"；第一一七四条谓："继承人得抛弃其继承权"，即系其例。此项继承权之为正真权利，自属明显。此权利亦因继承开始之事由发生而当然取得，无待于继承人之意思表示。即继承人由遗嘱指定之场合(第一一四三条)，则只须被指定人之承认，即已取得，不须另为若何之请求，他如限定承认及抛弃场合，其权利亦不因承认或抛弃而始决定，其时继承人特不过本于既发生之继承权，而为承认或抛弃耳。总之，继承人与继承开始同时实已取得继承标的上之权利。故其权利非债权性质之请求权，而宁有物权之性质。如继承被侵害人请求回复之权利，即与物上请求权同其类也。[①]

第二款　继承权之根据

继承权之根据安在？即为继承权之基础，或继承权之存在理由之问

[①] 奥国及荷兰《民法》，正以继承权为一种物权。奥《民》第五三二条规定："称继承权者，谓取得遗产全部或其一定分率之排他的权利，其权利乃对任何侵害遗产之人，皆有效力之物权(Ein dingliches Recht)……"。

题,对此问题,学者曾有种种解说。其说明内容,殆依继承标的及时代之一般思想不同而异。在昔原始封建时代,因受宗教思想支配,有将继承权归之于祖传或神授者。迨近世继承标的注重财产,学者另从各种见地起而说明。其主要者,约有如下四说。①

一　公益说

即谓遗产继承为公益上所必要之制度。良以一人死后遗产之归属,若无一定之准则,则欲先占取得之人,必至血手争夺,紊乱社会秩序,而他而遗产者之子孙,反以陷于生计困难,害及社会利益。国家为保持社会公益之计,故以法律规定一定之继承权人,使之确实取得先人之遗产。

二　保种说

谓子孙之身体生命,原为父母血肉所遗,故父母为保持子孙身体生命安全之计,乃将必要财产,死后遗之于子孙,遗产继承,即起于此种种族保存之本性。

三　公有说

是说注目于共同生活之关系,谓亲属在生活上有共同连带之运命,因之在财产上亦有共同享有之关系。内中一人亡故,他人取得所遗财产,即基于此种关系之结果。

四　遗意说

是说专觅其根据于被继承人之意思,谓财产所有权人不特生前得为自由处分,即死后亦得为同样之处置。故被继承人有遗嘱明白表示,自

---

① 此外尚有先占说及国库说等。先占说谓权利义务与其主体共其存亡,主体亡故,其权利亦归消灭。此后所遗之无主物,任人得以先占而取得之。亡故者之近亲,对于此种物体,实居于先占取得之地位,法律承认遗产继承,即系本于此种法理。国库说谓遗产乃先由国继家受,归属国库,然后再由国家以法律规定赋与于特定之人。此二学说。立论牵强,思想陈腐,今日已无认真讨论之必要矣。

应从其意思，其无意思明示场合，则应推定其意思而处分之。如法律考量与被继承人亲属关系之远近，及情分之亲疏，而决定继承人之顺序及应继分，即推测被继承人之意思而规定也。

上列各说，各有相当理由，未可执一以为是。考遗产继承之起源，谓出于人类保存种族之本能，殆为不易之公理。至其制度存续如许之久且广，则为社会经济组织所使然。在某程度个人主义之社会中，自主观观之，遗产继承可谓出于先人之遗意，而在客观方面，则因亲属共同生活所必要也。

第三款　继承权之限制

个人主义社会组织之下，继承制度虽为维持遗族生计所必要，然在资本发达之社会中，所继承之遗产，每超过于其生计上所必要之程度。由是社会上种种原因造成之富财，徒供一己之私储，而社会上种种之不平等，亦由是而起，推其弊害，曷有既竭。[1] 至此二十世纪乃以发生反动风潮，而渐倾于社会主义之主张。在社会初步改造之今日，或主财产之社会化，或主集中财产于社会，步趋各有不同，而以限制遗产为其主要方法之一，殆为与世之所一致。三民主义以节制资本为最主要政策之一，遗产继承自在于限制之列。法律上对遗产继承直接所加之限制，约有二端：一为继承人范围之限制，一为继承财产数量之限制。

一　继承之范围之限制

欧西各国，法律上向取亲属无限继承主义（unbeschränktes Verwandtenerbrecht），近亲之人固得以次有继承遗产权，若无近亲存

---

[1] H. E. Read, The Abolition of Inheritance, 1918；前著潘公展译，《遗产之废除》。

在，则远亲亦得有权以继承之（法国《民法》第七三一条，但最近已改正，德国《民法》第一九二四条以下）。此种亲系疏远之人，平日情同陌路，一旦福从天降，使之为"笑之继承人（der lachende Erbe）"，殊失承认继承制度之意义，其遗产实远不如归诸国库，"扩张国家继承，限制个人继承"，之为得也。故一九〇七年之瑞士《民法》（第四五七条至第四六六条），及一九二六年之英国《改正继承法》，对于遗产继承人，均规定以直系卑亲属、配偶、直系尊亲亲、兄弟姊妹及其子孙、伯父母及子孙为限。一九二二年之苏俄《民法》，更缩小继承人范围，仅以配偶及直系卑亲属为止（第四一八条）。《民法》略仿英瑞法例，而限制较之尤严。直系尊亲以父母祖父母为限，旁系亲止于兄弟姊妹本身，而伯父母及其卑属则不与焉。

二　继承财产数量之限制

对于遗产在数量上加以定额之限制。现代为苏俄所创行。俄国《民法》，初规定遗产总额，除净亡故者之债务外，不得超过金卢布一万以上（第四一六条）。第此项限制施行以后，未得所豫期之效果。不三四年，即已改弦更张，而易课以高率之继承税矣。[①] 对于遗产，课以累进之税，其所以限制遗产数量，用意原无二致。现今各国为取得财源之计，多采行之，其税率则有愈趋愈高之势焉。

[①] 关于最近苏俄遗产继承制度之变革，参照一九一八年四月二十七日公布继承制度废止令，一九一八年九月十六日公布《身份登记婚姻关系及监护关系法》第一六〇条（规定子女对于父母之财产无任何之权利），一九一九年五月二日令（准许遗族留下一万金卢布以下之扶养费），一九二二年五月二十二日公布《基本财产令》（以一万金卢布为限，承认遗产继承），一九二二年十月三十一日公布《民法》第四一六条至第四三五条（除净债务后于一万金卢布限度内，许可法定继承或遗赠，法定继承采用共同均分，其有权人则以直系血亲卑亲属，配偶，及被继承人生前完全扶养一年以上，且无劳动能力及财产之人为限），一九二六年二月二十八日公布新《条例》（撤消前此遗产总额不得超过一万金卢布之限制）。

第二章 继 承

第一节 概 说

第一款 继承之观念

继承(Sukzession, Succession)云者，乃有一定亲属身份者间，因一方之死亡，他方包括的承受其财产上权利义务之谓也。析述之如下：

一 继承因死亡而开始

凡法律上之效果，必依一定法律原因(或称法律要件)而始发生，继承之效果亦然。继承效果发生之原因，谓之继承开始之原因，其原因依继承标的如何，略有不同。在身份继承场合，凡被继承人有足以丧失身份之事由，如离异、收养终止及隐居等，皆为继承开始之原因，[①]固不以被继承人之死亡为限。在遗产继承则否，遗产继承以被继承人财产上权义之移转为唯一之标的，除被继承人有丧失权利能力即人格之事由外，不成继承开始之原因；而其丧失人格之事由，则不外死亡是矣。罗马法

[①] 日本家督相续，其开始之原因，除户主之死亡外，其他凡户主权丧失之场合，如户主之国籍丧失、隐居、因婚姻或收养之撤消而出家、女户主之招赘及赘夫之离婚皆属之(日《民》第九六四条)。

中,有任何人不得为生存者之继承人(Nemo est heres vi ventes)之原则;近代泰西各国,称继承为因死亡而生之财产的移转,即出同一意义。①《民法》仅留遗产继承一种,所谓继承开始之原因者,自亦不能外此(第一一四七条)。其详尚待次款述之。

二 继承于有一定亲属关系者间行之

继承人与被继承人间以有亲属身份关系为原则,《民法》规定亦然。依《民法》规定,继承人有法定继承人与指定继承人两种,前者即(1)配偶,(2)直系血亲卑亲属,(3)父母,(4)兄弟姊妹,(5)祖父母是(第一一三八条),此等皆为被继承人之亲属,自无待论,后者则被继承人无直系血亲卑亲属时,以遗嘱所指定之继承人是(第一一四三条)。此项指定继承人,法律上虽不限定必须于亲属中指定,而其指定遗嘱一经发生效力以后,即与婚生子女有同一之地位,易词言之,即与养子女同样取得法定血亲之身份(第一〇七一条)。虽曰其法定血亲身份之发生与遗产继承之权利,同时生于遗嘱之效果,而推此项制度之精神,则以发生亲属身份为前提,而以继承遗产为归结。易言之,被继承人指定其为法定血亲,彼乃得为遗产继承也。总之,在我《民法》之下,唯有一定亲属身份之人,乃得为继承人。② 而就其继承人之资格及顺序,除指定继承之场合外,皆为法律所一定,私人不得任意左右之。故自此观察,《民法》实以法定继承为本则,非若英美法,以法定继承人之规定,仅作被继承人意思之补充已耳。

三 继承乃包括的承受财产上之权利义务

继承人因继承之开始,于可能的范围内,承受被继承人财产上之一

---

① 罗马虽曾有严格之家族主义,但未行家长继承之制。
② 德奥瑞士等国之立法例。以遗赠亦为继承一种,以受遗赠人与继承人同视,而我国《民法》则以受遗赠人为继承人以外之人,且不以有亲属关系者为限,与继承人自属不同。

切权利义务(第一一四八条)。此项财产上之一切权利义务,依《罗马法》观念,谓之"包括的权利义务(Universitas juris)"。盖《罗马法》中每将某时属于某人之一切权利义务(A collection of rights and duties united by the single circumstance of their having belonged at one time to some one person),不问其中正负相抵,结果为损为益,概视为一体而处理之。近代各国立法,关于遗产继承,类多采此种包括继承主义(Universal succession)。唯英美法独异于是,以遗产为各个财产之集合,继承为各个权利义务之移转,其法盖引自日尔曼固有法之源流,即所谓各别继承主义(Singular succession)也。此两继承主义,其结果原无多大出入。唯包括继承主义似于继承制度之精神较合,而其表示继承人对于被继承人之债务亦应负责之意旨,亦较明确。故《民法》亦采包括继承主义。然所谓包括的承受财产上之权利义务,仅以有移转之可能性者为限。如被继承一身专属之权义,则不能为继承之标的。顾继承标的之权义,殊不以一度已归属于被继承人者为限,即于其地位上有发生之可能者,亦得同时继承之。于此意义,故遗产继承,即谓承袭被继承人之法律上地位,或承继被继承人之人格可也。

第二款 继承之开始

第一项 继承开始之原因

遗产继承以被继承人之死亡,为唯一之开始原因,既如上述。唯所谓死亡,又有二种之别,一曰自然死亡,即一人生存机能,绝对消灭之谓,如因疾病、衰老、刑罚等,而丧失生命者是。二曰法定死亡,乃一人死亡与否虽未证实,而按情形大旨可视为死亡者,依法院宣告,法律上认为死亡之谓,即死亡之宣告是(第八条),不问何者,其为继承开始原因,绝无差异。唯死亡宣告,如受宣告人尚生存者,其利害关系人得请求撤消(《民诉》第五九六条第五九七条)。而自撤消以后,继承人乃须于"现受利益之限度",负返还遗产之义务(《民诉》第六〇〇条第二项)。

所谓因继承开始,继承人承受先人财产上一切权利义务,自以开始当时,被继承人有若干财产上之权利义务为前提。纵无积极产权之可继,亦须有若干债务之遗留。若绝无财产上之权利或义务存在者,则虽有死亡之事由,仍无继承开始之可言耳。

第二项 继承开始之时期

继承开始之时期,即继承人得继承被继承人财产上地位,简言之,即现实的继承权发生之时期也。继承因被继承人死亡而开始,被继承人死亡之时,即其开始之时。自然死亡,以一人呼吸或心脏鼓动绝止之时,为死亡之时;法定死亡"以判决内所确定之时,推定其死亡之时"(第九条第一项《民诉》第五九四条)无待赘述。确定继承开始时期法律上有种种实用:

一 一人有无继承权即依此时决定之

如养子于生父亡后归宗,仍无权以加入于兄弟姊妹间,继承遗产。又父死于妇女运动议决案通令施行或追溯施行日期以前,即遗产继续由母管理,未曾分析,女子亦不得继承遗产(司法院院字解释第二八六号)。

二 遗产继承之效力即于此时发生

自此时起,继承人乃得承继先人财产上一切权利义务(第一一四八条),而遗产分割及继承抛弃,亦溯及此时发生效力(第一一六七条第一一七五条)。

三　遗产应继分、特留分及限定继承,均以此时为标准而算定之(第一一七二条第一二二四条第一一五六条)。

四　继承回复请求权之长期时效,亦以此时为起算点(第一一四六条第二项)。

第三项　继承开始之处所

关于继承开始处所之规定,外国法例有亡地、本籍、住所三种不同主义。我国究采何者,法无明文,解释上或有疑义。唯继承开始处所之确定,首为遗产继承审判管辖决定上所必要。《民事诉讼法》规定:"因遗产之继承,分析或遗赠,或其他因死亡而生效力之行为诉讼,得由继承开始时被继承人普通审判籍所在地之法院管辖"(《民诉》第一六条),"普通审判籍,依住所定之"(《民诉》第二条)。则继承开始之处所,《民法》虽未规定,而关于继承诉讼之管辖,《民事诉讼法》中固已另确定之。故依法理推之,我国法中关于继承开始处所之决定,原亦采取住所地主义,意谓遗产继承,即于被继承人之住所地开始之。诚以住所为一人生活之本据,与其所有财产关系最为深切,今因继承而移转其财产上之权利义务,自以在其住所地行之,为最适当也。

第二节　遗产继承人

第一款　概　说

一般而言,凡有权利能力之人,皆有为继承人之资格,即有继承能力。"人之权利能力,始于出生,终于死亡"(第六条)。则继承权之享有,亦应以生存期间为限。其于继承开始之前犹未出生,及于开始之际而已死亡,或已受死亡之宣告者,皆不得有继承能力。

然使上述原则而彻底之,实际不免牺牲一部分人之利益。成胎于继承开始之前,出生于继承开始之后之胎儿,即其例也。寻绎《民法》第一一三八条规定,胎儿有为继承人可能之场合,以其为被继承人直系血亲卑亲属及弟妹等为限。此种胎儿在未出生以前,虽难保其将来必能生存,亦难断其将来必为死产。若出生而生存者,则自遗产继承之精神上言之,殊不宜以迟后数月产生之故,独使向隅,而不得与其他继承人享有同等之权利也。法律为保护胎儿利益之计,因又添设例外,以关于遗产继承,视为既已出生。唯胎儿继承是否须以生存为条件,立法上尚有三种不同主义。其一,只须继承开始当时确已怀胎,而不以将来生而生存为必要。是本为罗马法主义,近代法国《民法》采之(法《民》第七二五条)。其二,并不以继承当时怀胎为必要,但凡继承开始时起三十年内出生者(未怀孕儿),皆得指定为继承人,智利《民法》采此主义(智《民》第九六二条)。其三,以继承开始当时怀胎并生存为必要,若将来以死产而出生者,则根本不认其有继承能力。此主义德瑞日本《民法》采之(德《民》第一九二三条,瑞《民》五四四条,日《民》第九六八条及第九九三条)。以上三种主义,第二种虽足扩大个人意思之自由,而与法定继承主义不无违背。第一种认不生存之胎儿亦有权利能力,则失保护胎儿之意义。唯第三种权衡最为适当,《民法》亦采此种主义,规定"胎儿以将来非死产者为限,视为既已出生"(第七条)。即胎儿若生而生存者,则自出生时起,认为溯及既往得有继承能力也。至分割遗产之际,胎儿之应继分,应为如何保存?此处姑不详述。

然自然人一般虽皆有继承能力,而有一定原因存在,即继承人有重大不德或不义之所为，足以破坏亲属共同生活之条件时，纵有法定相当身份，亦受排除而不得为继承人，是为继承人之缺格（Indignité, Disinheritance），或继承权之丧失，其详亦俟于后论之。

第二款　继承人之种别

第一项　法定继承人

第一目　范围

我国旧制，继承以宗祧为本位。宗祧继承权人以男系直系血亲卑亲属居先，无男系直系血亲卑亲属时，"须令同宗昭穆相当之侄承继，尽先同父周亲，次及大功小功缌麻，如俱无，方许择立远房及同姓为嗣"，除择贤择爱之场合外，立嗣顺序虽略有一定，但属同宗同姓之侄，其范围则殆无限制。随同宗祧继承开始之遗产继承，其继承人范围亦大旨本此决定，如被继承人有亲生男子者，由其男子共同承继，无则由其嗣子全部承受，立嗣后却生子者，与原立子均分。如斯遗产继承，除亲生男系直系血亲卑亲属外，乃于旁系之侄独厚。以故每逢立嗣继承，设非旁系亲血手争夺，则必笑而待承，其弊不可胜纪。而他而被继承人之生存配偶、女系直系卑亲属，以及父母兄弟姊妹等，其情谊之亲，关系之切，远胜于他房之侄者，转无正当继承权，背戾人情，盖亦莫此为甚。《民法》洞察时势所趋，力矫既往之失，废除宗祧继承，而于相当亲属范围内，原则上限定一定之遗产继承人焉。

法定继承人以配偶、直系血亲卑亲属、父母、兄弟姊妹、祖父母各种为限（第一一三八条）。此外属于被继承人生前继续扶养之人，如妻前夫之子女、相为依倚之女婿(赘婿)或族孙、①收育遗弃之小儿、代位继承时之子妇(详见次目),以及妾媵之属,则大抵仍沿旧习,不认有当然之继承权,仅得由亲属会议,依其所受扶养之程度及其他关系,酌给遗产而已(第一一四五条)。

第二目 顺序

第一 概说

法定遗产继承人,为配偶、直系血亲卑亲属、父母、兄弟姊妹、祖父母各种,已如前述。内中除配偶外,其继承各有一定顺序,不得后先紊乱。其顺序如下,即一直系血亲卑亲属,二父母,三兄弟姊妹,四祖父母(第一一三八条)。凡顺序上居于上位之人,有优先继承权,对于下位之人,得绝对排除之。故在第二顺位以下者,仅无上位遗产继承人,或有继承人而抛弃其权利时,始得有权继承,否则不得与之执争。又此顺序系出于公益上之规定,即被继承人亦不得任意变更之。

唯配偶之继承独异于是。配偶相互有继承权,其继承不限于一定之顺序,全无上述各种继承人时,固得承继遗产全部,即有任何一种存在者,亦得同时分继相当部分(第一一四四条)。所有地位,并不后人,诚以遗产继承,虽起源于保种,以谋子孙血肉繁荣,为其主要职志,而配偶为子孙蕃殖之由,远近亲属,由是生焉。其于亲属关系之中,地位不可以谓

---

① 前大理院判决五年上字第七七九号:"相为依倚之族孙,亦得酌给遗产。"
最高院法判决二二年上字第九一九号:"继承开始在《民法继承编施行法》第二条所到之日期前,女子对于其直系尊亲属之遗产,固无继承权。唯继承编施行前之法例,亲女为亲所喜悦者,应酌分财产,但须少于应继人数均分之类。其父生前若未表示意思,其母于父故后亦得以自己之意思,酌予分给,若父母生前具未表示意思,而亲属会议又未酌给,得由法院斟酌情形及财产状况核定之。"

不重。且配偶相互结合，始终以营共同生活为目的。在于生存期间，痛痒相关，休戚与共，恩义之深，固罕其匹；即至死离以后，依通常情理，其未亡人盖必本于悲恻缠绵之情，发为勉力奋斗之行，守亡者之遗志，竟未成之全功，总期家世荣昌，存没无憾。况法律规定"父母之一方不能行使对于（未成年）子女之权利时，由他方行使之"（第一〇八九条），即对生存配偶单独科以保护教养子女之责任焉（第一〇八四条）。故民法斟衡生存配偶与其他遗族关系之轻重，依多数立法例（法《民》第七六七条即一八九一年三月九日法及一九二五年四月二九日法，德《民》第一九三一条，瑞《民》第四六二条，唯日本《民法》第九九六条第一款第三项以之列于第二顺位，新改正案则与直系卑属同列于同一顺位，其应继分则与嫡出直系卑属同），规定其继承有特别地位，而不限于一定之顺序（第一一三八条第一一四四条，又参照中央政治会议议决立法原则）。

遗产继承，《民法》原则采取共同均分主义，即除配偶之应继分另有规定外，其他之继承人若于同一顺序而有数人时，则其应继分应就遗产平均分配之。兹述各顺序之继承人如后。

第二　第一顺序

除配偶外遗产继承人以直系血亲卑亲属列于第一顺序。被继承人之直系血亲卑亲属，即子女、孙、孙女、外甥及外甥女等是。此等直系血亲卑亲属因性别发生原因，及其他种种关系，事实上虽不免有各种差别，而在遗产继承，法律则概认有同等地位。第一，其性别为男为女，非所问也。现行法已废除宗法遗规，坚采男女平等原则，确认女子亦有同等之继承权，已见前述。第二，其子女为婚生抑非婚生，亦非所问也。现行法严守一夫一妻主义，以合法婚姻所生者为婚生子女，非然者为非婚生子女。非婚生子女,不问奸妾所生,但经认领或自幼抚养者,[1]对于生父亦有与婚生子女相同之地位(第一〇五六条),而在遗产继承,自亦无所轩轾。第三,其血亲为自然抑为法定,亦所不问也。养子女与养父母,虽无自然血统之连续,而一经收养成立之后,即以取得法定血亲关系(第一〇七七条),而于遗产继承,原则上亦有与亲生子女同样之地位(第一一四二条施行法第七条)。[2] 第四,子孙在家与否,亦所不问也。子孙不肖或有其他情形,于父祖生前分财而析居者,事恒有之。其子孙苟非为他人之所收养,与其父祖亲属关系,毫无变更,父祖亡后,仍得继承遗产。只前此因分居所分得之财产,除被继承人初时有反对表示外,至继承开始之际,仍须加入扣算耳(第一一七三条)。最后,女子已嫁未嫁,亦所不问。已嫁女子前此虽曾见外(自民国十五年十月《妇女运动议决案》通令施行之日起至民国十八年八月十九日追认已嫁女子有遗产继承权为止),不有继承之权,现已认有同等权利。其遗产如未分割,或未经判决确定无继承权者,且得溯及既往,同权继承(《民法继承编施行法》第二条第三项),至其嫁资原则亦应加入扣算,与子孙分居之场合同(第一一七三条)。总之,直系血亲卑亲属,乃父母骨肉所遗,或其骨肉代替,使之绵长发达,原为人之至性。遗产继承,置于第一顺位,自于恒情为洽。

然同一直系血亲卑亲属中,因世代迭增,子支蕃衍,其间亲疏关系,未免发生等差。曾孙及曾孙女不及孙及孙女之亲,孙及孙女不及子女之

---

[1] 妾之遗腹子女,受胎在妾与家长关系存续中者,应认为与生父认领者同(司法院院字第七三五号解释)。但《民法》施行后,已不认纳妾之契约为有效(院字第七七〇号解释)。

[2] 依《民法继承编施行法》第八条规定,继承在继承编施行前开始,依当时法律若尚有可继之人,仍应许其主张。但守志之妇如不欲立,亦不得相强,被继承人之亲女,可承受全部遗产(司法院院字第七六八号解释)。
但《民法》既不认有宗祧继承,凡继承开始在继承编施行后者,即不生立嗣问题(据上解释)。又一子兼祧亦为法所不许(《民法》第一〇七五条,院字第七六一号解释)。

亲，势所然也。若使此等世代互异之人，各有均分遗产权利，微特产业过于细分，有失经济效用；且子女辈中，于继承开始时其年独少，或未有子育者，独处于极不利益地位。同一关系之人，非其过失之故，使受此大不利，岂得谓理之平？《民法》因又划分次序，凡属直系血亲卑亲属，若因世代增殖，其间有亲疏远近之不同者，则"以亲等近者为先"（第一一三九条）。是同此一顺位中，又有先后之别，凡子女为继承人时孙及孙女即不能同时为同一遗产之继承人矣。

第三　代位继承

一　概说

然上述原则又不能不生例外。例如被继承人之子女与孙及孙女比并而论，子女虽有优先继承之顺位，但其子女若有一人或二人于继承开始前死亡或丧失权利者，则以孙承子，以子承父之天然段阶，势非躐等跃进不可，而此时亲等较远之孙或孙女（即亡故者之子女），得与亲等较近之其他子女，即伯叔姑舅姨），居于同一顺位，而承受其先人（即其父或母）之应继分矣（第一一三九条之例）。此种例外场合，另称代位继承（Succession par Représentation），即代位人代袭被代位人之地位，而直接继承遗产之意也。代位继承之制，除苏俄外，各国民法咸认有之（相同立法例德《民》第一九二四条至第一九二九条及第二三四四条第二项，瑞《民》第四五七条第三项及第五四一条，日《民》第九七四条第九九五条，法《民》第七三九条至第七四四条。但法《民》不认失权场合得为代位）。盖亦继承制度之精神上，当然应有之归结耳。

二　要件

《民法》规定代位继承之要件有三，兹为分述如次。

（甲）须被代位人于继承开始前死亡或丧失其继承权

唯被代位人于继承开始前死亡或失权（第一一四五条）场合，与直系血亲卑亲属始得代位继承，否则不称代位。俗间所有叔侄共同继承遗产，除代位继承之场合外，尚有所谓再转继承（Succession par transmission）。即于继承开始之后，先人遗产一度移归子女承受，后因子女中有一人或二人于遗产分割前死亡，其应继分乃归其直系血亲卑亲属（即死亡子女之子女）承继，而于此亦生叔侄分继遗产问题，且其事恒有，颇与代位继承相似。然此终非代位，乃再转继承之场合耳。

（乙）被代位人须为被继承人之直系血亲卑亲属

被代位人以"第一一三八条所定第一顺序之继承人"，即被继承人之直系血亲卑亲属为限，其他各顺序之继承人，纵有于继承开始前死亡或失权，其直系血亲卑亲属皆不得代位继承之。至被继承人之直系血亲卑亲属，则不问其亲等如河，得为无限代位，如被继承人之子及孙相继死亡或失权时，其曾孙亦代位继承其应继分。

（丙）代位人须为被代位人之直系血亲卑亲属

代位继承人仅以被代位人之直系血亲卑亲属一种为限，其他任何亲属不与在内。在此点上，尤与普通继承（或称本位继承）场合不同。盖在普通场合，被继承人之生存配偶，常有与各顺序之继承人同时有继承权（第一一三八条），在代位继承，专由被代位人之"直系血亲卑亲属代位继承其应继分"（第一一四〇条）。生存配偶则在除外之列。推本项立法用意，不外一因被代位人之配偶，以其本身资格，对于被继承人原不得享有继承遗产之权；二因被代位人之配偶，如使分得遗产，则改嫁后未免所得利益太厚，故仅予以遗产酌给请求权（第一一四九条）。然此二种理由，皆有偏失之嫌，自平衡原则上言之，仍以与普通场合同，使之有确实之继承权为较妥也。总之，依《民法》规定，凡继承人有于继承开始前死亡或失权者,应由其直系血亲卑亲属代位继承,而其应继分则以被代位人所得继承部分为限,不论代位继承人人数多寡,仅能就其应继部分平均分配之耳。

三　代位继承之根据

代位人之继承权,系出于法定之结果,故所谓代位人代袭先人地位,而为直接继承,乃基于法定已有之权利,而非代表或代承被代位人之权利而为继承也。此点学者虽有异论,然设谓代位人系代表或代承先人权利,而为承继,则其先人既已丧失继承权之场合,将就何物而为代位继承乎?此其万难说明者也。

已嫁女子若于继承开始前死亡或失权者,其所应继遗产,得由其子女代位继承,自无待论。然司法院近时复为偏枯之解释,谓已嫁女子死亡时,依当时之法律尚无继承权,则继承开始时之法律,虽许女子有继承权,而已死亡之女子,究无从享受此权利,其直系卑亲属,自不得代位继承(司法院院字第七五四号解释)。代位继承乃法定之结果,而非代表先人权利而为继承,已如上述。司法院之解释,竟未贯彻男女平权之原则,论者非之。

第四　第二顺序

遗产继承以父母为第二顺序,于被继承人无直系血亲卑亲属,或未以遗嘱指定继承人时,即由其父母(有配偶时与其配偶同时)继承遗产。父母继承子女遗产,本与以子承父之通常顺序完全相反。然子女之于父母,虽为血肉繁荣,无倒为代谋之义,而顾劬劳鞠育,则有追思答报之恩。以论情谊,实深且重。其于遗产继承,旧制未予地位,前大理院判例仅偶与承受机会,《民法》斟情酌理,直认父母有继承权,且位于直系卑属之后,于人情盖属妥当。

父母指有亲属关系之父母而言,养子女之本生父母不在其内,与养子女于收养前所生子女无代位继承权同。盖养子女于本生父母虽有天然血统之连续,而法律上因拟制之结果,已断绝其亲属关系,此于第一〇八三条"养子女自收养关系终止时起,回复其本姓,并回复其与本生父母之关系"反方面观之,自不难推知之也。

第五　第三顺序

第三顺序为兄弟姊妹,即无第二顺序以上之继承人时,则由兄弟姊妹(如有配偶时与其配偶同时)承继。兄弟姊妹,相隔一系,应否为继承人,已属便宜问题。外国法例,旁系血亲,向皆优予权利,而新近立法,则有否认之矣。《民法》取乎两者之间,旁系血亲以兄弟姊妹本身为限,亦予继承权利。盖兄弟姊妹,血脉相连,情如手足,子孙父母而外,亲近无出于其右者,苟兄弟姊妹而能世代繁昌,固亦不失为同一种族之发迹也。《民法》因为列于第三顺位。

同父异母或异母同父之兄弟姊妹,即所谓半血缘之兄弟姊妹,得与全血缘兄弟姊妹有同等继承权与否,法无明文,解释上不无问题。外国法例,半血缘兄弟姊妹,大都认其有继承权,只其应继分另有等差而已。(或将遗产分为二部,一为父方,一为母方,全血缘者可于父母两方各得应继一份,半血缘者仅能于父方或母方取得一分,如法德瑞士之《民法》是。或以半血缘者其应继分,仅为全血缘者二分之一,如意大利之《民法》是)。《民法》无直接明文,唯自第九六八条"称旁系亲者,谓非直系血亲,而与己身出于同源之血亲"推之,则半血缘兄弟姊妹,亦为旁系血亲。既为旁系血亲,则对于同源之父或母之遗产,自应与同源之兄弟姊妹,得为同一顺序之继承人也。最近司法院之解释亦同(院字第七三五解释)。

第六　第四顺序

《民法》以祖父母为第四顺序之继承人，即列于最末顺位。祖父母虽为直系尊亲属，而与父母又隔一世，对于孙及孙女之遗产，得为继承机会，实已甚鲜，而除直系尊亲属之情谊关系外，亦无使为承继之必要。《民法》乃为列于最末顺位，以无第三顺序以上之亲属为限，始得（被继承人有配偶时与其配偶同时）继承遗产。

祖父母是否包括母之父母即外祖父母在内，解释上亦有问题，唯现制既认外孙及外孙女得承继外祖父母之遗产（第一一三八条第一款），外祖父母自亦应得承继外孙及外孙女之遗产，故当以积极解释为妥。至外祖父母名词，本为宗法社会所遗，宗法亲父族而疏母族，对祖父母亦有内外之别，然《民法》以本生父母之父母，皆为同亲等血亲。既无亲疏之分，焉有内外之别，故依法意推之，祖父母名词，直谓包括母之父母即外祖父母在内可也（司法院院字解释第八九八号）。

第二项　指定继承人

第一目　概说

指定继承（Erbeinsetzung, Institution d'héritier, appointment of heirs），由来甚久，古代末期，罗马法中即已认为普通继承方式。无法定继承人时，固毋待论。即有法定继承人时，亦得就法定继承人以遗嘱再加指定，或于其外另指定之。所得指定之人，亦无亲属关系或人数单复之限制焉。近代各国殆皆认有此制，只继承人全体或以遗嘱自由指定为原则，或仅以之为例外，各有不同已耳（参照法《民》九六七条，德《民》第二〇八七条以下，瑞《民》第四八三条，日《民》第九七七条以下）。我国民法为安定秩序及保护公益之计，原则采取法定继承主义，已如前述。唯一面为顾全社会习惯及个人便利之计，以特定场合为限，例外亦认指定继承而已。即彼继承人无直系血亲卑亲属时，于不侵害特留分之范围内，就其遗产全部或一部，得以遗嘱指定其继承人（第一一四三条）。人生有限，事业无穷，志行未逮，乃欲延长生命于不绝，本为人情之恒。矧暮年失子之人，生前既感寥独零丁，依倚无恃，死后尤觉产业废弃，无所归宿。为补救此种人生缺憾，《民法》例外采取指定继承制度，俾被继承人亦得自由选择，指定一定之人，以继续其人格与事业，其命意与被继承人之本愿及社会之利益，固甚相合也。指定继承之效果，被指定人与被继承人间亦生法定血亲之关系（第一〇七一条）。但指定继承与收养及立嗣各有不同，兹为比较述之如下：

一　指定继承与遗嘱收养

第一，指定继承虽与收养同样发生法定血亲之效果，而学者中亦有称之为遗嘱收养者，然一为单独行为，一为双方行为，其行为性质各有不同，从而收养虽亦得以遗嘱为之，仍须他方承诺，始生效果。而指定继承则否，在指定继承他方虽亦得为继承之承认及抛弃，其效力则因继承开始当然发生。又收养终止亦须双方同意，而指定得由原指定人以遗嘱撤消之。此外养子女之应继分与指定继承人之应继分，亦有不同，如后所述。

二　指定继承与立嗣

第二，指定继承与立嗣亦颇相似，其作用且有谓为所以代替立嗣制度，而矫正其弊害者，然一为遗产继承，一为宗祧继承，其标的已相悬绝，从而立嗣制度上所有之特点，如继承人限于同姓男子、人数止为一人等等，于指定继承均不有之。又立嗣除以遗嘱外，得以生前行为为之，或死后由他人为之代立，而于指定继承皆所不许。

第二目　指定之要件

指定继承行为，须具下列之要件：

一　指定须以遗嘱为之

遗产继承因被继承人之死亡而始开始，则指定继承自须以死后处分为之。死后处分，即遗嘱是。遗嘱为单独行为，须具一定方式而始有效成立，其详姑待后述。唯指定继承为被继承人自由处分财产方法之一种。而遗嘱须出于本人之真意，则其继承人之指定，非被继承人以外之人所能代为，甚属明显。

二　须无直系血亲卑亲属时

遗产继承人仅无第一顺序之直系血亲卑亲属时，始得例外自由指定，已如前述。故被继承人死亡之际，若有子女或孙及孙女怀孕或生产，或有养子女收养者，其指定不生效力。因本要件之规定，有强行性，而非私人意思所能更动者也。唯在遗嘱作成之际，曾有第一顺序之继承人，或于作成之后，曾有第一顺序之继承人之产生或收养而复早逝，此等事实则无碍于指定行为之效力耳。

三　须不违反关于特留分之规定

指定继承人继承遗产场合，如被继承人尚有生存配偶者，其配偶有与指定继承人同时继承遗产之权（第一一三八条第一一四四条）。且其继承遗产，依第一二二三条第三款关于特留分之规定，不得少于其应继分二分之一。故被继承人虽得就其财产之全部或一部，为继承之指定，而对于配偶之特留分，不得以指定行为侵害之。此特留分之规定，本有强行法之性质，被继承人不得任意左右，原为理之当然。第一一四三条但书云云，不过对于同条上文之注意规定耳。至其违反关于特留分规定时之效果如何，《民法》另有规定。（第一二二五条，第七一条下段但书），姑待稍后论之。

第三目 被指定人之限制

被指定之人有无若何限制，为有考察价值问题。《民法》除前项所述者外，关于指定继承之要件，别无何等明文规定，因而在表面上对于被指定之人，似不有何等之限制者。然《民法》所设之指定继承，与单纯之遗赠，或日本之家督相续人之指定，被指定人仅承受财产上之权利义务，或继受一家户主之地位者，迥然不同。其指定继承之效果，除关于遗产继承者外，并发生亲属身份之关系，即被指定人对于被继承人，并取得婚生子女之地位焉（第一〇七一条）。在此点上，其效果颇与收养关系相似。然关于被收养人之要件，《民法》规定亦有残缺不完之弊，就中辈分不同之亲属可否收为养子一项，收养条下亦无明文规定。此之场合，法源欠缺，无可讳言，吾人于此诚宜以创造解释出之。其法即就一定型之社会关系，而为立法上所想为规律对象者，加以考察，并探究一切可以适合于该社会关系之法律规范，将其未为立法明文所规定者，在解释上创立以为次于明文之法律是也。然则指定继承之效果所生之亲子关系，亦一定型之社会关系也。虽其关系发生于被继承人之死后，被指定人与被继承人不有再为现实的共同生活之机会，而在一般社会观念上其后固尚得以法定血视关系目之，且与被继承人之生存近亲，如配偶、父母、祖父母、兄弟姊妹，以及叔伯姑等，势亦必发生法定亲属关系，自此不问其被指定人入于被继承人之家，而为其家属之一员与否，由其法定亲属关系所生之尊卑秩序，固俨然存在也。指定继承之结果，既发生若是之伦常关系，则其继承人之指定，自不能与社会之伦常观念相反，直指定祖父母或伯叔姑等为己之继承人矣。又辈分不同之卑亲属亦然。故自指定继承所生之社会关系观之，与被继承人之子女辈分不同之近亲，应解为不得依第一一四三条指定为继承人者，方于伦序为合。

唯关于亲属范围，《民法》无一般规定，其辈分不同亲属，究以属于若何范围以内者，不得指定为继承人，又成疑问。据近时司法院解释："旁系血亲八亲等以内，旁系姻亲五亲等以内辈分不同者，不得为养子"（院字解释第七六一号）。收养效果与指定继承原属相类，此项亲属收养禁止范围之解释，于指定继承似可比附适用之。

第三款　应继分

第一项　概说

应继分者，各继承人对于遗产上一切权义，所得继承之成数（分率）也。应继分之规定，以继承人有复数之存在为前提，继承人若仅为一人，则被继承人所有遗产上之权义，概归其一人承受，不生分配问题。唯继承人有数人时，其权义由其数人共同继承，各人应得若干成数，乃非有一定之分率不可矣。此际各人所得分配财产之分率，即应继分（Part héritaire）。各继承人就遗产所有应继分之关系，与各公同共有人就公同共有物所有应有部分之关系同，其详亦待以后述之。

共同继承人所得承受遗产之成数，于不侵害特留分之范围内，得由被继承人以遗嘱自由指定（院字解释第七四一号），无遗嘱特别指定时，则依法律所定定之。故应继分亦可别为二种，一指定应继分，二法定应继分。

第二项　法定应继分

第一目　概说

应继分于某范围内虽得由被继承人自由指定，然实际上指定未见通行，其未指定场合，则应适用法律以决定之。《民法》因酌量与被继承人亲属情分关系之深浅，规定各种继承人之应继分，以确定其对于遗产之分率焉。所谓无遗嘱指定之场合，约为如下各种：

一　被继承人未有遗嘱为应继分之指定者，

二　指定应继分之遗嘱无效者，

三　受应继分指定委托之第三人不为指定者，

四　被继承人仅就共同继承人中一人或二人之应继分，特加指定，或委托他人代为指定，而其余各人未有指定者。

凡属此等场合，皆应适用法律规定，以定其应继分。各种继承人之法定应继分如下。

第二目　配偶之应继分

配偶之继承遗产，不列于一定之顺序，已如前述。故配偶不问有无各顺序之继承人，皆得有相当之应继分。其应继分视其同时继承之人与被继承人之亲疏关系如何，设有等差。如其同时继承人与被继承人情分关系渐疏，其应继分乃益厚。（参照法《民》第七六七条，德《民》第一九三一条，瑞《民》第四六一条）。依《民法》规定，配偶之法定应继分如下（第一一四四条）：

一　与第一一三八条所定第一顺序之继承人同为继承时其应继分与他人平均

即配偶与被继承人之直系血亲卑亲属同为遗产继承时，其应继分与直系血亲卑亲属之应继分同。如被继承人有子女各一，而有遗产三千元者，则配偶子女三人，平均分配，各得一千元是。

二　与第一一三八条所定第二顺序或第三顺序之继承人同为继承时其应继分为遗产二分之一

即配偶与被继承人之父母或兄弟姊妹同为遗产继承时，其应继分为全部遗产之半。如被继承人无直系血亲卑亲属,仅有父母存在,而有遗产三千元者,则配偶一人独得一千五百元,父母合得一千五百元。又被继承人并无父母,而仅有兄弟姊妹时亦同。

三　与第一一三八条所定第四顺序之继承人同为继承时其应继分为遗产三分之二

即被继承人并无直系血亲卑亲属、父母、兄弟姊妹,仅有祖父母,而有遗产三千元,由配偶与其祖父母同为继承者,则配偶得二千元,祖父母合得一千元是。

四　无第一一三八条所定第一顺序至第四顺序之继承人时其应继分为遗产全部

即被继承人既无直系血亲卑属,又无父母、兄弟姊妹及祖父母,其遗产若有三千元,则三千元全部由其配偶承受是。

第三目　同一顺序继承人之应继分

遗产继承人凡属于同一顺序者,其应继分以采共同均分主义为原则(第一一四一条),已如前述。盖同一顺序之继承人与被继承人,其情分关系,原属同一。苟被继承人自身认为无设差异之必要者,则遗产继承,法律自以明定为共同均分,为较适合被继承人之意思,且亦足符平等之大原则也。故在同一顺序而有数人时,则不问男女老幼、既出生或在胎怀,乃至婚生与非婚生之别(但外国立法犹设有差别待遇,参照法《民》第七五九条,瑞《民》第四六一条第二项,日《民》第一〇〇四条但书),关于遗产继承,概按人数平均分配,不容有所轩轾。如被继承人有第一继承顺序之子女三人,除配偶之应继分外,尚有遗产三千元,则每人各得千元。若无直系血亲卑亲属,而仅有父母,或并无父母而仅有兄弟姊妹,其遗产三千元则归父母或兄弟姊妹各按人数平均分配。又半血缘兄弟姊妹,继承其同源之直系尊亲属之遗产亦同。

唯养子女虽与亲生子女有同一继承之顺序,而与亲生子女相较,情分究属不同。如被继承人而无亲生子女或其子女之直系血亲卑亲属,则养子女本为亲生子女之代替,固可使之与被继承人之配偶继承遗产之全部,而被继承人除养子女外,尚有亲生子女存在时,则以情分亲疏不同之故。其间设以差别,较于恒情为妥。《民法》因设例外,于被继承人有亲生子女时,以养子女之应继分为婚生子女(亲生子女)之二分之一(第一一四三条第二项)。但《民法继承编》施行前所立之嗣子女,对于施行后所开始之继承,其应继分与婚生子女同(《施行法》第七条)。

代位继承场合,以被代位人之应继分为代位继承人之应继分,亦已前述。即代位继承人一人与其叔父一人为遗产继承时,固与其父叔平分一半,而代位继承人若有数人存在时,则仅就被代位人本来应得之部分,仍依第一一四一条规定,按人数而平均分配。若代位继承人为养子女或有一二人为养子女时,亦依第一一四一条而分配之。

第三项 指定应继分

各继承人之应继分,被继承人一而得以自由指定,殆为自明之理。盖遗产继承人既为法律所一定,则各继承人间财产应为若何分配,于某范围内,即任被继承人自由指定,已无妨于公益。且被继承人所有之财产,生前既得自由处分,各继承人之应继分,亦宜使之得以死后处分决定之。如是被继承人乃得自由权衡,如长子已有生活能力,则与次子遗产稍裕,或男子早已分财析居,尚有女子在家未嫁,则多与资财,使之再受教育,凡此等等,非特于公益无妨,且与被继承人之愿望固甚合也。关于此,《民法》虽无直接明文规定,而自认有遗嘱制度之精神,及关于特留分规定之反面推之，自甚明白。

  应继分之指定，以其为死后处分之故，须以遗嘱为之，又关于特留分之规定，以其为公益规定之故，不得任意违反，可勿待论。唯其具体指定，除被继承人以遗嘱自为者外，得以遗嘱委托于第三人为之与否？则属疑问。就此问题，立法例亦不一致（肯定立法，德《民》第二〇四八条，日《民》第一〇〇六条；否定规定，法《民》第一〇七五条；瑞《民》无明白规定，但云，财产之分配，得由处分者为之而已，参照瑞《民》第六〇八条）。唯此处所谓第三人，系指被继承人及继承人以外之人而言，如得与遗产继承无关之第三人，为公平之指定，其指定亦足以符合被继承人之意思。殆无疑义。故在限定范围以内，盖亦不妨许被继承人以遗嘱委托第三人为应继分之指定也。

第四款 特留分

第一项 概说

  特留分（Pflichtteil, Réserve, compulsory or statutory share）者，遗产之部分，被继承人应为各法定继承人保留，而不得以遗嘱无偿处分者也。我国现制原则采取法定继承，凡继承人及应继分皆为法律所一定，除特定场合外，不得自由指定其继承人；并在一定限度以内，不得以遗嘱自由处分其遗产，已如前文所述。盖自认有私有财产制度之根本言之，个人之所有权虽应任于各人之自由处置，或以生前行为任意处分，或以死后处分定其归属。然他面为顾全社会之共同生活起见，就其处分，殊不能完全放任于个人意思之自由。故现代法律对于所有权之行使，既自社会公益见地，加以限制于前（即所有权之横面的限制），复为保障亲属生活,限制遗赠自由于后(即所有权之纵面的限制)。顾极端之法定继承主义,又未免过于抹杀所有权之自由,而不能发挥其社会的效用。故现代多数国家,为矫正过于极端之计,莫不认许财产所有人以死后处分之自由,同时固守法定继承之原则,于一定范围内,限制其自由处分,是即所谓特留分之制度也。

考特留分制度,实起源于罗马法。当罗马法初期,一家家长本有无偿处分其财产之权利,而不受若何之拘束。迨后对继承人授以限制遗嘱及赠与之诉权(Querela inofficiosi testementi, Querela inofficiosae donationis)始对家长之自由处分权,加以限制。然依当时法院判例,其继承人之请求,亦有一定界限,凡血亲依遗嘱已承受其法定应继分四分之一者,不得再为异议。至优帝之世,遂以法律订定,认正统继承人未受遗产之一定数额者,得提起补充法定数额之诉。其法定数额,正统继承人在四人以下时,为法定应继分三分之一,在四人以上时,为应继分二分之一,是即特留分制度之权与也。近代大陆法系诸国,就本项制度之规定,或自被继承人之权能方面观察,限定被继承人所得自由处分之产额(La portions de biens disponible),或自继承人之权利方面着想,定为应为继承人保留之部分(Réserve)。前者为法法系诸国所采方式,后者为德法系诸国所采方式,《民法》即从后者规定。

其次,关于特留分权利之性质,各国立法亦有二种区别。其一,以特留分为遗产之部分,法定继承人即有其权利于遗产之上者,法法系诸国及瑞士日本《民法》采之(法《民》第九一三条第三项第九一四条第二项及第九一五条,荷《民》第九六〇条,意《民》第八二六条,西《民》第八二一条,瑞《民》第四七〇条以下,日《民》第一一三〇条以下)。其二,以特留分权利为权利人对于继承人所有之债权,其权利人并得将其债权移转者,德法系诸国《民法》采之(德《民》第二三〇三条以下及第二三〇五条

第二三一七条，奥《民》第七六二条及第七六三条）。以上二主义中以前者于法定继承之精神较合，《民法》亦采前者。即以特留分权利为法定继承权，其权利人及特留产额，均准法定继承规定，而被继承人若以遗嘱侵害特留分时，继承人则得请求扣减。只其请求相减，以通常之意思表示为之已可，非必以诉为之，特有多少不同而已。

依《民法》规定，特留分既为遗产之部分，故唯法定继承人始享有之，其已失权之人或已抛弃继承权人，一概不能享受。他面已为继承承认之人，则不问单纯承认或限定承认，皆得享有之。所谓遗产之部分，乃遗产中相当于一定数额之部分，非必遗产中之特定财产。但既与其数额相当，就遗产中指定若何部分，被继承人固亦得自由决定之耳。

又特留分规定之设，原所以限制被继承人之遗嘱处分，尤其限制对于他人之遗赠。至对于债权人之权利行使，则无何等效力。如被继承人所遗债务之额，超过于积极遗产，于继承人自己不能主张其特留分。又其限制被继承人之无偿处分，亦非有绝对之效力。如被继承人之无偿处分超过一定限度，致侵蚀特留分时，继承人仅得行使扣减权（第一二二五条），请求撤消其超过部分之处分而已，其处分本身要非当然无效（第七一条但书）。盖特留分之享有，仅为继承人之权利，而非其义务，法律既不强使其行使扣减权，其权利固得因不行使而抛弃之也。

第二项　特留分之数额

特留分乃遗产中应为法定继承人保留之部分，易言之，即遗产中之一定数量或数额，已如上述。唯关于特留分数额之规定，立法上又有不同之体例。其一，有自被继承人处分权方面规定，按继承人人数之多寡而伸缩其处分权之范围者，现代法国《民法》采之。法《民》以直系亲为继承人时为限，认有此项制度。即直系血亲卑亲属为一人时，限制其得处分之额为遗产二分之一,为二人时三分之一,为三人时四分之一(法《民》第九一三条)。至直系尊亲属为继承人时,则分两系继承,不问人数多寡,各系各为保留四分之一。故两系具有时,其得处分之额为二分之一,仅一系时四分之一(同九一三条)。其二,有自继承人方面规定,不问继承人数多寡,但以遗产中一定数量为其全体之特留分者,意西日本《民法》采之(意《民》第八〇五条西《民》第八〇八条)。日《民》规定在家督继承场合,继承人为直系血亲卑亲属时为遗产二分之一,为其他继承人时三分之一(日《民》第一一三〇条);在遗产继承场合,继承人为直系血亲卑亲属时二分之一,为配偶或直系尊亲属时三分之一,为户主时则不认有特留分(同第一一三一条)。其三,有同自继承人方面规定,但依继承人分别计算,各为保留其应继分几分之几者,德瑞《民法》采之。德《民》以直系血亲卑亲属父母及配偶为限,认有特留分权,其数额各为其法定应继分二分之一(德《民》第二三〇三条)。瑞《民》更依亲属种类设以等差,直系血亲卑亲属,各为法定应继分四分之三,父母二分之一,兄弟姊妹四分之一,配偶与其他法定继承人同为继承时为应继承全部,单独继承时二分之一(瑞《民》第四七一条)。以上各种主义,结果各有不同。而要以第三种比较妥当。尤以瑞《民》之例,依其继承人对被继承人关系之亲疏,设以数额上之差别,于情于理两得其宜。故《民法》亦采其例,规定如下(第一一二三条):

一　直系血亲卑亲属父母及配偶之特留分为其应继分二分之一

依《民法》规定各继承人之特留分,均按其应继分之分数计算,既明应继分计算方法之后,其计算方法,甚易明白。夫应继分为各法定继承人对于遗产所得承受之成数,各人应得承受几何,可因同一顺序继承人之多寡,及有配偶同为继承时其应继分若何,而决定之。例如继承人仅为直系血亲卑亲属二人时，各人之应继分各为二分之一，再加配偶同为继承时，乃各为三分之一。依本条规定，直系血亲卑亲属及配偶之特留分，各为其应继分二分之一。故在前之场合，其直系血亲卑亲属二人之特留分各为遗产四分之一，如有遗产六千元者，乃各有特留分一千五百元是；后之场合，其直系血亲卑亲属及配偶三人之特留分各为六分之一，如有遗产六千元时，乃各有特留分一千元是。上设二例，直系血亲卑亲属中如有代位继承人者；其代位人全体之特留分，应就被代位人之特留分平均分算，所不待赘。

又法定继承人仅为父母二人时，其各人之应继分各为遗产二分之一，再加配偶同为继承时，则配偶之应继分为遗产二分之一，父母之应继分各为遗产四分之一。依本条规定，父母及配偶之特留分均为其应继分二分之一。故在前之场合，父母各人之特留分各为遗产四分之一，如有遗产八千元者，乃各有特留分二千元是；后之场合，父母二人之特留分各为遗产八分之一，如遗产有八千元者，乃各有特留分一千元，配偶之特留分为四分之一，其八千元中乃有二千元是。

二 兄弟姊妹及祖父之特留分为其应继分三分之一

即法定继承人仅为兄弟姊妹四人，其各人之应继分为遗产四分之一，其特留分为十二分之一，如有配偶同为继承时，则兄弟姊妹之特留分各为二十四分之一，配偶之特留分为遗产四分之一。又祖父母单方或与配偶同为继承时，亦可依此类推。

第三项 特留分之算定

"特留分由依第一一七三条规定之应继财产中，除去债务额算定之"（第一二二四条）。其法即不外将继承人于继承开始前所受特种赠与财产之价额，加入继承开始时被继承人所有之财产中，从其所得之和，扣去被继承人所负债务之总额,以其剩余为计算特留分之财产(法《民》第九三二条,德《民》第二三一五条,瑞《民》第四七五条,日《民》第一一三二条)。然后再按各继承人应继分几分之几而算定之。兹依本条规定,申述其计算方法如下:

一　核定继承开始时被继承所有积极财产之数额

计算特留分其第一步应先确定继承开始时被继承人所有产权之数额。此时被继承人所有一切之产权,不问其为物权或债权,或其他权利,除专属于一身者外,均应依其现状及时价算定。其中如遇附有停止条件之权利,及存续期间不确定之权利(如终身年金)时,应为如何计算,法无明文,依理当于审判上或审判外估价决定之。至遗赠标的之产额,此时尚包括在其积极遗产中,不必另行加算,自不待言。

二　加入特种赠与之价额

此时所应加入于积极财产中之赠与,自指第一一七三条所列各种生前赠与,即继承人在继承开始前因结婚、分居或营业,从被继承人所受之赠与是。此等赠与虽为被继承人之生前行为,而彼时被继承人给以资财,授以家室,乃欲其成家立业,自图发展,与死后遗以财产,惠其族类,用意原无二致,故于分算特留分之际,亦应加入计算,以便仍由该继承人之特留分中扣除之。唯本项扣算原系推测被继承人之意思而设,若被继承人于赠与时有反对之意思表示者,则应从其意思,不应加入(第一一七三条第一项但书)。又此等赠与,其价额应依赠与时之价值计算(同条第三项),概如后述。

唯计算特留分时应加入之生前赠与之范围,各国立法颇有不同,有不问任何种类均应无限加入者(法《民》第九二〇条),有不问任何种类均不应加入者(日旧《民》财产取得篇第三八七条),前者使受赠与人之地位不能确定,有害于交易之安全,后者被继承人得以赠与方法尽情处分财产，使特留分制度全归无用。故现今各国咸采折衷主义，即将被继承人于继承开始前一定期间内所为赠与之价额，乃应加入计算（德《民》第二三二五条，瑞《民》第五二七条，日《民》第一一三三条）。前法制局继承法草案，师法于此，规定在继承开始前一年内所为之赠与，须将其价额加入于遗产中计算；如赠与人及受赠人均系恶意（即有侵害之认识），则虽系一年前之赠与，亦应将其价额算入，但以自赠与时起未满三年者为限。此其用意，盖一面恐被继承人以生前赠与减少继承开始时所有遗产之数额，因以侵害继承人之特留分，故设法以预防之，他面为保障受赠与人之利益及社会交易之安全计，故限定继承开始前一定期间内之赠与，乃须算入其价额也。该草案本项规定，用意似属适当（参照罗鼎著《民法继承论》二六三面）。现行《民法》则仅以特种赠与为限，始应加入计算。即以对于继承人因结婚、分居或营业而为之赠与为限，应加入于遗产中计算，而对于他种赠与乃至对于第三人之赠与，不更设以限制，是则被继承人尽可以生前赠与任意处分其财产，以侵害继承人之特留分，使特留分制度之精神终难贯彻。关于此，立法上实宜再思有以补救之。

三　扣去债务之总额

被继承人所遗积极产额加入特种赠与之后，如被继承人有债务而归其负担者，尚应除去其债务之总数。盖被继承人所有之债务，原应以其一切财产为担保，今分配特留分于继承人，自应先由其财产中扣去之耳。此时应扣去之债务，凡被继承人所负担者，一概包括在内。其为金钱债务抑为须加估价之债务，为公法上之债务抑为私法上之债务，为对于继承人之债务抑为对于普通第三人之债务，固非所问也。唯因遗赠而属于继承人应负之债务，则不应计算在内，须注意之。

依上述方法扣除全部债务之后，尚有若干积极财产剩余者，乃为纯粹遗产，得作为分算特留分之基本，而各人之特留分几何，即得依前述第一二二三条规定算定之矣。若其债务总额等于积极财产或较多于积极财产者,则继承人乃无特留分之可言,且不特无特留分,甚或须承受若干之债务。此时其继承人为避免因继承而生之不利益计,得为限定承认或整个抛弃其继承,有如后述。

第四项　特留分之扣减

因特留分规定之结果,被继承人对于遗产得为自由处分之范围,乃为法律所一定,而继承人对于遗产所有特留分之权利,亦为法律所保障。然实际上被继承仍不免忽视本项规定,超过一定范围,而处分其财产,使继承人所承受之财产过少。以侵害其特留分。法律为救济其侵害之计,因许继承人于保全特留分所必要之限度内,否认被继承人所为处分之效力,即保留或回复被继承人所为之处分(第一二二五条)。是为特留分之扣减(Réduction de réserve)。行使扣减之权利即扣减权。扣减权之发生,以特留分之侵害为要件,而特留分之侵害非至继承开始,其权利人并数额既已确定,及被继承人之自由处分发生效力之后,不能发生。故在继承开始之前,继承人不能主张扣减,自不待言。

一　扣减权之性质

扣减权为特留分权之主要作用,须待特留分权利人之行使,始生效力。故被继承人超过于自由处分范围所为之遗赠,当然无效,只于保全特留分所必要之限度,其权利人即继承人得请求减削而已。盖本项权利其行使与否应任于权利人之自由,苟权利人即继承人为尊重被继承人之意思,而不愿保全其特留分者,自无强其行使之必要也(第七一条但书)。

特留分扣减权又称扣减请求权。但本项权利仅对相对人指定一定限度,为请求扣减之意思表示,法律上即生扣减之效力,而相对人于应受扣减之程度,因之即有退还其遗赠之义务。故其权利实质非请求权,而为形成之一种。从而对于相对人请求扣减，仅以意思表示为之已足，不必请求法院判决扣减（反对立法例法《民》第九三条，瑞《民》第五二二条）。即有时请求法院宣判，亦只须请求标的物之移交或登记涂消声请不必请求遗赠之取消。

二　扣减权人

扣减权唯特留分权利人即法定继承人，始得享有，其他有利害关系人不得有之，但本项权利以保留或回复遗赠上之利益为内容，与专属于本人之继承权不同，得移转于他人，其特留分权利人之继承人及其他自特留分权利人让受权利之人（如特留分权利人之受遗赠人），得为继受，固无待论；即特留分权利人之债权人，亦得依《民法》第二四二条规定而代位行使之。

三　扣减权之相对人

应受扣减权对抗之相对人，不外受遗赠人及其继承人，此处所谓受遗赠人，范围甚广，除第三人外，即指定继承人，及法定继承人因被继承人之遗嘱指定，其应继分超过于法定应继分一定之程度者，亦应包括在内。盖被继承人于不侵害特留分之限度内，不问对指定继承人或法定继承人，均得指定其应继分，有如前述。故第一二二五条所谓遗赠，在解释上除对于第三人之遗赠外，自应包括此等场合之遗产处分在内也。此外自受遗赠人让受遗赠标的物之人，即遗赠物之让受人，以不受此项扣减权之行使为原则，盖否则一般交易之安全将受其破坏矣。

四　扣减之标的及顺序

各国立法，多以在继承开始前一定期间内所为之一般赠与，亦应加入于应继之遗产中，以为计算特留分之基础，有如前述。故为保全特留分计，除遗赠外，即生前赠与亦在应受扣减之列。而赠与与遗赠同时存在时，则以遗赠先于赠与，同在赠与中，又以后之赠与先于先之赠与（法

《民》第九二三条,意《民》第八二三条,荷《民》第九七一条,瑞《民》第五三二条,日《民》第一一三六条及第一一三八条)。此其命意,盖因侵害特留分之程度,以遗赠或后之赠与为较深切,而确定较久之法律关系,亦宜务使少受变更也。《民法》与各国立法不同,被继承人在继承开始前所为之赠与,仅以继承人因结婚分居或营业所受之特种赠与为限,须加入于应继财产中计算,已如前述。故《民法》所定扣减标的,自亦不外此等赠与以及遗赠二类而已。唯关于此等赠与是否为扣减之标的,因非如遗赠然有第一二二五条之明文规定,解释上或有问题。但此等赠与既因被继承人未有反对表示,而应加入遗产中计算,则其赠与数额过大,致使特留分之数额欠少时,与分割遗产时添补他人不足之应继分同样(见后),亦应受特留分权利人之主张扣减,殊无容疑。扣减顺序,以遗赠先于此等赠与,可谓与外国法同。但此等赠与其应加入遗产扣算,一以性质为主,并无间于其赠与时期之先后,故有此等赠与多数同时存在时,则不能效法外国,分为先后,而应与扣减遗赠时同,各按其所受赠与价额比例扣减之。

有多数遗赠同时存在场合,如无扣减其全部之必要,则应按其所得遗赠价额,比例扣减(第一二二五条下段)。盖被继承人所立遗嘱之时期,虽有先后之别,而其效力则概于被继承人之死亡时,始行发生。故此等多数遗赠之扣减,自以不分先后顺序,一依所得价额比例扣减,最为公允。唯对于受遗赠人给以若何程度之利益,原以被继承人即遗赠人之意思为准,故遗赠人若有明白表示,谓应扣减时则先扣减其中某项遗赠者,则不妨从其意思耳(参照日《民》第一一三七条)。

五　扣减之数额

扣减权得于保全特留分所必要之限度内行使之。故"应得特留分之人如因被继承人所为之遗赠,致其应得之数不足者,得按其不足之数,由遗产扣减之"(第一二二五条上段)。例如被继承人于继承开始时所有财产之总额为三千元，由其直系血亲卑亲属一人继承，其应得特留分为应继分二分之一，即三千元中一千五百元。若被继承人曾以遗嘱对第三人为二千元之遗赠者，则其继承人即特留分权利人以不足之额五百元为限，得请求遗赠扣减。又"受遗赠人有数人时应按其所得遗赠数额，比例扣减(同条下段)。如上例受遗赠人为甲乙二人，甲所受之遗赠为一千二百元，乙所受之遗赠为八百元者，则各人所得遗赠数额为三与二之比，应自甲之遗赠扣减三百元，自乙之遗赠扣减二百元。其余类推。

第五项　扣减之效力

扣减因特留分权利人之意思表示，当然发生效果。而因扣减行为之结果，被继承人所为之遗赠或特种赠与，乃于保全特留分所必要之限度无效，已如前述。故遗赠之标的物如已交付者，特留分权利人乃得径为遗赠物或其价额返还之请求；如尚未交付者，则得按其不足之数自行扣去，而将其所剩余者交付于受遗赠人，若并无剩余者，则无须再为遗赠之交付，即为竣事。唯遗赠非至继承开始后不能履行，故实际上在扣减时多未交付，因之请求返还标的物之情形，殆居少数，至特种赠与，其受赠人则必在继承开始前已取得其利益，至扣减之际，扣减权人乃必须请求返还其利益耳。关于扣减，除上述一般效力外，尚应注意次列之各点：

(一)应受扣减之遗赠及特种赠与，其孳息应否返还？法无规定，须待解释以补充之。先就遗赠言之，理论上已受扣减请求之遗赠，于保全特留分必要之限度，已失效力，因之受遗赠人若已取得其财产者，乃须将自其财产所收取之孳息与其财产合并返还。然遗赠之扣减，恒为受遗赠人所始未及料，而关于扣减权之存续期间，《民法》未有短期消灭时效之规定(见后)，若时间经过稍久，则受遗赠人且已将其孳息消费殆尽，使之自受遗赠时起负其返还之责,于情未免苛酷。且自占有之法理言之,善意占有人得为占有物之收益(第九五二条)。盖善意之占有人既受推定有适法之权利,自应使其得为占有物之收益,而在权利存续期间(即未变为恶意占有以前),则无返还其孳息于任何人之必要也。只自受扣减请求以后,受遗赠人可视为恶意占有,而应返其孳息耳(第九五八条)。故自《民法》解释,受遗赠人只自受扣减请求时起,须负返还孳息之责。至于特种赠与,其计算《民法》采取价值充当主义,但言其赠与价额须算入于遗产中(第一一七三条),而不及于孳息。在遗产分割场合,其以前所生孳息无须返还,甚为明显。因保全特留分而应受扣减时,固亦可与遗产分割时为同样之解释也(意《民》第一五〇五条,日《民》第一一三九条,法《民》第九二九条)。

(二)其次,关于赠与之扣减,《民法》采取价值充当主义,仅须返还价额,不必返还原物,已如前述。但受遗赠人受扣减之请求时,是否亦以返还价额为常,殊难同断。一般而论,遗赠至继承开始始生效力,受遗赠人领受遗赠,其距去受特留分权利人之请求扣减,时间殆必比较领受生前赠与为短,且恒在于扣减稍前。为保护特留分权利人起见,毋宁使得请求返还原物,为较妥便,故于扣减遗赠场合,应以返还原物为原则(法《民》第二三二九条)。唯已领受之遗赠,若必强其返还原物,有时亦有不便,而自扣减权人观之,若能充分取得特留分之价额,亦未必定欲其原物也。故受遗赠人若按应受扣减之程度偿还遗赠物之价额者,亦应免除其返还原物之义务(参照日《民》第一一四四条第一项)。唯未受交付之遗额,受遗赠人亦提供价额而请求目的物之交付者,则应以特留分权利人之意思为主,如特留分权利人不欲者,自宜适用原则,不必许其请求耳。

(三)再次,自对于第三人之关系言之,受遗赠人如已将所受之遗赠物转让于第三人时,扣减权人是否得请求返还其标的物?亦属疑问。但若许扣减权人得请返还其标的物,其有害于第三人之利益,甚属明白。

故此时扣减权人在解释上,亦仅得对于受遗赠人请求返还其价额而已。且《民法》对于受让之第三人,另有保护之规定,即在不动产物权,其继承人非经登记不得处分,而登记有绝对之效力(第七五九条土地法第三六条),即有所谓公信力。则受让人因凭信公簿登记而已受不动产转让者,不问其为善意或恶意,概已取得其所有权。又受动产交付之善意让受人,亦得完全取其所有权(第七六一条第八〇一条)。此等场合扣减权人不得向该第三人直接请求扣减,尤属明显。又受遗赠人于遗赠物上为第三人设定权利,例如遗赠物为不动产,于其不动产上为第三人设定地上权或抵押权时,亦可为同一之推断。即仅能对受遗赠人请求返还其价额;或令返还其不动产,使第三人于该财产上所有之权利不受影响,只因该权利之设定所生之损失,则得向受遗赠人请求补偿耳。

(四)最后,应受扣减之受遗赠人因无资力,不能偿还其价额并不能返还其遗赠物时,其损失应由何人负担亦成问题。就此问题,立法颇有不同,有全由最后之受赠人负担者,如比利时《民法》是,有全由特留分权利人负担者,如日本《民法》是,有归特留分权利人及最后之受赠人分担者,如葡萄牙《民法》是。此等法例与我《民法》殊难容合,解释上宜使特留分权人及受遗赠人分担之。

(五)扣减权之行使,不特消灭受遗赠人或受赠人之权利,抑且影响于第三人之利益,如令长期存续,有使法律关系悬于不定状态之虞,甚失所以保护交易安全之道。故关于扣减权之消灭,各国立法多设有二重时效之规定,以扣减权自知悉继承开始或应受扣减之遗赠或赠与时起,经过一年或三年不行使而消灭,自继承开始时起经过十年或十年以上者亦同(德《民》第二三三二条,瑞《民》第五三三条,日《民》第一一四五条)。《民法》无此明文,论者多谓此时应援用第一二五条之一般规定,其扣减权应自得行使扣减时起经过十五年而消灭。将扣减权解为广义之请求权一种，适用本条规定，固亦未始不可，但其时效期间过长，几失保护交易安全之效用。自立法上言之，仍不如仿各国法意，与第一一四六条同，另设二重时效规定之为妥也。

第五款　继承权之丧失

第一项　概说

自然人虽一般皆有继承能力，而有一定原因存在时，即具法定身份，亦受排除而不得为继承人，是谓继承人之失格，或继承权之丧失，已于前述。继承权丧失之原因，约言之即对于被继承人或应继承人有重大不德，或对于继承遗嘱有不正之所为是也。本有继承地位之人，乃以痴心遗产或其他之故，遂至冒大不韪，或采卑劣手段，是其人非唯触犯刑典，抑亦背蔑道义；社会责罚，骨肉弃视，不亦宜乎？法律因除科以罪刑之外，并除斥其继承权（法《民》第七二七条，西《民》第七五六条，葡《民》第一七八〇条，奥《民》第五〇〇条，德《民》第二三三九条，瑞《民》第五四〇条，日《民》第九六九条），以为贪狠狂悖者戒。又本法关于丧失继承权之规定，于施行前所发生之事实，亦适用之（《施行法》第六条）。

第二项　丧失之原因

《民法》所定失权原因有五（第一一四五条第一项），兹分述之如次：

一　故意致被继承人或应继承人于死或虽未致死因而受刑之宣告者

即谓继承人以故意杀害被继承人或应继承人，其已致死固已，即杀害未遂因而受刑之宣告者,亦丧失其继承权。继承人之为此种所为,动机虽不归一,通常要在谋继遗产。继承人不问其为法定或指定者,为促成继承开始,对被继承人竟敢横加凶逆,其事非属创闻,至为谋夺遗产,对于先顺序或同顺序之应继承人,而为残忍之举,尤为法所恒虑。旧律所定因争继酿成人命者,不准继嗣。亦即为此意也。① 唯于此应注意之点有数:(一)对于被继承人或应继承人之杀害,须出于故意,过失杀害,虽致死,亦非本款原因。(二)只须有杀害行为,其行为若何? 在所不问。如为杀人行为,固勿待论,即因身体伤害,或逮捕监禁,而致死者,亦为本款问题。又其行为殊不限于本人所为,即为其所教唆帮助者,亦应同视。(三)须受刑之宣告。如因正当防卫或无责任能力,未受刑之宣告,及因大赦特赦,未经宣告处以刑罚者,均非本款问题。至其已受刑之宣告,则不问曾否执行,皆为失格原因。

二　以诈欺或胁迫使被继承人为关于继承之遗嘱或使其撤消或变更之者

即谓继承人以诈欺方法或胁迫手段,令被继承人新立继承遗嘱,或令其将已成立之遗嘱,全部撤消或一部变更者,亦丧失其继承权。遗嘱为一人最后处分,而发生效力于死后。其处分须出于本人之真意与自由,自无待论。今继承人谋夺遗产,对被继承人关于继承遗嘱之制定,以诈欺或胁迫等恶劣手段而左右之,是不特有妨被继承人意思之真实与自由,抑且害及被继承人之利益,不义至此,允宜将其本有继承地位而剥夺之。唯于此亦有应加注意之点:(一)诈欺系故意虚构

---

① 《现行律户役门立嫡子违法条例》:"因争继酿成人命者,凡争产谋继及扶同争继之房分,均不准其继嗣,应听户族另行公议成立。"

事实,使之误信之谓;胁迫系故意告以不正危害,使之发生恐怖之谓,与普通之法律观念同。(二)因诈欺胁迫所为之继承遗嘱,须为有效成立。其非有效成立者,以其非为遗嘱,不致有害遗嘱人之真意之故,不成本款原因。(三)但其继承遗嘱若已一度成立,以后即使消灭,亦为失格原因。因遗嘱为单独行为,立遗嘱人事后发见其诈欺或脱免其胁迫者,固随时可撤消之。然继承人既有此种行为,当时即以失格,以后撤消与否,无变更也。

三　以诈欺或胁迫妨害被继承人为关于继承之遗嘱或妨害其撤消或变更之者

即谓继承人以诈欺方法或胁迫手段,妨害被继承人使之不能立继承遗嘱,或使之不能将已成立之继承遗嘱,完全撤消或一部变更。以本款与前款相较,一为消极的妨害被继承人为关于继承遗嘱之作为,一为积极的使被继承人为关于继承遗嘱之作为,行为形式虽有不同,而其动机与结果殆属同一,列为失格原因,固亦宜然。

四　伪造变造隐匿或湮灭被继承人关于继承之遗嘱者

本款行为有害遗嘱之真实性,及立遗嘱人之利益,与前二款同。故继承人不问为自身或他人利益而为此诸不正所为者,亦丧失其继承权。伪造谓虚构捏造,变更谓加添改窜,隐匿谓藏匿不使发见,湮灭谓毁弃消失,自无待述。

五　对于被继承人有重大虐待或侮辱经被继承人表示其不得继承者

继承人对于被继承人加以残酷处遇,使之苦痛难受,或其他有损人格或体面行为,使之不能立足社会,是亦违背恩义、重大不德之举。此种悖德之人,亦使继承遗产,非唯违反人心世道,亦为被继承人所愈难堪受。故法律亦设法以剥夺其继承权，以垂昭戒。唯其行为所及于社会及被继承人之影响，与失权后社会及被继承人所受之利害。未必要一致，被继承人有时且以为因继承人之失权所受之不利，反过于其不德行为所有不良之影响者。此时法律以其与社会公益亦无甚妨害，究竟其继承人使之失权与否。乃一任于被继承人斟衡之自由，如被继承人情有难忍，表示必欲其失权者，固从其意思，非然者，则不强使失权。

上述五种失权原因中，除第一款情节重大，无可挽回，第五款业经被继承人之表示，当然失权外，其他第二至第四之三款情形，如经被继承人之宥恕者，其继承权不丧失（同条第二项）。盖亦以继承人之失权，与被继承人之利害关系尤为重大，被继承人事后既已宥恕，法律宁以不加干涉为得策也。

第三项　丧失之效力

由失格原因所生之效果，可为设目分述如次：

（一）有上述各款失格原因之一者，则当然丧失其继承权。当然丧失云者，其丧失不待特别之意思表示，或法院判决而始发生效力之意也。此从《民法》第一一四五条第一项，"有左列各款情事之一者，丧失其继承权"之规定观之，自甚明白。唯各款事由发生时期，有在继承开始前后之不同，第二第三及第五各款事由，固必生于继承开始之前，而第一对应继人及遗嘱之伪造第四二款事由，亦有生于继承开始之后者。前者，其继承人当时即以失其地位。后者，则于继承开始之际，当时犹有继承能力，而仍为继承人，及其事由发生，乃溯及既往，视为自始失权耳。故在后之场合，其已开始之继承，以后发事由而无效，且其无效比常不同，非自事由发生时始，乃溯及继承开始。而无效也。

（二）失权人所为之遗产继承，依上述理由，为对于遗产之恶意占有。其结果除返还其遗产外,并应返还自继承开始时起自其遗产所生之孳息(第九五八条)。又失格对第三人亦生效果,失权人于其失权事由发生前,以继承人地位所为关于遗产之处分,以其为无权者所为之故,亦为无效。唯关于不动产之让与(第七五八条第七五九条,土地法第三六条)及动产之善意取得(第八〇一条),因有特别规定保护,不应受若何之影响耳。

(三)失权人除受宥恕者外,非但不得为法定继承人,亦且丧失为指定继承人之资格。如失权后再指定之,其指定亦属无效。唯失权人仅对该被继承人不得为继承人而已,非如法人然绝对不有继承能力。又失权仅以本人一身为限。于其直系血亲卑亲属,不特无何妨害,且因其失权而得为代位继承,有如前述。

第六款　继承回复请求权

第一项　概说

继承人因继承开始原因之发生,当然取得其继承权,而无待于任何意思表示,已如前述。故此际即使有一无继承权人误思己身为继承人,或僭称为继承人,而行使继承人之权利者,其有正当权利之人亦不因之而被夺其继承权,盖无待言。然此时其权利实际已受他人侵害,其权利人若不主张己身之正当权利,排除他人之不正继承,则继承权之内容究无法以回复之。故法律对于被侵害人或其法定代理人特认有继承回复之请求权(第一一四六条,德《民》第二〇一八条至第二〇三一条,瑞《民》第五九八条至第六〇一条,日《民》第九六六条,荷《民》第八八一条第八八二条,奥《民》第八二三条第八二四条)。

继承回复之请求，为继承标的回复之请求，而非继承权本身回复之请求，甚是明定。故继承回复请求权者，乃遗产受僭位继承人侵害时，其继承人主张己之权利，排去他人侵害行为之请求权也。是项权利有包括的性质，不问内容如何复杂，在审判上亦得以一诉为之，兹分别其性质、行使及消灭时效，论述之如次。

第二项　回复请求权之性质

继承回复请求权，有包括的性质。对于继承标的，即构成遗产之各个财产，不问种类如何，均得以同一权利而请求回复之。依其权利而为审判上之请求时，为继承回复请求之诉（Action en pétition，dhéritaire），亦有包括的性质，凡所请求事项，得以一诉为之。因继承回复之请求，非有若是一般之方法，不足以资保护也。申言之，假有失权者一人焉，于继承开始后，复为遗产继承，当时并就其分得财产，为不动产之登记、动产之占有及股票之名义更换，凡此种种，于遗产上所有之变化，颇形复杂。今其正当继承人事后察觉，姑先为继承回复之请求，请求不遂，势非为审判上之诉请不可。而此时除继承权之确认外，对于登记之变更、财产之交还等等，若须一一分别争诉，则程序纷繁，拖延岁月，其有权人鲜有不因累讼之苦，而抛弃其权利者，而若是法律之保护遂不得贯彻矣。故法律为彻底保护受侵害人起见，与以包括的请求权，凡足排除继承侵害之一切行为，使得以一诉而请求之。如是其诉提起之时，法院只须审查其有无继承权，即可完全确定，而原告得其继承回复之确定判决，即可为债务名义矣。

继承回复请求之诉，依上述理由，故其性质实为给付之诉，而非创设之诉，亦非仅为确认之诉。

第三项　回复请求权之行使

继承回复请求权,由被侵害人及其法定代理人行使之。被侵害人即指有正当继承权人;于无权人不成权利侵害,无从主张己之继承权及为排除侵害之请求,自无待赘。若被侵害人而为未成年人或禁治产人,其法定代理人亦得独立行使其请求权。法定代理人无论在审判上或审判外,均得代理本人而为一切行为,此处得为代理,特其一场合耳。受其请求之相对人即系僭位继承人。如丧失继承权人,全无继承身份之人,及已抛弃继承之人等,自始即无继承权利,若僭称为继承人而占领遗产时,皆应受其请求或诉讼之对抗。又受其对抗之相对人之法定代理人亦同。

继承回复之请求,亦得及其效力于第三人,若第三人由僭位继承人让受遗产上之权利者,除法律有前述之规定外(第七五八条第七五九条《土地法》第三六条第八〇一条),其让受因受之于无权者之故而无效。而此时其正当继承人且得对第三人为财产回复之请求,然对于第三人之请求,与对于僭位人之请求,有所不同。后者以继承权为基础,所以主张己之权利,前者以既得之所有权为基础,所以请求所有物之返还。从而对于第三人不须为继承回复之请求,但主张僭位继承人所为之遗产处分无效可耳。

继承回复请求之诉,本有人事诉讼之性质,然《民事诉讼法》关于人事诉讼之程序,别无是项规定,其诉讼应依普通民事诉讼程序处理,自无待论。

第四项　消灭时效

正当继承人因有继承回复请求权,对于僭位继承人所取得之遗产及关于遗产之处分,得诉请回复,已如上述。故其继承标的若为相当广大,因其胜诉所及于僭位继承人,第三人及一般社会之影响,甚为重大,且有因时间愈久而愈增加之势。如此于社会各方有重大影响之继承关系,不使早为确定,而长悬于不定状态之中,甚有害于社会交易之安全。故《民法》为保护交易之计,另为规定期间较短之消灭时效。

继承"回复请求权自知悉被侵害之时起,二年间不行使而消灭,自继承开始时起逾十年者亦同"(同条第二项)。盖自个人方面观之,继承权于个人为重要之权利,若为他人侵害有其权利之人,自应早图救济,以期回复。如知其事实而经久不问,则对其个人已无再保护之必要,今定其消灭时效期间为二年,自无过短之患。至继承人不知已受侵害,而自继承开始,其期间已逾十年者,其权利亦以消灭。此十年期间,颇不为短,而为无法定代理人之未成年人设想,盖亦必要之规定也。

时效利益,除僭位继承人外,即一般第三人亦得主张之,故至时效完成之后,继承财产之转得者,亦得援用以为对抗。

第三节　遗产之继承

第一款　遗产继承之效力

第一项　概说

遗产继承人自继承开始当然承受被继承人财产上之一切权利义务(第一一四八条),是为遗产继承之普通效力。此项效力,直接依法律而发生。所谓直接依法律而发生者,虽亦生于一定之法律原因(或称法律要件），然不待于若何法律的行为（Rechtshandlung）而始发生也。① 故在继承场合，其继承人承认与否，固所不问，即其知悉继承开始之事实与否，亦非所问也。② 发生遗产继承效力之法律原因，即继承开始原因，即被继承人之死亡是。死亡有自然死亡与法定死亡二种，概如前述。故遗产继承之效力，乃因被继承人之自然死亡或死亡宣告，依法律而直接发生者也。

自继承开始，被继承人财产上之权利义务，凡可为继承之标的者，原则上包括的移转于继承人。凡被继承人既往所有之权利义务，自此固为继承人之所享有或负担，即于被继承人地位上有发生之可能者，同时亦移转于继承人。故继承人为单独一人场合。继承财产与继承人之固有财产，发生混同结果，继承人与被继承人间前此所有权义，乃以消灭，被继承人之债权人及继承人之债权人，亦皆得于总财产上行使权利矣。至继承人有数人场合则于共同承受之标的物上，发生共同关系，即于实施分割以前，所遗产权，属于数人公同共有，所遗债务，亦由数人各按其应继分以连带责任而共同负担之。但此仅就原则而言，其法律有特别规定者，则不在此限。盖在一切场合，继承人均得自继承开始时起一定期间以内，依法律为限定承认或继承抛弃耳（第一一四八条第一一五四条第一一七四条）。

又因继承开始，遗产虽原则上概括移转于继承人，而被继承人生前所继续扶养者，尚得请求酌予分给（第一一四九条），又继承上所有费用，

---

① 在外国尚有所谓合意继承（Succession contratuelle），其种类有（一）设定继承人之契约（Contratinstituiond heritier），（二）抛弃继承之契约（Contrat de renonciation a uneheridite），（三）关于第三人未开继承之契约（Contrat a nuesuccession non ounerte dun tiers)等。但此等契约仅为处置继承权之行为，而非决定继承开始之原因。且继承契约制度，《民法》未之采取。
② 依《户籍法》规定，继承人自知悉其得继承之时起二个月内，应为继承之登记（《户》第八九条至第九二条），否则须受处罚（同第一二四条第二五条）。但登记仅为一种事实报告，未登记前，于继承关系之证明，虽有不便，于继承效果之发生，则无若何影响也。

亦应归诸遗产负担（第一一五〇条）。本节因分一般效力、遗产酌给请求权，及继承费用各款而说明之。

第二项　一般效力

第一目　继承标的之移转

因继承开始，继承人原则上承继被继承人财产上之法律地位，而被继承人向来所有及以后能有之权利义务，乃概括移转于继承人，有如上述。但所移转之继承标的仅以有移转性者为限，被继承人一身专属之权义，不得承继（第一一四八条但书）。故所谓遗产继承，乃仅于可能范围之内，承袭被继承人财产上之法律地位耳。

所谓一身专属之权义，即非特定个人不能享有或负担之权利义务，而其主体死亡同时即以消灭者也。亲属间所有身份上之权义，如父子夫妇等相互间所享有者，不得为遗产继承之标的，固无待论。至财产上之权义，一般虽以有移转性为原则，而因委任契约或雇佣契约所生之权利义务，及终身年金或保险金之支付义务等，专属之性质者，亦不得移转于继承人。唯此类专属债权，其因债务人之不履行而变为损害赔偿请求权者，仍得由继承人承继之。因此际其权义性质已变为普通债权债务，即他人亦得代为享有或履行之矣。又人格权之损害赔偿请求权，亦可作类似之解释。凡人身体、自由、名誉、贞操等，若受他人不法之侵害时，虽非财产上之损失，亦得请求赔偿相当之金额（即慰抚金，参照第一九五条第一项第九七九条第一项第九九九条第二项第一〇五六条第二项）。此项损害赔偿请求权，本有专属权之性质，以不得继承为原则。以此等非财产上之损害，其请求赔偿与否，于被害人之意思与感情有深切之关系，苟本人对加害人未有请求慰抚金之意思表示，自以不使他人妄加干涉为得策也。但此等人格权之损害赔偿请求权，以金额赔偿已依契约承诺或已起诉者为限，亦得继承（第一九五条第二项第九七九条第二项第九九九条第二项第一〇五六条第二项）。因其金额赔偿已依契约承诺，或已为金额赔偿之请求时，其专属权或已变为以金钱支付为目的之普通债权矣。①

　　总之，被继承人所有财产上之权利义务，除一身专属者外，皆因继承开始而移转于继承人。且其移转为法律规定之结果，不问何种产权，皆不因移转登记、物之交付，或所有名义务之变更，而始发生效力。唯所移转之继承标的，殊不以已一度归属于被继承人者为限。即被继承人继续生存，依法尚有归属于彼之可能者，亦得移转于继承人。如被继承人生前提起之诉讼，其既系属于法院者，应由继承人继受（《民诉》第一六八条）。又被继承人于支付停止后死亡者，其继承人不问将为限定承认与否，亦须受破产之宣告。诸如此类，被继承人生前所为行为，亦生效力于继承人。故继承人所继承者，并不以曾已归属于被继承人者为限，即以后有归属于彼之可能者，亦得为继承之标的。故自根本上言之，谓遗产继承乃承袭被继承人财产上之法律地位可也。②

　　又继承标的之财产上权利义务，于第一一四八条之规定上，当指属

----

① 《民法》第一九四条所定被害人之父母子女及配偶所得请求损害赔偿之权利，乃其固有权利而自非被继承人所承继者，固无待论。然被害人于死亡前已为请求慰抚金之意思表示，其请求权则得由其继承人之父母子女或配偶承继之，此时其继承人得为二重之请求，但后者终为依于第一九五条第二项所有之权利，此不可以不辨也。

② 占有权系以占有事实为基础之权利（第九四〇条），一人果有占有之权利与否？全视其有无占有之事实以为断。依此推论，则继承场合，其继承人即已取得占有权与否，易滋疑义。因继承开始之际其继承人容有不知被继承人所为之占有，或不能继续为事实上之占有也。然设谓继承人乃承袭被继承人法律上之地位，则苟别无占有权消灭之事由，被继承人原有之占有权，仍应移转于继承人，而继续存在，固甚明显。德法瑞士等国《民法》，为解释疑义之计，特设明规定，谓占有亦得继承（法《民》第七二四条，德《民》第八五七条，瑞《民》第五六〇条）。《民法》虽无同一规定，而自第九四七条所定"占有之继承人得……将自己之占有与前占有人之占有合并而为主张"观之，其认占有得为继承之标的，盖无容疑。

于私法上者言之。然依法律规定,公法上之权义,其有移转性者亦得为继承之标的。① 如国税督促手续费及延纳处分费等,本为被继承人所应负担者,其继承人亦有纳付之义务;《刑法》上之罚金及刑事审判费用之负担,亦得移转于继承人,即属其例。此等虽非为私法所规定,而其义务亦因继承开始而移转于继承人,与继承本质,固无背戾也。

第二目　产权之公同共有

继承人为单独一人时,被继承人所有财产上之权义,概由其一人单独承受,此际仅为权义主体之变更,而不发生若何之问题。反之,继承人为数人之场合,则其财产上之权义,由其数人共同承继,除对外关系外,在内部亦发生特别之关系焉。其于对内关系,视继承标的为积极的产权或消极的债务而略有不同。其标的若为积极的产权,则内部相互间,发生公同共有关系(第一一五一条,德《民》第二〇三二条第一项,瑞《民》第六〇二条第一项)。其标的若为消极的债务,则内部相互间,原则上各按其应继分而比例负担之(第一一五三条第二项)。本目单论产权之共有关系。

遗产继承,现代立法例多采强制分割主义,《民法》亦然。故遗产实以分割于各继承人间,为其当然之运命。然实际上各继承人未必与被继承人之死亡同时即行分家。父母亡后兄弟姊妹依然同财共居,持支数年之久,殆为一般通例。此外即在立行分析场合,其现实分析之时与继承开始之时,实际亦不容不有若干间隔,其在现实分析以前继承开始以后,不论其间相隔之久暂,若其间多数继承人对于遗产之关系,不有明确之规定,不特理论上发生疑窦,而事实上亦不免起纷纠也。《民法》为明确

---

① 参照范扬编,《行政法总论》第二章第二节第六款之(三)。

其关系起见,规定"继承人有数人时,在遗产分割前,各继承人对于遗产全部,为公同共有"。即遗产未分析前,各继承人相互间之关系,以公同共有目之。其所谓公同共有,系包括遗产全部而言,非指各个产权之公同共有而已。如遗产有房屋、家具、有价证券及现金四者之时,则概括四者为一财产,就其财产全部为各继承人之所公同共有,而不单就房屋、家具、有价证券或现金一种,分别发生公同共有之关系而已。此不特因继承观念本系包括全体而言,而法文亦有"对遗产全部为公同共有"之明示也(第一一五一条)。

继承人对于遗产既为公同共有,则其产权之公同共有关系,自得适用《民法》第八二七条以下关于公同共有之规定,从而对于公同共有物之处分及其他权利之行使,应得公同共有人全体之同意(第八二八条第二项),而公同共有物之分割方法,亦得依关于共有物之规定矣(第八三〇条第八二四条)。然依于继承之特别性质,继承编另有特别之规定。故物权编关于公同共有之规定,于此所能适用者,盖仅无特别规定场合而已。

第一一五一条所谓遗产,除物权外,债权亦已包括在内。故各继承人对于债权亦生公同共有之关系。依《民法》第八三一条关于公同共有之规定,于债权之公同共有,亦可直接适用,勿待烦言。唯债权既为公同共有,则不问其给付为可分与否,其权利之行使,亦应依第八二八条第二项之规定。而债编第二七一条及第二九三条关于共同债权行使之规定,于此不能完全适用,亦甚明显。

公同共有遗产之处分及其他权利之行使,依第八二八条第二项规定,原则上应得公同共有人全体之同意,有如上述。所谓"其他权利之行使",盖包括公同共有物之使用收益及管理等各项而言。然此等行为一一须得公同共有人全体之同意,非特无是必要,抑且徒感不便,尤以管理行为须为临机措置者为然。就遗产之管理，《民法》因设特别规定，谓"公同共有之遗产，得由继承人中互推一人管理之"（第一一五二条，瑞《民》第六〇二条第三项）。管理之意义在法律上本有广狭之不同，于具体特定场合，在管理上有必要时，即处分使用及收益等行为，于适当范围内，亦得为之，固勿待论。又推本条法意，首为分割前暂时管理情形而设，其遗产由兄弟数人继承，若兄弟依旧同财共居，未定分析之期限者，则家务全体且为家长之所管理（第一一二五条第一一二六条），若在家长权范围以内，既就公同共有之遗产，亦有某限度之管理权。故兄弟间未有遗产管理人之特别推定者，某限度内，得由为家长者管理之。

第三目　债务之负担

继承标的因包括的移转于继承人之结果，被继承人所遗之债务，随之亦为继承人所负担。但继承人有数人时，其债务于数人相互间应为若何分配？又对于债权人其数人应负如何责任？不能不生问题。对于后之问题，《民法》规定"继承人对于被继承人债务负连带责任"（第一一五三条第一项，德《民》第二〇五八条，瑞《民》第六〇三条，荷《民》第一一四七条，葡《民》第二一五条）。对于前之问题，规定"继承人对于被继承人之债务，除另有约定外，按其应继分比例负担之"（同上第二项）。

继承人对于被继承人之债务，应负若何责任，立法例并不一致。此外尚有以继承人对于被继承人之债务各按其应继分各别负担清偿，即其中有不能尽其清偿之责，而他人应负之分，亦不因是而增加者（法《民》一二二〇条，日《民》一〇〇三条）。此种立法，于债权人颇为不利。原其债务之移转，为债务人方面发生变动之结束。使债权人独受其结果上之不利，于理甚属不当。《民法》为保护债权人之利益计，使继承人共负连带责任。于是其债权人对继承人中任何一人，乃得请求被继承人所遗债务之全部清偿,而继承人各人不得以其应继分之多少,拒绝其全部清偿之请求。又其他一切对于债权人之关系,于某限度亦适用《民法》关于连带债务之规定(第二七三条至第二八二条),自勿待赘。

此外继承人相互间对被继承人之债务,则以各按其应继分比例分担,为当然之原则。即揆之普通连带债务人内部相互间之关系,原亦不能外是(第二八〇条)。从而其继承人间于此亦生互相求偿权之关系(第二八一条),即继承人中有一人因清偿或其他行为使他继承人同免责任时,得向他继承人请求偿还其应分担之部分,及自免责时起之利息,但继承人对于继承债务,应按应继分比例分担,仅就继承人相互间未有他项分担方法订定者而言,若其内部相互间已约定某项债务由某继承人清偿,他项债务由他继承人清偿者,自应从其约定。唯遗产分割前关于债务清偿之约定,亦仅内部发生效力,不得以此与债权人对抗,以免其连带责任。其连带责任至何时可以完全免除?《民法》另有规定(第一一七一条),其详尚待遗产分割款下述之。

第三项　遗产酌给请求权

遗产酌给请求权者,即继承人以外被继承人生前继续扶养之人,于继承开始时,所得请求酌给遗产之权利也(第一一四九条)。为被继承人生前继续扶养之人,于被继承人身份上或情谊上必有深切之关系,自无待论。今于其扶养者之死后,使之有此权利请求酌给遗产,既足以符死者之意,亦可使生者之生计,不致遽遭危蹙,法至良意至美也。唯有此权利之人,虽亦得请求分给遗产,然非有正当继承之权利,且常属于有继承权以外之人,故其权利,与继承权显然不同。只此权利,与继承权同时发生,亦为继承效果之一种,于某程度得与继承权相提并论耳。

本项遗产酌给度制,外国亦间有一二略似之例(德《民》第一九六九条,瑞《民》第六〇六条，苏俄《民》第四一八条），而其沿革要起源于我国固有法习。现行律规定相为依倚之义男女婿，及收养三岁以下遗弃之小儿，虽不得立为嗣子，仍酌分给遗产，已见前述。前大理院判例扩张其义，即对相为依倚之族孙、亲女及妾媵等，亦主酌给遗产。①《民法》本条规定，实采其旧有法习而法典化之。特亲女养子已另认有正当继承权，不包含在内耳，以故对于本条之解释，亦应参照旧法精神，不宜妄行比附。或谓本条采自苏俄新法（苏《民》第四一八条），含有社会救济意义，亦已过矣。微论苏《民》所定死亡者死亡前扶养一年以上之人，乃有正当继承权人，与仅有酌给请求权者迥然不同。且其实质所指范围，并不甚广。盖一考当时苏俄婚姻制度，承认形式婚与事实婚之二元主义，即不难知其法意之所在矣。

请求酌给遗产，以属被继承人生前继续扶养，为唯一要件。所谓生前继续扶养，当指被继承人于死亡前，继续扶养而言，其继续时间之久暂，非所问也。唯所谓扶养，究指有扶养义务人之扶养？抑泛指一般扶养之事实？学者见解不一。卑见仍主狭义解释为是（第一一一四条）。盖自本条立法沿革观之，旧制所定乞养义男女婿、弃遗小儿，及判例所指族孙、妾媵等等，其身份虽不限于亲属，而"相为依倚"、"收养"云云，盖平时已属共同生活，成为家属一员。故本条前身之旧习，原指其狭义者言之，此其理由一也。《民法继承编》位于《亲属编》之后，继承编之观念，恒以亲属编所规定者，为前提而规定，本条扶养二字，苟无特别必要，当以视为与《民法亲属编》第五章所规定者同其意义为妥，此其理由二也。被继承人生前本无扶养义务，死后乃于其遗产上科以法定负担，两相较量，有失平衡，此其理由三也。若就扶养意义故为扩张，推其利不足救济社

---

① 前大理院判例三年上字第七七九号，四年上字第一六九号，三年上字第三四八号，七年上字第七六一号。

会，极其害将使被继承人生前户外姘识之人，亦得用为争给遗产之具，此其理由四也。依据上述理由，故扶养意义，若无特别必要，不宜扩张解释。至应特别扩张解释与否，只就事实上之夫妇（严正意义之姘度），或有加以考虑之余地耳。现行法采取形式婚之一元主义，夫妇有相互继承权者，亦仅合法婚姻之配偶为限。凡婚姻在法律上虽属无效，而事实上确为夫妇者，不乏其例。此种婚姻于理应为尽量救济，其在遗产继承场合，至少亦须授以酌给请求权，方称允当，但姘度事实上既为夫妇，实行共同生活，当可作为家属解释，①而家属与家长间本有相互扶养义务（第一一一四条），则于此亦无待于扩张解释矣。

得请求酌给之数额，"应依所受扶养之程度及其他关系"而决定之。所受扶养之程度，当以所受扶养物质之丰啬、需费之多寡为准。其他关系，则指情分之亲疏、遗产之多寡等等关系，可不待言。其数额之决定权属于亲属会议。其亲属会议指被继承人之亲属所组成之会议，而非受扶养人亲属之会议，亦无容疑（第一一三一条）。盖本项制度一面为保护受扶养人之利益而设，同时亦所以尊重被继承人之意思而设。自保护受扶养人之利益言之，其数额酌定权自不可授之于继承人擅自决定，因遗产继承人与受扶养人即遗产酌给请求权人，有正相反对之利害故也。此项酌定权既不能使继承人自身行使，而被继承人生前又未有特别决定，自以将此权利授于第四人之被继承人之亲属所组成之会议，使之决定，较能合于被继承人之意思，并得公平之结果也。

第四项　继承之费用

关于遗产管理、分割，及执行遗嘱之费用：原则上由其遗产支付之

---

① 最高法院判决二一年上字第一〇七号。

（第一一五〇条），因此等费用为共益费，不能使任何人单独负担故也。然各个场合，因其费用支出而受利益之主体，未必尽同，随之其间所生关系，势亦不能一律。兹就各种场合，分述于下：

一 遗产管理之费用

遗产管理之费用，即保存遗产所必要之一切费用也。狭义的管理（保管）之费用，固属在内，广而言之，即纳税费用、清算费用、清偿费用（即清偿手续上之费用），及诉讼费用等，亦得包括在内。盖此等费用同为遗产管理保存所必要，其支付不特于继承人有益，即于继承人之债权人亦属有利，所谓共益费用是也。在单纯承认场合，因遗产为继承人所包括承受，其由遗产负担或由继承人负担，结果恒为同一，于限定承认或继承抛弃之际，亦使继承人自身支付，则于制度精神既属不合，于继承人个人尤失过酷。故《民法》规定关于遗产管理之费用，归诸遗产之负担。由其为共益费之性质言之，此项费用，且应列于支付之第一顺位，须扣除此费之后，始得将其余额充诸债务之清偿。至遗产过少，即全部犹不足以偿此费用时，则继承人可为限定之承认，于是继承人以外之费用垫付者，亦仅能就其少额遗产请求清偿矣。

二 遗产分割之费用

遗产分割之费用，即继承人分割遗产所需之费用也，如关于分割方法之决定、分割财产之清算等所需之费用，即其显著之例。此项分割费用亦同为共益费，因其支付而受利益之主体，虽通常为共同继承人，而于被继承人之债权人，亦有间接之利益。故此项费用亦应由遗产中尽先支付之。但此费用应由遗产中尽先支付，仅有狭小之适用。盖先自被继承人之债权人方面观之，在分割前既已清偿之债，其债权人已与此项费用无何关系，至在分割时犹未清偿者，则自分割后，概归各继承人之负担，与分割费用亦不至发生问题。只在分割当时清偿债务场合，其分割费用乃与其他债权发生孰先孰后之问题，于此则应将前者先于后者支付之耳。次就分割费用债权人与继承人间之关系言之。遗产分割仅起于多数继承人为单纯承认，或有二人以上不为继承抛弃之场合。此等场合，遗产上之权利义务，包括的移转于继承人，其费用应由遗产负担抑由继承人负担，结果本属相同。《民法》规定此时必由遗产支付，除继承人本身债务过多情形，所以保护分割费用债权人外，亦可谓无他意义。

三　执行遗嘱之费用

关于执行遗嘱之费用，以遗嘱之提示、开视，及告知费用等属之。因遗嘱之执行而受其利益者，虽不以若何之一方面为限，而当中尤以受遗赠人所受者为独厚。故此项费用通常虽应归诸遗产负担，究不能因之侵害继承人之特留分。当非侵害特留分不能支付此费用时，自平衡原则言之，其不足部分应归受遗赠人之负担。

但以上所述，仅就原则而言，若各种费用有因继承人之过失而支付者，应由该继承人负担（同条但书）。因此种非正当支出之费用，亦使归诸遗产负担，既违公平原则，亦失保护遗产之道也。遗产之分割或遗嘱之执行，因继承人之过失致支出格外之费用，其例虽不多见，而为遗产之管理与保存，继承人易因过失毁损财产，从而须多支出修理费用；或于遗产诉讼，因继承人之延误期日，致多负担诉讼费用（《民诉》第八一条第八三条第八四条），诸如此类，不乏其例。

第二款　继承之承认及抛弃

第一项　概说

继承效力，不问继承人之意思如何，依法律而当然发生，既如前述。

故自继承开始，被继承人财产上之权利义务必经一度移转于继承人。然继承人不问遗产多寡，乃至债务若何累重，其时必须无条件承受之乎？是其地位上之一大问题。就此问题，立法例亦有变革。在昔日尔曼古法主义，以遗产上权义因继承开始而当然移转于继承人，于继承人不容有所取舍。我国旧有法习亦然。我国旧习，囿于宗法，以有继承权者同时有继承义务。而"父债子还"，一旦继承开始，即债务过多，亦须由继承人全部负担之。如是继承人之命运，每由天定，其中遂不免有生而负担债务，与亚里斯多德所谓人有生而为奴隶者，不谋而合。苟其人志趣不固，能力薄弱，则对于所遗债务，终身不能脱其逋负。负债累累，长夜漫漫，鲜有不因终身无自谋希望，而自暴自弃者。推其弊，岂特有害于其继承人个人之私益而已哉？《罗马法》采取反对主义，以继承非经继承人之承认不生效力。然其于保护继承人之利益虽有足多，而与继承根本精神，殊嫌不合。故近代大陆诸国概采折衷主义，以继承效力虽因开始而当然发生，而自开始以后，认继承人有承受与否之选择自由。如继承人以该遗产继承于已转为不利或不堪其债务之负担者，尽可为有限制之承受或就整个而抛弃之。

  近代各国关于继承承认及抛弃之立法例，又各有不同之点。德《民》采取承认（Annahme）与抛弃（Ausschlagung）二种，而既为承认之继承，其继承人或继承债权人为避免因继承而生之不利益计，并得声请法院为遗产管理，令管理人以遗产充偿一切负担之后，始将其余额交付于继承人（德《民》第一九四六条，第一九八一条及第一九八六条）。瑞《民》除无保留之承认（Vorbehaltlose Annahme）与抛弃（Ausschlagung）外，并认有依公之遗产清册之承认（Annahme unter öffentlichen Inventar）及公之清算（Amtliche Liquidation）。前者即继承人依照主管官署因公示催告所作成之继承债权及遗赠清册，而负其责任之承认。其因过失在遗产清册中遗漏之继承债权,其债权人不得行使权利,而清册中有记载者,则应由继承人以其固有财产负完全责任。公之清算或因继承人之请求为之,或因继承债权人之请求为之。前之场合类于限定承认,后之场合近于遗产破产(瑞《民》第五六〇条,第五八〇条以下,及第五九三条以下)。法《民》采取单纯承认(Acceptation pure et simple)、抛弃(Renunciation)及依遗产清册之承认(Acceptation sous bénéfice d'inrentaire)(法《民》第七七四条,第七八五条)。后者使遗产与继承人之固有财产不相混同,而继承人仅于所受遗产之限度,负其债务清偿之责,即与限定承认相当。此外继承债权人及受遗赠人为免避遗产与继承人之固有财产混同,而保全其充分清偿起见,则得请求财产分离(Séparation du Patrimoine)(法《民》第八七八条以下)。日本《民法》亦然(日《民》第一〇二三条以下,及第一〇二〇条以下,及第一〇二五条以下)。《民法》除财产分离未加规定外,[①]认有单纯承认、限定承认及抛弃三种,盖亦采自法国《民法》之例也。

第二项　选择行为之性质

单纯承认系就被继承人财产上之权利义务,为无限承受之确认。限定承认乃限定以因继承所得之遗产,偿还被继承人之债务,即有限责任

[①] 财产分离制度,全为保护债权人及受遗赠人之利益而设。盖因继承开始之结果,除继承人为限定承认或抛弃外,其固有财产乃必与遗产彼此混同。而自其及于债权人及受遗赠人之影响言之,如遗产为正而继承人之固有财产为负,则曩时信用被继承人之财产与之交易之债权人及自遗产得受遗赠交付之受遗赠人,乃蒙不利之影响,反之如遗产为负而继承人之固有财产为正,则信用其固有财产与之交易之债权人亦然。故为保护债权人及受遗赠人之利益起见,乃许其得为遗产分离计算之请求(法《民》仅许继承债权人及受遗赠人得为请求,日《民》则许继承人之债权人亦得为之)。又德《民》之财产管理及瑞《民》之公之清算,亦有此类用意,概如前述。此等制度用意虽非不美,而实际援用殊属罕见,故《民法》未之规定。

之承认(第一一五四条)。而抛弃则否认已身为其继承之主体,即声明其继承于已身不生效力之意思表示。要之,不问抛弃或承认(包含限定承认及单纯承认),其选择之意思表示,概有单独行为之性质。法律上继承虽不因有此等行为而始发生效力,而其继承人接受其所发生效力与否,则借此以完全确定。在此点上,承认或抛弃与承诺或拒绝,实属不类。①又继承之承认或抛弃既为单独行为,其行为主体须受行为能力上之限制,如主体为未成年人或禁治产人,须由法定代理人代理或得其允许为之(第一三条第一五条第七六条第七七条第一〇八六条第一〇九八条第一一三条),自无待论。唯继承之承认或抛弃虽为单独行为,与普通行为又不尽同,而具有如下种种之特质焉。

一　承认或抛弃须就整个为之

关于遗产继承,法律虽许继承人有选择自由,然仅能就其应继分为整个之选择,即或为整个(单纯或限定)承认,或为整个抛弃,而不容就应得权义,择其一部,弃去他部。盖继承为包括之承受,不问权利义务,应一切皆移转于继承人。从法律为保护继承人之利益计,认有某范围之选择权,而决不许任情抉择,取舍自如,以损害债权人及受遗赠人之利益。故自制度全体观之,继承人只能就法律所认有之承认或抛弃为整个之选择耳。

二　既为之承认或抛弃不得撤消之

既为之继承承认或抛弃,以不得撤消为原则。盖继承之承认或抛弃,

---

① 外国法例有以继承之承认或抛弃,得以契约于继承开始之前为之,德国《民法》中之继承契约(Erbvertrag)(第三一二条第一九四一条,被继承人得以契约选定继承及指定遗赠并负担),及继承抛弃契约(Erbverzichtsvertrag)(第二三四六条及第二三四八条,被继承人之血亲或配偶得与被继承人订契约抛弃其法定继承权),即属其例。此等制度,《民法》未之采取,前既言之。

因单独行为之意思表示而生效力,一旦已为承认或抛弃,其继承人之法律地位,遂以确定。若承认或抛弃之后又撤消之,是不外选择之后,又加选择,至再至三,岂非有害于他人之利益？故既为之承认或抛弃,究不许任意撤消之。至其行为存有关于意思表示之一般撤消原因者,固当别论。如其行为之意思表示有瑕疵时,其撤消权人自得另撤消之。但其撤消后复为承认或抛弃之行为,仅能于法定期间以内为之,若已逾此期间,则无救济办法。此之一点,《民法》未设展限规定,于有权人未免过酷,似有再考余地。

三　承认或抛弃不得加以附款

所谓不得加以附款者,即其行为不得附有条件或期限之意。法律行为加有此等附款,其效力遂不确定。此其性质,与继承之承认或抛弃之行为,不能相容。因继承关系,不宜悬而不定,否则于次顺序人及第三人之利益,颇有妨碍。前述继承之承认或抛弃不得撤消,意即在此,而《民法》设有短期除斥期间之规定,其意亦不外此。故继承之承认或抛弃,在解释上不得加以附款。

第三项　单纯承认

遗产继承以单纯继承为本则。即除为限定承认或抛弃之情形外,被继承人财产上之一切权义,通常即无限为继承人所承受。而其中即使债务超过权利,继承人亦须以自有财产负其清偿之责。如是单纯承认,承受继承上之一切责任,一般的虽出于继承人之任意选择,而于特定场合,法律亦径科以单纯承认之责任,不与以选择之自由。兹分一般单纯承认与法定单纯承认,述之如下。

第一　一般单纯承认

一般的单纯承认者,即法定单纯承认外,因继承人之任意选择,而无限的承受遗产上一切权义之谓也，实际上遗产继承人最多数情形，即属于此。故其承认行为不必如限定承认或抛弃然，加以严格限制。其行为之意思表示，不问明示默示，均可成立。如其明示，亦无一定之相对人，只须将其意思表示外部，即无不足。如不为积极的意思表示，则可以默示为之。如继承人对被继承人之债权人为债务之清偿，或为缓期偿债之请求；或处分遗产之全部或一部，其程度超乎管理权之行使，乃至法定期间内不为限定承认或抛弃之积极行为（德《民》一九五六条，瑞《民》第五七一条第一项，日《民》第一〇二四条第二款），凡此种种，皆可视为默示之表示。然仅为继承之登记，而未有其他之行为者，则未可断定其意思。因继承之承认与否，并不因登记而生效力，而继承登记除为私法上之证明外，别有行政上之目的。故纵已为登记之声请，苟未经过法定期间，仍得为限定继承或抛弃之程序也。

第二　法定单纯承认

继承人中有下述各款不正行为之一者，当然须负单纯承认之责任（第一一六三条）。盖限定承认，所以限定继承人之偿债责任，原为继承人之利益而设。继承人若借此反为种种妨害债权人之行为，则债权人之利益，将失保障。推其流弊，亦堪深恶。此等场合，法律因设民事制裁规定，剥夺其继承人得为限定继承之利益，以为狡黠者戒。

一　隐匿遗产

隐匿遗产者，即于他人未知以前，将遗产全部或一部藏匿，使他人无从发见之谓也。继承人隐匿遗产后复为限定承认，蒙其害者，以被继承人之债权人为最。夫被继承人之债权人，本系信用其财产全部与之交易，被继承人死亡之后，自宜至少以其遗产充诸债务之清偿。今继承人隐匿遗产全部或一部，而复为限定承认，使债权人丧失应得之清偿，其为损人利己，不正行为，甚属明显。

二　在遗产清册为虚伪之记载

"为限定之继承者，应于继承开始时起三个月内，开具遗产清册呈报法院"（第一一五六条第一项），令其开具遗产清册呈报法院，无非使为限定承认之明确表示，及作为计算遗产，清偿债务之基础。继承人为限定承认时，在遗产清册上为虚伪不实之记载，或以多报少，或故意脱漏，其为谋图自己利益，损害他人权利，与前述情形方法虽异，结果则同。

三　意图诈害被继承人之债权人之权利，而为遗产之处分

继承人对遗产而为处分，在得为限定承认之法定期间以内，本非法所绝对禁止。于此期间以内，法律除许得为单纯承认之处分外，并许其得为遗产管理上必要之处分。因继承人此时对遗产仍有管理之权利与义务也。然继承人得为之处分，自有一定限制，否则易致损害继承债权人之权利，殊非法律之所容许矣。尤其于限定继承场合，所有被继承人之债务，悉借其全部遗产以资清偿。其继承人若为自己利益，轶出管理权之范围，而为遗产之处分，则动足以侵害被继承人之债权人之利益，其为不正所为，亦无容疑。

上述各款行为，出于得为限定承认之法定期间以内，未为限定承认以前，固无待论。即出于已为限定承认以后，亦应负其行为责任，易言之即负无限承认之责任。因上述三款行为，除第二款外，即在既为限定承认之后，亦有发生可能，而同足以损害被继承人之债权人之利益也。

又在上述各款情形，其行为人除应受本条之民事裁制外，如有确实损害被继承人之债权人，或其他权利人之权利者，并应负其损害赔偿之责，固无待赘。

第三　单纯承认之效果

继承人任意为单纯承认，或因其他事由应负单纯承认之责任时，其效力因以确定，而被继承人遗产上之利益与负担，归属于继承人，两者权利义务，发生混同结果。单纯承认之效力，有绝对性，任何理由皆不得变更之。其效力且溯及既往，与限定承认或抛弃之场合同。

第四项　限定承认

第一目　概说

限定继承，乃继承人限定以因继承所得之遗产偿还被继承人之债务，所为继承之承认，即以有限责任所为继承之承认也。继承以单纯承认为本则，凡被继承人所遗之积极财产，固与继承人之固有财产一并混同，成为继承人之财产，即被继承人所有债务，亦概括属于继承人，由继承人负其清偿之责，然其债务若超过于积极遗产，则继承人不免应以全力负其责任。甚或子孙世世，不能脱其累负。故法律为免除继承人过度累负之计，许其自由选择，而为限定承认，即对于继承债务，仅负有限责任，大略已如前述。然以限定承认，使继承人负有限责任，利益所及，犹不止于继承人个人已也。何者？在单纯继承场合，因遗产上之权义与继承人所固有者发生混同之结果，其继承人须以全部财产充偿全部债务，若遗产为债务过多，势必侵蚀固有财产；反之，若固有财产为债务过多，亦必侵蚀遗产。以是若遗产为负而继承人之固有财产为正，则继承人固受亏损，而继承人之债权人向视继承人之固有财产而与之交易者，亦蒙意外之不利。反之，若继承人之固有财产为负，而遗产为正，继承人及继承人之债权人固所乐意，而被继承人之债权人向视其继承财产而相与交易者,乃陷于不利之地位矣。故由被继承人或继承人之债权人观之,有时亦以使遗产与继承人之固有财产不相混同,可保不受不测之损失也。故在限定承认,发生次之主要结果,即一,继承人对于继承债务仅负有限责任。二,遗产与其固有财产须为分别处理。

法律如是为保护继承人及债权人之利益,规定使遗产成为独立财产,尽先以遗产清偿债务之外,并就清算之程序,与夫清偿之先后,定以一定之秩序焉。其详分述如次。

第二目　得为限定承认之期间

法律既许继承人得以自由选择,为限定之继承,自非与以犹豫期间,使经详细考虑,不能发挥其选择权之效用。盖被继承人所有财产,通常由其本人管理,一旦继承开始,其产权若何？义务若何？苟非遗产甚形简单,一时难于明判。以故于继承人自非假以若干时日,不能为详细之调查,及选择之决定也,然若时间过长,使其关系久不确定,又属不可。《民法》因适宜制断,规定其调查考虑期间为三个月(第一一五六条第一项)。逾此期间,不得再为限定承认。本项法定期间,以继承开始之时,即被继承人死亡之时,为起算点。在再转继承场合,即继承人未为限定承认之表示,而于法定期间内死亡之场合,则自第二继承开始之时起算。因此际虽同时为二个继承,而与代位继承不同,其第二继承人所能合并继承之者,乃自第二继承开始之时始也。

得为限定承认之期间,规定为三个月,本不为短。但以继承开始之时,为计算之起点。若继承人远居异地,未能即时入手调查遗产,或因产目繁多,不能于此三个月内详核竣事,则亦难免不有过短之虞。《民法》为顾虑此种例外必要场合,又规定其三个月期限,得由继承人声请法院决定延展之(第一一五六条第二项)。究竟有无展限必要,乃至延展若干月日，法无规定，当由法院就具体情形以核定之。

第三目　限定承认之方式

限定承认为继承之一特例，且所有影响亦颇重大，故法律定为要式行为。即继承人为限定承认时，"应于继承开始时起三个月内，开具遗产清册呈报法院"（第一一五六条第一项）。其方式即须备下二要件，即：

一　须将限定承认之意思表示呈报法院

限定承认既为遗产继承之一特例，则欲依从此例，自非有明示之意思表示不可。而其表示若许法院之外任便为之，则恐不易明确，徒起无谓纠纷。故法律为求明确起见，决令将其意思表示呈报法院。唯呈报仅为意思之通知，非有诉讼之性质，与《民诉》第一六条所谓因遗产之继承而涉讼者，原属不同。因之关于该事件之管辖，其规定亦不能当然适用。唯关于继承一切事件，以由被继承人之住所所在地之法院管辖，为最适宜，而我国《民法》之解释上，亦即以被继承人之住所，为继承开始之处所，易言之，即决定法院管辖之处所，已如前述。则此时所呈报之法院盖亦不外被继承人普通审判籍所在地之法院耳。呈报须以书面为之。此于本条之解释上自明。

二　呈报时须开具遗产清册

遗产清册，即记载被继承人财产上一切权利义务之簿据也。凡被继承人所遗一切产权债务，可为继承之标的者，均应开列在内，不得以多报少或故意脱漏致侵害被继承人之债权人及受遗赠人之利益，已如前述。呈报必须附具遗产清册，俾一面可以使法院及权利人明了遗产之实况，他面亦可以监督限定继承人应有正直之态度也。

唯继承人为限定承认之表示时，虽须依上述方式对于法院为之，而因其为单独行为之故，法院仅得审查其法定要件而为受理，不得为任何之审判。只呈报不具法定形式要件，或期间已过，及呈报者非其人时，法院得为驳却，所不待赘。

第四目　限定承认之效力

限定承认之呈报，经法院受理后，发生次之效果：

一　继承人全体为有限责任

继承人为一人而为限定承认，或为数人而全体为限定承认，则其对内对外一切关系，概为限有责任，可勿待论。若继承人为数人，仅其中有一人为限定承认时，则其全体继承关系应为分别依法决定？抑全体一律决定？就此问题，立法殊不一致。依纯理言之，自以分别决定。仅以表示限定承认者为限，使负有限责任，此外则其他依方法决定，为较合于各该继承人自由选择之真意。唯依此法处理，关系复杂，程序纷繁，使单一事项，不能为公平之决定；且自被继承人之债权人之地位观之，其债权人通常乃以继承财产为其置信之对象，法律即不勉为保护，亦无过分不利可言。故《民法》为求划一便利起见，采取后之办法，以多数继承人中有一人为限定之继承时，其他继承人视为同为限定之继承（第一一五四条第二项，法《民》第七八二条，日《民》改正要纲第七，不同立法例，意《民》第九四〇条）。即其中有一人为限定之继承认者，不问他人意思如何，其全体即因之同负有限责任也。

限定承认之结果继承人乃负有限责任，对被继承人之债务，仅须以因继承所得之遗产，负责清偿。在此点上实与单纯承认不同。然仅责任有限而已，被继承人财产上之一切权义，依然须全部继承之。其超过产权之债额，仍在继承之列，只继承人无以固有财产负其清偿之责而已。故在限定继承场合，其继承人对于继承债务及遗赠义务，仍为其义务人，对于产权，仍为其权利人，从而以遗产充偿债务及遗赠之后，尚余若干权利,乃归属于继承人;继承人为限定承认后,对于继承债务复任意以固有财产为过分之清偿,亦不得以不当得利而请求返还。

限定承认之结果,继承财产与继承人之固有财产,依旧分离独立,不相混同。从而其限定继承人对于被继承人之权利义务,亦不因继承而消灭(第一一五四条第三项),其权利仍得对继承财产请求执行,其义务仍须向继承财团而为履行。在此点上又与单纯承认不同。盖在限定继承场合,若使继承人对于被继承人之权义亦相混同,则其权利消灭,不外仍使继承人以其固有财产,充偿被继承人之债务;其债务消灭,不外使其债权人及受遗赠人仍不能以全部遗产作为清偿。坐是而限定承认之本旨,终不得而贯彻矣。然其权义所谓不因继承而消灭者,仅对继承债权人及受遗赠人之关系而言,其于被继承人,则因继承之一般效力,结果终以混同。即谓不至消灭:亦无何等之意义耳。

限定承认之结果,于继承人及继承债权人受遗赠人间,此外并发生种种之权义,兹按次述之如下。

第五目　遗产之管理

在继承开始以后,得为限定承认期间犹未经过之前,继承人纵未为承认之意思表示,原则上其遗产已一度移转于继承人。俟其期间经过,其关系且以完全确定。只继承人于期间未终了以前,竟为限定承认,乃溯及既往,视为自始发生效力耳。故在继承关系犹未确定之前,其遗产虽不能完全视为继承人之确实所有,究不能视为属于他人,从而其遗产之管理权,亦不能使属于继承人以外之他人。于此期间,关于其遗产之管理,应适用一般遗产管理之原则,可勿待赘。

然在既为限定承认之后,犹未清算以前,其遗产分离独立,且成财团,此时其财产是否应由继承人继续管理,法无规定,解释上不无迟疑,只自立法精神观之，仍以解为由其继承人继续管理者为妥。盖此时其遗产虽可视为财团，要无独立人格，不能自成主体，而继承人自继承开始，即继承其权利义务。限定承认场合，继承人之责任虽为有限，而其遗产上之权利义务，固亦概括承受，既如前述。故限定承认之后，遗产未经处分以前，其产权仍为继承人之所有，至于清算之后，其剩余财产，且确定归属于继承人，亦如前文所述。以是观之，故在此期间其遗产亦应属于继承人管理。而继承人若有数人，应适用《民法》关于公同共有之规定，及第一一五二条之规定，以处理之，盖无容疑（见前）。

唯既为限定承认之后，其遗产与继承人之固有财产不得不视为分离独立。盖对于同一遗产之上，有多方对立的利害关系之存在。严格的保持其分离独立，除为保护继承人外，亦为保护继承债权人及受遗赠人所必要也。以是继承人为遗产之管理时，亦不能与管理自己财产，视为同一关系。其关系在某点上盖与委任关系相似，尤其管理人所有之责任，与受任人之责任相同。故因管理上有过失致使遗产毁损失灭时，其管理人应负损害赔偿之责。但此时对于其继承人，若必责以善良管理者之注意，未免过酷。解释上仅能求其与管理自己固有财产，为同一之注意耳（自第五三五条及第五四四条类推解释）。

第六目　遗产之清算

第一　概说

继承人为限定承认之后，应即实行清算。对继承债权人及受遗赠人，应以所受遗产之限度，各按比例及先后而清理之。为期清算之公平允洽起见，法律上不得不有一定之清算程序。其程序，除清算期内遗产应由何人管理，已于上述外，尚须公告或催告权利人，使之确知将行清算，自来申报。次之，如遗产内容非为单一，而各种义务不能不以同一单位之物清偿，则于未清偿前，须将其遗产拍卖换价（《民法债编施行法》第一四条），以便计算，可计算矣，又须就各种权利，定其先后偿付之顺序。凡此等等，动关法律问题。就中公告及催告，清偿之时期及顺序等项，《民法》略有规定，兹为分述如次。

第二　公告及催告

着手清算，其第一步为对于一般债权人之公告，及对于所已知债权人之催告。盖所以使一切权利人知其限定继承之事实，促其速为申报，无所遗漏，及所以判明债权之实额，以便计算偿付也。唯应为公告或催告之主体及方法，各有不同。《民法》仅就前者设有规定，以继承人为限定承认之呈报时，"法院应依公示催告程序公告，命被继承人之债权人，于一定之期间内，报明其债权。其一定期间不得在三个月以下"（第一一五七条）。即公告须由法院于受理呈报时为之，以期准确。公告方法应依公示催告程序（《民诉》第五〇五条至第五二二条），否则不能有效。但其申报权利期间，与通常定为二个月以上者（《民诉》第五一〇条）不同，至少为三个月。因继承之开始，为突发之事变。若其期间过短，恐于权利人之保护难期周至也。又公告时对于受遗赠人亦须令其申报。

除法院以公示催告，公告周知外，他面继承人尚须对自己所已知之债权人，实行催告，令其于同一期间之内，报明债额。其催告方法，须向各债权人分别行之。盖"继承人对于在该一定期间内报明之债权，及继承人所已知之债权，均应按其数额比例计算，以遗产分别偿还"（第一一五九条）。自此观之，继承人自以其催告为必要。然此催告非为继承人必须履行之义务。对于其所已知之债权，不先实行催告，而径分配偿还，自无不可。要之，其应行催告与否，应视其有无必要，以为决定，而非其必须经过之程序也。又对于受遗赠人亦然。

第三　清偿债务及交付遗赠之时期及顺序

一　时期

继承债务之清偿，须于申报期限届满，通盘计算，定有次序及成数之后为之，方克公平允当。因在限定继承场合，所遗产权，其全数恒不足以清偿债务，若对某项债务提先偿还，则其剩余愈寡，于其他债权人益为不利，难免发生偏枯不平之弊矣。《民法》因禁止继承人于申报期限之内，不得对于被继承人之任何债权人偿还债务（第一一五八条）。依此规定限定继承人于申报期间未满以前，对于继承债权人，实有拒绝清偿之权利与义务。唯清偿拒绝权，不问遗产足敷全部债务之偿还与否，必然存在，而其拒绝义务，仅遗产不足偿付之际，始以存在。故限定继承人若预料遗产并无不足之患，而于期限终了以前，尽先偿付，当亦无不可。只其所为便宜措置，乃又害及其他债权人之利益者，仍须负赔偿责任，而他面受其偿付之债权人，对于其他债权人亦应返还其不当受领之数额，有如后述耳（第一一六一条）。

二　顺序

限定继承人于前述申报期限届满，换价计算之后，应为债务及遗赠之偿付，其偿付之顺序如下：

（甲）继承债权之清偿，以有优先权人为第一顺序（第一一五一条但书）。有优先权人，即在遗产上有抵押权、质权及留置权之债权人是。此等优先权利，其效力不因遗产继承而受任何影响。其有特别担保者，于前述申报期内曾否报明，亦无若何关系。使与普通债权相较，自居优先地位。然此等有特别担保之优先权人亦非对于遗产全部常有优先权利。仅以其优先权所附之目标物价额为限，得以首位受其清偿。若其价额不敷全部债权之清偿时,其不敷之数,仅能与普通债权于同一顺位,受其清偿之分配耳。

(乙)其次以普通债权居于第二顺位,即对上述优先权人为清偿后,尚为余裕,或上述优先权人全不存在之时,乃由普通债权人受其清偿。此处所谓之普通债权人亦不以前述申报期内曾来报明者为限,其未报明而为继承人所已知者,亦不能独除外之(第一一五九条)。又此时犹未到期之债权,解释上亦应为全额之清偿。因其提前清偿系出于债务人方面之事由,于债权人自不能抛弃其期限上之利益也。唯附有条件之债权,及存续期间不确定者(如终身年金之类)难为同一解释。此种债权之价额,依理应于审判上或审判外估计决定,以便清算程序从早得结束也。至普通债权人有数人,而遗产不敷清偿其全额时,则应按分清偿,其法即由继承人对于各种普通债权,按其数额比例计算,以遗产分别偿还之(同条)。如债权有二百元、四百元、六百元三种,而遗产仅有六百元时,则按其数额比例计算,分别偿还一百元、二百元、三百元之例是也。

(丙)又次以受遗赠人居于第三顺位。即清偿上述各种债权后,尚有若干剩余时,乃得将其剩余遗产交付于受遗赠人。盖债权人多系有偿取得,即不然其权利亦早于继承开始前所已确定(如生前赠与),与受遗赠人多因被继承人之恩惠而取得者,大相径庭。对于债权人之保护,乃应较受遗赠人为优厚也。不然,使受遗赠人与债权人列于同一顺序,同时分配一物,则被继承人纵已负担莫大之债务,亦得更以遗赠加害于债权人,而债权人之利益终不保矣。《民法》因禁止继承人非依第一一五九条规定,偿还债务后,不得对受遗赠人交付遗赠(第一一六〇条)。交付遗赠方法,《民法》未之明定。唯交付遗赠原出于尊重被继承人之意思,其应交付之次序及数额,如遗嘱另有指定者,自应依其指定。否则亦须按分公平分配,即所余遗产不敷充作全部之遗赠时,须按其数额比例计算，分别交付之。

（丁）最后，继承债权人不于公告所定期限内报明其债权，而又为继承人所不知者，仅得就剩余遗产，请求偿还（第一一六二条）。此之剩余遗产，系指偿还上述各种债权及交付遗赠后，所剩余者而言，所不待赘。此类债权人，虽未于所定期内报明债权，而又为继承人偶所未知，于正当分偿时，未及偿还，究不能遽使丧失权利，但若使此类债权与其他债权保有同等利益，将前此所为清偿全部撤消，重行分配，则又与前述公告催告，从早结束清算之本意，大相背谬，衡情酌理，对于此类债权，自以仅就剩余遗产，使得请求偿还，为最妥当。唯有特别担保之权利，即未及时申报，于所定期限后，亦得就其担保物之价额，受其偿还，有如前述。其结果此种债权人，对于已受清偿之债权人，及受遗赠人，亦得请求发还。唯此种债权其不为限定继承人所知悉者，事实上乃甚鲜耳。

除偿付以上各种债权人及受遗赠人后，如尚有遗产剩余时，结局乃归限定继承人承受，与其固有财产混同；而因限定承认所设之财产分离，自此乃告终止矣。

第七目　限定继承人之赔偿责任及不当受领人之返还义务

限定继承人偿付继承债务及遗赠之时期及顺序，已如前项所述。此等程序为公平保护继承债权人而设，于限定继承人自应恪守将事，不可违反，否则动致损害债权人之利益，而构成侵权行为。《民法》为公平周密保护债权人利益之计，另以第一一六一条规定继承人之损害赔偿责任。依此规定，继承人应负其责任之场合如下：即（1）于公告所定期限内对某继承债权先行偿还，致其他债权人不能受其应得之清偿者，

（2）侵害有优先权人之利益者，（3）对公告所定期限内报明之债权，及继承人所已知之债权，不为按分分配偿还者，（4）未按分偿还债务而对受遗赠人交付遗赠者。此外第一一五七条，关于法院应为公告之规定，则继承人无违反情事之可言，更何有于损害赔偿责任。第一一六一条谓"继承人违反第一一九七条至第一一六〇条之规定"，盖第一一五八条至第一一六〇条之笔误而无疑。

上述情形，受有损失之债权人，对于不当受领之债权人或受遗赠人，并得请求返还其不当受领之数额（同条第二项）。是为不当偿付返还请求权。此项请求权之性质，究系何属？颇有疑义。谓为不当利得返还请求权乎？则被继承人之债权人或受遗赠人，纵违反前述程序受其债权或遗赠之偿付，终非无法律之原因，而受利益之交付，于理不能全合，谓为同属损害赔偿请求权乎？则非特不问其过失之有无，且不问其为恶意与否，即不问其明知不当受领与否，其不当受领之债权人或受遗赠人，常须负其返还之责。此时其无侵权行为可言，亦甚明显。故此项权利既非损害赔偿请求权，亦非不当利得返还请求权，而属于特别之范畴耳。

对于受不当损失之债权人，法律如是，除与以损害赔偿请求权外，并与以偿付返还请求权，意在保护继承债权人之利益，务期公平周至，固无待论。唯此二重权利，处于若何关系，解释上亦有问题。以吾观之，二者居于补充地位。盖以通常情形而论，限定继承人有依公平见地，偿还债务义务，反此义务而与一部分债权人以不当之损失时，固应负其赔偿之责任，然继承人纵有责任而资力不足，或全无资力，则其赔偿制度，终不济事。于赔偿责任人无资力时，受损失之债权人，因有偿付返还请求权，乃得对于不当受领之债权人或受遗赠人，直接请求返还不当受领之额，以资救济。反是，其不当受领之债权人或受遗赠人，在法虽有返还不当受领数额之义务，若其人亦资力不给，或并所受领者已不存在，则虽请求亦已无益，此时乃可专责于限定继承人，使负全部赔偿之责任，更不待赘。如此二者互为补充，虽难保赔偿责任人与返还义务人，两方皆无资力，终于无法救济，而较仅有损害赔偿请求权一种之规定者，于继承债权人则已多得一重之保障矣。本条规定于遗赠亦可准用之。

第五项　继承之抛弃

第一目　概说

抛弃即继承人对已所开始之遗产继承，声明于己不生效力之意思表示，为单独行为，已于前述。盖遗产继承，因继承开始当然发生效力，但凡继承开始，其遗产必依法一度转移于继承人，然遗产包括被继承人财产上之一切权义，若其义务过多，则继承人反为不利。不然，即在权利过多场合，继承人亦有不欲受其利益者。近代法为任继承人自由选择之计，除许继承人得为限定承认外，并认其得为抛弃（第一一七四条）。而抛弃溯及继承开始发生效力（第一一七五条），视为自始未为其继承人。故继承抛弃者，不外对已所开始之继承，溯及继承开始，否认于己不生效力，简言之，即否认己身为继承主体之行为也。一般继承人皆有抛弃能力，但已为单纯承认或限定承认者，其抛弃权即以消灭。此其性质使然，亦已前述。

但继承抛弃与应继分之抛弃不同，后者为应有部分之抛弃，即不为继承抛弃时亦得为之。又应继分之抛弃，并得于继承开始前附以停止条件为之，而继承抛弃则根本不得于继承开始前为之也。

第二目　抛弃之方式

继承抛弃与限定承认同，为反于继承本则之例外场合，法律为期明确而昭慎重之计,亦定为要式行为。其行为"应于知悉其得继承之时起二个月内,以书面向法院、亲属会议或其他继承人为之(第一一七四条第二项)。"即其行为之意思表示,须以书面提出,或提出于法院,或提出于亲属会议或其他继承人,均听自便。但其意思表示,虽有一定之相对人,而其行为性质终为单独行为。其效力因相对人之接受即已发生,而不得其承诺。其向法院提出场合,与限定继承之呈报同,法院不得为任何审判,其管辖法院亦与限定承认之场合无异。

得为抛弃期间,为知悉得为继承之时起二个月以内,与限定继承场合,应于继承开始时起三个月内为之,且其期限得向法院声请延展者(第一一五六条)不同。盖继承抛弃,多在债务超过显而易见之场合,今其调查考虑期间,定为二个月,无非使其继承关系从早确定。其期间之起算点,规定为知悉其得为继承之时起者,则以抛弃之后,其权利绝对无可挽回,故抛弃之决意,务使出于该继承人之本意。而其何时知悉得为继承,实际证明即较困难,遂亦不暇顾及也。

第三目　抛弃之效力

继承抛弃,既系否认为该遗产之继承人,则其继承于该继承人自始不生效力,本为理之当然。然为继承抛弃必在继承开始以后,期间届满以前,其距继承开始,必有若干时日间隔。则抛弃是否系自为意思表示时起发生效力,易滋疑义,《民法》为决疑起见,明定有溯及效力,视为继承开始时起,即已抛弃(第一一七五条)。其及于本人与其他继承人之效力如下。

第一　及于本人之效力

抛弃因自继承开始即生效力,故抛弃人对遗产自始不生关系,既不取得若何权利,亦不负担任何义务。从而抛弃人之固有财产与遗产依然绝对分离,不相混同,而抛弃人对被继承人所有义务,仍须履行,所有权利,仍得行使。又抛弃人自被继承人生前所受特种赠与,亦得照旧保持,不受任何影响(参照前节第三款第二项)。

第二 及于其他继承人之效力

一 法定继承场合

因抛弃结果,其继承于抛弃人不生效力,与自始未为继承人者相同。故在法定共同继承场合,其继承人中有抛弃继承权者,其应继分应归属于其他共同继承人,即归其他同一顺序之继承人承受(第一一七六条第一项上段)。例如有继承人甲乙丙三人,甲为被继承人之配偶,乙为亲子,丙为养子,其中若乙抛弃继承权时,则乙之应继分连同其他遗产全部归属甲丙承受,而各按其应继分,甲得三分之二,丙得三分之一。此时抛弃人之应继分归属他共同继承人承受,亦自继承开始发生效力。故其应继分非自抛弃人之所让受,乃依法定自始以其固有权利取得。从而其他继承人中有在继承开始以后未为抛弃以前死亡者,亦得受其应继分之归属。而他面其归属为法律上当然发生结果,受其归属之人,不得诿卸拒绝。如对己身原有之应继分未为继承承认,自得与归属所得者合并而抛弃之。然在既为单独承认之后,因归属结果,义务增多,愈觉不胜负担,解释上亦不得更为继承之抛弃矣。在共同继承场合,其抛弃人即有直系血亲卑亲属,亦不发生代位问题。因抛弃非系失权之一场合,失权之人,自继承开始即受排除不得有承继权,故其直系血亲卑亲属得以越彼代袭。而抛弃必在继承开始之后,其抛弃之选择行为,且为继承权之一作用。虽因抛弃视自始所未继承,其继承权固与自始丧失不同。故抛弃人之直系血卑亲属,不得代其地位而为继承者也。

至"同一顺序之继承人均抛弃其继承权时,准用关于无人承认继承之规定"(同条第一项后段)。本项准用规定文义暧昧,学者解释不一。或谓同一顺序之法定继承人全部皆抛弃其继承权时,则应准用第一一八五条规定,径将遗产归属国库。或谓应援第一一七八条规定,先搜索继承人,如尚有次顺位法定继承人者,遗产应先由其次顺序之继承人承受。此二说中,如单就"无人承认继承"字面着眼,似应采第一说,径将遗产归属国库。然第一,在立法上于此并无特别限制,使次顺位继承人不得继承之必要。第二,其所谓准用云者原系比附引用之意。自全体观察,《民法继承编》第五节规定于此可类推援用者,当不以第一一八五条为限。即第一一七七条及第一一七八条亦可尽先准用。以第一一七六条第一项与第一一七七条及第一一七八等条连贯解释,则同一顺序之法定继承人皆抛弃其继承权时,应先视其有无次位之继承人,如有即由其人承继。如有无不明,经公示催告而复无人承认,或有人而皆又为抛弃者,则最后准用第一一八五条规定,将其遗产实行清算,如清偿债务交付遗赠后尚有剩余者,乃以归属国库。第三,自第一一七六条第二项"归属于法定继承人"类推论之,亦以如是解释为妥。因其所谓法定继承人者,概括与指定继承人同一序顺以下其他各顺序法定继承人全体(被继承人之生存配偶在内)而言者也。但此项规定终欠明显,无论如何,将来宜改正之。在一人继承场合,其第一顺序之唯一继承人抛弃继承权时,则由直系血亲卑亲继承,因此时其直系血亲卑亲属并非代位继承,实居于次顺序也(第一一三九条)。

二 指定继承场合

"指定继承人抛弃继承权者,其指定继承部分归属于法定继承人"(同条第二项)。所谓法定继承人者,概括依第一一三八条有继承权人之全部而言,已如上述。故指定继承人抛弃继承权,而被继承人尚有父母者，其遗产全部由其父母承受，否则由第三顺位以下之法定继承人乃至国库承受之。

以上一切场合，继承人既为继承抛弃，其应继分归属他继承人或国库承受，则其本人对于遗产自已不生关系，然为他人及社会利益着想，尚应负担一种义务。即自抛弃以后，他继承人或遗产管理人接受管理以前，仍须继续管理其遗产之义务是也。盖继承人自继承开始以后，一切遗产通常即属于其管理。虽自抛弃时起，对遗产脱离关系，而抛弃后即任其放弃管理责任，致使遗产毁损消失，则非特同顺序或次顺序之他继承人、债权人及受遗赠人，蒙其不利，即于社会经济，亦为莫大损失。故依法理解释，继承人为抛弃后，如尚有他继承人者，应待至他继承人接受管理为止，如他继承有无不明者，待至亲属会议选定遗产管理人接受管理为止（第一一七七条），继续负其管理义务（参照日《民》一〇四〇条）。

第三款　遗产之分割

第一项　概说

遗产分割者，复数继承人就遗产上之权利义务，按分分拨，因以消灭其间共同关系之谓也。因分割行为，各继承人对于产权之公同共有关系，乃归消失，即债务之连带责任，亦以次第免除，故遗产分割，其目的乃在消灭共同关系，使遗产上之权义各有归属，为不易之原则。唯一人或一家之遗产，令其即时分割，抑使长久保存，法制颇有变革。在昔封建社会，采一人继承主义，一家财产例由一人继承，其制固为强制保存。我国旧律，分析家产，本定止以子数均分，而世风相习，数代同堂，同财共居，庞然大家族制。故遗产虽属有权人公同共有，而事实仍为尊长继续管理。未得尊长许可，卑幼不得使用处分。并且不得请求分析（见前），如是使其共同关系保持相当之久，其遗产继承盖亦不以分割为前提也。《民法》侧近强制分割主义，以继承人原则上得随时请求分割遗产（第一一六四条），而分割效力则溯及继承开始之时（第一一六七条）。推立法用意，似不望一家数子，将其遗产长为共同保存也者。采取强制分割主义，其结果易使大家拆碎，资产分散。家制由大而小，本合家庭进化趋势，资本土地不使集中于私人之手，尤合民生之所要求。质之立法政策，原无大谬。唯旧习相沿，积重难返，而农家经济，亦有将遗产姑为共同保存之必要。故令继承人随时得将遗产分割可耳，然实际上一家数子将遗产共同保存相当之久，及其久后分割之日，仍使溯及继承开始之时，发生效力，视为自始所分割者，其效力发生，难于尽改已往之事实何？总之，依《民法》规定，遗产自继承开始，虽暂属于继承人之公同共有，而其公同共有，与普通场合，欲其长久维持者不同：乃以从早分割为前提，其公同共有关系，特不过因事实上之困难，如分割方法或继承人数之遽难决定等等，设为过渡期间之便宜办法耳。此种立法是否适当，容待后述。

关于遗产之分割，除《继承编》所规定外，《物权编》中关于共有物分割方法之原则规定（第八三一条），于某限度亦可适用，已如前述。兹分遗产分割请求权、分割方法、分割效力等数款次第述之。

第二项　分割请求权

数继承人对于遗产公同共有之关系，既以分割为其设定之前提，则其遗产迟早必归于分割之运命，而继承人亦应得为分割之请求。依《民法》规定，继承人对于遗产分割之请求，除法律有规定或契约有订定外，得随时为之（第一一六四条，法《民》第八一五条，德《民》第二〇四二条，瑞《民》第六〇四条）。即继承人对于遗产原则上有随时请求分割之权利。所谓法律另有规定者，即指第一一六五条第二项被继承人得以遗嘱禁止分割之情形而言。所谓契约另有订定者，则其继承人相互间禁止分割契约之订定是也。此等例外场合，兹先分述如次：

一　遗嘱之禁止

关于遗产之归属，被继承人本人有某范围之处分自由，关于遗产之分割，自亦与以相当之自由权，方足以谓尊重被继承人之意思。《民法》因许被继承人得以遗嘱定其分割之方法，如后所述者外，并许其得以遗嘱禁止分割。只其分割禁止效力，不得超过二十年耳（第一一六五条）。盖在强制分割主义之下，遗产虽以分属于各继承人，为其当然之归宿。然其即时分割，于继承人未必尽为有利。视遗产之性质状况，或继承人间之实际关系如何，以即时分割显为不利者，事恒有之。与继承人关系最切之被继承人，为死后处分之际，对于遗产分割一端富亦有所顾虑。被继承人之意思，若以暂时不使分割为得策者，自以许其禁止分割为宜。又推本条用意，其分割之禁止，对于遗产全部为之固可，仅就其中一部为之，亦无不可。禁止必须以遗嘱为之。其期间超过二十年者无效，未定确实年限，但谓务宜长久不分割者，视为满二十年之禁止。

或以禁止分割遗产至二十年，期间过长，有碍经济的流通与保存若改良，而为本段立法上之非难者。然此非为不可伸缩之法定期间，于此限度之内，被继承人尽得自由制断。况其分割禁止，乃为继承人之利益设想，苟利多弊少，则稍长亦有何碍。一面揆之我国俗习，兄弟同财共居，继续至二十余年，亦在所多有也。

二　契约之订定

除被继承人有遗嘱禁止之情形外，继承人亦得以契约订定不得分割遗产。盖以原则而论，私人虽有随时分割共有财产之自由，他面亦得以自由构成一公同关系，依其关系共有一物（第八二七条）。继承人本因共同继承而共有财产，今欲就其公同共有关系以契约订定而继续之，则于继承人之共同生活，或于事业之共同经营管理，甚为便利，而于公益亦非不能两立也。故继承人对于遗产，得以契约相互订定不许请求分割。若有人请求分割时，其他之人得拒绝之。约定期间，法无限定，参照《民法》公同共有制度之精神，其继承人要得自由定之。

论者多谓约定不可分割之期限，应适用《民法》关于普通共有物之规定，不得超过五年，逾五年者，缩短为五年（第八二三条第二项）。予意不然。五年期间过短，与实际社会生活不能相投；与前述被继承人得以遗嘱禁止满二十年不许分割者相较，亦显失平衡。《民法》第八三〇条虽有"公同共有物分割之方法……应依关于共有物分割之规定"，但依本条解释，关于共有物分割之规定，可适用于公同共有物之分割者，仅以第八二四条为限，第八二三条并未包含在内。即从正文解释，亦决不能引用。

以契约订定不可分割，就遗产全部为之，或就其中一部为之，均无不可。尤其俗间于分割遗产之际，每留田宅一部以为祖先享祀之用。此种祀产法律上实由于继承人合意订定，作为公同共有，子孙永世不可分割，至少不有分割时期之预定。在社会见地，此种祀产其本身有无存在价值？姑勿批评，而其习惯要非违反公序良俗，法律究无可否认之。唯此种祀产向系以男子输管或分割分息者，如女子向无此权，非另有约定，不得与男系同论耳（司法院院字解释第六四七号）。

又上述不可分割之遗嘱禁止或契约订定，其效力仅于禁遏期间，其继承人之一人或二人于审判上或审判外，对其他之人不得请求分割而已。若其共同继承人全体一致而主张于期限届满前分割者，自得提早为遗产之分割。盖在约定场合，其公同共有关系，使之依旧继续或即时终止，本任于私人之自由决定。在遗嘱禁止场合，其禁止亦不过被继承人为继承人之私益而设，其继承人全体一致皆以其关系之维持为不便者，社会自无强使再为维持之必要。非特无是必要，任其全体随时分割，宁为强制分割主义本身之所前定也。①

第三项　分割之方法

第一目　通则

遗产虽依应继分而移转于继承人，而应继分不过为遗产之分率，遗产内容之权义，具体如何分属，则犹待于特别决定。是即遗产分割方法问题所由昉也。依《民法》解释，遗产分割方法，可按下列各种标准定之。

（一）第一，就遗产分割之方法，被继承人之遗嘱有特别指定者，应先依其指定（第一一六五条第一项）。是盖与应继分之指定同样所以尊重被继承人之意思也。被继承人分割方法之指定，得以任便为之。纯为分割方法之指定固可，即于指定应继分之行为内包括为之，或但指定分割方法一部而遗他部，亦无不可。此外被继承人，又得以遗嘱委托第三人代为指定（同条，法《民》第一〇七五条，德《民》第二〇四八条第二〇四九条，瑞《民》第六〇八条，日《民》第一〇一〇条）。而此时被继承人亦得托其纯为分割方法之指定，或与应继分之指定同时为之，乃至托其指定分割方法之一部。受托第三人所为分割方法之指定，依法亦有拘束继承人之效力。其指定不得违反被继承人之意思以及特留分之规定，自无待

---

① 关于遗产分割之请求，此外尚有解释第一一六六条，以为胎儿为继承时，非保留其应继承分，他人不得"请求"分割者。吾意本条乃系效力上之限制，而非请求分割期间上之限制（德《民》第二〇四三条第一项瑞《民》第六〇五条）。违反本条规定，其注定代理人不特得为继承回复之请求，亦得据本条直接主张其分割为无效。然其法定代理人固不得谓应保留胎儿之应继分后，其他之继承人始得为分割之请求也。其他之继承人原则仍得随时请求分割，只其实行之际，一面须保留胎儿之应继分，否则不能为有效耳。

论。若第三人受托后而终不为其指定，则为遗嘱执行不能，视为未有遗嘱，应依其他规定，定其分割方法。

（二）就遗产分割之方法，被继承人未以遗嘱指定，或以遗嘱委托于第三人，其受托之第三人未代为指定时，共同继承人得以协议定之（第八三〇条第二项第八二四条第一项），其方法或以原物分配，或变价分配均可。

（三）分割之方法不能以协议决定时，得声请法院决定之。法院应依次之方法为之分配，一，以原物分配于各继承人。此时继承人中有不能按其应继分受分配者，得以金钱补偿之。二，变卖遗产。以价金分配于各继承人（第八二四条第二项第三项）。唯审判上之分割，应以原物分割为本则，不能以原物分割时，始得命其变价分割耳。本项声请，形式上要为诉讼事件，其诉之性质，为形成之诉而非给付之诉，盖此诉所以请求各继承人间权利关系之决定，在未判决以前，其遗产犹未分割，固未得为分割物给付之请求也。

但上所述，仅就产权之分割方法而言。至债务则不问其可分与否，殆皆不成分割问题。因被继承人之债务，或由继承人数人分配，或由其中一人承受，概为债务之处分，未得债权人同意，债务人不得单独为之也。

第二目　胎儿应继分之保留

于遗产继承，胎儿以将来非死产者为限视为既已出生（第八条）而有继承能力，已如二章二节所述，所谓以将来非死产者为限，视为既已出生者，当以继承开始之时为其标准言之。即于继承开始之际，虽未出生，而其时确已怀胎，乃视为于继承开始时既已出生者也（德《民》第一九二三条，依此推论，则胎儿未出生前，并未果已取得人格，只自生而生存之际，溯及继承开始之时,有其权利能力而已)。一胎儿有无继承能力,既以继承开始时期为其决定标准,则受胎于继承开始之后者,不能有继承能力,固无待论。唯胎儿究系成于继承开始之前,抑系成于其后,事实容有难于决定。就此问题,吾人得引第一〇六二条第二项,关于受胎期间之推定规定,以决定之。即在继承开始后三百〇二日以内所出生者,乃得推定受胎于继承开始当时或以前也。但此仅为一种推定,若事实上能为其他之证明者,仍得以反证推翻之耳(同条第二项)。

胎儿在出生前即有继承能力,得现实为遗产之承继,已如上述。其遗产上之权利,至出生以后,有法定代理人为之行使,可无问题。然在出生以前,苟继承开始时期稍早,则成胎与否,他人每不易于明白,即能明白,而对胎儿权利,亦每不甚注意。故法律纵已认有权利,若不另设保护方法,乃终不能收其保护之实。尤其遗产分割,现实领受之际,特有加意保护必要。《民法》因规定其他共同继承人分割遗产之际,必须同时保留其应继分。否则不得分割,分割亦为无效(第一一六六条第一项),视为与未分割者同。如遗产犹在原状,则得请求重新分割,否则得为继承回复之请求(第一一四六条),自无待论。法文谓非保留其应继分不得分割者,盖对其他之共同继承人复加明文禁止,以固其保护耳。

胎儿与其他继承人分割遗产时,其权利应由何人代为行使,颇难决定。应由法院选定一人为之代理乎?法院手续繁重,颇为不便,且法院亦难积极干与,保护周至,此法自难采取。应由法定代理人代理乎?则遗产继承场合,其法定代理人大抵为其亲母,其父得为代理人之场合极少。故《民法》于第一一六六条第二项规定:"胎儿关于遗产之分割,以其母为代理人"。盖胎儿之母不问其为父之正妻与否,对于胎儿利益,必较他人特为关切,且继承开始之际,是否既已受胎,其母最早能觉知之也。

第三目 遗产之扣算

在共同继承场合,其多数继承人各按其应继分而有对立之利害关系,故就遗产之分割,亦务宜各守其应继分,以保持分割平衡,可勿待赘。各继承人对被继承人间所有之债权债务,及生前所受之赠与,乃各继承人个人对于被继承人之财产上特别关系,是否加入于应继分中计算,其影响于平衡者甚大。故法律为保持其间平衡之计,对于此等继承人与被继承人间之特别关系,视为不因继承而消灭。其被继承人对继承人之债务,亦被继承人所欠债务一种,而应受第一一五三条之规律,此处无待再述。至继承人对于被继承人之债务,及前此所受之特种赠与,依法则应于遗产分割时加入于应继分中扣算。兹依《民法》规定,分述之如下。

一 对于被继承人之债务

"继承人中如对被继承人负有债务者,于遗产分割时,应按其债务数额,由该继承人之应继分(指定或法定)内扣还"(第一一七二条,瑞《民》第六一四条)。其法即先将其继承人所负债务之额,加入于全部遗产内,为应继财产,再按各人之应继分比例分配,最后乃自负债继承人之应继分中扣去所欠之数,而以其剩余之数,为其实得之额是也。

二 所受特种之遗赠

"继承人中有在继承开始前,因结婚、分居或营业,已从被继承人受有财产之赠与者,应将赠与价额加入被继承人所有之财产中,为应继遗产",而"赠与价额应于遗产分割时,由该继承人之应继分中扣除。"其扣除方法,与上述债务之扣除同(第一一七三条第一项前段及第二项)。唯此等赠与之扣除,虽与债务之扣除同样所以保持各继承人间应得利害之平衡,而赠与之返还,则不能谓非赠与关系中之一特例。因其扣还与标的物既已交付之赠与,不得撤消之原则(第四〇八条),显相违异者也。

考此扣除主义,自《罗马法》以来,为多数国家法例所采(瑞《民》第六二六条,法《民》第八四三条即一八九八年三月二十四日法,德《民》第二〇五〇条,日《民》第一〇〇七条第一〇九二条)。法意殆以女子出嫁,例必给与奁财。子孙不肖或与父母生活样式不合,父母令其分财析居,亦为法所不禁(第一一二八条)。其对子女与以资本,使之独立营业,以谋发展,事实诚恒有之。此等场合,父母与以资财,授以家室,乃欲其成家立业,自图发展,与死后遗以财产,惠其族属,用意原无二致。特一为生前赠与,一为遗产继承,于授与之时期上有所不同耳。二者用意既属相同,则于分割遗产之际,自应将其生前赠与,加入于遗产中计算,而仍由该继承人之应继分中扣还,方足以符被继承人之本意,及保持祖产分配之平衡也。唯赠与数额超过于应继分时,其继承人是否亦应照数补出,似有疑问。对此问题,立法例并不一致。于恒情推之,当以不再补出,实际为较便利,而有时亦可免累及于第三人之利益。即以被继承人之意思推之,其超过之额,有时亦可视为赐与该继承人之特别利益也(如出嫁及析居之场合)。然如是其个人之利益特大,因以减少其他继承人原有之应继分,乃至伤害其他继承人之特留分时,则大足破坏平衡,妨碍公益。且依同条"应将该赠与价额加入继承开始时被继承人所有财产中,为继承财产"之规定观之,不问其超过应继分与否,亦应以所受之全额,加入遗产计算。如赠与过多,其他继承人之应继分不足之数,自亦应由其继承人另补出之。故解释上,超过应继分之赠与数额,以应由其继承人补出者,为较允洽。唯受赠与人既同为继承人,于此不利场合,乃得抛弃继承,以免除其超过额之返还耳。

上述赠与应由应继分中扣还之原则,本于被继承人无特别意思表示时,推测被继承人之意思而设,若被继人于赠与时有反对之意思表示时,则应从其意思,不须加入扣除(同条但书)。唯依法文解释,其不必加入扣还之反对意思表示，应与赠与同时为之，否则不生效力。

又扣还上述赠与，若令原物返还（原物返还主义），非但有所不能，抑且无是必要。故《民法》规定，其扣除以赠与财产之价额计算，即采价值充当主义（德《民》二〇五六条，瑞《民》第六二九条，日《民》一〇〇七条第二项第三项）。唯赠与物之价格，时有涨落，其赠与物有时甚至消失全不存在。故法律又不能不定一定时期，以为计算标准。《民法》规定赠与价额，应依赠与时之价值计算（同条第三项）。至其后价格涨落，乃至赠与物是否存在，自可不问矣。

第四项　分割之效力

第一目　继承人相互间之普通效力

遗产继承《民法》采取强制分割原则，不问遗产即时分割抑久后分割，其分割概使溯及继承开始之时，发生效力（第一一六七条），大略已于前述。关于遗产分割之效力，各国法例有二不同主义。一曰移转主义，以遗产分割，仅自分割时起向后发生效力，即与普通公同共有物之分割，发生同样效力者也。普通之公同共有物，在未分割前，其公同共有人，对于物之全体原有总括支配之权（第八二七条）。及至分割成立之日，其间乃相互移转对于他部所有之权利，而各各取得其单独所有权。例如某一遗产以 ABC 三部构成，自继承开始为甲乙丙三人公同共有，及至分割之日，以 A 归属于甲，B 归属于乙，C 归属于丙。如是前此乙丙对 A 所有权利乃移转于甲，甲丙对 B 所有权利移转于乙，甲乙对 C 所有权利移转于丙矣。故遗产分割使有移转效力，各继承人分割后所得之权利，直接视为由共同继承人所相互让受（translatif）。他曰宣示主义以遗产分割，溯及继承开始时起发生效力。即《民法》所采之主义是。盖以继承人因继承开始直接继承被继承人遗产上权利,而非由各继承人相互继承。故《民法》虽以遗产未分割前定为继承人所公同共有,而于分割之后,则复否认既往之公同共有关系;而以各人所能分得部分,视为直接单独由被继承人之所承受者。简言之,即认遗产分割仅有宣示的(Déclaratif)效力者也。法法系诸国《民法》多采后之主义(法《民》第八八三条,意《民》第一〇三四条,日《民》第一〇一二条),德瑞《民法》则采前之主义(德《民》第二〇三二条,瑞《民》第六三四条)。平心而论,后者认有溯及效力,虽较适于继承本质,而在遗产久后分割场合,则终不若前者为合理耳。

学者多自利害观察,以移转主义于第三人利益之保护虽厚,而于继承人则甚不利,而宣示主义与此相反。盖若继承人中有一人于其应继分之限度,就遗产中某项不动产对债权人设有抵押权者,至遗产分割之日,在移转主义,不论其设有该项物权之物归属何人,其物权常追随于该遗产上,不因分割而失其效力。而在宣示主义,则以其不动产分属于该债务人为限,其抵押权尚能存在,不然,其不动产归属于他继承人,则其抵押权亦因无权利人所设定之故而无效。关于遗产之让与亦然。此时其债权人或让受人虽得引用他种手段以求救济,然其权利终不易于确保,故自第三人观之,虽以移转效力为较有利,而自保护继承人观之,则不若宣示主义为较优也。吾意在我《民法》之下,即自保护继承人之利益观察,亦未必足为移转主义病也。第一,关于不动产物权之设定取得,有登记制度之保护(第七五八条,第七五九条,土地法第三六条),动产之取得,亦有保护善意取得之规定(第八〇一条)。因遗产分割所及于第三人之影响,即有之,亦未必即如论者所说之巨。因第三人在分割前就遗产所取得之权利,法律既有特别之保护,则于法律保护之限度,即使遗产分割具有宣示效力,固已不能将第三人所取得之权利而推翻之也。故自保护继承人之利益而言，宣示主义未必即优于移转主义也。第二对于遗产之处分，除管理上必要之情形外，原则须得共同继承人全体之同意（第八一八条第二项），至于遗产分割前各继承人是否得将其应继分让与于第三人，法无规定，似有疑义。然继承人于分割前让与其应继分于第三人，我国无是法习。而容许其得为让与之外国民法，同时必认他继承人有优先赎回之权（法《民》第八四一条，德《民》第二〇三四条至第二〇三六条，日《民》第一〇〇九条）。《民法》未认他继承人有此优先赎回权利，[1]其反面未可断定。即许各继承人为单独之让与。况应继分单独让与及优先赎回制度，弊多利少，在财产渐趋向于债权化之今日，已无存在之必要。最近立法新例，已有将分割前继承人之单独让与实行禁止（瑞《民》第六五三条第三项）。故就《民法》解释，在分割前各继承人实不得将应继分单独让与。此外若为遗产处分，原则须得继承人全体之同意行之，《民法》既不许继承人于分割前为遗产之单独处分，而处分乃须出于继承人全体之同意，则与第三人之间（如不动产且非经登记不得处分，第七五九条），对继承人更有若何特别保护之必要？总之，自保护继承人之利益观察，实未必即能就上二主义，评定优劣于其间也。

他面，在遗产久后分割场合，则其分割效力，独以采取移转主义为优，而以宣示主义为短。盖依《民法》规定，被继承人既得以遗嘱禁止遗产分割，至满二十年之久，而各继承人且得以合意订立不得请求分割，期限超过满二十年以上（第一一六四条），有如前述。如遗产由继承人继续公同共有，至满十年或二三十年之后再为分割场合，其分割效力亦使采取宣示主义，溯及既往开始发生，视为自继承开始所分割者，则微特在法不能将其间遗产上所生变动，一概抹杀，而其间所生复杂关系，事实亦不

---

[1] 《现行律典卖田宅条例》，及前大理院上字第一〇一四号判决，曾明示禁止。

能一概回复原状。在久后分割场合，无论依法律或事实，均非认其仅有移转效力不可，彰彰明甚。而我国习俗，兄弟同财共居，每将遗产共同保存至一二十年之久，亦如前述。故对于《民法》解释，在即时分割场合（即只事实可能，尽行从早分割场合），固可将分割前之公同共有，目为过渡状态或假设状态，而至分割成立之时，使之依法所定，溯及继承开始时起，发生效力。反之，其在久后分割场合，则不若使其关系，径变为普通之公同共有。即至分割之日，亦仅自分割时起向后发生效力，易言之，即使发生移转效力，为较合理也。

第二目　继承人相互间之特别效力

遗产分割之效力，在久后分割场合，不能溯及既往，仅能使之相互移转，既如上述。不宁唯是，至分割后继承人在遗产上发见瑕疵，或其分得部分受人追夺，以及继承债权之债务人全无资力或资力不足，等等场合，其分割效力，尤非采取移转主义，使各继承人互负相当责任，不足以维持分配利害之平衡。《民法》为保持其公平分配之计，对于一般遗产或继承债权中所有之欠缺，使各人互负担保责任。即以各人分得部分，若有欠缺，其欠缺非自继承开始，各由被继承人直接单独继承，而自分割之际，由各继承人所相互移转让与者。兹分别对于遗产追夺及瑕疵之担保、对于继承债务人资力之担保，及各继承人相互间资力之担保，述之如次：

一　遗产追夺及瑕疵之担保

"遗产分割后各继承人按其所得部分，对于他继承人因分割而得之遗产，负与出卖人同一之担保责任"（第一一六八条，法《民》第八八四条，德《民》第七五七条，瑞《民》第六三七条第一项，日《民》第一〇一三条）。第一，所谓负与出卖人同一之担保责任者，即各继承人与出卖人同，对于他人因分割而得之物或权利，须负担保其完全存在之责任也。依《民法》

关于出卖人担保责任之规定,有追夺担保与瑕疵担保二种。后者即担保卖买标的物之无瑕疵或缺损之义务(第三五四条),前者则担保卖买标的物上之权利,不受第三人为任何主张之义务是也(第三四九条及第三五零条)。出卖人违反其义务时,买受人得依情形,解除契约、减少价金,或请求损害赔偿(第三五三条第三五九条至第三六五条)。但遗产分割与物或权利之卖买,性质究属不同,从而上列三种办法,于遗产分割,亦仅能于某限度,类推适用耳。兹就三者分别检讨如下。

(甲)损害赔偿

此处所谓损害赔偿者,常指不生于任何继承人之过失者而言。各继承人对于其中一人因遗产上隐有瑕疵而受损失者,依出卖人之担保责任比附解释,应负赔偿(补偿)之责。例如甲乙丙三人,各分得遗产约值千元,其中丙所分得者,为价千元之骏马一匹,而该马于分得前隐有疾病,真价只值四百元者,则丙应得遗产六百元不足之数,甲乙应与分担,而各负担二百元之损失是。至遗产所有瑕疵,系生于继承人中任何人之过失者,应依通常法理,由其继承人个人负损害赔偿责任,自无待赘。

(乙)减少价金

买卖中减少价金之方法,于此亦得比附援用。例如遗产为价额三千元之良田一笔,由甲乙丙三人继承分割,结果由甲支付现洋二千元与乙丙,而取得其土地全部。至分割后,乃其土地三分之一,因本不属于被继承人而为他人所夺,于是乙丙因负担保责任之故,应各对甲返还其价金三分之一是。

(丙)解除契约

遗产分割非为契约,分割撤消自亦不能与契约解除同论。唯继承人犹之买受人有请求解除契约权利,亦有请求撤消分割之权。在效果上,未始不可比附。例如有遗产一项为美地千亩,由继承人甲乙丙三人分割承受，其后甲之所得全部或大部分，为他人所追夺者，则甲亦得援用出卖人所有担保责任，对乙丙撤消分割，而请求再分割是。

其次，所谓"各继承人按其所得部分，"负担保责任者，与各按其应继分而负责者大略相同，唯应继分为观念上之存在，各人依应继分实得之数未必常有数学上之正确，故各人仅使依其所得部分，负担保之责耳。例如甲乙丙三人，其所分得部分如属相同，则各人所负责任，固属同一。不然，如三人中甲之应继分为遗产二分之一，乙丙各为四分之一，而丙所分得价值千元之物，为他人所追夺者，则甲应负担五百元，乙丙各应分负担二百五十元。而丙之应得千元，至此乃仅能实得七百五十元矣。此理甚明，无待赘述。

最后，各继承人是否仅就继承开始前于遗产上所存之欠缺，负其担保之责？抑就继承开始后分割前遗产上所存之欠缺，亦应负其责任？就此问题，法无规定，解释上不无疑义。盖关于遗产分割之效力，《民法》采取宣示主义。若依此主义撤底解释，则继承开始以后分割以前所生之欠缺，应视为其分得之个人自始所单独承受。而立法例亦有一贯采此主义，仅以继承开始以前之欠缺为限，由各继承人负其担保责任（日《民》第一〇一三条）。然关于遗产分割后之担保责任，立法原则常采移转主义，有如前述。今就遗产上所存欠缺之发生时期，更无设为例外，限于继承开始以前之必要。非唯无其必要，因此例外不依移转主义，使各继承人分担继承开始以后所生遗产上之欠缺，且将破坏分割之公平矣。如前例马所隐有之疾病，仅发自继承开始以前，使对甲乙有请求补偿权，而发自继承开始以后，即使无此权利，其间利害分配，显然失平均，况次述关于资力担保之规定，亦以"就遗产分割时债务人之支付能力，负担保之责，"而不谓继承开始时债务人之资力。可知《民法》于此实采移转主义。今就继承开始后分割前遗产上所生之瑕疵，自亦可作同一之解释也。

二　债务人资力之担保

"遗产分割后，各继承人按其所得部分，对于他继承人因分割而得之债权，就遗产分割时债务人之支付能力，负担保之责。""前项债权附有停止条件或未届清偿期者，各继承人就应清偿时债务人之支付能力，负担保之责"（第一一六九条第一项及第二项，瑞《民》第六三七条第二项，日《民》第一〇一四条）。《民法》除就一般遗产之追夺及瑕疵，使继承人互负与出卖人同一之担保责任外，并就继承债权，使互负担保债务人支付能力之责任。盖以出卖人之担保责任，于债权之买卖，仅就其债权之成立及有效，负担保之责，此外非有特别订定，则决不就债务人之资力，亦负其责（第三五〇条第三五一条）。因其时债务人之资力如何，通常已评算于代价之内也。然继承与买卖不同，其债权若非有如是特别加重之担保，则其分得之继承人，如适因债务人之资力不足，致其全部或一部不得受清偿者，将无法以求补偿，而遗产分割之公平遂不保矣。

此时各继承人所宜相互担保者，自以担保清偿期债务人之资力为已足，清偿期外债务人之资力如何，可以不问。唯继承债权有分割当时得请求清偿者与非至一定时期不得请求者之别。前者即分割时清偿时期已届，或未定有期限而随时得请求清偿是；后者则附有停止条件，其条件尚未成就，或附有期限，其期限尚未届至者是也。自分割当时观察，两者清偿时期既不一致，则各人担保何时债务人之资力，亦不能不设区别。其分割时既得请求清偿者，他继承人固仅"就分割时"债务人之资力，负其担保之责为已足，因分得其债权之继承人，若坐误时机，不于当时债务人尚有资力之际，请求清偿，致债务人之资力减弱或全部丧失，不得满足清偿，是其自身懈怠之过，他继承人自可不必再受牵累也。至非一定时期不得请求清偿者，则不问其时期距分割时之远近，他继承人皆应"就其清偿时"债务人之资力，负担保之责。因在此场合，既不可强使继承人将此未到期之债权，估价折算分割。而若使他继承人仅就分割时债务人之资力，负其责任，则其后债务人之资力，变动不居，至得请求清偿之日，或者遂因资力减弱或全无资力，不得相当之清偿矣。

各继承人如是互负担保责任之结果，债务人如各该时竟因无资力而不能充分清偿，则其不能清偿部分，应各按其所得部分，分拨负担。分得其债权之继承人，除自己按分受应得之损失外，其他不足之额，应由他继承人按分补偿之。假有遗产万元，由三子分割，各按应继分甲得五千，乙得三千，丙得二千。而乙所分得之债权中，因债务人之无资力，有千元不得受清偿者，则其损失应由三人各按其应继分比例分担。而甲丙对乙应补出五百元与二百元，其余之三百元，即归乙自负担是。

三　各继承人相互间资力之担保

"依前二条规定负有担保责任之继承人中，有无支付能力，不能偿还其分担额者，其不能偿还之部分，由有请求权之继承人与他继承人，按其所得部分比例分担之"（第一一七〇条上段）。依第一一六八、九条规定，各继承人对于遗产之追夺及瑕疵，并债务人之资力，应互负担保责任，概如上述。但负有担保责任之继承人中，乃复有资力不足或全无资力，不克尽其担保责任者，则其不能补偿之额。又非使各继承人按分分担，仍不能保持遗产分配之均平，此即本条关于其相互间资力之担保责任之所由规定也。依本条规定，继承人中有因无资力，不克补出其应分担之额者，应由其请求权人与他继承人各按所得之额，比例分担。以上例言之，如甲应对乙补偿五百元，其时因资力不足，仅能补出二百元者，则其不足之三百元，应由有请求权之乙与他继承人之丙，按分比例分担，而丙于初次应负担之二百元外，更应对乙加偿百二十元，乙则除初次损失三百元外，此时更须受百八十元之损失矣。此外各继承人就债权以外遗产之追夺或瑕疵，分割后负有担保责任之场合亦同。

但各继承人如是相互间应负资力担保之责，仅以其有请求权人无过失者为限。如其不能偿还系出于请求权人之过失，例如因其人犹延懈怠，得清偿时不为请求，以致继承人中发生无资力者，则不复得对他继承人请求分担。如前例因有请求权人之乙懈怠不为及时请求，使其后甲乃陷于无资力者，则乙已不能对丙请求二次分担，甲不能补偿之三百元，乙须全部负担之矣。

第三目　继承人与债权人间之效力

《民法》为保护继承债权人利益之计，使"继承人对于被继承人之债务，负连带责任"（第一一五三段第一项），略如前述。继承人对于债权人如是所负连带责任。非有正当原因，自不能任意卸免。因被继承人之债务，不问其可分与否，继承人概不能任意分割。其内部相互间若行分割，则不外对于债务之处分，苟未得债权人之同意，固不得对抗于债权人也（参照前款一项），然其法定连带责任，终不过为保护债权人之私益而设，若债权人已同意于其债权由继承人中一定之人或数人承受或分担，或依客观情形已不必再加保护者，法律自以使继承人即时免除连带责任，俾其共同关系从早结束，为得策矣。《民法》规定继承人对继承债权人得免除连带责任之场合有二，一债权人之同意，二一定期间之经过。

一　债权人之同意

"遗产分割后其未清偿之被继承人之债务，移归一定之人承受，或划归各继承人分担，如经债权人同意者，各继承人免除连带责任"（第一一七一条第一项）。盖在遗产分割之际，各继承人对于继承债务，其未清偿者，亦以各别移归其中一定之人承受，或划归各人分担，与产权同样分割清楚者，为较便利。至各人对债权人依法所负之连带责任，虽不因其分拨而受影响，而在普通债务，如经债权人之承认者，且得改由他人承担（第三〇〇条及第三〇一条）。此时其法定之连带债务移转于一定之人承受或划归各人分担，如经债权人之同意者，自不妨听其改归各人单独负责矣。其移归一定之人承受场合，他继承人应负债务，自此根本消灭，其划归各人分担场合，自此各人免除连带责任，自无待赘。

二　一定期间之经过

"继承人之连带责任，自遗产分割时起，如债权清偿期在遗产分割后者，自清偿期届满时起，经过五年而消灭"（同条第二段）。法律为特别保护债权人之利益计，故使继承人对债权人应负连带责任，有如前述。然他面债权人以有此特别保护之故，乃或怠于权利行使，于债务得请求清偿时，亦不及时请求，致使继承人之资力厚薄不等，而厚者终不免有一日须负清偿总债务之责。则于债权人之保护，未免独厚，而各继承人之负担未免偏重矣。故法律复为保护继承人之利益起见，自其债权得请求清偿时起，使继承人所负之连带责任，经过相当期间而消灭。依本条规定，其法定期间为五年。若其债务与遗产分割同时已得请求清偿者，五年期间即自分割时起算。若在分割后始得请求者，则自其得请求时起算。

第四款　无人承认之继承

第一项　概说

考遗产继承，限定其有权人范围之法意，要在一方限制个人继承，他方扩充国家继承。故在继承开始有人继承场合，其遗产应归其人承受，若无有权之人，或有之而全体抛弃其权利者，则应归属国库（司法院院字第八九八号解释，法《民》第七六八条，德《民》第一三九六条，瑞《民》第四六六条,意《民》第七五八条,西《民》第九五六条,但瑞《民》以之归属地方自治团体),所不待言。然在继承开始,亦有继承人有无不明,即所谓无人承认继承(Succession vacante)之场合者。于此场合,其继承关系悬而莫决,在此未决状态之中,其遗产如何处置,不特于或将出而承认之继承人有直接利害,即于被继承人之债权人或受遗赠人以及国家经济,亦有重大影响。故在无人承认继承之场合,各国立法莫不设有特别处理程序之规定(法《民》第八八一条至八一四条,德《民》第一九六〇条至第一九六四条,瑞《民》第五四八条第五五一条第五五四条及第五五五条,日《民》第一〇五一条至一〇五九条)。即一面设法为遗产管之理,一面限定期间令继承人出而承认,以便其继承关系从早得确定也。《民法》亦然。

无人承认之继承,既以确定悬而未决之继承关系为主旨,则所谓无人承认者,自以继承人有无不明之情形一种为限,他如明知其有或明知其无者,皆不能包括在内(不同立法法《民》八一一条)。因若明知其有而不过所在不明者,则除非已受死亡宣告者外,其应得遗产可依非讼事件法之规定代为管理(第十条)。至经确实调查已明知其无者,则其遗产应归国库,无须再行特别程序矣。

第二项　遗产管理人之选定及继承人之搜索

无人承认继承人遗产,在所属未决之间,不可不为管理,以免散失。其管理应由何人负责?各国立法不同,有由遗产法院或主管官署依职权暂为管理(德《民》第一九六〇条,瑞《民》第五四八条,第五五一条,第五五四条第三款),至权利人为主张权利,请求选任管理人时则另选定之者(德《民》第一九六一条)。有依利害关系人或检察官之请求,自始由法院选任特别之管理人以专管之者,(法《民》第八一二条,日《民》第一〇五二条)。其必借公力以为管理及为管理人之选任者,良以遗产之管理与其最后之归属，于公益尤有重大之关系故也。《民法》仍守私法自治原则，规定由亲属会议选定遗产管理人以事管理，遗产管理人选定后，乃使亲属会议将继承开始及选定管理人之事由，呈报法院（第一一七六条第一一七七条第一项），俾法院得为管理上之监督及继承人之搜索。管理遗产既不使属法院，其管理人之选任似以任于被继承人之亲属会议为较便利，而此项亲属会议除亲属外，即与被继承人有利害关系人如继承债权人受遗赠人等，亦得召集（第一一二九条），故遗产管理人似亦无不能产生之患。然于此仍有可疑之点存在。使亲属会议不能开会，或开会而竟不能选定，则将如何？亲属会议开会选定矣，而终不将其事由呈报法院，则又如何？前之问题，解释上犹可由利害关系人或亲属径请法院代为选定，因自一一三七条之法意推之，亲属会议所属职务，最后仍受法院之监督也。然本条规定，法院不为积极干涉，后之问题，终觉无从解答。若利害关系人及亲属径将遗产私自管理，最后或竟将剩余财产私自处分，则国库遂无继受其遗产之机会矣。此时国家应如何为自发之措处？与无人继承已确定情形同，《民法》实未预为设想也。除无人继承场合其遗产应设法由国家提取外，在无人承认继承场合，其遗产管理人之选定，国家之公益代表人实亦有出而干涉之必要。故自立法上言，关于本项管理人之选定，似以法法系民法之规定为较优也。

无人承认继承场合，除已设法为遗产之管理外，并应着手于继承人之搜索。搜索程序自以任于法院为之，结果较得准确。故《民法》规定法院接受上述亲属会议之呈报（或利害关系人之声请）后，"应依公示催告程序公告继承人，命其于一定期限内承认继承，"其一定期限应在一年以上（第一一七八条，法《民》第一九六五条，瑞《民》第五五五条第一项，日《民》第一〇五八条）。此一年以上期间，单为继承人之利益而设，俾其多得知悉继承开始之机会，于交通日就便利之今日社会情形论之，自无过短之患。其期间自公告之日起算,公告应依《民诉》公示催告程序为之,管辖法院,亦系继承开始处所之法院;法院接受呈报,为顾虑利害关系人利益之计。应为即时公告,自毋待赘。

第三项　遗产管理人之地位

"凡权义莫不有主体,"在无人承认继承期间,其遗产之主体为何?各国立法不同,有以遗产本身为法人者,有非为法人者,从而遗产管理人之地位,亦有为法人代表与否之不同焉。欧西各国,以国家或地方自治团体为最后顺序之继承人(法《民》第七六八条,德《民》第一九三六条第二项)。在无人承认继承场合,其遗产纵一时所属不明,而其间必有任何继承人一种存在。继承主体既无旷缺之虞,权利义务有何虚悬之患?故在欧西各国,实无另置法人必要,而其间即有遗产管理人选定者,亦得以继承人之代理人目之也。日本独采法人主义,凡无人承认继承之遗产,自继承开始即认以为法人,使之自为主体,而以其后所选定之管理人,为法人之代理即法人之机关,若其后有继承人出而承认继承者,则以继承效力溯及既往之故,法人不能与之两立,将其法人视为自始所未存在。若经过一定期间继承人终不出现者,则以遗产归属国库,而法人至此乃以消灭(但管理人于权限内所为之行为,其效力不因此而受妨碍,第一〇五五条但书)。日本《民法》所以不得不将其遗产认为法人者,自亦有故。盖日《民》虽亦以无继承人之遗产最后归属国库(日《民》第一五九条第一项),而与欧西以国库为最后顺位之法定继承人(德《民》第一九六因条第三项)者不同,仅以国库为剩余财产之归属人,非其一切权利义务之继受人。因日本有家督相续制度,国家纵得承受财产上权义,亦终不得继承一家之户主权也。日本既根本不以国库为继承人,则在继承人有无不明场合,其遗产实有处于虚悬无着之虞。尤其经过搜索,亦竟无人出而承认,则自继求开始以至清算终讫余产归属国库为止,其遗产上权利义务,遂告无主体矣。然此与权义不可不有主体的原则,未免刺谬,为贯彻此学理上原则起见,非采信托制度,则采法人主义,二者不可不择其一。日《民》制定当时,信托观念犹未发达,以故结果采此法人主义,而以遗产管理人为法人之代理人也。

《民法》折乎二者之间,一方以国库为剩余财产之归属人,而非真正之继承人,一方废弃法人主义,以遗产管理人纯为继承人之代理(第一一八四条),其务求切实明显之立法趣旨,未始绝无见地。然依第一一八四条规定,仅以公告所定期限内有继承人承认继承者为限,其管理人前此所为职务上行为,得视为继承人之代理。若期限内竟无人出而承认,则国库既非继承人,而继承人又不存在,其前此所为行为,将为谁人之代理耶?毕竟其间管理人既无本人可以代理,而遗产上权利义务亦无主体可以归属。因之在学理上既难自圆其说,而立法体例上尤觉驴马皆非也。

第四项　遗产管理人之权利义务

总之,依《民法》规定,在公告搜索期限内有继承人出而承认继承者,遗产管理人前此所为职务上行为,视为继承人之代理,故管理人于法定范围内,有为继承人管理遗产之代理权,此代理权盖有包括的性质,包括若干权利义务。依此代理权既得为遗产之管理,又有为其管理之义务,同时又有因管理行为附带而生之权义焉(第一一七九条至第一一八四条)。兹就管理人所有各种权义,分述如次:

第一　管理遗产之权利与义务

一　编制遗产清册

第一管理人有编制遗产清册之义务(第一一七九条第一项第一款)。

此之遗产清册，与限定承认时开具呈报之遗产清册同，为记载被继承人一切财产项目之簿据，凡各种积极财产与消极财产，均应编造在内。唯一由限定继承人自行开具呈报，以便法院监督其呈报之真实，及作清算之根据，而一由管理人设备编制，以为管理上之便利，并供亲属会议或利害关系人之查阅，略有差池而已。编制遗产清册，为管理上初步重要事务，遗产管理人应于就职后三个月内完成编制之（本条第二项上段）。盖其完成编制，非有如是限制，不特遗产漫无稽考，即其他管理职务亦将碍难进展也。

二　为保存遗产必要之处置

遗产既属于管理人之管理，则除为财产之管领外，凡保存改良及利用等管理行为，固皆得为之。即处分行为，必要时，亦在得为之列。唯处分行为虽有时为管理上所必要，而其行为究与管理异其性质。究以若何情形，管理人乃得为其处分？立法上自应适宜为之限制。考管理权与处分权之区别，管理权仅于不致变更物或权利之性质之范围内，得为改良利用，若超出于此范围以上者，则已显为处分，而非为管理，在管理人自已不得为之。此外仅保存一种，系就物或权利为维持现状之所为，在管理人应有无限而为之权限，必要时即处分行为亦得为之。盖保存行为非兼及处分，不足以达管理物或权利之目的也。故本款特为注意规定，管理人"为保存遗产必要之处置"（同条第一项第二款），亦得为之。所谓处置，指保存上必要之事实的或法律的行为，可不待言。

至保存上必要以外之处分，依反面解释，管理人自不得任意为之，若有为其处分之必要时，依本条第二项"为清偿债务或交付遗赠之必要，管理人经亲属会议之同意，得变卖遗产"扩张解释，一概须得亲属会议之同意。盖管理人既属于亲属会议之监督，此项事前同意之监督作用，亦应同属于亲属会议之权限也。

三 声请法院为报明债权及声明受遗赠与否之公告以及自为催告

管理人既着手于遗产管理,维持现状之后,他面为顾全债权人及受遗赠人利益之计,又须准备为遗产之清算。而清算应自对于债权人及受遗赠人之公告及催告入手。故管理人其第一步"应声请法院依公示催告程序,限定一年以上之期限,公告被继承人之债权人及受遗赠人,命其于该期间内报明债权,及为愿受遗赠与否之声明"(同第一项第三款),本款规定亦与限定承认时之公告相同(第一一五七条),其所以必由法院为之者,亦不外为期结果准确也。唯公告内限定期间一为三个月以下,一为一年以上,而法院公告一则于接受限定承认之呈报时为之,一则于亲属会议呈报选定管理人之事由后,由管理人声请法院为之,此等点上有所不同已耳。又管理人除声请法院公告周知外,如"被继承人之债权人及受遗赠人为管理人所已知者,应分别通告之"。此为管理人自身应为之催告义务,即催告己所已知之债权人及受遗赠人,于同一期限内报明债权及为愿受遗赠与否之声明。此项催告义务,在第一一五九条之解释上,于限定继承人亦有存在,亦既前述之矣(本章三节三款六项二目)。

唯管理人声请法院为上述之公告,应于何时为之?法无规定,解释上不无问题。若谓管理人就职后应为即时声请,则其就职与亲属会议之呈报,时期殆属相同,法院何不与搜索继承人之公告同时依职权自为公告,而必待于管理人之声请,使之多此一举?此说似未可信。但他面若谓其声请应于第一次搜索继承人之公告内所定期限届满后为之,则更非是。盖依第一一八一条规定清算债务及交付遗赠,须俟第二次公告内所定期限届满后始得为之,合此前后两个期间,少至必在二年以上。在此长久期间,使权利人不能行使权利,于权利人之保护,已失疏忽。且初次搜索时所定期限若已届满。其继承关系乃已确定,如其间有人出而承认，则管理人已无再为声请公告之必要，如或无人出而承认，则管理人应即时实行清算，以后即有公告必要，亦无须再设一年以上宽限之必要矣。故自保护权利人之利益及其报明期间规定必在一年以上之法意推之，宁以解为管理人就职后应即声请公告者为是。稽之外国立法，亦可得到同一结论（瑞《民》五五五条，日《民》且先对债权人及受遗赠人公告，而后为搜索继承人之公告，第一〇五八条）。

四　清偿债务或交付遗赠

搜索继承人公告内所定期限届满前，如有人出而承认，遗产固归其人承继，否则继承亦已确定，应将清算后剩余遗产归属国库，故在无人承认已确定之场合，管理人乃应积极进行清算，所有继承债务以及遗赠均应分别清偿或交付之，然清偿债务或交付遗赠，具体应于何时并何顺序为之，亦有一定限制，第一，清偿债务交付遗赠，须俟对债权人及受遗赠人之公告内所定期限届满以后，方可为之。盖在本项期限届满以前，其债务及遗赠之总数几何？究竟遗产足敷分拨与否？向在局外之管理人自难预先知悉。如或遗产不敷分配，与限定承认场合同，非俟期限届满，通盘计算，定有分配成数之后，甫行偿付，难免不有偏枯不平之弊。而两度公告虽容或同时发出，而其所定期限均在一年以上，因之其期限亦容有同时届满者，然一于接受亲属会议呈报时法院即为公告，一于接受管理人之声请时始为公告，事实上后者较前者每易迟后发出，因之期限届满亦未免以后者所定为较迟后。故管理人清偿债务或交付遗赠，其时期应视后者所定期限有否届满为准。而在后者所定期限届满以前，债权人或受遗赠人亦不得请求偿付（第一一八一条）。

其次，偿付顺序与限定承认场合可谓完全相同（第一一七条第一项中段第一一八二条）。即：

（甲）以债权中有优先权者为第一顺序。优先权有绝对效力，在此场合亦不受何影响,其清偿为第一顺序,原为理之当然。本节虽无第一一五一条但书同样明文规定,解释上自亦不生问题。

(乙)以普通债权为第二顺序。此之所谓普通债权,亦指报明期内已报明者及为管理人所已知者而言,可无置疑。其为管理人所已知而未于所定期限内来报明者,不问已受通知与否,此时亦应与限定承认时(第一一五九条)同样,实行清偿。盖彼此法文表面上,虽一仅从通知(催告)义务规定,(第一一七九条第二项第三款下段),一仅从偿还义务规定,而自根本上观之,各场合均有催告与偿还之义务。详言之,遗产清算其第一步所为公告催告,目的亦仅在于判明全体债权,俾便清偿而已。其未知者犹且欲其知悉,务必实行清偿,其已知者宁可故置度外,不为清偿?故论者所谓已受通知而不于期限内报明者,已无强为偿还必要,是与诚信原则,显相违背,非《民法》上所宜取也,又此时犹未到期之债权应为全额清偿,附有条件或存续期间不确定者,应为估价清偿,债权人有数人而遗产不敷清偿时,应各按其数额比例分拨,概与限定承认之场合同。

(丙)以遗赠为第三顺序。遗赠为无偿取得,与债权之有偿取得或早于继承开始前已确定者不同,故应列于债权之后。此之遗赠亦指公告所定期限内已声明愿受,或其愿受为管理人所已知者言之,自不待赘。

(丁)以未于公告所定期限内报明或声明之债权或遗赠,列于最后顺序。此种债权或遗赠,在清偿完毕余产移交国库以前,虽应暂为保留,不使丧失。然权利人既未依限报明或声明,而又为管理人所未知悉,于正当偿付时无可实行偿付;而前此依正当程序已偿付者已难以根本推翻,重行分算。故此种未及依限报明或声明之债权或遗赠,仅得就剩余财产行使其权利耳(第一一八二条)。

至清算方法亦与限定承认场合相同。要视债权或遗赠标的以为决定,如标的为原物偿付者,则以原物为之。其非原物或物品不便分配者,则应换价为之。唯变卖纯为处分权作用,即为清算必要,亦须亲属会议同意,概如前述。

综上以观,管理人就遗产管理及清算上所有地位,与限定继承人大旨相似,各项条文可适用于彼者,大都可用于此。故立法例有于限定继承节内设一详密规定。而于无人承认继承场合径为准用(法《民》第八一四条日《民》第一〇五七条),以免重叠之弊者。准用一层,原有便利,唯准用条文过多,已非现代立法所尚,是否必应从同,犹难速断。只现行法中彼此条文辞句,叉牙相抵,对比解释,倍加困难,立法技术实有未尽耳。

（戊）遗产之移交

管理人于任务终了之际,负有移交遗产之义务(第一一七九条第一项第五款)。移交程序因有人承认继承与否不同。其在搜索期内有人承认场合,管理人应将遗产移交于继承人,而其管理责任于此遂告终止。但此时以有真正之继承人承认为必要,若有人出面承认乃判明非真正之继承人,或有真正之继承人判明而其人复为抛弃者,则终不能谓为有人承认,其管理任务亦不能遽言终止耳。其在搜索期限届满后无真正继承人承认继承场合,则除清偿债务交付遗赠外,应将剩余遗产移交国库。如无剩余财产,固不发生遗产移交问题,但亦须为管理账目之报告,有如后述。

第二　附带的权利义务

管理人为遗产管理时,尚负各种附带的权利义务。即:

（一）管理上注意之义务。其注意义务殊视限定继承人为尤重。限定继承人乃以继承人地位而负管理责任,其管理并无报酬可言,故限定继承人仅须与管理自己财产为同一之注意已足。而管理人实质上有委任之关系,其劳力亦得请求报酬。而依债法原则,凡处理委任事务,受有报酬者,应以善良管理人之注意为之(第五三五条)。故管理人请求报酬与否？虽得自由自决,而其受有报酬者,则应负善良管理之注意义务。违反此项义务而致遗产受损失时,即轻过失亦须负其损害赔偿责任。

(二)管理人因违反遗产清算程序,致债权人或遗赠人受损失时,亦应负其损害赔偿之责,此项责任可依第一一六一条限定承认人之责任类推解释,其详兹不再述(本章三节二款四项七目)。

(三)遗产状况之报告及说明之义务。即"遗产管理人因亲属会议、被继承人之债权人或受遗赠人之请求,应报告或说明遗产之状况"(第一一八〇条)。于通常委任关系,受任人应将事务处理状况报告于委任人,今遗产管理人既受亲属会议之选任与监督,亲属会议有请求时,管理人自应为遗产状况之报告；至债权人及受遗赠人则对遗产有密切关系,为其利益起见,亦以任其检视遗产,随时请求报告为必要也。报告固必附有说明,而有人请求特别说明时,管理人并应负其说明义务,所不待言。至任务终了之际,管理人并应为管理巅末之报告,在有承认继承时,其报告须向继承人及亲属会议为之。在无人承认已确定时,则应向亲属会议、法院,或(如另有接受剩余财产之国家官署者并应向其)国家官署为之。

(四)最后,管理人有请求报酬之权利。管理人所负职务如何繁重,既如上述。其管理人尽此职责,必须牺牲若干劳力,固不待论。而管理人未必即为被继承人之亲属或其他关系之人,即为其亲属或有其他关系之人,而管理结果亦未必即归于继承人。故对管理人不可使为徒然牺牲,如欲请求报酬,应许有其权利(第一一八三条)。又此项报酬费用亦为遗产管理费用一种,与其他管理费用同,有优先权,较之普通债权尤应优予保护。至报酬数额,具体"应由亲属会议按其劳力与被继承人之关系酌定之"。因管理人为亲属会议所选定,且管理事务常属于其监督,其劳力报酬之酌定,亦以任于亲属会议为最适当也。

第五项　国库归属问题

搜索期限届满犹无继承人承认继承,乃与无继承人自始确定场合同,其遗产应另有其归属之主体。各国立法通例,在一般无人继承场合,以之由国库承继者,无人承认继承场合亦由国库承受(法《民》第八一二条,德《民》第一九六四条),在一般场合由地方自治团体承继者,此时亦由地方自治团体承受之(瑞《民》五五〇条)。我国旧律规定户绝财产,酌拨充公(《现行律卑幼私擅用财条例》),前大理院遂以判归国库(三年上字第三八六号判决)。然旧习虽以无人继承遗产归属公有,而国家不取干涉主义,每逢户绝财产,例由亲友协议处分(或拨充地方慈善或移作祠堂祀产),即或报告,亦托被继承人之遗志以掩饰之。因之在实际上,国家甚少承受遗产机会。《民法》沿袭旧习及外国成规,亦以无人继承及无人承认继承已确定之遗产,一概归属国有(一一八五条)。唯近推限制继承人范围之法意,远稽节制个人资本之政策,国库承受遗产,其用途既不能限以地方慈善,而不问自始无人继承,或无人承认依限确定场合,所余遗产必须涓滴归诸国库,不容私人擅自处分耳。

无人继承遗产之归属国库,法制上有以国库为继承人与否之不同,已于前述。再详言之,其以国库为继承人者,则遗产上权利义务,溯及继承开始,概归国库继受。从而被继承人所有债权债务以及遗赠,自此皆由国库以限定责任,分别偿付清整之(德《民》第九六六条及第一九七五条)。其非以国库为继承人者,则将遗产先行清算,清算后尚有积极财产余剩者,始以归诸国库,否则不生归属问题。故在此种国家,其国库初不继受遗产,至于清算以后,则以特别法定结果,仅受其余产之归属而已。至余产归属国库以后,前此遗产上所负义务,国库已不再过问。如其后尚有继承债权人或受遗赠人发现者,已不得再向国库行使权利矣(日《民》第一〇五九条)。如是于权利人之待遇,似属过酷,而一面为结束遗产关系之计,盖亦势所不容已也。《民法》以搜索期内无继承人承认继承时,"其遗产于清偿债务并交付遗赠后,如有剩余,归属国库"(第一一八五条)。其规定与日《民》同样,仅以国库为余产之单纯归属人,而非继承人,盖甚显明。

唯《民法》既不以国库为法定继承人,则其归属在法律上性质若何?解释上不无议论。曩时学说有以无人继承遗产为无主物,而以归属国库为无主物之原始取得,即先占取得。此说在法国学界,且曾以为通说。我国学界近时亦有于不知不觉中重拾其牙慧者。依《民法》第一一八五条规定,剩余财产归属国库,系自公告限满时起,向后发生效力。在继承开始以后,期限未满以前,所有遗产上之权义,似在无主状态。今以剩余产权从新归属国库,谓国库为原始取得,于文面解释上虽非无一隙之见,然此点规定本不完密,已于前述。解释之际,岂可因错就错,毫无反省于其间乎。盖先占取得之说,于此亦有难于说明之点,第一,凡财产所能先占取得者,仅以动产为限,不动产非为私人所有,必为国家所属,无论若何场合,决不容无主状态存在其间。故先占之说即能说明动产,亦断难据以说明不动产也。第二,无人继承自始确定场合,遗产自初归属国库,此时国库依律取得,与继承同,亦为继受取得一种,此理甚明,无待再辨。今在无人承认继承遗产归属国库场合,独启罅隙,暂将遗产设为无主状态,立法粗陋,无待再论。然以法理言之,其间实不容有所谓无主状态之存在也。又一切无人继承遗产归属国库场合,无论在国内外,其剩余财产应向何种官署移交收取?将来亦须另法以规定之。

第三章 遗 嘱

第一节 概 说

第一款 遗嘱制度之沿革

对于死者遗意,附以法律上之价值,是即遗嘱制度。遗嘱之制自古有之,但此制之确立,须有一定社会文化为其前提要件。盖遗嘱制度既对个人意思,与以法律效果,自须其社会文明程度已达于尊重个人之自由意思,及有以之与生前行同样构成为法律观念之技巧,乃能产生。简言之,必须其人类社会已有一定程度之法律文化,始能确立也。在未开化社会,未有遗嘱制度,他基吐斯(Tacitus)之日尔曼民族亦然。创此制度仍始于古代罗马。

古代罗马本亦只有法定继承,未认遗嘱制度,及至古代末期,盛行遗嘱继承,用以排除法定继承。惟遗嘱既所以排除法律规定,故最初乃须以与制定法律同一之程序为之。其遗嘱最初以在民会(Comitia Calata)作成为原则,民会每年召集二次,各个遗嘱须经其议决而始有效(Tostamentum Comitus Calatis),只于出征之际,不暇召集民会,即在武装军队前高声口述遗嘱,亦得有效成立(Testamentum in proeinctu)。但此二种遗嘱方式,均于公开场所以口头为之,难以保守秘密,且作成与撤消均极不便,尤其民会遗嘱唯贵族始能为之,平民不能采用。故至平民势力抬头之后,其方式渐受屏弃,而当共和初期,遂与出征遗嘱同归消灭,而代以铜衡式之遗嘱矣。

铜衡式遗嘱(Testamentum per aes et libram)亦称平民遗嘱,乃纯粹之私法制度。其方式仿自铜衡式之买卖(mancipatio),即由遗嘱人于证人五人及持衡器者前,依一定之套语,表示将其遗产卖与于"家之买主(Emptor familliee)",由此买主再将遗产转交于出卖人所欲给与之人即指定继承人,而负其义务。此家之买主盖与后世之遗嘱执行人同其类也。铜衡式之遗嘱初具契约之形体,且不以书面为必要,及许立遗嘱人对于继承人以外第三人得为遗赠,乃须写立书据为之,以期保存确实证据。逮后因法务官之干涉,复以家之买主化为见证人,虽使参与遗嘱订立,而不表示任何意思。于是所谓遗嘱,乃成见证人七人之前而为之单独行为矣。要之,近代法中遗嘱制度,发端于罗马铜衡式之遗嘱,至法务官时代实已粗具今日法制之雏形矣。

我国旧时与遗嘱类似者,有尊亲属之遗命,而与遗嘱执行人相当者,则有托孤之人。虽其方式法律上向无详密之规定,仅漠然认有其制度之存在而已,而死者遗意,在私法方面旧时原亦重视,于此可概见矣。

第二款　遗嘱制度之基础

现代遗嘱制度,成立于三种基础观念之上,即(一)物质的基础,(二)精神的基础,(三)社会的基础。

一　物质的基础

现代社会经济组织之下,认个人得将其所有财产决定其死后之归属,略如绪言所述。故认许财产之死后处分,实为遗嘱制度存在之一基本理由。虽自遗嘱之本性言之,其得为之事项,并不以关于财产者为限,如非婚生子女认领之遗嘱,及监护人指定之遗嘱等,与物质可谓无何关系。然事实上多数之遗嘱,必系关于财产之处分,即上例所谓非婚生子女领认之遗嘱,亦恒为确保遗产继承及扶养权利为之;至监护人指定之遗嘱,其为死后管理财产而为,更无待论。又自《民法》关于继承之规定观之,被继承人得以遗嘱补充法未规定之事项,或以排除法规之适用,愈足见其与遗产有密切之关系矣。

二 精神的基础

遗嘱制度之存在,一面亦基于尊重死者意思之精神。盖人生有限,愿欲无穷,尤其对于死后亲属家属之运命,与夫产业之归宿,不能不为筹计,以期无所遗恨。故个人每于一息尚存之间,表示其身后之愿望,冀得实现于死后。语曰:"人之将死,其言也善。"此类死者最后意思,实至善至美而至诚挚者也。他面死者之亲属家属,虽非以先人之遗意,必为正理所存而无所错误,而迫于自然人情,每将先人遗意视为神圣而尊重之。此种人情德义,亦为社会生活必须之一要件。故法律对于死者遗意务为尊重,而附以法律效果。且认其得为遗嘱之范围颇广,即生前为他人所拒绝之意思,若为遗嘱内容,亦每使他人必服从之。

三 社会的基础

唯法律虽为尊重死者意思,认其得为财产上及身份上之处置,而遗嘱制度亦仅能于社会功利的立场上所视为正当之范围内认许之。盖不问死者遗言,其为若何诚挚、若何神圣;不问其亲属家属,情义上欲如何勉力遵从;又不问个人之所有权如何能延长其支配权于死后,若其遗嘱内容有害社会全体之利益,或有妨一般社会之交易,则究非法律所能容认。故遗嘱仅与社会生活能调合之限度,始认许之。职此之由,遗嘱人为自由遗赠之际，必须保留一定遗产部分，以维持法定继承人之生活，否则因侵及社会共存之利益，而应减削其效力，所谓特留分之法理，即因此理由而成立。又以遗嘱禁止遗产分割，期间不逾二十年，及受遗赠人得自由承认或抛弃其遗赠，其理由亦得自此而演绎之。

遗嘱制度即成立于上述三种基础之上，而关于遗嘱之法律亦唯依此三种基本观念始能正当理解。自此拟先述遗嘱观念。然后将遗嘱法检讨之。

第三款 遗嘱之观念

遗嘱（Testament，last will）者，因遗嘱人之死亡发生效力，依法定方式，所为独立无相对人之意思表示也。析述之如下：

一 遗嘱为独立无相对人之意思表示

遗嘱因遗嘱人之意思表示而成立，所不待论。唯遗嘱之意思表示是否当为一种完全之法律行为，不无疑义。学者多谓遗嘱为法律行为，而多数遗嘱固亦自成法律行为，但构成法律行为一部分之意思表示，亦得为遗嘱之内容。如在遗嘱收养，以遗嘱所为收养之要约，仅为构成收养契约之一方的意思表示，其意思表示虽亦因遗嘱人之死亡而发生要约之效力，而收养行为须待被收养人之承诺，始能完全成立。盖法律行为因其行为中所有之效果意思而发生效力，欲为收养之遗嘱，非能现实其整个行为之效力也。此种遗嘱收养，因《民法》认有指定继承制度（第一一四三条），实际或不通行，但欲采取此种方式，要非法律之所禁止。故谓遗嘱常为完全之法律行为，殊失正确。唯除此种少数场合而外，遗嘱之意思表示，因遗嘱人之死亡而直接当然发生法律行为之效果。如谓多数遗嘱自成法律行为，则固无不可耳。遗嘱之意思表示常由遗嘱人独立为之。所谓独立为之者,即不许他人意思之补充或代理,并不必与他人之意思合同而为之也。遗嘱为一人最后之意思,须出于本人之自由意思,自应由其本人独立自主以为之。又遗嘱为无相对人之意思表示。所谓无相对人之意思表示者,即不须向一定之相对人而为,亦不须任何人受领者也。故遗嘱上即写明相对人之姓名,法律上亦无何等意义,而其法律上效力之发生亦无待于任何人之承诺也。

二　遗嘱须依法定方式为之

遗嘱为要式行为,须依法定方式,写立书面为之。遗嘱方式有普通方式与特别方式各种,其详有如后述。遗嘱不具法定方式,于法不能有效(第七三条)。盖遗嘱为死后处分,发生效力于遗嘱人之死后,是否出于死者真意,不能自起证明,而遗嘱内容,类多复杂重要,非口头言语所可率尔传留。法律为期明确慎重之计,故采要式主义。

三　遗嘱因遗嘱人之死亡发生效力

遗嘱因遗嘱人之死亡发生效力,与继承同。在遗嘱人未死亡前,因遗嘱将来得受利益之人,纵有一种希望,未能实现取得权利。然遗嘱虽于遗嘱人死亡之时,发生效力,而其成立则非成立于效力发生之时,而成立于意思表示完成之际。故一遗嘱是否有效成立,于为遗嘱时既决定之。又遗嘱之发生效力以死者最后之意思为标准,既成立之遗嘱,在遗嘱人未死亡前,尚得撤消或变更之。自此点言,故又称遗嘱为终意行为或终意处分(Acte de dernière Volonté, Letztwillige Verfuegung)。

第二节　遗嘱能力

《民法》为尊重死者遗意,认遗嘱为终意处分而有效力,则遗嘱人只有相当之意思能力，即应许其为之。但一人有无意思能力或识别能力，委为事实问题，一一须就具体情形而决定之，则不特实际上不胜烦琐，且亦难于明白取决。故《民法》为求明确标准起见，另设遗嘱能力之划一规定，即"无行为能力人不得为遗嘱，""限制行为能力人无须经法定代理人之允许，得为遗嘱，但未满十六岁者不得为遗嘱"（第一一八六条第一项及第二项）。观夫本条规定形式，与总则同样仍从原则规定，以无行为能力人及限制行为能力人原则为无能力，而以满十六岁者有遗嘱能力，及无须法定代理人之同意二点，定为例外，以示排除总则规定之适用。但解释上毋宁单自例外观察，较为明显。盖综本条一二两项观之，未满十六岁之限制行为能力人，既不认法定代理人为其意思之补充，实已绝对不有遗嘱能力，七岁未满之无行为能力人，更无论矣。此外所谓无行为能力人，只有满十六岁以上而受禁治产宣告者一种，本条第一项所谓无行为能力人，不得为遗嘱者，只此一种有其适用而已。是故本项规定，虽墨守成套（德《民》第二二二九条第一项），费尽迂回，而要其涵义，实不外于次之二点：即一未满十六岁之未成年人不有遗嘱能力；二十六岁以上之禁治产人亦然。

一　未满十六岁之未成年人

遗嘱为独立自主之意思表示，无相当意思能力之人，自不能使为遗嘱，然必与普通法律行为同。须俟成年以后始得为之，则拘束过严，未免减少遗嘱制度之实用。且遗嘱为终意处分，遗嘱人只须有相当识别能力，即不患其自身之意思表示有害于自身之利益。故各国法律咸以遗嘱年龄低于成年年龄，而其适当年龄之决定，则与适婚年龄同，以其国民体智之发达程度为其决定标准，法《民》以满十六岁之未成年人，于成年人得为处分之财产半额之限度，得为遗嘱处分（法《民》第九〇四条），德《民》以十六岁为遗嘱适龄，但限制行为能力人不得为自书遗嘱（德《民》

第二二二九条第一项及第二二四七条），瑞《民》以满十八岁为遗嘱适龄（瑞《民》第四六七条），日《民》以满十五岁为适龄（日《民》第一〇六一条）。《民法》亦参照最低适婚年龄之例，以满十六岁者为有遗嘱能力。且依多数法例，认有完全能力，无论在遗嘱形式之种类上或处分财产之数量上，皆不设有若何限制。至于未满十六岁之未成年人，不问其为七岁以上之限制行为能力人，或七岁以下之完全无行为能力，皆不有遗嘱能力。且其无遗嘱能力，不许依法定代理人之意思，为之补充或代理，《民法总则》第七六条"无行为能力人由法定代理人代为意思表示……"及第七七条"限制行为能力为意思表示……应得法定代理人之允许……"之规定，于此完全不能适用。盖遗嘱本性上为独立之意思表示，十六岁以上之限制行为能力人已有完全遗嘱能力，无须法定代理人之允许，得为遗嘱（第一一八六条第二项），十六岁以下之限制行为能力人及七岁以下之无行为能力人，绝对不有遗嘱能力，他人不得为之代为，更无待论。

二　无行为能力人——禁治产人

《民法》第一一八六条第一项所谓无行为能力人，除七岁以下之无行为能力人外，仅有满十六岁以上之禁治产人一种。所谓禁治产人，即心神丧失或精神耗弱，致不能处理自己事务而受禁治产之宣告者是也。处于心神丧失常态之人固实际上亦无意思能力，但已回复本心或仅精神耗弱而意识每甚明了者，则未尝不有意思能力。立法上固亦不妨许禁治产人在意识明白时，得为遗嘱（瑞《民》第五六七条，日《民》第一〇六二条），唯法德《民法》划一规定，以禁治产人绝对不有遗嘱能力，（法《民》第五二〇条，德《民》第二二二九条第三项）。《民法》即系从此法例。此种立法可以免除证明困难，未始不无见地，但遗嘱当时果设有一定方法可为确实证明（日《民》第一〇七三条第一〇八四条），则宁以许其得为遗嘱为较合理，且亦足广遗嘱制度之实用也。又本条第一项仅就禁治产人为划一规定，而关于未受禁治产宣告年在十六岁以上而无健全意思能力之人（即在心神丧失或精神错乱状态之人），绝无言及，解释上或有疑义。原本条为异于总则之特别规定，法文既未言及，则此种无健全意思能力之人，当不在于除外之列。但此种人虽原则上仍认有行为能力，而在无意识或精神错乱中所为之意思表示，依第七五条下段规定，与无行为能力人所为者同样不能有效。盖遗嘱为自主之意思表示，谓无意思能力人而能有效为之，直谓自无而能生有，此乃断无之理也。

遗嘱人有无遗嘱能力，与一般行为能力问题同样，应以立遗嘱时为标准而决定之。故遗嘱当时若有遗嘱能力，其遗嘱不因往后丧失能力而无效；反之，在遗嘱当时为无遗嘱能力，亦不因往后取得能力或追认而发生效力。盖遗嘱为遗嘱人当时所为之意思表示，其表示是否有效，乃应就表示当时观察。否则必将减损遗嘱制度实用之价值矣。德《民》规定精神耗弱浪费或疯癫之人，与声请宣告禁治产同时即无遗嘱能力（德《民》第二二二九条第三项下段）。《民法》无此规定，难为同一解释，自不待赘。

第三节　遗嘱方式

第一款　概　说

遗嘱为遗嘱人生前作成之意思表示，而于遗嘱人之死后始生效力，故遗嘱其作成须保障其出于本人真意，至其效力发生，则任何人皆已不能更改，且须防止或有改变。以是遗嘱与一般法律行为不同，应采严格的要式主义,使与法定方式,丝毫不得违异,否则不能有效。我国旧习对于死者遗意虽亦重视,而以法制向未完备,前大理院历次判决,犹以遗嘱之成立,现行法上无一定之方式,以言词或书面为之,均无不可(前大理院判定四年上字第一七九一号,同年上字第八二七号,又第一七二四号,六年上字第六八六号)。然近代各国咸采要式主义,先以法律限制一定方式,遗嘱人仅能择其方式一种为之。法德日本认有自书遗嘱(Testament olographe, holographic Testament)、公证遗嘱(Testament authentique, ordentliche Testament)、密封遗嘱(Testament mystique)及口述遗嘱(Testament priviligé muendliehe Testament)四种(法《民》第九六九条至第一〇〇一条,德《民》第二二三一条至第二二五二条,日《民》第一〇六七条至一〇六八条)。瑞士谨认自书遗嘱(Testament olographe)、公证遗嘱(Testament public)及口述遗嘱(Testament orale)三种(第四九八条至第五〇七条)。各国立法,可谓大同小异。唯规定遗嘱方式,除保障内容正确,防止伪造变造,至死后无所疑义外,又应注重手续简易,费用节省,使薄资贫民及不识文者亦得为之;其内容欲守秘密者,应使易守秘密;情状危急无从采用普通方式者,应使采用特别方式,凡此诸点,均应加入考虑,又如此等各点,事实难以具全,则宜多设各种不同方式,使各合于各种条件,以便遗嘱人依其需要及情况而任意选择之。《民法》本此见地,采用次之五种方式:一自书遗嘱,二公证遗嘱,三密封遗嘱,四代笔遗嘱,五口述遗嘱(第一一八九条)。

上述五种方式,可以别为二类,一为普通方式或正式遗嘱,于通常情形用之,即第一种至第四种是,二为特别方式或略式遗嘱,于生命危急或有其他特殊情形,不能采取普通方式时用之,即第五种口述遗嘱是。唯口述遗嘱,方式虽较简略,而仍须遗嘱人指定之见证人,为之作成笔记(第一一九五条),与单纯之口头表示,固不可同日而语也。

遗嘱为单独之意思表示，原则上应由各人各以一份证书为之，但立法例有许数人共同以同一证书为之者。《民法》未有禁止规定，解释上或有问题。考共同遗嘱(gemeinschaftlicher Testament)制度，起源于德国之普通法，为继承契约制度之产物。现行德国《民法》，尊重固有习惯，于配偶间仍认有之(第二二六五条)。其方式又有三种之别，一曰单纯共同遗嘱(Testament mere simultanea)，即二人各以遗嘱分别记载于同一证书之上，彼此独立不相牵涉之谓。二曰相互共同遗嘱(Testament reciproca)，即二人于同一遗嘱证书之上表示互为给付，或互指定为继承人之谓。三曰牵连共同遗嘱(Testament correapectiva)，即二人以他方之遗嘱为条件，彼此构成牵连关系之谓也。此三种共同遗嘱，第二种因属整个行为，一方不易单独撤消，第三种彼此牵连，一方无效他方亦生影响，第一种虽两个遗嘱各别存在，理论上或可容认，而实际其两者间有无相连关系，易滋疑义。自立法论言之，不如一律禁止为妥。故向无此种习惯之法法系民法，咸禁止之(法《民》第九六八条及第一○九七条，意《民》第七六一条，西《民》第六六九条，亚尔然丁《民法》第三六五二条)，日《民》亦然(日《民》第一○七五条)。瑞《民》草案本有采取规定，而通过案竟削除之，似亦出于同一命意。《民法》虽无积极明文，但解释上亦无认许之必要也。

第二款　普通方式

第一项　自书遗嘱

自书遗嘱者，其内容全由遗嘱人书写，不借何人帮助而能成立之遗嘱也。遗嘱由遗嘱人自身写立，自昔本已有之，但必需见证人作证，与现时之自书方式，有所不同。遗嘱人不籍他人帮助得为死后处分之思想，要始于十九世纪之社会，先由法奥《民法》定为遗嘱方式，各国立法多遵承之。如德瑞等国虽向无此种习惯，今日亦已通行甚广，前时原以公证遗嘱为基本方式者，已被自书遗嘱夺去其地位矣。盖此种遗嘱最适传写本人真意，且易守秘密，手续简便，中产以下阶级，及粗识文字者皆得为之。唯因无人为之见证，最恐伪造变造，其方式特宜严密规定之耳，依《民法》规定："自书遗嘱者应自书遗嘱全文，记明年月日，并亲自签名，如有增减涂改，应注明增减涂改之处所及字数，另行签名"（第一一九〇条）。准是其成立之要件，可为析述如下：

一　须自书写遗嘱全文

遗嘱全文所以表明遗嘱意旨，为遗嘱中最重要部分。在自书遗嘱自须以遗嘱人自书全文为要件，既不能使他人记其口述，或插入字句，亦不能以蓄音片、打字机或印刷品代替为之。唯指摘著书刊物或册籍簿据所载事项概括以为遗嘱内容，固得成为自书全文。于遗嘱人不知之间，为他人记入之字句，亦无妨于遗嘱成立。至于遗嘱所用文字，只能认出正真意义，即以外国文为之，亦不失为有效。至所用书写材料，更无一定限制，但记载于物质面上，其为朱书墨书，或用铅笔钢笔，皆无不可。

二　须记明年月日

记明年月日，不特借此可以判断遗嘱人为遗嘱时有无遗嘱能力，及遗嘱成立时期，如有二以上遗嘱发见时，亦可决定孰为最后遗嘱，即孰为有效（第一二二〇条）。故自书遗嘱须由遗嘱人记明其年月日，单独记明年月或日，皆不能视为有效。但其记载方法，不能过于严格解释，如记明某年元旦或双十节者，固可认为年月日之记载。此外凡有正确记载可认识者，亦应视为完全记载。仅有一种遗嘱存在场合，其记载并不见十分重要也。

三　须亲自签名

自书遗嘱须遗嘱人亲自签名。亲自签名所以表明其遗嘱人为谁，其法通常即自书姓名为之。但亲自签名较之记明年月日，尤可从宽解释。其记载只须完全示明其遗嘱人之为谁氏，不致有所疑义，即无不足。为其完全表示，通常固须自书姓名为之，苟与他人不有混同之虞，则仅书名而不书姓，或仅书别名，亦无不可。为与他人易于识别起见，于姓名之外，附记氏号乃至籍贯住所，更无不可。至于签名处所，通常乃于遗嘱终末为之，但亦不能谓为定例，即仅开首有立遗嘱某某之字样者，已可作为签名。因此项要件，仅以亲自签名，足以识别为谁作成，即能成立者也。

四　须注明增减涂改之处所及字数另行签名

书写遗嘱，因手笔漏误，或意思变更，就其字句加以修改，乃为难免之事。然修改足以变更遗嘱之内容及其效力者甚巨，自书遗嘱其修改固须本人为之，而修改在第几页第几行第几字，亦须注明，以资对证，并须另行签名，以示出于本人真意与手笔。故《民法》规定自书遗嘱"如有增减涂改，应注明增减涂改之处所及字数，另行签名"。是增减涂改处所与字数之注明与签名二者，为遗嘱修改之成立要件，缺一不能有效。

第二项　公证遗嘱

公证遗嘱乃遗嘱人于见证人前口述遗嘱意旨，由公证人或官公吏所作成之遗嘱也。此种遗嘱通行较早，各国立法尤多采之。其具有强大之证据力，且不识文字者亦得为之，固其所长，但程序繁重，且须相当费用，贫民殊不易为耳。依《民法》规定："公证遗嘱应指定二人以上之见证人，在公证人前口述遗嘱意旨，由公证人笔记，宣读讲解，经遗嘱人认可后，记明年月日，由公证人见证人及遗嘱人同行签名。遗嘱人不能签名者，由公证人将其事由记明，使按指印代之"（第一一九一条第一项）。兹分述其成立要件如下：

一　须由遗嘱人指定二人以上之见证人

公证遗嘱，本以于公证人前为之，为其最本质之要件，但公证人之职务为公职一种，凡有请求，即应执行。虽滥用职权律有禁止，而与遗嘱人间恒无相知之素，难以必其信任，且遗嘱内容最易出入，苟遗嘱人知识浅薄，难免不受诈欺。故作成公证遗嘱之际，须有见证人在场作证，俾保遗嘱内容之真实，并昭程序之慎重。见证人由遗嘱人自身指定，人数须在二人以上，一人无效。至见证人之资格，《民法》第一一九八条另有规定，容后再详述之。

二　须由遗嘱人在公证人前口述遗嘱意旨

公证遗嘱须由遗嘱人于公证人前申述遗嘱意旨，且须由其本人直接口授为之。使他人代为口述，固属不可，即本人提出笔记以代口述，亦属不许。至若不能发音或不能充分言语之人，则根本不能为此种遗嘱矣。然公证人笔记遗嘱意旨，不必效法速记，依其语句依样记录；如有不明之点，不妨发问使答，审其真意，然后整理笔下，又遗嘱人为防口述不明，或临时遗漏，预先草拟内容要旨或正确数字，于口述时向公证人读其大要，再以原稿给其参照，亦无背于口授之要义也。

三　须由公证人笔记宣读讲解

遗嘱人所口述之遗嘱意旨，公证人应为据实作成笔记。公证人为其笔记之际，就遗嘱人所述言语，得为剪裁整理，不必一字一句统篇录下，既如上述，但遗嘱人所有身体举动，则不能妄加揣测，视为表意录下，因如是乃不符笔记遗嘱人口述之真意也。唯公证人将遗嘱口述先以稿纸录下，仍于遗嘱人及见证人前，正式誊录，或使书记担任抄写，亦尚不失为公证人之笔记耳。笔记之后，并应于遗嘱人及见证人前宣读讲解。盖笔记既为口述之记录，是否合于遗嘱人之意思，必须公同朗读，以便彼此质证；朗读之后，又应继以讲解，务使明白了解，及审察有无错误过或不足。宣读讲解须就全文为之，其后如有部分修正，其修正部分亦然。又本目为公证遗嘱作成时不可省略之程序，不问遗嘱人通晓文字与否，皆应同样为之，固不能以交付阅览，代替解读。至欠缺听能之人，则因不能履行此种程序，根本不能采此方式。

四 须经遗嘱人认可后，记明年月日，由公证人见证人及遗嘱人同行签名

遗嘱笔记宣读讲解，经遗嘱人完全承认无何错误后，尚须由公证人记明年月日，并由公证人见证人及遗嘱人一同签名，以资证认。如"遗嘱人不能签名者，由公证人将其事由记明，使按指印代之"。指印为识别个人最标确之标记，如遗嘱人不按书法，或因病伤不能自书姓名，当以使按指印为最妥当。而所按指印既有公证人及见证人为之证明，自可不必如使用其他符号然，另须二人在文件上为之签名作证矣（第三条）。

公证人为公职一种，所以供诸公众作成公私证书之用。此种职员，我国现时犹未设置，即至开始设置之时，一时亦恐不易普及。《民法》为谋补救起见，规定其"公证人之职务，在无公证人之地，得由法院书记官行之"。法院书记官以作成及整理审判书类为其本职，法律程序自所通明，于公证人未设置时，使之代行其职，自无不妥。至在外国无本国公证人及法院之处，则使驻外领事行其职务。领事为在国外之地方官，有一定地区为其管辖，所辖侨民皆得请求为之公证（第一一九一条第二项），自不待赘。

第三项 密封遗嘱

密封遗嘱者，由遗嘱人将自己签名之遗嘱书，加密封后，再于见证人前，提经公证人证明之遗嘱也。此种遗嘱其有强大之证据力与易守秘密

之二点上，殆与公证遗嘱及自书遗嘱相同，但不能自签己名及不堪其程序之繁重者，不能采此方式，从之其缺点亦与二者相似。总之，凡欲秘密遗嘱内容而又欲表明有其遗嘱之存在者，最宜采此方式。依《民法》规定："密封遗嘱应于遗嘱上签名后，将其密封，于封缝处签名，指定二人以上之见证人，向公证人提出，述其为自己之遗嘱，如非本人自写，并陈述缮写人之姓名住所，由公证人于封面记明该遗嘱提出之年月日及遗嘱人所为之陈述，与遗嘱人及见证人同行签名（第一一九二条）。"即其成立要件如次：

一　须遗嘱人于遗嘱上签名

密封遗嘱其内容不必本人自书，即自书一部而使他人代书他部，或使他人代书全部，均无不可。但遗嘱书上必须本人签名。且其签名非如公证遗嘱，可以其他方法代替。因密封遗嘱其存在虽有公的证明，其作成尚恐出于诈伪。为防此种弊端起见，故以遗嘱人亲自于遗嘱上签名为必要。

二　须遗嘱人将其密封于封缝处签名

密封遗嘱以保守秘密，勿使他人启视为第一要义，故遗嘱人于遗嘱上签名后，应将其密封，并于封缝处签名。其须于封缝处签名者，亦以证明为遗嘱人本人所密封，便于判别遗嘱内容之真伪，同时防止他人之启视，及其改变遗嘱之内容。故遗嘱之密封与封缝处签名，皆为本方式之要件，缺一而不能有效成立。

三　须遗嘱人指定二人以上之见证人向公证人提出陈述其为自己之遗嘱如非本人自写并陈述缮写人之姓名住所

密封遗嘱欲取得强大之证据力，自须特别证明方法为之作证。其法即由遗嘱人指定二人以上之见证人，向公证人将其密封遗嘱提出，陈述其为自己遗嘱，请其证明。此际必须于二人以上之见证人前向公证人提出，其理由与公证遗嘱之场合同。又此时须由遗嘱人本人提出并陈述其为自己遗嘱，不许他人为之代替。其为缜密防止他人中途变造，亦不待赘。唯是遗嘱文字如系他人代写者，尚须陈述其缮写人之姓名住所，以便记明及认证。又此之所谓陈述，较口述范围殊广，即以书面或径于封面上由本人笔述其为自己之遗嘱，并其缮写人之姓名住所，固亦不失为陈述也。

四　须由公证人于遗嘱封面记明该遗嘱提出之年月日，及遗嘱人所为之陈述

公证人接受密封遗嘱及遗嘱人陈述以后，应于遗嘱封面记明该遗嘱提出之年月日，及遗嘱人所为之陈述。密封遗嘱，其成立时期以公证人之记载为标准，故遗嘱书上不必记载年月日，而应由公证人将其提出之年月日记载之。所谓遗嘱人之陈述，即遗嘱人所述其为自己遗嘱，如非本人自写，则其缮写人姓名住所之陈述是。此等事项均须于遗嘱封面记载之。

五　须由公证人遗嘱人及见证人同行签名

公证人为遗嘱提出年月日及遗嘱人陈述之记载后，须与遗嘱人及见证人同行签名。密封遗嘱，于此乃告成立。唯遗嘱人之签名，与前二次之签名，自属不同，乃遗嘱上之签名，封缝处之签名以外，第三次之签名也。

密封遗嘱其作成方式，得分二部观察，即遗嘱人作成遗嘱为一部，及密封后提请公证人及见证人证明为一部是也。前之一部其作成如完全出于遗嘱人之自书者，有时可作自书遗嘱而成立。故《民法》为恐后之一部无效累及前之一部亦为无效，另设有效力转换之规定，即"密封遗嘱不具备前条所定之方式而具备第一一九〇条所定自书遗嘱之方式者，有自

书遗嘱之效力"（第一一九三条）。意谓密封遗嘱欠缺密封后应行之方式，即上述（二）至（五）各种要件之一者，其为密封遗嘱虽当然不能有效，但经开视之后，如发见其遗嘱全文系遗嘱人所自书，及已记明年月日，亲自签名，并将增减涂改之处所及字数，亦已亲自注明，另行签名者，则实已具备第一一九〇条所定自书遗嘱之方式，得另认为自书遗嘱而有效。

第四项　代笔遗嘱

代笔遗嘱者，由见证人中之一人笔记遗嘱人之口述意旨，所作成之遗嘱也。此种遗嘱方式与前述公证遗嘱相较，首在一由公证人笔记作成，一由见证人笔记作成一点不同。从而其证据力亦不能如公证遗嘱之强大。然自程序上言之，则便利实多，既不须公证人或其他公职为之作证，且完全不识文字者亦得为之。我国社会文盲占最多数，而行政设备至不完善，公众利用颇感不便，为此种国情着想，于遗嘱方式中特添设代笔遗嘱一种，盖亦适于机宜之立法也。依《民法》规定："代笔遗嘱由遗嘱人指定三人以上之见证人，由遗嘱人口述遗嘱意旨，使见证人中之一人笔记，宣读讲解，经遗嘱人认可后，记明年月日及代笔人之姓名，由见证人及遗嘱人同行签名；遗嘱人不能签名者，应按指印代之"（第一一九四条）。即其方式之成立要件如下：

一　须由遗嘱人指定三人以上之见证人

代笔遗嘱即于见证人前并由其中一人为之笔记作成。故遗嘱人应指定之见证人，与公证遗嘱及密封遗嘱不同，人数须在三人以上，否则不能有效。盖代笔遗嘱乃普通方式一种，其作成非在生命危急或有其他特殊情形之际，即见证人人数加多，亦无难于寻觅之虞。而其遗嘱内容全由他人代笔，遗嘱人本人又不识字，其作成亦易发生诈伪。为杜防弊端之计，乃亦以见证人人数加多为必要也。

二　须由遗嘱人口述遗嘱意旨

三　须由见证人中之一人笔记，宣读讲解

四　须经遗嘱人认可后，由笔记人记明年月日及代笔人之姓名

五　须由见证人全体及遗嘱人同行签名，遗嘱人不能签名者，应按指印代之

所谓见证人全体，自包括代笔人在内，如见证人为五人者，其五人全体皆须签名。但代笔遗嘱之成立，只须见证人三人即无不足，如五人中有二人未签名者，其遗嘱仍不失为有效。遗嘱人之应签名，本与他种遗嘱同，但遗嘱人不能签名者，以按指印代之即可，不必代笔人记明不能签名之事由。因代笔遗嘱率为不识字者所采用，固可不必再为蛇足也。

第三款　特别方式

普通遗嘱方式，其程序如何严重，既如上述。于通常情形，各人固得按其便宜，采取其中任何方式一种为之。但平时预为遗嘱，民间未见通行；多于临终之际，径对其昵近者口述遗嘱意旨为之。至若身临绝境，生命危急之时，尤不能倩人公证或执笔自书，履行各种程序繁重之普通方式。此等场合，若竟限于方式，不能成立遗嘱，则于遗嘱人既失过酷，而遗嘱制度亦因而损失其实用之价值。故《民法》顾虑此等特殊场合，又采特别方式，即口述遗嘱或称略式遗嘱一种。即"遗嘱人因生命危急或其他特殊情形，不能依其他方式为遗嘱者，得为口述遗嘱（第一一九五条第一项）"。口授遗嘱，外国法例多采取之。唯其得为此种遗嘱情形，恒为详细列举之规定。其情形即（1）因疾病或其他事由，于生命危急之际，

或在交通禁绝处所为遗嘱者(《民法》第九八五条第一项第二项,德《民》第二三五〇条,瑞《民》第五〇六条,日《民》第一〇七六条及第一〇七条),(2)在从军中为遗嘱者(法《民》第九八一条至第九八四条,即一八九三年六月八日及一九〇〇年五月十七日法律,日《民》第一〇七八条及第一〇七九条),(3)在军舰中或在航海若孤岛中为遗嘱者(法《民》第九八六条即一九一五年七月二十八日法律,又第九八八条至第九九五条即一八九三年六月八日法律,德《民》第二二五一条,日《民》第一〇八〇条)等是。《民法》规定简括,仅云生命危急,或其他特殊情形,但外国法例所举各端,固悉已包括于其中矣。

口述遗嘱,因有特殊情形,不能依他种方式立遗嘱时为之,其方式自宜务从简略,庶其易于作成。但若过于简略,则易滋诈伪,恶用遗嘱制度。故虽曰略式遗嘱,其方式仍不能不有相当之限定。《民法》规定"口述遗嘱应由遗嘱人指定二人以上之见证人,口授遗嘱意旨,由见证人中之一人将该遗嘱意旨,据实作成笔记,并记明年月日,与其他见证人同行签名"(第一一九五条第二项)。是即口述遗嘱之方式,兹为析述如下:

一　须指定二人以上之见证人

口述遗嘱既于生命危急或其他特殊情形,由遗嘱人口述为之,自非有人为之证明笔录,无从保留遗嘱意旨。但见证人若止为一人,则其一人任便写作,矫饰自如,旁人无可质证。故此时至少亦须指定见证人二人,以便多有一人在旁作证,但与公证遗嘱或密封遗嘱相较,固已省去公证人,与代笔遗嘱相较,则已减去见证人一人矣。

二　须由遗嘱人口述遗嘱意旨

三　须由见证人中之一人,将该遗嘱据实作成笔记

上列二点,与代笔遗嘱大略相同。盖遗嘱人若仅为口述,则使有多

数人为之在旁听取,亦难免不有误闻误传之虞。故即在特别方式,仍不舍离开书面不认有遗嘱存在之主义,而使见证人中一人为之笔记。唯笔记人仅就遗嘱意旨,据实作成已足,不必如代笔遗嘱然,于作成笔记之后,再为宣读讲解,及经遗嘱人之认可。因口述遗嘱多作成于生命急迫之际,事实多已不遑及此也。

四　须由作成笔记之见证人记明年月日其他见证人同行签名

记明年月日,所以示明遗嘱成立时期,见证人全体签名,所以证明笔记正确无误,凡此各点,亦与他种遗嘱无异。但签名只须见证人为之,遗嘱人不须签名或按指印。此亦以其遗嘱作成于生命急迫之际,对遗嘱人难以必其尚能自书姓名。不然,于生命急迫之际,遗嘱人犹能执笔书写,则可采用自书遗嘱,而不需此种口述遗嘱矣。但口述遗嘱既不须经遗嘱人之认可,又不须其亲自签名或按指印,在遗嘱书上绝无直接可认之真实证据,其易出于伪造,固较代笔遗嘱为尤甚。

口述遗嘱,方式简略,真实与否,最滋疑义。《民法》采此方式,原为应急处置,仅于特殊情形,遗嘱人不能依其他方式为遗嘱时,始许为之。则采此方式之特别原因消失,能依普通方式为遗嘱时,自已不必认其尚为继续有效,以杜久后发生争执。《民法》因又明定"口授遗嘱自遗嘱人能以其他方式为遗嘱之时起,经过一个月而失其效力(第一一九六条)"。此项失效制度,原为多数法例一致采取,唯其有效期间各有长短不同,瑞《民》为十四日(瑞《民》第五〇八条),德《民》为三个月(德《民》第二二五二条),法日为六个月(法《民》第九八四条第九八六条及第九九四条,日《民》第一〇八五条)。《民法》折中其间,限定为一个月,规定殆属得当。总之,自遗嘱人能依其他方式为遗嘱之时起,经过一个月,不问该遗嘱人另为普通方式之遗嘱或单为遗嘱之撤消与否,其遗嘱当然丧失效力。

又口述遗嘱以方式简略之故，不特恐见证人有所误听误记，且恐其事后勾串作弊，根本伪造。故至遗嘱发生效力时期，尚须一度经正式之认定，以确定真伪。《民法》于此定其程序："口述遗嘱应由见证人中之一人或利害关系人，于为遗嘱人亡故后三个月内，提经亲属会议认定其真伪（第一一九七条上段）。"依本段规定，其认定应由见证人中之一人或利害关系人提出之。所谓见证人中之一人，当指签名于遗嘱书者之任何一人而言，至利害关系人则于遗嘱处分有利害关系之人，即继承人，受遗赠人，或遗嘱人之债权人属之。提请认定期间，为遗嘱人死亡后三个月内。盖本项认定既为确定遗嘱真伪，自宜历时未久，情境未变以前，早为查察，较易确定。而遗嘱人既已死亡，其遗嘱上之法律关系，亦宜早伎决定，以免旷废，今定得提请认定期间，为遗嘱人死亡后三个月内，当属适当，至认定真伪之权，属于亲属会议。此时亲属会议如何取决，一依自定。唯口述遗嘱，其遗嘱书上既无直接可认之真实证据，认定时尤须认定人以自由心证为之，必得有该遗嘱系出于遗嘱人真意之心证后，始可为真实之认定（参照日《民》第一○七六条第三项）。

但遗嘱之认定，依理虽应任于亲属会议之心证决定，其认定固难保不挟成见，或瞻狗私情，以颠倒是非黑白。《民法》因设严密之监督方法，以提出人或利害关系人，乃至未赞成议决之亲属会员，"对于亲属会议之认定有异议时，得声请法院判定之"（同条后段）。其得声请异议期间，依第一一三七条规定，为亲属会议议决后三个月内，自无待赘。此项声请判定程序，依我民事诉讼法解释，亦为普通诉讼事件一种，而应属于遗嘱人普通审判籍所在地法院之管辖，亦无容疑。

考本项认定权所以属于亲属会议，殆以亲属会议之会员，平素多与被继承人即遗嘱人最相接近，能知遗嘱人之一切性情及其身家关系，认定较能得其真实。而一人之亲属家属间事。亦以任其亲属自行处理，较之必由法院审判，诸多便利。然此就其遗嘱系作成于通常疾病在沈笃中者而言，固属可通。其因交通阻隔，或在军中若航海中而作成者，倘因交通不便或从军航海关系，不能使见证人如期前来作证，则亲属会议认定真伪，倍觉困难。于此情形，似犹不若令利害关系人得向其长官或船长，提请认定，为较妥当（旧民律草案第一四九七条第三项）。《民法》不设此种办法，亲属会议又无权必使见证人莅会证明，则必要时唯有由利害关系人提出异议，再由法院另向见证人或其长官船长行文咨询耳。

亲属会议之认定，仅所以审查该遗嘱是否出于遗嘱人之真意，其遗嘱意旨是否合法，殊非所问。故提出认定与后述之提示异其性质（第一二一二条），经认定之遗嘱，至其执行之际，仍须提示于亲属会议。总之，口述遗嘱虽与他种遗嘱同样，不以认定为其成立要件，但既须经过认定，在未认定以前，其成立犹处于虚悬未定之状态。及经认定，真意确定以后，始得自作成时起，视为确实成立耳。

第四款　见证人

上述各种方式遗嘱，除自书遗嘱外，皆以见证人二人或三人以上之参与，为其成立要件。良以遗嘱至遗嘱人死后始生效力，其果真实与否，首借见证人为之担保，而遗嘱一旦发生争执，尤非有见证人为之证明不可也。唯见证人于遗嘱中既如是其重要。则其个人信用如何，于遗嘱之价值亦极有关系。故各国法例就见证人之资格，多设有消极之限制。以具有某等缺格原因者，不得为见证人（德《民》第二二三七条，瑞《民》第五〇三条第一项，日《民》第一〇七四条；但法《民》从正面规定，以成年男女，具有本国籍，皆得为见证人，参照法《民》第九八〇条即一八九七年十一月七日法律）。《民法》亦承其例，规定"左列之人，不得为遗嘱见证人：

一未成年人,二禁治产人,三继承人及其配偶或其直系血亲卑亲属,四受遗赠人及其配偶或其直系血亲卑亲属,五为公证人或代行公证职务人之同居人助理人或受雇人"(第一一九八条)。本条第一第二款所定之人,或以智力幼稚,或以心神丧失或精神耗弱,所为遗嘱证明,不足置信。其应为除斥,无待深论。第三第四款所定之人,乃与遗嘱有利害关系之人,使为遗嘱见证,难期正直公允,亦宜除斥。第五款所定之人,乃与公证人或代行公证职务之法院书记官若领事有同居关系,或为之助理人或受雇人,恒处公证人或代行公证职务人势力之下,而听其指示命令,使为遗嘱见证,亦恐不能公平独立,自持己见,故亦特除外之。

唯有除斥原因之人而竟参与遗嘱作成,其遗嘱是否即归无效,则难一概而论,如缺格人占该方式必要人数之全部或一部,其遗嘱应因成立要件不备而无效。若见证人已超过必要之数,即除去其缺格人亦无人数不足之患者,则其方式犹无不备,不能即以之为无效。

第四节　遗嘱之内容

第一款　概　说

遗嘱为遗嘱人最后之意思表示,依其死亡而发生法律效果。故得为遗嘱之事项,必须有法律上之价值。如单纯之事实行为,不得为遗嘱之内容。顾俗间所行遗嘱,如关于死后葬祭方法之指定、家中事务之整理,乃至就其子女一身向亲友为社交上之托孤者,比比皆是。此等表示,以先人之遗意或训诲而论,为子女及亲友者固有尊重之道德上义务,而自法律上观之,固不有何等之效力也。

依《民法》规定,得以遗嘱而为之行为,计有如下各种:(1) 继承人之指定(第一一四三条);(2) 遗产分割方法之指定及其指定之委托(第一一六五条第一项);(3) 遗产分割之禁止(第一一六五条第二项);(4) 遗产之自由处分(包含应继分之指定、遗赠及捐助行为,参照第一一八七条,第六〇条及第一二〇〇条以下);(5) 遗嘱执行人之指定及其指定之委托;(6) 监护人之指定(第一〇九三条)。此外法律未经明定之事项,得以遗嘱而为与否?解释上似有问题。但自认有遗嘱制度之精神上及本法立法之体例上观之,终以从宽解释,以不违反公序良俗及强制禁止规定之各种行为,皆得为之为妥。盖自本法全体观察,凡所设立条款,务求简单明了,既使一般平民易于了解,亦为多留地步,随时解释补充。而本法既为尊重死者遗意,认有遗嘱制度,自宜扩张解释,以未规定之各种行为亦使得为,方足以发挥其制度之效用也,况本法所定上列各种行为,大都属于不得以生前行为而为,而生前行为中性质上便于以遗嘱而为者,尚有多种。盖某等行为虽得以生前行为为之,而遗嘱人或以生前无早为确定必要,或以生前发表,利害关系人间易起争论,乃至伤害一家和平者。固不乏其例也。

遗嘱内容,略如上述,就中以关于遗产之处分——尤其遗赠,最有效用,而遗嘱章之规定,亦以关于遗赠者,占大部分。

第二款 遗 赠

第一项 遗赠之观念

《民法》为尊重私人之所有权与社会公益之计,认"遗嘱人于不违反关于特留分规定之范围内,得以遗嘱自由处分遗产"(第一一八七条,法《民》第八九三条,德《民》第一九三九条,瑞《民》第四八一条,日《民》第一〇六条），迭如前述。依本条规定，遗嘱人得以遗嘱自由处分遗产之场合，约有三种：即一对于法定继承人应继分之指定，二对于财团法人之捐助行为，三对于他人之遗赠。关于应继分之指定，业于前述；关于以遗嘱而为之捐助行为，除适用《民法总则》之规定外，依法理准用关于遗赠之规定，殊无特加说明必要。兹单就遗赠一种，概述如次：

遗赠（Vermächtnis, Legs, bequest）者，一人（遗赠人）以遗嘱对于他人（受遗赠人）无偿给与财产上利益之谓也。

一　遗赠为以遗嘱对于他人为财产之让与

遗赠系以遗嘱对于他人为财产之让与，常有一定之受遗赠人，在此点上遗嘱与捐助行为不同。盖捐助行为虽与遗赠同为关于财产之一方的死后处分，而当遗嘱发生效力即遗嘱人死亡之时，受其财产归属之财团法人，犹未成立；至其法人设立认可之后，只向后取得人格，于遗嘱人死亡之际，固未得直接为受遗赠人也。捐助行为既与遗赠有所不同，故关于遗赠之规定，于捐助行为只能解释准用之耳。

二　遗赠以财产上之利益为标的

遗赠所以让与财产于他人，故其让与必以财产上之利益为标的，若单令其继承人为他人担任某等劳务，固不得为遗赠，并不有任何法律上之效力。然所谓财产上之利益，殊不以将自己所有之物权或债权移让于他人者为限（让与产权之遗嘱），即以遗嘱免除他人对于自己所负之债务（免除债务之遗嘱），或以遗嘱言明对于他人应负一定之债务（负担债务之遗嘱），及于自己所有之不动产上为他人设定抵押权（设定物权之遗嘱）、抛弃在他人土地上自己所有之地上权或贷借权等，亦皆得为遗赠之内容也。

三　遗赠为无偿行为

遗赠为单方行为，其为无偿，甚属明白。故受遗赠之人，不负反对给付之义务。至附有负担之遗赠，与附有负担之赠与同，其负担固无对价之意义。

　　遗赠观念,既如上述。故第一,遗赠与赠与不同,赠与为契约;而遗赠为单方行为。从之在于遗赠,不问受遗赠人知其遗赠内容与否,或其果欲接受与否,乃至得悉遗嘱人之已死亡与否,概因遗嘱人之死亡而当然发生效力。至受遗赠人对于利益之享受,不受外力之强制,即就既已发生效力之遗赠,亦得另为承认或抛弃(第一二〇六条及第一二〇七条)。第二,遗赠与死因赠与不同。死因赠与虽与遗赠同以处分死后财产为目的,而发生效力于赠与人之死后,但一为以赠与人之死为期之契约即赠与,而一为单方行为。故外国法律虽有明定死因赠与准用关于遗赠之规定(日《民》第五五四条),然其中有若干规定,如关于受遗赠人能力、遗嘱方式,及遗赠之承认若抛弃者,终不能准用之。

第二项　遗赠之种类

　　遗赠得由种种见地分类,兹分单纯遗赠与有附款之遗赠,包括遗赠与特定遗赠,述之如下:

一　单纯遗赠与有附款之遗赠

　　附有条件或期限之遗赠为有附款之遗赠,非然者为单纯遗赠。遗赠得加何种附款。或附停止条件若解除条件,或附始期若终期,要依各该情形或财产性质定之。如谓在某时期前或某事实发生前,以甲为受遗赠人,其后则以乙为受遗赠人,一若德国《民法》中设有"先位继承人""后位继承人"(Vorerbe, nachorbe)之关系者(德《民》第二一〇〇条以下),自亦可以承认。又后述附有负担即义务之遗赠,亦即附条件遗赠一种。盖附有义务之遗赠,其义务乃对于权利所加之负担,如受遗赠人不肯履行其义务者,继承人且得将其遗赠撤消之。与包括遗赠其所有权利义务概自遗赠人之遗产中所继承者,固有别也。

二　包括遗赠与特定遗赠

包括遗赠(Legs universel)，即包括的以遗产全部或一部为标的之遗赠。特定遗赠(Legs particulier)，乃指定各个财产上利益为标的之遗赠。如谓以遗产全部或二分之一三分之一为遗赠者，即前者是，如谓给与某不动产、某动产或现金千元，或免除债务、负担债权，及设定地上权之遗赠，即后者是。但两者之间，有时不易明白，如谓给与不动产之全部或动产之一半，其为包括遗赠抑为特定遗赠，颇滋疑义。唯解释上终须以指定遗产全部或几成之几之场合为包括遗赠，非然者为特定遗赠，为标准而决定之。又特定遗赠之标的，常为权利或其他积极的利益，而包括遗赠则常含有义务，殆可断言。

包括遗赠因受遗赠人包括的承受遗嘱人财产上之一切权义，几与继承场合发生同一结果。即受遗赠人对于继承债权人亦为继承债务人，对于特定受遗赠人亦为遗赠义务人，如有其他包括的受遗赠人或法定继承人同时存在时，对于全部遗产，亦得公同共有(法《民》第一〇〇九条，日《民》第一〇九三条)。故包括遗赠所生关系，甚形复杂，是否合于社会实际生活，不无问题。而关于包括遗赠，《民法》未设明文规定，究竟承认与否，亦有疑义。依余观之，包括遗赠亦有便利之处，如遗嘱人有遗产如商事公司者一项，但无法定继承人，并不欲依第一一四三条而为继承人之指定，此时欲将遗产全部遗赠他人，自以包括的方法为之，使之尚得继续经营，为较便利。而依第一一八七条遗赠自由之原则观之，此种遗嘱处分，自亦为法律之所认许也。

第三项　受遗赠人

受遗赠人者，乃遗嘱所指定，而为遗嘱内容之财产上利益之归属人也。凡有权利能力之人，不问其为法人或自然人，皆得为受遗赠人，而有遗赠能力。即法定继承人，除遗嘱所指定之应继分外，苟不违反关于特留分之规定，亦得另受遗赠。此依第一一八七条之规定解释，自甚明白。

唯受遗赠人于遗嘱发生效力时即遗嘱人死亡时，必须存在，继承上所谓同时存在之原则，于此可适用。胎儿以将来非死产者为限，于遗嘱人死亡时视为既已出生，得为受遗赠人，亦与继承之场合同（第七条）。又受遗赠人必须为享受所遗赠之财产上利益之人，例如在附条件或负担遗赠中指明甲若对乙帮忙，则对甲遗赠某等财产，此时乙虽亦受遗赠利益，殊非真正之受遗赠人。但所谓受遗赠人，并不以直接第一次受遗赠利益之人为限。在特种遗赠，即间接第二次受遗赠者，亦为受遗赠人。且同时存在之原则，有时亦可不必过于严格适用，兹举数例以说明之：

（一）以遗嘱声明，如受遗赠人甲于遗赠效力发生前死亡，或于效力发生后抛弃其遗赠者，则将其所得承受之利益转与于乙（补充遗赠），此时乙亦为受遗赠人。

（二）于附有负担之遗赠中，令受遗赠人，将其所受财产上利益之一部，分授于乙，此时乙亦为受遗赠人。

（三）前述附有条件或期限之遗赠，如谓受遗赠人甲所受财产上之利益，至某条件成就或某期限届至时，则移转于乙，即所谓后继遗赠中，乙亦得为受遗赠人。而此次位受遗赠人，于遗嘱发生效力之际，不必业已存在，于其条件成就或期限届至之际存在即可。

唯有权利能力之人一般虽皆得为受遗赠人，而有一定原因，即对遗嘱人或就遗嘱有重大不德或不义所为，则为维持社会秩序之计，与继承权丧失场合同，亦应剥夺其受遗赠能力。《民法》因准用第一一四五条关于继承权丧失之规定，规定受遗赠缺格之人（第一一八八条）。其准用方式，数述如下，即受遗赠人有下列情事之一者，丧其受遗赠资格：

一　故意致"遗嘱人"应继承人或"应受遗赠人"于死或虽未致死因而受刑之宣告者

受遗赠人虽与继承人不同，不因人数之多少，或顺序之先后，而决定其应继分之多寡有无。但受遗赠人间有时亦易发生利害冲突,如前述后继遗赠及特留分扣减情形,即其显著之例。故应受遗赠人与应继承人同,亦有为他受遗赠人杀害之可虞也。

二　以诈欺或胁迫使"遗嘱人"为关于"遗赠"之遗嘱或使其撤消或变更之者

三　以诈欺或胁迫妨害"遗嘱人"为关于"遗赠"之遗嘱或妨害其撤消或变更之者

四　伪造变造隐匿或淹灭"遗嘱人"关于"遗赠"之遗嘱者

五　对于"遗嘱人"有重大之虐待或侮辱情事,经"遗嘱人"表示不得受"遗赠"者

前项第二款至第四款之规定,如经"遗嘱人"宥恕者,其受"遗赠权"不丧失。

上列第五款情形,遗嘱人如不欲该受遗赠人享受遗赠之利益者,得另为遗嘱以撤消其遗赠。但依本款规定,表示其不得受遗赠者,自属有效。又第二项所谓遗嘱人之宥恕,亦不以明示为限,即默示亦可,固不必另以遗嘱为之也。

第五节　遗嘱之效力

第一款　一般效力

遗嘱为遗嘱人之终意表示,自遗嘱人之死亡时发生效力(第一○九条)。遗嘱人之死亡,亦包括自然死亡与法定死亡,所不待赘。此项效力,因

遗嘱人死亡之事实当然发生，而不待于任何意思表示，亦与继承开始之场合同。故其效力发生，受遗嘱利益之人果欲接受与否，既非所问，而其知悉有遗嘱存在与否，乃至知悉遗嘱人之已死亡与否，亦所不问。在于口述遗嘱，虽须提经亲属会议认定真伪以后，始为确实有效成立。而其效力发生时期，则与普通遗嘱并无不同。又以遗嘱而为捐助行为，其财团法人虽须经向主管官署认可设立以后，始能取得权利能力，而依法理解释，其捐助财产亦应视为自遗嘱人死亡起，归属法人（参照日《民》第四二条第二项）。

遗嘱既自遗嘱人死亡时始发生效力，则遗嘱人未死亡前，其因遗嘱将来得受利益之人，实未现实取得权利，不过将来有其取得其希望而已。且遗赠人得随时撤消遗嘱，即表示不为撤消，亦无何等效力。若遗嘱人于死亡前果为撤消，则其希望亦成泡影。但至遗嘱人死亡之际，苟遗嘱非有特种附款，其效力遂以确定。前此仅为一种希望者，至此乃为确实权利。而得享受财产上利益之人，乃得以自己权利而为处分。若因自己死亡，其继承人且得继承。又其债权人亦得以债务人之权利而扣押之矣。

唯遗嘱为单方之意思表示，为尊重遗嘱人之意思起见，于事项性质所容许之范围内，自应许其加以附款。附款之条件有停止条件与解除条件之别，期限亦有始期与终期之别。遗嘱所加附款之效力，《民法》特别规定甚少，兹参照总则规定，列述如下。

一　附条件之遗嘱

遗嘱附有停止条件者，（1）若条件于遗嘱人死亡后成就者，则于条件成就时发生效力（第九九条第一项），第一二〇〇条规定，"遗嘱所定遗赠附有停止条件者，自条件成就时发生效力，"本为理之当然。但此种规定，仅为推定行为人之意思而设，于公共秩序无何关系。如遗嘱人只有意思表示，使停止条件成就之效果，溯及以前发生，自无不可（第九九条第三项）。（2）停止条件于遗嘱人死亡前成就者，则其遗嘱与未附条件无异,应自遗嘱人死亡时发生效力,亦无待论。

遗嘱附有解除条件者,(1)若解除条件于遗嘱人死亡前成就,则遗嘱人死亡时,其条件不生效力;(2)若解除条件于遗嘱人死亡前尚未成就,则遗嘱自其死亡之时发生效力,而至条件成就之时,失其效力。但此场合,遗嘱人亦得另为意思表示,使其条件成就之效果,溯及以前发生(第九九条第二项第三项)。

二　附期限之遗嘱

遗嘱附有始期者,(1)若其始期于遗嘱人死亡前届至,则与未附期限无异,自遗嘱人死亡时发生效力;(2)非然者,则至届至时发生效力(第一〇二条第一项)。

遗嘱附有终期者,(1)若终期于遗嘱人死亡前届满,则与未附期限无异,其遗嘱不生效力;(2)非然者,则于届满时失其效力(同条第二项)。

遗嘱得加何种附款,依遗嘱内容事项之性质不同,如继承人之指定,虽得附以条件,不得附以期限。遗嘱分割之禁止,虽得附以终期,不得附以始期。至非婚生子女之认领,则无论条件或期限皆不得附之。总之,凡遗嘱附有停止条件或期限者,在条件未成就前或期限未届至前,其效力犹未发生。就遗赠标的物之财产,继承人得为自由处分,受遗赠人无可阻止。但至条件成就或期限届至之日,若标的物既消灭,无从交付遗赠,则继承人应负损害赔偿之责耳(第一〇〇条,第一〇二条第三项)。

第二款　遗赠之效力

第一项　概说

遗赠依关于遗嘱之一般原则,自遗嘱人死亡时发生效力,其附有停止条件者,若条件于遗嘱人死亡后成就则自成就时发生效力,概如前述。但遗赠乃注目于受遗赠人之个人关系,与以特别利益。"故受遗赠人于遗嘱发生效力前死亡者,其遗赠不生效力"(第一二一〇条)。此时受遗赠人之直系血亲卑亲属固不得如代位继承然,袭其地位。若遗嘱人预期此种场合,另指定受遗赠人之继承人为受遗赠人,以为补充,则其指定虽属有效,但此时其继承人不过以补充的受遗赠人而受其利益;且此种补充的受遗赠人并不以受遗赠人之继承人为限,始得为之。又在附有停止条件之遗赠,受遗赠人于遗嘱人死亡时虽尚生存,而于条件成就前已死亡者,则与遗赠尚未发生效力前死亡同,其遗赠亦不发生效力。于此场合,遗嘱人固亦可另为表示,以受遗赠人若于条件成就前死亡者,其遗赠归属于受遗赠人之继承人。但此亦同为补充遗赠,与其谓不论受遗赠人何时死亡,其遗赠皆发生效力,宁谓先位遗赠不生效力,后继遗赠发生效力为妥。

　　遗嘱所生之效力,依包括遗赠与特定遗赠略有不同。在包括遗赠,遗赠标的之财产,与效力发生同时即当然移转于受遗赠人,而无待于遗赠义务人之交付。其在无继承人场合,并无遗赠义务人存在,更不发生交付问题。故包括遗赠应与遗产继承同样解释,常有物权的效力。只遗赠财产中有不动产者,未经登记,其效力犹未完成耳(第七五八条)。

　　其次,在特定遗赠场合,遗赠标的常先一度概括移转于继承人,于遗赠发生效力之际,受遗赠人仅得向继承人即遗赠义务人,请求其标的物之交付。故学者通说,谓特定遗赠,仅有债权的效力。盖特定遗赠,除如免除债务等,因遗嘱之表示直接完成所预期之效果者外,常须继承人之交付,始能确实移转其标的物。就遗赠标的为不特定物之情形而言,如遗赠之标的物为现金千元者,必须继承人依遗嘱所定数额,提出现金,移转于受遗赠人。此时继承人有交付义务,而受遗赠人仅得请求交付,固甚明显。其次,遗赠之标的物若为特定物或特定债权,亦未必因遗赠发生效力而直接移转于受遗赠人。第一,交付遗赠每有一定顺序,如为清整继承债务,得将其特定之标的物换价清偿,受遗赠人仅得就剩余之额请求交付(第一一六〇条,第一一七九条第一项第四款)。次之,若遗赠有侵害法定继承人之特留分时,即特定之标的物亦应全部或一部受其扣减(第一二二五条)。总之,依《民法》解释,特定遗赠通常仅有债权的效力,而无物权的效力。不过继承人依遗嘱所定交付遗赠,其交付效果则溯及遗嘱发生效力时已发生耳。

第二项　遗赠之标的

第一目　特定之遗赠物

"遗嘱人以一定之财产为遗赠,而其财产在继承开始时有一部分,不属于遗产者,其一部分遗赠为无效,全部不属于遗产者,其全部遗赠为无效"(第一二〇二条)。盖以特定之物或权利为遗赠者,推遗嘱人之意,乃于继承开始即遗嘱发生效力时之状态所遗赠。若遗赠发生效力之际,其特定之财产不属于遗产者,其遗赠因无标的物之故,不能发生效力也。但其遗赠物是否属于遗产,究应以遗赠发生效力之时为判定标准,若遗嘱成立时虽未属于遗产,而至遗嘱人之死亡时已属于遗产者,固不妨为其遗赠之标的也。至遗赠发生效力时其财产不属于遗产之情形,不一而足。有遗赠标的之财产原属于遗嘱人所有,嗣因转让于人或失其存在,而于遗嘱发生效力时不属遗产者;更有其财产原不属于遗嘱人所有,遗嘱人意在取得其权利以为遗赠,而于遗嘱发生效力以前,卒未能取得之者,不问何者,其遗嘱原则皆不发生效力。然将此原则彻底适用,即于遗嘱人之意思,有时亦有所未合。《民法》因就特定遗赠,设有如下之特别规定。

（一）遗赠之标的物于继承开始时虽不属于遗产，而遗嘱人另有意思表示，必以之为遗赠者，应从其意思（同条但书）。盖本条上段规定，原为推定遗嘱人之意思而设，如遗嘱人另有意思表示，则为尊重其意思计，自宜使其遗赠有效。尤其遗嘱人欲将某项不动产遗赠于甲，第恐该项财产至继承开始时犹未为己所有，或本为自己所有而至继承开始时已不复存在，因于遗嘱中言明如将来该项不动产不属于己所有，则应将该项财产购赠于甲。此种附带声明，即以独立遗赠而论，原可成立，遗赠义务人自不能以标的物不属于遗产，而主张为无效也。考以他人权利为标的之遗赠，自来立法多认许之。罗马法以遗嘱人明知其权利不属于己，而仍以之为遗赠者，其遗赠为有效，近代奥意等国《民法》率采定之，法《民》虽经明定此种遗赠，不问遗嘱人知与不知，皆为无效（法《民》第一〇二一条），而学者解释则以遗嘱人知其标的物不属于己意在继承人敢得其物而移转于人者，其遗赠仍为有效。德日《民法》径定遗赠标的纵不属于遗产，而遗嘱人如有以之为遗赠之意思可认者，即为有效力（德《民》第二〇六九条第二〇七〇条，日《民》第一〇九八条但书）。综观各国立法倾向，其为尊重遗嘱人意思，使标的不属于遗产之遗赠，务为有效成立，可谓大旨相同。唯《罗马法》及奥意等国立法，单以遗嘱人知与不知，决定其为有效无效，于事实证明既感困难，而于遗嘱人之意思亦未必尽符。因遗嘱人之意思或拟于生存期间取得其标的物，如竟不能取得，则终无始与之意，亦未可知也。至法国学者解释及德日法例除遗嘱人知情以外，尚须遗嘱人为其遗赠之明白表示，或于客观的情形有其意思可认者，乃为有效。其有效力范围，尚属广泛。《民法》本条但书规定，则以遗嘱另有明白之意思表示者为限，始属有效，立法主义殆较妥当。

此种以他人权利为标的之遗赠，一旦发生效力，继承人自有取得其标的物以为交付之义务。但其标的物不能取得或取得需费过巨时，依理应许其继承人补偿相当之金额，以免除义务之履行。（参照德《民》第二一六九条，日《民》第一〇九九条）。

（二）"遗赠人因遗赠物减失、毁损、变造，或丧失物之占有，而对他人取得权利时，推定以其权利为遗赠（第一二〇三条上段）。"盖遗赠之标的物因减失毁损变造或丧失占有，于遗嘱发生效力时已全部或一部不属于遗产，依前述规定，其遗赠虽原则应全部或一部失其效力，而依情形如何，其物上所有之权利，或本于其权利所生之权利，犹有存在。例如遗赠物为他人之不法行为毁损者，对他人取得损害赔偿请求权。遗赠物已付保险者，则因危险发生而取得保险金额请求权。又遗赠之动产为他人所加工变造，且因加工所增之价值，显逾材料之价值而为他人取得其所有权者，则取得偿金请求权（第八一四条）。遗赠物之不动产，因出典于人而丧失其占有者，则取得典物赎回权。凡此场合，其遗赠标的物虽经重大变化，而法律上遗嘱人仍有相当权利取得，至遗嘱发生效力之日，纵标的物已不能完全交付，而以其标的物换得之权利，推定尚为受遗赠人之利益而存在，于遗赠人之意思固甚合也。但本段亦仅为推定规定，遗嘱人如另有明白表示，固应从其意思。即遗赠人生前已行使其权利，例如已领受其损害赔偿金或其他补偿者，亦不能适用本段规定。

又依同条下段规定，"因遗赠物与他物附合或混合，而对于所附合或混合之物取得权利时亦同"。一物与他物附合或混合，其所有人对于所附合或混合之物取得若何权利，为第八一一条以下所规定。即（1）动产附合于不动产而为其重要成分者，不动产之所有人取得动产之所有权，而动产之所有人取得偿金请求权。（2）动产与他人之动产附合非毁损不能分离或分离需费过巨，且两物间不能区别主从之关系者，则按动产附合之价值各取得合成物之共有权；如两物间能区别主从之关系者，则主物所有人取得合成物之所有权。而从物之所有人取得偿金请求权。（3）动产与动产混合不能识别，或识别需费过巨者，亦按上例各取得共有权或单独所有权及偿金请求权。总之，上述各种场合，凡标的物之所有权不丧失者，至遗嘱发生效力之日，固应以之为遗赠物，其因丧失而取得偿金请求权者，则推定以其取得之权利为遗赠。

第二目　不特定之遗赠物

以不特定物为遗赠之标的，其为有效，自无容疑。此时遗赠义务人应依遗嘱本意，交付种类品质及数量相当之物于受遗赠人，且须以自己有完全权利者交付之，庶受遗赠人完全取得其所交付物之权利。从之其所交付之物隐有瑕疵或受他人追夺，义务人依理应负与出卖人同一之担保责任；盖若所交付物受人追夺，即不外以不属自己之物而为交付，固未能谓为已尽其交付义务。而义务人此时竟不能将物之占有使受遗赠人取得者，依追夺担保法理，且应负其损害赔偿责任。又所交付之遗赠物隐有瑕疵者，义务人应易以无瑕疵之物而为交付。因遗赠人之本意既欲遗赠他人一不特定物，自必完全无疵之物。若所交付者为有瑕疵，自以使易他物，方足以贯彻遗赠人之意思也（参照德《民》第二一八二条至第二一八三条，日《民》第一一〇〇条）。

第三目　用益权之遗赠

遗赠内容，除财产所有权之完全让与外，并得将财产供人使用收益，而不移转其所有权。唯此种遗赠受遗赠人享受其权利至一定时期以后，应返还其标的物于所有人即遗赠义务人。其返还时期，得以次述原则定之。

（一）如遗嘱有指定者，从其指定。盖遗嘱人本有处分其遗产之自由，今将财产供人使用收益而遗嘱上附有终期期限者，受遗赠人自应依其期限返还所受用益之物。例如遗嘱人明定某处房屋遗赠与甲住居或收租五年，则至五年届满，即应将其房屋送还于所有人。

（二）如遗嘱未定期限，而依遗赠之性质可定其期限者，依其性质定之。即用益之标的物，遗嘱虽未定有返还之期，而依该遗赠之性质，显然有期限可决定者，则推遗嘱人之意思，其遗赠自系附有期限，至所推定期限届满之日，应将其用益物返还于所有人。例如遗嘱定明将某等田产供甲收益，为其大学入学之资，则甲所得收益期间，自以大学在学期间为限，一至大学毕业，应将其田产返还于所有人。

（三）"以遗产之使用收益为遗赠，而遗嘱未定返还期限，并不能依遗赠之性质定其期限者，以受遗赠人之终身为其期限"（第一二〇四条）。盖遗赠乃为受遗赠人之利益而为，虽其用益物终有返还于所有人之一日，而遗嘱未定返还期限，并不能依遗赠之性质定其期限者，推遗赠人之意思，自应以受遗赠人之终身为其期限。于受遗赠人死亡以前，所有人不能请求用益物之返还，盖否则显然妨害受遗赠人之利益，及违反遗赠人之意思矣。

第三项　附有负担之遗赠

第一目　附负担遗赠之性质

附有负担之遗赠（Legs avec charge）乃遗嘱中附有条款，使受遗赠人负担一定债务，而为其给付之遗赠也。析言之如下：

一　附负担之遗赠乃有附款遗赠之一种

附有负担之遗赠为附条件遗赠一种，但其条件与停止条件或解除又属不同，盖其遗赠之效力，与遗嘱人之死亡同时发生，既不因附有负担而停止其效力，亦不因所负担义务之不履行而当然消灭其效力。只受遗赠人不肯履行其义务时，遗赠义务人依理得于负担之限度，拒绝遗赠之交付，或撤消其遗赠耳（依第二六四条第四一二条类推解释）。

二　遗赠所附之负担系设定一定之债务

遗赠所附之负担，须为设定一定之债务，如关于道德之训示，固不得为负担之内容。即单纯用途之指定，苟非以其违反为遗赠之解除条件，亦不得以负担而有法律上之效力。

三　附负担之遗赠于特定遗赠及包括遗赠皆得有之

遗赠所附之负担，为遗嘱人所加之义务。在特定遗赠，所遗赠者常为积极的利益，遗嘱人固得加以负担。即在包括遗赠，除遗赠中原有之义务外，遗嘱人并得另以意思表示，使受遗赠人负担他种债务，此种债务为包括遗赠之负担。

四　对受遗赠人得请求负担债务履行之人以继承人为原则

因负担之给付而受利益之人，依负担之内容不同，或为遗嘱人之继承人，或为第三人，乃至社会一般公众。然对受遗赠人得请求履行义务之人，常为遗嘱人之继承人，其他之受益人不得有请求权。唯负担之内容如系使受遗赠人更以遗赠财产一部分授于他人者，则可视为有第二之遗赠，其第二受遗赠人，对于附负担之受遗赠人，亦得请求履行。又遗赠所附负担如以公益为目的者，受益人之社会公众虽不得自为请求，而依第四一二条第二项类推解释，主管官署得命受遗赠人履行其负担。

第二目　附负担遗赠之效力

遗赠为无偿行为一种，以使受遗赠人享受特别利益为目的，故遗赠所附之负担，与附负担之赠与同样，不得超过遗赠之积极的利益，如超过其利益时，受遗赠人仅须以所受利益之限度，负其履行之责任（第一二〇五条，德《民》第二一八七条，日《民》第一一〇四条）。依同一理由，附有负担之遗赠，如因继承人为限定继承，其遗赠标的未得全部交付，或因特留分权利人扣减权之行使，其遗赠标的受扣减时，受遗赠人得按所受减少之程度，免除其所负担之义务。唯此场合，遗嘱人尚得零为意思表示，以其负担不得因遗赠物之减少而减少，为尊重遗嘱人之意思计，此种表示亦得为有效耳（参照日《民》第一一〇五条）。

至遗赠所附之负担甚重，或因限定承认或特留分扣减之结果，使负担与赠与物之价额相伯仲时，其遗赠殊非当然无效。只受遗赠人此时有选择之自由，如以履行其负担，除金钱以外尚有其他利益可享受者，固可承认，否则可以抛弃遗赠，而免负担之履行，如后所述。

第三款　遗赠之承认及抛弃

第一项　概说

遗赠为单方行为，不问受遗赠人之意思如何，因遗嘱人死亡当然发生效力，概如前述。然遗赠不问其内容如何，终不能反于他人之意思而强制其接受。故于遗赠发生效力之际，受遗赠人尽有以一己之意思，承认其效力与否之选择自由。若受遗赠人以该项遗赠于己不利，或不愿接受其利益者，得抛弃遗赠（第一二〇六条，德《民》第二一八〇条，日《民》第一〇八八条），与继承之场合同。

遗嘱因遗嘱人之死亡而始发生效力，遗赠之承认或抛弃，应于遗嘱人死亡以后为之，所不待言。唯遗赠之承认或抛弃，与继承之承认或抛弃不同，法律无一定期间限定，受遗赠人得以随时为之。盖在继承场合，其继承人之为承认或抛弃,于同顺序及次顺序之继承人,有密切之利害关系,不可不早使确定。而遗赠之承认与否,则仅于既确定之继承人与受遗赠人间,有直接关系而已,与第三人间殊无重大影响。故《民法》关于遗赠之承认或抛弃原则上不设一定期限,使得随时决定为之。只于特定场合(如限定继承、继承人全体抛弃及无人承认继承等),受遗赠人须于公告所定期限内为愿受遗赠与否之声明。及依第一二〇七条规定,须于继承人或其他利害关系人催告所定期间内,为承认与否之表示耳。

遗赠之承认或抛弃,其表示亦无一定方式,以明示或默示为之,均无不可。受其意思表示之相对人,通常为遗赠义务人。即受继承人以外利害关系人催告之场合,亦须对于义务人为之,否则不生效力。因遗赠之承认或抛弃为须相对人受领之意思表示,而遗赠义务人乃最主要之利害关系人故也。至继承人全体抛弃继承或无人承认继承场合,遗产全部归诸管理人处理,为法律所规定。此时其承认与否之意思表示,须对其管理人为之。固不待论。

遗赠人既为承认或抛弃之后,遗赠关系乃以确定,受遗赠人不得更撤消之(德《民》第二一八〇条,日《民》第一〇九一条),否则将侵害他人之既得权或既得之利益。又遗赠关系之确定与否,于遗赠义务人及其他利害关系人亦有相当之关系,其承认或抛弃之意思表示,依理亦不得加以附款(德《民》同上条文)。

第二项 承认与否之催告

如上所述,《民法》以遗赠承认与否之迟早决定,于他人之利害关系不如继承场合之巨,原则不设一定期限,而任于受遗赠人随时决定。即受遗赠人于遗嘱发生效力当时即为承认或抛弃之意思表示固可,否则于数月或一年之后再为表示,法律办不为积极之干涉。但其意思表示时期一任于受遗赠人恣意专断,则万一过久不为决定,于继承人及其他利害关系人亦未免有所不利。尤其遗赠物犹未交付以前,继承人须负管理责任;即受遗赠人将来表示抛弃,因未为意思表示,亦不能以遗产视为己有。其有相当深切之关切,固不待言。至于包括遗赠、附负担遗赠及其他与他人有关系之遗赠,其遗赠之利害关系人,因遗赠之承认与否未早决定,其地位亦有处于不定状态之虞。故《民法》他面为保护利害关系人起见,必要时使得为自发之催告,以贯彻不为积极干涉之主义。即于第一二〇七条上段规定:"继承人或其他利害关系人,得定相当期限,请求受遗赠人于期限内为承认遗赠与否之表示。"至其所谓相当期限,法无标准规定,要须催告人顾虑受遗赠人之考虑及答复时间以决定之。

唯限定期间以内,受遗赠人究为答复与否,仍属于其意思之自由。如受催告以后终不明白为承认与否之表示,殊非有最后之决定方法不可。《民法》于此采取积极的推定,以受遗赠人于"期限届满尚无表示者,视为承认遗赠"(同条下段)。盖遗赠为取得财产之一方法,其内容通常必于受遗赠人有利,今设推定自以于其有利之方面为之,结果较正当也。

第三项　承认及抛弃之效力

一　承认之效力

遗赠之承认不外既发生之遗赠效力之确认,故受遗赠人为愿受遗赠之承认时,乃自遗赠发生效力时始,取得其遗赠物之权利。从而其间自遗赠物所生之孳息,应属于受遗赠人(日《民》第一〇九四条,法《民》第一〇〇五条第一〇一四条,德《民》第二一八四条)。他面受遗赠义务人其间为保管遗赠物所支出之必要费用,亦应由受遗赠人负担偿还之(日《民》第一〇九五条,德《民》第二一八五条)。

二　抛弃之效力

遗赠之抛弃,溯及遗嘱人死亡时发生效力(第一二〇六条第二项)。即遗赠虽因继承开始当然发生效力,而其后受遗赠人一旦表示抛弃遗赠,则其效力与继承抛弃同样,视为自始所未发生,而受遗赠人与遗赠物亦始终不生关系。详言之,即遗赠物及其间自遗赠物所生之孳息,仍为遗产而属于继承人;对于同一标的物受遗赠人有数人时,其抛弃部分亦然(第一二〇八条)。至附负担之遗赠,若受遗赠人抛弃遗赠时,依同一理由,所附负担。亦应与遗赠物同时归属于继承人,而任其履行之责。盖因受遗赠人抛弃遗赠之意外事实,固不可使负担之受益人完全丧失其利益也。外国法律有明定:"受遗赠人抛弃遗赠者,因负担而受利益之人,得自为受赠人"(日《民》第一一〇四条)。即承认负担之受益人,有代位受遗赠人之权利。《民法》无此明文规定,不认受益人有优先受遗赠物之权,殊难为同一之解释。

第六节　遗嘱之执行

第一款　概　说

遗嘱之执行云者,乃遗嘱发生效力后,为实现其内容,而为必要事务之处理之谓也。盖遗嘱发生效力于遗嘱人之死后,其遗嘱人不能自起执行。于此若不另设执行方法固不能实现其内容,并贯彻遗嘱人之意思。而其实行若非有严格之法律规定,尤不能保其无怠忽弃置,乃至违反遗嘱本意之情弊。故法律于规定遗嘱方式及其效力之后,犹待乎有遗嘱执行之规定也。

唯遗嘱之内容,未必尽须执行。如继承人之指定、应继分之指定、遗产分割方法之指定及其指定之委托、遗产分割之禁止、遗嘱执行人之指定及其指定之委托及监护人之指定等，固不待遗嘱执行人之执行，亦能实现遗嘱人之意思。然如遗赠及捐助等，除少数场合外，其内容非依遗嘱所能直接实现，而必须有执行人以执行之。

遗嘱执行之程序，可分执行前之程序即遗嘱之提示及开视，与执行之程序，述之如下：

第二款　遗嘱之提示及开视

遗嘱未为执行之先，应将遗嘱提示于亲属会议，如为密封遗嘱者，且须在亲属会议当场始得开视。故遗嘱之提示与开视，乃遗嘱执行前应有之程序，不问其内容必须执行与否，皆须行之。盖未经过此等程序，其遗嘱之存在与否？真意如何？犹未受正式之认证也。

一　遗嘱之提示

"遗嘱保管人知有继承开始之事实时，应即将遗嘱提示于亲属会议，无保管人而由继承人发见遗嘱者亦同"（第一二一二条，法《民》第一〇〇七条，德《民》第二二五九条，瑞《民》第五五六条，日《民》第一一〇六条）。遗嘱之提示，所以确保遗嘱之真实存在，与前述口述遗嘱之真伪认定，判然不同。盖遗嘱之提示，其目的在请求亲属会议，就其形式及其他各种状态查验确认，以防止以后之伪造变造，并坚固其保存，不过为一种检证程序而已。至其遗嘱是否出于遗嘱人之真意，及法律上有效与否，固非所问。总之，既经提示亲属会议认证之遗嘱，就其实质如何，利害关系人仍得另为主张，并不因其已经提示认证，而受任何之拘束或妨害也。

遗嘱应否有人保管，原无限制。在遗嘱人如恐受人伪造变造，自可将遗嘱委托他人保管，否则径交继承人收执，或深藏箧底，姑自保存，亦无不可。总之，其有人保管或收执者，保管人或收执人知有继承开始之事实时，应即将遗嘱提示于亲属会议，其未有人保管或收执，而由继承人在箧底发见，或受他人发见之通知者，继承人亦应即为提示。本项提示为保管人及继承人之义务，如违反其义务时，在第三人之保管人应负侵权行为之责，在继承人如依情形得认为隐匿遗嘱时，则应受丧失继承权之制裁。遗嘱提请认证，各国法律多定须向法院或主管官署为之，《民法》为求程序简便之计，仅须提示亲属会议。又在外国法律多以公证遗嘱无须经过提示，《民法》既未明定设为例外，须与其他各种方式经此同一顺序。

二　遗嘱之开视

密封遗嘱，须依前条规定提示于亲属会议，非在亲属会议当场不得开视（第一二一三条，法《民》第一〇〇八条，德《民》第二二六〇条，瑞《民》第五五七条，日《民》第一一〇六条第二项）。此其必须在亲属会议当场开视，同为确保遗嘱之真实存在。盖密封遗嘱，由遗嘱人密封签名后，并须见证人及公证人为之签名等严重之方式，若未提示公开认证以前，即许个人擅自启视，则其方式是否具备及遗嘱内容曾否受人更改，事后甚难察觉，如是密封遗嘱之真实性，遂不能确保矣。但开视亦仅密封遗嘱之执行要件，而非有效要件。未在亲属会议当场开视，其遗嘱真实与否虽缺正当保障，而遗嘱本身要非当然无效耳。

第三款　执行之程序

第一项　遗嘱执行人之指定

遗嘱依其内容不同，有须执行与否之别，既如前述。其经提示开视，认为必须执行，乃须有一定之人以当执行之任，是为遗嘱之执行人（Exécuteur testamentaire）。遗嘱执行人应由何人任之？各国立法不同，有全任继承人执行，不设特别之人者，如《罗马法》及瑞典那威等国之《民法》是；有必须设定执行人，以当遗产清算之任者，如英美法是；有特别选任与否，首任于遗嘱人之自由决定者，如《寺院法》及现代多数国家之立法是（法《民》第一〇二五条以下，德《民》第二一九七条以下，瑞《民》第五一七条第五一八条，日《民》第一一〇八条以下）。夫遗嘱径使继承人担任执行，未始不甚便利，而继承人亦未始完全不能尊重先人遗意而为忠实执行。但遗嘱内容与继承人之利益完全相反，使其执行，殊有难期公平允洽之虞，而继承人若为未成年，或根本无继承人存在，尤非另设执行之人不可。故执行人应否特别选定，当以首任于遗嘱人自由决定者为妥。《民法》因亦采此主义，即：

（一）"遗嘱人得以遗嘱指定遗嘱执行人，或委托他人代为指定"（第一二九条第一项）。本项遗嘱执行人之指定或指定之委托，以同一遗嘱为之固可，即以他一遗嘱乃至他种方式遗嘱为之，亦无不可。应受指定或指定委托之人，通常固为局外之第三人，但若为遗嘱人之所信任，即继承人受遗赠人或其他利害关系人，亦得自由指定或委托之，执行人之人数亦无限制，无论一人或数人均可。其委托他人指定场合，遗嘱人得确定人数托其指定，否则受委托人得依己意定之。本项遗嘱执行人之指定或指定之委托，因系单方行为之故，不问受指定人或受委托人承应与否，当然依遗嘱之有效而成立。他面受指定人或受委托人接受其指定或委托与否，则保有完全之自由。故受委托人如承受其委托，固应即指定遗嘱执行人，并通知继承人（同条第二项）。受委托人如不愿受委托者，得即通知于继承人而免除其义务（参照德《民》第二二〇二条第一项，日《民》第一一〇八条第三项）。又受指定之遗嘱执行人如已承诺就职，固应即行执务，而其就职与否未有表示以前，继承人或其他利害关系人，依理得定相当期限，请求受指定人于期限内为承诺与否之表示（参照德《民》第二二〇二条第二项，日《民》第一一一〇条）。

（二）"遗嘱未指定遗嘱执行人，并未委托他人指定者，得由亲属会议选定之，不能由亲属会议选定时，由利害关系人声请法院指定之"（第一二一一条）。遗嘱有非经执行人之执行，不能实现其内容，业于前述。对于此种遗嘱，如遗嘱人未有执行人指定，或未委托他人代指定时，其必不可缺之遗嘱执行人应由何人选定，自非预为规定，以资遵从不可，《民法》以其选定权先使属于亲属会议。盖亦以遗嘱人之亲属所组成之会议，选定较为适当，而召集亲属会议之程序，通常亦较为简易故也。又遗嘱人指定执行人或委托他人指定，而受指定之人不欲或不能就职，或已就职而中途死亡或去职；或受委托之人不欲或不能指定，或已指定而不欲或不能就职，或就职而中途死亡或去职，其必要之遗嘱执行人就本条解释，亦应由亲属会议再选定之。但亲属会议亦不过一临时召集之私人机关，设亲属会议不能召集，或召集而不能选定，则又非另设办法不可。《民法》最后乃令利害关系人，声请法院为之指定。其声请指定应依通常声请程序，提出书面为之，管辖法院，依理亦为遗嘱人普通审判籍所在地之法院，所不待赘。

遗嘱执行人以担任遗嘱执行上之一切事务，为其任务；其任务是否正当实行，每依执行人其人如何而决定之。故为遗嘱执行之人，非有健全行为能力，不能完全胜任。《民法》限制"未成年人及禁治产人，不得为遗嘱执行人"（第一二一〇条，法《民》第一二一八条，德《民》第二二〇一条，日《民》第一一一一条），即认未成年人及禁治产人不有为遗嘱执行人之资格或能力。如就此等人而为指定，于法不能有效。又本条下段规定，不问其由何人或何机关指定或选定，均应适用之。即就职后再受禁治产之宣告时亦然。

最后请就遗嘱执行人之性质一言论之。关于遗嘱执行人之性质自来学说最主要者有遗嘱人之代理与继承人之代理二说。前说为法国学者所主张,盖以遗嘱人不能自行处理身后之事,自须委托他人代为处理,而观于法国《民法》规定,仅遗嘱人得指定遗嘱执行人,不认法院或亲属会议亦得选定,是即以遗嘱执行人为遗嘱人之代理之明证也。然一人死后在法律上已不复能为主体,谓死后犹有代理人之存在,于法理上究不可通。后说以遗嘱人死亡后,其财产上权利义务,原则为继承人所承受,而遗嘱之内容事项以关于财产之遗赠者,占最多数。故遗嘱执行人所为遗产上之行为,不啻为继承人之代理。此说为德国学者所主张,《民法》亦采取之(第一二一五条第二项)。但遗嘱执行人所执行之事项,尚不止以关于财产者为限,即关于身份上之遗嘱,亦得执行之。又即以财产上关系而言,继承人以外之遗嘱执行人,每与继承人立于相对之地位,而主张遗嘱受益人之利益。他面继承人对于遗嘱执行人之不正主张或遗产管理,为事先防卫之计,得以之为相对人而提起确定之诉。凡此场合,以遗嘱执行人职务上所为之行为,概视为继承人之代理,与单纯之代理观念,亦有所未符。唯关于遗嘱执行人之地位问题,学说判例,素未一致,今以明文设为法定代理,或可稍免无谓之争执乎?至以继承人为遗嘱执行人之场合,本条无可适用,所不待赘。

第二项　遗嘱执行人之职务

遗嘱执行人于承诺就职后,即应着手于职务之执行。其职务上得为并应为之事项如下:

一　编制遗产清册

"遗嘱执行人就职后,于遗嘱有关之财产如有编制清册之必要时,应即编制遗产清册,交付继承人"(第一二一四条)。是为遗嘱执行人就职后首要之职务。但其编制遗产清册,与前述限定承认及无人承认继承场合略有不同。其编制与否,须视事实上有无必要以为断。如遗产过于简单,自可不必编制。而编制时则以于遗嘱有关之财产为限,不必及于遗产全部。如遗嘱内容仅关特定之财产者,只就其特定部分编成已可。遗产清册编成之后,应即交付于继承人,以使明悉遗产之数额及状况。以遗产原则上已包括移转于继承人,今遗嘱执行人就遗产为遗赠之交付,或分割方法之指定,于继承人关系最为深切之故也。但本项遗产清册之编制,除使继承人明悉遗产数额及状况外,并为防止执行人、受遗赠人、继承人及其他利害关系人间之一切争执而设,故其编制义务,即以遗嘱或继承人之同意,亦不得免除之。

二 管理遗产及为执行上必要之行为

"遗嘱执行人有管理遗产,并为其他执行上必要行为之职务"(第一二一五条第二项,法《民》第一〇〇三条以下,德《民》第二二一五条以下,瑞《民》第五一八条,日《民》第一一一四条)。遗嘱有关之遗产,于利害关系人关系甚巨,自应由执行人为之管理。而管理必须管领遗产,如遗产属于继承人之占有者,执行人并得请求移转,由其直接占有。然执行人之地位终为继承人之代理,在实质上且与委任关系类似。故执行人为其管理之际。(1)应负善良管理之义务。(2)遗产上有孳息取得时,如非属于他人所有,应即交付于继承人。(3)因继承人或其他利害关系人之请求,应为管理状况之报告与说明。(4)应为遗产保存上必要之处置,如有诉讼之必要时,即应独立提起诉讼⋯⋯。次之,执行人除管理遗产外,并应为其他执行上一切必要行为。何等行为属于必要?要依遗嘱内容定之。如遗嘱定明以遗产中某物赠与于甲,则将该物交付于甲。如遗嘱委托执行人为遗产分割方法之指定,则实行其指定。又如遗嘱命执行人清偿债务,则实行清偿。凡此诸端,固为必要行为。而为清偿债务或交付遗赠,将遗产实行变卖,及将剩余财产返还于继承人,等等,亦为执行上所必要之行为也。

三 排除继承人之妨害

"继承人于遗嘱执行人执行职务中,不得处分与遗嘱有关之遗产,并不得妨碍其职务之执行"(第一二一六条)。如上所述,遗嘱执行人有为遗嘱执行上一切行为之义务,并有为其一切行为之权利。故他面继承人对于遗产上权利之行使,应受适当之限制,尤其在执行中,与遗嘱有关之遗产,继承人不得处分,否则与执行人之职权正面抵触,而于遗嘱受益人之利益亦有妨害,此外执行人职务上之行为,继承人无论积极的消极的均不得妨害之。否则执行人仍不能达其执行目的,而受益人之利益亦终不保矣。总之,本条规定,为保护执行人职务之畅行,兼图遗嘱人意见之贯彻而设,继承人违反本条所为遗产处分行为,于法固属无效,而执行人对其一切妨害,必要时且得以诉而排除之。

四 多数执行人决定意思之方法

"遗嘱执行人有数人时,其执行职务以过半数决之,但遗嘱另有意思表示者,从其意思"(第一二一七条)。遗嘱执行人不论出于指定或选定,其人数并不以一人为限。但有多数人指定或选定时,其数人之意思,应使如何统一决定,乃非预有一定之准则不可。原本项执行人之指定,首属于遗嘱人之权能,于执行人职务之如何执行,自亦得以遗嘱定之。故就多数执行人意思决定之方法,如遗嘱有意思表示者,首应从其意思。例如遗嘱规定其须全体一致议决,或依多数表决,及以其中某一人之意思为主,余则为辅,皆属有效。唯遗嘱对于执务方法,未必即有如是详密之表示,如未有表示时,则应依本条上段规定,以过半数定之。以过半数决定,方法自属适当,而亦较易决定。但事实容有不能得到过半数之情形,如执行人为二人时,仍非其二人之意思一致不可矣。

第三项　遗嘱执行人之解职

遗嘱执行人除因任务终了、死亡,及受禁治产之宣告,而当然卸职外,并因利害关系人之请求而解职。利害关系人得请求其解职之场合有二,即一执行人怠于职务之执行,二有其他重大事由是(第一二一八条)。遗嘱执行人之职务,为上述第一二一四条、第一二一五条所规定,执行人怠于执职,即如应编制遗产清册而不编制,或应管理遗产未能尽责,及应交付遗赠延不实行等是。所谓其他重要事由,滥用职权、侵占遗产、谋为不利于受遗赠人或继承人及执行人事实上有不能继续执职之事由等是。此等事由,影响于利害关系人之利益者甚大,不问是否出于执行人之故意或过失,利害关系人皆得请求撤去之。但此时执行人之解职,与执行人之死亡或受禁治产宣告之情形同,非为职务之绝对终止。其未完之职务,仍须有人以赓续之。其人选如原由遗嘱人指定或亲属会议选定者,应请亲属会议改选,如原由法院指定者,应声请法院另指定之。

第七节　遗嘱之撤消

第一款　概　说

遗嘱之撤消(Widerruf Révocation),即有效成立之遗嘱,因遗嘱人之意思表示或其他行为,而不发生效力之谓也。故遗嘱之撤消,与遗嘱之无效及失效,均属不同。

第一,遗嘱之无效,乃遗嘱自始未曾有效成立之谓。其与撤消不同,首在未经有效成立之一点。前述不具法定方式之遗嘱、无遗嘱能力人所为之遗嘱、非出于遗嘱人真意之遗嘱，及其他违反强行法规或公序良俗之遗嘱，悉属于此，此等无效遗嘱与普通无效之法律行为同，自始确定无效，而不待于任何人之主张。唯利害关系人就其效力存否有争执时，为求确决之计，固亦不妨仍请法院为确认之判决耳。遗嘱无效时，其遗赠之财产仍属遗产（第一二〇八条），所不待论。

第二，遗嘱之失效（Caducité），乃既成立之遗嘱，因有特定原因，于效力发生时不能发生效力之谓。其与无效不同，亦首在于有效无效成立之一点，其与撤消不同，则其效力之消失，一出于遗嘱人之行为，一生于其他特定之原因。遗嘱失效原因，计有如次数种：

（一）受遗赠人先于遗嘱人死亡，如遗嘱附有停止条件者，受遗赠人于条件成就前死亡亦同。

（二）受遗赠人抛弃遗赠。

（三）受遗赠人于遗嘱人死亡时犹未怀胎，或已丧失受遗赠权。

（四）特定遗赠之标的物全部或一部完全消灭。

此等失效原因及失效后之结果，均已前述。兹不复赘。唯遗嘱之撤消，虽系因遗嘱人之行为，使遗嘱消灭，而与《民法总则》中之所谓撤消，又属不同。遗嘱亦为意思表示之一种，总则中之撤消于此原亦可以适用，但此种撤消于遗嘱人之死后，由他人亦得为之，与遗嘱撤消必由遗嘱人生前自为者，殊属不同。且其援用场合极少，即有少数场合殆可以遗嘱撤消代之。兹就遗嘱之撤消与普通之撤消不同之点，申述如次：

（一）遗嘱之撤消必于效力发生前由遗嘱人自身为之，在此点上，与普通法律行为之撤消，所以使已发生之效力再归于消灭者全然不同。故自严格言之，遗嘱之撤消实非撤消（Anfechten）而为撤回（Widerrufen）或废弃（Aufheben）（参照德《民》第二二五三条至第二二五五条）。

（二）普通之撤消必其行为有若何之缺点（瑕疵），易言之，须有一定之撤消原因，而遗嘱之撤消则否，即完全有效成立之遗嘱，亦得随时撤消之。

（三）普通之撤消，除行为人本人外，即继承人或代理人亦得为之，而遗嘱之撤消与遗嘱同为独立之意思表示，他人不得代为。

（四）普通之撤消恒及于行为之全部，而遗嘱之撤消，不问就其全部或一部皆得为之。

遗嘱之撤消为遗嘱本身所具有之属性，盖遗嘱为遗嘱人之终意表示，至临终为止，其意思不容不使有所变更，而事实上欲防止其不变更，亦属无益之举也。外国法律有明定遗嘱之撤回权不得抛弃（日《民》第一一二八条），即遗嘱人于遗嘱中声明不再撤消其遗嘱，或与人约定不为撤消，皆可不受其拘束，而仍得再撤消之，此系甚明之理，原不待于规定。

第二款　遗嘱撤消之方法

遗嘱人有撤消遗嘱之自由，有如上述。然遗嘱为要式行为，其撤消自亦须以一定明确之方法为之，但其方法殊不必以遗嘱之明示为限，即遗嘱人所为其他一定行为，苟可认为有废止遗嘱之意思者，亦得视为撤消。《民法》所定撤消方法有四，兹为列述如下：

（一）"遗嘱人得随时依遗嘱之方法，撤消遗嘱之全部或一部"（第一二一九条，德《民》第二二五四条，瑞《民》第五〇九条，日《民》第一一二四条）。是为遗嘱之明示的撤消，即以后之遗嘱声明撤消前之遗嘱。但后之遗嘱不须以与前之遗嘱同一之方式为之。如以自书遗嘱撤消公证遗嘱，亦属许可。其撤消范围亦无限制得就遗嘱全部或一部为之，又撤消一遗嘱而同时另为他种遗产处分，亦无不可。《罗马法》上所谓一人不得遗数遗嘱而死亡之原则，于此显然不能适用。

（二）"前后遗嘱有抵触者，其抵触之部分，前遗嘱视为撤消"（第一二二〇条，法《民》第一〇三六条，德《民》第二二五八条，瑞《民》第五一一条第一项，日《民》第一一二五条第一项），是为法定的撤消。于此场合，其撤消自多出于遗嘱人之本意，然遗嘱人因忘却前次所为遗嘱，致使前后抵触，殆亦有之。因遗嘱为终意处分之故，法律上终不得不使后之遗嘱之效力优先于前之遗嘱耳。至前后两遗嘱是否相互抵触，尚应依慎重之解释以判定之。盖前后两遗嘱之内容有时并非完全不能两立，例如前之遗嘱既指定甲为继承人，复以后之遗嘱对乙为非婚生子之认领，固可视为撤消前之遗嘱。而遗嘱人以前之遗嘱某房产遗赠于甲，而复以后之遗嘱将同一房产遗赠于乙，如意在使乙与甲共有该房产者，则前遗嘱对甲所为之遗赠，并非全部撤消，不过甲不能单独取得该房产之所有权而已。其两遗嘱之内容，可使同时实现。唯此种场合宁属少数，将两遗嘱对此解释，如真有此种意思可认定者，固当别论，否则仍应解作前之遗嘱撤消后之遗嘱较为合理。

（三）"遗嘱人于为遗嘱后所为之行为，与遗嘱有抵触者，其抵触部分遗嘱视为撤消"（第一二二一条，法《民》第一〇三八条，瑞《民》第五一一条，日《民》第一一二五条第二项），是亦法定撤消一种。如遗嘱人因忘却遗嘱，而为与遗嘱相抵触之生前行为，固应视为撤消遗嘱。而遗嘱人为其抵触行为之际，即已表示并无撤消该遗嘱之意思，亦无碍于法定撤消效果之发生。此种撤消大抵于特定遗赠，最多见之。如以特定物表示遗赠于人，而复以生前行为将该特定物赠与或出卖于第三人，即其显例。至在包括遗赠，表示将遗产几分之几遗赠于人，其后即将所有各个财产而为生前处分，亦不发生撤消整个遗赠之效果。唯所谓抵触行为并不以财产上之处分为限，其他身分上行为，亦得撤消遗嘱。如以遗嘱指定继承人后复以契约收养他人之子女为其子女,其遗嘱即应视为撤消。但其抵触行为必须遗嘱人本人所为,如系遗嘱人之法定代理人所为,或遗赠标的之土地为公家所征收,因此遗嘱内容虽亦不能实现,而终不能为遗嘱之撤消耳。

（四）"遗嘱人故意破毁或涂消,或在遗嘱上记明废弃之意思者,其遗嘱视为撤消"(第一二二二条,瑞《民》第五一〇条第一项,日《民》第一一二六条)。本条所谓遗嘱之破毁涂消或遗嘱上记明废弃,须出于遗嘱人之故意,如由于遗嘱人之过失则不生法定撤消之效力。但因遗嘱人之过失或第三人之行为,及不可抗力而破毁者,如破毁之程度达于不能辨认其内容之全部或一部时,其遗嘱之全部或一部已无从发生效力,结果仍不免与出于遗嘱人之故意毁弃相同。然遗嘱撕成数片,其撕毁如系出于遗嘱人之故意,固应视为撤消而不发生效力,如非出于故意,且尚能辨认其内容者,则仍不因之丧失效力。又遗嘱人所为之涂消,如其程度已达于不能辨认其内容之全部或一部者,固应视为遗嘱全部或一部撤消。而遗嘱人如有注明涂消之意思,再加亲自签名者(第一一九〇条后段),其他未涂消之部分,固仍不得视为撤消。

第三款　撤消之效力

遗嘱既经撤消,其撤消部分不发生效力,自无待言。唯遗嘱人将撤消遗嘱之行为更为撤消,或使其行为不生效力,则既撤消之原遗嘱是否回复效力,不能令人无疑。就此问题,立法上有复活与非复活之二主义,德国《民法》采取前者(第二二五七条,第二二五八条),日本《民法》采取后者(第一一二七条),《民法》无此明文,须待解释以补充之。自理论上言,要以非复活主义为较妥当。尤其与遗嘱抵触之行为已受撤消或不发生效力之场合，以采此主义为最适当。例如以特定物遗赠于甲，其后复以生前处分或遗嘱将该物赠与于乙，此时其撤消行为实含有撤消对甲之遗赠，与对乙为赠与或遗赠之积极的消极的两种作用，如其后赠与再受撤消，或因第二受遗赠人于遗嘱发生效力前死亡，而第二遗赠不生效力，则原撤消行为之积极的作用虽不发生，而其消极的作用，要非当然消灭。故此场合，当以非复活主义较能合于遗嘱人之意思，而实际上亦较便利，唯撤消行为如系以受诈欺或胁迫之理由而为，则因原撤消行为非出于遗嘱人本意之故，原遗嘱自应回复效力（参照日《民》第一一二七条但书）。至于单纯以第二遗嘱撤消第一遗嘱，复以第三遗嘱撤消第二遗嘱，此时尚须解释遗嘱意思方可决定，如第三遗嘱果有撤消第二遗嘱，复活第一遗嘱之意思，则仍应使复活耳。

《继承法要义》（商务印书馆1935年版）

论文

怎样研究行政法?

一

行政法是关于行政权之组织及其作用(即活动,Tätigkeit)的法,始终以治权的一种行政权为中心观念,从这点上说,行政法一方面可与宪法相区别,他方面可与立法、司法、考试及监察等法相区别。

行政法与宪法可说是大纲与细则的不同。宪法是关系整个国家之组织及其作用的根本法,关于行政权的根本法则,自然也已包括在内;所谓行政法就成立在这等根本法则之上,不过是些枝枝节节的更详细的规定罢了,本来立法、司法等法与宪法之间,也有同样的关系,唯当中尤行政法与宪法之间,特别来得明显。因为两者之间有了这样的关系,所以研究行政法,首先就得研究宪法。唯有明了某国宪法之后,才能明了某国行政法的根本精神之所在;对于某国宪法立定或采取某种理论之后,才能一贯的说明某国的行政法。

自各个权力观察,在我国五权分立之下,可将法律从纵面分为立法法、司法法、考试法、监察法及行政法的五种。关于立法权之组织及其作用的,就是立法法,如《立法院组织法》及《法规制定标准法》等是。关于司法权之组织及其作用的,就是司法法,如《法院组织法》《诉讼法》《强制执行法》《破产法》《监察法》及《刑法》等是。此外关于考试权的考试法,即《考试院组织法》及各种考试法或条例是。关于监察权的监察法,即

《监察院组织法》及《弹劾法》等是。上述五种当中,行政法与其他四种,本来都是相互并立的。不过从研究上说,却有几个不同的特点。第一,立法法、考试法及监察法三种,内容比较简单,差不多在宪法中研究已够,用不到特别开一科目。固然议会法是看到过的,但所说都是议会政治国家的东西,至少在我国是不需要的。考试在人事行政上固然很重要,但大都不是法律的问题,监察更不必说了。第二,司法的研究,在学术上极早已很发达,行政法远不及它,因为司法的法治发达较早,行政的法治不过是近代的事,行政法学的发达史,至今还不过是数十年。最近怎么样?只要将大学法律科的科程拿出一看,就够明白。四个学年当中,大部分是司法法的科目,行政法则每周三小时,一个学年就教完了?那么是否因为它是很容易,所以就草草了事?否,毋宁是最难,比任何法科科目都还要难。如何将这个科目完成起来,而且还要使学者容易懂到,这正是我们要今后努力达成的任务了。

二

像罗马法将法分为人、物、诉的三部分,行政法也可分为行政主体、行政行为及行政争诉的三大部分。法国学者大抵就照这样分的,开头说行政组织,其次是各种行政,最后为行政诉讼。因之其行政法学是单整的,不分什么总各论的。德奥学者则不然,将它分为总论及各论的两部分,总论说明行政组织及行政内的一般原理,以及诉愿诉讼等等,也有的加入公物与营造物等等。各论是说各部门的行政法如内政、军政、财政等等,大抵就将法国学者所分的中间部分,即各种行政抽出来,特别详细说明而名之为各论的。究竟总各论分不分好?这里不必细说,只是我国学界一般是采取分的。

从研究的便利上说，我说分的也好。如要深刻的研究，我劝各位最好先从各论研究，各论研究好了，然后再来完成总论。其实各论研究不好，写总论是写不好的，勉强写成功，恐怕有许多地方是借助于外国的蓝本，与本国的法制对不到的。不过初学的人要想先从各论来研究，是很难做到，仍旧学了总论，懂到一般原理，然后去研究各种行政法规，才是顺路。

把一部浩瀚广大的法规大全或法规汇编翻开来看，可说十之七八都是有关行政的法规，其中并没有什么总论各论的区别。大体说来，关于中央地方各行政机关之组织的法规，及强制执行法、诉愿法、行政诉讼法等等，是总论中所研究的。其余关于警察、教育、农林、工商、矿产、水产、交通、通讯以及财政、军事的大部分，要在各论中才能分别研究，而各论中要研究的法规之多，多得无以复加，所以全部各论要研究完成，确是很难，再加行政法规的变动性很大，初非如民法刑法那样有统一的比较固定的法典，法令每一次变更，各论的内容要随着修改，才不至于落伍。故这样说来，这个研究不但是很难，而且是很繁的。

举一个例说，我过去研究各论中一极小部分的道路法规的时候，曾将民初起到经济委员会督造各省联络公路为止，中央及各省市的关于路道分类的、工程标准的、征工及公用征收的，各色各样的法规都汇集起来研究了，为要将整个制度说出一个所以然来。将各国的法规及参考书也翻了不少，而且都拿来比较过。就中关于道路使用分类法一项，曾将外国的学说制成若干图表，拿来比较研究。这样足足用了三个月工夫，草成了三万字的论文，然后再摘要编入各论讲义中，缩到十来面。用力很大，而收效还未见看得出来。道路法是工程技术的法规，虽然不必去学工程，但有许多技术的规定，仍非懂到不可。道路法是一个例，铁路、河川、港湾，大旨也是相同。邮政、电报方面稍可不同了。银行、保险、交易所等，则须有经济的知识与民法的素养了。财政更不必说了。警察、军事那又方向更远的一类了。各论要研究好,姑且用五年工夫罢!但这工夫用去之后,于初学者研究之便利,好像在西南完成了一条大铁路似的。这步工夫我已开始了多年,只因为抗战的关系,还有几段在停顿着,不然早已拿出来了。

各论要这样地研究,总论呢?总论是要以原理原则上去建设起来。因为行政法没有统一的包括的法典,总论部分规定特别欠缺,要先寻出一个坚固的根底,自己画图设计,把他架设起来的。为要确定公法事件的范围,定出公法关系与私法关系的区别,这是一个难题。为要确定审判的管辖,说明自由裁量与羁束裁量的区别,又是一个难题。研究民法总论,谁都知道法律行为是较难的,可是民法还有条文可作依据,行政法这部分没有条文,要从公法法理上去建立起来,着实要比民法难些。行政诉讼固有他特别的地方,但《民诉》的条文以及学理,尽管可以援用。行政法规中所定处罚的种类,要有尽有,不但要通达行政罚的原理,而且还要懂得刑罚的理论。这样说起来,对于民刑诉讼却非有根底不可,否则到处都要从头翻起。所以,学行政法好像是学高等数学,初等数学要先学好,如若学好了,上述的种种难题,自然容易起来了。

三

行政法学的参考书,说起又是很长,姑就本国书来说,第一部要推钟赓言先生的《朝大讲义》[①]。他这书虽然是三十多年前的产物,可是引着

[①] 钟赓言:《朝阳大学讲义　行政法 1》,朝阳大学 1917 年版;钟赓言:《朝阳大学讲义　行政法 2》,朝阳大学 1917 年版。另可参见钟赓言著,王贵松、徐强、罗潇点校:《钟赓言行政法讲义》,法律出版社 2015 年版。——编者注

正统理论,加以行文流畅,在我国风行最早,抑且最广,拿到国内,可说已种活了。要知道民初时代的行政法,这书是还可看的。

其次是商务出版白鹏飞先生编的《行政法总论》[①]。这书是比较有名的,他的内容比钟先生的要精括些,同时也比较难懂些。但他的体裁,着实不误,只要行政行为一章读懂了,其余并不难解,特别要知道民初以后,北伐以前的行政法,这书是要读的。

再次是商务出大学丛书拙著《行政法总论》[②]。这书学理比较的新,叙述比较的详,年来预备高考及打行政官司的读的比较的多,学校用为教本的也有不少。但这书可惜不是一笔写出,而是多年修改而成的讲义,其中仍有许多未满意的地方。原想在各论出版以后,把他全部做过,做出另一体裁来。可惜各论只与商务订了的,因为抗战关系,迄今一部分都未能出版(原定分册出版的)。二十七年三月,我离开广州的那一天,书桌上堆积着的是参考书,搁笔着的是军事行政法(十余万言的讲稿)的最后一章,这是我每天不能忘记的一幕,而且照常要继续他,并希望各位同好继续的做,做出好十倍的出来。

还有的是上海法学书局出赵琛韵逸先生的《行政法总各论》[③],他这书比较通俗,读者也比较的多。赵先生的写述能力,我竟佩服了。我明知这书出版得很快,但如再加修正,今后还可通行。尤其他的总论眉目清晰,行文易读,易使读者领会。至于他的各论,特别注重实际,少做学理的探讨,没有什么特色,他自己也这样说。

[①] 白鹏飞编:《行政法总论(第2版)》,商务印书馆1928年版。——编者注
[②] 范扬:《行政法总论》,商务印书馆1937年版。——编者注
[③] 赵琛:《行政法总论》,上海法学编译社1933年版;赵琛:《行政法各论》,上海法学编译社1933年版。——编者注

最后还要介绍中华出的陶天南先生的《中国行政法总论》①。这书与我国向来所出的不同,是采取实证主义来建树中国独特的行政法。这种企图当然值得佩服,我脑里也时常考量着哪种说法是最切合于我国现行法？但很难想出一种最切当的来。结局陶先生所采取的是 Duguit Bonnard 一派的。他所说的中国的法制,与我们所说尚无大异,而其所谓通说似乎以指拙著为多。我对我自己可坦白的说,对于陶先生也非有何成见。

原载于《读书通讯》1940 年第 8 期

---

① 陶天南:《中国行政法总论》,中华书局 1937 年版。——编者注

法治主义与行政

凡立宪统治国家,必以法治主义为根本原则之一。法治主义,除限制人民自由、规律人民权利义务之事项,为立法权所保留外,其余一切统治作用,概依法规行之。故不特司法等权,须受法规拘束;即行政权,亦须同受其拘束。然考各国成例司法法之发达,恒先于行政法。先有依法审判,而后始有依法行政。此不特欧西大陆诸国若是,即近时我国,亦有同一之趋势。

欧西诸国法治行政[①]之演进,可分三大时期以说明之:一、封建时期,二、警察国(Polizeistaat)时期,三、法治国(Rechtsstaat)时期。在封建时期,国家行政作用,极为简单;以外交军政及财政,为其行政事务之总体。至内务行政,虽非全不存在,然其范围极狭,如增进人民福利之文化行政,几未视为国家事业而经营。在此时期,对于个人相互关系之规定,虽已继承罗马法中之私法秩序,然于国家与人民间之关系,犹未接受罗马法所特有之国家全能思想。兹就德国之例以言,德国当时与人民构成关系者,非为国家自身,宁为各地领主(Landesherr)。领主一面因自皇帝权力分歧,一面因课人民种种负担,渐次取得各种特权。其各个特权,名曰高权(Hoheitsrecht)。领主高权之范围,依当时之思想,凡为公共必要事项,概能及到。只一面因受帝国法院之监督,人民对于领主得为诉讼或控诉;他面因受人民既得权(Jus Quaesitum)之对抗,不得侵害人民以正当权原取得之权利(Wohlerworbenes Recht)而已。然有如是

[①] 法治主义,亦称法治行政主义。

保障之人民权利,及法律秩序,厥后竟为领主所破坏,除对微弱之领主以外,几已失其存在效果。故此时期中,几无行政法之存在。即有之,亦不过全自民法思想而来之几种规律已耳。

封建制度崩坏以后,其次发现者为警察国时期。至此时期,集权思想,渐次发达,向为领主所有之权力,逐渐集中于国家,融合而成国家之权力。当是时,国家之公的权力,纯由君主自身或其所属官吏行使,除对司法方面以外,可谓绝对无限①。故当时国家与人民间所存在之公法,以关系民刑诉讼之司法为最主要。如法院独立之原则,至此已渐次有力。而行政方面之法律秩序,则大异其趣。当时国家既已集中权力,适以传自法国之警察权(Jus Politiae, La Police)思想,作理论上之根据,为确立国家制度之良好状态(Die Herstellung des "Guter Zustandes des Staatswesens")得对人民发必要之处分命令。至其处分命令之必要与否,及应取何种手段,得以便直裁断(Konvenienz)决定之。在此时期,固亦有多数命令或规则,以拘束行政者,然仅为服务命令,而无法规性质。其命令虽得拘束官吏,然于人民,则无何等直接关系,须经官吏执行,始能发生效果。故此时期,对民刑诉讼虽有司法法之存在,然行政方面,对人民拘束官署之秩序,可谓全未成立。而人民之自由财产,除对国库②得以私法上之人格者为诉讼外,几无其他确实保障之方法。

警察国时期,国家因有强大之权力,对于人民生活,干涉无所不至。其结果,遂流于绝对专制,而不能达到国家之生活之目的。至此,乃有所

---

① 警察国,故亦称绝对国。
② 当时因领主得到高权、不受帝国法院之监督;法律上为补救其缺陷起见,乃唱国库说(Fiskustheorie),以国库为财产权之主体,而代表国家,与私人同受财产法之支配。自是人民权利,受官权处分之侵害时,得向法院请求国库之赔偿。而国家在法律上,乃为两个主体;除为原来之国家外,并为私法上之法人,此国库说,盖亦所以调和当时之国家全能思想与法律秩序之冲突也。

谓法治国时期之产生,如前所述,警察国时期中,司法秩序,虽已相当确立,然行政上,犹未受法律之拘束,得以绝对权力,侵害人民之权利自由,一般人士,对于专制行政,备受痛苦。于是遂起反动,而提倡行政亦须受法律之拘束。至其间经过情形,以法国为最显著,当时法国最高法院(Parlament),对于官吏之违法事项,在职权上,得宣告刑罚或损害赔偿。但国王则常庇护官吏妨碍法院判决之执行。因之,法院与国王间不绝有权力上之争执,终以法院主张,较国王及行政官为正当,当时一般国民之舆论,不期然而集同情于法院。以为其间之冲突,由于法院秉公办理。而行政官署独逍遥于法外之故。欲求改善,则其唯一之方法,须使行政亦如法院,同受法律拘束。当时除此实际要求外,尚有学理上之鼓吹。如赞成卢梭之民约说者,谓人民最高权力之行使,即在法律之制定。其所制定之法律,不特拘束法官,抑且拘束行政官吏及国家元首。故此等机关,亦应依共同意志之指示(Selon la direction de la Volontegenerale),而行使一切作用。同时讨论分权说者,以为制定法规以外,唯一之真正权力,为法律下之执行权。执行权,更别司法与行政而行动。司法既已依法执行,行政亦当模范司法而行。如是因学理上之鼓吹与实际运动之结果,国王与法院之争,遂归胜利于法院。至此纵不能使行政与外形上服从司法,而于实际上,则已接受司法所有之思想。法院之判决,为法律所拘束;而判决之执行,又为其判决所拘束。将此拘束之方式,适用于行政事务之执行,[①]盖即当时法国新行政法所有之根本思想也。他方面,德国

[①] 司法系依法律而为各个场合之判决,依判决以执行之。行政既同受法律之拘束,亦应适用法律以规律事务之执行。唯行政与司法不同,于多数场合,不以审判判决,而以行政行为(Acte administrative)出之。法国自实行分权原则以后,行政行为之观念,与司法判决相对,为行政与司法并立上所不可缺之要素。故此观念,在法律之适用与研究上,自此以后,均占于中心地位。

亦与法国取同一之步调，以提倡学说与立法之手段，使行政亦服从法律，而力求法治主义之现实。

法治主义之发展过程，已如上述。然欲求法治主义之完全现实，不单以思想上之克服，即为成功。欲求其主义之具体实现，尚有待于各种制度之完成。

欲使法治主义实现，第一须有宪法上之保证。盖纵使行政应受法律拘束之原则，为一般所公认，若其法律仍可由行政元首或官吏自由制定变更，则法律之拘束行政，仍不能达其目的。欲使法律拘束行政之原则有其实效，须先在宪法上限制行政机关之立法权，使拘束人民自由，规律人民权利义务之事项，概为立法权所保留。故各国成文宪法，咸以人民自由财产法之制限，属于立法之事项。宪法上设有此等规定之用意，一方面固在限制立法权，使不致为法律所移动；而他方面，则尤在限制司法行政等权，使政府或官署，对人民权利自由之侵害须遵法律之规定，不得以独断之命令或处分而出之。

然仅有宪法之保障，犹未足以称完全之法治国。盖法治国与立宪国，并非完全同一之观念，前者须有比后者更进一步之制度焉。法治国中，尚须"宪法内部之完成"；以最适当之成语言之，须："将国家行动之道程界限，以及人民自由之范围，皆以法规精密规定制限"①。使国家行政，皆有法规可以依据，对于人民权利自由之制限，务受法规之拘束。如是，其法规规定愈完备则其法治精神亦愈臻于完美之境。故法治国家，尚应多制法律，或以命令多制法规，以拘束行政。

法治国家，又不以有多数行政法规之存在，为已满足。因徒有法规

---

① Stahe, Rechts- und Sthatslehre 115. 137; Otto Mayer, Deutsches Verwaltungsrecht 3A. IBd. S. 25 ff.

之制定，犹未能保证行政官署之不任意枉法。而于官署违反法规侵害人民自由财产之场合，尚非有适当之救济不可也。唯行政上之违法行为，殊不能专赖同种类之行政官署，即可得到适当之救济，因行政机关与司法机关不同，非有独立不偏之地位也。故为维持行政法规起见，亦必须如通常之司法制度，设定诉讼方法，以审判行政事件。关于行政诉讼制度，学者间曾有种种学说。或者主张行政上权利侵害之审判，即并于普通之民事法院以行之。或者主张普通法院以外，另设分离独立之审判机关，使精通行政法规或具行政经验者专司之。现今多数国家，概设独立之行政审判机关，以掌理行政诉讼事务。我国现制，则将于司法院中，设立行政法院；形式上，虽隶属于司法权系统之下，而实质上，仍采取与普通法院分离独立之主义。总之，设有维持行政法规之方法，始得保其正当之适用。而行政具有此种司法之形体（Justiz-Förmlichkeit Des Verwaltung），然后法治制度始告完成。

此种法治主义之思想，以尊重个人之权利自由为生命，本为十九世纪文明之产物，在今日社会国或文化国（Kulturstaat）时代，要以顾全社会全体之联带关系为原则，个人主义之权利思想，已生重大之变革。唯人民权利，亦须尊重之一点，依然继受同一之方针；故权利思想，虽应加以修正，而法治主义，固与现代思潮无甚冲突也。

原载于《国立中央大学法学院季刊》1932年第1期

各国宪法中之行政权

（一）

行政权之作用与范围，各国宪法规定，不一其揆，自其与立法权之关系言之，约有三种类别：即（一）以行政权纯为执行法律之权力，不有自由活动之余地。（二）以行政权不单机械的从属于立法权，于某范围有其独立活动之区域。（三）折中两者之间，以行政权为与立法权独立之权力，而其内容则仅在法律之执行。

考此三种行政权之方式，各有其学说上根据。第一种为卢梭所主张，按卢氏之意，人类意思行为，因二要素而成立。一为无形的要素，即决其行为之意思作用。二为外形的要素，即就既决定之意思实现于外部之作用。国家之意思行为亦然，决定国家意思之作用为立法权，实现其意思于外部之作用为行政权。立法权之意思曰共同意思（Volontegenerae）。共同意思以国民之共同利益为目的，以一般的事项为内容，故其意思表现之法律，常为一般抽象之规定。原意思为不可分不可让之物，其性质上非所他人所能代表，故立法权唯国民全体始得行使。反之，行政权为实现共同意思之权力，常为特殊意思之作用，而常以特别具体之事项为内容。故行政权非主权者之国民全体所可行使，必须另有常设之行政机关即政府以行使之。但组织政府行为，纯为雇佣性质，国民随时得将政府权力加以限制，或将所赋与之权力收回剥夺之。

是故卢氏所理想之行政权,非外形上与立法权对立,只为执行法律之机械的权力。中言之,其行政权作用,仅为具体场合适用法律之各个行政处分(Acte Particulier, Decre't);无论在积极或消极的方面。皆受法律之限制,不有自由活动之余地。从之依行政权不得发布命令,紧急命令及独立命令,固勿待论,即委任命令亦不得发布之(Contrat Social Liv. 2 et 3.)。然实际上行政现象甚为复杂,如此狭小之权力,究难应付裕如。此卢氏行政权之理论,殆亦空想一种。近世各国宪法除一七九三年之法国宪法外,甚少完全采用之者。但其主张极度限制宪法上行政权之作用,而置之于法律详密规定之下,此之一点,于后代立法上固亦有甚大之影响焉。

　　第二种行政权之方式,为陆克(Locke)、徐太尔(Stahl)及斯坦因(Stein)等所主张,尤其陆氏之说为立宪政治理想之先驱,综其主张,得约为次之二点,一,以立法权有最高性,行政权仅在立法权监督下于法规范围内而活动。二,他面行政权在实质上有独立性,除执行法津外,并得补充法律欠缺,及于法律下为自由独立行为,以达国家各种目的。陆氏如是就立法权与行政权之关系,为显白之说明,实从来所未有。唯陆氏因受亚里斯多德、破里比乌斯(Polibius)及天泊尔(Perple)等之影响,已将国权剖为立法、执行及外交三权,以立法权为规定维持国家保护国民一切必要事项之权力,执行权为维持及执行法津之权力,外交权为对外宣战媾和,缔结同盟并其他各种条约,及保护国家并本国人民之权力。此三种权力,立法权由君主及议会使行;于固有目的之范围内,其行使不受任何权力之限制。至执行权与外交权性质上必须继续活动,应并属于同一机关;而为杜防权力滥用起见,且应由与立法机关不同意机关行使之。行使此二权力机关,在君主国为君主。即由君主一面参与立法,同时于法律之下总揽一切行政。但广义的行政权中,其外交权部分,虽于国家利害关系甚巨,其行使非立法律所能指挥命令,应一任于行政首长之君主。又不特外交权为然,即执行权亦非单纯执行法律之权力。因变化复杂之将来事象,决非律所能豫为详密规定也。其权力运用之际,如有临时紧急必要,须为机宜措置。故国家最高意思表现之法律,有时亦应置于行政权之下焉。行政机关所有此种自由活动之权力即谓大权(Prerogative)。依陆氏之意,大权作用,除与议会活动有关者外,包含法律批准权、赦免权、荣典权、任免官、宣战媾和权及条约缔结权等各种。此等权力苟在法律范围以内,其发动不须法律上特别根据。至命令权,陆氏未之详论,只于执行命令之外,亦认有独立命令及或种紧急命令已耳(Two Treatises on Civil Government chap. xiii)。此陆氏缺而未详部分,至十九世纪德意志诸国宪法产生以后,始为德国学者所详尽讨论。德国学者中以徐太尔之见解,为彼邦关于行政权理论之通说。据徐之说,行政权作用,得别为二:一执行法律之作用,二于法律范围内维持共同利益及安宁秩序之作用。前之作用为法律所积极限制,除发布执行法律之命令外,不得自由活动;后之作用则仅受法律之消极的限制;苟与法律不相抵触,为遂行国家一般目的,有广泛活动之自由。但不问何者,行政权之作用,常以提案、批准及命令三种形而表现。就中命令一种与法律不同,不以普遍继续的事项为内容,但因时因地,就必须临机措置之具体事项而为特殊规定。从而命令其本性上属于行政作用,不须经过议会通过。如警察行政、财务行政及军事行政等,其大部分即属命令权范围焉(Die Philosophic des Recht 3A. 1870, S. 193—4)。唯上述徐氏之论述,乃就德意志诸国宪法中之命令权而言,其一般抽象之研究,尚待斯坦因之行政权论(Die Vollziehende Gewalt 1868)始完成之。斯氏以立法权为国家之意思作用,其本身纯为内部的现象,不过有见诸行为之可能性而已。欲将此内面现象之意思行于外部,则须特别之权力;而为利用此权力，则须独立之意思。行政权即系此种意思之组织，而所谓行政即依此意思之活动，而适用法律之作用耳。行政作用专以命令形式表现，命令有三种之别。一执行命令，即对特定法律详定其执行上必要事项之一般规定。二独立命令，即就法规未先占事项，于法规范围内，制定为法律代用之一般规定。三紧急命令，即有紧急必要时，制定废止或变更法律之一般规定。以上三种命令，乃行政权必然所有作用，不问宪法上有无明文规定。各国政府莫不当然有之。

至第三种行政权之方式，为孟德斯鸠所主张。孟氏之说实集卢梭及陆克徐太尔等之意见而折衷之。在即其所著《法意》（L'esprit des Lois）第十一篇中，主张行政立法司法三权各自独立，并互相牵制，以防权力滥用。然其主张权力分立，非在内容上各自独立，乃由各独立之机关行使而已。故孟氏虽一面主张行政权有独立必要，而以其实际上不过同为执行一般意思之权力，并未言其在内容上亦有独立必要。从而孟氏虽亦认有大权作用，而对命令权仅同为执行法律之权力，简言之即执行命令权；此外有特别情事时停止法律或补充法律之作用，则根本不认有之。

（二）

上述三种关于行政权之学说，各于实际上有甚大影响，且各于宪法史上有其代表的体例在焉。

第一　法国革命时代三种宪法中之行政权

法国革命时代三种宪法，即指（a）一七九一年九月三日之《宪法》，(b) 一七九三年六月二四日之共和《宪法》，(c) 一七九三年十二月四日之《革命政府组织法》。此三种宪法受卢梭民意思想之陶冶甚深，其中关于行政权之规定，即采卢氏主张之方式。先就一七九一年九月三日之《宪法》观之。在此《宪法》之下，法国虽形体为君主，而实质则为共和。其所揭《人权宣言》第三条规定："凡主权在实质上属于国民，无论任何团体或个人不得行使出自国民之权力"。是即明示主权在民，国家之最高机关非国王而为有选举权之国民者也。又该宪法第三、第四章第一条虽规定国王为行政权主体，以行政首长之地位有保持公共安宁秩序，及保护国民权利之职责，而实际上其所赋有之权力极其微弱。同章第一六条规定，不问效力久暂，不得制定任何法津；只为执行法律，于法规范围内得发必要之布告。如斯紧急命令，固无待言，即委任命令及补充命令，亦不得发布之矣。又国王在宪法上虽有官吏之任免权，而其范围为所限定，且废止或变更官署，非得议会通过，国王不得任意为之。国王虽有荣典授与权，而荣典之种类及被授与人之资格，亦为法律所一定。国王虽得对外代表国家，而宣战媾和以及缔结条约，概须得到议会同意。国王虽得统率军队，而军队之组织维持，每年为议会之法律所限定；即军人之服务规程以及奖惩升降等规定，亦属立法事项，国王不得以命令定之。要之此一七九一年之宪法以"国民所欲，国王行之"为根本主义，正如卢氏所谓法律为国家最高之共同意思，行政权不过为其执行之权力也。

次之一七九三年之《宪法》，其所定行政部之权力，尤为弱小。在此《宪法》之下，行政院不得发布任何规章命令，只得以布告或法律名义，将议会所制定之一般规定，适用于各个场合而已。该《宪法》第六五条规定：行政院之职责在国家行政之指挥监督，行政院之作用，以议会所制定之法律或命令之执行为范围。近世宪法史上限制行政权之权力，至于如是狭小，此外实所未见。当时革命思想，以王政为永久之罪恶。此种规定盖即其思想之反动的表现也。

最后至一七九三年《革命政府组织法》，则立法权几已将行政权吸收在内。其第二章第一条径定议会为政府活动之唯一的源泉,法律上立法部之议会,同时为行政机关之中枢。又在前述二种宪法。地方政府较中央政府犹有稍广之命令权,而在此《组织法》下,地方政府亦同为议会之单纯的执行机关矣。

第二　英国宪法中之行政权

除上述法国三种宪法外,近今各国宪法对于行政权范围之规定,既不依据卢氏之极端论,亦不偏于斯坦因一派之主张,而折中于两者之间,始与孟德斯鸠之说近似。以下所列各国制度,即多本于此种思想而成立也。

先就英制度而言,英国政制本为绝对的王权制度,其立宪制度,乃经过长期历史渐次发达而来。当在撒克逊王朝,英国本为选举制之君主国,国王由特定家族组成之会议即(Witan)[①]所选举,王权亦受贵族僧侣及其他有力者组成之(Witan)之限制。而至诺尔曼王朝,因封建法之运用,王权乃告统一,当欧陆封建全盛期中,英国已入于绝对国家之域。降及安吉文(Angevin)王朝之季,王权虽复受限制,而立宪基础仍未确立。于条都尔(Tudor)及斯条亚特(Stuart)之世,王权之强,达于极点。然他方面英国有固有之普通法。此法虽在发达期中时有消长,而其势力究未消失。自安吉文王朝以后关于国会权限及人民权利自由之普通法一部,因贵族及民众之要求,已历次以 Bill 及 Charter(Carta)之形式,为国王所承认。再以一六八八年之荣誉革命,封于国王权力加以前后限制,自此英国立宪基础,乃告确定。而经此一六八八年之革命,立法权与行政权之界限,亦以划分明白。自兹以降,国王大权范围,实已无甚变更。现

[①] Witan 即 Witenagemot 的简写,今译为贤人会议。——编者注

今英国宪法中其行政权之范围,约略如次:

(1) 命令权

在一六八八年以前,英国国王本有发布紧急命令权及执行命令权等权力,而自次革命以后,遂告丧失。现时其所有之命令权,仅有委任命令一种而已。其所受委任范围,依法律当有不同。只自十九世末叶以来,委任次数逐渐增加。盖自此立法事务愈臻繁杂,议会在开会期中,不遑将执行细则,详密规定,自非以技术的科学的部分,委任于行政权随时补充不可矣。委任命令,自其对于议会关系言之,计有两种之别,其一须将命令原案以一定期间提出议会两院,请其批评审议。其二将既发生效力之命令,以一定期间提出两院,于所定期间以内,如受一院反对表决,即丧失效力。第其反对表决使命令丧失效力,固不能溯及既住耳。

(2) 和战及条约缔结权

宣战媾和权专属于国王,议会不能干预。条约缔结权亦同属国王,只其条约内容如系增加国家财政上之负担或变更国民之权利义务者,须得议会承诺。故在英国其条约或附以须经议会承诺之条件,由国王批准;或经议会承诺后由国王批准,再与他国交换之。

(3) 赦免权

国王有大赦特赦及减刑之权。但有次之限制:一、赦免结果不能使犯罪行为朔及既往或向将来。即为适法,只能免除刑罚或减轻而已。故被害人请求损害赔偿之私诉,不因之而受影响。二、第三人之权利,不因赦免而受变更。

(4) 荣典权

国王为荣典之最高源泉,授与爵位、称号或勋章。爵分公候伯子男五等,总称为大华族。其次以 Knightage, Esquire 及 Gentlemen 为小贵族,得有着用制服之特权。此外尚有无 Knight 称号之勋章(Order),凡十余种。贵族之特权,因其为上院议员与而不同,非议员贵族之特权,计有刑事上之特权、行政法上之特权及宫中特权等各种。

(5) 官吏任免权

国王有任免官吏之权,但议会书记官、审判官、印度委员会委员、审计院院长等为终身官,国王不任意免之。

(6) 统率权

(7) 其他特权

国王此外尚有召集僧侣会议、制定议事规则,以及任命大僧正、僧正及大部 Canons 及 Dians 之权。

第三　法国宪法中之行政权

(1) 命令权

法国在学说上及实际上认最高行政机关得发之命令权,计有如下四种。

(a) 执行命令(Règlements simples on realment pour l'exécution des lois)

执行命令即执行法律之命令,其方式或为执行法律制定细则,或就法律敷衍而成一般规定。此种命令之发布,不俟法律之授权,大总统得以最高行政机关,本于宪法所有权限当然为之,因依一八七五年二月二五日之《国权组织法》,大总统为行政首长并有确保并监督法律执行之权限也。

(b) 一般行政命令(Reglements d'administration publique)

一般行政命令,依近时学者解释,同为大总统依职权发布之命令。其为敷衍特定法律,制定细则,亦与上述执行命令相似,但其制定程序及与特定法律之关系,则与执行命令有所区别,盖普通之执行命令,不须经过国事院审议,且其发布由行政部独立决定为之。而一般行政命令,依一八七二年五月二日之《国事院组织法》第八条规定,必须经其审议,且其制定发布,必须特定法律豫为指定。

(c) 独立命令(Reglement Autonomes)

独立命令乃就法律未先占事项,以独立意思而发布之规章命令。此种命令本无宪法上根据,从来学者多否认之。因依一八七五年国权组织法第一条规定,立法权应由众议院及元老院两院行使,并未认大总统得独立发布此种命令也。然在法国惯行上,除前述二种命令外,其由大总统独立发布者,实繁有之。此种事象,法国学者多目为宪法之惯行的变化焉(Duguit, Traité de droit constitutionnel Ⅳ, p. 714 et sniv)。

(d) 委任命令

委任命令即因法律委任所发之命令。此种命令因特定法律之授权始得发布,其与执行命令及独立命令,有所不同,固无待论。即与一般行政命令相较,亦有区别,盖一般行政命令虽亦因特定法律之指定而发,其发布权初非法律所授与,只宪法之惯行上有其发布权能而已,从之法律上命其制定发布,非与以特别权能,乃就其惯行所有之命令权,加以限制,即限其对特定事项及依特定方式发布而已。反之,委任命令场合,行政权本不有其发布权能,而因法律授与,乃得发布。故此则其法律委任之性质,非所以限制政府权能,而在新权能之赋与。又其规定事项,亦不以敷衍定者,制定细则为限,苟在授权法律认许范围以内,凡授权法律所未规定者,概得另规定之。

(2) 其他之行政权

(a) 对于议会之权能

(甲) 教书

法国总统,对于议会得就一般政务,表示意思。而依《宪法》规定,其表示须以文书为之;且须使国务员一人,在议会朗读。但对议会提出辞表,以其纯系个人行为性质,不须国务员在议会发表,但由各院议长在议会朗读可矣。

(乙)议会之召集、停会、开会及解散

依《国权组织法》规定,法国议会每年于一月第二星期二开会,会期为五个月。但大总统认为必要时,得于开会期前召集常会,并得召集临时会议。

议会开会期中,大总统得因必要随时命其停会,但期间不逾一个月,在同一会期中不得停会二次以上。

大总统有命令常会及临时议会闭会之权,议会不能自动行之。但大总统命令议会闭会,于通常议会非经过会期五个月,不得为之。闭会以Decret而为,此项命令对下院由内阁总理传达,对上院由司法部长传达之。

大总统有解散下院之权(Droit de dissolution)(参照一七八三年二月二五之法律第五条),但须得上院之同意。其以上院同意为要件,盖所以防解散权之滥用也。解散有二种之别,一 La dissolution ministrielle 二 La dissolution présidentielle。前者因内阁之要求而解放,即内阁与下院多数党冲突,为询国民舆论,要求解散时解散之。后者则大总统为罢免议会中有多数之内阁,组织议会中不有议席之内阁,或使小数党组织内阁时解散之。但现行宪法之下,大总统解散议会,仅一八七五年马麦韩(Mac Mahon)总统曾实行一次而已以后未之再见。下院受解散时,应自解散日起二个月内,施行总选举,而新议会应于选举结束后十日内召集之。

(b)外交上之权限

大总统之外交上权限,以派遣大公使及其他外交官,接受外交使节,及宣战媾和并缔结条约等权属之。缔结条约场合，凡缔结之预备行为即交涉行为，专属总统，议会不得干预，又条约之批准交换亦然。但其条约缔结权，依法亦有若干重要限制。即平和、通商及增加财政上负担之条约，有关国民在外国所有财产身份之条约，及领土交换割让取得之条约等，非经议会协赞，不得缔结。其协赞通常以议决法律，授大总统以批准某某条约之形式行之。至对外宣战必须经过议会协赞，大总统不得单独为之。

(c) 统率权

大总统为行政首长，统率海陆空军。此统率权大总统得亲自出马行使，或使国务员若其他机关于自己监督下行使之。但此权限难得由总统亲自执行，而国务员常应负其责任。故在法国宪法之下，不问总统亲自出征与否，就统率权之行使，与其他行政行为同，仍须由国务员参与，并任其责。

(d) 荣典权、任免权及赦免权

大总统此外尚有荣典授与权、官吏任免权及赦免权等，赦免中大赦一种，须依法律行之，官吏之任免，则以某等官吏，为限，法律亦有若干限制。

第四　伊大利宪法中之行政权

现行伊大利《宪法》，原为萨尔地尼亚之《宪法》，于一八四八年为萨王亚培尔（Charles Albert）所钦定，自萨尔地尼亚王国改称伊大利王国，乃成伊国之基本法矣。唯伊国宪法属于所谓柔性宪法，其形式上效力与普遍法律无异，得以普通立法程序随时修正之。故其宪法法源，除基本法（Stato）外，尚有其他诸种成文法律。如一八八二年一月一二日之《选举法》、一八九五年二月二八日之《议员兼职法》、一八七一年五月一三日之《法皇特权及教会与国家关系法》、一八六一年八月一四日之《审计院组织法》、一八八九年六月三日之《治安法》及其他多数有关自由权之法律皆属在内。兹将其《宪法》上行政首长所有权力,列述如后:

（1）命令权（il diritto ordinanza）

（a）执行命令

依伊国《宪法》第六条规定,国王为执行法律得发布必要命令,但不得以命令变更法律。

（b）官制命令

官制命令《宪法》上虽无直接明文规定,而国王以行政首长之地位,有其发布之权。但此种命令亦不得变更法律,且豫算上须受议会限制。

（c）紧急命令

伊国《宪法》亦无此种命令规定,只实际上于紧急场合屡以命令变更法律,尤于征税及戒严情形多所见之。彼国学者以此种命令为保持公共安宁所必要,咸予容认,但其发布须以议会在闭会中有紧急必要,并须提出于次期议会,以求解除责任为要件耳。

（2）对于议会之权限

国王对于议会有召集、停会及解散下院之权。下院经解散后,须自解散日起三个月内召集新议会。

（3）对于法律之提案、批准及公布权

伊国通例,国王对法律从未拒绝批准,有拒绝批准必要时,则命议会停会,或命其解散,以达同一目的。

（4）对于外交及内政之权限

此方面之权限,即荣典授与权、赦免权、官吏任免权、统率权、条约缔结权及宣战讲和权等属之。

第五　美国宪法中之行政权

（a）命令权

北美合众《宪法》，在制定者之意，以大总统权力所及，专以政治作用即所谓自由活动之范围为限。从而《宪法》中所规定之大总统权限，亦不外为政治上作用。其第三章第三节，虽有大总统监视法律之执行之明文，而此规定亦非赋与大总统以命令权或其他特殊行政权。故美国总统所有之命令权，仅以行政首长当然得发之行政命令为止。除法律之授权外，规章命令殊不得发布之。唯大总统为海陆军大元帅，于战时状态或准战时状态发生时，得行使广泛之警察权，从之有广泛之命令权。但此仅以非常时期为限，在通常法律状态，其命令权仍不能轶出于执行命令或委任命令之范围耳。

（b）外交权

大总统对外缔结条约，须得上院协赞，不得以单独意思行之。宣战媾和亦然。

（c）赦免权

依《宪法》规定，大总统有赦免权，然其范围以国事犯（Treason and Felony）为限，不得及于弹劾事件。

（d）任免权

大总统对于外交官、领事官、最高法院推事及其他无法律特限制之官吏，得指定一定之人，经上院承诺而任命之。至罢免权则专属总统，不须他人同意。

（e）统率权

统率权专属总统，议会不得干预。其权限或由总统躬自行使，或设特别机关以行使之。除正式宣战须经议会协赞外，其他非出宣战之战时状态，其发生与否，得由总统独力认定。如战事封锁、战时禁止品目之制定，及敌舰之捕获等，即得由总统决定行之。

除上述外，大总统尚有召集临时议会、上院议员有缺额时补充其缺额、对议会发送教书，以及法律案批准等。

第六　日本宪法中之行政权

日本为有名君主国，以天皇为最高权力机关，除《宪法》有特别限制外，凡关国家政务，以由天皇统揽为原则。故其所有权能，颇形广泛。顾政务多端，必由其一人亲躬裁定者，自亦有限。除立法权须经议会协赞，天皇不能单独行使；司法权须由法院执行，天皇不得干预，姑置不论外，行政权亦只以重要行为为限，属于天皇亲裁，其余大部分则任行政机关行之。《宪法》上天皇所属大权，约为如次各种。

（a）命令权

命令分执行命令、委任命令、独立命令及紧急命令各种，执行命令即为执行法律所必要之命令，通常以某法施行令或施行规则名目发布之。其所得规定事项，仅以法律明文中所包含之范围为限，不得违反法律，并不得规定法律所未预想之新事项。委任命令为本于法律委任之命令，即就某等事项法律不自规定，而任于命令规定时制定之。其法或就法律施行日期委诸命令规定，或对一定规定使以命令定其例外，或以命令规定法律解释，或应随时变化之情形为适宜之规定。独立命令乃上述二者以外，天皇依大权独立所发之命令。其所得制定范围，宪法上有一定限制，即以公式令、警察命令，官制、军制令，荣典令，恩赦令，贵族院令等属之。最后紧急命令则系非常立法，即议会闭会期中因有紧急必要，不经议会协赞所发之有立法性质命令。所谓紧急必要，即为保持公共安全及免避灾难所必要之谓。如有其必要，即既完之法律亦得废止或变更之。此种命令发布后须于次期议会提出，请求追认，经承认后，其效力始为确定。

(b) 对于议会之权限

议会由天皇召集，其开会闭会停会延期以及解散，亦由天皇以命令行之。又两院正副议长及贵族院议员之一部，亦由天皇敕任，义员选举则以敕令行之。

(c) 任免权

天皇除制定官制外，并得任免官吏。凡官吏之任用保障俸给处务并惩戒之规律，及服务之监督，亦属其于权限。

(d) 外交权

天皇主持宣战讲和及缔结诸种条约。且行使此等事权时，得以适宜处置，不须议会议决。

(e) 荣典授与权

天皇授与爵位、勋章其他荣典。爵分公候伯子男五等，凡有爵者谓之华族（华族令第一·二·条）。位自正一位起至从八位止分十六级，对有勋功者、有应表彰之劳绩者、有爵者、爵之继承人，及在官在职者授与之。勋章分大勋位菊花章、宝冠章、旭日章、金至章等各种。除国民外，并对皇族或外国人授与之。此外尚有褒章记章二类，兹不详述。

(f) 恩赦权

天皇令行大赦特赦减刑及复权。大赦就或种犯罪一般免除其刑；特赦就既受刑之宣告之特定犯人，免除刑之执行或免除其刑。减刑则减轻既受宣告之刑，复权回复因刑之宣告所失之能力。

(g) 统率权

天皇为海陆军大元帅，统帅海陆军。此统率权与其他政务上大权不同，其他政务上大权，有待国务大臣之辅弼，而此项权能，依事实上习惯及实际上必要，属其辅弼之外。以军事上之行动，须完全自由，保持秘密,而不许与外人掣肘也。

此外尚有宣告戒严权、皇室权等,兹从略。

第七　世界大战后欧陆诸国宪权中之行政权

一九一四年之世界大战,影响于各国宪法,甚为显著。盖前此一八一四年至一九一四年之一世纪,欧州各国宪法犹为君主立宪之全盛期。自一八三〇年后在君主立宪国家,原已渐采取英国式之议会政治,此仅以少数为限,其他多数国家,仍采君主立宪主义。而自一九一四年大战以后,则已推倒君主制度,代以共和政体,且已特提高直接民权。如战败国之德奥土耳其等国,固不待论,其他新兴主要诸国,除犹哥斯拉夫外,皆已行共和制,即有少数尚采君主制者,亦已以代议政治为基础矣。总之大战勃发当初欧洲二十二国,战争结果增至三十,其中固守旧德意志式之君主立宪者,已告绝迹,而全数改为共和国或以议会政治为基础之君主国。从而其诸国新宪法中之行政权,亦已与战前异其体制,如德意志流之行政权组织,已甚少采取之矣。

（1）命令权

先就规章命令观之,诸国宪法规定,除属德国系统者外,行政部直接得发之命令,多以执行命令为限,他种规章命令只受法律之委任时,始得发布之。此外并有限制命令权范围,提高议会监督权,与英国同样使其命令效力决于议会之反对议决者焉(犹哥斯拉夫《宪法》第九四条)。至紧急命令则仅为德国系宪法所承认,但与旧时亦已不同,其发布须议会常务委员会同意,易言之即间接须得议会之同意矣(参照普鲁士《宪法》第五五条,排依伦《宪法》第六一条,撒克仙《宪法》第四〇条,威丁保《宪法》第四六条,巴登《宪法》第五六条,黑仙《宪法》第九条,美克杯堡斯雷烈之《权法》第三六条,荷登堡《宪法》第三七条,安哈脱《宪法》第四四条,跌林根《宪法》第三条,美克林堡如威林《宪法》第六一条,尚保列勃《宪法》第四六条,列德兰《宪法》第八一条,捷克斯拉夫《宪法》第五一条,亚尔巴尼亚《宪法》第八八条,希猎《宪法》第七七条)。

（2）戒严权

诸国新宪法仍多定有戒严制度,然其限制较前亦更严厉,如犹哥斯拉夫《宪法》将戒严宣告权属于议会,于战时或有非常事变时,使议会制定紧急法以施行之。至其他各国虽仍以戒严权属于行政部,而在效果上已加以限制,即限定其得限制之自由,并须召集议会,要求议会承诺(参照德国《宪法》第四八条第二项,波兰《宪法》第一二四条,法国《宪法》第四八条第二项)。

（3）条约缔结

依多数国家宪法规定,以或种条约为限,其缔结须得议会承诺。而少数宪法,则以其缔结全任于行政部,只关立法事项,须得议会承认耳(德国《宪法》第四八条第三项,奥国《宪法》第五〇条第六五条)。

（4）赦免权

赦免权亦为诸国宪法所承认,唯有二三国宪法对于依弹劾所科之刑罚及大赦,设有限制。或以大赦须依法律行之,依弹劾所科之刑罚须得议会同意;或全不认有赦免特典(波兰《宪法》第四七条,捷克斯拉夫《宪法》第一〇三条)。

（5）统率权

统率权依新宪法规定,亦咸赋与于行政部。但如曩时德国《宪法》,将其权限由国务员责任中除去之者,已属罕见,而与其他国务同样,置诸国务员责任之下矣。波兰与芬兰二国《宪法》,且设有特别规定。依前者规定,大总统战时不得躬自行使统率权,而应依内阁议决并军政部长推荐，设特殊机关以为行使（第四六条），依后者规定，统率权之行使及军官之任命，应使特设机关专负其责（第三四条）。

（三）

就以上所述观之，现时各国宪法中除日本外，旧时德意式之命令权组织，已不通行，而大多数国家，已采卢梭学说与德国宪法之中间方式。即以法规制定，原则属于议会，行政部非法律授权而得制定者，则仅执行命令一种而已。

又有二三国即如英美及英领诸自治国，其行政部并法规性质之执行命令亦不得与议会独发布，尤其英国极度限制行政部之立法作用，即其所发委任命令亦必使提出议会，以决定各该命令之运命。至德国行政部除执行命令外，虽有发布官制命令及警察命令等独立命令之权，而其施行不过一种惯利，在宪法上固犹未为一般承认正当之惯行耳。

又旧时宪法中观念，以行政部为维持国本不动摇，得将法律暂供牺牲。如紧急命令及戒严宣告，即其观念之表现也。现代新宪法中虽间认有紧急命权组织，亦都应时势推移而改其旧观。又戒严制度虽亦为各国宪法所采行，而一方已提高议会监督权，加以宪法上重要限制。至其他分事权，行政部亦不复有如往时广泛权限。往时思想，以外交须严守秘密，临机决断，及需要有关国外之专门智识，凡此性质不适于合议制议会讨论，而宜一任于行政部担任。然究其实，此种外交，弊多利少。近今多数宪法于此方面亦已容许议会干预，如缔结条约、宣战媾和等项，已使议会自身决定，或使议会参与之矣。

要之各国宪法，关于命令权规定之倾向，已趋近英《宪》标语："非法律所委任事项，行政部不得执行之"。申言之，即宪法中已渐否认独立命令,将立法权集中于议会,而使规章命令概依法律委任发布之矣。夷考近世之宪法史,立宪法之行使,几经变迁。在第一期绝对国即警察同时代,立法权与他种权力,同集中于国家元首,由元首一人行使。及立宪制度确立,国家作用趋重分化,而立法权始归属于议会。然于此时代,国家元首犹以命令形式,与立法部独立握有广泛之立法权,立法权固犹未为议会所专有也。此立法作用之二元主义,为第二期之特质,亦君主立宪时期之当然所有之趋势。至第三期则以代议政治为中心,将立法权属于议会,原则上命令须依法律授权发布之。尤其大战后诸国所新定之宪法,更进一步,封于议会权限及人民政权之行使,加似种种变更。即向认为被治者之人民,亦得行使创制权及复决权,而参与于立法作用。质言之,最近宪政趋势,一方承认代议制度,同时加入直接民权分子,以矫议会制度之弊,而实现"为民所治"之理想矣(参照中野登美雄著《国法及国法史之研究》)。

原载于《社会科学论丛》1934 年第 4 期

评新《行政执行法》

（一）

我国之有《行政执行法》，始于民国二年四月一日公布之法律。该《法》经翌年八月二十九日一度修正公布，援用苤乎今日。自修正后其内容较前虽已进步，但亦抄袭外国成规，别无新创，有之，则抄译舛误已耳。最近援用，原为暂时之计，得有新者制定，自宜早改废之。前阅报载，知立法院已从事于该法之修订。对于此举，吾人曾以相当兴味而期待之。至本年十一月二十二日，其新修正案遂见通过于该院第二百一十一次会议。及取全文读之，其内容乃仍有不免令人失望者。盖此新修正案，除执行罚之金额，改依官署等级设以等差，及将彼此互有关系条款，务使就近排列，稍示立法技术上之进步外，大抵尚仍旧观。旧法所犯错误，新法仍重踏之，就中误"即时强制"为"直接强制"一点，尤为不可忽视。此二种强制，在观念上各有区别。直接强制为普通行政上强制执行手段之一种，乃对义务者之财产自由，加以实力侵害，以实现所命之状态者也。而即时强制虽亦以实力侵害人民财产自由，但非所以强制既成义务之履行，乃直接出于警察上之必要耳。总之，直接强制，常以义务之不履行为前提，而即时强制则否。在此点上，两者各有区别。我国近时在讲学上及实际上，往往将此二者混为一谈，指鹿为马，以即时强制为直接强制。其结果在学理上固感说明困难，在实际上乃以因错就错。推其原因，皆因立法错误所致。就此问题，兹为申述如次。

（二）

行政执行法所以规定行政官署执行行政权之权能，其内容通常包含一般行政上之强制执行及警察上之即时强制。盖在法治国家，人民之财产自由概为法律所保障，而国家权力发动之形式亦为法律所限定。除战时或有非常事变时外，国家以权力课人民以义务，限制人民权利，及为其权力行为之强制，原则皆须有法律上之根据，否则不得任意为之。因行政官署若滥用其强大威力，则人民之权利自由，宁不大受侵害？而尤以警察官署之滥用权力为然。以是之故，国家乃制定行政执行法，就行政官署易于滥用权力之事项，设为一定之界限，以明示其活动之准则，而防止人民权利之蹂躏焉。普通行政执行法中关于一般行政上之强制执行，及警察上之即时强制，所规定之内容，约略如次。

（三）

第一，行政上之强制执行，系人民不肯履行公法义务之场合，以强制力使之履行，或实现与已履行同一状态之行政作用也。其执行常以特定公法上义务之成立，及义务者不肯履行义务为前提。其义务或直接依法令而成立，或本于法令之行政处分而成立。前之场合，不待行政处分，只须不肯履行法令上之义务时，即得强制执行。后之场合，先以行政处分命以特定义务，于其不肯遵行之际，始为强制执行。要之，行政上强制执行之手段，依应行义务之种类及性质，得分间接强制与直接强制二种，而前者又分代执行与执行罚二种（旧《修正行政执行法》第二、三、四条，新《法》第一、二、三、四条）。

（1）间接强制

（a）代执行　代执行系对他人得代为之义务，所行之强制执行手段也。其义务者应为事项，或由官署自身代为，或使第三人代为，向义务者征收其费用。故代执行可适用之场合，其义务须为作为义务，且其作为有代替性，即使他人代为，亦可达到目的。如使人民破毁违法建物、除去妨害交通物件等，仅所以变更外界物质之状态者，最宜适用之。

（b）执行罚　执行罚系为强制公法上义务履行之目的，豫为科罚之告戒，及义务者不肯履行时，所加之处罚也。此种处罚，于强制他人不可代替之义务，及不作为义务之履行时，始可适用。如命有传染病之嫌疑者受康健诊断之义务，及不踏入交通遮断区域之义务，即其例也。

（2）直接强制

直接强制乃以实力加诸义务者之身体或物件，直接实现所命状态之强制执行手段也。此种强制手段，对于各种公法义务，皆可适用。因国家有强大之警察力得以使用，必要时，且得使用兵力，除性质上不能强制者外，通常义务无不可以实力而强制之。就中无代替性之义务，及不作为义务，如封锁违法营业，遮断顾客出入；对于不应传唤之命者，以实力而引致之等，皆可以实力而直接强制之。尤以忍受义务，最宜直接强制，如对官吏职务执行，加以反抗时，自非以实力制止其抵抗不可。

直接强制非如代执行或执行罚然，使其义务变形，只就既成义务，于其原形而实现之。故直接强制与间接强制不同，对于一切既已发生之义务，得施行实力强制之该管官吏，当然得有直接强制之权，无待于法律特别规定。唯其强制执行手段，近于惨酷。行政执行法因特为限定，非认为不能行间接强制处分，或认为紧急时，不得为直接强制处分（旧《法》第八条，新《法》第十一条）。由此规定推之，故直接强制执行，除认为紧急之情形外，于义务者全无资力，不能缴纳代执行之费用或执行罚之金额；或因执行罚之告戒，而不能达其目的时，乃得为之。

（四）

上述一般行政上之强制手段，于警察上义务之强制，当然亦可适用。且于警察义务之强制，效用尤大。凡负有警察上之义务者，于其不肯履行之际，尽可用上述各种强制手段而强制之。此时其强制，因又称警察上之强制执行。

然警察上之强制，除上述者外，尚有所谓即时强制，即警察上之即时强制（polizeiliche sofortige Zwang）。即时强制非警察上义务之强制，乃直接实现警察上必要状态，所行之作用。申言之，即时强制，不以特定义务之既成立，及义务者之不遵行为其前提要件，乃直接因警察上之必要，对于人民之财产自由，加以事实上侵害之作用耳。

警察上之强制，以强制执行为本则。通常先以下命（Befehl）命以必要义务，于义务者不肯遵行之际，始行其强制权。但因目前障害，或情状紧迫，不遑以下命命以义务，或因事实之性质，单以下命不能达到目的时，乃不得不行即时强制。其强制方法如下：

（1）对于人之管束

对于人之管束，即依警察权束缚个人身体自由，暂时留置于局署之谓。如对于酗酒泥醉、疯人发狂、意图自杀或其他须救护或有害公安之虞者，所施之管束是。

(2) 对于物之扣留、使用、处分，或限制其使用。

物之扣留，即其物之占有于警察上有障害，因夺之而暂时保管于局署之谓，如军凶器及其他危险物品之扣留是。物之使用、处分或使用之限制，即遇天灾事变，及其他交通上卫生上或公安上有危险情形，而使用或处分土地家屋物件，或限制其使用是。

(3) 对于家宅或其他处所之侵入

对于家宅或其他处所之侵入，即人民之生命财产认为危害切迫，及认为有赌博，及其他有妨害风俗或公安之行为时，为其救护或制止逮捕，而侵入家宅或其他处所是。

(五)

以上已将行政上之强制执行与警察上之即时强制，分别列述。故行政上之直接强制与警察上之即时强制，表面虽颇相似而实不同。直接强制，如前已述，以人民依法令或本于法令之行政处分，负担义务，及不肯履行义务为前提。而即时强制，则无关于义务负担，及其不肯履行；乃自始为除去社会上之障害，而使用实力。简言之，前者以完成法令或处分之执行为目的，而后者非所以完成法令或处分之执行，乃其自身具有独立之目的者也。

直接强制与即时强制，不特观念上有所区别，即法令上通常亦为分别规定，如与我国《行政执行法》同一系统之日本《行政执行法》，及一八八三年七月三〇日之普鲁士《一般行政法》(Gesetz über die allgemeine Landesverwaltung)，亦皆设有同样区别。

然则我国近时犹在援用之《修正行政执行法》，其规定为如何乎？应为区别之直接强制与即时强制,亦曾分别为规定乎？就此问题,只将其律文取出一阅,大半即能明白。

"第一条　该管行政官署因维持公共之安宁秩序,保障人民之幸福自由,及执行法令或本于法令之处分,认为必要时,得行间接或直接强制处分。

第四条　该管行政官署非认为有左列第一款事项,不得行第二条第一款之间接强制处分（代执行）,非认为有左列第二款或第三款事项,不得行第二条第二款之间接强制处分（执行罚,处以三十元以下之过怠金）。

一　依法令或本于法令之处分负有行为义务而不为者。

二　依法令或本于法令之处分本人负有行为义务而不为,其行为非他人所能代行者。

三　依法令或本于法令之处分本人负有不行为义务而为之者。

第七条　该管行政官署,非认为有左列事项之一,不得为直接强制处分。

一　酗酒泥醉,非管束不能救护其生命身体之危险,及预防他人生命身体之危险者。

二　疯人发狂,非管束不能救护其生命身体之危险,及预防他人生命身体之危险者。

三　意图自杀,非管束不能救护其生命者。

四　暴行或争斗之人,非管束不能预防其伤害者。

五　其他认为须救护,或有害公安之处,非管束不能救护或不能预防危害者。

六　军器凶器及其他危险物品,或有危险之处之物品,非扣留不能预防危害者。

七　遇有天灾事变,及其他交通上卫生上或公安上有危害情形,非使用或处分其土地家屋物件,并限制其使用不能防护者。

八　人民之生命身体财产,认为危害切迫时,非入其家或其场所不能救护者。

九　认为赌博及其他妨害风俗或公安之行为,非入其家宅或其他场所不能制止或逮捕者。

第一项第一款至第五款人之管束,不能至翌日之日入后。

第一项第六款物之扣留,除依法律应没收或应变价发还者外,期间至长不得逾三十日。

家宅及其他场所之侵入,除第一项第八款第九款之事项外,在日入后日出前时须告知本人,但旅店酒肆茶楼戏园并其他公众出入地方,不在此限。

第八条　该管行政官署,于第四条各款情形,非认为不能行间接强制处分,或认为紧急时不得行直接强制处分"。

将上列条文首尾读之,吾人觉有可发噱者,即第七条所定得行直接强制执行之场合,非强制执行的一种之直接强制,乃警察上之即时强制是也。立法院至今不察,其近日通过之修正案中,盖复犯此谬误。其修正案之规定如下:

"第一条　行政官署于必要时,依本法之规定,得行间接或直接强制处分。

第二条　间接强制处分如左

一　代执行

二　罚锾

前项处分,非以书面限定期间,预为告戒,不得行之。

但代执行认为有紧急情形者,不在此限。

第三条　依法令或本于法令之处分,负有行为义务而不为者,得由该管行政官署,或命第三人代执行之,向义务人征收费用。

第四条　有左列情形之一者,该管行政官署,得处以罚锾:

一　依法令或本于法令之处分,负有行为义务而不为,其行为非官署或第三人所能代执行者。

二　依法令或本于法令之处分,负有不行义务而为之者,第五条前条罚锾依左列之规定。

第六条　直接强制处分如左:

一　对于人之管束。

二　对于物之扣留使用。

三　对于家宅或其他处所之侵入。

第七条　管束非有左列情形之一者不得为之。

一　疯狂或酗酒泥醉,非管束不能救护其生命身体之危险,及预防他人生命身体之危险者。

二　意图自杀非管束不能救护其生命者。

三　暴行或斗殴之人非管束不能预防其伤害者。

四　其他认为必须救护或有害公安之虞,非管束不能救护或不能预防危害者。前项管束不得逾二十四小时。

第八条　军器凶器及其他有危险物,非扣留不能预防危害时,得扣留之。

前项扣留除依法律应没收或应变价发还者外,其期间至长不得逾三十日,扣留之物,于一年内,无人请求发还者,其所有权属于国库。

第九条　遇有天灾事变,及其他交通上卫生上或公安上有危害情形,非使用或处分其土地家屋物品或限制其使用,不能达防护之目的时,得使用或处分或将其使用限制之。

第十条　对于家宅或其他处所之侵入,非有左列情形之一者,不得为之。

一　人民之生命身体财产危害迫切,非侵入不能救护者。

二　有赌博或其他妨害风俗或公安之行为,非侵入不能制止者。

前项第二次情形,如在日入后出前时,应告知居住者,但旅馆酒茶楼戏园,或其他在夜间公众出入之处所,不在此限。

第十一条　行政官署于第三条第四条情形非认为不能行间接强制处分,或认为紧急时,不得行直接强制处分"。

以新《修正法》与旧《法》相较,其规定内容大抵相同,所不同者,除第五条关于执行罚锾之等差规定,于此不必论述外,则旧《法》第七条所定多数款项,新《法》析为第七条至第十条四条,使旧有多数彼此互有密切关系款项,依其种类性质,各为一条,以清眉目是矣。然新旧二法在此等条款之排列上虽有变动,而规定内容仍属一辙,盖非特所规定事项完全相同,即新《法》第七条"管束非有左列情形之一者不得为之",第八条"军器凶器及其他有危险物,非扣留不能预防危害时,得扣留之",第九条"遇有天灾事变,及其他……情形,非使用或处分……或限制其使用,不能达防护之目的时,得使用或处分,或将其使用限制之",第十条"于家宅或其他处所之侵入,非有左列情形之一者,不得为之"云云,与旧《法》第七条"该管行玫官署,非认为有左列事项之一,不得行直接强制处分"之概括规定,可谓完全同其意义。

(六)

新旧二法因如是误即时强制为直接强制之结果,在其条文规定中乃有种种不合理之点存焉。

（1）直接强制为行政执行手段之一种，已如前述。故其所可适用事项，必及于一般行政，方为合用。而旧《法》第七条谓"该管行政官署，非认为有左列事项之一，不得为直接强制处分"，又新《法》第七条至十条规定，其意义亦同，依此规定，则可行直接强制处分者，仅以此等列举事项为限。如是可直接强制之事项，使限于条款列举事项，其范围宁不过于狭隘，而不合于一般行政上之实用？其"非认为有……不得为……"之限定规定，非特不足以敷行政上之实用，且将可为真正的直接强制之场合，亦排除之而不得为矣。

（2）旧《法》第七条新《法》第七条至第十条，既限定的列举可为直接强制事项之后，旧《法》第八条又规定"于第四条各款情形，非认为不能行间接强制处分，或认为紧急时，不得行直接强制处分"，新《法》第十一条规定亦同。如是于旧《法》第七条新《法》第七条至第十条所限定不许再有之直接强制处分外，旧《法》第八条新《法》第十一条又另认有他种之直接强制。在规定表面上亦觉矛盾过甚。

（3）直接强制为行政上强制执行之一种，凡依法令或本于法令之处分，所应为之义务，而不肯为时，原则皆得为直接强制，勿待再述。而旧《法》第七条所列各款事项，即新《法》第七条至第十条所规定者，除旧《法》第七款，即新《法》第九条，限制土地家屋物件之使用，得以下命而行者外，皆不适为强制既成义务之直接强制，尤以旧《法》第一款至第五款，第七款至第八款，即新《法》第七条第九条及第十条第一款所定之强制，其目的在于救护被强制者人身财产之危险，不在既成义务之遵行，有何真正之直接强制之可言？

（4）依旧《法》第八条新法第十一条之规定，凡依法令或本于法令之处分，负有义务而不为者，在不能为间接强制或有紧急情形时，均得为直接强制。如是许真正之直接强制，得适于一般之行政事项，自属正常。

吾人着将旧《法》第八条与旧《法》第四条,新《法》第十一条与新《法》第三第四条接近读之,则觉彼此规定,顺序一贯,而理解亦较容易,既与日本《行政执行法》第五条,普鲁士《一般行政法》第一三二条参照观之,其位置亦正得当也。新旧二法中使彼此互有关系条文,分离过远,且其间插入关于似是而非之直接强制——即时强制之规定,所谓直接强制者,遂使一般人百索而不得其解矣。

(七)

新《修正行政执行法》重踏旧法之辙,误即时强制为直接强制,于此已可想见一班。回忆曩时只因旧《法》有此错误之故,每见国内行政法学之著述者,于此必遇说明困难,竟有将关于正真的直接强制之理论,适用于似是而非之直接强制——即时强制——规定,而说明者。又见警察行政之实际家,以行政执行法中所定之直接强制,不外为警察上之即时强制,遂以为直接强制乃彼等所专用者。著述家但用力于条文之解释,实际家则笼罩双眼而行,固皆有可非难,而其当初之立案者,实有重大之责任。是立案者所有行政法学之知识,实属可疑。其初意殆为掩饰其抄袭之痕迹计,将所抄袭条文,于文辞及排列上,极力加工,以示优异,讵知弄巧成拙,是非颠倒,其对于斯学之知识及理解,遂暴露而不可掩矣。

一九三二,一二,九,T,M,六。

原载于《安徽大学月刊》1933年第1期

改进行政救济制度之我见

行政机关违法侵害行为之救济手段,在我国现行制度之下,计有声明异议、诉愿、行政诉讼及民事诉讼四种,就中以诉愿与行政诉讼为最主要。我国现行《诉愿法》及《行政诉讼法》,系就旧《法》改编而成,大抵近于半世纪前之欧陆旧制,以立法例言,固为落伍制度,以实际运用言,尤多未合实用之处。故年来学者发表意见,主张为立法上之改革者,颇不乏人。前阅报载,知立法者亦已准备将此二法修正,并揭示拟加修正各点,征求学界意见。作者不敏,对于此等问题,亦宿有所论列。际兹法制修订之会,用再披陈卑见,以供当局之参考。唯于此宜先声明者,在吾人之心意中,对于此二法案,原非不能主张将其改成近于理想之制度。第我国目前国情,不得不加入考虑。今兹立论,要须一面顾及我国政府之设备能力,能否办到,他面则使能办到的最少限度之设施,发挥其最大之效用耳。

一　行政诉讼

第一　行政法庭之组织

(一)将现有行政法院归并于最高法院

行政法院应否分离独立?近时我国学者,议论不一,依余所见,此一事项,在各国实际制度上,原无一定,要须根据行政审判之性质以决定之。考各国之行政审判制度,原有所谓分离主义与合并主义之别。前者将行政法院与普通法院分离设立,使行政事件专属于行政法院审判,后者将行政事件归并于普通法院审判,不设独立之行政法院。分离主义为法国所首创,至十九世纪之后半期,输入德奥,然后普及日本等国。法国所以创此制度,有其特殊历史。盖法国早在大革命前,行政部与司法部互有恶感,至革命时代,为防止司法干涉行政起见,遂将行政审判机关组织于行政部内,沿及今日,未之变更。德日诸国采此制度,其理由亦不在外保持行政与司法各各独立,不相干涉,然以今日观之,此种理由,已难成立。盖今日即在法国,其行政部与司法部,已无反目情事,他国更无待论。而现今此等国家,其行政法院虽设置于行政部中,而对政府机关保有独立地位,政府行为受其独立批判,与受普通法院审判,殆无所异。故现今主张分离论者,乃不得不别寻理由,其理由以为审判行政案件,与审判民刑案件不同,需要特别之学识与经验,普通法院之法官长于民刑事件之审判者,未必适于行政事件之审判。

至于英美,与大陆法系诸国,迥异其趣,英美等国在法理上向无公私法之分(法制统一),无论行政主体与私人间或私人相互间之关系,皆受普通法之支配(法律平等)。因之其法律上之争讼,亦无行政事件与民刑事件之别,而概属于普通法院管辖。故在英国不知有所谓行政法,久为学者所指摘。第近岁以还,情势变更,为应实际需要,行政各部咸设有初级之特别行政审判机关,迄于最近,其数之多,无虑有数百种。质其所以独立增设之理由,不外(一)因最近社会立法发达之结果,行政权活动之范围,逐渐扩大,旧有之普通法院,对于此类之新案件,缺少理解,不如使与之有深切关系之行政各部,组织特别机关审判,较为妥当;(二)普通法院程序迂缓,费用浩大,不如行政审判迅速省费;(三)行政诉讼事件渐加繁杂,普通法院实已不能再加受理;(四)行政各方面盛行标准立法,除非具体应用，其内容甚难绝对确定，欲解决此种法律问题，亦非专任之行政审判机关不可。基于此等理由，故其独立分离之行政审判机关，有增无已。唯其裁判程序，原则上未采公开言词辩论主义，判决往往不附理由，且判例亦不发表，凡此各点，与严正之行政审判，犹觉有所未符。又对于此等行政审判机关之判决，如有不服，类得控诉于普通法院，在此点上，与完全采取分离独立主义者，亦属异致。

要之，行政审判机关应使分离独立？抑归并普通法院？在制度上原无一定，究竟如何解决，应考察行政审判之性质以决定之。夫行政审判，其任务在审判诉讼事件，而非处理行政事务，以此一方面言，其审判机关当以与普通法院具备同一形体，较为适宜，然行政审判，在审理行政事件而非审理民刑事件，以此一方面言，则以使有特殊学识与经验者，充当其任，较为妥当。以故欲求一最合理之行政审判组织，当在调和行政审判之司法性与特殊性，易言之，当以行政审判与司法审判相结合，同时保留行政审判特有之性质，为最合理。最近外国立法，亦有此种倾向，或以行政审判机关并入普通法院，自成独立一庭，或以普通司法法官兼任行政院之评事。两者比较而论，尤以前者较优。因使行政法庭与民刑法庭同属于普通法院，不特组织系统整齐，且法院中之司法行政组织，亦可减少（如行政法院院长及总务组织等均可减去），其组织实较简单而易实行也。我国在国情上并无与英法等国相同之历史，自亦可采此制。故卑见主张将现有行政法院裁去，以其原有之行政法庭并入于最高法院，使之为独立庭（设二庭或三庭均可），专司行政法规之解释与适用。

（二）在各省高等法院内添设一行政法庭

现今多数国家，关于行政审判，一般皆有审级之设，德意志各邦，有为三级二审，有为二级二审，法国除国事院专属之事项外，以特定事项为限，亦为二级二审。此外，独奥国日本，采一审判，我国现制，亦近于此。

鄙意我国行政审判之审制，在原则上应采二级二审制。唯行政诉讼既采二级二审制，则与诉愿程序未免重复，欲解决本项问题，尚须就行政诉讼与诉愿之关系先决定之。

提起行政诉讼以前，是否应经诉愿程序，立法上亦无一定，法国无是限制，得径诉于行政审判机关。德意志诸邦，依事件种类设有差别，或使先以纯粹的行政程序审理，至最后乃使诉于最高级之行政法院，或使自始诉于下级之行政法院，如不服其判决，则按级递诉于上级审。奥国采一审判，未起诉前必须经过诉愿，迨诉愿途穷，如得诉于行政法院。日本亦一制度，但起诉前未必须经诉讼愿，只低级地方行政厅之违法处分，以特定事件为限，须经此种程序而已。我国现制，以起诉以前，概须经过诉愿程序，盖独仿奥制耳。考提起诉讼以前，使之先经诉愿程序，其理由约有三点：（1）姑先以简易程序审理，试其是否即能了结，如能简单了结，于当事人甚为便利；（2）归属行政审判以前，使行政机关尽情复审，俾有更正机会；（3）缩小行政诉讼之范围，减轻行政法院之负担。然行政诉讼与民事诉讼不同，其程序较为简单，殆与诉愿近似。且行政诉讼事项必属法律问题，对于法律问题之审制，仍以属于行政法庭为较适当。至其限定先行诉愿，借以缩小行政诉讼范围，显与法治主权相反，更不成为理由。尤其我国现制，起诉于行政法院以前，常使经过再度诉愿，若将原处分及声明异议场合，加算在内，其间须经四度复审，程度冗繁，进行迂缓，甚失所以保护人民权利之道。虽诉愿亦有其特别效用，对于诉愿制度不得不认为别有存在理由，但关于法律问题，可以直接作为诉讼事项，不必先经诉愿。依吾人主张，对于地方行政机关之违法处分，应使即向高等法院提起行政诉讼，对于中央行政官署之违法处分，应使即向最高法院提起诉讼。

审判之审级，应如何决定？一面须考虑审判之正确与迅速，欲求审判正确，则审级须多，欲求迅速，则审级须少。他面须考虑国土疆域之大小。如其国土幅员广大，案件繁多，则须在国内各地方分设多数审判机关，而其多数机关之上，又须有一最高级者，将全国法律之解释适用以统一之。反之，如其国土偏小，诉讼事件亦少，则审判机关亦可以减少。我国疆域至大，而行政事件，亦日益繁杂，在案件数量上，既非单一之审判机关，所能完全处理，而国内交通又极不便，为谋人民起诉便利之计，亦非在各省设有行政法庭不可。以此一点而论，我国之行政审判，实有添加级审之必要。至于审判之正确与迅速，则当兼筹并愿，如与刑民诉讼相较，即设三级三审，亦不为多，唯行政诉讼有抗告诉讼之性质，可以减少审，又级审过多，我政府之设施能力，一时亦不能负担。故卑见主张一般采二级二审制，于各省高等法院内设行政庭，为第一级，以省市以下行政机关之违法处分，为其管辖，而以最高法院之行政庭为最高级，如不服高等法院之判决者，得再提起上诉。至于中央官署违法处分之审判，依理亦应采二级二审制，如能于最高法院之下，添设一中央高等行政法院，固亦一法，但对于人民之行政处分，以出方地方机关者占大部分，中央官署之直接处分，数量较少，在中央即不采二审制，亦无不可。一方面如能另于诉愿法中规定，令各中央官署设各种专门之诉愿审理委员会，专司诉愿审核，俾人民任意先行诉愿，如有不服，然后提起行政诉讼，殆亦一适当救济法也。

（三）法官问题

担任行政审判之法官，一面须有司法技能的训练，同时须有行政法之特殊学识与实际行政之经验，以理想言，自以完全具有此等素养者充任，最为适当，但欲其全部以有此等条件者充任，在事实上颇不易得。故各国通例，咸以有其中任何条件之一种者充之。所幸行政法庭，通常为合议制，不难将具有各种条件之一者，罗致在内。我国现行《行政法院组织法》规定:"行政法院之评事,非有左列各款资格者,不得充之:一,对于党义有深切之研究者;二,曾任国民政府下简任职公务员二年以上者;三,年满三十岁者"。"院内分设二庭或三庭,每庭以评事五人组织,但其中须有二人曾充法官"。观此,我国行政法院评事之任用,其资历大抵亦注重于司法或行政之经验。但其经历限定须曾任简任官二年以上,限制殊失过当。虽评事为简任职,地位较高,任用资格不能不加限制,但现行任公务员用任制度中,无论行政官或司法官,均无若是严格的限制,其任用除采学历任用外,并得以现任或曾任较低职之最高级者任用之。况国民政府成立之日尚浅,行政官吏之地位素无保障,由低级荐任职或委任职,按在职年限升进,递升至简任职者,为数甚少。其现任曾任简任职者,多非由于官历出身。若然,则现制中限定必以曾任简任职二年以上者任充,与行政法官之性质,要求对于行政积有多年之经验者,宁非背道而驰。故评事任用一端,在《组织法》中理宜参照司法官与行政官任用之例,详加修正(评事不宜采取勋绩任用,固无待赘)。至高等法院行政庭之法官如何任用,可视各地方行政诉讼事件之繁简而定,其在诉讼事件简单省份,可暂令现任高等法院推事兼充,即于现任推事中指定三人,组织一庭,兼任行政审判,其在行政诉讼事件繁杂省份,则可由现任推事中兼任一人,余择其有相当资历者,增入二人组织一庭,或完全新添一庭以担任之。

第二　行政诉讼之事项

(一)普诉讼事项

何等事项得为行政诉讼？各国立法,颇不一律,就其规定方式言,有采列举主义,有采概括主义,就其规定内容言,有仅认抗告诉讼一种,有于抗告诉讼之外,兼认当事人诉讼及确认诉讼。我国现行《行政诉讼法》

第一条规定:"人民因中央或地方官署之违法处分,致其权利受损害,经依诉愿法提起再诉愿,或提起再诉愿三十日内不为决定者,得向行政法院提起行政诉讼。"观此我国现行法中关于行政诉讼事项,在规定形式上系采概括规定,而规定内容上则仅认有抗告诉讼一种。采取概括规定,较能合于法治主义,原无再可非议。唯本项规定,除提起行政诉讼必须经过诉愿程序一端,应加改正,已于前述外,尚有一点在文字应加修正,即其所谓中央或地方官署一语,不外包括一切行政官署。但我国国法中行政官署名词,与德语之 Verwaltungsbehörde 及日语之"行政厅"不同,专指国家机关之行政官署(Staatsbehörde),自治机关之自治公署,如乡镇公所或乡镇长等,并不包括在内,乡镇公所当其执行国家委任事务之际,犹得以地方行政官署解释,可无问题,而当其执行固有事务之际,则不能以地方行政官署目之矣。然乡镇公所于固有事务范围之内,因违法处分,致损害人民权利,应为事所难免。如此种违法处分,不能提起行政诉讼或诉愿,当非立法本意(按德日法例,均以 Verwaltungsbehörde 或行政厅包括行政官署及自治公署,并以自治官署之违法处分,亦得为行政诉讼之标的)。故官署二字宜以他语易之,如一时犹无适当用语,则用官公署或行政机关名称,亦无不可。

至当事人诉讼及确认诉讼二种,应否列为行政诉讼事项,亦宜加以考虑。所谓当事人诉讼,即私人相互间或自治团体相互间,就公法上关系有所争执,由当事人向行政法庭提起诉讼之谓,如自治团体间关于境界之争议,或渔业人间关于渔场区域或渔业权及入渔权范围之争议等,如认为得向行政法庭诉请裁判者,即属其例。关于此等事项,我国现行法中,虽非绝对不能提起行政诉讼,但须先请主管官署裁定,然后经过二度诉愿,始得提起之。经此数度迂回,与裁判须求迅速之原则,显相背谬,为求裁判之迅速及谋法规适用之正确计,当以直接认为行政诉讼事项,较为合理。故当事人当诉讼,依理亦应认为诉讼事项之一种。

其次,确认诉讼,乃纯然请求确认公法关系存否之诉讼,如关于团体所属关系之确认,或公路及公水之确认等,即属其例。此种诉讼,在新立法例中,亦认有之。如欲求诉愿范围扩大,固亦可认为行政诉讼事项之一也。

（二）损害赔偿

行政上违法侵害他人权利行为,各国立法通例,认有所谓二重损害赔偿责任之原则,即除认行为人之公务员有赔偿责任外,国家或自治团体亦应直接负其赔偿责任。我国《民法》第一八六条,及《行政诉讼法》第二条之规定,亦略认有此制。但《行政诉讼法》第二条,仅谓"行政诉讼得附带请求损害赔偿"。其所认国家或其他公法人赔偿责任之范围,殊失过狭。盖(1)本条规定,以请求损害赔偿作为附带的请求事项,不能独立请求,则得提起请求者,只因官署之违法处分,致权利受损害之场合而已,他如警察官吏,因执行正当执务,开枪误伤行人,即不能目为官署之违法处分,而向行政法庭请求赔偿矣。此外于土木行政中,因执务人之事实行为,侵害他人权利,其例甚多,依本条规定,亦有不能向行政法庭请求赔偿之弊。(2)本条承前条之后,其所谓行政诉讼,当指对于中央或地方官署违法侵害之诉讼,其他对于自治公署违法侵害之诉讼,尚未包括在内。如认官署之违法侵害,得请求赔偿,而谓自治公署之违法侵害,不得同样请求赔偿,亦属失当。(3)提起行政诉讼,请求损害赔偿,于现行法中,须经再度诉愿,未经再诉愿,或经提诉愿或再诉愿,而诉愿官署已将该违法处分撤消或变更之者,被害人纵有损害未得除去,亦以不能向行政法庭请求赔偿矣,凡此各点,皆足以见其请求范围,过于狭小。将来修正时除将官署名词决行改定,及将诉愿程序实行废除外,应参照《民法》第一八六规定,以公务员于公法关系中,侵害他人权利时,被害人概得直接向行政法庭请求赔偿。

在二重赔偿责任原则之下,被害人得就公法人(国家或自治团体)或公务员,任择其一,请求赔偿,而既向公法人取得偿金以后,公务员即得对被害人免除其赔偿义务。但此仅就外部关系而言,在内部关系中,公务员对于公法人,依理应负偿还赔偿金之义务。故各国法例,咸认公法人对于有过失之公务员有求偿权。盖在此场合,于国家赔偿后,仍使有过失之公务员负财产上之偿补责任,不特合于平衡原则,亦足以儆戒该公务员,勿蹈前愆,以收行政上监督之实效也。唯公务员之职务,与私法上受任人之职务不同,其执行恒受法规拘束,不能自由拒绝,且所任事务,极其繁杂,如单以轻微过失,亦使负担补偿义务,未免失于苛刻。故公务员对于国负担补偿义务,应以有重大过失为限。关于此,立法上中亦应有明文以规定之。

(三)公私关系之区别

吾人虽主张将行政法庭合并于普通法院,成一单纯系统,而对于行政审判,认有其特殊性及独立性,与英美之司法国 Justizstaat 制度,仍有不同,从而公私法之区别,亦得依然存在。顾公法关系与私法关系之区别,非学理上所能独断,须视实际法制及公私法法庭之管辖范围以决定之。如法国之行政法中,向依权力行为与管理行为,分别公私法之关系,而最近因行政法院之努力与其信用之提高,已将公法关系之范围逐步扩大,凡关于公务之执行,不问其为权力行为或管理行为,类得目为公法关系,而归于行政法院管辖。反之,在德国虽与法国同样设有独立之行政法院,而因诉讼事项一般采取列举规定之故,凡不能出诉于行政法院之事项,除纯属权力关系者外,依据沿革上之国库说(Fiskustheorie),务以扩张解释,作为私法关系,而使属于普通法院审判。其他属于德法系诸国,亦有一同倾向,我国近今行政法系,大略亦近于此,故学说上亦未能脱其窠臼,而独自有所建立,唯依吾人主张,既将行政法院归并于司法法院,关于公私法关系之区别,实际上已甚易于决定。他方面如能将行政诉讼事,尽量扩张,则推理上可认为公法关系者,殆皆可使属于行政法庭处理矣。关于此,他日拟更为文以申论之。

二　诉　愿

　　诉愿与行政诉讼虽无绝对的区别,而于现制之下,仍有若干不同:(1)审理事项不同。行政诉讼之事项,仅以法律问题为限,而不及于公益问题。诉愿事项,则不问法律问题或公益问题,皆得及之。盖行政法庭之独立审判机关,仅能适于法规之维持,而不适于政策上正当与否之判断。反之,受理诉愿机关,恒为原处分机关之上级官署,上级官署对于下级机关,有行政上之监督权,不特能监督其行为之合法与否,即政策上之当否,亦得当然监督之也。(2)审理机关不同。行政诉讼属于特设之法院或法庭审理,反之,诉愿属于同一系统中之上级官署审理,而有级阶的救济之性质。(3)审理程序不同。行政诉讼以司法的程序审理为原则,在当事人有为言词论辩之权利,各得于法庭中陈述主张,以相辩驳。反之,诉愿以行政的程序审理为原则,诉愿人仅得为书面陈述,诉愿官署亦专就书面而为决定。虽诉愿官署认为必要时,亦得令为言词辩论,然诉愿人并无要求之权利。

　　要之,诉愿标的之范围,恒较行政诉讼为尤广,而诉愿之程序,亦较行政诉讼为简易而迅速,尤其诉愿决定机关,与原处分机关为同一系统之机关,对于诉愿事件,有深切之理解,故诉愿制度有其特别之效用,而可与行政诉讼制度相并存在。唯现行《诉愿法》中,亦不无应加考虑之点。兹就管见所及,略举如下:

（一）诉愿机关

诉愿为阶级的救济，受理诉愿机关应为原处分官署之直接的上级官署，此项原则，现行法中设有详密的规定，无可再议。第诉愿之审理决定，与审判同，须求公平正确。而欲得公平正确之决定，其审理机关，当以合议制之组织较为适当。故卑见主张应于行政各部会及各省市（直属）政府中，依事务性质，各组织诉愿审理委员会一种或二种以上。其委员人选，可就现有职员中指派，作为固定组织。如遇特别事件，并可临时组织特别审理委员会，审理终结，即行解散。此类组织，实业部中早经实行，最近内政部中，亦有采行之举。此外，财政部各税署中，亦有从早组织之必要。至于省市政府，更不待论。关于此种组织，于诉愿法中，最好加入原则的规定，令各官署普遍遵行。鄙意此种组织如能实行，则诉愿制度，必能收得良好的效果，而于行政审判，亦有裨益，盖此种组织，最合于有特殊性事件之判断，且其决定亦较公平允当，因之行政诉讼事件或可借以减少，即不然，于行政法庭再加审理之际，亦可得到一种有益之参考资料也。

（二）级审问题

诉愿级审，现行法中，系采二审制。将来修正该法时，应就违法问题与不当问题，设为差别。违法问题，先行提起诉愿，或直接提起行政诉讼，可任当事人意思自由，如果先提诉愿，则经一审即令终止，如有不服，使其再为诉讼。至于不当问题，仍宜采二审制，现行制度，无须变更。

（三）诉愿事项

诉愿事项，现行法第一条设有规定：即"人民因中央或地方官署之违法或不当处分，致损害其权利或利益者，得提起诉愿"。关于诉愿事项之范围，已无扩张必要，暂时不必变更。唯其中"官署"二字，未能将自冶公署包括在内，亦须另以他语易之。此外，诉愿人之权利受损害者，亦应许其请求赔偿,俾得充分救济,就中关于违法侵害,如能在诉愿中解决,可以免去再为诉讼,于被害人甚为便利。

(四)诉愿期间及决定期间

诉愿系对行政处分所提起,在诉愿决定前,其原处分之效力犹未确定,而处分效力久悬于不确定之状态,于行政秩序,甚有妨碍。故诉愿之提起,应有一定期间之限制。现行法规定"诉愿或再诉愿,应自处分书或再决定书到达之次日起,三十日内提起之",此三十日即称诉愿期间,卑意诉愿期间限定为三十日,殊觉过短。盖我国国民,法律知识犹未普及,遇一问题即在法律上有权利或利益可以主张,多不知如何主张之方法,无知之人无论矣,即稍具常识者,亦非周咨广询,经过若干时日,莫由决定。而决定后,及至手续办竣,又须若干时日,其不令三十日之短时间空过者,殆居少数。故为保护人民利益起见,此项期间,应加延长,最好与提起行政诉讼期间,同定为六十日。

其次诉愿裁决期间,现行法中未加规定。其对于违法处分再诉愿,因行政诉讼法中设有"……或提起再诉愿三十日内不为决定者,得提起行政诉讼"的规定,或可不生问题。其他对于违法处分之原诉愿,或对于不当处分之原诉愿并再诉愿,如诉愿官署始终不为决定,则诉愿人甚为不利,或则一时不能为再诉愿,或则根本不能提起诉讼,其诉愿权或起诉权,致成有名无实。故为保护诉愿人起见,关于诉愿决定期间,亦应加以直接明文规定,规定为十日或二十日,以接受诉愿书或再诉愿书之日起算。

原载于《社会科学论丛》1935年第3期

行政上侵权行为之二重损害赔偿责任问题

一 问题之意义

"无过失则无损害赔偿责任(Keine übel ohne Schuld)",是为罗马法中确定原则,亦即近代立法上主要原则之一。近代公法受其影响,以行政上之侵权行为,详言之即公务员于执行职务之际,以故意或过失侵害他人权利行为,须由公务员个人自负赔偿之责,于选用公务员之国家或公共团体,不负任何责任。顾自十九世纪末期以来,国家公务,日益繁颐,法规规定,亦逾严密,从而公务员违法侵害他人权利行为,势亦不免逐渐增加。于此情况之下,单以旧有之过失责任原则,已不能尽情保护国民之权利。为应此种实际要求起见,学者乃主张行政上之侵权行为,除公务员个人应负损害赔偿责任外,国家亦应同负其责任。第此种主张提出之始,关于国家赔偿责任之根据及范围如何?公务员个人与国家两方之责任,究以孰者为主孰者为从?学界此论纷歧,莫衷一是。逮制定法颁布或判例确定,以国家原则须直接负赔偿责任,其说乃寝。

我国近今立法,关于公务员之职务上侵权行为,亦略认有公务员个人与国家之二重赔偿责任。即《民法》第一八六条规定:"公务员因故意违背对于第三人应执行之职务,致第三人之权利受损害者,负赔偿责任,其因过失者,以被害人不能依他项方法受赔偿时为限,负其责任"。"前项情形,如被害人得依法律上救济方法除去其损害,而因故意或过失不为之者，公务员不负赔偿责任"。即公务员之职务上侵权行为，除其行为系出于过失，被害人不能依他种方法受赔偿；及被害人得依法律上救济方法除去其损害，而因故意或过失不为之情形外，其个人常应负赔偿责任。其次，《行政诉讼法》第二条第一项规定："行政诉讼得附带请求损害赔偿"。《土地法》第三九条规定："因登记错误遗漏或虚伪，致受损害者，由地政机关负损害赔偿责任……"（尚未施行）。又《警械使用条例》第九条规定，非遇法定情形而使用刀或枪，因而伤人或致死者，国家应给予医药费或抚恤费。此等规定，即认公务员之职务上侵权行为，不问其出于故意或过失，对被害人国家常有赔偿之责。

吾国立法，建设伊始，一应制度，原不可责其顿臻美备，一蹴而几，且施行新制，亦以按步推行，由近及远，较为稳妥。唯关于行政上损害赔偿责任问题，法律急待解决，现行法零星残短，抚补实际，乃无可讳。稽之立法例，公务员职上侵权行为，应由国家或其他公法人，首先直接负其损害赔偿责任。现行法无此明文，被害人不得据以先向国家或自治团体请求，此其一。凡公务员职务上侵权行为，不问若何种类，通例概须国家或其他公法人负责，而现行法尚无一般明文，以定国家或自治团体之赔偿责任。如上述关于国家赔偿责任之诸规定，虽有行政诉讼之际，得附带请求损害赔偿一项，包括范围稍觉广泛，而行政诉讼仅因行政官署之违法侵害，且须经过再诉愿之程序后，始得提起（参照《行政诉讼法》第一条），是依行政诉讼之提起，而得请求国家赔偿之场合，盖属甚少。至自治团体吏员之违法侵害，该法未认得为行政诉讼，根本不得请求损害赔偿，此其二。关于公务员之职务上侵权行为，依例国家对被害人一面有直接赔责任，他面对该公务员有求偿权。现行法无此规定，解释上殊难以下确断（如依《警械使用条例》第九条规定解释，似以解为求无偿权为妥），此其三。如认国家对公务员有求偿权，依理应以公务员有重大过失之场合为限,如系出于公务员之轻微过失,应由国家单独负责。现行法既无规定,解释上亦有疑义,此其四。凡此各点,将来皆待立法与解释以解决之。然欲求一完美立法或适当解释,尤不得不资助于他山。兹先言各国法例与解释如下。

二 罗马法之个人责任主义与日尔曼法之团体责任主义

近代各国法制,殆莫不直接间接导源于罗马法或日尔曼法。关于国家赔偿责任问题,亦非追溯于此二法,不足以穷源究委,深彻了解。考罗马法采取严格之过失责任主义(Culpaprinzip),发生赔偿责任,常以故意或过失为必要。故行政上之侵权行为,亦须有过失之公务员自负其责。盖罗马法以个人主义的资本主义为基础,一面以侵权行为,视为个人与个人间之关系,而团体与个人间,则不认有此种关系存在。且罗马法中所谓侵权行为(Dilectum)制度,除作民事救济外,舍有惩罚意义。惩罚为刑事效果,自非行为人有过失,不得科之。故其所谓损害赔偿责任,必以个人之过失要件。他面罗马为自由民之国,以经济上有力阶级参与国家权力,使经济上之 Dominion 与政治上之 Imperium 合而为一,形成所谓资本主义之政治组织。此种政制之下,国家机关首为保护支配阶级之利益而活动,国家支配阶级不愿就官吏之违法行为,转嫁责任于国,自为势所难免。以故罗马法中遂不认国家有若何赔偿责任。合此二因,故学界解释,乃下次之结论:即法律生活中,国家为一独立法人,自为权义主体,其活动由机关表演,而机关行为,仅于法律之界限内,视为国家行为。如越出于正当界限,其行为纯为构成机关个人之行动,不得视为国家行为。故官吏之侵权行为,亦不得归属于国家,而应由行为人之官吏自负其责。且故意或近失纯为心理作用,此种主观的要素,固不得移属于法人或他自然人。① 然罗马法中犹之其他一切之实定法，到处认有例外存在，关于近失责任主义之原则，亦不容不认有一部分之例外。即于私法关系中，官吏代表法人，以违法行为加第三人以损害，而国家因而取得财产上之利益时，则于所受利益之限度，应由国家负其赔偿之责(Haftung für Fremde Culpa)。但在公法关系中，官吏之职务上侵权行为，依前述理由，仍应由官吏个人负责，被害人不得向国家或都市请求赔偿。② 质言之，此之场合，过失责任主义之原则，仍不认有例外之存在耳。

其次，中世之日尔曼法，与罗马法相反，采取结果责任主义(Versorgungsprinzip, Veranlaßungsprinzip)，关于损害赔偿，不以故意或近失为必要。且以国家或其他团体机关之侵权行为，径视为团体本身之侵权行为。从而机关行为之责任，亦与罗马法不同，不认为"对于他人过失之责任"，而目为团体自身行为之责任。盖中世之日尔曼社会组织，非中央集权国家，而宁为共同合组之团体。故日尔曼法充满共同社会之团体的精神，所谓团体赔偿责任之法理，亦莫非由此种团体的精神伸引。详言之，日尔曼之共同社会，极似一有机之组织，其团体与团体员间，关系至形密切。如团体负一义务，同时即为体团员全体之义务。从而就团体与团体员之关系言之，凡团体对某团体员负一义务，结果不外全体团体员对某团体员所负之义务。其次，团体员相互间之义务，结果亦不外全体对于个人所负之义务。③ 以故在日尔曼法中，各人仅为团体之构成员而存在，而团体亦仅以构成员而表现，如罗马法中以团体人格与个人人格分别观察之思想，于此全不有之。日尔曼法中既视团体与全体个人

---

① Loening, Die Haftung des Staats aus rechtswidrigen Haudlungen seiner Beamten, 1879. S. 2. 8, U. 26.
② Lolning, a. a. O. S. 13ff.
③ Gierke, Das deutschen Genossenschaft 11. S. 385.

为同一物，团体债务须由各人负责，个人债务必要时亦须团体负责，则团体对于机关行为，当亦须由团体负其责任。盖此时其机关行为非为团体活动，而宁为全体个人所活动耳。要之日尔曼法与罗马法相反，认团体为有侵权行为能力，而因侵权行为所生关系，认为全体与被害人之关系。坐是其责任发生之原因，是否为故意或过失，皆可不问，但问机关活动附带所生之危险，应由谁人负担而已。

如是关于公务员侵权行为之国家损害赔偿责任，在日尔曼法与罗马法中，适成反对思想，即一以为自身过失之责任，而一以为对于他人过失之责任。关于两者得失，姑不具论。只是近代法中，国家赔偿责任之法理，虽完全未脱去罗马法主义之窠臼，而其制度内容，实已受日尔曼法精神中之薰陶，是则可断言耳。①

三　法国法例

近代法中就行政上之侵权行为，认官吏与国家同有损害赔偿责任，尤以法国为其先驱。考法国之行政法，向取所谓行政保护主义。人民呈诉官吏，在法虽非不许，而为杜防滥诉起见，设有特别限制。其法或为事前预防，或为事后处分，前者即人民向普通法院控诉官吏，或将官吏移送于彼自选择之法院，须得上级行政官署之同意，或由其权限所决定。后者对于人民起诉，并不事先阻止，唯对恶意之诉，予以较重处分。旧制（Ancien Régime）时代及共和八年之《宪法》，原采前之方法，至一八七〇年九月十九日发布之敕令，乃改取后之方法。依此方法，人民向法院控

---

① 黑田觉著，《国家赔偿责任制度之一考察》（维也的学派之法律学与其诸问题三〇三面以下）。

诉官吏,事前并无何等阻碍,而法院对于官吏违法行为之解释与判断,亦有充分之权限。于是私人告官之风,日就强盛,即对官署权力行为,亦屡向法院提起赔偿请求之诉矣。政府有鉴于此,乃利用新设之权限审判制度(一八七二年五月廿四日之法律所新设),认政官署对于民事责任问题,得为权限争议,以防止司法权对于行政权之侵害。一八七三年七月廿六日,权限法院遂依权力分立之原则,将关于出版物发行禁止处分之审判争议,判决不属于普通法院之管辖。然依权限审判判决,盖夺普通法院之权限,与一八七〇年之敕令承认人民得向普通法院控告官吏之本旨,又未免违背。权限法院为调和其间矛盾起见,因立一新原则,以定关于行政上侵权行为之审判管辖。即将官吏行为分为二,一为行政行为(Acte administratif),一为个人行为(Acte personnel)。凡官吏职务上之个人过失(faute personnelle)虽应依一八七〇年之敕令,属于普通法院审判,而官吏之执务过失(Faute de service)得依权限争议之提起,判归行政法院管辖。① 此项原则,在法国行政法中自此留为一大界线,沿及今日,犹未泯没。关于个人过失与公务过失之解说,学亦历有论列。尤以拉弗烈(Laferière)之见解,认为最有权威。依拉氏之说,凡官吏之职务上行为,纵得认有多少疵谬,苟其行为与非属感情上有缺点之通普人行为,则仍为行政上行为,而不属于普通法院审理。反之,其行为若含有普通法上过失,易言之,即超过职务上一般危险程度,而构成重过失(Fauto lourde),或显示有恶意(Intention mauvaise)者,始应由官吏个人负责,而属于普通法院审判。② 要之,拉氏所谓官吏个人的行为而应属

---

① Cot, La responsabilité civile des fonctionnaires publics, 1929, p. 35 - 103. Hauriou Précis de droit administratif, 1929, p. 313 - 318.
② Laferrière, Traité de la juridiction administrative et des recours contentieux, 1. 1, p. 648 et suiv.

于普通法院之管辖者,以官吏之恶意,及虽然恶意而执务上通常不致发生之重大过失,二者为其要素。此拉氏之解说,其后权限审法院判例,及其主要学说,咸遵从之。①

关于国家赔偿责任之根据,初在普通法院管辖时代,引用《民法》第一三八四条规定,即以国家对于官吏有雇用人之地位,凡受雇人即官吏之职务上侵权行为,与私法关系无异,应由雇用人即国家负其责任。及依权限法院判决,分吏之职务上行为为行政行为与个人行为,以执务过失判归行政法院管辖,行政法院乃别求理论上根据,而采用所谓公务过失(Faute de service public)之观念。盖以公务为一般利益而管理,非私法中关系所得同日而语也。② 公务过失观念,依行政法院之见解,其特质约有四点:(1)因公务过失而生之国家损害赔偿责任,直接属于国家(Responsabilité premaire),非如《民》一三八四条规定,先目为受雇人之责任,然后推定雇用人在选任监督上为有过失,再使其负责。故公务过失责任,非官吏雇用人之责任,而为公务管理者之国家之责任,即在其观念中,无两对立人格之存在。(2)公务过失责任之观念,非以特定官吏之过失为必要,而单以引起损害之不当执务为已足。故不当之执务有时虽不能指明出于官吏中何人之过失,而公务过失仍能存在。即公务过失为无名的(Anonyme)或客观的(Objeclif)的过失,而非主观的过失。(3)但公务过失虽为客观的过失,与所谓危险责任仍属有别,盖公务过失必因公务执行上有过失之疵误而生,其责任原因常为执务过失(Faute de service),而非执务事实(Fait de service)。(4)公务执行上所有过失,未

---

① Appleton, Traité élémentaire du contentienx administratif, 1907, p. 234 et suiv; Berthélemy, Traité élémentaire de droit administratif, 1923. p. 74; Haurion, ibid, p. 320; Paloque, La faute personnelle et la faute de service, p. 33 et suiv.
② Duez, La responsabilité de la paissance publique, 1927, p. 3 et suiv.

必即生公务过失责任。须其过失有某程度之重大性,始能成立。其程度则依公务种类、执务场所及四周情形定之。①

如是在法国法中,官吏之职务上侵权行为,凡构成个人过失者,应由官吏个人负责,而属普通法院审判;构成公务过失者,应由国家直接负责,而属行政法院审判,其间区别可谓已告确立。然此两种损害赔偿责任,关于同一事件发生,是否互相排斥,抑于某等理由之下,同时得为重复请求?是则又有疑问。考法国一八七三年行政审判制度成立以后,迄于最近为止,原采责任不重复之原则,即一面既认为官吏个人过失,同时不能复请国家负责。察其理由,不外以个人事由与国家公务为别一物。同一事实,既不能同时兼为个人行为与行政行为,同一行为自亦不能同时构成个人过失与公务过失。② 然此种立论,在三点上未免失当。即依此项原则适用,官吏个人过失,由官吏个人财产负责赔偿,公务过失,由国家行政财产负责赔偿,则被害人所有债权之保障,将与加害人过失之轻重成反比例。即因官吏重大过失致受损害之人,较因官吏轻微过失致受损害之人,其得受完全赔偿之机会,反在少数。在被害人方面观之,有失公平,此其一也。公务组织之不健全与官吏个人过失,互为表里,如组织健全,监督严密,官吏之重大过失,自易灭免。今于官吏有重大过失场合,国家完全不负责任,殊非正者见解,此其二也。以官吏某程度或某性质之过失。目为公务过失,以超过某程度或与某性质不同之过失,目为个人过失,其程度与性质事实上甚确决定。宁以一切场合皆因公务不当执行所致,行政主体之国家常应负其责任,较为实切,此其三也。基于此等理由,故近时行政法院判例,渐有将此项原则打破,而逐步扩大行政主

---

① Cot, ibid. 107 et suiv; Duez, ibid 13 et suiv.
② Duguit, Les transformitions du droit uublie p. 273. et suiv.

体负责范围之趋势焉。①

　　近时行政法院及权限法院之判决趣旨，一方面为保护被害人之利益计，认其对于同一官吏侵权行为，得提起两种之诉，即一面以官吏个人责任诉诸普通法院，请求官吏个人赔偿，他面以国家责任诉诸行政法院，请求国家赔偿，即认所谓责任重复之原则（règle de cumul des responsabilités）。盖个人过失与公务过失之区别，原为保护官吏防止人民滥诉而设，非为若何场合应由何人负责，作为决定标准而设。此两种过失观念中根本上既无互相排斥性质，对于同一事实，自不妨认其得为二重之诉也。然使被害人得起提二种之诉，请求二种赔偿，与平衡原则，又相违异。故行政法院他方面因又设法限制，使被害人就同一事件所得请求赔偿之全额，与普通法院所已判决或将判决者合计，不得超过所受损失之限度。其限制方法约有二端：一曰保障方法，即使被害人对官吏个人过失，先向普通法院诉请赔偿，如该官吏因无充分资力，不得满足之赔偿时，始使诉请行政法院，判由行政主体负其补充赔偿义务。二曰代位方法，即使行政主体代官吏地位，负其赔偿之责。此之场合，被害人得不先向官吏个人请求，而径向行政财产请求赔偿，似尤合于国家应负赔偿责任之原则。但法国之行政法因认有个人过失与公务过失之区别，被害人对于一切事件，尚未尽得先向行政法院请求，所谓二重责任之原则，犹未完全确立。故法国之行政法，今后应尚加以改进，将官吏之职务上重大过失，同目为因公务组织之不健全所引起，使国家负担所谓危险任责。如是关于国家直接负责之理论，始可完全告实现耳。

　　唯在外部关系中若采取二重责任之原则，则内部关系即国家与官吏之关系中，殊非认国家对于官吏有求偿权（Action récursoire）不可。盖

---

① Duez, ibid. p. 155 et suiv; Appleton, ibid. p. 433.

欲督责官吏不致懈怠渎职,而常尽忠于其职务,非单以惩戒刑罚之威吓,所能完全奏效,必须另使负担财产上之责任,始克有济也。故法国学者主张凡官吏有个人过失场合,国家固应因行政上危险,对被害人负其赔偿之责,同时对于官吏个人亦应有求偿权,得为求偿之诉。如是因个人过失与公务过失之区别,对于官吏之事实上保障,仍得维持,而国家与公务员个人间关系,亦得资以解决矣。但法国对于官吏之求偿权,事实上未之行使,而行政法院亦以法无明文,未认国家有此权利。

至地方团体或其他公法人之赔偿责任,法国学说判例,一致采用民法规定,以吏员与公法人,依《民法》一三八四条,同时应负其责任。仅其吏员直接为法人机关场合,则适用第一三八三条,应由法人直接负责已耳。①②

四　德国法例

次就德国之近代法而言。德国自继受罗马法后,其固有之团体法主义,渐为罗马之个人法主义所更替,至十七八世纪封建时期,关于官吏关系,判例学说一致目为私法中之关系,而官吏之侵权行为,除被害人能证明选任监督上有过失外,委任人之领主,可以不负责任。所谓罗马之第三次世界的克服,至此可谓登峰造极矣。但此种法律观念,对于近世国家生活,究难完全吻合。盖入十九世纪封建制度废除以后,德国官吏事实上已非领主之受任人,而为国家权力机关,从之其间关系事实上已非

---

① Duez, ibid. p. 163; Cot, ibid. p. 304 et suiv.
② Becque, Responsabilité à raison du dommage causé par une autre, p. 85 et sniv; Dailly, Responsabilité des personnes morales publiques, p. 137 et sniv.

私法国关系,而为公法关系。他而其固有法精神,一时虽为罗马法中所抑压,终因时势推转,抬头反抗。尤其机关行为应由团体负责——此种法的确信,渐为日尔曼法学者所注意阐发。于是关于国家赔偿责任问题,遂成学界讨论中心。

当十九世纪初叶,关于官吏侵权行为之责任,学界主张,犹复重袭旧说,无所建立。迄至三十年代,伐弗尔(Pfeiffer) Praktische Ausführung 一书呈现于世,渐为斯界开一新生面。要其主张,以为官吏关系非委任关系,应以公法原则决定之。凡官吏以国库代表或机关地位,于私法关系或公法关系中所为违法行为,皆应由国家负其责任。至一八六三年,查哈利哀(Zaehariä)祖述其说,于《国家学会杂志》(Zeitschrift für die Staatswissenschaft 1862 S. 582 - 652)中,发表一更有力论文,题曰"官吏违法作为与不作为之国家赔偿责任(über die Haftungsverbindlichkeit des Staats aus rechtswidrigen Handlungen und Unterlassungen seiner Beamten)",文中于论驳旧有学说之后,下有次之结语:国家以国库地位与私人构成私法关系场合,官吏以违法行为致第三人受损害时,则国家犹之私法人对其代理人行为应负责任,应受私法支配。他面国家以统治权主体行使权力场合,官吏于机关地位以权限内违法失职行为,致第三人受损害时,则国家应依公法上理由,负担保责任即补充赔偿责任。此说一出,公私法学者翕然宗之。

同时德意志法曹会,就此问题亦曾从事研究。即于一八六七年所开第六次会议,提出一题,意谓国家或地方团体,其所任命之官吏或公吏,以过意或过失违反其职务上义务,致第三人受损害时,是否应负责任?如应负责,则其范围若何,究为主之责任抑从之责任? 当时由查哈利哀与伯伦智利(Bluntschli)二氏担任讲演,查氏申述前说,伯氏据私法上之理由而反对之。两说相峙,议论横生。终依格奈斯脱(Gneist)之建议,议决国家或地方团体,就其吏员侵权行为,确信为有责任,但其责任发生条件,延至次期会议再议。及一八七一年九次会议之际,此项问题始复提出讨论。席间众议百出,柏林卡(Prinker)原则上反对官吏行为国家应负责任,奎纳(Könner)主张国家应负补充的责任,基斯林(Kissling)主张国家责任与吏员过失无与,凡因吏员权力行为引起损害场合,国家应一般的直接负其责任。格滋(Götz)附和此议,查哈利哀亦放弃补充责任说,而赞同直接责任说。但会议议决,仍无坚决意见,不过大旨容纳查氏之意,宣布国家对于官吏行为,以后制定法律,应采国家直接责任主义而已。

际此时代,德国立法,既未发达,学界解释,乃暂呈保守之象。当时公法学家有刘宁(Löning)者,固坚持罗马法主义者也,氏于一八七五年发表"官吏违法行为之国家责任论(Die Haftung des Staats aus rechtswidrigen Handlungen seiner Beamten 1897)",根本否认国家为有侵权行为能力,以为国家机关无论在私法或公法关系中,皆不过为国家之代理人,犹之代理人反于授权人意思之行为,不能视为授权人之行为,国家官吏之违法行为,亦同不能目为国家行动。故国家除选任监督上有过失外,对于官吏过失,可以不负责任。此刘氏国家无责任说,亦颇有力,学界且暂以为通说。但自十九世纪以来,关于国家责任立法,渐见发达,著名学者如忌尔开(Gierke)及呵督梅也(Otto Mayer)等,更以习惯为根据,主张国家一般为有直接责任。[1] 此项原则自是遂为举国所公认矣。[2]

德国关于国家或公共团体责任之立法,要以一八九六年之《民法》及

---

[1] Gierlse, Haftung des Staates und der Gemeinden für Beamte, 1905; Genossenschaftstheorie, S. 768 T, 796f f; O. Mayer, Deutschen Verwaltungerecht 3A. 11. S 295ff.
[2] 黑田觉著,前揭论文;松冈参太郎著,《无过失损害赔偿责任论》一三一面以下。

其《施行法》，划一时期。在前此半世纪间，德意志帝国及其诸邦，关于本项责任，立法上虽非绝无规定，而帝国法律仅就一二特定事项（如关于登记事项及司法处分事项）规定由国家负责。各邦立法，除一二例外，亦仅就极少数事项（如关于抵押提存公证及执行事项），认有此种责任。至判例上认国家有直接责任者，则仅撒克仙（Sachsen）一邦而已。及一八九六年上述二法成立，始为原则规定，以国家在私法关系或公法关系中，一般为有责任。即《民法》第三一条规定"法人对董事会、董事，或其他依章规选任有代理法人权限之人，因执行职务所加于第三人之损害，应负损害赔偿责任"；又第八九条规定"第三一条之规定，于国库、公共团体、财团及营造物准用之"。依此等规定，国家或公共团体于私法关系中，就其公务员所为行为，对第三人应独立直接负其责任。至公务员于公法关系中所为行为，即到第三人应行执之职务上行为，致第三人受损害时，依德《民》第八三九条规定，应由公务员负其责任。但此时国家或公共团体应负责任与否，德《民》未加规定。上列第三一条第八九条，于此当亦不能适用。因此时其间关系为公法关系，非民法所能支配也。为解答此问题计，德《民施行法》第七七条，乃加恺切规定，谓关于公务员行使权力侵害他人行为，国家地方团体或其他公共团体应负责任之各邦立法，不因不法施行，受其妨害。质言之，施行法本条规定，盖将关于国家或公共团体责任之规定，委任于各邦或联邦之特别立法矣。①

自此《施行法》发布以后，德意志诸邦，除二三邦外，关于各邦公法上责任之制定法，类见陆续发布。且多数之邦，明定公务员于执行职务之际，以过意或过失侵害第三人权利场合，易言之，即德《民》第八三九条所定场合，国家或公共团体应首先直接负其损害赔偿责任。如普鲁士、巴依伦

---

① Fleiner, Institution des deutschen Verwaltungsrechts 3A. S. 265ff.

(Bayern)、撒克仙、威丁堡(Württemberg)及巴登(Baden)等,即属于此[参照普鲁士一九〇九年八月一日之法律,巴依伦《民法施行法》第六〇条,威丁堡同《法》第二〇二条以下,巴登同《法》第五条,撒克仙柯堡哥他(Sachsen-Koburg Gotha)同《法》第十八条,安哈尔脱(Anhalt)一九一〇年四月二日之法律,勃龙如怀(Braunsehweig)一九一〇年七月二六日之法律,柳别克(Luebeck)一九一二年二月十七日之法律,啊登堡(Oldenberg)一九〇八年十一月二六日之法律,华迪克(Walde klc)一九〇九年十一月十八日之法律]。此外只黑森(Hessen)、呵尔萨斯罗伦斯(Elsass-Lothringen)等少数之邦,以国家或公共团体,仅于保证人之地位,负有补充责任。即被害人不能向吏员取得赔偿时,负其责任而已(参照黑森《民法施行》第七八条,阿罗同《法》第四〇一条,撒克仙怀马(Sachsen Weimar)同《法》第九一条)。又德意志联邦关于联邦官吏,亦仿普鲁士之例,于一九一〇年五月二二日,定有国家直接负责之法。凡由国家或公共团体代替吏员负责任场合,多数法律规定,且认国家或公共团体对其吏员有求偿权。①

此时德国法制,对于各邦责任之规定,犹取放任主义,如德《民施行法》第七七条,亦不过予各邦以立法根据,而不强其如何立法。以故各邦迄此所立诸法,由容颇不一律。至一九一八年革命以后,乃决舍此放任态度,一律采取直接责任原则,即于翌年制定之《宪法》第一三一条,规定:

"官吏②于行使所担任之公权力之际,违反对于第三人应执行之职务时,其赔偿责任原则上属于使用官吏之国家或公共团体,但对于官吏仍有求偿权,又出诉于普通法院之权利,不得除去之。

其详细规则,由主管国或邦以法律定之。"

---

① Fleiner, a. a. O. s. 268.
② 此之官吏当指国家及公共团体之公务员而言,但各邦法院解释,其范围颇广狭之别。参照 W. Jellinek, Verwaltungsrecht, 1928, S. 331 ff.

本条规定,较形完密,察其含义,约有三点,应宜注意:(1)确认二重赔偿责任主义。即官吏于公法关系中所为侵权行为,官吏与国家或公共团体,皆有赔偿责任,从而被害得任择其一,请求赔偿,即一而得依德《民》第八三九条,请求官吏个人赔偿,他面得依宪法本条规定,向国家或公共团体请求赔偿。(2)宣示立法方针。即除既采直接责任主义诸邦立法,与本条无所抵触外,其未有此种规定,或仅采取补充责任主义者,一律命其为同样之立法。至其所谓原则上由国家或公共团体直接负责,自非可将原则变为例外,不过关于特种责任,如前此所有关于公证人之责任,得规定国家仅及补充责任,或规定以有过失为限,由国家负责而已(参照上述一九〇九年之普鲁士法律第一条第三项,一九一〇年之联邦法律第五条第一项第一号)。本条第二项规定,既将其细则委任于主管国或邦之立法,则联邦或各邦得于本条原则之内,定其施行细则,固无待赘。(3)宣示现实法规。本条规定,除对将来立法,宣示其方针外,并直接有法规之效力。尤其未有此种特别法制定之邦,其法院审判,得直接援用本条规定。①

五　我国现行法之解释与批评

关于行政上之侵权行为,在我国国法之下,亦略认有公务员个人与国家之二重损害赔偿责任,业于前述。兹为便利起见,仍分别公务员之责任与公法人之责任,论述如次。

第一　公务员之责任

公务员之侵权行为,有职务上侵权行为与职务外侵权行为之别。凡

---

① Gieze, Grundrecht, 1905, S. 347 ff.

公务员不在职务执行，而仅以一私人地位，违法侵害他人权利，则应依一般私法上原则，而任其责，原为理之当然。依《民》第一八四条规定："因故意或过失不法侵害他人之权利者，负其损害赔偿责任……。违反保护他人之法律者，推定其有过失"。是官吏于私人地位，不问违反公法或私法，又不问侵害第三人或国家之利益，均应负其赔偿之责。例如官吏于假日在公众运动场投球，失手毁损附近店家玻璃窗户，或为私事至他机关访友，误而毁坏他机关之设备物件，均应依本条前段而任其责。又于违反私法外，违反"保护他人之法律"即刑法警察法等公法者，亦应依本条后段而任其责。唯行政上之侵权行为，单指职务上之侵权行为而言，职务外之侵权行为，不在其内。至公务员之职务上侵权行为责任，因侵害第三人权利与国家权利，有所不同，此处所论，姑以前者为限。

公务员不法侵害第三人权利场合，《民法》亦仿德《民》之例（参照德《民》第八三九条），明定应由其个人负责，即于一八六条规定："公务员因故意违背对于第三人应执行之职务，致第三人之权利受损害者，负其损害赔偿责任。其因过失者，以被害人不能依他项方法受赔偿时为限负其责任。""前项情形如被害人得依法律上之救济方法除去其损害，而因故意或过失不为之者，公务员不负损害赔偿责任"。准是，则公务员不问在私法关系中或公法关系中所为不法行为，除本条第二项情形外，原则应负其责。盖官吏之职务上行为，以其为机关行为观察，虽有所谓私经济行为与公权力行为之别，以别其应受私法或公法之适用，而以个人行为观察，可不设此区别。因此时其不法行为只作个人行为而论，与关于公务员之惩戒责任，其违反职务行为只作个人行为而论，正复相同也。唯本条解释，次之三点，应加注意。

（一）侵权行为之成立，须对于第三人之关系中为违法。本条所谓"违反对于第三人应执行之职务"，即指此意。盖法规有内部法规与外部法规之区别,内部法规所以规律公务员与国家间关系,公务员违反内部法规,仅为对于国家勤务义务之违反,于国家以外之第三人,直接不生关系。而外部法规所以规律国家与人民间之关系,不特拘束官吏,且有对人民拘束国家之效力。故唯公务员违反勤务义务同时违反外部法规场合,始为对于人民即第三人违法。唯此际所谓外部法规,殊不以公法为限,违反私法,亦得目为违法。如运送官吏违反私法中关于运输之规定,或代行公证人职务之法院书记官违反民法中关于遗嘱之规定,固同为侵权行为也。

（二）其行为须因故意或过失而异其赔偿之责。公务员个人责任,须采过失主义原则,所不待述。唯公务员之职务与私法上受任人之职务不同,其执行恒受法律拘束,不能自由拒绝,且所任事务,甚为繁杂,如责以普通私法上之过失,殊失苛刻。从来解释,多谓公务员之职务上不法行为,仅以有重大过失即有故意或不可容忍之过失时为限,始负其责,即由此。《民法》本条依德《民法》例,因其出故意或过失,而异其赔偿责任,大抵亦本斯意也,依本条例规定,其因故意致第三人权利受损害者,常应负其赔偿之责。在被害人纵有他项方法可受赔偿,亦得先请公务员赔偿。反之,其出于过失者,则以不能依他项方法受赔偿时为限,始应负责,于被害人不能自由选择。即被害人此时如能依法向国家或自治团体请求赔偿,且能取得偿金者,即不能向该官公吏请求赔偿,而官公吏乃可免除其责任矣。

（三）公务员之职务上行为一面为官公署之行为,因官公署之违法或不当行为,致第三人之权利受损害时,被害人并得依他种法律上之方法,请求救济。现行法中所认救济方法,计有声明异议(《渔业登记规则》第二四条第二五条,《矿业登记规则》第二五条,《商业登记规则》第七条,《商标法》第二九条)、诉愿(《诉愿法》第一条)、行政诉讼(《行政诉讼法》

第一条)、民事诉讼(《土地征收法》第四五条)等各种。被害人若得依此等救济方法除去损害者,自应先以此等方法除去之。如被害人得依此等救济方法除去其损害,而因故意或过不为之者,公务员不负损害赔偿责任(《民法》第一八六条第二项)。

第二　国家或自治团体之责任

因公务员之职务上违法行为,国家或自治团体所负损害赔偿责任,在我国国法之下,应分别公法关系中之责任与私法关系中之责任论之。

(一)私法关系中之责任

国家或自治团体为公法人,其生活关系原则为公法关系,私法不能适用。然公法人为公法上之作用外,例外亦为私法上之活动,如为私经济上行为,即其最著者也。故国家或自治团体于某限度亦受私法之支配。从而其机关之违法行为,于某范围亦应受民法之适用。公务员因执行私法上职务,侵害他人权利,因而发生国家或自治团体之赔偿责任场合,解释上以次二者属之。(1)依《民法》关于法人责任之规定而负赔偿责任之场合。国家或自治团体于私法关系中,亦法人一种,而应受《民法》之支配,既如上述。故前述德国《民法》特明定关于法人赔偿责任之规定,于国库及公共团体准用之(参照德《民》第八九条及第三一条)。我民法虽无此明文,解释上要亦不能外是。[①] 盖公法人与公务员之关系为机关关系,非私法上雇佣关系,亦非私法上之委任关系,其关系在私法中只能以关于法人之规定规律之耳。依《民》第二八条类推解释,官公吏因执行职务所加于他人之损害,国家或自治团体应与该行为人连带负赔偿之责任。唯本条与第一八六条有连带关系,其各人责任,尚应分别定之:

[①] 陈瑾昆著,《民法通义债编总论》一一〇面。

(a)在公务员以有过意或过失,且不能依第一八六条免责场合为限,始应与国家或自治团体负其连带责任。(b)在国家或自治团体以能指明特定公务员为有过意或过失场合为限,始与该公务员连带负责,否则由其单独负责。要之在两方负有连带责任场合,被害人得向双方或任择其一而请求赔偿。至国家或自治团体与该公务员之内部关系如何,则应依后述关于求偿权之原则决定之。(2)依《民法》第一九一条以土地工作物所有人而负赔偿责任之场合。凡公务员于职务上所管理之土地上建筑物或其他工作物,因设置或保管有欠缺,致损害他人之权利者,该工作物所有人之国家或自治团体,应依《民法》第一九一条负其赔偿责任。如因火药库之爆发、学校校舍之崩坏、道路上危险防预装置之欠缺及都市中自来水管之破裂等,致损害他人权利之场合,即属其例。但公务员对于防止损害之发生,已尽相当之注意者,得免除其责任。

(二)公法关系中之责任

公务员因执行公法上职务,与第三人所生之关系,为公法关系。公法关系中所生国家或自治团体之责任问题,应受公法支配,而不能适用私法,固无待论。但我国国法中关于公法关系中之国家或自治团体之损害赔偿责任,犹无一般规定,仅有次列各条之断片规定而已。(1)"行政诉讼得附带请求损害赔偿(《行政诉讼法》第二条)",(2)关于土地及其他定着物之登记,"因登记错误遗漏或虚伪,致受损害者,由地政机关负损害赔偿责任……",(3)"警官警士执行职务时,非遇左列情形之一,不得使用刀枪……(《警械使用条例》第三条)"。"非遇有第三条各款情形之一而使用刀或枪者,由该管长惩戒之,其因而伤人或致死者,除被害人由国家给予医药费或抚恤费外,加害之警官警士,应依《刑法》处罚(同《条例》第九条)。以上各条,除关于土地登记及警械使用,以特定场合为限,规定由国家负责外,仅《行政诉讼》第二条第一项所定,其包括范围稍形广泛。但本条规定仍未能将公务员于公法关系中侵害他人权利之一切场合皆包摄之。盖《行政诉讼法》第一条规定:"人民因中央或地方官署之违法处分,致损害其权利,经依诉愿法提起再诉愿而不服其决定,或提起再诉愿三十日内不为决定者,得向行政法院提起行政诉讼"。则(1)人民因提起行政诉讼,得附带请求损害赔偿者,仅以行官署之处分为限,自治公署或公所之处分,不得提起之。因我国法中所谓行政官署乃 Staatsbehörde 一种,非泛指 Verwaltungsbehörde,自治机关并不包含在内也。(2)即就国家行政范围而论,所谓官署之违法处分,在行政诉讼或诉愿法中,其观念虽较普通所谓行政处分包括犹广,但仍未将国家公务员所为各个侵权行为尽包括之。因公务员之侵权行为未必尽成官署违法处分,而得为诉愿或诉讼之标的也。(3)对于官署之违法处分提起行政诉讼,须经过再诉愿,未经再诉愿,或经提起诉愿或再诉愿,而诉愿官署已将该违法分撤消变更之者,被害人纵有损害,已不得提起行政诉讼及请求赔偿。因依《行政诉讼法》第二条规定,唯提起行政诉讼时始得附带请求赔偿也。综上所述,我国现行法中,对于行政上之侵权行为得直接请求国家赔偿者,殆不过九牛之一毛耳。故我国法制上关于国家或自治团体直接赔偿责任之原则,既未完全确立;而直接得向国家请求赔偿范围,与民法第一八六条规定以公务员之侵权行为愿则得向其个人请求赔偿者比较,相差亦觉甚巨也。

查此次立法院所起草完成之宪法草案中,依战后欧洲若干国新宪法之法例,设有关于国家赔偿责任一条规定,兹可附带述之。依该草案第二六条规定:"凡公务员违法侵害人民之自由或权利者,除依法律惩戒外,应负刑事及民事责任,被害人就其所受损害,并得依法律向国家请求赔偿。"本条对于公务员之违法行为,定有公务员个人与国家之双方行任,可为分别言之。先就公务员个人责任而言,依本条上段规定:"公务员违法侵害人民之自由或权利者,除依法律惩戒外,应负刑事及民事责任"。其所谓违法侵害,既无"因执行职务"之限制,又无如德国《宪法》第一三一条"于行使所担任之公权力一之规定,似将公务员于职务上并职务外,及私法关系并公法关系中之一切违法行为,概包括之"。将公务员一切侵权行为,在宪法中笼统规定,使公务员负其责任,除对司法官表示若不依民法判决,不特违反普通法律,而且违反宪法外,殊觉无甚意义。至公务员之惩戒刑事及民事三种责任,本非有互相排斥性质,今宪法中重申其义,亦觉无其必要。其次,依本条后段规定:"被害人就其所受损害,并得依法律向国家请求赔偿"。此时被害人向国家得请求之赔偿,依理仅以公务员于职务上所加之侵害为限,职务外之侵害不应亦使国家负责,所不待论。而本条后段承上段之后,未加明白限制,解释上或者不生问题,而立法技术上终觉有所未妥。又其所谓并得"依法律"向国家请求赔偿,与德《宪》直接宣示现实法规者不同,而仅宣示立法方针,殆与芬兰《宪法》第九三条第三项近似。此种间接规定,除表将来得以新立法扩充国家之赔偿责任外,于现行法之实际可谓毫所增益。要之本条上段规定,徒似赘疣,而后段规定则觉太空洞耳。

第三　内部关系

在二重赔偿责任制度之下,被害人得就公务员或国家任择其一,请求赔偿,而为确实取得其偿金计,得向国家一方面请求之。既向国家取得其偿金后,在公务员即得对被害人免除其赔偿义务。但此仅就外部关系而言,在内部关系中,公务员对于国家依理仍应负其偿还赔偿金之义务。故各国法例咸认国家或自治团体对公务员有求偿权。我国现行法中无此明文规定,且所认国家赔偿责任之范围甚狭,是否适用同一原则,解释上似有疑问。依余所见,就此问题应分别下二情形论之:

（一）过失责任人不明之场合

原国家之赔偿责任，不以公务之故意或过失为必要，但有违法侵害之事实，纵不能证明其违法侵害出于谁人之过失，或不能推定出于谁人之近失，亦应负其赔偿之责。于此场合，既不能判明谁为过失责任人，则国家对被害人为赔偿后，不能向谁人请求补偿，殆无疑义。

（二）过失责任人判明之场合

法律上承认国家赔偿责任之原则，除完全属于结果责任之场合外，并带有确保被害人取得偿金之目的，使被害人不致因公务员之无支付能力，遂不得受其赔偿。故引起违法侵害之事实系出于公务员谁人之故意或过失，正确判明之场合，国家既为赔偿之后，对该公务员应认为有求偿权。盖于此场合，由国家赔偿后，仍使该有过失之公务员负财产上之补偿责任，不特合于衡平原则，亦足以儆戒该公务员勿踏前愆，以收行政监督上之实效也。然因公务员之轻微过失，亦使负其补偿义务，未免失之近酷。故依前述关于《民法》第一八六条第一项后段解释同一之理由，应以公务员有重大过失为限，始令负其补偿义务，较于情理为妥。盖公务员之轻微过失，乃其职务上或制度上必然发生之危险，纵令该公务员应受惩戒处分，殊不宜令负财产上之责任也。所谓重大过失，当以故意或法之不知及不可容许之法之误解等重大过失属之，自无待赘。

原载于《社会科学论丛》1935 年第 1 期

《河川法》述评

一切之水，因其所受支配之法律不同，得分为公水与私水之二类。前者为受公法支配之水，后者为受私法支配之水。至于何等之水为公法所支配，何等之水为私法所支配，须就特定国之法制以决定之。

就我国之法制而言，我国《河川法》（十九年一月行政院公布）规定：凡适用《河川法》之河川及海岸线（即沿岸海），不得据为私权（同《法》第一、三，及二八条）。又《土地法》第八条规定：可通运之水道、共用需用之天然水源地、公共需用之天然湖泽，以及矿泉地、瀑布地，均不得为私有。此等之水及其底地，既不得为私权之客体，则其应受公权力之支配，而不适用私法，自甚明显。其次，《民法》第七七三条规定：土地所有权除法令有限制外，于行使有利益之范围内，及于土地之上下。准此，则属于私有土地之范围内，其土地所有权人，就土地上下之水，不问其为流水为湖水或其他停潴之水，除法令有限制外，皆得依照私法而为支配，亦无容疑。唯以上各成文法之规定，犹未能将一切之水尽划分之。兹单就流水一种而论，凡不适用《河川法》或不可通运之流水，在事实上未见尽为私有。非属私有部分，其所有权固属公有，而其水流之使用或占用，每为私法的习惯法所支配，是则不可不注意也。

公水行政，可大别为水之利用（水利）与水患之防除（治水）之二方面。欧西各国，因水利经济发达之结果，渐由治水进而注重水利；关于水之立法，除注意于水患之防除外，特于水利之开发与其利用权之保护，多致意焉。我国水法，未有包括的法典制定，只散见于各法令中。唯除《电气事业条例》(第九条)、《森林法》(第三八条)、《渔业法》(第十八条)中有若干关系规定外,仍以上述之《河川法》及《土地法》,较为主要。但《土地法》中所规定者,仅关于公水之所有关系并其纳税问题而已,公共需用之天然水源、湖泽,以及矿水瀑布等,其宜如何管理供用,犹未直接加以规定。至于《河川法》,规定虽较完备,然仍偏重治水,甚少计及水利,且实际上于若何程度有其效力,已成疑问。兹姑就河川法一种,略述如次。

(一) 河川的观念

(甲) 广义之河川

河川名词虽见于法令中,而其意义未加规定。若就社会观念而言,则谓河川为自然形成或人工筑成之水流,殆无不可。盖河川有自然的河川与人工的河川之分,自然的河川即自然形成之水流,不问其水源发自山岭或由平地集注,概属于此。于现今社会,自然形成之水流,其沿岩底地,类已加以若干人工,但其为自然的河川,仍无变更。其次,人工的河川即为疏通流水之目的,用人工开成之水流,如以人工开导入海或入江之水道,即属其例。此类水道,系为疏导流水之目的所筑成,自得以河川称之。但社会观念上之所谓河川,仅以上述自然的与人工的二种为限,他如灌溉水渠、上下水道,及发电用之引水路等或放水路等,为供特定事业之用所筑成者,纵受公法支配,亦不得以河川视之。

唯谓河川为自然形成或人工筑成之水流,其所指并不以流水为限,其流水所通过之底地(河床),亦同在内。盖无流水之河床,固不成为河川,而无河床之流水,亦不能想像有河川之存在也。故河川常以流水与河床为要素,合此二种要素,始得成为河川。唯自时空上观之,此二要素不必常相吻合,纵其流水年中有时间断,或仅覆盖河床之一部,仍无碍于河川之本质也。要之,于一定之河床上,有不断或反复之流水,而与河床成为一体者,即得以河川目之。

(乙) 适用《河川法》之河川

适用《河川法》之河川，非包括一切之河川，而仅为广义的河川之一部。依河川法所定：凡经内政部认定关系公共利害重大之河川，除他法别有规定外，适用本法之规定（第一条第一项）。视此，适用《河川法》之河川，须具(1)关系公共利害重大，(2)经内政部认定之二要件。盖《河川法》之规定，以治水即防除水患为骨干，是否适用本法，须采选择主义，任诸内政部视其关系公共利害重大与否以决定之。如自河川行政须求完备统一，兴利除患，须并筹兼顾之点观之，固与吾人之理想，犹相去甚远也。

又从我国实际行政言之，关于河川行政，除内政部外，前时尚有各治河委员会，各有独立的职权。自民国二三年由全国经济委员会统一水利行政以后，行政院各部会及各特设机关所有关于水利行政之事权，概已归其统辖。《河川法》本条规定，究于若何范围有其适用，已不得不从新估量之矣。

(丙) 河川之附属物

何等物件为河川之附属物？现行法采取法定主义，即以附属于河川之防堤、荡岸、水闸、津渡、曳道及其他增加水利或减除水害之设备等属之。凡河川之附属物，其处理悉依本法之规定，但有特别习惯不与本法相抵触，经内政部许可者，从其习惯（同《法》第一条第二项）。上列河川之附属物，在实际上未必尽为河川管理机关所设置，其为私人所设置者亦颇有之。将私人设置之工作物同作河川之附属物，而为河川之一部，于私权之保护上，实有未妥。本条后段，规定关于附属物之处理，除法律有规定外，得依习惯定之，其命意盖即为谋缓和补救之地耳。但习惯法有补充成文法之效力，为理之当然，初不待于规定。且本段规定，其习惯须经内政部之许可（认可），限制亦失过当。

（丁）河川之区域

应受《河川法》支配之物体，除河川附属物及沿岸土地外，当以河川本身最为主要。然河川之界限如何，不可不有一定之标准以确定之。《河川法》第二条规定："河川区域，应按河川流域之情形规定之"。本条所称河川区域，当指河川之横的区域，而非纵的区域。纵的区域应于认定河川时已认定之。又此项区域之规定（即认定行为），为对于事实之确认处分。凡非属于河川流域之部分，不得认定为其区域。

一河川之区域既经认定之后，凡其河川土地上即河床上私人所有之私权，如土地所有权抵押权等，依《河川法》第三条凡河床不得据为私权之规定推之，当然归于消灭。因其认定机关，直接本于法律之规定，有将属于河川流域之土地认定为河床之权原，而不待于土地征收或收买之程序也。唯因认定之结果，使于该土地上原有私权之人，顿然丧失权利，于情未免过酷。故为救济起见，于认定后，对于原所有人或其他权利人，仍应给以相当之补偿（《土地法》第九及十一条之情形，当然不在此例）。

于一度认定后，如河川流域之情形已变更，依理应为变更之认定。

（二）河川之性质

普通之河川虽为自然形成之物，而因国家多年之容认，任于公众之使用，在法律上显然具有公共用物即公物之性质。凡公物须受公权力之支配，私法原则排除适用。然国家对于河川及其构成要素之支配，究属若何性质，各国法例，极不一致，而学者解说，亦未有定。分别言之，计有无主物、私所有及公所有之三不同主义。无主物主义原为罗马法所采，学界通说，亦以河川为不认有所有权之物。一九〇〇年十二月一日之威丁堡《水法》，犹属采此主义。其次，私所有主义系脱胎于民法之思想而来，即以公水为国家之所私有（Privateigentum）。一九〇七年三月二三日之巴雅伦《水法》及一九一三年四月七日之普鲁士《水法》，即系采此主义。最后，公所有主义以公水为国家所有，而其所有权则为公法上之权利。一九一三年四月十四日之巴登《水法》，即属于此。

我国《河川法》第三条规定："凡河川河床及流水等，均不得据为私权"（《土地法》第八条第一项第一款之趋旨，大体亦同）。即以河川全体及构成物之河床流水，概不得为私权之客体。推立法命意，殆以河川及其构成物，在本质上虽非不能成立私权，但若认有私权存在，得为处分移转及因时效而为他人取得，则与公物之目的，不能相容，故特以明文禁止之。唯是法文规定既禁止河川不得为私权之客体，则无论私人或国家以及自治团体，概不得将其作为私有，或作为其他私权之客体而支配之，已甚明显。至谓河川为无主物，在法理上尤不可通。盖国内河川及其他一切之水，原为领土之一部，非属私有，必属公有，此自领土高权之性质及土地法第七条之精神推之，应属当然。故以我国国法而论，国家对于河川之支配权，仍以公所有权说较为妥当。

然所谓公所有权非单因公有之观念，即能成立。因我国法律上之所谓公有，涵义甚广，无论对于公物或其他公有财产，皆指称之。公物与其他公有财产如公有土地或公有林等，虽同属于公有，而法律上对于物之支配之内容，各有不同。普通之公有财产，仍得依私法而为支配，而公物尤其如河川等之公共用物，排除私法之适用，须依公法而支配之。为实现公共使用之目的，行政主体对于公物之支配权，学界通称为公物管理权。唯公物管理权原不必以所有权为基础，即对于私人之所有物，亦得依法律认为公物而管理之（他有公物）。当一物属于公有而同时设为公物之场合，学者为标明其特性起见，将其所有关系与管理作用，打成一片，另称为公所有权（或行政所有权），以示与私有物异其种别。此公所有权之名词，原模自私法学中之观念，但用为标示公法上之权利，已著甚大之功效。现时吾人正在建设公法学理，固亦不妨暂采用之。唯应注意者,公所有权与私所有权,在名称上虽相近似,而其内容实少共通之点。私所有权之作用,在对于物之使用、收益及处分,而公所有权之作用,在对于物之供用管理。盖一以私益为目的之私权,一为以公益为目的之公权力,其法律上之效果,自大有区别也。

犹之道路与其基地得分别处理,河川与其构成要素之河床,亦得分别观察。唯《河川法》第三条,谓河床亦同不据为私权,此种立法是否适当,不令人无疑。因河床既非性质上不能为私权之客体,而自社会经济上言,其非不断冠水之部分(河滩),于无碍公物保全之范围内,仍不若认许私人耕种或行使其他之私权,较为得策。故自立法上观之,河川构成物之河床,仍不妨认其得依私法而支配之也。

(三) 河川之管理

(甲) 河川管理权

河川为国家之公物,属于国家公权力之支配,基于此种权力,河川管理机关所赋有之权限,称为河川管理权。河川管理权之内容,凡属河川管理上必要之一切行为,皆包括之。如关于河川状态之保全、工程之施行、使用占用之统制等,为增进水利或减除水害之行为,悉属在内。更详言之,其管理行为得别为次之二类:(1)河川之保全与改良,即大小规模修筑工程之施行、工作物之设置保管、杂草乘石之刈除,以至公用负担之科征等属之。(2)河川利用之统制,即使用之限制、占用之特许及撤消等属之。

(乙) 管理机关

(1) 中央机关

《河川法》第四条规定:"凡地方境内之河川或流经境内之一段,地方政府应负责保管之,但由内政部认为必要时,得设河川委员会直接管理"。视此,河川行政似应由地方政府管理为原则,而由内政部管理为例外。但实际上行政系统甚形复杂,而法制上亦几经变革。兹以中央机关而论,自国府建都南京后,先以河川防御属内政部,河道疏浚属交通部,农田灌溉属实业部,水利建设属建设委员会。至特设专管机关,则于内政部下有华北水利及太湖流域水利委员会及与湖北省府合组之河海善后工程处,于交通部下有扬子江水道整理委员会。此外,尚有黄河水利、导淮及广东治河(现已裁撤)等委员会,直属于国民政府。二○年江水泛滥,国民政府更设有救济水灾委员会,办理赈工工程。

尔后,建委会之水利建设改归内部主管;全国经委会筹设以后,二一年九月救济水灾委员会工赈结束,将未竟工程移归接管,于经委会下分设江汉、江赣、皖淮、里下河四工程处。二二年十月,该会正式成立,十一月将各工程处撤消,改设水利处,办理水利建设即水利工程及灌溉等事业(同年十月呈准《全国经委会水利处暂行组织条例》),并设水利委员会,审议水利专门事项(同年十一月呈准《全国经委会水利委员会暂行条例》)。

二三年中央政治会议第四一五次会议议决统一水利行政及事业办法,以全国经委会为全国水利总机关,所有中央原经特设之黄河、导淮、广东治河、华北水利、太湖、扬子江、河海善后工程等各水利机关,均于是年十一月移归该会直辖,其他各部会涉及水利之权限,亦同移转。自此以后,凡关水利计划、地形测量、水文测验、水利调查,概由该会集中办理;国库负担之经费、技术人员及仪器设备,概由该会集中支配矣(二三年七月国府公布《统一水利行政及事业办法纲要》)。

(2) 地方机关

除属中央机关管理者外,其余地方境内之河川,应由地方政府负责管理。依《河川法》规定:地方政府管理河川。得酌量情形,设管理局,其组织通则另定之(第四条下段)。第其组织通则迄未颁布,各省政府所设水利机关亦未整一。如江苏省将其水利事业原则上归建设厅办理,而就江北运河工程,则特设江北运河工程局办理,导淮入海工程,设导淮入海工程处办理,均直属于省府。又如浙江省则有设水利局,隶属于建设厅,办理全省水利事宜。福建省于建设厅下设有水利总工程处,另以闽江工程委员会为其咨询机关。河北省将水利行政属建设厅,于各河流设河务局,主办各河修防事宜。

二三年中央政治会议议决案内,为谋划一地方水利行政系统起见,曾决定各省水利行政由省建设厅主管,各县水利行政由县政府主管,均受全国经委会之指挥监督。水利关涉两省以上者,由全国经委会统筹办理,关涉两县以上者,由建设厅统筹办理(同上《纲要》第三条)。为实行上项原则,各省政府应将省县水利机关拟具整理方案,送由全国经委会核准施行之(二三年七月国府颁布《统一水利行政事业进行办法》第五条)。

(丙)河川之保全及改良

凡河川之保全改良及河川利用之统制,概属各该管理机关之权限。关于河川之利用,姑俟河川使用目下详述。兹就河川之保全改良,略述如此。唯于此一端,我国法规犹未完备,只原则上各机关关于河川之管理,须受全国经委会之统制,而于经委会统制之下,得依职权制定规程或办法行之而已。但此外在《河川法》及其他法规中,尚不无少数直接规定,于此须为一言及之。

(1)河川专管机关如各治河或水利委员会等,得责成沿河市县政府,自治机关或有特别关系之公共团体,举办或管理河川工程之一部(《河川法》第六条《区自治施行法》第二六条第一项第八款,《乡镇自治施行法》第三〇条第一项第八款)。如工程性质轻而易举,或习惯上向由地方机关或团体办理者,当以责由地方机关或团体办理较为便利,但专管机关不得无限的将自己责任,转嫁他人。(2)专管机关或地方政府得令所属机关或公共团体,于相当时际,准备水灾之防御(同《法》第十九条)。(3)河川附属物同时兼有他项用途者,主管机关得令其使用人维持或修筑之(同《法》第八条第一项)。例如河川之堤堰同时兼有道路之用途者,河川主管机关得使道路机关或商办道路公司维持或修筑之。盖为图责任分担之公平,并计实际之便宜也。(4)他项工程同时兼有河川附属物之效用者,主管机关得协助改良或修筑之(同《法》同条第二项)。他项工程同时兼有河川附属物之效用者,主管机关本无改良修筑之义务,唯其工程既同时兼有河川附属物之效用,不得不认河川机关有其改良修筑之权。本项规定适与上项相反,可作河川管理权之延长目之。

(四)河川经费及公用负担

(甲)河川经费

河川为国家之公物,河川之管理权原则属于国家各政府机关,则管理上所需之经费,自应归诸国库或地方公库负担之。二一年一月,内政部为确定水利经费革除挪移施欠,免得款绌工停酿成水患起见,曾拟具办法四项呈准行政院通饬各地方遵办。其大旨由各省政府指定水利专款,不得挪作别用。其专款应特设水利参事会负责保管,并监督其用途。凡赋税带征之水利经费,应由财政厅指定银行专案存储。堤塘修防经费,由财政机关拨发者,应于计划施工前,全交主管机关存储备用。洪水抢险经费,应宽筹先付。

二三年中央政治会议议决《统一水利行政及事业办法》,同时更就中央及地方之水利经费,确定其分担及支配之原则如次:(1)原由国库负担之各水利机关经费,按照预算内所列数目,交全国经委会总领统筹转拨。(2)中央总预算内自二三年度起,列中央水利事业费六百万元,准由全国经委会按月请领五十万元。(3)各省县水利经费,应由各省县自筹,各省原有修防费等,仍由各省照旧负担。(4)各海关之水利附加税,除已特定用途者外，一律拨归全国经委会作水利建设基金，并另借拨英庚款为材料专款（同上《国府公布纲要》第九、十条，同上《进行办法》第九至第十二条）。

（乙）关于河川之公用负担

为谋河川之保全、工程之施行，并其他公利之增进、公害之防除计，河川管理机关，在法律上得对于特定人或特定物之所有人，科以公用负担。其负担之内容，或为人工物品之征用，或为土地物件之征收，或为特定种类之行为或不行为，要于特定场合，依照法律行之。

（1）应急负担

(1)当洪水迫切急于抢险时，专管机关或地方政府，得就地征用关于防御上必要之物品人工，并得拆毁其障碍物类，但认为损失重大者，得酌量补偿或令受有特殊利益之地方补偿之。(2)凡河川发生紧急工程时，专管机关或地方政府，得征收工程应用之物类，但须酌给相当之时价（同《法》第十七、十八条）。

（2）原因负担

凡办理他项工程而涉及河川工程时，其经费由办理他项工程人负担之（同《法》第二三条上段）。

（3）限制负担

(1)专管机关或地方政府，认为河川沿岸或私有工程物有碍河川本身或其效用之危险时，得令当事人于一定期间内修理或拆毁之。(2)专管机关或地方政府为防止土砂崩溃，得令沿河两岸地主，于必要之限度内，培植护河草木，或其他设备，地主不得拒绝（同《法》第九、十条）。

（4）土地征收

凡关于河川工程使用土地时，适用土地征收法（《土地法》第五篇）之规定（同《法》第二四条）。

（五）河川之使用

（甲）概说

河川与道路同，亦供于公众使用之物，凡运输交通、农业工业，以及其他各种需用水利之事业，皆得使用，固无待言。即为其他目的，使用其上空或滩地，亦容许之。以上各项使用，依其用法及使用之程度如何，在理论上亦得别为普通使用、用法上之特别使用及用法外之特别使用三种。普通使用即于目的范围内（普通用法）并于通常程度之使用，用法上之特别使用即于目的范围内超过通常程度之使用，用法外之特别使用，则于目的范围外超过通常程度之使用，概与道路使用之场合同。

学者有谓河川为自然的公物，本无所谓目的，就其使用，不能因其合目的与否以事区别；所谓用法上之使用与用法外之使用，此项区分，于河川不能适用之。此说骤见之似有相当理由，但细察之则其出发点已与公物之性质相背谬。盖公物为供于特定目的之用之物，其赋有目的性，为一切公物所共通。虽河川多系自然成立，然因多年之习惯及行政主体之容许，供于公众之利用，则为任人所未否认。况现今社会，河川工程，渐次完成发达，其有一定之计划与目的而为，吾人更不能否认之。又河川之用途虽较他种公共用物为复杂，孰为用法上之使用，孰为用法外之使用，颇难区别，但此系事实上问题，若在特定场合，参照河川之本质及其使有之习惯，其区别并非为不可能。

现行《河川法》，关于河川之使用，规定极其简略，普通使用之积极的内容如何，完全未有规定；特别使用虽有数条规定，但未设有用法上之使用与用法外之使用之分，在说明上仍不免有若干困难耳。

（乙）普通使用

河川之普通使用，即于其目的范围内，各人于同等之程度而为自由使用之谓，孰种使用属于目的范围以内，在实际上实不易于决定，如通运、灌溉、洗淘等，依于河川本性之使用，固为普通使用，而流放污物污水于河川，是否犹在河川目的范围以内，则不能使人无疑。于此情形，非可一概而论，须于各个具体场合，参照河川之状况、使用之习惯，及社会上之普通观念以决定之。

自河川之本性并社会经济上言，河川之使用，于不妨碍公益之限度内，应任于社会公众自由使用，使任人皆得以同等之程度而使用之。唯普通使用，其内容既属各人相同，各人使用之权能，因他人亦有同一内容之权能之故，未免互受限制。即一人既为现实使用，他人即不得于同一时所为同样之使用矣。但此不过普通使用上当然发生之结果，在法律上各人有同等使用之可能，仍不能否认之。又沿岸人之普通使用，其使用之机会在事实上虽较他人为多，而法律上亦不能不认其与他人仅有同一分量之权能。

现行法上，河川之普通使用，其得使用之程度如何？并无规定。唯普通使用，在消极的方面，须受河川警察权与河川管理权两重之限制，应属当然。河川警察为水上警察之一部。《河川法》第十三条规定："凡因营业及其他行为，而影响于流水之清洁，或变更流域之原状，得限制或禁止之"。本条规定有警察法之性质，自无疑义。第根据本规定，应受限制或禁止之行为，殊不以普通使用为限，即次述之特别使用，亦同在内。此无论由行为之种类上及条文之排列上观之（按此条系排列于第十一、十二条关于特别使用规定之后），均以如是解释为妥。

（丙）特别使用

河川为公共用物，其使用当以任于公众普通使用为本则，但为发挥河川经济上之效用并增进社会之福利计，于不妨碍公共使用之限度内，不得不为特定人设定特别使用权，使之得比一般人以更有利之方法而使用之，是为河川之特别使用。河川之特别使用，依其用法是否属于河川目的范围以内，有用法上之特别使用与用法外之特别使用之分，既如前述。但《河川法》中未为分别规定，第十一、十二条所言河川工程物之设施或占用河床而使用河流,有一部分为用法外之使用,而有一部分仍为河川目的范围内之使用。兹不分其用法如何,概称特别使用,说明如次。

(1) 特别使用权之设定

依《河川法》所定,河川之特别使用,有如次之二类:(1)特别影响河川工程物之设施:即下列工程之建筑改造属之:一预防水害之工程物(如堤堰等),二引用或注入河川所设之工程物(如下水管及引水路线等),三保护河川两岸田地所设之工程物(如护岸涵管等),四其他有关河流之建筑物(如津渡、码头、荡桥、桥标、船渠等)。(2)占用河床而使用河流:如于河滩上设发电所,或灌溉机及游泳场等属之。

凡于河川为特定工程物之设施,或占用河床,使用河流,概须得专管机关或地方政府之许可(同《法》第十一、十二条)。此项许可系积极的赋与使用河川之利益之行为,与警察上之许可不同,为河川特别使用权之设定,有特许处分之性质。其特许与否,在原则上属于自由裁量,得视其合于公益与否而决定之。

(2) 特别使用权之限制

特别使用权,其内容应为特许条件所决定,而其特许条件则于特许处分书中详细规定之。但《河川法》中亦有直接规定:即利用河川兴办之工程经许可后,发生下列情形之一者,得撤消其许可或加以条件之限制,于必要时并得命令改筑或诉毁之:一施行工程方法或管理方法不良发生危险时,二设施工程经许可后更占用许可外之他项事物时,三对于法律命令有违背时,四对于公共利益有防碍时(同《法》第十五条)。

二五,五,一〇

原载于《社会科学论丛》1937年第2期

道路法制论略

我国自新筑路法及汽车交通传入后，关于道路制度，早于民初时代，有若干规章颁布。唯对于全国道路，订有有系统之规定者，要推民国八年十一月内务部公布之《修治道路条例》及其细则。前者规定道路之种类及各种道路之宽度等；后者规定路线核定之程序、工程之标准、经费之负担，以及修缮保存等。九年十月，同部更颁《修治道路收用土地暂行章程》，以为土地收用法未施行前暂时适用。修筑道路法规，至此可谓粗具。终以政治未轨，徒见规章之发布，甚少具体之设施。

迨十六年，国民政府奠定东南，建都南京，十七年铁道部成立，将原属交通部之国道修治事宜，划归主管。铁部因于十八年二月，召开道路设计委员会于南京，议定国道路线网、国道工程标准等。于是年八月，以部令公布《建筑国道征用民工通则》，十月公布《国道工程标准及规则》。二十年六月，更由国府公布《国道条例》十三条。关于道路运输，则于十九年六月，行政院颁有《长途汽车公司条例》，同年九月铁道部颁有《长途汽车公司营业规则》等。是国道建设一端，似可积极进展，但铁部因种种关系，未能充分执行。各省雄筑道路，仍各自为政，未能相互联络。

二十年十一月，国民政府为促进经济建设，筹设全国经济委员会，各省公路，亦归其统筹督造，该会于二十一年五月，开始督造三省联络公路，同年十一月，进行督造七省联络公路，二十三年，闽省主要公路及赣粤闽边公路，亦在加入督造之列。此外，又于同年直接兴筑西兰西汉等路。迄此为止，关于督造或建筑各省公路以及公路运输事项，该会亦颁有多数规章命令。主要者有二十三年七月函达各省之《全国经济委员会公路工程准则》，及《全国经济委员会各省联络公路运输设备及管理通则》，同年九月十四日公布之《全国经济委员会督造各省联络公路章程》，及《全国经济委员会管理公路基金章程》，二十三年十一月函五省市公布之《苏浙皖京沪五省市各路汽车载客通则》，及同五省市《公路汽车运货通则》等。

除属经委会督造之联络公路外，所有各省境内之省道、县道、乡道等，依行政习惯，向多由各省各县规划修造，而各省亦各有单行之规章制定施行。如十八年六月颁布二十一年三月修正之《修正广东公路规程》、广东省建设厅公路处订定《全省公路建筑法规》《招商承筑公路办法》《广东省各县市开辟马路办法》；十七年五月制定之《浙江省修筑公路计划大纲》，十八年六月公布之《浙江省公路招商承筑规则》，十八年一月公布之《浙江省各县修筑道路暂行章程》，以及各省公布之筑路征工规则等，即其主要者也。此外，二十三年军事委员会南昌行营电饬之《各县修理旧有道路暂行办法》，及二十三年七月西南政务委员公布之《补充筑路造林办法》等，于某程度，亦可作为地方法规之补充。

我国所有道路法规，大略已如上述。唯是政出多歧，章制纷杂，在学理上欲为统一说明，颇不易得。无已，仍以现行法令为本，兼参先进国之法理，就我国之道路制度，试论如次，以供研究者之参考，并为促进统一法典制定之一助焉。

（一）道路之性质

何谓道路，我国法规未加规定，学者所述，亦未归一，唯以道路为供公众交通之土地的设备之一点，殆为众见所同。准此，则所谓道路，须具物质的精神的之二要件。即第一，所谓道路，须有供公众交通之土地的设备，使一般人得为通行。第其土地的设备，仅以在一定之土地上加以若干人工，合于相当标准已足，不必要求一定之装铺。虽现代国家，因新筑路法之发达，于道路上尤其市街路上，例有特别之装饰。而在法律的观点上，其装饰之有无，殊非所问。又所谓供公众之交通，当指使一般人得以自由通行而言。其为谋交通之安全或方便，有时将某等道路，划分人行道或汽车道等，限于一定种类之交通，固亦无碍于供公众交通之观念也。第二，所谓道路，须由一定之主体将其土地的设备供诸交通之用，易言之，须有将其设备供于交通用之意思。此供用之意思，亦为道路成立之要件。如练兵场或学校前后门出入之通路，因事实上之放任，虽亦可以通行，但非以交通之设备，供于公众之使用，与法律上所谓道路，实不同其范畴。

据上所述，道路之观念，涵义亦广。无论公路私路，皆得包含在内。即除行政主体设定之公路外，其他私人以所有权之作用，将土地之一部供诸公众交通之私产，如私营住宅区内之通路等，亦同在内。私人以其所有土地供公众交通之用，其供用关系，一般为私权关系。虽此种道路既供公众交通，亦有公共的性质，就其维持管理，以及土地税之免除等，立法上亦有规定之必要，但我国法律未著明文，而行政习惯亦无一定，无从据以详述。故本文讨论范围，姑以公路为限。

公路为行政主体所认定而供交通用之道路，乃公物之一种，须受公权力支配，私法原则不能适用。如转让及时效取得等私法上制度，在道路未经废止以前，皆不适用之（Inaliénabilité et impreseriptibilit'e）。盖公路既供公用之后，为其目的所拘束（Zweckgebundenheit），若得转让或为他人长期占有，则与其目的显然相反也。土地法第八条第一项，谓公共交通道路，不得为私有，殆即将此等当然的原则法典化之耳。

在我国现行制度之下，公路除由行政主体直接修筑外，更有一部分作为特许企业，许与私法人或个人修筑之。如依行政院公布之《长途汽车公司条例》所定，长途汽车公司呈经主管官署核准，得于路线经过地方，购地建屋、平治道路、建筑桥梁、凿山通路（第一条第八条一）。又依《修正广东公路规程》所定，公路除官办公路外，更有公办公路、民办公路、商办公路等各种。公办公路，即由个人或私团体，以公益事业，呈准建筑之公路属之；民办公路，即由路线两旁各十里内之居民男子，分派路股，或路线所经县属居民自由认股，组织公司，呈准建筑之公路属之；商办公路，即由人民集合资本，组织公司，呈准建筑之公路属之（第四至十一条）。此等特许建筑之公路中，公办公路，不以谋收益为目的，建筑完成后，应即由主管机关接收，其有公物性质，自无疑义。其他商办民办公路，其筑路公司虽于道路上，于特许年限内，有行车专利权及养路之义务，及至特许年限届满，其公路应亦由主管机关接收，而其专利权及养路之义务，同归消灭（《国道条例》第十条第一款，同上《广东规章程》第十一至十六条）。此等公路，经主管机关接收以后，自已成为公物，即在未接收前，殆亦可与公物同视。盖行政主体对于公路之支配权与构成公路之土地物件上之权利，原可分离观察。商办或民办之场合，筑路公司依土地征收法征收之土地，及其所设置之公路附属物，其所有权虽属于私法人，而公路本身实已成为公物（他有公物），其有不融通性及不得为时效取得之客体，殆与普通之公物同。盖此等公路，除行车专利权得为转让外（《广东规程》第十五条），构成道路之土地及附属物，只有至特许年限届满时，由主管机关收回（无偿）或收买之一途（同上《规程》第四九条），筑路公司无自由转让权。至于时效取得，则与行政上开辟公路之目的根本不能相容，自非公理法所能容许。

构成道路之土地及其他物件，其所有权属于行政主体之场合，行政主体对于通路之支配权（道路警察权在外），学者有称之为公所有权（öffentliches Eigentnm, propriété publique）或行政所有权（propriété administrative),亦有否公认所有权名词,而单以公物管理权或道路管理权称之。命名之际,究以孰为正常,此处姑不详述。唯道路既为公物之一种,其有所属之主体,自无容疑。然则公路究全体为国家之公物乎?抑除属于国家者外,另有一部分属于地方自治团体乎?此一问题,因各国制度不同,在学理的解释上亦无一定。如法国之道路,大别有 routes nationales, routes departementales, chemins viciuaux, chemins ruraux 等四种,彼国学者解释,以为此项区别,不特所以分配道路管理权与警察权,同时实含有分配公物所有权之意义焉(按即以 routes nationales 为国家之公物, routes departementales 为 departement 之公物, chemins vicinaux et chemins ruraux 等为 commune 之公物)。日本之道路,在大正八年之《道路法》施行前,原有国道、县道、里道之名称,彼时有力学者及大审院判例,大体亦以国道为国家之营造物(按此实系公物),县道里道为地方公共团体即府县及市町村之营造物。及大正八年《道路法》公布,分道路为国道、府县道及市町村道等各种,各依该管行政厅之认定而成立,而该管行政厅关于道路行政,各以国家机关而活动。自此以后,学说为之一变,即认道路法上之道路,一律为国家之公物矣。我国现行法中,一般亦有国道、省道、县道及乡道等名称,其各为谁之公物,则无明白规定。在实际上除有一小部分系属中央机关直接规划建筑外,其余有由中央机关规划,而使各省建筑;有由各省自行规划建筑,或使各县建筑;更有由各县自行规划建筑之。此外,各市及各城乡镇,大抵亦有自行规划建筑之权能焉。于我国现时制度之下,各省市县政府,皆不过为国家之地方行政机关,所谓省或市县,俱无独立人格(参照最高法院十八年三月四日上字第三〇五号判字第三八号判决)。则凡属中央及省市县政府规划及建筑之公路,其为国家之公物,盖无庸疑,至于区乡镇,在我国自治法上,一般为自治团体,有独立的人格,而法律规定,凡区乡镇胥有建筑道路桥梁等之自治权(《区自治施行法》第二六条第一项第三款,《乡镇自治施行法》第一项第三款)。法规上既以建筑道路为区乡镇自治事务之一部,其自行兴筑之道路,殆即可以区乡镇等地方自治团体之公物目之。盖一公物为国家之公物抑自治团体之公物,应视其行政事务究为国家之事务或自治团体之事务以决定之也。

(二)道路之种类及其附属物

(甲)道路之种类

一国道路,自其全体观察,原成整个之交通网,贯通全国各处,犹脉络之相通,然各道路其交通之范围有广狭,利害关系有大小,其间势不能有干支线之分,而应干支之程度,不能不异其管理机关,与费用负担之所属。故道路之种类,除所以决定道路之主体外,并为决定道路之等级,及路线之规划、道路之建筑修养等,应由何方负责之标准焉。我国在民国八年之《修治道路条例》中,分道路为国道、省道、县道及里道四种。凡国道应由建设部核定或由建设部特设机关直接办理,省道由省最高级行政长官酌拟,咨呈建设部核定,县道里道由各地方自治团体规划之。国道经费由国库支出,省道经费由各省区分别负担,县道里道之经费由地方自治团体筹给之(《修治道路条例》第一、十一条,同《细则》第三一,三五至三七条)。道路修成后,应由该管地方行政长官或地方自治团体保护整理之。视此,其各种道路路线之规定,并建筑修养及经费负担等责任之分配,尚有整齐之系统。现行道路制度,名称上一般虽有国道、省道、县道、乡道等之分别,而法令中并无统一规定,行政系统亦不整齐。各项责任如何分配,须详究各种法规及实际情形,始得决定之。兹仍采用现有名称,将我国之道路,分类述之如次。

(1)国道

在法律上认有国道之制度,以法日二国最为显著。法国以自巴黎达于国境或陆海军之要地,或自巴黎达于其他重要都市之道路为国道,概由中央机关直接管理。日本分国道为普通国道与军事国道,普通国道以由东京达于神宫,或由东京达于枢要开港地之路线属之,概由主管大臣认定,府县知事管理之。此外,英国在道路种类上虽有 main roads 与 district roads 之分,德国如普鲁士等邦虽有 Provinzialwege,Kreiswege, Gemeindewege 之分,而沿革上皆属于自治团体管理。只自近岁以来,为助成其改良发达起见,于中央设有补助金制度并监督机关,将各地方之道路联络统一之,但仍未认有所谓国道也。夫全国道路之干线为全国交通之大动脉,允宜统一规划管理,且现今各国道路行政,一般趋于中央集权,以理言之,自以认有国道制度为必要也。

我国在《修治道路条例》中,原亦认有所谓国道,以下列各种属之:(一)由京师达于各省及特别行政区域之道路,(二)由此省会达于彼省会之道路,(三)与要塞港口及其他军事关连之重要道路(第二条)。二十年国府公布之《国道条例》规定:"凡连贯两省区以上及有关国防之要塞港湾商港之路,皆为国道(第二条)"。第一期实筑路线,则有十二干线之国道路线网以规定之。此项国道路线网,除由铁部直接办理或特许私人承筑者外,各省区内国道之建筑,原定应由各省区建设应或主管机关负责(第四条),但各省多未奉行,所谓国道,几乎有名无实。近年所有各省联络公路,大都属于全国经济委员会督造或直接建筑。唯铁道部所有关于国道建设之事权,在法律上并未完全移转也。

全国经济委员会自二十年十一月成立筹备处后,先着手于苏浙皖三省联络公路之督造,次进行苏浙皖赣豫鄂湘七省联络公路之督造。二二年十一月该会正式成为,对于各省联络公路路线,复经通盘筹划,除继续督造七省联络公路外,又将陕甘闽三省及赣粤闽边各公路加入督造,一律拨借基金;此外,尚有西兰西汉等路,由其直接建筑,大略已见前述。

经委会督造或直接筑造之各省联络公路,未设国道省道之分,稽之该会对于各省联络公路之定名,似亦未欲遽将某等路线定为国道,而仅附以干线支线之名称及为之编号而止者。依二十二年该会拟订之《豫鄂湘皖赣苏浙湘七省公路路线划分定名编号办法》规定:

一 干线 干线号数拟自一号至九九号止,东西者以单数自南至北顺序编号;南北者以双数自东至西顺序编号。其名即以所编号数名之。

二 支线

甲 划分原则——支线之划分,依下列之次序:1 先就各邻省,除干线外选出较长而重要之线为省际支线,即一线通过数省者;2 再就各省选较长而重要之线为各该省主要支线;3 其他为普通支线。

乙 定名

……

丙 编号办法

1. 各省支线号数,每省自一百号起留用九十九号,假定一百号至一百九十九号归河南省,二百号至二百九十九号归湖北省……。

2. 省际支线由全国经济委员会依经过各该省之长度,编入最长省份之数号。

3. 编号顺序,以接近各线,得有连接之号数为原则。

查同上办法所附之《七省各路干线号数名称对照表》,其所编定之干线,除第一干线为京沪干线,系由首都达于主要商港者外,其余皆连络两省以上,即支线中之省际支线,亦系一线通过数省者。依《国道条例》第二条规定:"凡连贯两省区以上及有关国防……商港之路,皆为国道。"依照本条解释,其干线及省际支线,殆皆可以国道视之;尤其经委会直接建筑之路线,不能与普通省道同视,其为明显。但经委会公布之法规中,固犹未以国道见称也。

考美国之道路制度，当十九世纪之后期，尚由各 County 或 Township 管理。自一八九一年 New Jersey 省，先行省库补助筑路后，各省效尤，胥由立法部规定省库补助办法，各省公路，乃得各具系统。一九一六年，为沟通各省城市间之交通起见，联邦国会亦设国库补助办法，指定基金，交由农务部与各省公路局合作，改良全国道路。自此农务部所属之全国公路局，定一五年筑路计划，分别规定省道干线及国库补助之线，逐一督造，美国全国公路路线，亦得以有系统。一九二一年联邦国会对于补助筑路计划，加以修正，将补助费指定用于省与省间及 County 与 County 间之主要道路，并由全国公路局订定一全国国道系统，即将省道中经国库补助或未经补助者，择其东西干线或南北干线，划归国道之内。而所有国道，为便利计算计，皆以一定之数目为之编号。美国农务部全国公路局之督造各省道路，与我国全国国经委员会公路处之督造各省公路，有若干点，正复相似。将来我国如欲确立国道制度，或亦可就各省联络公路之干线及若干省际支线，并与铁道部原规划之国道路线，连成一起，编成一国道系统乎？

(2) 省道

《旧修治道路条例》规定，省道分类如下：（一）由省会达于各县治之道路，（二）由此县治达于彼县治之道路，（三）与本省区内路矿商埠工厂及军事相关之道路（第三条）。其划分原则，尚属简要。但现行制度，究以何等道路定为省道，并无一般规定。按之实际情形，各省规制，亦不一律。如前述之七省公路，仅有干支线之分，而无国省道之别。就经委会公路处所制《各省联络公路里程统计表》观察，亦不过将各省境内之干线及支线分别列为该省公路。以理言之，其干线与省际支线，实有国道性质，仅省内主要支线及普通支线，得完全以省道目之耳。其他省份，如广东省之道路，则又另成一系，即将全省省道分为东南西北四路，各以第一第二等顺数列为若干干线,各干线又分某某支线,如东路省道第一干线普潮支线之例是(参照《广东全省道路干支线名称表》及广东建设厅订定《全省省道干支线路程表》)。

现今各省道路之编制,于实际情形,大略有依经委会所定办法划分干支线,依所定号数编号,与一省自定干支线,自编干线号码之别,有如上述。唯经委员会对于各省支线之编号,定有统一之组号序次表,即 1 江苏省,2 浙江省,3 安徽省,4 江西省,5 湖北省,6 湖南省,7 四川省,8 西康省,9 福建省,10 广东省,11 广西省……30 西藏。例如湖南省之支线为六〇〇号至六九九号,广东省之支线为一〇〇〇号至一〇九九号是。此项各省支线编号序次表,各省虽未普遍采行,而推经委会之命意,将来似欲各省公路,除应编为干线者外,一律应依上述之号数编号者。

(3) 县道

《旧修治道路条例》规定,县道分类如下:(一) 由县治达于冲要各乡镇之道路,(二) 各乡镇相衔接之道路,(三) 由县治达于港津铁路及其他相邻工厂矿区之道路(第四条)。现行制度,亦仍认有县道名称,唯何等道路,应为县道,中央法规未有明确规定。二三年十二月军委会之《各县修治旧有道路暂行办法》,亦不过饬令各县组织修路委员会,主办修理旧有道路,并未示明县道划分之原则。此外,各省单行规章,如十八年一月之《浙江省各县修筑道路暂行章程》,则分县道为干路与支路二种,凡由县城通达四乡之要道或直接与省公路衔接之线为干路,各乡镇往来路线为支路(第二条)。其所定县道路线,盖大略仍本于《旧修治道路条例》所定原则而为规定也。

(4) 市乡镇道路

市乡镇道路,为现今法规所承认者,大略有市镇街道与乡道二类。乡道为里道之改称,其名词于《各县修理旧有道路暂行办法》第二条中,亦有见之。按《旧修治道路条例》规定：里道分类如下：（一）由此村达于彼村之道路，（二）由此村达于相邻学校工厂及其他公共事业之道路（第五条）。此项原则的规定，于现行自治组织之下，是否尚能适合，不能令人无疑，将来制定统一道路法规时，仍宜另规定之。

市镇街道，包括市区县城并县城以外小市镇之街道而言。现今城市街道，当以市区即设有市政府地方最为发达。我国都市计划法规，除《土地法》中略有规定外，犹无详密规定，市区开辟马路，类由各市政府依组织法上之职权，自定法规，拟具计划，随时呈准行之。至于县城及小市镇之街道，中央法令亦未规定，例由县政府或自治机关，拟定计划修筑之。唯关于省属市及城镇街道，各省尚不无单行规章制定。如《广东省各县市开辟马路办法》，于县市政府所在城市或该管重要市镇，皆适用之。《浙江省各县修筑街道规则》，亦于县城及县内市镇，皆得适用。前者偏于道路规划及改筑之程序，后者则除程序上之规定外，各大小城镇之街道等级亦有定之。

道路种类之区分，不特所以划分道路干支之程度，亦为划分其管理权及费用负担所必要，既如前述。我国现行制度，凡国道省道，除属于中央或特许于私人建筑者外，一般属于各省政府筑造修养，县道一般属于各县政府筑造修养，市乡镇道一般属于各市乡镇筑造修养。是各省县市政府等对于道路管理之权能与责任，应各以其所管区域为范围焉。然此亦不过为一原则而已。如有特别需要，例外仍得及其事权于管区以外。我国近时为谋发展各省联络公路起见，且认豫鄂湘赣皖苏浙七省得越境筑路。即上列七省修筑公路，如因特别情形，经商得有关系省份之同意，得穿越邻省境界（二二年全国经委曾制订《七省越境筑路办法》第一条）。又各市区，如于市外设有公共墓地或自来水蓄水池等，为谋联络交通，依理亦应得越界筑路，唯此时亦须商得有关行政区政府之同意耳。

又各级行政区域原为同一地域之区分，前述国道省道县道等各种道路之路线，有时自不免相互重复。如有相互重复时，其道路应为国道或省县道，易滋疑义。依理如国道与省道相重复，其重复部分，应认为国道，其余类推。《七省公路路线划分定名及编号办法（附注）》规定："市内之街道，除包括在七省公路干支线者外，不在编号范围以内"。盖即以市街道与省道相重复时，其重复部分，应认为省道也。

（乙）道路之附属物

为完成道路之效用，并维持其构造计，通例于道路上设有各种附属的设备，是为道路之附属物。道路之附属物，为道路之利用及管理上所必要，须由道路管理机关与道路合并管理；在法律上，于某程，且与道路赋有相类之性质焉。我国现行法中，何等物件为道路之附属物，犹乏明确规定。如二三年七月之《全国经济委员会各省联络公路运输设备及管理通则》中，虽有若干关于道路附属物件之规定，但未订明附属物之名称与其范围；《修正广东公路规程》中，虽定有道路附属物之名称，但未指明附属物之种类。查普鲁士《道路法》第七条规定："为谋道路设备之完整保护并安全，所必要之建造物并施设，如桥梁、渡埠、涉场、沟渠、排水设备、斜面、路树、栏干、道路标、警告牌等，及为保全或防御道路设备所必要之一切施设，皆为道路之附属物"。日本《道路法》第二条规定：道路之附属物，分如下各种：一接续道路之桥梁及船渡场；二附属于道路之沟、支壁、并木、栏、道路标识、里程标及道路元标；三接于道路之道路修理用之材料常置场；四其他以命令定为道路之附属物者。凡此法例，其所认为道路之附属物者，殆皆不外为完成道路之效用、维持道路之构造，或保护交通之安全，附属于道路之设备。以此推之，我国法令中所定附属于道路之物，如下列各种，殆可以道路之附属物视之。

(1) 桥梁及渡船

桥梁渡船为完成道路效用之设备,凡所以连接道路者,应视为道路之附属物,固甚明显。依法规所定,桥梁建设分为永久式、半永久式及临时式三种。公路干支各线之桥梁,均以建筑永久式或半永久式为准,但遇必要时,支线之桥梁,得酌建临时式,(《全国经济委员会公路工程准则》第十三、十四条)。又公路应建桥梁之处,而尚未建造桥梁者,应设备渡船,并视地方情形,分别由专营机关或政府管理之(同前《运输设备及管理通则》第十一条)。

公路路线所经处,如属小溪或河流,为当地水道交通或阻止水患关系,必须建筑桥梁者,均应查照本处审定桥梁图则建筑之(广东省建设厅公路处订定《全省公路建筑法规》第三九条)。

(2) 边沟、排水设备、涵管、护墙及护栏

边沟、涵管、护墙及护栏等,所以维持道路之构造、保护交通之安全,并保全其他之公益,亦道路利用及管理上所必要之设备也。依法规所定,路基在挖土处两旁,应设置边沟,并应有排水设备。路基经过沟渠或低洼之处,于宣泄流水或农田灌溉有关者,均应设涵管。路基紧临河流陡峻之山坡,应设护墙,以资稳固。在下列各处,应设置护栏,以防危险:一路线急湾处,二峻急坡度处,三路基填土甚高处,四路线旁山临水处,五护墙及桥涵翼墙两端处(同上《经委会工程准则》第十条至十三条,及第二三条)。

公路路线所经之处,如为疏泄山潦雨水,或水利关系或其他特别情形者,均应建筑涵洞,路线经过处如属附近山边或有细流浸阔路基者,应设暗渠以宣泄之。路之两旁水沟,如在平地掘出者,沟面阔度,定为五尺,深度一尺,斜度每百尺斜六尺。路线经过下列地方,必须建筑护土墙,以防倾塌,而杜危险:1一属于山边而山上泥质浮松者,二属于海边

湖边而路基填筑高度超过四尺以上者。公路完成后未通车前，应审查于沿路必要地点，设置护栏，以免危险（同上《广东公路建筑法规》第四〇、五三、五四、五七、六八条）。

(3) 路树、交通标识及号志

路树即列植于道路之树木，所以装点道路、安慰行人，并防止路面之干燥者也。凡公路工竣通车后，应于两旁种植树木，在专营路线，由专营机关设置并保护之；在普通路线，由政府设置并保护之（同上《经委会运输设备及管理通则》第八条）。植树须于路旁为之，每树距离度若干，因树之种类，各有不同；植树之位置，不得侵入路基基面，应以附着路旁界线为合（同上《广东公路建筑法规》第七一、七二条）。

交通标志及号志，亦道路利用及管理上有用而必要之标示，公路均须设置之。凡以一定标记，绘以符号图画或简明文字，装置于相当地点，以促行人及车辆之注意者，称为标志，计分下列三种：一禁令标志，二警告标志，三指示标志。以一定标记，联续号码，以表同类事物之顺序及位置者，称为号志，计分下列四种：一路线号志，二里程号志，三桥梁号志，四涵洞号志。上项交通标志或号志，在专营路线，由专营机关设置并保护之，在普通路线，由政府设置并保护之（同上《经委会运输设备及管理通则》第七条）。

又依广东法规所定，公路于未通车前，须于沿路设置路牌，以导行旅。沿路里数牌，省道于五华里安设一牌，县道于每十华里安设一牌。此外，应安设之路牌，尚有"医院肃静"、"学校慢行"、"曲线斜度危险"、路界牌、县界牌、"危险"符号牌、速度限制符号牌、"路名""道里"及方向符号牌等各种（同上《广东公路建筑法规》第六〇至六六条）

(三) 路线之划定及道路之成立

(甲) 路线之划定

决定道路种类及干支线，组成整个之路线网，为道路行政中最基本之要件，故建筑道路，其第一步须先划定道路之路线。盖路线既经划定，道路系统及行政系统，始可确定，筑路工事及交通使用，始可进行，而完全之道路，亦始得告成也。划定路线，亦为一种行政处分，须由一定机关依照一定程序为之。而既经划定，非依一定程序，不得变更或废止之。我国路线划定之制度，依道路种类，颇有不同，依照现行法令及行政实例，大略如次：

（1）依《国道条例》规定：“全国国道路线，由铁道部规定，并权衡其缓急轻重，指定兴筑程序（第三条）”。按之行政实际，十八年十月之国道路线网，系由道路设计委员会所议定，由铁道部公布。唯此项国道路线，现今是否存在，已成疑问。盖其诸路线大部犹未筑成，未筑成部分，固不待论，即已筑成部分，如京桂线中之京杭段即所谓京杭国道，自经委会督造三省联络公路线后，已由该会划入修理矣。（2）"各省应筑公路路线，概由本会统筹规定，非经本会核准，不得变更（《全国经济委员会督造各省联络公路章程》第二条）"。按之实际情形，三省联络公路，系由经委会集合三省建设当局及道路专家，组织三省道路专门委员会，统筹规划；七省联络公路，系由经委会拟具七省联络公路路线计划，交由汉口七省公路会议议定。闽陕甘等省联络公路及赣粤闽边各公路，系由经委会与各该省商定，加入督造或建造。其他各省公路路线之计划，则经委会犹在研究准备之中。除属经委会统筹督造者外，各省省道路线，向由各省政府独自规划，如浙江省早于十七年五月，由省府会议定有《浙江省修筑公路计划大纲》，广东省亦曾由省政府定有《广东全省省道名称表》等（《修正广东公路规程》第二条规定，省道之路线，依照《省路名称表》所规定）。（3）县道路线如何划定，现今法制之下，全任各省权宜规定。如《浙江省各县修道暂行章程》规定："各县干路路线支路路线，应由各该县长会同建设委员会详密规划，呈报建设厅核准备案（第四条）"。《修正广东公路规程》规定：县道之路线，由声请立案筑路者，如县政府及公私团体等，呈请公路主管机关核定（第二条）。(4)依广东单行法规所定，乡道之路线，由声请立案筑路者呈请公路主管机关核准（《修正广东公路规程》第二条）。市镇路之路线，应由本省各县市长，于本办法公布后，三个月内，将县市政府所在地或该管重要市镇，测量完竣，并将分期开辟马路路线之先后等，呈请建设应核准施行（《广东省各县市开辟马路办法》第一条）。

（乙）道路之成立

道路之成立，与一般公物同，一须对于建筑道路之基地有正当之权原，二须其土地的设备可供交通之用，三须为供用之意思表示。

(1)须对于路道之基地有正当之权原

既经划定之路线，不问由行政主体直接修筑，或由私人承筑，皆须对于其道路之基地，有正当之权原。路基上之权利，如何取得，当因所划定之路线而有不同，如所划定路线之全部或一部，为旧有之官路者，因其官路原属国有，不须再取得其所有权，而得径为修造。反之，如所划定路线基地之全部或一部，系属私人之所有者，则须就其基地，取得所有权或其他之权利。稽之外国法例，对于私有土地建筑道路，除依收买或公用征收外，并可依租用或设定道路地役权等方法，取得其原权。我国现行制度，一般以收买或公用征收而取得之，尤其以公用征收最为普通。关于土地征收，在《土地征收法》公布前，有若干省份曾有筑路征收土地之单行规则，制定施行。十七年七月二八日《土地征收法》公布后，除适用该法各条外，依据该法第四七条规定，亦得由各省及直属市以委任命令，制定单行之补充章程，呈准施行之。唯自本年三月一日《土地法》施行后，全国一律应适用该法第五编之规定矣。总之，欲在他人所有之土地上筑设道路，必须就其土地已取得法律上之权原，否则除依时效取得外，其土地所有人，仍得依所有权之作用，请求返还，或依诉愿或行政诉讼等手段，请求救济之。

(2) 须其土地的设备可供交通之用

法律上之所谓道路，虽不要求若何铺装，单以一片土地，亦能成立，但道路为人工的公物，必须加以若干人工。尤其现代国家之道路，为谋其形态之整齐与交通之方便计，设有一定之工程标准，须依其标准而筑成之。故欲道路之成立，须其土地的设备，已加有若干人工，使之可供公众交通之用。

(3) 须为供用之意思表示

道路为供公众交通之用之物，欲其完全成立，尚须为供用之意思表示。此供用之意思表示，通常实已包括于路线划定之处分中。盖路线之划定，其作用不外将往后在路线上筑成之道路，规定为某种道路，当划定之初，已有将其道路供于公众使用之意思存乎其间。故路线之划定，实为附条件之意思表示，及道路工事完成，其供用之意思表示，乃现实发生效力。唯工事完成后，当供用开始时，仍须为供用开始之表示。此时其供用之表示，为可供使用之事实之通知，固无待论。

（四）道路之管理

（甲）道路管理机关

道路之管理，有广狭不同之二意义，狭义之管理，单指道路本身及其附属物之维持修缮，以保存其固有之用途为目的。而广义之管理，则除维持修缮外，凡关于道路之新设或改筑、供用之开始或废止、供用或占用之许可或特许、费用负担之课征，以及私法上或事实上之行为，皆包括之。兹所述，系指其广义者而言。

道路管理之事权，应由特设专管之机关掌管，或仍由普通之行政机关掌管，纯属事务分配上之问题，得以便宜决定之。我国现有道路管理机关，大略如次：

(1) 中央机关

中央道路管理机关,有铁道部及全国经济委员会二种。铁道部原为规划建设管理全国国道之中央机关(《铁道部组织法》第一条)。但以国道建设计划,未能充分实行,未有专管机关组织成立,此处无须详述。其次,全国经济委员会为各省公路之统筹督造或建造之机关,于我国公路之发展上,有重要之地位。关于公路行政,该会设有一公路处,主持公路之督造规划及研究,关于咨询审议,设有一公路委员会,由各省建设当局、公路专家,及有关系各机关之代表组织之。此外,为督察各省公路工程之进行,又将各省分为七督察处,除第七区为江苏省,由该会公路处兼管外,分别设有公路工程督察处或督察工程司。(二二年十月七日呈准备案之《全国经济委员会公路处暂行组织条例》,二二年十一月二八日呈准备案之《全国经济委员会公路委员会暂行组织条例》,二二年经委会筹备处订定之《各区公路工程督察处暂行组织章程》)。

(2) 省建设厅及其所属机关

各省办理公路建设事宜,一般属于建设厅主管,有若干省份,如浙、皖、赣、湘、桂、黔等省,均于建设厅下,设有公路管理局、公路局或公路处,凡省主要公路之建筑修养,皆由该局处秉承建设厅之命,负责办理。此外另有若干省份,如苏、鲁、冀等省,将公路建筑事宜,归建设厅直接办理,所有一切工程设施,则设各路工程处主持,所有已成公路之交通及修养,则设管理处或省道局办理之。

(3) 县市及区乡镇机关

县道管理机关,各省更有不同,依《县组织法》规定,各县本得设建设局,管理土木工程事宜(《县组织法》第十六条第一项第三款),但县之财政能负担此项组织者,究居少数。年来为谋集中县政,各省且已先后实行改局设科。但公路建筑比较发达省份,曾有于县政府下,设置专管机关(参照《修正广东省各县公路局组织章程》)。至于市政建设,近年较形发达,各市政府关于道路桥梁等土木工程事项,类由工务局专管。其不设局之市,则于市政府内设科,由市长主管之(《市组织法》第十四条第四款及第十七条)。此外,在区乡镇地方,依自治法规规定,关于道路桥梁建筑修理事项,应由区乡镇公所管理,更无待赘(《区自治施行法》第二六条第一项第三款,《乡镇自治施行法》第三十条第一项第三款)。

(乙)道路之建筑及修养

道路管理中最主要之任务,当在道路之建筑修养,及保持交通之安全。此等事务原任于各级道路管理机关,各依交通之状况,及国公库之财力,权便行之。但使其合轨推行起见,法规中亦有明定必要。我国法规虽未完备,固亦有若干规章制定焉。

(1)道路之新设改筑

路之新设,即从新设置一道路之谓。凡路线既经划定,除其路线上已有他种道路筑成者外,皆须由管理机关新设之。道路之改筑,即变更原有道路构造之谓,凡原有道路已不合实际交通之用时,必须将其路线或构造变更之。

(2)道路之维持修缮

路之维持修缮,亦称修养或修路,如保持道路之构造,除去供用上之障碍,及道路上之撒水扫除等行为,均属在内。凡道路既筑成或改筑后,当须维持修缮,使其适于交通之用。盖道路因供车辆等之交通,不免常受损坏,有时且因风雨灾变等自然力之作用,遭受毁损,欲其常能适于交通之用,不生障碍,自以时加修养为必要也。

道路之建筑或修养之责任,自应属于道路管理机关。唯我国公路,除属政府机关或自治团体直接兴筑者外,有一部分许与商办或民办,或由官商合办。而各种道路中,视其设有专营机关办理定期运输业务与否,更有专营路线与普通路线之别,因之关于筑路或养路事宜,除由公家担任外,亦有一部分归由其他主体负责。依照《全国经济委员会各省联络公路运输设备及管理通则》所定,各省联络公路,其建筑修养之责任,依道路种类,如下分配之。

一　专营路线,分下列四种,概由政府监督之:

甲　官办公路　筑路修理营运事宜,统由政府专设机关办理之。

乙　官督商办公路　路由政府修筑,租与独家商办汽车公司办理营运业务;养路事宜,或由政府担任,或由承办公司担任之。

丙　官商合办公路　筑路养路营运事宜,统由政府与商人双方出资办理之。

丁　商办公路　承办商人获有专营权,筑路修路营运事宜,统由该商人承办之。

二　普通路线,分下列二种:

甲　全部开放公路　筑路养路事宜,统由政府办理,准许一切已登记之车辆自由通行。

乙　限制开放公路　筑路养路事宜,统由政府办理,对于通行之车辆,定有相当限制,或征收养路费(上述《通则》第三至第六条)。

次之,依照修正广东公路规程所定,公路之举办,分下列五种:

一　官办公路　用省库或附加筑路费,由主管机关直接建筑,其公路营运,或由主管机关直接办理,或招商承投(第五条)。

二　公办公路　由个人或公私团体出资,呈准建筑,除不谋收益者外,其欲以收益用于公共事业者,得许予二十年间之专利权。在特许期间,自行管理,并负养路之责(第六、十三条)。

三　民办公路　由路线两旁各十里内居住之男子分派路股,并由路线所经县属居民自由认股,组织公司,呈准建筑。自建筑完竣,发给专利执照,许予专利权二十年。在专利期间,除自行营运外,得将专利权,招商承权。唯养路责任,除有以契约特别约定外,应由筑路公司负担之(第七、十一条)。

四　商办公路　由人民集合资本,组织公司,呈准建筑。建筑完竣后,准予专利十五年,其专利权亦得承商承投,养路责任,除有约定外,应由公司负担之(第八、十二条)。

五　官民合办或官商合办公路　即民办或商办公路而有官股加入者,其专利年限及养路义务,概与普通民办或商办之公路同(第九、十、十四条)。

(丙)道路之构造(工程标准)

道路路线犹如脉络相连之物,其各类各级,均须依照一定标准筑成,方克整齐统一。故关于道路之构造,各国咸有特别规定,以为施工之标准。我国旧《修治道路条例及其施行细则》中,关于道路工程,曾设一般规定。十八年铁道部有着手计划兴筑国道,颁有《国道工程标准及规则附图附录》等。十七年汉口七省公路会议,亦会议定《公路工程标准说明表》一种。经委会第一次公路委员会会议时,根据上举二种规定,加以补充修正,另订有《全国经济委员会公路工程暂行准则》,以为建筑各省联络公路标准之用。此外,各省当自动兴筑道路时,亦有单行规则制定施行。兹单就《经委会之暂行准则》与广东之单行规则即《广东省公路处订定全省公路建筑法规》二种,剖述如次:

(1) 各省联络公路之工程标准

(a) 路基之宽度

公路路基之宽度,规定为下列三等:甲等路宽十二公尺,用于干线;乙等路宽九公尺,用于干线或支线;丙等路宽七五公尺,用于支线。以上各等宽度,遇必要时,均得酌减一尺。

(b) 路线之湾曲及交叉

路线之平曲线,最小半径,在平原地为五十公尺,在山岭地为二十五公尺。视线距离,在平原地不得短于一百公尺,山岭地不得短于六十公尺。凡两个反向曲线之间,至少须有三十公尺之直线相衔接,路线在湾曲处,应酌量加宽,并须于外侧酌设超高。又平曲线之起点或讫点,距离桥梁之两端,不得少于二十公尺。

公路如与铁道或其他公路相交叉时,其交叉角不得少于四十五度,并自交叉点起,至少须有五十公尺之显明视距。其属公路下坡以与铁路平交者,应设距离交叉点三十公尺之平路。

(c) 路线之坡度及路基之高度

路线坡度,不得大于百分之六,但遇特别情形时,得增至百分之八。唯其长度不得逾二百公尺,其在最大坡度处,不得设最小半径之平曲线。纵坡度之变更,在百分之一以上时,应设竖曲线,其视距不得短于六十公尺。路基两旁之侧坡,规定如次:(甲)挖土:(一)沙土一·五比一(即横一·五直一下仿此),(二)普通土一比一,(三)坚隔或软石〇·五比一,(四)坚石〇·二比一至〇·〇五比一;(乙)填土:(一)沙二比一,(二)普通土一·五比一。

路基高度,须超过该普通水位半公尺以上。

(d) 路面之宽度及等级

路面宽度,分为单车道、双车道及三车道三种,每车道宽度定为三公尺,必要时双车道及三车道,均得将宽度酌减半公尺。路面建筑分为六级如次:一级路面,土路,凡土质坚实,雨量稀少,养路得法,常年可以通车者用之;二级路面,沙砾路(须酌设基础),包括煤层、蛎壳、粗沙、砖瓦及砾石等路;三级路面,泥结碎石路(即铺砌不齐整石块路);四级路面,弹石路(即铺砌不整齐石块路);五级路面,砖块石块路;六级路面,如水泥柏油等高级路,非绝对需要及有国货材料可需用时,不宜建筑,以节费用。

(e) 路面之横斜度及压实厚度

路面之横斜度(即路拱)规定如次:一级路面一比十二至一比十五,二级路面一比二十至一比三十,三级路面一比二十至一比三十,四级路面一比二十至一比二十五,五级路面一比三十至一比五十,六级路面一比四十至一比六十。

路面之压实厚度规定如次:二级路面厚度十五公分至二十五公分;三级路面厚度与二级路面同;四级路面厚度分为三层:(1)基础实厚自八公分至十五公分,(2)垫层厚度自三公分至五公分,(3)弹石层厚自十公分至十五公分,至边缘石之高度,应与路面之总厚度相等,其长度不得小于高度;五级路面分层办法与四级同;六级路面临时设计之。

(f) 桥梁之建筑

桥梁建筑分为永久、半永久及临时式三种如次:(一)永久式(桥墩桥座桥面均用砖石混凝土或钢料),桥面宽度,不得少于六公尺,其载重至少至能受十二公吨重之车辆;(二)半永久式(桥墩桥座同永久式,桥面用木料),桥面宽度,于干线不得少于五·五公尺,其载重至少能承受七公吨半重之车辆,其桥墩桥座之载重及宽度与永久式同;(三)临时式(桥墩桥座桥面均用木料),桥面宽度不得少于四尺,其载重至少能承受七公吨半重之车辆。凡桥梁载重不及十二公吨者,应于桥之两端树立桥梁载重限制标志。

公路桥梁跨过铁路时,其轨顶与桥底之净距,不得少于六公尺七公寸。公路桥梁跨过铁路面曲线时,其跨度应酌量加长,以适合铁路曲线之曲度;其轨顶与桥梁底之净距,亦应酌量加以适合铁路路轨之超高。铁路桥梁跨过公路,或公路桥梁跨过其他公路时,其公路路底之最高点与桥梁底面之净距,不得少于四公尺七公寸半。

(2) 广东公路工程标准

(a) 路基

全省路基基面阔度,应照本处订定全省省道、县道、乡道路线规制第二条建筑之。凡建筑路基时,必须依照核准图则所定路线之中线平水椿位及两旁斜度坡度数填高或掘低之,施工时不得稍有增减及错误。

(b) 路线斜度

公路路线斜度,须因路线经过地势如何,分别规定如次:(一)路线经过平原或近河海者,每百尺(英尺)最多高出百分一至百分三;(二)路线经过高阜或丘陵者,每百尺最多高出百分四至百分六;(三)路线经过崇山或高冈者,每百尺最多高百分之六至八。上述规定,如遇特别情形,得呈准变更,但仍不得超过百分之八。

(c) 公路曲线

公路路线如须湾曲者,其曲线半径之长短,得因各种道路路面广狭之不同,分类规定,最小限度如次:(一)省道由一百五十尺至百二十尺;(二)县道由百尺至六十尺;(三)乡道由六十尺至五十尺以上。上项限度如因特别情形,亦得呈准酌量增减之。路线湾曲处其向外曲线,须比向内曲线填高,其限度如次:省道偏高五寸,县道偏高三寸,乡道偏高二寸。

(d) 路旁斜度

填掘路基其两旁坡度,须因气候及所填掘材料本资如何,分别规定如次:(一)泥质特殊坚实者,填掘概为一比一;(二)泥质普通者,填掘概为一·五比一;(三)普通粗幼沙质者,掘低为二比一,填高为三比一;(四)坚实石卵者,掘低为〇·五比一,填筑一·五比一;(五)大块坚石者,掘低为一尺四分之一比一,填筑为一比一;(六)成块石质而有浮泥参杂其间者,填掘概定为一·五比一。

（e）路面阔度

省道县道乡道之路面阔度，规定如下，如有特别情形，不得不超过或缩减规定阔度者，须经公路主管机关核准：（一）省道路面阔度，定为三十尺以上百五十尺以下，（二）县道路面阔度，定为二十四尺以上三十尺以下，（三）乡道路面阔度，定为十六尺以上二十四尺以下。上项所称路面阔度，谓两旁路肩外端之距离；所称尺数，概以英尺为准（《修正广东公路规程》第三条，及第六十六条）。

（f）路面基础

路面基础材料，分类如次：（一）卵石沙泥混合者，泥质不得多过百分之十；（二）碎石体量由二寸至三寸，大者除含沙质分量过多不用外，凡黑石白石及其他石质坚实者，均适用之；（三）碎石▽形者；（四）大块石者；（五）大块整石者；（六）水泥三合土者。

（g）路面拱形

公路铺造路面拱形，依路面阔度每尺斜低若干，依所用材料规定如次：（一）纯泥质或沙石混合暨石卵者，因路线之斜度如何规定：（a）路线平坦，由中线开阔度每尺斜低半寸，（b）路线斜度超过百分之五，由中线开阔度每尺斜低一寸。（二）碎石或花沙者，须因材料大小规定如次：（a）碎石体量由一寸至三寸大者，由中线开阔度每尺斜低半寸，（b）碎石体量小过一寸者，由中线开阔度每尺斜低一寸四分之三，（c）油和碎石者，由中线开阔度每尺斜低一寸八分之三，（d）水泥三合土者，由中线开阔度每尺斜低一寸四分之一。

（h）路面材料

各公路铺造时，路面材料，最低限度依照次列规定：（一）省道以一寸大碎石与红泥海沙混合铺造，厚度六寸，或单层水泥三合土，厚度八寸，双层水泥三合土，厚度九寸（五寸底四寸面，连基在内），或沥青油路面。

(二)县道以沙泥石卵或碎石和石卵沙泥混合铺造,厚度六寸。(三)乡道同上。

(i) 交接角度及平行距离

凡公路与他路或铁道相交接者,其交接之锐角,不得少于七十度。两路相交处,由交点起计,路线须有直视线最少百五十尺。凡公路路线如须在他公路或铁路旁经过时,公路中线须与原有公路或铁道产业界线,距离五十尺以上。

(j) 桥梁

桥梁阔度,因各种道路规定如次:(一)省道二十四尺,(二)县道十八尺,(三)乡道十四尺。桥梁长度,如超过二十五尺以上者,无论采用何种材料,计算时须能抵御十五吨至二十吨重量汽车压力为适合。如为资力所限,急于通车时,得为暂时建筑之规划,除桥墩须以水泥三合土或坚实木料建筑外,其桥面横阵直阵,得以杂木为之,但桥墩之压力,仍不得少于二十吨。

(五)道路经费及公用负担

(甲)道路经费

道路自路线划定后,凡建筑改筑以及维持修缮,莫不需要经费。应需各项经费,须由何方支出,当因道路之种类而不同,而各种道路更因官办或地方团体办理以及商办民办或官商合办等而有若干差别。现行制度,凡国道各省联络公路,以及所谓省道,除属商办民办或官商合办等外,其筑路养路经费,一般应由各省省库负担之。只有国道边防线之修筑,应由铁道部筹款直接办理或拨交由有关系各省区办理之(《国道条例》第四、六条);各省联络公路属于经委会直接兴筑之路线如西兰西汉等路,事实上系由经委会负担,此外,关于道路之测量事宜,亦有部分得由铁道部担任或由经委会派员协助之(《经委会督造各省联络公路章程》

第六条）。至于市县道及乡镇道等，其经费应由何方负担，现行法规，犹乏明确规定。唯就实际而言，除已特许他人办理者外，一般仍由各市县或乡镇负担之。

各省修筑公路，经费如何筹措，向无成法可据。年来各省以财政支绌，而筑路费用为数不多，类多另筹财源，以资应付。其办法虽因各省经费状况不能尽同，大略有如次各种（1）田赋或盐斤附加及其他附税附加；（2）建筑捐或特捐；（3）发行筑路公债；（4）向各银行或汽车公司借债；（5）责成各路线经过各县筹款或修筑；（6）车运营业余利；（7）车辆牌照税及其他。

关于各省联络公路，自经委会督造以来，另有拨借基金办法。即各省筑造联络公路路线，所需工程费用，除路基地价迁移等费，应由各该省自行担任外，其余建筑桥梁、涵洞、路面及特殊工程等费，如一时筹不足数，得向经委会请借公路基金。唯其数额至多不得超过工程总价百分之四十。并应指定财源，担保归还，借到后不得以甲路基金移充乙路之用（参照《经委会管理公路基金暂行章程》）。又各省联络公路所有公路工程预算，应就各种工程之材料、工价、运输费等，分别编具详细预算表，送请该会审核，以为拨借公路基金之根据（参照二三年七月经委会订定《审核公路工程预算办法》）。

（乙）关于道路之公用负担

关于道路之建筑修养，除由行政主体或其他事业人负担其费用等外，有时更对于特殊关系人，课以费用或人工等负担，是即关于道路之公用负担，或简称道路负担。

（1）费用负担

修筑道路之费用，当由修筑者负担为原则，但因特定道路之建筑，往往授一部人以特别之利益，又公家办理某项道路工程，其原因亦有因他人之事业所引起。凡此场合,使其受益人或原因人分担所需之费用,固合于公平之要求也。费用负担,分别之,有受益负担与原因负担二种。

(a) 受益负担

受益负担,即对于道路之特别受益者,依其受益之程度,所课之费用负担。如街市中新筑道路或为其铺装时,使沿路居民负担建筑费或铺装费之一部(Special Assessment, Beitrag),即属其例。近年我国各都市中,类有筑路征费章程一类颁行,如广州市则于二三年七月二四日,颁有《广州市辟路征费及收用民业章程》。二五年四月七日行政院会议更通过《城市改良地区特别征费通则》一种,以为各城市该管政府制定或适用单行规章之限制焉。

此种负担制度,足使工事财源,易于筹得,于事业之发展上,颇属有效,尤其负担力甚为确实而鲜摇动,如负担金额及征收方法制断适宜,于负担者并不苦痛。然采行此制,政府当局课征负担,往往失之过重,且受益之程度颇难认定,每易发生争诉;又受益人其相互间如何分配负担,亦不易于公平决定。凡此诸点,在立法上及施行上,均须特别留意也。

(b) 原因负担

原因负担,即对于毁损道路之事业人或行为人,所课道路修理费用之负担。夫道路本为共用公物,苟依普通用法并于普通程度而为使用,自以不征任何费用为原则。然(1)特定事业人因其使用过度损伤道路,而须增加养路费用时,则不妨科以特别负担。如采矿业人、森林业人及或种运输业人等,其事业最易毁损道路,对于此类事业人当可使之负担修路费用。唯此时所科之负担,应以修治费之一部为限,否则有失平衡,与设置通路之本旨亦相背谬矣。(2)因其他事业人之工事损伤通路而发生道路工事之必要时,其工事费用,亦应由其他工业人负担之。如电气业人因工程之必要,经主管机关之许可,于不妨害原有效用之限度内,得使用道路桥梁,但致有害损害时,应由电气业人补偿之(《电气事业条例》第九条及第十三条)。此时电气事业人于道路上执行工事,如安设电柱等,受有特别利益,且其所加于道路之损害,全因其工事所引起,使其补偿修理道路之费用,殊以全部补偿为必要。

(2) 人工负担

征工筑路,近年来已为各地方普通采行。此项工役,其性质实因建筑道路之必要,对于人民之所科之负担。

(3) 沿道土地之负担

沿道土地之负担,乃因道路工事之必要及为保持道路并交通之安全,对于沿道土地所加之限制,即所谓道路地役是也。关于此项地役,我国因道路法制犹未完备,尚缺明文规定。唯以法理而论,下列二项,应为吾人所共认。(1)因道路工事之必要,得踏入沿道土地,或于其土地上堆置材料器件,而为临时占用。唯此时其土地所有人或占有人受有损失时,应补偿之(法国一八九二年十一月二十九之法律,日本《道路法》第四五、四七条)。(2)为预防道路之损坏保持道路之安全,对于沿道土地竹木或工作物之管理人,得命其为防预上必要之设备(日本《道路法》第四八条)。

(六) 道路之使用

道路为供公众交通使用之设备,一般人民固得于道路上自由通行,或自由行驶车辆,即于道面上或路基下,装设轨道、水道、煤气、电气等,亦得为之。晚近因公用事业之发达,道路使用之方式,且有愈趋愈形复杂之概焉。其各种使用,自实质上观之,可大别为普通使用与特别使用二种。

(甲) 普通使用

道路之普通使用,即依普通之用法并于通常之程度,而为道路之使用。所谓普通之用法，即于道路目的范围内而使用。所谓通常之程度，即各人得为同等使用之程度或不妨害他人共同使用之程度。夫道路以供一般公众交通使用为目的，于其目的范围以内，并于不妨害他人公同使用之限度，一般人民自得共同使用之。

指道路之目的虽在供公众交通之使用，而依道路之种类如何，亦有限于特定种类之交通者。从而其道路之普通使用，自亦不得不限于其目的范围内而存在，如人行路之普通使用，唯徒步者乃得使用之，汽车路之普通使用，唯御汽车者得使用之耳。

公共道路，因供用之结果，当然任于各人自由使用。为其使用时既不须请求管理机关之许可，亦不须缴纳任何之使用费。对通行人征收道路之通行税，旧时虽曾有此制度，而现时一般已不认有，即私人或商人建筑之道路，在原则上亦不得征收任何通行费用。只有营业汽车通过私办或商办汽车道时，尚暂认各该路得依照原定章程，征收通行费而已（参照二一年十二月十五日行政院核准备案《苏浙皖京沪五省市互通汽车暂行章程》第二、三条）。至于各政府机关对于各种汽车所征收之领照捐或季捐，则不过为一种手续费或车捐，根本非属于道路之通行费。又对于最易损坏道路之特种事业人，所征课之养路费，亦不过为特别负担，而非普通之通行费，因此种事业人之道路使用，已超过于普通使用之程度，而不能与普通使用同日而语矣。

于普通使用中，使用人所受之利益，是否为一种权利，从来学说颇有争执，我国学界多仅认为一种反射利益，而非权利，余亦从之。盖道路为供公众交通用之设备，其供用原以增进一般公益为目的，非为特定人设定权利。虽道路管机关在职责上应保护一般人之使用利益，然此亦不过为社会公益，使一般人得为共同使用而已。

外国学者中有以一般使用为属于自由权之权利，如呵督梅也即其最著之例。然所谓自由权并非因得主张道路之使用而成立，以道路之普通使用关系目为自由权，未免拟于不论。

又沿道土地之居住者，因道路之建设恒受特别之利益，如土地利用价值之增加、出入之方便，以及其他使用之便利，均较一般人有特别之利益，此等利益要亦同为道路开设所生之反射利益，而非特定人之权利。如其路线已有改变，致丧失其利益时，当亦不能谓为既得权之侵害。

（乙）特别使用

路之特别使用，即超过通常之程度，而为道路之使用，视其用法是否属于道路之目的范围以内，尚有用法上之特别使用与用法外之特别使用之别。

（1）用法上之特别使用

用法上之特别使用，虽与普通使用同属于道路目的范围内之使用，然已超过于一般人得为共同使用之程度，若有一人或数人为其使用时，他人已不得为同等之使用。如于道路上敷设铁轨、运转电车，其施设虽仍能保持道路交通之机能，而不失为道路目的范围内之使用。唯既有人经营电车事业，他人即不能为同等之使用，而应以特别使用目之矣。

合理的决定用法上之特别使用与普通使用之区别，无论于普通使用之保护上或于全体道路交通之统制上，均属急切必要。但就此一点，现行法中并无一般规定，且其两者间之界限，不免因道路交通之发达，而渐次变更，欲求明确规定，亦非易事。要须于具体场合，探求各项法规、实际惯例，及使用之内容，以决定之。以现今交通情况而论，除上举有轨电车外，他如无轨电车，及公共汽车等之使用，亦可以用法上之特别使用视之。

用法上之特别使用，一面应加留意，勿使阻害道路之普通使用，同时因发展道路交通之必要，应助长保护之。唯此类使用既不免多少有妨于普通使用,自不能任各人自由,而应经主管机关之特许,而因特许之结果,其使用人乃取得特别之使用权。此项特许行为,其效果既在为特定人设定权利,自应属于道路管理机关之权限。

用法上之特别使用,与警察上之许可使用不同。警察上之许可使用原为普通使用,只因预防道路本身之危险或保护交通之安全,就车辆之载重、积载之容量、实心胎运货汽车之通行,或于道路上搭设棚帐,及建筑房屋时于道路上设置围障等,在法规上设于限制,非经主管官署许可,不得为之。此时令受官署许可,不过为事先审查实害之有无,以决定解除其一般的禁止与否,初非赋与任何新之权利。而其许可与否,非属官署自由裁量,与一般警察上之许可同。

(2) 用法外之特别使用

用法外之使用即道路目的范围外之使用,与道路之目的初为风马牛之不相关,而其使用之范围,亦无限制,无论于路面上或路基下,均见有其使用。如电灯电话事业人及民营铁道公司,于道路上,栽植电柱,架设电线,或敷设铁路,又如自来水或煤气公司及地下铁道公司,于路基下埋藏水管汽管,或筑设隧道等,皆其显例。凡此用法外之使用,恒占用一定之场所,所谓道路之独占使用,多半即属于此,(按前述电车轨道之敷设,亦属独占使用之一种)。

用法外之使用与用法上之使用,亦有区分之必要。盖后者不特合于道路交通之目的,且能扩充道路之机能,在行政上殊有容许并助长之必要,而前者非属于道路目的范围内之使用,唯公益上有不得已之必要时,始使用之。其使用道路路面之场合,因使用而妨害道路交通,固无待言,即使用道路地底之场合,亦因埋藏或修筑等工程之必要,有妨道路交通之虞。故用法外之使用,与用法上之使用不同,唯因有不得已之必要,且于无甚妨害交通之程度,始容许之。

用法外之使用,亦应得道路管理机关之特许,为其使用人设定特别使用权或独占使用权。此之独占使用与用法上之特别使用权同为公法上之关系。以其使用均须负担特别之义务,并许受特别之监督也。

特别使用权之赋与,系属设权行为,其赋与与否,本可任于主管机关之自由裁量。但电车、电灯、自来水、煤汽、公共汽车及市内电话等公用事业,受特许之后,如因官署之拒绝,而不得使用道路,则与其事业特许民营之本旨,未免背谬。故其使用苟非因完全妨害道路之用途,主管机关仍不得任意拒绝之(参照《电气事业条例》第九条)。

二五,四,十五。

原载于《社会科学论丛》1937年第1期

施工制度

凡道路铁道港湾码头以及桥梁涵洞等之新设改筑及修理，皆待于工程之施行，而施工结果之良否，胥系乎施工制度之若何。故对于何等工程采用何种工制？亦应为法规所规定。我国施工制度，一般有直营制与包工制之二种，前者由工程管理机关自备材料器件，雇用工人或征用民工或采用其他之工，直接施行之。后者则由工程管理机关与他人缔结包工契约即承揽契约（《民法》第四九○条），包与他人为之。唯于何等情形，应采用何种制度，我国法规犹无明文规定，须就工程性质及实际情形而次定之。

（一）直营制

以理言之，凡因工事迫切，不遑包与他人，或无人承包，不能缔结包工契约，或工作性质及其他关系，不宜或不必包与他人时，皆得采用直营制，由管理机关直接施行之。所谓工事性质及其他关系，不宜或不必包与他人，自属相对的，须视工程大小难易，及管理机关所有之能力工力，并比较直营制与包工制之优劣得失，以决定之。

以直营制与包工制相较而论，直营制可省开投订约及督工检查，可免他人获利及因竞争而生之弊害，又可自由变更工程计划，原有种种便利。但既直接经营，须组工程机关，采用技术专家并熟练工役，及须备置机械工具并所需材料。苟非工程广大，长期施行，殊非所宜。且经营上缺少经济的刺戟，不易提高效率，物资劳力亦不易经济的使用，不免有若干缺点。

我国现行实例，在直营制下所用之工，计有民工、兵工、雇工、赈工及囚工等各种。赈工囚工二种，仅于少数场合用之，此处姑不详述。

（甲）民工

"人民依法律有服工役之义务（《约法》第二六条）"，地方人民每人每年应出一月或二月之劳力，用于修筑道路等事（《地方自治开始实行法》）。依据此等基本法规，我中央及地方，早有多数筑路征工规则颁行。二三年四月二十四日军事委员会委员长南昌行营通饬各省："自本年起，各该省人民凡届成年者，每年至少须服工役三日。其实施办法及工务需要，由各该省政府依据地方情形及社会习惯，妥为议订，切实遵行，要以不妨害农事为第一要义"。各省政府奉据此项命令，征集民夫，从事于修路浚河等工作，亦既见诸事实矣。

征用民工有赶工迅速，经费节省之利，但原则只能于农隙时期征集。时期上颇受限制。且受征工人对于工事类无经验，若管理欠周，指导不得其法，难得良好结果，工作范围亦只得以简易工作为限。

（乙）兵工

兵工筑路，曾经各省屡次试用，以无一贯计划及连络方法，成绩未见显著。现剿匪军事将告结束，多数兵力可以用于建设，以之筑路，自是良策。尤以剿匪区域及边陲省份，甚宜施行。唯兵工筑路技术，须为逐步训练，且以防务关系，只能用于原驻附近之地，在施行上亦不免受若干限制耳。二三年九月南昌行营，为实行匪区兵工筑路并谋部队与筑路队在技术上联络起见，颁有《部队筑路队协修公路办法》，其中关于工作划分之规定，足资参考。

（丙）雇工

雇工即依雇佣契约（《民法》第四八二条）而雇用之工。雇工制度原亦普通制度之一种，尤其需要熟练工手，须以雇工充之。但雇工费用较大,管理困难,流弊亦复不少。苟非工程广大或长期固定,或无他种工制可采用时,宜少用之[参照《中国经济年鉴续编中(N)》四〇一以下]。

(二) 包工制

包工制即将道路工程,依承揽契约,包与承揽人,使之于行政监督之下,负责施行。除所用材料时或由工程管理机关供给外,工程上需用之资金及械器用具等,通常概由承揽人自备。对于承揽人之报酬,则以契约订定,至工作完成后,一次给付,或自工作开始后,分期给付之。此种制度,因专营商人对于工事经验较丰,能合工程标准,所需经费亦能确定,且由承揽人负责管理,工作效率较大,资本劳力亦能经济的使用。凡不能或不宜直营之工程,允宜采用此种制度以施行之。惟招人承包,须费若干手续与费用,对于包工工作,须为监督指导。且承揽人专以营利为目的,不免发生种种弊害。如竞争心切,抑价承包,影响工作品质;或与机关人员勾串作弊,发生种种不正行为;甚或包办大批工程,辗转承包,从中图利。凡此各点,在立法制规上均须注意预防之。包工方法,大别有投标与随意契约之二种。

(甲) 投标

投标系依公开竞技之程序,选定提供条件最优之承揽人,而与之缔结包工契约之谓。其法即由工程管理机关,于开标前之一定期间,将所招投之工程,登报公告,令包工商人前来填写书式,投入标函。迨至开标期届,于公同监视之下,开函检阅,检出提供条件最优之人,即决定为得标人而与之缔结包工契约。如是各商人为求得标计,于开投时,必争相提供最低之包价或其他优异之条件,而有一种竞争行于其间矣。投标方法,视投标人是否特别指定,尚有一般投标与指名投标之别。前者使一般包工商人皆得加入竞技。后者唯管理机关指定之少数人,始得加入。管理机关欲得最有利之缔约条件,自以竞争人愈多愈佳,指名投标既减少竞争人数，于管理机关，未免减少利益。故立法通例，投标制度以采取一般投标为本则，唯工程性质上不适或事实上不能为一般投标时，始用指名投标。

关于招商投标，吾国各建设机关，类有招标通则或章程一类制定，以为特定工程招标时拟定章则图则，刊登广告，以及选标缔约之准据。其刊登之广告及发给之图则，原为要约之召募，并为将来所订承揽契约内容之一部。即其所依据施行之招标通则，亦部分的有有关契约内容之事项规定在内。唯招标通则之规定，乃招标订约及履约上应遵守之准则，有拘束机关人员之效力。故此种通则当可作为行政规程，而有有关契约内容之事项包含在内者目之。

各机关招标通则或章程中关于工程投承，约有如次各项规定：

（1）招标工程单位之决定

除房屋等外，各项工程，概应斟酌情形，分别若干段项，每段项分别招标，每标不得包括任何一段或一项以上。投标人只得就各单位竞投，非投得一单位后，不得再承其他工程。盖承包工程过多，恐或不能胜任，及发生转包于人之流弊也。

（2）预定价格之估定

各段各项工程，应先估定包价（约略预算价格）为竞技标准，其价格不得超过一定数额以上，该数额事前呈由监督机关核定之。各项工程，应以所包含各种工程单位价格为竞投标准，其不能以单位价格计算者，得以全部总价为竞技标准。凡所投之标，均不得超过预定价格以上，否则无效。盖以价格为竞争对象之场合，若不预为限定，则恐投标人间或有串通抬高之情弊也。此外，并得规定最低价格，使所投之标，不得低于一定限度，以免奖励投机，发生不良工作。

(3) 开投日期等之公布

各项工程之开投,应于开标日期前之若干时日,登报公告之。工程说明、工程进行、预定计划及投标押款、包工押款等,必要时应于公告内声明之。

(4) 投标人之资格

工程投标,吾国通例采用一般投标,凡包工商人依照章则登记或注册,领有认可证者,皆得加入投标,唯关于投标人之资格,除此以外,有时尚设有消极的限制,即包工商人如有特定情事,得除斥其投标,或以其投标为无效。除斥原因,约以曾经在本处或别处包工,不能履行契约或履行极不完善,或曾因施工不当而受过失处分等属之。

(5) 投标押款

投标人应于开投日期前来取图则标本等,并缴纳押标或押图洋若干元。其图则标本等,须于开投前数天缴还,方得投标。开标后不中标者,即将押款发还。

(6) 开标及选标

开标应于开标之日公开为之,上级主管机关于必要时得派员监视。在竞投价格之场合,选标应以标价最低者为标准。若除投价格外,并招投工程设计者,则应以设计与价格二者为标准而决定之,唯我国各机关招标通则中,一般虽以标价最低或其他特定条件为选择标准,但亦有认招标机关有自由选择权。此种制度,是否为真正之投标,殊属可疑。

(7) 契约之订定

得标人应于开标后一定期间内,前来依式签订包工契约,并缴交包工押款(保证金)及合格保证人之保证书(此项保证书有应于送标时缴交之)。若逾期不来签订契约者,即将所缴之投标押款没收,并将其标作废,按次递补他人承包(以上参照《铁道部直辖工程局建设铁路招标包工通则》《韶平工程处开投工程规则》《上海特别市工务局工程投标章程》《广州市工务局建筑工程承投通则》)。

包工契约订定后,承揽人及出包机关,自应依契约之内容并《民法》之规定,互负其义务。唯为确保工事之完成计,其间权义关系,于招标章则中,间有特别规定。主要者有如下各项。

第一,在承揽人方面,承揽人应依选定之本旨,亲自负责施工,不得转包于人。于工事进行中,应受出包机关工程师之监督指导,并按照预定计划,陆续完成验收。若遇风雨或其他特别事故,不能如期竣工时,须呈经核准,方得展限。如无故违章违约,不遵指挥,或停废工作时,出包机关得解除契约,没收包工押款,并追究保证人。又在工作中如工程地发生各种危险,或对于他人加有损害时,应由承揽人完全负责。

第二,在出包机关方面,出包机关负有给付工价之义务,其工偿以于工竣验收后给付为本则。唯为便利承揽人周转起见,亦有定为分若干期给付,即于每期工作验收或验明后给付之。但仍应酌留验收工程价款一成至二成,至完全工竣后发给。

(乙)随意契约

随意契约即普通之包工契约,由管理机关自行选定承揽人,与之订立,不须经过招投之程序。以随意契约与投标订约相较而论,随意契约,因包与何人得自由选择,对于特定工程之施行,在能力上技术上似较能选得适当之人。但机关人员对于商事交涉,类无特别素养,与其依靠自己能力与各家商人直接谈判,不如召集多数商人自来竞投,较能选得最廉之价格,而其契约亦较易于成立。故非因特定工程关系,要求特种专门之人承包,仍不如采用投票选择,较于招包机关有利。海外法例,亦有明文限定,凡招商包工,应以采用投标为原则,只因急待施工不暇招投,或工程性质,不宜投标,或预定工程价格过低,不配招标,及已招标而无人投承时,始用随意契约(参照法国 D. 18 nov. 1883,art 18, mod. par D. 23 aout 1919; Ord 14 nov. 1837. art. 1. mod. par L. 17 juin 1918. 日本《道路工事执行令》第四、五条)。关于此,我国现行法令,并无规定。究竟采用何种方法? 得由管理机关依照工程性质定之。

原载于《行政研究》1937 年第 1 期

编后记

一

1899年(清光绪二十五年),范扬出生在浙江省金华市金东区塘雅镇溪干村。1916年赴日本留学,先后在预备学校、东京高等学校、东京都第三高等学校、东京帝国大学就读,并于1928年自东京帝国大学(现东京大学)法学院法律科毕业。

学成回国后,范扬于新设的浙江警官学校任职教官,并一度担任教务长;其任内曾代表该校主事毕业生赴日留学及考察事宜,并在校刊《警光月刊》上发表多篇警察法论文。1932年,范扬离开浙江,先后任南京中央大学、安徽大学、中山大学等校法律系教授。全面抗战爆发后,他弃教从政,担任国民政府军事委员会政治部第三厅副厅长、考试院参事等职。1945年同济大学设立法学院,范扬随后于1949年2月回归学界,担任该院教授(后兼行政法学组主任)。[1] 遗憾的是,1949年因院系调整,同济大学法学院中止办学,范扬此后转任复旦大学教授、上海社会科学院哲学研究所研究员等职。1962年,范扬病逝于上海。

---

[1]《张企泰教授代理法学院院长,范扬教授兼行政法学组主任》,《同济校刊》1949年3月1日。

二

范扬学术研究涉猎甚广，但他首先是作为行政法学家为人所熟知的。他所著《行政法总论》(1935年初版)和《警察行政法》(1940年版)两本书都被收入商务印书馆"大学丛书"。这套丛书是我国近代高等学校教科书中国化的重要标志：商务印书馆聘请当时教育界、学术界的执牛耳者组成大学丛书委员会，承担拟定目录、征集稿本、审查著作等重要职责，同时聘请学科专家参与稿本审查工作，保证了这套丛书的高质量。① 正如著名历史学家周谷城所评价的，这套丛书"形式内容都是现代化了的"②。除上述两部作品外，范扬发表的行政法论著还包括《战时军事警察行政》以及二十余篇行政法论文，其中具有代表性的有《法治主义与行政》《各国宪法中之行政权》《改进行政救济制度之我见》《行政上侵权行为之二重损害赔偿责任问题》《怎样研究行政法？》等。

范扬在私法领域同样颇有建树。他曾将法国著名法学家狄骥(Leon Duguit)的《私法变迁论》译成中文。③ 他所撰写的《继承法要义》(1935年版)一书同样入选商务印书馆"大学丛书"。时任清华大学教授的民法学家赵凤喈④曾在1936年为该书撰写书评，指出："本书文字简明

---

① 参见肖朗、吴涛：《商务印书馆"大学丛书"与近代中国大学教材建设》，《高等教育研究》2013年第12期。
② 周谷城：《商务印书馆与中国的现代化》，载蔡元培等：《商务印书馆九十年——我和商务印书馆(1897—1987)》，商务印书馆1987年版，第415页。
③ [法]狄骥：《私法变迁论：拿破仑法典发布后私法之一般的变迁》，范扬译，《社会科学论丛》1934年第4期。
④ 他的代表作包括赵凤喈：《中国妇女在法律上之地位》，商务印书馆1928年版；赵凤喈编著：《民法亲属编》，正中书局1945年版。

通达,无腐词,无赘语。著者的见解,亦有其精到处;如认'代位继承权,系出于法定之结果';抨击现行民法,于计算特留分时,仅能将特种赠与加入遗产中计算,而对于他种赠与乃至对于第三人之赠与,不更设以限制,是则被继承人仅可以生前赠与……以侵害继承人之特留分;此等解释,皆属允当。"①"大学丛书"中的法科教材是奠定近代中国法律教育发展的基石,范扬能有三本著作入选该套丛书,且横跨公法、私法领域,殊为不易,也对我国法律教育的发展起到了重要推动作用。

此外,范扬还在法律思想、法哲学领域有深入研究。他曾发表相关论文,系统梳理康德、格罗丘斯(现译格劳修斯)、管子、庞德等人的法律思想。② 在担任上海社会科学院哲学研究所研究员期间,他还曾与张企泰合译黑格尔的《法哲学原理》(商务印书馆1961年版)。③

三

如上文所述,范扬的学术贡献以行政法学最为突出,并集中体现在其《行政法总论》和《警察行政法》之中。兹介绍其主要特色如下:

一是强调行政法学方法论,促进行政法学科独立。民国时期,我国行政法尚处于发展起步阶段。范扬在《行政法总论》中强调行政法学与行政学的学科分界,倡导以纯粹法学学说来建构行政法的学科体系和内

---

① 赵凤喈:《书评:〈继承法要义〉》,《社会科学(北平)》1936年第2期。赵凤喈教授也对该书的学术观点、外文引证错误、资料引注规范等问题提出了直率的批评,体现了真诚的学术态度。
② 相关文章主要如范扬:《康德之永远平和论》,《学艺》1924年第5期;范扬:《格罗丘斯海洋自由论》,《社会科学论丛》1935年第2期;范扬:《管子法律论》,《中华法学杂志》1946年第1期;范扬:《庞德实用主义法学批判》,《复旦学报(人文科学版)》1958年第1期。
③ 张企泰(1910—1962),曾任同济大学法学院教授、代理院长。该书入选商务印书馆"汉译世界学术名著丛书"。

容,即如其书中所述:"行政法学为法学之一分科,当以就法律的现象及以法学的方法组织而成立者,较为合于理想。著者于方法论一端,不敢谓有深造,但平时亦颇注意,尤其近时发达之纯粹法学学说,觉其颇有可采之处。……行政法学与行政学或政策学,究有分际,彼此不容侵袭;应属行政学详细讨论之点,则著者不得不认为非法学的问题,而勉力避之矣。"①

二是体系完整,结构科学。《行政法总论》在篇章布局上,以行政组织法开篇,继而讨论行政作用法和行政救济法。他的考虑是:"研究行政法,初学之士大抵对于行政组织一端,特有兴味。盖肢体分明,而后各种活动始能判断其所由来。"考虑到行政组织庞大复杂,为方便读者明了整个系统,范扬在《行政法总论》中以较大篇幅系统考察了我国中央和地方的行政组织。不过,稍有无奈的是,当时"自治制度犹未确定,且各项主要自治法规,正在大批改定之中","今日之所行者,不数月后又多变为法制史上之陈迹",范扬于是将自治行政一章"姑置通论与沿革二节于篇末,以为将来重版时留一续笔余地"。② 这一安排也侧面反映了他的治学严谨。至于行政作用和行政救济,他认为这是行政法学的中心问题,因此在书中"对这两项问题不厌求详,剖析论述,俾使读者得一明确观念"。

三是推进行政法各论研究。范扬指出,行政法总论的任务在于研究行政法全体共通之法理,而行政法分论则研究行政法各特殊区域之法理。他还列举了属于行政法分论研究对象的区域,即警察、保育、法政、军政、财政等。③《行政法总论》的序言中提及"《行政法各论》两册,亦待

---

① 范扬:《行政法总论》,商务印书馆1935年版,序言。
② 范扬:《行政法总论》,商务印书馆1935年版,序言。
③ 参见范扬:《行政法总论》,商务印书馆1935年版,第21—22页。

整理葳事",遗憾的是,受战乱等因素的影响,《行政法各论》后来并没有出版。但是,警察法是行政法各论的典型领域,而他的《警察行政法》对这一领域的研究在一定程度上弥补了这一缺憾。警察可以分为形式和实质两种含义。形式意义上的警察,即"警察机关所有之作用";但他认为"此专重形式之主张,未可以为笃论",因而选择采纳了对警察实质意义的理解,即警察是"以维持社会公共秩序为目的,依一般统治权而限制人民自由之作用"[1]。该书将警察之行政作用进一步分为保安警察和行政警察两种。前者为维持一般安宁秩序之警察,又可称为一般警察;后者为附随于各种行政所行之警察,又可称为特种警察。特种警察又可细分风俗、卫生、交通、实业等众多领域。我国当下的警察行政法研究多采形式意义的理解,[2]而该书采取了实质意义的理解,相比之下,内容更为丰富。该书和他发表的《道路法制论略》《施工制度》等论文共同展现了他的行政法分论研究成就。

四

同济大学法科教育源远流长。1945年正式成立、1949年停办的同济大学法学院"1.0版本",虽然历时仅有短短四年,却汇聚了一时英杰。时光虽已远去,仍留下空谷足音。为了纪念同济法学先哲,汲取历史智慧,法学院启动了"同济法学先哲文存"丛书的出版计划。能够参与这套丛书的出版工作,编者感到与有荣焉。在此感谢蒋惠岭院长、徐钢副院

---

[1] 范扬:《警察行政法》,商务印书馆1935年版,第1页。
[2] 参见高文英主编:《警察行政法学》,中国人民公安大学出版社2019年版;余凌云:《警察法讲义》,清华大学出版社2020年版。

长等领导的信任,感谢陈颐教授的支持和帮助,同时感谢李泠烨、王贵松、赵宏、黄卉、黄宇骁、叶名怡、陈洁蕾等诸位教授和学友在书稿编辑校对过程中的答疑解惑。当然,囿于编者水平,文集尚有许多不足之处,敬希读者见谅,并提出批评改正的意见。

同济大学法学院副教授　苏苗罕
2021 年 6 月于同济衷和楼

图书在版编目（CIP）数据

范扬集 / 范扬著；苏苗罕编. —— 北京：商务印书馆，2021
（同济法学先哲文存）
ISBN 978-7-100-19719-9

Ⅰ. ①范… Ⅱ. ①范… ②苏… Ⅲ. ①法学—文集 Ⅳ. ① D90-53

中国版本图书馆 CIP 数据核字（2021）第 054320 号

权利保留，侵权必究。

同济法学先哲文存
范扬集
范　扬　著
苏苗罕　编

商　务　印　书　馆　出　版
（北京王府井大街36号　邮政编码100710）
商　务　印　书　馆　发　行
江苏凤凰数码印务有限公司印刷
ISBN 978-7-100-19719-9

2021年9月第1版	开本 880×1240 1/32
2021年9月第1次印刷	印张 28

定价：126.00元